제2차 세계대전의

독소전쟁과 냉전, 그리고 역사의 기억

신화와
진실

※ 이 책의 번역 작업은 2018년도 상명대학교 교내 연구비를 지원받아 수행되었습니다.

제2차 세계대전의

독소전쟁과 냉전, 그리고 역사의 기억

신화와
진실

로널드 스멜서 · 에드워드 데이비스 2세 지음

류한수 옮김

The Myth of the Eastern Front:

Soviet War in Ameracan Popular Culture

산처럼

제2차 세계대전의 신화와 진실
차례

| 일러두기 |

1. 이 책은 Ronald Smelser, Edward J. Davies II의 *The Myth of the Eastern Front: The Nazi-Soviet War in American Popular Culture* (Cambridge University Press, 2008)를 번역한 것이다.
2 외래어 인명과 지명은 국립국어원의 외래어표기법에 따라 표기했다.
3. 본문에 설명이 필요한 부분에는 각주로 옮긴이 주를 달았다.

책을 내면서

우리가 연구를 하고 이 책을 쓰는 동안 도움을 줬던 이들에게 고마움을 표하고자 한다. 여러 자료보존소의 직원들에게, 자료와 조언으로 우리를 도와준 동료들에게 고마움을 느낀다. 프라이부르크의 독일연방공화국자료보존소/군사자료보존소, 뮌헨의 현대사연구소, 뉘른베르크의 국립자료보존소가 더없이 귀중한 문서를 우리에게 내주었다. 마찬가지로, 미국의 자료보존소와 도서관의 사서와 직원이 큰 도움을 줬다. 칼리지파크의 미합중국 국립자료보존소와 더불어, 멀리 떨어져 있는 코넬대학 법학도서관(윌리엄 도너번 문서군), 허버트 후버 대통령 도서관(트루먼 스미스 문서군), 프린스턴대학의 실리 머드 수고본 도서관(앨런 덜레스 문서군), 노터담대학 자료보존소(조지 슈스터 문서군)의 직원이 그러했다.

우리는 피터 블랙, 위르겐 푀르스터, 조지프 벤더스키, 로버트 겔러틀리, 요하네스 휘르터, 맥그리거 녹스, 제프리 메가기, 디터 폴, 브루스 시먼, 찰스 시드너를 비롯한 동료와 벌인 토론에서 엄청나게 많은 것을 얻었다.

우리는 안토니오 무뇨스에게 고마운 마음을 전한다. 무뇨스는 자신의 여러 출간물에 실린 사진들을 우리가 쓸 수 있도록 너그러이 허락해주었다. 또한 참된 학자의 자세로 무뇨스는 우리가 이 책에 집어넣은 추가 자료를 보내주었다.

찾아보기를 작성한 로빈 힐과 트레사 프레드는 필수 불가결한 과업을 능란하고 우아하게 마무리했다. 그들의 도움에 고마움을 표한다.

우리를 지원해준 유타주립대학에도 고마움을 표한다. 유타대학 연구위원회는 중요한 컴퓨터 설비를 제공했고, 인문대학은 연구 학기를 아낌없이 내주었고, 태너인문학연구소는 연구소의 연구원인 로널드 스멜서를 필진의 한 명으로 임명함으로써 이 책의 출간을 앞당겼다.

* *

이 책을 쓰는 일은 여러모로 사적인 여정이었다. 수십 년 전에 나는 고향 도시의 한 지역 서점에서 우연히 폴 카렐의 『히틀러가 동쪽으로 움직이다*Hitler Moves East*』라는 책을 보았다. 러시아에서 벌어진 전쟁을 알지 못했던 나는 그 책을 샀고 금세 그 전쟁의 규모와 그 전쟁이 독일의 패배에서 차지하는 핵심적 위상에 매료되었다. 카렐의 극적인 문체와 이야기를 풀어나가는 재능은 나에게서 독일군에게, 그리고 러시아의 드넓은 풍경 속에서 독일군이 처한 곤경에 크게 공감하는 마음을 불러일으켰다. 흥미가 생겼고, 나는 동부전선에 관한 책을 가능한 한 계속해서 사들여서 1990년대 말엽에는 수백 권을 소장하게 되었다. 동방에서 벌어진 그 거대한 투쟁에 관해 의욕적으로 많이 배우려다 보니 나는 전쟁게임의 세계 속으로 끌려 들어갔고, 여러 해가 지나니 게임도 수십 개 소장하게 되었다. 그 전쟁에 조예가 깊든, 아니면 그렇다고 믿든, 나는 러시아 쪽에서 본 저 거대한 격돌의 양상을 발견하기 시작했으며, 나의 이해가 좋게 보면 불완전하고 나쁘게 보면 심하게 과장되었음을 깨달았다. 곧 나는 그 전쟁에 관한 더 효과적인 설명을 들으려고 나치 독일 전문가인 나의 동료 로널드 스멜서 교수를 찾아갔고, 그렇게 해서 함께 작업하기 시작했다. 그 결과가 바로 이 책이다.

내가 이 책의 마지막 단계를 마무리하는 지금, 애석한 것은 나의 아버지 에드워드 데이비스가 2003년에 돌아가셔서 내 곁에 없다는 것이다. 아버지와 어머니 메리 데이비스는 내가 경력을 쌓는 오랜 세월 동안 지지와 영감의 끊이지 않은 원천이었으며, 나는 지금 이 책을 아버지의 추억에 바친다. 또한 나는 이 책을 완성하는 동안 줄곧 내 곁에 있어준 아내 릴리아나에게, 그리고 좋을 때나 궂을 때나 나와 함께해준 딸 에린과 메리 앤에게 고마움을 표하고 싶다. 아버지, 제가 이 책을 드디어 끝냈어요!

- 에드워드 데이비스 2세

* *

이 책은 첫 다큐멘터리가 텔레비전에 나오기 시작한 시기인 1950년대의 펜실베이니아에서 자란 추억과 함께 시작되었다. 우리는 소년들이 아침마다 이 상영물을 본 뒤에 독일의 급강하 폭격기와 기갑부대에 대한 열광으로 한껏 들뜬 채 학교에 가던 모습을 기억했다. 이 기억이 그날부터 이날까지 미국 대중문화에서 독일 군대를 '낭만무협화'하는 현상을 찾아내어 탐구하도록 우리를 이끌었다.

나는 지지와 격려와 사랑의 원천이었던 내 아내 루스에게 이 책을 바치련다.

- 로널드 스멜서

머리말

대다수 미국인에게는 제2차 세계대전 동안 나치 독일의 패망에서 —북아프리카, 이탈리아, 프랑스, 서부 독일로 정의되는— 서부전선이 결정적이었다. 어쨌거나, 이 서부전선은 인력, 물자, 계획 수립의 관점에서 미국의 군대가 우세한 각축장이었다. 상세한 전시 보도가 러시아에서 나왔을지라도 바로 이 서부전선이 매체에서 가장 철저하게 보도되었다. 미국의 투쟁을 빛내줄 —카스라인 고개*, 안치오,** 노르망디,*** 휘르트겐 숲,**** 벌지***** 등의— 이름이 바로 이 전선

---

* 1943년 2월에 서방 연합군과 독일군의 전투가 벌어진 북아프리카 튀니지의 협곡.
** 이탈리아반도 중부 서쪽 해안에 있는 소도시. 1944년 1월 22일에 안치오에 상륙한 서방 연합군이 독일군의 저항을 물리치고 6월 5일에 로마를 점령했다.
*** 프랑스 북부에 있는 반도. 서방 연합군이 1944년 6월 6일에 노르망디에 상륙해서 교두보를 만들면서 유럽의 서부전선에서도 본격적인 지상전이 벌어지기 시작했다.
**** 벨기에와 독일의 접경 지역에 있는 숲. 이곳에서 미군과 독일군이 1944년 9월 14일부터 1945년 2월 10일까지 치열한 전투를 벌였다.

에서 울려 퍼져 여러 세대 내내 메아리쳤다. 그리고 줄줄이 이어지는 이 교전들이 전후의 표상에서 —오늘날까지도— 가장 극적으로 나타날 터였다. 1960년대에는 「전투Combat」[*] 같은 텔레비전 연속극에서 독일군을 무찌르는 미국 군인이 매주 등장했다. 여러 영화가, 가장 두드러지게는 「가장 기나긴 그날The Longest Day」,[**] 「패튼Patton」,[***] 「벌지 전투The Battle of Bulge」[****]가 미국인의 머릿속에 미군의 승리가 극적으로 떠오르도록 했다. 『중대장』[*****]부터 『아이젠하워의 부관들』[******]까지 책이 이어 나와서 미국의 전훈을 일반 대중에게 상세하게 설명해주었다. 미국에서 다양한 제2차 세계대전 50주년 기념 행사가 거행되자 1990년대에 매체들이 그 전쟁에 새로 빠져들었다.

[*****] 1944년 말에 프랑스 아르덴 지역과 벨기에에서 유럽 서부전선이 서쪽으로 돌출해 있어서 돌출부라는 의미의 명칭이 붙었다. 1944년 12월 16일에 독일군이 이곳에서 서방 연합군을 기습 공격하면서 이듬해 1월 25일까지 치열한 전투가 벌어졌다.

[*] 1962~1967년에 미국의 ABC 방송국에서 방영된 주간 텔레비전 연속극. 1944년에 프랑스에서 독일군과 싸우는 한 미군 분대가 주인공으로 152회 방영되었다. 한국에서도 방영되었다.

[**] 서방 연합군의 1944년 6월 노르망디 상륙작전을 다룬 코넬리어스 라이언의 책을 저본으로 1962년에 제작된 영화. 한국에서는 「지상 최대의 작전」이라는 제목으로 상영되었다.

[***] 제2차 세계대전 시기 조지 패튼 장군의 활약을 다룬 프랭클린 샤프너 감독의 1970년 영화. 한국에서는 「패튼 대전차군단」이라는 제목으로 상영되었다.

[****] 벌지 전투를 다룬 켄 애너킨 감독의 1965년 영화. 한국에서는 「벌지 대전투」라는 제목으로 상영되었다.

[*****] 풋내기 미군 장교였던 저자가 벌지 전투에서 싸운 경험을 담은 Charles MacDonald, *Company Commander: The Classic Infantry Memoir of Word War II* (Washington: Infantry Journal Press, 1947).

[******] 몽고메리, 브래들리, 패튼, 리지웨이 장군 등을 다루면서 노르망디 상륙작전 이후 서부 유럽의 전선을 개괄하는 Russell Weigley, *Eisenhower's Lieutenants: The Campaigns of France and Germany, 1944–45* (Indiana University Press, 1968).

톰 브로코의 『가장 위대한 세대*The Greatest Generation*』*가 아돌프 히틀러**에게서 세계를 구한, 그리고 급속히 사라지고 있는 사람들을 책 지면과 텔레비전 화면에서 찬양하고 낭만화했다. 「라이언 일병 구하기Saving Private Ryan」***가 같은 메시지를 영화 관객에게 전달했고, 21세기에 들어서서는 「밴드 오브 브라더스Band of Brothers」****가 텔레비전에서 계속 그랬다. 논란이 있는 워싱턴시의 한 기념물*****이 돌로 미국의 전승을 기린다. 그러나 저 기념행사들이 거행되는 동안 소비에트사회주의공화국연방******이 연합국의 유럽 승전에 이바지를 했다는 언급은 찾아보았자 헛일이다. 심지어 나름대로 구성의 폭이 넓었던 1994년 노르망디 상륙작전 50주년 기념행사에서도 1944년 6월 22일에 개시된 소련의 거대한 공세가 노르망디 고립지대를 아직 돌파하지 못했던 미군의 부담을 엄청나게 덜어주었다는 점은 대

---

* 국역본은 김경숙 옮김, 『가장 위대한 세대』(문예당, 2000).
** 독일의 정치가(1889~1945). 유대인을 미워하는 인종주의자였고, 제1차 세계대전 종전 뒤에 나치당을 이끌고 쿠데타를 일으켰지만 실패했다. 그 뒤 선거를 통한 권력 획득에 나서 1933년에 총리가 되었고, 독재 권력을 구축했다. 제2차 세계대전을 일으켰고 소련군이 베를린으로 밀려오자 자살했다.
*** 노르망디 상륙작전에서 한 미군 분견대의 고투를 다룬 스티븐 스필버그 감독의 1998년 영화.
**** 역사학자 스티븐 앰브로즈의 연구서를 저본 삼아 미국 HBO가 2001년에 제작한 10부작 드라마. 미국 육군 제101공수사단 제506낙하산 보병 연대 제2대대 제5중대가 훈련을 받은 때부터 노르망디 상륙작전에 투입되어 종전을 맞기까지의 과정을 다룬다.
***** 국립제2차세계대전기념비(The National World War II Memorial). 미국 워싱턴시 도심에 있으며, 2004년 4월 29일에 공개되었다.
****** 1917년 러시아혁명으로 러시아제국이 무너진 뒤 내전을 거쳐 1922년 12월에 결성되어 1991년에 해체되었다. 러시아연방을 포함해서 15개 안팎의 사회주의 공화국으로 구성되었다. 소비에트연방이나 소련(蘇聯)이라고도 한다.

체로 언급되지 않았다. 이 누락은 독일군을 실제로 무너뜨린 것은 바로 소련군이었으며 독일군의 80퍼센트 이상이 동부전선*에서 싸우고 있었다는 사실에 비추어보면 참으로 유감스럽다. 러시아에서 벌어진 전쟁을 조금이라도 아는 미국인조차도 붉은 군대는 미국이 무기대여법Lend Lease**을 통해 보내준 막대한 보급품 덕분에 승리했다고 주장해왔다.

최근에 홀로코스트에 관한 인식이 널리 확산되고 나치친위대***와 이 친위대 산하 특무기동대****의 만행이 폭로되고 나서야 비로소 이 근본적 오해가 바뀌었다. 그렇지만 —미국의 우방이자 동맹으로서 독일과 함께 악의 제국 소련과 싸운다는— 냉전冷戰*****의 유산과 그에 따른 모든 것이 동방에서 벌어진 제2차 세계대전에 관한 미국인의 인식을 계속 홀린다. 얄궂게도, 저 거대한 전쟁에 관해 애써 배웠던 사람들 중에는 그 전쟁을 중요한 동맹국인 소련이 극한의 고통을 겪으면서 우여곡절 끝에 거둔 승리로 보지 않고, 오히려 미국이 공동의 적으로 삼았던 국가인 독일의 렌즈를 통해 보는 경향이 있다.

---

* 제2차 세계대전의 유럽 전구에서 독일이 주도하는 추축군과 소련군이 대결한 전선.
** 미국이 제2차 세계대전 동맹국에 군사원조를 하기 위해 제정한 법률. 이 법률로 미국이 지원한 물량의 금액은 전쟁 비용 총액의 17퍼센트에 해당하는 500억 달러 (오늘날 가치로는 7천억 달러)였다. 무기대여법의 혜택은 3분의 2가 영국에, 5분의 1이 소련에 주어졌다.
*** 나치당의 준군사 조직. SS로 줄여 부르기도 한다.
**** 제2차 세계대전에서 민간인 대량 학살, 특히 이른바 '유대인 문제 최종해결책' 을 실행한 나치친위대 산하 학살 전담 조직.
***** 1940년대 말부터 1991년까지 미국이 이끄는 자본주의 진영과 소련이 이끄는 공산주의 진영 사이에 벌어진 직간접적인 대립과 대결.

1950년대 초엽 이후 미국인이 많은 독일인, 특히 독일 군인이었던 이들로 이루어진 주도적 집단과 심지어 국가사회주의자*가 지닌 관점과 흡사한 제2차 세계대전 동부전선 관을 유난히 쉽게 받아들였다는 것이 이 책의 논제다. 실제로, 동방에서 벌어진 전쟁을 보는 이 견해에는 제2차 세계대전의 이 전구戰區,** 즉 유럽의 동부전선에 적용되는 나치 세계관의 요소가 여러모로 담겨 있었다.

　미국인이 제2차 세계대전의 결정적 전구를 보는 나치 독일의 관점을, 그리고 미국의 동맹이었던 국가에 해를 끼치는 관점을 수용하는 일이 가능했다는 사실은 부분적으로는 냉전이라는 지상 과제에서 비롯되었다. 어쨌거나, 독일이 미국의 우방일 뿐만 아니라 군사 동맹국이라면, 그 최근 전쟁의 적어도 몇몇 측면을 대중의 기억에서 지우는 것과 그 전쟁의 다른 측면의, 특히 미국의 새로운 적국인 ―그리고 동맹국이었던― 소련에 관련된 논의의 방식을 바꾸는 것이 중요했다.

　이런 면에서 기꺼이 미국을 도울 독일인이 많았고, 그들은 그렇게 하면서 얼마간 이득을 얻었다. 우선 미국에게는 제2차 세계대전 이전에 형성된 반공주의의 긴 전력이 있었고, 따라서 러시아인에 대한 확고한 반감이 있었다. 이 반감은 제2차 세계대전이 끝난 뒤에 쉽게 되살아났다. 미국인은 독일인에게는 늘 애증이 심하게 엇갈리는 태도를 보였다. 전시에는 부정적 정서가 곧바로 나타났다. 평시에는 긍정적 태도의 원천이 똑같이 곧바로 소환되어 (살아남는 부정적 태도는

---

* 국가사회주의독일노동자당의 당원이나 이 당의 이념인 국가사회주의를 신봉하는 자. 나치라고도 한다.
** 전쟁에서 중요한 군사적 사건이 진행되는 지역.

오로지 히틀러와 나치에게만 쏠린 채로) 대중의 관점을 형성하곤 했다. 미국의 대중 다수도 특정 태도를, 특히 당황스럽게도 전반적으로는 파시즘, 특정하게는 나치즘의 태도와 비슷한 문화적·경제적·인종적·미학적 태도를 지녔다. 이 태도는 새로운 독소전쟁 관을 빚어내는 데 활용되었다. 전쟁 동안에는 러시아에서 일어나는 사건을 날마다 좇았던 미국인이 1950년대가 되면 동부전선에 관해 거의 아무것도 기억하지 못했고, 따라서 새로운 해석에 쏠렸다. 이 새로운 해석은 경쟁을 거의 거치지 않고 통념이 되었다.

이 요인들 탓에 자기 나름의 제2차 세계대전 신화를 만들어내느라 바쁜 독일 군대 출신의 여론 형성자들이 냉전 분위기를 이용해서 자기 말을 쉽사리 받아들이는 미국인 '친구'와 동료를 구위삶을 수 있었다. 이 책은 그 독일인들이, 예전의 독일국방군* 고위 장교와 제2차 세계대전에 참전했던 독일연방군** 장교의 인맥을 통해서, 그 전쟁 동안에 히틀러 정권이 표명한 해석과 그 전쟁을 수행하면서 대체로 '결백'했다는 평판을 독일국방군에게 남겨준 해석과 당황스러울 만큼 흡사한 독소전쟁 해석을 미국 군인의 마음속에, 다음에는 언론인과 대중 작가의 마음속에 어떻게 만들어냈는지에 관한 이야기다. 미국인이 1950년대에 차츰차츰 흡수한 이 관점은 대중문학과 일부 매체에서 오늘날까지 지속되며, 실제로 일반 독자, 독일군 광, 전쟁게임 광, 군용품 수집가, 역사재연동호인歷史再演同好人***의 광범위

---

* 1935년부터 1946년까지 독일의 정규 육·해·공군.
** 1955년에 창설된 독일연방공화국(서독과 현재의 통일 독일)의 정규군.
*** 역사의 특정 사건이나 특정 시대를 재연하는 취미를 가지고 함께 모여 그 취미를 즐기는 사람.

한 하위문화를 규정한다.

분명히, 미국 학계는 러시아에서 벌어진 전쟁을 늘 연구했다. 지난 30년 동안 학자들은 히틀러가 동방에서 벌인 인종 노예화와 인종 절멸의 전쟁에서 독일 군대를 비롯한 나치 독일의 모든 기관이 한 역할을 차츰차츰 드러냈다. 그러나 주류 학계는 전문 독자의 좁은 스펙트럼에 초점을 맞추고는 독일인 저자들과 그들의 동조자들이 만들어낸 관점을 공유하는 일반 대중을 무시했다.

물론, 홀로코스트는 오늘날에도 상당히 널리 인식되어 있다. 그러나 이 인식은 많은 미국인의 마음속 한구석에 처박혀 있는 듯하다. 그 미국인들은 독일 군대가 독일 정권의 범죄에 명백히 연루되었는데도 제2차 세계대전 동안 독일이 러시아에서 보인 실적을 계속 찬양한다.

우리 연구가 드러내는 대로, 군 장교, 군에 고용된 역사가, 대중 역사가로 구성된 미국의 더 특정한 하위문화는 광범위한 대중적 독일군 관觀을 형성하는 데 정말로 성공했다. 이 관점에서 보면 독일군은 마치 나치 정권이 동방에서 펼친 인종 말살 정책 및 관행과는 상관없이 활동했고 나라를 위해 명예롭게 싸우는 군대의 전통적 역할만 한 듯이 보인다. 실제로, 냉전 초기에 빠르게 나타난 미국의 러시아 관을 감안하면, 독일국방군은 실물보다 훨씬 더 부풀려진 모습으로 자주 비춰진다. 마치 독일국방군이 러시아에서 했던 역할이 소련 공산주의에 맞서 미국이 벌이는 싸움의 서곡이었을 뿐인 것처럼 말이다.

이 맥락 속에서, 독일군이 1945년에 **동부전선에서** 당한 패배는 비극과 진배 없는 그 무엇이었다는 양상을 띤다. 이 대중문학에서, 실제로, 미국내전American Civil War* 이후 수십 년 동안 남부연합**의 대의와 관련해서 미국에 나타난 것과 여러모로 흡사한 '패배한 대의'*** 낭만주의와 아주 가까운 무엇인가를 관찰할 수 있다. 남부는 미국내전에서 패배했지만 역사책에서는, 그리고 대중의 상상 속에서는 여러 방식으로 승리했다. 상당수의 미국인에게는 소련에 맞선 나치의 전쟁도 마찬가지라고 보인다.

역사 기억이 냉전 동안에 극적으로 변하기 시작했다는 점을 고려하면, 미국인이 제2차 세계대전 동안 동부전선에서 벌어지는 전쟁을 얼마나 잘 알고 있었는지를 살펴볼 필요가 있다. 제1장에서 우리는 러시아에서 벌어지는 전쟁에 관해 미국인을 상대로 광범위하게, 그리고 실로 모든 영역에서 전달된 정보의 범위, 바로 그것을 검토한다. 이 범위는 신문, 잡지, 서적, 뉴스영화부터 인기 라디오 프로그램, 대중 집회와 모금까지 다양했다. 미국인은 1941년 6월 22일의 소련 침공부터 1945년 5월의 베를린 점령까지 동방의 여러 전역에 꽤 정

---

* 미국 북부와는 다른 사회구조와 정서를 지녔으며 노예제 문제를 놓고 연방정부와 대립하던 미국 남동부의 여섯 개 주가 1861년 2월에 미합중국연방에서 탈퇴하여 아메리카연합국(Confederate States of America)을 결성했으나, 미국 연방정부가 이를 용인하지 않자 1861년 4월부터 1865년 4월까지 연방정부의 북부연방군과 아메리카연합국의 남부연합군 사이에 벌어진 전쟁. 남북전쟁이라고도 불리며, 전쟁은 북부연방군이 승리했다.
** 미국 남부의 여섯 개 노예주가 1861년 2월 8일에 미합중국에서 탈퇴해서 결성한 국가.
*** 미국내전에서는 패했지만 탐욕스러운 북부에 맞서 남부의 아름다운 전통과 고유한 생활방식을 수호하려 한 남부연합의 대의는 정당했고 영웅적이었다고 주장하며, 남부의 야만적인 노예제가 전쟁의 주원인이었다는 사실을 부정하는 미국의 역사부인론. 미국내전 수십 년 뒤 남부의 장군, 정치인, 남부연합군 참전 군인 사이에서 등장한 이데올로기다.

통했다. 요시프 스탈린*과 여러 소련군 최고위 장군을 비롯한 소련의 지도자는 미국인에게 친숙한 사람들이었다. 전쟁이 끝날 무렵에 미국인은 거의 자국이 수행하는 전쟁만큼 독소전쟁에 정통했다.

제2장에서는 냉전으로 말미암은 역사관의 변화가 다루어진다. 냉전이 일어나자 짧은 시간 안에 제2차 세계대전 동부전선의 기억이 희미해지기 시작했다. 러시아를 동맹국으로 보다가 (잠재적) 적국으로 보고 독일을 적국으로 보다가 피보호국, 궁극적으로는 동맹국으로 보는 심리적 전환이 미국에서 일어나자, 미국 대중의 역사 기억을 바꾸려는, 즉 동부전선과 관련된 '패배한 대의' 신화를 만들어내려는 의식적 시도가 이루어졌다. 그 신화는 획일적인 공산주의와 대결하는 영웅의 역할을 독일군에게 맡겼다. 독일 장군이었던 이들은 그 신화의 형성을 거들면서 몹시도 즐거워했다. 우리가 꽤 자세히 논의할 프란츠 할더Franz Halder**가 특히 그랬다.

제3장은 미국 육군의 의뢰를 받아서 연구서 수백 권을, 특히 독일의 시각에서 본 독소전쟁에 관한 연구서를 미국에 제공한 이른바 할더 작업단Halder group을 살펴봄으로써 이 이야기를 이어간다. 소련과 지상전을 벌일 가능성에 직면하고 있었던 미국은 귀 기울여 이야기를 들었다. 나중에, 1950년대와 1960년대 내내 복합적 관계망, 특

---

* 소련의 지도자(1879~1953). 조지아에서 태어나 신학교에 다니다 마르크스주의자가 되었다. 조직력과 행정 수완이 뛰어나 레닌이 죽은 뒤 소련 공산당의 권력투쟁에서 승리하고 최고 권력자가 되었다. 1929년부터 공업화를 강행해서 소련을 열강으로 끌어올렸고, 독소전쟁에서 승리한 뒤 개인숭배의 대상이 되었다.
** 독일의 군인(1884~1972). 1938년에 육군 참모총장이 되었다. 1944년에 히틀러 폭살 음모에 연관되지 않았지만 체포되어 감옥에 갇혔다. 종전 뒤에는 미국 육군에 14년 동안 근무했다.

히 서독의 군대인 독일연방군과 독일에 주둔한 미군 사이의 관계망을 통해서 독일군 장교였던 이들과의 유대가 굳건해졌으며, 그 신화가 더 폭넓은 인기를 얻었다. 제3장은 남부연합의 영웅적인 '패배한 대의'를 근거로 백인의 미국 남부를 미연방*에 도로 재통합하기 위해 미국내전 뒤에 미국에서 정치적인 이유로 착수된 신화 창조와 냉전 동안 이루어진 신화 창조 사이의 유사점을 소개하면서 마무리된다.

제4장은 독일 장군이었던 에리히 폰 민슈타인Erich von Manstein,** 하인츠 구데리안Heinz Guderian,*** 한스 루델Hans Rudel,**** 한스 폰 루크Hans von Luck***** 등이 써서 널리 팔리는 일련의 회고록이, 그리고 스벤 하셀Sven Hassel의 책 같은 소설과 폴 카렐이 쓴 책 같은 대중 역사서가 어떻게 미국의 일반 대중에게 제2차 세계대전 동안 독일국방군이 동부전선에서 '결백'했다는 신화를 가져다주었는지를 살펴본다. 제4장은 그 신화들 가운데 여럿의, 특히 만슈타인과 카렐이 전파한 신화의 허상도 드러낸다. 제4장은 특히 베트남에서 낭패

---

* 19세기 초중엽 미국에서 노예제 폐지와 미합중국 유지를 지지한 20개 주를 일컫는다.
** 독일의 군인(1887~1973). 1939년에 룬트슈테트 장군의 참모장이었고, 이듬해에 아르덴 숲을 지나 프랑스군을 기습하자고 제안하여 받아들여졌다. 독소전쟁에서 기갑부대를 지휘했고, 1943년에 해임되었다. 전범재판을 받았지만 1953년에 풀려났다.
*** 독일의 군인(1888~1954). 1908년에 군인이 되어, 제1차 세계대전 뒤에는 독립기갑부대 창설을 주창했다. 1938년에 기갑부대장이 되었고, 제2차 세계대전의 여러 전선에서 활약했다. 1945년에 포로가 되었다가 풀려났고, 집필에 몰두했다.
**** 독일의 군인(1916~1982). 1936년에 공군에 입대했고 제2차 세계대전 때 지상 공격기 조종사로 혁혁한 전공을 세웠다. 전후에는 중남미와 서독에서 신나치 활동을 했다.
***** 독일의 군인(1911~1997). 1929년에 입대했고 제2차 세계대전 때 여러 전선에서 기갑사단을 지휘했다. 전후에는 전쟁 경험을 책으로 펴냈다.

를 본 뒤 미국 군대에서 되살아난 독일국방군의 인기를 살펴보면서 마무리된다. 또다시 미국인은 군대가 전시에 응집력을 유지하는 방법과 1980년대에 냉전이 되살아나면서 있을지 모를 러시아군의 공격을 막아내는 방법에 관해 말해줄 만한 귀중한 지혜가 독일인에게 있다고 느꼈다. 이 새로운 독일국방군의 인기와 독일국방군 예우가 퍼져나가 광범위한 문화로 스며들었고 오늘날까지 —전쟁게임, 역사 재연동호활동, 인터넷 웹사이트, 채팅방 등— 미국의 여러 하위문화를 매혹하는 대중 활동의 밑바탕을 만들어냈다.

제4장이 독일 장군들이 개발해낸 신화를 고찰해서 그 허상을 드러낸다면, 제5장은 독일 장군들이 예전에 펴낸 출판물에서, 그리고 하급 장교와 일반 독일 병사들이 더 최근에 쓴 회고록에서 도대체 어떤 메시지를 미국 독자들에게 전달하려고 애쓰고 있었는지를 더 구체적으로 살펴본다.

제6장은 본좌guru*를 살펴본다. 대다수가 미국인이지만 죄다 미국인은 아닌 이 저자들은 독일이 러시아에서 벌인 싸움을 낭만화하는 다종다양한 대중용 출판물에서 독일국방군 신화를 얻어듣고서 퍼뜨렸다. 본좌, 즉 자기 저술에서 박진성迫眞性(authentication)을 고집하는 마크 여거, 리하르트 란트베어, 마르크 리크만스포엘, 프란츠 쿠로프스키 같은 사람들은 차량부터 제복과 기장記章까지 다양한 독일국방군의 세부 사항에 관한 극도로 정확한 지식을 잔혹한 공산주의

---

* 구루는 원래 힌두교와 시크교의 영적 스승을 뜻하며, 한 분야에서 전문가 수준의 지식과 권위를 얻은 사람을 일컫는다. 특정 분야에 뛰어난 능력이 있어 높은 위치에 오른 사람을 속되게 이르는 낱말인 '본좌'가 구루에 가장 가까운 뜻을 지녔으므로, 이 책에서는 guru를 본좌로 옮긴다.

에게서 유럽을 지키려고 싸우는 독일군의 낭만적 영웅화와 결합했다. 이 사람들의 글에는 역사적 맥락이라고 할 만한 것이 없다. 그들은 특히 무장친위대 군인들을 예우하면서 이 군인들이 동방에서 벌인 인종 노예화와 말살의 전쟁에 관해서는 미국인에게 애써 말해주지 않는다.

제7장에서는 우리가 '낭만무협인romancer'이라고 이름 붙인 사람들의 대중문화가 고찰된다. 그 대중문화는, 달리 말해서, 본좌의 메시지를 받아들였고 전쟁게임과 인터넷 채팅에 푹 빠져 있는 나머지 제2차 세계대전의 독일 군인에게서 자기가 발견하는 용기, 명예, 자기희생의 가치를 동일시하는 지경에 이른 미국인들의 광범위한 문화다. 낭만무협인은 지금 세상의 조야한 물질주의, 이기적 자기중심주의, 도덕적 불확실성으로 간주되는 것으로부터의 소외도 보여준다.

이 책은 제8장으로 마무리된다. 제8장에서는 역사재연동호활동에서 자기 영웅들의 제복을 입고 주말과 휴가를 보내면서 '결백한' 독일 국방군이라는 자기의 환상을 더 적극적으로 실행하기로 마음먹은 유형의 사람들을 탐구한다. 본좌나 다른 '낭만무협인'처럼 그들도 제복, 장비, 조직에서 박진성을 고집한다. 그들에게 없는 박진성 하나가 역사적 정확성이라는 박진성이다. 그들은 히틀러가 실수를 했지 장군들은 결코 실수하지 않았으며 그 실수를 피할 수 있었으면 좋으련만, 이러면서 제2차 세계대전의 다른 결말을 꿈꾸기도 한다. 제8장은 다른 상황 아래서 독일군이 동부전선에서 승리할 가능성을 마음속에 그리는 스톨피R. H. S. Stolfi가 쓴 책 같은 '~더라면 어떠했을까 식 역사What-if-history'를 짧게 논의하며 끝을 맺는다. 그 '~더라면 어떠했을까' 역사서는 모든 하위문화에서 낭만무협인의 상상을 부채질한다.

제1장

미국이 러시아의 전쟁을 겪다, 1941~1945년

들어가며: 러시아군과 미군이 처음 마주친 이야기

1945년 4월 25일에 독일의 레크비츠라는 소도시에 있던 미군 정찰대는 풀려난 서방 연합군 전쟁포로에게서 러시아군이 지근거리에 있다는 말을 들었다. 조금 뒤 미군 병사들은 젊은 러시아 기병대원 한 명과 마주쳤는데, 그에게서 러시아군이 엘베강* 동쪽 강변에 있다는 말을 들었다. 미군은 슈트렐라 부근에서 엘베강을 건넜고 곧 러시아 군인들과 만났다. 이 만남이 미군과 러시아군 사이의 첫 조우였다.(도판 1) 선견先遣 정찰대의 일부인 그 미군 병사들은 러시아 군인들과 열흘 동안 친교 행위**를 했다. 두 쪽 다 용케 서로 의사소

---

* 체코에서 발원해서 독일 동부를 지나 북해로 흘러드는 강이다.
** 서로 다른 군대의 구성원끼리 우호적인 관계를 맺고 우정을 나누는 행위.

〔도판 1〕 독일의 토르가우에서 역사적으로 마주친 뒤 소련 군인들과 손을 잡으려고 팔을 뻗는
미군 부대원(왼쪽). UPI(국제합동통신) 사진.

통을 했고 미국 군인들은 최고의 대접을 받았다.[1]

여기서 미국 군인들은 몇 해 동안 미국인이 궁금해하던 동맹국 러
시아의 군인들과 빵을 나눠 먹고 대화를 하고 전우애를 나누고 있었
다. 두 쪽 다 가증스러운 적인 나치 독일에 머지않아 거둘 승리를 축
하하며 흥겨워했다.

두어 해 안에 소련과 미국의 군인들은 ─우정이 아니라 전쟁을 예
상하고─ 다시 마주볼 터였다. 냉전의 긴장은 미국의 지난 역사에
비춰보면 이해될지 모른다. 1945년의 우정은 심사숙고를 요구한다.
1939년에는 적수, 1941년에는 잠정적 동반자였던 소련과 미국은 많
은 미국인에게는 놀랍고 어떤 미국인에게는 실망스럽게도 1945년까
지 굳건한 동맹국이 되었다.

1917~1941년의 러시아-미국 관계

미국과 소련의 쓰라린 관계는 볼셰비키*가 블라디미르 레닌Vladimir Lenin**의 지도 아래 권력을 잡은 1917년에 소비에트 국가가 태어나면서 시작되었다. 자본주의 국가이자 민주주의 국가인 미국은 곧바로 볼셰비키와 그들의 마르크스주의 이념 및 권위주의적 통치 유형을 미국의 체제와 어긋난다고 규정했다. 이 적대감은 미국 매체가 소련의 실험에 지속적인 공격을 개시하면서 전간기戰間期*** 동안 거세지기만 했다. 대다수 미국인에게 소련은 멀리 떨어진 위협적인 열강으로 남았다. 1930년대 소련의 —스탈린의 무지막지한 농업 집산화****와 무자비한 숙청— 정책은 이미 강했던 불신을 더 키웠다.

또한 1930년대에는 호전적인 적대적 체제가 또 하나 등장했다. 그것은 미국의 민주주의 원칙의 적으로서 소련에 합세할 나치 독일이었다. 실제로 이 새로운 위협에 가려 소련이 제기하던 위험이 1930년대 말엽까지 빛을 잃었다. 따라서 미국인의 마음속에서 히틀러가 중대한 국제 악당이 되어 스탈린을 잠시 대신했다.[2]

---

* 1903년부터 사회주의 혁명을 목표로 삼은 정당으로, 러시아 사회민주노동당 좌익 분파의 구성원들. 볼셰비키당은 1917년 10월에 러시아에서 권력을 잡고 이듬해에 이름을 공산당으로 바꾸었다.
** 러시아의 혁명가(1870~1924). 페테르부르크대학에서 법을 배웠으며, 마르크스주의자가 되어 활동하다 체포되었고 유배 중에 망명했다. 1917년에 혁명이 일어나자 귀국해서 볼셰비키를 이끌고 권력을 잡았으며, 내전기에 반혁명에게서 혁명을 지켜냈다.
*** 제1차 세계대전이 끝난 1918년부터 제2차 세계대전이 시작된 1939년까지의 기간.
**** 농지와 가축의 사유를 폐지하고 모든 농민을 국영농장이나 집단농장에 가입하도록 만든 소련의 정책. 1929년부터 강행되었으며, 항거하는 농민이 핍박을 받아 숱한 인명 피해가 발생했다.

뜻밖에도 나치 독일과 소련의 불가침조약이 1939년 8월에 맺어지고 뒤이어 독일과 소련이 폴란드를 정복하자 히틀러의 공격 계획이 드러났고, 스탈린의 이중성이 다시 미국인의 머릿속에 떠올랐다. 또한 이 행위로 말미암아 미국이 전쟁에 휘말려들기 전에 반反소련, 반反공산주의 활동의 마지막 불길이 일었다. 소련의 1940년 핀란드 침공은 그 불길에 연료를 끼얹었을 뿐이다. 미국은 방어 능력이 없는 작은 나라를 거대한 이웃 나라가 공격했다고 격분했다.

그 풍경이 1941년 6월 22일에 확 바뀌었다. 나치가 소련을 기습 침공하자 소련은 갑자기 가해자라기보다는 피해자로 보이게 되었다. 더욱이, 소련이 미국과 서방에 가하는 어떠한 잠재적 위협도 만약 히틀러가 러시아를 정복한다면 그를 저지할 수 없을지 모른다는 더 큰 인식에 밀려났다.

미국의 정책 입안자들은 생존 투쟁을 벌이는 소련을 지원하기로 입장을 급히 바꿔 새로운 국면에 대응했다. 미국의 고립주의자들*은 최근까지만 해도 미국의 적이었던 러시아를 도울 필요성을 납득하지 못했다. 대다수 미국인에게서는 애증이 엇갈렸다. 프랭클린 델라노 루스벨트Franklin Delano Roosevelt** 대통령과 그의 조언자들은 미국이 무기대여법 정책을 영국에 적용하고 있는 것처럼 러시아에도 적용하

---

* 제2차 세계대전 이전에 미국에는 미국 정부가 유럽의 정치나 분쟁에 휘말려들면 안 되며 아메리카대륙의 일에만 관여해야 한다는 정서가 강했고, 이 정서에 입각한 대외 정책을 고립주의라고 불렀다.

** 미국의 정치가(1882~1945). 변호사로 출세 가도를 달리다가 1921년에 소아마비로 하반신이 마비되지만, 민주당 후보로 1933년에 대통령이 되었다. 대공황을 뉴딜 정책으로 이겨냈고, 1941년에 일본이 진주만을 기습하자 제2차 세계대전에 참전했다. 독일 항복 3주 전에 병사했다.

자고 제안했다. 고립주의자들은 이 제안에 거세게 반대했다.[3]

이 반대는 진주만 공습과 뒤이은 히틀러의 선전포고로 꺾였다. 이제 미국과 러시아는 나치 독일에 있는 공동의 적과 맞섰다. 미국은 대서양 건너 유럽에서 벌어지는 싸움이 자국의 싸움이기도 했기에 그 싸움을 더는 태연히 지켜볼 수 없었다. 소련과 맺은 새 동맹 관계는 미국 언론이 소련을 대하는 태도의 변화에 반영되었다. 미국 매체는 차츰차츰 러시아를 더 긍정적으로, 자주 영웅적으로 묘사할 터였다.

권위지 『뉴욕 타임스*New York Times*』[*]가 전투의 위치를 표시하고 독일군과 러시아군의 전진이나 후퇴를 알리는 일일 지도를 포함해서 그 전쟁을 시작부터 세세히 보도했다. 『뉴욕 타임스』 기자들이 두 군대의 전투와 핵심적 결정도 기민하게 분석했다. 그 신문은 상충하기 일쑤인 베를린과 모스크바의 공식 성명서를 신문 기사에 싣기도 했다. 러시아에서 벌어지는 전투의 사진, 심지어는 전쟁 발발 이전 소련군 훈련 사진까지 많이 실렸다. 『뉴욕 타임스』는 그 전쟁을 정교하고 철저하게 분석했으며, 더불어 핸슨 볼드윈Hanson Baldwin[**] 같은 언론인들의 기사가 입증하듯이, 돌이켜보면 그 전쟁의 향후 진행을 정확히 진단했다.[4]

더 일반적인 대중을 위해서는 『룩*Look*』,[***] 『라이프*Life*』,[****] 『타임

---

[*] 1851년에 뉴욕에서 창간되어 미국 언론을 대표하는 권위지가 된 일간신문.
[**] 미국의 언론인(1903~1991). 1929년에 『뉴욕 타임스』에 입사해서 40년 동안 군사 문제 분석가로 일했다. 제2차 세계대전 분석 기사로 1943년에 퓰리처상을 받았다.
[***] 1937년부터 1971년까지 아이오와주 디모인에서 격주로 간행된 시사 화보 대중지.
[****] 1936년에 뉴욕에서 창간된 시사 화보 주간지. 보도 사진의 선구자였고 국제 사건을 크게 다루었다.

Time』,* 『리버티*Liberty*』,** 『리더스 다이제스트*Reader's Digest*』***가 ―그리고 무엇보다 라디오가― 있었다. 이것들의 설명은 이제는 전쟁에 깊이 휘말려 들어가서 공감대가 차츰차츰 더 넓어진 미국 대중에게 러시아인의 곤경이 절실하게 느껴지도록 만드는 용어로 러시아인의 특징을 자주 서술했다. 매체는 러시아인의 인간적 면모를 미국인들에게 묘사해주었다. 싸움터로 가는 가족의 출발이나 아들과 아버지, 심지어는 딸이 실제 죽을지도 모를 상황에 직면해 있는 러시아인은 사랑하는 이가 출전하는, 같은 경험을 가진 미국인의 심금을 울렸다.[5]

통신원, 작가, 라디오 아나운서가 소련 사회의 현대적 성격과 나날의 생존 투쟁을 서술했다. 매체는 러시아 군대의 실력과, 잔혹 행위를 저지를 수 있는 무지막지한 적에게 꿋꿋하게 맞서는 영웅적인 러시아 군인에 관해 폭넓게 썼다. 그 글을 읽고 보는 미국인은 독일군이 러시아인에게 얼마나 악랄하고 비인간적으로 구는지를 깨닫게 되었다. 미국 매체는 독일군이 심지어 러시아인 가운데 가장 무고한 이들에게도 저지르는 잔학 행위를 설명해서 미국인 시청자에게 충격을 주었다. 글로 써진 그 서술을 잡지의 사진과 더불어 극장의 뉴스 영화가 선연하게 강조했다.[6]

시간이 흐르자 미국인은 독소전쟁의 경과를, 교전국들의 성격을, 독일과 소련의 최고 지도부를, 그리고 진행 중인 대대적 파괴를 속속들이 알게 되었다. 무엇보다도, 처음부터 미국인은 전쟁의 엄청난 규

---

* 1923년에 뉴욕에서 창간된 주간지. 미국에서 발행 부수가 가장 많은 주간지다.
** 1924년부터 1950년까지 간행된 미국의 시사 주간지.
*** 1922년에 뉴욕에서 창간된 대중 시사 잡지. 다른 신문과 매체에서 발췌한 글을 주로 실었으며 1년에 10번 간행되었다.

모와 나치 승리의 함축적 의미에 별로 의심을 품지 않았다.

미국인 수백만 명이 듣는 라디오 프로그램, 특히 「위대한 길더슬리브The Great Gildersleeve」,* 「피버 맥기와 몰리Fibber McGee and Molly」,** 「잭 베니 쇼Jack Benny Show」*** 같은 인기 프로그램이 러시아의 용감한 투쟁을 빈번히 언급했다.

나치 침공자와 소련 방어자 사이에 중대한 싸움이 펼쳐지자 초기 보도는 거의 전장의 작전에만 초점을 맞추었다. 그러나 차츰차츰 보도의 폭이 넓어져 사회적·경제적·정치적 주제와 인간의 공감을 불러일으키는 주제를 비롯한 더 광범위한 화제에 관한 숱한 기사가 포함되었다. 그 모든 기사가 소련에 관해서는 기껏해야 단편적이고 진부한 지식을 가진 미국 대중에게 극히 중요했다.

또한 미국인은 처음부터 독소전쟁을 맥락화하려고 노력해서 그 전쟁을 이전의 전쟁들과 비교함으로써 전쟁의 방향과 최종 결과를 감 잡으려고 시도했다. 스웨덴의 카를 12세****부터 나폴레옹,*****

---

* 「피버 맥기와 몰리」의 등장인물 길더슬리브를 내세운 파생 프로그램으로 1941~1958년에 방송된 미국의 라디오 시트콤.
** 실제 부부인 조던 부부가 맥기 부부로 나와서 1935~1959년에 큰 인기를 끈 미국 라디오 코미디 프로그램.
*** 코미디언 잭 베니를 중심으로 1932~1965년에 라디오와 텔레비전에서 방송되어 큰 인기를 누린 미국의 코미디 프로그램.
**** 스웨덴의 국왕(1682~1718). 1697년에 즉위한 뒤 군대를 키워 제2차 북방전쟁 초기 러시아에 승리했다. 그 뒤 폴란드를 꺾고 1708년에 러시아 원정에 나섰지만 패했다. 터키에 망명했다가 1715년에 귀국했다.
***** 프랑스의 통치자(1769~1821). 코르시카에서 태어났고 파리의 사관학교에 들어갔다. 프랑스혁명으로 출세할 기회를 얻어 젊은 나이에 장군이 되었다. 1799년에 쿠데타로 통령, 1804년에 황제가 되었다. 유럽을 석권했지만 1812년에 러시아 원정에서 패한 뒤 몰락했다.

파울 폰 힌덴부르크Paul von Hindenburg*에 이르는 고전적인 러시아 침공자들과 그들의 운명에 관한 이야기가 넘쳐났다. 분석가들은 나치와 튜턴기사단** 사이의 유사점을 놓치지 않았다. 맥락을 부여하려는 이 시도로 미국은 독일과 소련의 대결에 어떻게 대처해야 하는지를 깨달았다. 그 대결에서 소련의 전쟁 잠재력을 철저히 업신여기고 독일의 군사적 용맹성을 높이 치면서 품었던 초기의 경외감은 과연 그 전쟁이 어떻게 끝맺게 될 것인지에 관한 기대감으로 변했다. 소련의 전투 운이 오락가락하자, 독일군이 전진해서 소련군이 물러나지만 무너지지 않자, 독일군이 공세를 재개해서 다시 소련군을 밀어붙이지만 승리하지 못하자, 소련군이 차츰차츰 독일군을 저지한 다음에 힘겹게 느릿느릿 전진하자, 전쟁의 추동력이 독일의 손에서 소련의 손으로 넘어가자, 소련을 대하는 미국인의 태도가 바뀌었고 러시아인들과 그들의 역량을 존경하는 마음이 생겨나 커졌다. 전쟁의 부침이 이렇게 바뀐 데다가 미국도 참전하게 되자 미국인은 최근까지만 해도 —그럴 만한 이유가 있었지만— 극심한 회의와 의심을 품고 지켜봤던 한 나라를 받아들이고 심지어는 찬양할 마음의 준비를 했다.[7]

미국이 참전한 뒤에 소련과 새로 동맹 관계를 맺자 소련이 점점 더 존중되고, 돌이켜보면 순진하고 꼴사납게 보일 터이지만, 심지어

---

* 독일의 군인(1847~1934). 프로이센의 무인 가문 출신으로, 제1차 세계대전 초기 타넨베르크 전투에서 러시아군을 물리쳤다. 1916년에 참모총장으로 전쟁을 총괄 지휘했다. 1925년에 대통령에 당선되었고, 1932년에 히틀러를 총리에 임명했다.
** 1190년에 레반트에서 세워졌고 동유럽으로 근거지를 옮긴 뒤 발트해까지 세력을 뻗친 기사 종단. 러시아로 진출하다가 1242년에 블라디미르 대공 알렉산드르 넵스키와 싸워 패했다.

는 러시아인이 떠받들여지는 분위기가 조성되었다. 러시아 전선에 관한 기사는 이제 신문 1면 표제를 차지하지 못했지만 더 많은 제2차 세계대전 보도의 한쪽을 늘 차지했고, 그 보도로 가증스러운 적에 맞선 공동 투쟁의 싸움터에서 미국이 겪는 부침이 동맹국 러시아가 겪는 부침과 연계되었다.

이 맥락 안에서 미국 매체들은 동부전선의 중대한 전투를 신중하게 추적해서 이 격렬한 대결의 결정적 본성을 처음부터 인식했다. 독일군이 1941년 12월에 모스크바 앞에서 졌고, 소련군이 1943년에 스탈린그라드와 쿠르스크에서 성공을 거두었고, 소련군이 1944년 여름에 민스크 '고립지대' 전투 직후에 치고 나아가 동유럽으로 들어갔다는 것이 미국인을 위한 준거 틀을 만들어냈다. 매체와 여론조사에서 러시아의 이 승리들은 이 소름끼치는 전쟁에서 연합국을 위한 결정적 중간 기착지로 분명히 인정되었다.[8]

러시아의 싸움터에서 일어나는 사건이 미국의 태도를 빚어내면서 전쟁 동안에 하나의 패턴이 나타나기도 했다. 전쟁 초기에 나치가 극적인 성공을 거두고 소련이 줄줄이 패배를 겪다가 느릿느릿 성공적 저항으로 전환하고 차츰차츰 서방 연합군이 주도권을 잡는 상황이 미국이 소련과 소련 시민을 대하는 태도의 점진적 변화에 모두 거울처럼 반영되었다. 러시아인을 공포에 몰아넣는 나치 저거너트juggernaut*의 충격을 감안해서 미국인은 전쟁 전에 소련의 사회주의 실험 전체에 느끼던 적대감, 또는 최소한 양가감정에서 벗어나 연민을 품게 되었다. 미국인은 거북할지라도 중요한 동맹국을 마지못

---

* 너무나 막강해서 그 무엇으로도 막을 수 없는 군대를 일컫는 비유적 표현.

해 인정하고 마침내, 아무리 비현실적일지라도 자국과 똑같다고 상상하게 된 한 열강과의 협력을 열렬히 받아들이게 되었다. 전쟁이 끝날 무렵에 미국은 나치의 위협이 물러나고 소련군이 전진해서 강력한 소련이 동유럽에 새로 들어서자 전처럼 의심하게 되었다. 돌이켜보면, 주요 시사 잡지에 실린 예찬 조의 요시프 스탈린 표지 기사와 늘 보수적인 『리더스 다이제스트』에 실린 긍정적인 소련 기사가 입증하듯이, 미국이 동맹국 러시아에 보이는 열광은 1943년과 1944년에 최고조에 이르렀다.[9]

붉은 군대 지도자들

미국이 동맹국 소련에 품은 희망과 신뢰가 전쟁 동안 극적으로 자라났다. 1941년에 모스크바에서, 1943년에 스탈린그라드에서 독일군을 물리친 전투 뒤에 여론은 바르바로사 작전이 개시되었을 때 미국이 했던 붉은 군 평가와는 사뭇 달라졌다. 미국인은 1930년대 말엽에 일어난 스탈린의 붉은 군대 장교단 숙청을 적어도 어렴풋하게는 알았고, 소련이 1941년에 당한 초기의 엄청난 패배를 부분적으로는 대령 계급 이상 장교의 약 80퍼센트가 없어져 생긴 결손 탓으로 돌릴 수 있었다. 그러나 미국인은, 예를 들어 독일군이 아주 성공적으로 구사한 기갑전의 잠재력을 재빨리 간파한 몇 안 되는 소련군 사령관들 가운데 한 사람이었던 탁월한 혁신가 미하일 투하쳅스키 Mikhail Tukhachevskii*와 같은 사람의 손실이 남긴 혹심한 결과를 알았을 것 같지는 않았다.[10]

독일군의 소련 맹공이 1941년 말엽에 교착 상태에 빠지기 시작하고 난타당한 붉은 군대가 초기의 패퇴에서 살아남고 심지어 성공적 역공을 수행해내자, 독일군 지휘관들에게 오랫동안 익숙했던 미국인이 이제는 소련의 군 지도자들에 관한 글을 읽기 시작했다. 이유가 없지는 않았지만 소련 체제는 대체로 무시당해왔는데, 이 소련 장교들의 인물 소개는 널리 퍼져 있던 소련 체제에 관한 무지를 깨뜨리는 쐐기였다. 미국인은 소련이 1941년에 무너지지 않자 그 까닭이 알고 싶었다. 매체는 향후 여러 해에 걸쳐 숱하게 많은 보도로 그 호기심에 답을 해주었고, 그 보도는 종합해보면 소련 체제 안에 있는 놀라운 실력을 쓱쓱 묘사했다.

전쟁 초기에 세묜 티모셴코Semen Timoshenko**와 게오르기 주코프Georgii Zhukov*** 같은 소련군의 신진 사령관이 빈번히 크게 다뤄졌다. 스탑카Stavka(소련군 최고사령부)의 구성원이었고 뛰어난 고위 야전 사령관인 그 두 사람은 미국 대중에게 통하는 특성을 보여주었다. 그들은 미천한 환경에서 대두해서 능력과 실력으로 성공을 거두

---

* 소련의 군인(1893~1937). 제1차 세계대전 때 제정군 장교로 독일군과 싸우다 포로가 되었으나, 탈출했다. 내전기에는 붉은 군대의 야전 사령관으로 활약했고, 1920년에 러시아를 침공한 폴란드군을 물리쳤다. 1926년에 붉은 군대 참모장이 되어 군 현대화를 추진하다가 스탈린의 의심을 받고 숙청되었다.
** 소련의 군인(1895~1970). 1915년에 제정군에 입대했고 러시아혁명 뒤 붉은 군대에 가담해서 내전기에 야전 사령관으로 활약했다. 1940년에 핀란드군에 패하고 있던 붉은 군대를 수습해서 승리했고 군사인민위원이 되었다. 1942년 봄에 하르코프 공세에서 실패한 뒤 일선 지휘에서 물러났다.
*** 소련의 군인(1896~1974). 1918년에 붉은 군대에 가담해서 기병 장교로 활약했고, 1939년에 외몽골에서 일본군을 물리쳤다. 독소전쟁에서 탁월한 야전 사령관으로 스탈린의 신임을 얻어 최고사령관 대리가 되었다. 주요 작전을 입안하고 전선을 감독했으며, 1945년에 베를린을 점령했다. 1955년에 국방장관이 되었다.

었다. 젊을 때에는 글도 몰랐던 주코프가 붉은 군대의 최고 두뇌가 되었다. 마찬가지로, 베사라비야*의 농민 출신인 티모셴코는 혹심한 가난에서 벗어나 군사인민위원**이 되었다. 미국 언론은 용기와 군사 재능을 갖추었다며 티모셴코를 칭찬했다. 그는 독일군의 맹공을 버텨낼 수 있도록 "붉은 군대를 원활히 작동하는 기계로 탈바꿈"했다. "두 차례에 걸쳐 그는 … 히틀러의 최정예 군대를 만나서 물리쳤다. 1941년 모스크바 앞에서, 그리고 1943년 겨울에 노브고로드 근처의 일멘호수에서 말이다." 이 두 사람은 미국인에게 통하는 다른 특성도 공유했다. 그들은 —40대로— 젊었고 열렬한 애국자였다. 그 낱말의 모든 의미에서 이 두 러시아 사령관은 미국 대중에게서 공명을 불러일으켰다.[11]

미국 언론인은 소련군 지휘관이 쉽게 만날 수 있고 솔직하며 소탈하다는 데에도 놀랐다. 뱌즈마***의 전선을 방문한 윌리스 캐롤 모스크바 주재 통신원은 바실리 소콜롭스키Vasilii Sokolovskii**** 장군이 "여느 장교가 군사작전에 관해 말하는 것만큼 막힘없이 말했다"고 적었다.[12]

---

* 몰도바와 우크라이나 남서쪽 일부를 일컫는 역사적 명칭.
** 국방장관에 해당하는 소련 정부의 직책.
*** 러시아 스몰렌스크주의 소도시. 스몰렌스크와 모스크바의 중간에 있다.
**** 소련의 군인(1897~1968). 농민의 아들로 태어났고 1918년에 붉은 군대에 입대했다. 독소전쟁에서는 모스크바 공방전과 쿠르스크 전투에서 활약했고 주코프 장군의 신임을 받아 베를린 점령 계획을 입안했다. 전후에는 동독 주둔 소련군 부사령관을 지냈다.

붉은 군대 군인

통신원과 작가는 붉은 군대의 일반 병사에 관해서도 썼다. 싸우다가 죽는 존재인 평범한 군인이 러시아의 전쟁 수행 기구에서 중요한 요소로 떠올랐다. 다시 작가들은 일반 병사를 러시아 군사사의 더 큰 맥락에 놓았다. 제정러시아의 위정자와 달리 소련의 위정자는 모든 병사가 글을 읽고 쓸 줄 알도록 만들었다는 인상이 독자에게 남았다. 읽고 쓸 줄 아니까 그들은 더 나은 군인이 되었고 붉은 군대는 이제는 문맹이 아닌 군인이 이해할 수 있는 더 중대한 문제를 해결하는 훈련에 전념할 수 있게 되었다. 실제로, 부대에는 진중陣中 문고가 있어서 부대원이 톨스토이 같은 주요 러시아 작가의 작품을 읽을 수 있었다. 클리멘트 보로실로프Kliment Voroshilov* 육군 원수에 따르면, 붉은 군대에서는 독서 모임이 흔해서 1,900개가 활동했고, 장서량은 모두 합쳐 2500만여 권이었다.[13]

붉은 군대는 병사들의 건강 유지에도 재원을 아끼지 않았다. 붉은 군대 병사가 분명히 제1차 세계대전 시기 러시아군 병사보다 좋은 옷과 장비를 가지고 있어서 러시아 북쪽 위도의 특징인 극단적인 날씨를 견뎌낼 수 있다는 것이 미국 독자에게 알려졌다. 러시아군은 혹심한 눈보라 속에서 공격을 자주 펼친 반면에 독일군에게는 벙커라는 안전한 곳에 숨는 버릇이 있었다.[14]

또 다른 설명은 부상병이 응급치료를 받는 야전병원의 실정을 독

---

* 소련의 정치가(1881~1969). 노동자 출신으로 1903년부터 반체제 활동을 했고, 내전기에 스탈린과 인연을 맺었다. 1925년에 소련 군사인민위원이 되었고, 1940년에 겨울전쟁 실패를 책임지고 물러났다.

자에게 알려주었다. 미국인은 붉은 군대가 부상병 치료에 자원을 꽤 많이 쏟는다는 것을 사진에서 읽고 볼 수 있었다. 캐롤에 따르면, 이 시설은 흠잡을 데 없었고 부대원을 잘 보살펴주었다. 미국인 저자들은 이 치료소를 자국의 치료소와 우호적으로 비교했다.[15]

독자는 여러 전장에서 싸우는 러시아 군인의 사진을 볼 수 있었다. 『라이프』에 독일군 거점*을 공격하는 러시아 보병부대의 사진 한 장이 실렸다. 영화 관객은 같은 사진을 볼 수 있었지만 「타임의 행진The March of Time」 연속 단편영화**의 일부로, 즉 「전쟁의 하루One Day of War」***로서 보았다. 『타임』에도 1943년의 한 전역戰役에서 싸우는 소련 군대의 사진 한 장이 실렸다. 『타임』 편집진은 이 군대가 1942년 군대에 비해 크게 개선되어서 독일국방군을 물리칠 역량을 충분히 갖추었다는 점을 넌지시 짚었다.[16]

월터 커Walter Kerr****는 자기 글을 읽는 미국 독자를 위해 러시아 군인의 투지를 언급하면서 다음과 같이 썼다.

당신이 모스크바에서, 또는 전선에서 저 사나이들을, 중키에 몸이 다부지고 … 모두 체격이 좋은 사나이들을 배웅할 수 있었더라면 좋으련만. 그들은 자기가 죽을지 살지 신경 쓰지 않고 싸우는 짐승이 아니었다. 그들은 살고 싶어 했다. 그들은 고향에 있는 가족에게 가고

---

* 고립되어 있어도 일정 기간 독자적으로 작전을 수행할 수 있도록 자동화기로 무장한 요새화 진지.
** 『타임』의 후원으로 제작되어 1935~1951년에 영화관에서 상영된 미국의 단편영화.
*** 「타임의 행진」 1943년 1월분 단편영화.
**** 미국의 작가(1913~1996). 대학에서 연극을 강의하다 연극, 뮤지컬, 무대공연, 영화에 관한 글을 썼고, 여러 언론사에서 예술 비평가로 일했다.

싶어 했다. 하지만 그들은 죽기를 두려워하지 않았다.[17]

다른 관찰자들은 독일군이 전쟁 초기에 러시아의 완강함에 보인 반응을 찾아내서 거듭 언급했다. 독일군은 러시아 군인이 심지어 포위되었을 때조차도 극심한 열세에 아랑곳하지 않고 싸운다고 한탄했다. 적의 전선 뒤에 갇힌 군인들 가운데 다수가 독일군을 끊임없이 괴롭히는 파르티잔*으로 변신했다. 러시아 보병도 부대를 이루든, 고립되어 단독으로든 잘 싸웠다. 대조적으로, 한 서방 통신원에 따르면 독일 보병은 자기 부대와 단절되면 겨울 날씨나 험난한 지형과 마주쳤을 때 어쩔 줄 몰라하며 버둥대고 허둥댔다.[18]

붉은 군대의 무기

붉은 군대 장병의 전투에 관한 설명에는 러시아가 개발하여 적 독일군을 상대로 전개한 전차부터 대포와 항공기까지 갖가지 무기에 대한 찬탄도 들어 있었다. 이 무기들은 러시아의 생존과 성공에 필수 불가결했다. 그 무기들은 독일군의 승리라는 끊임없는 압박 아래서 설계되어 생산되었다. 해설가들은 전쟁이 진행되면서 소련이 도입하고 자주 개량한 신형 전차에 주목했다. 러시아가 수천 대씩 생산할 T-34 중형 전차**는 붉은 군대의 주력 전차가 되었고 1942년 이

---

* 적군의 후방에서 싸우는 비정규군의 부대원. 주로 러시아와 동유럽 지역의 저항군 부대원을 가리킨다.

후 공세에서 SU-85*와 SU-100** 같은 다양한 돌격포와 함께 선봉에 섰다.[19]

이 무기들이 대거 등장하자, 소련은 1930년대의 전술 혁신과 전장 경험에 바탕을 둔 효과적 제병협동諸兵協同 교리를 개발했다. 초기의 전차 모델이 부적절했고 독일군이 제병협동 전술을 그토록 효과적으로 구사할 때까지 그 전술의 진가를 알아낼 능력이 처음에는 러시아군에게 없었다는 점을 감안하면, 이 성취는 대단한 위업이었다. 해설가들이 미국 독자를 위해 관찰한 대로, 러시아 사령관들은 이 무기들을 다루는 인상적인 기량을 1944년까지 개발해냈다. 예를 들어, 코네프 육군 원수는 "예하의 전차를 이용해서 전투도 하고 수송도 했다. 그가 아끼는 전차는 T-34인데, 이 전차는 접지면이 넓고 최저지상고***가 높고 기관단총병들을 태우고 연료통을 옆에 매달았다."[20] (이 인용문은 미국인 통신원의 군사 문제 지식이 얼마나 적었는지를 보여준다. 전차의 양 옆면에 매달린 연료통은 불이 붙어 터지기 일쑤였고 전차의 바깥 면에 부대원을 태우는 것은 화물차가 모자란 탓에 나온 궁여지책이었다.)

사진에도 전쟁 말엽에 러시아 군인을 이끌고 적국 영토 안으로 들어가는 T-34 전차의 힘이 포착되어 있었다. 『타임』은 붉은 군대가

** 1940년부터 실전에 투입된 소련의 주력 중형 전차. 대량 생산이 가능하면서도 독일 전차를 능가하는 성능을 지녀 소련의 승리에 크게 이바지했다.

* Samokhodnaia ustanovka 85의 약칭. 지름 85밀리미터의 주포를 장착한 1943년의 붉은 군대 자주포.

** Samokhodnaia ustanovka 100의 약칭. 지름 100밀리미터의 주포를 장착한 1944년의 붉은 군대 자주포.

*** 접지면부터 차량의 가장 낮은 부분까지의 높이.

점령한 첫 독일 영토인 동프로이센에서 패잔병을 소탕하는 러시아 군 전차와 기관단총병들의 사진 한 장을 큼지막하게 실었다. 또 다른 사진은 「그들은 묵사발을 낸다」는 자극적인 설명글 위에 러시아 기갑부대의 모습을 보여주었다. 미국 독자는 러시아군이 전쟁 초기 단계의 독일군만큼 똑같이 효율적인 기갑기동전의 달인이 되었음을 차츰차츰 알게 되었다.[21]

미국인은 러시아 포병이, 특히 강인하고 노련한 니콜라이 보로노프Nikolai Voronov* 장군 예하 포병이 맡은 역할의 진가도 알게 되었다. 포병은 붉은 군대에서 구원의 병과兵科임을 스스로 거듭 입증했다. 1919~1921년의 내전 이후 붉은 군대에서 돋보였던 포병은 보로노프의 지휘 아래서 실제로 진가를 발휘했다. 러시아군이 재앙을 거푸 겪던 전쟁 초에 포병은 무기가 늘 모자랐는데도 거듭해서 상황을 구할 수 있는 단 하나의 병과였다.

보로노프의 효율적 통솔로 포병대원의 자질이 눈에 띄게 개선되었다. 그는 무능한 장교를 쫓아내고 포병 교범을 다시 쓰고 혁신적 전술을 요구했다. 그는 근접 포격을 하라고, 독일국방군 부대에게 포위되었을 때에는 무슨 수를 써서라도 저항하라고 부하들을 다그쳤다.

미국인은 맨 처음에는 1941~1942년의 모스크바 앞에서, 다음에는 스탈린그라드 작전에서, 전쟁 말엽에는 소련의 성공적 공세에서 그의 결정적 역할을 거듭 알게 되었다. 러시아군이 쓰는 대포의 유형

---

* 소련의 군인(1899~1968). 1918년에 붉은 군대에 입대한 뒤 내전에 참여했다. 1941년부터 붉은 군대의 포병부대장이 되어 여러 전선에서 승리에 이바지했다. 전후에는 포병과학학교를 세워 교장을 맡았다.

과 보로노프가 아끼는 병기인 카튜샤Katiusha,* 즉 '스탈린의 오르간'
이라는 별명이 붙은 다연장로켓포도 기사에서 설명되었다. 실제로,
1944년 봄에 미국의 영화 관객은 붉은 군대의 우크라이나 고멜**
공격에서 전개되는 이 무시무시한 병기를 보았다. 모두들 이 전투 병
기의 위력에 큰 인상을 받고 영화관을 나섰다.[22]

끝으로, 미국인은 소련 공군의 공훈도 지켜보았다. 1942년 5월에
찍힌 극적인 사진 한 장에서, 미국인은 결연한 러시아군 비행대원 한
명이 설명글에서 "막강한 시투르모빅Shturmovik***"이라고 불린 것을
타고 독일군 목표를 덮치는 모습을 보았다. 그 설명글에는 혁신적인
'로켓 폭탄'과 강력한 단발 엔진을 장착한 가장 성공적인 소련 전투
기 가운데 하나인 시투르모빅의 특성도 자세히 설명되어 있었다.[23]

통신원들은 미국 대중에게 소련이 1941년 6월에 독일군의 기습
공격으로 산산조각 난 공군을 재건하는 엄청난 과업에 직면했다고
말했다. 공중엄호가 싸움터에서 결정적이었으므로 러시아에게 공군
의 우선순위는 높았다. 1944년이 되면 미국인은 신형 비행기를 개발
하는 설계자들에 관해 알게 되었고, 소련이 1930년대에 공군력 이
론의 선구자였으며 대규모 낙하산병 강하를 실행할 최초의 주요 열
강임을 깨달았다. 소련은 급하게 설계도와 재료를 마련한 다음에 신
형 항공기를 대량 생산했으며, 그 신형 비행기로 전쟁 도중에 끝내

---

* 소련군의 다연발 로켓 발사 장치에 소련 병사들이 붙인 애칭. 로켓을 적재한 차량
에 붙은 상표(K)와 전쟁기에 유행한 같은 제목의 노래에서 비롯된 애칭이다.
** 오늘날 벨라루스의 남동부에 있는 도시. 벨라루스어로는 호멜.
*** 세르게이 일류신이 설계해서 1941년에 도입된 뒤 제2차 세계대전 시기를 통틀
어 가장 많이 생산된 소련의 주력 공격기. 시투르모빅은 공격기를 뜻하는 일반명사
이며 흔히 일류신 IL-2로 불렸다.

공중 우세[*]를 차지했다. 미국인은 이 비행기를 —더불어 미국 회사가 제작한 비행기도— 모는 조종사들과 그들이 독일군을 상대로 세운 공훈에 관한 이야기를 자주 들었다.[24] 사실은, 이미 1943년 7월에, 벨 항공사Bell Aircraft Corporation의 래리 벨 회장이 P-39 벨 에어라코브라Bell Aira Cobra를 몰고 공훈을 세워 '소연방 영웅' 훈장을 세 번이나 받은 소련군 최고 에이스 알렉산드르 포크리시킨Aleksandr Pokryshkin^{**} 대령에게 축하 편지와 회중시계를 보냈다.[25]

1944년에 『타임』은 주요 기사 한 편을 소련 공군과 혁신적인 사령관 알렉산드르 노비코프Aleksandr Novikov^{***} 원수에 할애했으며, 그의 사진이 그달 호의 표지에 나왔다. 러시아의 곤경을 이해한 그는 전략폭격 공군이라는 발상을 버리고 근접지원 항공기의 제작을 다그쳐서 성공했다. 그는 단순한 설계와 가능한 한 많은 항공기를 원했다. 그의 발상은 적중했다.[26]

---

* 어느 지역에서 아군 항공부대가 적 항공부대의 방해를 받지 않고 육상·해상·공중 작전을 펼칠 수 있는 우월도.
** 소련의 군인(1913~1985). 1932년에 공군에 입대했고, 전투기 조종사가 되었다. 새 전술 교리를 개발하고 낡은 교리를 비판하다 처벌될 뻔했지만, 결국은 인정받았다. 최고 에이스였고 공훈의 3분의 2를 미제 P-39를 몰면서 세웠다. 공군 원수까지 진급했다.
*** 소련의 군인(1900~1976). 1919년에 보병으로 붉은 군대에 입대했고, 1933년에 공군으로 이전했다. 1937년에 숙청되었다 곧 복권되었다. 1942년에 공군 총사령관이 되어 공군을 재건해서 승전을 이끌었다. 전후에 체포되어 수감되었고, 스탈린이 죽은 뒤 풀려났다.

소련 경제

붉은 군대가 싸움터에서 거두는 성공은 군인과 국민을 먹여 살리는 소련 농업의 생산 역량에, 그리고 전선의 군인과 독일군 배후에서 활동하는 파르티잔을 무장하는 소련 공업의 생산 역량에 더 달려 있었다. 미국의 각종 매체는 소련 경제, 그 배경과 장단점, 그리고 총 공업생산력을 크게 신경 써서 서술했다. 미국인은 농업 체계와 산업 기반시설을 성공적으로 건설하려는 소련의 노력을 상당히 많이 알게 되었다. 기자 및 다른 관찰자는 전시 보안과 소비에트 국가의 변함없는 기밀 유지 성향을 고려해서 미국 대중에게 가능한 한 상세히 묘사해주었다. 분명히, 미국인은 1930년대 동안 경제를 공업화하고 농업도 집산화 노선에 따라 개편하려는 소련의 노력을 웬만큼은 알고서 전쟁에 들어섰다. 미국의 엔지니어, 자동차 제조사, 숙련 노동자, 그리고 이따금 탐방객이 1930년대 동안 소련에서 일했고 소련을 방문했으며, 이러한 노력의 결과를, 아니면 적어도 소련 당국이 보여주고 싶어 하는 것을 직접 보았다. 그러나 1941년에 『포춘』 기사의 필자는 미국이 소련 경제의 작동 방식, 위치, 역량을 비교적 잘 이해하지 못했다고 주장했다.[27]

『리더스 다이제스트』와 『라이프』처럼 『포춘』보다 대중적인 잡지에는 더 폭넓은 독자층을 위해 소련 경제를 서술하는 기사들이 실렸다. 이 기사들은 전쟁 내내 보도되어서 러시아의 공업과 농업의 역동성을 일반 대중에게 설명했다. 『라이프』는 러시아의 한 마을과 그 지역의 집단농장에서 일하는 사람들을 특집 기사로 다루었다. 이 마을에 관한 서술은 농업 집산화 동안에 자행된 부농 박멸에 무비판적이지는 않았으면서도 이 폭력적 전환을 소련이 자국의 군대와 국민을 먹여 살릴 역량의 토대로 받아들였다. 글쓴이는 집단농장의 각 가정이 자기 집과 채소를 재배하는 개인 텃밭을 가지고 있다는 점도 미국인의 머리에 떠올려주었다. 『라이프』에서 묘사된 집단농장처럼 규모가 큰 집단농장은 농업 기계를 얻을 가능성을 활용했다. 이렇게 기계와 대규모 경작이 결합되면서 수확이 늘었고, 그 덕에 전시에 러시아 국민과 군인이 버텨냈다.[28] 글쓴이는 그 글에 「나라를 먹여 살리는 집단농장」이라는 제목을 붙였다. 독자는 미국의 농업과는 사뭇 다르지만 아직은 생산성이 꽤 높아 보인다는 러시아 농업의 이미지와 서술을 봤다.[29] 그러나 이따금 미국의 매체는 두 체제에 큰 차이점이 있는데도 러시아인을 미국인처럼 보이도록 만들려는 유혹을 떨쳐내지 못했다. 이것의 좋은 일례가 1943년에 개봉되어 아카데미상을 받은 전쟁 영화 「북극성The North Star」*인데, 이 영화에서 소련의 한 집단농장의 주민은 캔자스주의 가족농 농부들과 빼닮았다.

단연 가장 빈번하게 다뤄진 기삿거리는 소련이 시베리아의 우랄 지역에서 이룬 성취였다. 여기에 러시아인은 석탄과 철광석부터 망가니즈와 주석까지 이 지역의 풍부한 천연자원을 활용할 용도로 새로운 공업단지를 건설했다. 통신원들은 그 지역의 역사를, 그리고 그 지역이 소련의 생존과 궁극적 승리에 계속 중요하다는 점을 미국인에게 알렸다. 미국 독자는 주요 공업 중심지와 대규모 원료 매장층의 위치

* 몰도바 태생의 유대계 미국인인 루이스 마일스톤 감독이 제작해서 1943년 12월에 개봉한 영화. 우크라이나의 한 마을 주민들이 파르티잔이 되어 싸워서 독일군을 물리친다는 내용이다. 1944년 아카데미상 여섯 개 부문에 후보로 올랐지만, 이 책의 설명과는 달리 수상은 하지 못했다.

를 정확히 짚어주는 지도를 보고 우랄 지역의 풍부한 자원과 소련의 전쟁 수행 노력을 뒷받침할 무궁무진한 역량을 알아볼 수 있었다.[30]

미국인은 이 도시들과 거대한 공업 활동을 사진으로 보고 즐거워했다. 미국인은 마그니토고르스크*에서처럼 전차, 기관차, 기타 전시 필수물자의 생산에 관여하는 현장 노동자들의 사진을 보았다. 이 생산이 러시아 군대를 지탱하는 일에서 맡은 결정적 역할을 알아채지 못할 이는 없었다. 이 사진들에서 미국인은 여자가 중공업 공정의 극히 중요한 일부로 분투하는 모습도 볼 수 있었다. 총력전은 신체 건강한 개인은 모두 참여해야 했다. 미국인의 머리에는 자기 나라의 리벳공 로지Rosie the Riveter** 사진이 떠올랐다. 이 공업도시의 더 인간적인 면을 보여주려는 노력의 일환으로, 편집진은 노동자와 그의 가족이 빡빡한 일정에서 짜낸 얼마 안 되는 자유 시간을 즐기는 강변 산책로, 주택, 공원을 원경으로 찍은 사진도 집어넣었다.[31]

서방 적국이 와 닿지 못하는 먼 곳에 공업단지를 세운다는 스탈린의 결정 덕분에 소련은 전쟁의 참상을 버텨내고 살아남을 수 있었다. 러시아의 일부 원료와 다수의 공업단지와 수력발전 시설은 모스크바 서쪽과 우크라이나에 있었기 때문에 독일군에게 빠르게 점령당했다. 우랄 지역의 막대한 자원과 경제 시설이 없었다면, 러시아는 결코 이런 규모의 손실에 대처하고 총력전의 막대한 경제적 요구를 충족할 수 없었을 것이다.[32] 소련을 방문한 미국의 저명인사들은

---

* 우랄산맥 동쪽 기슭에 있는 도시. 철광석의 산지였고 1930년대에 소련 철강공업의 중심지로 급성장했다.
** 제2차 세계대전 때 군수공장에서 전쟁 물자를 생산하는 미국 여성을 대표하고 상징하는 이미지.

소련이 전시에 이룩한 성과에 관한 언론의 평가를 확인해주었다. 미국 상공회의소의 에릭 존스턴Eric Johnston* 소장과 언론인 겸 작가인 리처드 라우터바크Richard Lauterbach**가 1944년에 소련의 우랄 지역을 찾아갔다. 그들은 마그니토고르스크와 노보시비르스크***부터 옴스크****와 타슈켄트*****까지 핵심 도시의 공단을 돌아다니고는 "러시아인이 엄청난 일을 해냈다"는 결론을 내렸다. 그 두 사람은 공장과 광산, 기타 산업 현장에서 일하기 위해 이주해온 수많은 젊은 남녀와 마주쳤다. 그들은 제조업 중심지인 노보시비르스크를 시카고에 견주면서 그 도시가 세계 최고의 중심 도시들 가운데 하나라고 주장해서, 미국 독자를 위해 낯익은 비교를 해준 셈이다. 노보시비르스크의 미하일 쿨라긴Mikhail Kulagin****** 공산당 간사가 그들의 서술에서 사실상 미국인의 원형으로 등장한다.[33]

··· 억세고 다부진 마흔세 살. ··· 그의 외모와 행동은 짐 캐그니*******와 로터리 클럽******** 접대원을 섞어놓은 사람 같았다. 정

----

* 미국의 기업가(1896~1963). 제1차 세계대전에 해병대원으로 참전했고 시베리아 간섭군이 되어 러시아에 발을 디디기도 했다. 1934년에 상공회의소 소장에 선출되었고, 공화당원이었지만 제2차 세계대전 시기에 루스벨트 대통령을 도와 전쟁을 수행했다.
** 미국의 언론인(1914~1950). 『타임』 기자로 스탈린에게 우호적이었으며, 제2차 세계대전 때 『타임』 모스크바 지국장이었다.
*** 러시아의 시베리아 중부에 있는 시베리아 최대 도시.
**** 러시아의 시베리아 서부에 있는 시베리아 제2의 도시.
***** 중앙아시아 우즈베키스탄의 동부에 있는 도시.
****** 소련의 당 관료(1900~1956). 1918년에 붉은 군대에 입대했고 내전 이후 여러 지역에서 당 직무를 맡았다. 1942~1949년에 공산당 노보시비르스크주 위원회 수석간사로 일했다.

치적으로 그는 일종의 러시아판 짐 팔리Jim Farley*여서 등을 두드려 주고 악수를 하며 모두가 그를 알고 그와 사적으로 말을 나누고 싶어 한다. 쿨라긴은 자기의 오랜 벗인 행크 월리스와 돈 넬슨에게 자기 안부를 전하는데, 그들은 러시아 여행을 하는 동안 그를 만난 적이 있다.[34]

존스턴만큼 평판이 좋은 사람들과 유명한 라우터바크는 소련의 산업 역량에 관한 주장에 신뢰감을 주었고 미국 독자가 자국의 동맹국이 새로 얻은 경제력을 믿도록 거들었다.

스탈린

제2차 세계대전 초에 스탈린은 레닌부터 이반 뇌제**까지 죽 거슬러 올라가는 기나긴 폭군의 계보에서 가장 최근의 폭군이라는 평판을 얻었고, 그런 평판을 얻어 마땅했다. 보수 잡지 『아메리칸 머큐리 *The American Mercury*』***의 유진 라이언 편집장은 한 책에서 스탈린을

******* 미국의 배우(1899~1986). 연극배우였다가 영화계에 진출했다. 다양한 연기로 찬사를 받았지만, 영화사상 최고의 터프가이로 명성을 누렸다.
******** 사회봉사와 국제 친선을 목적으로 1905년에 시카고에 설립된 단체.
* 미국의 정치가(1888~1976). 가톨릭을 믿는 아일랜드계 시민으로서는 처음으로 성공한 정치가였고, 민주당의 뉴욕주위원회와 전국위원회의 의장을 지냈다.
** 러시아의 군주(1530~1584). 정식 호칭은 이반 4세. 1533년에 즉위했고 1547년부터 실권을 행사했다. 카잔과 아스트라한을 정복해서 영토를 넓혔으며, 중앙 권력을 강화하고 1565년부터 공포정치를 펼쳐 귀족을 탄압했다. 만년에는 정신이상에 시달렸다.

가리켜 "오늘날 세계정세를 지배하는, 칙칙한 낯빛에 마맛자국이 있고 느릿느릿 움직이는 아시아 사람"이라고 불렀다.[35]

그러나 소련이 침공당하면서, 특히 진주만이 기습당하고 히틀러가 미국에 선전포고를 해서 소련이 동맹국이 된 뒤에는 스탈린을 대하는 미국인의 태도가 바뀌었다. 미국에는 미국인이 잘 모르는 나라를 그 나라 지도자의 형상으로 의인화하는 경향이 있으므로, 곧 스탈린은 약탈자 나치의 파괴 행위에 저항하는 러시아 국민의 미덕을 구현하는 인물이 되었다. 그는 상냥한 통치자 역을 맡았다.

이것은 과소평가임이 드러났다. 한 영국 통신원은 스탈린을 "보름에 두 번 부르는 친절한 이탈리아인 정원사처럼 보인다"고 평했다. 미국인 수백만 명에게 스탈린은 그냥 '조 아저씨Uncle Joe'*가 되었다. 이 상냥한 인상을 『타임』, 『룩』**, 『라이프』처럼 독자가 아주 많은 잡지에 나오는 스탈린의 표제 기사가 더 키웠다. 실제로, 1944년도 『룩』의 한 표제 기사의 제목은 「조라는 사람: 스탈린의 지식은 항공기와 비누를 망라한다」였다. 군복 차림의 "그는 방공복 차림**의 윈스턴 처칠Winston Churchill***을 꽤나 초라해 보이게 만들었다. … 특전을

<hr>

*** 1924년부터 1981년까지 뉴욕에서 간행된 월간지. 논조가 1940년대에는 보수주의, 1950년대에는 반유대주의였다.

* 스탈린의 이름인 요시프에 해당하는 영어 이름이 조지프이며 조지프의 애칭이 조이므로, 스탈린을 친근하게 '조 아저씨'라고 불렀다.

** 1930년대에 웃옷과 아래옷이 붙어 있어서 입고 벗기가 편한 방공복을 고안한 처칠은 제2차 세계대전 시기에 방공복을 대중화하려고 이 옷을 입고 유명 인사들과 자주 만났다.

*** 영국의 정치가(1874~1965). 귀족 가문에서 태어났고 1900년에 하원의원이 된 뒤 요직을 두루 거쳤다. 1940년 5월에 총리가 되어 독일에 굴하지 않고 싸웠다. 종전 직후 총선에서 참패해서 사임했다가 1951년에 복귀했다. 세계대전 회고록을 써서 노벨문학상을 받았다.

얻어 스탈린과 이야기를 나누었던 사람치고 그의 지력, 즉 그가 지닌 엄청난 정보량에 인상을 받지 않은 이는 거의 없었다." 그는 항공학을 알았고 비누 포장지를 알았다. 그는 시투르모빅 전투기 사양을 모조리 꿰고 있었으며, 제임스 페니모어 쿠퍼James Fenimore Cooper*의 책도 읽었고 젊을 적에는 시인이었다.[36]

새로 발견된 스탈린의 개성과 미덕을 넘어서, 그는 다른 그 무엇보다도 히틀러에 맞선 전쟁에서 그가 올린 성과로, 그리고 더 나아가 그의 국민이 올린 성과로 엄청나게 높은 평판을 누렸다. 바로 이 공적으로 말미암아 『타임』은 스탈린을 '1942년 올해의 인물'로 삼았다. 그 기사의 도입부는 다음과 같았다.

1942년은 피와 힘의 한 해였다. 러시아어로 강철을 뜻하는 이름을 가진 사람, 아는 영어 낱말 몇 마디에 '터프 가이tough guy'가 있는 사람이 1942년의 인물이었다. 요시프 스탈린만이 러시아가 1942년 패배에 얼마나 가까이 있는지 알았고, 요시프 스탈린만이 자기가 러시아를 곤경에서 어떻게 구해낼지를 완벽히 알았다.

미국인에게 낯익은 지도자인 루스벨트, 처칠, 장제스蔣介石**의 업적조차 스탈린의 업적에는 미치지 못했다. "그러나 장제스, 처칠, 루

---

* 미국의 작가(1789~1851). 식민지 시절 미국 변경과 인디언의 삶을 주제로 한 역사소설을 주로 썼고, 독자적인 미국 문학을 만들어냈다.
** 중국의 정치가(1887~1975). 일본에서 공부하다 귀국해서 신해혁명(辛亥革命)에 가담했다. 쑨원이 죽은 뒤 국민당을 장악하고 북벌을 시작했다. 1927년에 공산당을 압살하고 이듬해에 국민당 정부를 중국 정부로 선언했다. 일본이 중국을 침공하자 일본군과 싸우면서도 공산군 추격에 몰두했다. 1949년에 타이완으로 쫓겨났다.

스벨트의 1942년도 업적은 1943년까지 결실을 보지 못할 것이다. 그리고 그 업적은, 제아무리 값지더라도 요시프 스탈린이 1942년에 해낸 것에 비하면 어쩔 도리없이 초라하다."[37]

1943년 3월에 『라이프』는 한 호를 통틀어 러시아에 할애했다. 스탈린이 표지를 장식했다. 발행인인 헨리 루스의 이름난 반공산주의 입장을 고려한다면 무척 놀랍게도, 한 역사가의 표현을 빌리면, 이것은 "사람들이 자기 모국을 칭송할라치면 국수주의로 비난받을까봐 주저하는 공산주의 체제의 러시아를 칭송하는 두툼한 『라이프』한 호"였다.[38]

미국인은 미국에 관한, 특히 미국 군사사에 관한 스탈린의 지식이 언뜻 언급되면 우쭐해했다. 1942년에 스탈린은 한 미국 장군에게 "티모셴코는 나의 조지 워싱턴George Washington*입니다"라고 말했다. 그는 "주코프는 나의 조지 맥클렐런George B. McClellan**이고요. 그는 맥클렐런처럼 늘 더 많은 병력, 더 많은 대포, 더 많은 총을 원합니다. 더 많은 항공기도요. 그는 만족을 모릅니다. 하지만 … 주코프는 전투에서 단 한 번도 진 적이 없지요"라며 눈치 빠르게 말을 맺었다. 맥클렐런이 주요 전투에서 이긴 적이 한 번도 없다는 점을 지적하기에는 너무 예의가 발랐던 것이다. 그 소련 지도자를 만났던 미국의 저명인사들이 스탈린의 긍정적 이미지를 보강했다. 1943년의

* 미국의 군인(1732~1799). 버지니아주의 농장주였고 영국군에 들어가 프랑스군과 싸웠다. 1775년 독립전쟁에서 대륙군 총사령관으로 영국에 맞서 싸웠다. 1789년에 미국의 초대 대통령으로 선출되었다.
** 미국의 군인(1826~1885). 미국내전에서 북부연방군의 장군이었고, 1861년 11월부터 이듬해 3월까지 북부연방군 총사령관이었다. 잇따른 패전으로 혼란에 빠진 북부연방군을 재정비해서 되살려냈다.

엄청난 베스트셀러 『하나의 세계One World』* 저자인 웬델 윌키Wendell Willkie**는 1942년에 2주 동안 모스크바를 방문했고, 거기서 스탈린을 만났다. 그 책에서 비롯된 여러 파생 기사의 하나에서, 예전에 대통령 후보였던 윌키는 (그 기사의 표제인) "만나서 반갑습니다, 윌키 씨"라는 스탈린의 인사부터 "이것은 내 생각에 한 현인의 슬기로운 말이었다"는 최종 평가까지 자기와 그 독재자의 만남을 서술했다.[39] 그러나 달리 보면, 다행히도 1944년에 세상을 뜬 윌키는 에릭 존스턴 미국 상공회의소 소장에 버금가는 대책 없는 낭만적 몽상가였다.(도판 2) 그렇지만 존스턴이 받은 스탈린의 인상은, 비록 그가 미래에 조금 더 회의적이었을지라도, 윌키가 받은 인상과 크게 다르지 않았다. 존스턴은 다음과 같이 썼다. "우리가 등화관제가 된 모스크바 거리를 자동차를 타고 갈 때, 나한테는 이 사람의 존재가 여전히 느껴졌다. 그의 퉁명함, 그의 솔직함, 그의 익살은 나의 호기심을 자아냈다. 그는 냉철하게 시종일관 현실적이었다. 그는 형용사나 최상급을 별로 쓰지 않았다. … 그렇다, 스탈린이 옳았다. 전쟁은 우리를 한데 묶었다."[40]

이 모든 찬사가 똑똑 흘러내려 보통 사람들을 적셨다. 미 해군의 한 이등병이 스탈린을 올해의 인물로 삼겠다는 『타임』의 결정에 갈

---

* 루스벨트 대통령의 개인 특사로 1942년 가을에 연합국을 순방한 윌키가 각 연합국 국민과 지도자의 인상을 정리해서 이듬해에 펴낸 책. 미국이 고립주의에서 벗어나야 하며, 제2차 세계대전 이후에도 다른 국가들과 협력해야 한다는 주장이 담겨 있었다.

** 미국의 정치가(1892~1944). 법률가, 기업가로서 민주당원이었지만 1939년에 공화당에 입당했다. 이듬해에 대통령 선거에 나섰지만 루스벨트 대통령에게 졌다. 미국이 제2차 세계대전에 참전해야 한다고 주장했고 전쟁 동안 루스벨트에게 협조했다.

〔도판 2〕 (왼쪽에서 오른쪽으로) 요시프 스탈린을 방문했던 에릭 존스턴 미국 상공회의소 소장과 토머스 듀이 공화당 대통령 후보 지명자. 1944년 7월 21일 뉴욕주 올버니. UPI 사진.

채를 보내면서 『타임』에 다음과 같은 편지를 써 보냈다.

요시프 스탈린을 올해의 인물로 선정해서 『타임』은 정곡을 제대로 찔렀을 뿐만 아니라 단번에 찔렀습니다. 스탈린은 러시아 인민을, 그들의 정체성을, 그들이 해낸 모든 일을, 그들이 그 일을 해낸 방식을, 그들의 배짱과 애국심을, 그리고 그들이 전쟁을 벌이는 한 나라의 지도자로서 그에게 바치는 철저한 충성을 상징합니다. 독일인은 지독하게 싸웁니다만 러시아 인민은 모두 다 악착같이 싸우고 있으며, 그들의 싸움은 스탈린의 이름을 걸고 이루어집니다. 우리가 스탈린의 통치 형태에 동의하든 안 하든, 1943년에는 이 거인에게 기대를 걸고 그의 의미와 악착같은 싸움을 주시합시다.[41]

인간화

1930년대 러시아에 관한 할리우드 영화는 흔히 소련 체제와 소련 인민을 명확히 구분했다(그 둘이 사실상 동의어로 여겨진 1950년대에는 일어나지 않은 일이었다). 이 사실로 말미암아 미국은 러시아인을 제2차 세계대전 동안에 인간화(하고, 상응해서, 냉전 동안에는 비인간화)할 수 있게 되었다. 미국은 여러 복잡한 방법으로 그렇게 했는데, 그 가운데에서 가장 중요한 방법은 러시아인과 미국인 사이의 유사점을 찾아내는 것이었다.[42] 불일치 속의 일치에 관한 『라이프』 기사는 대러시아인*을 다음과 같은 사람들이라고 보았다.

생산적이고 사근사근하고 나서기 좋아하고 친근하다. … 그들은 어디에든 가서 뭐든 해볼 것이다. 그들은 혁명 오래전부터 굉장한 민족이었다. 그들은 무척이나 미국인처럼 보이고 미국인처럼 옷을 입고 미국인처럼 생각한다.[43]

게다가 러시아인은 상당히 칭찬받던 영국인도 닮았다. 다른 기사는 러시아인의 높은 사기와 불굴의 정신을 예찬하면서 러시아인을 영국 대공습** 동안의 영국인과 비교했다. "모스크바 사람은 … 런던 사람만큼 차분하게 늘 하던 일을 계속하고 있었다. …"[44]

전쟁 14주 차에 거의 승리한 것처럼 보이는 독일군의 지독한 공격

---

* 동슬라브인의 한 지파인 러시아인을 가리키는 용어.
** 독일 공군이 1940년 9월 초순부터 이듬해 7월 하순까지 영국에 퍼부은 일련의 맹렬한 폭격.

에도 불구하고, 미국인은 이기겠다고 굳게 마음먹은 한 강인한 민족의 이미지를 감지했다.

하지만 개개 러시아인의 얼굴 뒤에는 이 걱정거리 이상의 무언가가 있었다. 투지가 있었다. … 배짱두둑하게 (개개 러시아인은) 신념은 국가보다 정복하기가 더 어렵다는 것과 러시아라는 국가는 정복하기가 다른 어떤 국가보다 더 어렵다는 것을 독일인에게 과시하는 데 도움이 될 터였다.

한 해 뒤, 즉 1942년의 절망적인 늦여름에 바뀐 것은 거의 없었다. 이때 다시 『타임』은 "싸우기, 일하기, 사랑하기, 옷을 널어 말리기, 러시아인은 일을 계속했다"고 관찰했고, 한 소련 작가가 자국민의 본성을 긍정적으로 고찰한 글을 다음과 같이 인용했다.

모든 러시아인에게는 그 지점을 넘어서면 고통과 피로를 망각하게 되는 그런 지점이 있다. 러시아인은 그 지점까지는 둔하고 대다수 유럽인보다 더 굼뜨다. 그 지점을 넘어서면 러시아인은 보통 인간의 척도를 훌쩍 뛰어넘는 엄청난 인내심을 발휘한다.[46]

자국의 과학기술이 뒤처졌다는 열등감에 늘 사로잡혀 있던 러시아인은 자기들의 문화적 성취에 각별한 자부심을 지녔으며 그 성취를 전쟁에서 살아남기와 연계했다. 그 전쟁에서 이제는 야만족 역을 맡은 나치가 러시아인과 러시아 문화를 파괴하려 들고 있었다. 러시아인이 그 위대한 문화유산에 느끼는 감정과 그 성취에 쏟는 거대한 민족적 자부심을 미국인에게 실감나게 전해주는 기사가 많았다. "소년이 트랙터와 만나고 소년은 트랙터와 사랑에 빠진다"*는 1930년대의 유치한 농담은 이제 사라졌(다가 냉전 때에 되돌아온)다. 『타임』은 스탈린이 생각하기에 미국인에게 낯익은, 그리고 그가 나치의 야만성과 대조를 이루도록 내세우는 러시아 문화 영웅들의 호칭기도**나 진배없는 스탈린의 말을 다음과 같이 인용했다.

양심과 염치가 없는 이 자들, 금수의 도덕을 지닌 자들이 뻔뻔하게도 대러시아인의 나라를 없애려 듭니다. 플레하노프***의, 레닌의, 벨린스키****와 체르니솁스키,***** 푸시킨, 톨스토이, 글린카******와 차이콥스키, 고르키, 체호프, 세체노프*******와 파블로프********의,

---

* 일부 미국인은 트랙터를 과학기술 진보의 상징으로 내세우는 사회주의 리얼리즘에 입각해서 제작된, 천편일률적인 1930년대 소련 영화의 줄거리를 이렇게 한 줄로 요약해서 비꼬곤 했다.
** 가톨릭교회에서 성모, 예언자, 천사, 사도, 주교, 순교자 등 여러 성인의 이름을 부르며 하는 기도.
*** 러시아의 사상가(1856~1918). 혁명 활동을 하며 마르크스주의를 러시아에 소개해서, 러시아 사회주의의 아버지로 불린다.
**** 러시아의 문학가(1811~1848). 서구주의자이며 문학평론으로 러시아 문학의 발전에 이바지했다.
***** 러시아의 사상가(1828~1889). 유물론 철학자로서 『무엇을 할 것인가』 등을 썼다.
****** 러시아의 음악가(1804~1857). 러시아 음악의 수준을 크게 끌어올려 후대의 러시아 국민음악파에 큰 영향을 미쳤다.
******* 러시아의 과학자(1829~1905). 두뇌의 실험생리학 연구에서 큰 성과를 거두고 러시아에 생리학을 확립해서 '러시아 생리학과 과학적 심리학의 아버지'라고 한다.
******** 러시아의 과학자(1849~1936). 개가 주인의 발자국 소리만 들어도 침을 분비한다는 조건반사를 발견하여 러시아를 대표하는 생리학자가 되었고, 1904년에 노벨의학상을 받았다.

레핀*과 수리코프**의, 수보로프***와 쿠투조프****의 나라를 말입니다.[47]

1950년대 말엽의 스푸트니크Sputnik 충격*****이 예증하겠지만, 소련의 성취가 명백한 한 분야가 교육이었다. 1920년대와 1930년대의 소련 체제는 여러 세기 동안 러시아의 운명이었던 거의 보편적인 문맹을 없애는 큰 일을 해냈다. 미국 잡지들은 이 사실에 주목했다. 『라이프』는 러시아의 교육 체계를 약술하면서 체제가 어떻게 20년 만에 문자 해독률을 80퍼센트로 끌어올렸는지를 짚었다. 모스크바에서는 책 판매대가 뉴욕의 과일 판매대만큼 흔했다. 주요 도서관의 장서는 수백만 권이었고, 모스크바의 문학박물관만 해도 희귀본을 100만 권 넘게 소장했다.[48]

보도의 복합성을 보여주는 지표 하나가 미국 언론이 단순히 러시아인, 장점, 단점을 얼굴과 이름이 없는 대중으로 전달하지 않았다는

---

* 러시아의 화가(1844~1930). 프랑스와 이탈리아에서 유학을 하고 귀국해서 이동전람파로 활동했다. 「볼가강의 배끌이꾼」 등 민중의 삶을 사실적으로 묘사해서 19세기 러시아를 대표하는 화가다.
** 러시아의 화가(1848~1916). 시베리아에서 태어났고 페테르부르크예술원에서 공부했다. 이동전람파로 레핀과 함께 활동했고 주로 사실주의 화풍의 역사화를 그렸다.
*** 러시아의 군인(1729~1800). 15세부터 군문에 들어섰고, 고집이 세서 진급이 늦었지만 지휘 능력을 인정받았고, 러시아제국이 참여한 모든 전쟁에서 러시아군을 승리로 이끌었다.
**** 러시아의 군인(1745~1813). 러시아군 사령관으로 나폴레옹과 싸웠지만 알렉산드르 1세와 사이가 틀어져 물러났다가 1812년에 다시 불려와 나폴레옹의 러시아 원정군을 물리쳤다.
***** 소련이 1957년 10월 4일에 세계 최초로 인공위성 스푸트니크호를 쏘아 올려 과학기술의 급성장을 과시해서 미국을 대충격에 빠뜨린 사건.

점이다. 오히려 세밀한 주의를 얻고자 소련 주민의 특정 집단을 선별하는 기사가 많았다. 미국인의 우선순위에서 늘 높은 등급을 차지하는 가족의 가치와 결속이 러시아인에 관한 기사의 주제로 빈번히 나타난다. 혁명과 농업 집산화라는 사회적 격변이 일어났는데도 러시아인은 가족에, 그리고 따라서 그 가족이 번성하는 둥지 구실을 한다고 여겨지는 더 큰 단위에 —즉, 조국에— 헌신하는 존재로 묘사되었다. 한 저자는 다음과 같이 표현했다.

전쟁으로 가족이 새롭게 존중되고 새롭게 인정되었다. 지금 누군가가 가족을 지나가버린 시대의 유물이니 잊어버리고 없애야 마땅하다고 말한다면, 미치광이나 낙오자로 여겨질 것이다. 이제 세먀(가족)와 로디나(조국)보다 더 거룩한 낱말은 없다. 가장 위대한 사람은 삶과 행복이 가족과 조국에서 뿜어 나온다는 것이 빛과 볕이 해에서 뿜어 나온다는 것만큼 확실하다는 것을 알 수 있다. 해가 없으면 어둠과 죽음만 있듯이 가족과 조국이 없으면 허무와 공허만 있다. 조국은 가족을 안전하게 만들고 가족은 조국을 무적으로 만든다. 지금의 시각과 태도는 이러하다.[49]

독일군에 맞서 초토화 정책을 수행하는 카자크 가족들의 마을을 묘사한 「자, 손자야. 과일나무들을 베어버리자꾸나」라는 제목의 『타임』 기사에서처럼, 나치에 맞선 저항도 가족의 관점에서 자주 전달되었다.[50]

미국의 러시아 보도에서 전쟁 동안 일어난 상전벽해桑田碧海 격의 엄청난 변화는 러시아 여성과 연루되어 있었다. 이제 러시아 여자는 더는 뚱하고 추레한 집단농장원이 아니라 입체적인 ─여성적이면서 전투적이고, 상냥하면서 매섭고, 화려하면서 진흙과 피를 뒤집어쓴─ 여성의 모습이었다. 러시아 여성은 미국의 여성육군단Women's Army Corps*과 영국의 해군여성부대Women's Royal Navy Service** 대원과 자주 비교되었다. 차이점은 러시아 여성은 전투 임무를 실제로 맡는다는 것이었는데, 이 사실은 미국인을 놀래키고 질리게 했으며, 러시아 여자를 가능할 때마다 미화하는 통신원들의 경향에 이바지했다. 월터 그레브너Walter Graebner***는 러시아를 여행하면서 본 러시아 여인들의 아름다움에 홀딱 반했다. 그가 도착하자마자 공항에서 관찰한 대로,

신체 면에서 그들은 내가 미국을 떠난 뒤로 보았던 어느 여자들보다 어느 모로나 더 우월했다. (사람들은 그가 그동안 어디에 있었는지 궁금해한다.) 그들은 건강한 몸의 완벽한 표본이었다. 튼튼하고 자세는 꼿꼿하고 눈은 반짝이고 머리숱은 많고 살갗은 맑은 복숭아빛이었다. 그들은 운동선수의 탄탄하고 단호한 발걸음으로 걸었다. … 립스틱을 바른 사람은 얼마 되지 않았다.

그레브너는 "맞지 않는 옷을 걸친 초라한 외모의 촌티 나는 이들

---

* 1942년 5월에 육군 보조 부대로 창설되어 이듬해 7월에 정식 부대로 격상된 미국의 여성 부대.

** 1917년에 창설되어 1919년에 해체되었다 1939년에 부활해서 1993년까지 유지된 영국 해군 여성 부대.

*** 미국의 언론인(1909~1976). 1931년부터 『타임』 기자로 활동했고, 제2차 세계대전 때 전쟁 특파원이었다.

이 넘쳐날 것"이라고 예상했으므로, 그만큼 더 깊은 인상을 받았다. 실제로 그의 통역관이 입은 옷은 "시카고나 뉴욕의 대다수 비서가 입는 옷만큼 맵시 있었다."[51] 소련 여성은 미국 독자에게 탄광 노동자, 공장 노동자(러시아판 '리벳공 로지'), 작업반장, 집단농장 관리자를 비롯한 갖가지 역할로 묘사되었다. 실제로, 특히 전쟁 초기의 어마어마한 인력 손실이 여성을 사실상 모든 직종에 밀어넣었다. 러시아군이 입은 엄청난 손실을 고려하면, 군인의 수요가 워낙 절실했던지라 여성까지도 전투 임무를 비롯한 군 복무에 밀어넣었다. 한 미국 여성 방문자가 관찰한 대로,[52]

포성이 들리는 가운데 발레리나 올가 레페신스카야Olga Lepeshinskaya* 가 땀을 흘리며 춤을 춘다. 니나 둠바제Nina Dumbadze**가 붉은 군대 군인에게 수류탄 던지기를 가르친다. 나탈리야 드미트리예브나가 배를 설계하고 10대 소녀들이 폭탄이 떨어지는 와중에 그 배를 만든다.[53]

이 기사에는 대개 미국 독자를 위해 소련 여성을 인간화하고 인격화하는 사진이 따라붙었는데, 보다 보면 소련 여성의 전후 목표는 — 가정이 행복하고 직장에서 성공하는 것으로— 미국 여성의 전후 목표와 같다고 믿게 되었다. "한 여자에게 물었다. '전쟁이 끝나면 뭘 하

---

* 소련의 무용가(1916~2008). 키예프의 폴란드인 집안에서 태어났다. 모스크바 무용학교를 졸업하고 볼쇼이극장에서 30년 동안 발레리나로 활동했다. 1951년에 인민 예술가 칭호를 얻었고, 1956년에 알렉세이 안토노프 장군과 결혼했다.
** 소련의 운동선수(1919~1983). 오데사에서 태어났고, 원반던지기 국가대표 선수였다. 1946년, 1950년에 유럽대회 우승을 했고, 1952년 올림픽에서 동메달을 땄다.

시렵니까?' '다시 학교 교사가 됩니다.' '그리고 결혼하나요?' '예, 물론
이죠!' 그 여자가 즐겁게 웃었다. '남편, 아이들, 경력. 그게 세상에서
여자가 있을 곳이라는 게 내 생각이에요.'"[54]

러시아인이 자국의 문화보다 무엇인가를 더 자랑스러워했다면, 그
것은 어린이였다. 러시아인은 전통적으로 어린이를 애지중지 보호하
고 어린이에게 대단한 일이 일어나기를 바란다. 독일군이 다가오자
수많은 어린이가 레닌그라드, 스몰렌스크, 민스크 같은 도시에서 소
개疏開되었다. 소련 체제는 군수 공장에서 일하는 어머니를 위해 탁
아소를 지으려고 애썼는데, 이것이 근무하는 동안 자기 자녀 돌보
기를 걱정하는 미국 여성 노동자의 관심을 유난히 끌었다. 『라이프』
의 유명한 언론인이자 사진사인 마거릿 버크화이트Margaret Bourke-
White*가 소련의 탁아소 체계를 빈번히 서술했고 여러 탁아소의 사
진을 찍었다.[55] 그러나 러시아에서 벌어지는 전쟁에는 모든 것을 집어
삼키는 본성이 있는지라 평소에는 애지중지되던 어린이조차도 모종
의 참여에서 배제될 수는 없었다. 가끔은 수위와 청소부처럼 평범한
역할을, 가끔은 파르티잔을 위해 낙하산을 찾아내는 영웅적 역할을
맡는 러시아 어린이를 부각하는 기사가 많았다. 학기 중인 어느 학교
를 찾아간 미국인 관찰자는 어린이들에 관해 다음과 같이 썼다.

그 아이들이 아는 전쟁의 의미는 일가친척의 생사와 직결되어 있

---

* 미국의 사진작가(1904~1971). 취미로 사진을 찍다가 사진작가가 되었고, 제1차
5개년 계획 중의 소련 공업시설을 사진으로 찍어 유명해졌다. 제2차 세계대전 때
이탈리아, 동부전선, 서부전선의 군인들을 주로 찍었고, 한국전쟁도 사진에 담았다.

었다. 255번 학교에는 아버지나 형이 한 사람이라도 군대에 가지 않은 집안의 아이가 거의 없었다. 고아인 아이가 적지 않았다. 다른 아이들은 몇 달 동안 아버지나 형에게서 소식을 듣지 못했고 서서히 가장 나쁜 소식을 감수하기로 마음먹고 있었다. 그 아이들은 그리 조숙하지도, 그리 예민하지도 않았었다고 교사들이 말했다.[56]

불론, 러시아 군인은 언제 어디에나 있었다. 전선으로 가는 길에 철도역을 가득 메웠고, 자주 심하게 다친 채로 고향으로 돌아갔다. 미국 언론에서 러시아 군인은 그저 무리 가운데 한 명이 아니었다. 독일 뉴스영화에서 묘사되는 식으로 지평선까지 뻗어 있는 기나긴 포로 대열에 선 한 명도 아니고 나중에 전시의 전설에 나오는 러시아 '저거너트'도 아니었다. 러시아 군인은 나치 신화에 나오는 더럽고 무식하고 짐승 같고 사기를 치는 농민이 아니었다. 오히려, 드러난 러시아 군인의 모습은 인내심 있고 잘 참지만 잘생기고 글을 읽고 쓸 줄 알고 혁신적이며 커다란 개인적 창의성을 과시할 줄 아는 모습이었다.

러시아 노동자도 마찬가지였다. 앨버트 리스 윌리엄스Albert Rhys Williams*는 『서베이 그래픽Survey Graphic』에 글을 쓰면서 "독일인은 러시아인들을 '기계에 서툴고 멍청'하며 '선천적으로 공업에 어울리지 않는 사람'으로 일컬었다"고 한탄하고는 수사의문문으로 다음과 같이 말했다.

---

* 미국의 문필가(1883~1962). 노동운동가로 활동했고, 1917년에 러시아혁명을 직접 지켜보았다. 10월 혁명과 혁명정부에 우호적인 글을 써서 유명해졌다.

그렇다면 어떻게 그토록 짧은 시간 안에 그들은 기계의 달인이 되었을까? 이것을 이해하려면, 우리는 촌놈의 ―어설프고 소처럼 느리고 꾸물대고 머리가 둔한 놈의― 이미지를 우리 마음에서 지워버려야 한다. …

계속해서 그는 러시아 노동자가 사실은 미국 노동자와 공통점이 많다면서 다음과 같이 썼다. "청사진, 피스톤, 킬로와트, 암페어라는 용어에서, 하르코프*와 레닌그라드의 노동자는 디트로이트**와 피츠버그***의 동년배 노동자와 공통의 언어를 가진다."[57]

다리

이 평들은 러시아와 러시아인을 해석해서 미국 독자에게 알려주려고, 즉 두 연합국의 국민을 연결해서 서로 이해하도록 도울 다리를 놓으려고 애쓴 언론인들과 많은 다른 이들이 지닌 동기의 핵심을 확연히 드러내준다. 그렇게 함으로써 러시아인과 미국인을 한데 묶어주는 공통성을 강조하려는, 엄청나게 다른 사회·경제 체제의 외양 아래서 두 나라 국민이 얼마나 닮았는지를 강조하려는 의도적인 노

---

* 우크라이나 북동부에 있는 도시. 오늘날 우크라이나어로는 하르키우라고 한다.
** 미국 북동부 미시간주에 있는 도시. 20세기 초중엽에는 자동차 공업의 중심지였다.
*** 미국 북동부 펜실베이니아주에 있는 도시. 미국의 석탄 산업과 철강 산업의 중심지다.

력이 있었다.

여기저기에서 관찰자들이 러시아인과 미국인이 성격 면에서 얼마나 비슷한지를 몇 번이고 거듭 확인했다. 전쟁 동안 러시아의 거물 후원자들 가운데 한 사람이었던 헨리 월리스 부통령이 여러 출판물에서 이 작업을 위한 분위기를 띄웠다. 「두 나라의 국민: 하나의 우정」이라는 기사에서 월리스는 다음과 같이 평했다. "미국인과 러시아인은 둘 다 변경인이다. 둘 다 대륙인이며, 상상력과 미래에 대한 믿음을 가지고 있다. 나에게는 러시아가 향후 미국의 자연스러운 벗이라고 믿을 충분한 이유가 있다."[58] 오랫동안 러시아인을 관찰해온 한 사람은 "내가 러시아인들에게서 받은 첫인상은 … 그들이 성격과 기질의 일정한 측면에서, 유머 감각에서, 심지어는 허물과 단점에서조차 얼마나 미국인과 닮았는가 하는 것"이라고 지적했다. 그러고 나서 월리스는 사람들이 많은 출판물에서 전쟁 내내 거듭해서 보게 될 공통의 특성을 장광설로 줄줄이 읊었다. 두 나라 국민 모두가 다민족이고 기계에 흥미를 품고 개척자이며 상냥하고 평화를 사랑하고 손님을 환대하는 습속이 있고 스포츠, 운동선수, 큰 시합에 관심이 많다. 심지어 그들은 나쁜 짓하는 것도 같다. 둘 다 "약한 술보다는 독한 술에 더 끌리곤" 한다.

스탈린에 관한 표제 기사에서 『타임』도 두 나라 국민의 공통점을 애써 다음과 같이 강조했다.

말을 가장 많이 하고 가장 큰 계획을 짜는 두 나라 국민이 미국인과 러시아인이다. 두 나라 국민은 한 순간에 감상에 젖었다가 다음 순간에는 불같이 화를 낸다. 두 나라 국민은 물건과 쾌락을 얻으려고

돈을 막 쓰고 술을 너무 많이 마시고 논쟁을 끝도 없이 한다. 두 나라 국민은 건설자다.[59]

러시아인과 동일시하려는 강렬한 욕망은 러시아인에게서 자기 목숨을 위해 싸우는 동맹자를 보려는 미국의 열망에서 비롯된 측면이 있다. 전쟁 말엽에는 여기에다 떠오르는 초강대국과 또 다른 갈등을 빚어서는 안 된다는 열망이 보태졌다. 평화를 바라는 이 소망은 1944년에 『룩』에 실린 '고향 러시아'에 관한 글에서 뚜렷하게 나타났다. 미래의 평화를 숙고하면서 글쓴이는 다음과 같은 의견을 밝혔다. "답은 두 나라 국민의 가슴과 마음에 있다. 두 국민은 강하며 더 강해질 운명이다. 두 국민에게는 서로를 가르칠 것이 많다. 오늘날 두 국민은 평화를 바란다. 그러나 지속적인 평화는 두 나라 국민이, 함께, 견해차와 경쟁 관계와 상호 의심을 얼마나 잘 해소할 수 있는지에 달려 있다."[60] 두 나라 국민이 그렇게 하는 데 성공하지 못했다는 것은 냉전이 대두하면서 명백해졌고, 한때 강렬했던 러시아인과의 동일시가 냉전에서 해체되어 적대감과 부정적 고정관념으로 바뀌었다.

러시아가 1930년대에 이룬 신속한 공업화와 1941년 이후에 분명해진 전시 생산의 기적은 언론인들이 두 나라의 또 다른 유사성, 즉 현대성을 규명하는 데 일조했다. 미국인은 현대성에 매료되었고 그 특성을 선뜻 자기 동맹국의 속성으로 여겼다. 현대성으로 전후의 번영, 상호 무역, 두 나라 사회의 점진적 수렴이 이루어지리라는 희망이 있었다. 미국인들은 늘 다른 나라의 국민과 사회에 자기들처럼 될 잠재력이 —그리고 그렇게 되겠다는 욕구가— 있다고 생각했고 전쟁 동안 이 환상이 거침없이 표출되었다.

한 관찰자는 러시아에서 전통적인 턱수염이 거의 사라졌다고 평하면서 러시아가 "세계에서 가장 말끔하게 면도를 하는 나라들 가운데 하나가 되고 있다 …"고 주장했다. 물론, 자주 지적되었듯이, 러시아를 처음으로 근대화한 표트르 대제*가 근대가 전통에 승리하는 상징으로 여기고 귀족의 턱수염을 자르려고 쫓아다녔던 적이 있다. 러시아는 더 근대화되면서 더 미국처럼 되어야 했다. 이 동일한 관찰자는 계속해서 "외모 면에서 러시아인은 더욱더 서방화되고 있으며, 그들이 그토록 지치지도 않고 옹호해온, 그리고 그토록 공공연하게 칭송하는 기계 시대에 더욱더 익숙해지고 있다"고 말했다.[61]

월터 그레브너는 바쿠**에서 자기가 묵은 현대식 호텔의 객실에 관해 떠벌이지 않을 수 없었다. "객실에는 편안한 스프링 매트리스 침대 두 개, 전깃불, 전화, 그리고 좋은 욕조, 찬 물과 더운 물이 나오는 수도, 냄새가 나지 않는 변기를 갖춘 개방형 욕실이 있었다."[62] 실제로 미국인은 우랄산맥 동쪽에 있는 바로 그 공장들에서 나오는 군수 생산의 개가에 굉장한 인상을 받았고, 그 놀라운 노력을 —식량과 의약품, 그리고 무엇보다도 포드 화물차 수십만 대 등— 무기대여법 물자의 완벽한 보완으로 여겼다. 이러한 생산 능력을 보고 길이 널찍하고 현대식 아파트 건물이 몇 킬로미터씩 늘어선 모스크바 같

---

* 러시아의 황제(1672~1725). 1682년에 제위에 올랐고, 실권을 쥔 뒤 서방화 정책을 강행했다. 도시 상트페테르부르크를 세워 수도로 삼고 군대와 함대를 키워 스웨덴과 터키를 제압하는 등 러시아를 강대국으로 끌어올렸다.
** 카스피해에 닿아 있는 아제르바이잔 동쪽의 연안 도시. 유전과 공단이 있어서 제정러시아 시절부터 캅카스 지역에서 중요한 도시였다.

은 소련의 거대도시의 거리 모습을 추론하기는 쉬운 일이었다. 심지어 ―늘 러시아의 후진성의 시금석이었던― 전통적인 시골 마을의 삶조차도 전쟁의 충격 아래 탈바꿈하는 듯했다. 미국인 방문자들은 주의 깊게 모범 사례로 인도되었으므로 러시아의 시골 마을이 ―돼지 코나 말 보지처럼― 종종 상스러운 전통적 이름을 닮기는커녕 깨끗하고 깔끔하고 잘 설계되었음을 알아차렸다. 시골을 전력화電力化한다는 레닌의 꿈*이 모든 곳에서 승리하고 있다고 보였다.

러시아 영화계의 여왕인 류보프 오를로바Liubov' Orlova**와 그의 남편 겸 감독의 약력이 예증하듯이, 심지어 러시아의 '할리우드화'가 빠르게 진행되고 있다고 보였다. 버크화이트가 찍은 사진에서 옷과 두건을 멋지게 걸치고 벽난로 장식 선반에 기대어 담배를 한 손에 든 오를로바가 역시 멋지게 두건을 두른 애완견이 만족스레 쳐다보는 가운데 남편과 진지하게 대화하는 모습은 언뜻 베벌리힐스***의 대저택에 있는 그레타 가르보Greta Garbo****와 다를 바 없었다.[63]

---

* 레닌은 1920년에 '공산주의는 소비에트 권력 더하기 전국의 전력화'라는 단순 명료한 구호를 제시하며 전기로 상징되는 과학기술의 보급을 독려했다.
** 소련의 배우(1902~1975). 어렸을 때부터 배우가 될 소질을 인정받았고, 영화의 첫 스타가 되었다. 1934년에 신인 감독인 그리고리 알렉산드로프와 결혼했다. 뛰어난 가수이기도 했다.
*** 미국 캘리포니아주 로스앤젤레스에 있는 소도시. 부호와 유명인이 사는 대저택이 많다.
**** 미국의 영화배우(1905~1990). 스웨덴 출신으로, 무성영화의 스타였고 유성영화에서도 명성을 유지했다.

종교와 소련 체제

그러나 신앙심 깊은 수많은 미국인이 결정적으로 마음을 돌이킨 것은 러시아가 무신론에서 헤어 나오는 듯했기 때문이다. 1942년에 갑자기 전쟁 수행 노력의 일환으로 스탈린은 여러 해 동안 혹독하게 핍박당했던 정교회를 되살려냈다. 오랫동안 활동을 못하던 세르기 Sergii 총대주교*가 불려 나와서 민족의 대의를 위한 성명서를 발표해도 좋다는 허락을 받았다. 스탈린은 영국 대사에게 "자기도 하느님을 믿는다"고 인정하기까지 했다.[64] 미국 상공회의소의 에릭 존스턴 소장은 스탈린과 면담을 하다가 그 독재자가 잘 알려진 어느 한 미국 기업가를 언급하며, "하느님이 그분을 지켜주시기를"이라고 말할 때 화들짝 놀랐다. 심지어 『프라브다Pravda』**도 하느님이라는 낱말을 대문자로 인쇄했다.[65]

소련의 공식적인 무신론을 소련 체제에 반대하는 주요 근거들 가운데 하나로 삼아온 미국인 수백만 명에게 러시아에서 나오는 이 신호는 고무적이었다. 이제는 수많은 기사가 소비에트러시아에서 영성이 부흥한다고 증언했다. 러시아 농민 3분의 2와 도시 노동자 3분의 1이 여전히 신앙을 버리지 않고 있었다는 것이다. 한 관찰자는 도취해서 "이 변화가 지속되면 우리는 소비에트러시아가 미국과 영국처럼

---

* 러시아의 성직자(1867~1944). 1925년에 러시아정교회의 수장이 되었다. 러시아정교회를 핍박하던 소련 정부가 독소전쟁을 치르며 러시아정교회에 유화 조치를 취하는 가운데 1943년 9월 8일에 총대주교가 되었고, 외적과 싸우라고 러시아정교회 신도에게 호소했다.
** 소련 공산당 기관지.

완전한 종교의 자유를 확립하리라고 기대할 수도 있다"고 썼다.[66] 무수한 러시아인 어머니가 축복기도를 하면서 자기 아들을 싸움터에 보낸다고 묘사되었다. 소련 체제 아래서 자라나 신앙에 딱히 물들지 않은 어린 병사 알렉세이조차 "신자일 수도 있고 불신자일 수도 있지만, 어머니의 축복기도는 언제나 거룩하지요"라고 말하는 소리가 들렸다.[67]

1944년 성탄절에 『타임』이 모스크바에서 종교행사 장소를 찾아갔다. "모스크바의 50개 교회가 꽉 찼다. 세르기 총대주교가 … 모스크바의 보고야블렌스키Bogoiavlenskii대성당*에서 성탄절 미사를 올렸다. 신도가 빽빽히 들어차서 팔을 들어 성호를 그을 수 있는 신자가 거의 없었다."[68]

마거렛 버크화이트는 두 해 앞서 이 대성당을 방문했었고 거기서 겪은 것을 감동적인 글로 써서 러시아의 종교 부활에 관한 기다란 포토 에세이로 소개한 바 있다. 버크화이트는 일흔네 살의 세르기 총대주교에 관해 상세히 서술하면서 그가 아는 영어 낱말 몇 개와 ("미국의 포드자동차와 비슷한") 그의 소련제 M3 자동차에 주목했다. 버크화이트는 집에 있는 알렉산드르 브베덴스키Aleksandr Vvedenskii **수좌대주교와 그의 아내를 방문했다. 브베덴스키는 꽤 젊은 사람이었고 "재치 있고 세속적이며 조금은 바람둥이"였다. 버크화이트는 러시아의 큰 침례교 공동체가 여는 예배에도 참석했다. "그들은 내가 (미국

---

* 영어 원문에는 '보고야를렙스키(Bogoyarlevsky)대성당'으로 잘못 표기되어 있다.
** 소련의 성직자(1889~1946). 페테르부르크대학에서 역사를 전공했다. 1922년부터 러시아혁명 정부에 협조하는 '생명교회'를 이끌었지만, 러시아정교회에서는 이단으로 치부되었다.

에 침례교도가 많냐는 물음에) 예라고 대답하자 기뻐했으며 할머니가 침례교인이라고 하니까 특히 즐거워했다."[69]

수많은 다른 기사가 공통의 관심사와 취미 활동을 강조했다. 러시아인은 미국인만큼 스포츠에 열광했다. 미국 잡지에는 독일군이 러시아 안으로 들어간 깊이와 더불어 소련의 공업을 우랄산맥 너머 동쪽으로 옮기는 개가를 생생하게 보여주는 지도가 있었다. 지도상의 표시물은 독자가 소련의 경제와 정치 체제를 이해하도록 돕는 경제자료와 정치 자료를 통합했다. 또한 지도는 동부전선에서 벌어지는 거대한 전투를 묘사했고 러시아 풍경을 가로지르는 군대의 이동을 보여주었다. 『룩』은 제3제국이 러시아를 상대로 수행한 침공 위에 동일한 축척으로 독일군의 미국 침공을 포개놓기까지 했다. 『룩』은 러시아의 도시들을 미국 땅덩이 위에 표시해 놓아서 독일군이 소련 안으로 치고 들어간 정도를 미국인에게 보여주었다. 독자는 그것을 미국에 견줌으로써 독일군이 얼마나 멀리 전진했는지 볼 수 있었다. 이 지도들로 미국인은 독소전쟁의 경과를, 그리고 독일 군대가 자기의 적들에게 무자비하게 가하는 고통과 파괴를 절반 넘게 감당하는 동맹국 러시아의 운명을 좇을 수 있었다. 지리 수업은 미국인에게 분명히 효과가 없지 않았다.[70]

끝으로, 심지어 전쟁이 끝난 몇 달 뒤에도, 유사성을 강조하는 이 패턴이 굳건하게 확립되었다. 『룩』이 「그들도 러시아에서 고향으로 돌아가리」라는 제목의 포토 에세이에서 "붉은 군대 병사가 우리나라 일반 병사처럼 행동한다"는 것을 보여주는 생생한 사진 여러 장을 올릴 만큼 그 다리는 아직 멀쩡했다.[71]

러시아 돕기

두 나라 사이에 존재하는 오랜 반감과 오해를 고려하면 미국 시민은 러시아의 위기에 뜻밖으로 관대하게 반응했다. 공무원과 평범한 미국인이, 심지어 어린이도 자기가 가진 것을 내주어서 나치와 싸우는 러시아를 도왔다. 러시아의 전쟁 수행 노력에 보태는 기부품은 옷부터 의약품까지 다양했는데, 러시아에 전쟁 물자와 전쟁 관련 물자를 보내주는 미국의 훨씬 더 대규모적인 공식 무기대여법 정책을 보완해주었다.

미국 대표자들이 이 진심 어린 선의와 지원의 과시에 자주 동행했다. 대소관계전국협의회American Council on Soviet Relations*의 콜리스 라몬트Corliss Lamont**와 러시아전쟁구호협회Russian War Relief Society***의 에드워드 카터Edward C. Carter**** 같은 미국인이 길고 고된 소련 여행을 했다.[72] 심지어 선거에서 패배한 공화당 대통령 후보 웬델 윌키도 전쟁 초에 소련을 두루두루 여행했고 『내셔널 지오그래픽』과 『리더스 다이제스트』 같은 대중잡지에 러시아인들, 그리고 그

---

* 미국과 소련의 반파시즘 동맹 결성을 위해 1941년에 세워진 미국의 단체. 회원은 주로 사회주의에 동조하는 전문 직업인이었고, 찰리 채플린과 제임스 캐그니를 비롯한 영화계 스타의 후원을 받았다.
** 미국의 사회활동가(1902~1995). 사회주의 철학자였고 좌익 운동을 주도했다. 1940년대 초엽부터 대소관계 전국협의회 회장이 되었다.
*** 독일에게 침공당한 러시아를 돕고자 1941년에 뉴욕에서 결성된 미국의 대외 전쟁원조 조직.
**** 미국의 사회활동가(1878~1954). 제2차 세계대전 전에는 YMCA와 태평양문제 연구소에서 일했다. 1940년에 러시아전쟁구호협회 창립을 도왔고 1941~1945년에는 협회장을 지냈다. 전후에 매카시의 핍박을 받았다.

들이 독일 침략자에 저항하는 데에서 이룬 영웅적 위업을 칭찬하는 기사를 많이 썼다. 윌키의 이름만으로도 이 설명이 정당화되었고, 공산당 정권과 그 지지자들에 관해 전통적으로 적대적인 서술에 익숙했던 미국 독자에게 소련과 소련 시민이 실감나게 다가왔다.

윌키는 미국의 여러 주에서 열린 친소련 집회에도 등장했다. 1942년 11월에 그는 러시아의 대의에 국제여성의류노동조합이 기증한 "병원용 천막 100개를 헌정하는" 집회에서 데이비드 더빈스키 노동조합장에 가세했다. 소련 영사관 직원 유리 오코프, 마샤 대븐포트 러시아전쟁구호협회장, 뉴볼드 모리스 뉴욕 시의회 의장이 집회에 모습을 보이자 윌키의 연설에 정당성이 있다는 느낌이 생겼다. 그의 연설은 나치를 물리친다는 러시아와 미국의 전시 목표를 명쾌하게 연결했다. 뉴욕시 거리에 윌키가 하는 말을 들으려고 군중이 몰렸고, 그들은 그가 연설하는 내내 그를 열렬히 환호했다. 또한 『뉴욕 타임스』는 기사 제목 옆에 40번가와 7번가의 교차로에 꽉 들어찬 이 군중을 찍은 흑백사진을 도드라지게 배치했다. 자세히 들여다보면, 소련 지원을 선언하는 국제여성의류노동조합의 플래카드를 볼 수 있다. 적어도 뉴욕에서는 소련의 대의가 열광적인 군중을 불러낼 수 있었다.[73] 공교롭게도 피오렐로 라과디아Fiorello LaGuardia* 뉴욕 시장이 소비에트사회주의공화국 건립 25주년**과 러시아 남부에서 벌어지고 있던 대전투에 경의를 표해서 1942년 11월 8일을 스탈린그라

드의 날로 선포했다. 전쟁의 향방을 결정하는 볼가강***의 격전이 수백만 미국인의 마음을 사로잡았고, 그들 가운데 다수가 그 격전을 제2차 세계대전의 결정적 전투로 인식했다. 라과디아는 그 기념일을 선포해서 러시아인과 미국인의 우애 어린 유대를 강조하고 "우리 동맹국 러시아에 … 찬사"를 바쳤다.[74]

　공개적인 소련 지원은 자유주의 좌파와 보수주의 우파에서 모두 나왔다. 같은 해 9월에 전국의 재계 지도자 200여 명이 뉴욕시 은행가클럽Bankers' Club에 모여 러시아의 전쟁 수행 노력을 칭송하는 연설을 들었다. J. P. 모건 사J. P. Morgan and Company****의 토머스 라몬트 부회장과 뉴욕제일내셔널은행의 레온 프레이저 은행장이 이 행사에 참석한 사람들의 위상을 과시했다. 그들은 미국의 동맹국을 대하는 낡은 적대적 태도를 버려야 한다고 자기들을 타이르는 전쟁부***** 항공 담당 차관 로버트 로벳Robert Lovett******의 말을 들었다. 비슷한 모임이 워싱턴시에서 열려 "저명한 정부 인사들"이 조지프 데

―――――

** 원서에는 '소련 건립 25주년'으로 오기되어 있다. 러시아 임시정부를 무너뜨린 볼셰비키당 무장봉기의 이튿날인 1917년 10월 26일(그레고리오력으로는 11월 8일)에 사회주의공화국 건립이 선포되었다. 소비에트사회주의공화국연방(소련)의 건립일은 1922년 12월 30일이다.
*** 모스크바 북서쪽 고지대에서 남쪽으로 3,530킬로미터를 흘러 카스피해로 흘러들어가는 유럽에서 가장 긴 강. 이 강의 중류에 있는 볼고그라드는 독소전쟁의 최대 격전지이기도 했다.
**** 존 모건이 1871년에 설립하여 세계 최대의 투자금융사로 성장한 기업.
***** 1789년에 창설되어 육군과 해군을 관장한 미국의 행정기관. 1949년에 국방부가 되었다.
****** 미국의 정치가(1895~1986). 제1차 세계대전에서 해군 항공부대를 지휘했다. 1940년부터 전쟁부 장관을 보좌하며 항공부대 확충에 힘썼다. 1951년에 국방부 장관이 되어 군비 확장을 주도하고 한국전쟁 수행을 지도했다.

이비스Joseph E. Davies*의 대저택에 모였다. 이 모임도 러시아의 전쟁 수행 노력을 칭송했고 소련과 그 국민에 대한 미국인의 지지를 과시하기 위해 그해 11월에 뉴욕에서 열리기로 계획된 여러 대중 집회의 준비 단계 노릇을 했다.[75]

이름난 칼럼니스트 제임스 레스턴James Reston**은『승리의 서곡 *Prelude to Victory*』이라는 책을 써서 미국인이 러시아에서 벌어지는 전쟁의 심각성을 절실하게 느끼도록 해주었다. 이 저작은 독일군이 러시아인에게 가하는 실제 위협을 미국 독자에게 설명했고, 가장 널리 읽힌 전쟁 서적들 가운데 하나가 되었다.『승리의 서곡』은 염가판으로 출간되어 잡화점부터 버스정류장까지 평범한 미국인이 날마다 모이는 곳에 있는 매점에서 팔렸다. 레스턴의 이름이 그 책에 신뢰성을 부여한 한편, 그의 매력적인 문체는 미국 독자 수백만 명을 사로잡았다.[76]

더 심각한 논조로 제이콥 헤르츠라는 랍비가 통합유대인위원회***에게 연설하면서 러시아의 대의에 가능한 모든 방법으로 이바지하라고 전 세계의 유대인에게 촉구했다. 그의 발언은 아돌프 히틀러가 "민족과 국가의 학살자이자 파괴자, 유대인의 말살자"라고 선언한『뉴욕 타임스』기사에서 인용되었다. 러시아원조기금Aid to Russia Fund****의 대표자로서 헤르츠는 소련이 "반유대주의가 불법화된 첫 나라였"고, 이제는 독일을 물리치기 위해 가능한 모든 도움을 받을

---

* 미국의 외교관(1876~1958). 법률가였다가 1936~1938년에 소련 대사로 일했다. 루스벨트 행정부와 트루먼 행정부에서 여러 직책을 맡았다.
** 미국의 언론인(1909~1995). 1930년대 중엽부터『뉴욕 타임스』등 유수한 언론사에서 1990년대 초엽까지 활동했다.
*** 폴란드의 뱌위스톡에 본부를 둔 단체이며, 정식 명칭은 '독일 유대인 핍박에 대항하는 통합유대인투쟁위원회.'

자격이 있다고 청중에게 강조했다. 그 촉구는, 유대인 공동체에 했을 지라도, 독일이 유대인에게 자행하고 있는 인종학살 행위가 시사하는 바를 처음으로 인식한 미국 대중 다수의 귀에 분명히 들어갔다.[77]

평범한 미국인도 러시아인들과 독일을 물리치려는 그들의 투쟁에 자기가 느끼는 바를 표현했다. 1943년 6월에 『타임』에 미국인이 러시아인 개인에게 써보낸 편지의 견본이 실렸다. 그 편지를 쓴 조지 맥클렐런은 자기가 매일 입는 옷이라도 내줄 마음이 있다고 선언하면서 그는 그 옷을 받을 사람이 맞는 옷을 찾도록 자기의 치수를 죽 적어놓았다. 맥클렐런이 러시아의 곤경에 보이는 반응은 러시아인 개인과 편지를 주고받으라고 미국인을 격려하는 러시아전쟁구호협회 운동의 일부였다. 일리노이주 콜린스빌의 러셀 아이들Russell G. Idle은 "우리 근로자는 당신들을 신뢰합니다. 우리는 당신들이 도움이 되는 멋진 동맹, 즉 우리가 '믿을 만한 이'라고 일컫는 사람이라고 생각합니다. 우리는 당신들이 우리와 가장 비슷하다고 느낍니다. 다른 어떤 국민보다도 말입니다." 네브래스카주의 소도시 드와이트의 상인인 퇴역 군인 E. G. 새버턴은 다음과 같이 썼다. "… 나는 1918년에 내가 할 일을 했습니다. 나는 저 독일 놈들과 싸우면서 한 해 동안 프랑스에 있었지만 우리가 그다지 오래 머무르지는 않았다고 생각합니다. … 독일 놈들을 혼내주시오. …"[78]

미국 시민은 1943년 6월까지 편지 120만여 통을 러시아에 보냈다. 보통 그 계획은 개인이 같은 직종을 가진 소련의 누군가와 소통

***

**** 독일과 싸우는 소련을 돕고자 1941년에 세워진 영국의 단체. 전쟁 동안 800만 파운드를 모았다.

하기였다. 그래서, 예를 들면, 미국 농부의 부인 수천 명이 러시아의 농민 가정에 편지를 부쳤다. 코네티컷주의 공업 도시 브리지포트는 공업 도시 고르키*의 시민에게 인사장을 보냈다.[79]

미국의 지도층 시민이 세우고 미국 곳곳의 위원회가 후원하는 러시아전쟁구호협회는 러시아를 지원하는 가장 유명한 조직이 되었다. 편지쓰기 운동이 보여주었듯이, 협회원들은 미국인이 러시아인을 배려하는 분위기를 촉발하는 데 도움을 주었다. 러시아전쟁구호협회는 의약품 기부 단체로 시작했고 진주만 공격 뒤에 미국의 참전이 가속화되자 다목적 조직으로 성장했다.[80]

러시아전쟁구호협회는 미국 재계의 엘리트 저명인사들이 그 협회를 창립하고 운영하고 후원한다는 사실에서 엄청난 이득을 보았다. 이 인사들로는 협회장이자 태평양문제연구소Institute of Pacific Relations** 총간사인 에드워드 카터, 한때 뉴욕시 변호사협회장이었던 찰스 벌링게임, 체이스내셔널은행의 프레데릭 겔리 부회장, 미 법무부 송무차관을 지냈던 토머스 대커, 뉴욕 주지사를 지냈고 1928년 민주당 대통령 후보였던 앨 스미스가 있었다. 조지타운***에서부터 일리노이주 에번스턴****까지 다양한 곳에서 배출된 지역 엘리트의 인맥이 러시아전쟁구호협회의 후원에 가세했다. 이 사람들은 루스

---

* 오늘날의 니즈니노브고로드. 볼가강 상류에 있으며, 1932~1990년에 고르키라고 불렸다.
** 태평양에 닿아 있는 나라들의 재계·학계 인사가 환태평양 국가의 관계를 증진하고 문제를 논의하고자 1925년에 세운 국제 비정부기구.
*** 미국의 미시간호수 남쪽에 있으며, 시카고에서 북쪽으로 12킬로미터 떨어져 있는 도시.
**** 미국 워싱턴 북서부 근교의 명칭.

벨트 대통령의 친소련 무기대여법 정책에 공감했고 자기의 영향력과 연줄을 십분 활용해서 러시아의 대의를 홍보했다.[81]

러시아전쟁구호협회는 뉴욕시에 본부를 두고, 미국의 35개 도시에 지부를 두었다. 러시아전쟁구호협회는 더 작은 여러 공동체에서 소위원회도 운영했으므로, 협회의 활동이 미국 사회의 구석구석에까지 미쳤다. 러시아의 전쟁 수행 노력에 대한 지지세를 끌어모으는 협회 방식의 범위를 코네티컷주 스탬퍼드의 사례 하나가 예증해준다. 1944년에 러시아전쟁구호협회는 스탬퍼드에 현지 지부가 개설된 것을 지역 유지들과 도시 주민 수백 명이 모인 행사로 경축했다. 일단 활동이 착수되자, 러시아전쟁구호협회는 '여러분의 옷을 러시아와 나눕시다'라는 지역 운동을 후원해서 스탬퍼드의 기부자들에게서 약 2만 달러어치의 옷을 모았다. 다른 조직들 가운데에서도 스탬퍼드컨트리클럽, 지역 금융기관, 슬라브인연맹, 스탬퍼드여성클럽이 모두 이 운동을 지원했다. 러시아전쟁구호협회는 동유럽인 후손들이 슬라브 민요를 부르고 러시아 악기 발랄라이카*를 연주하는 일요일 오후 옥외 모임도 개최했다. 더 공적인 행사에서 러시아전쟁구호협회는 「우리 아버지」라는 노래를 러시아어로 부르는 것이 핵심인 지역 가두행렬을 후원했다. 로이스 밀러는 『리더스 다이제스트』에 "평범한 남자의 1센트, 10센트, 25센트 동전이 러시아 전선에서 바로 지금 히틀러와 싸우는 일을 돕고 있다"고 썼다.[82]

미국인 개인이 자기의 돈과 시간을 아낌없이 내주는 이 같은 사례가 전국에 퍼져나갔다. 러시아전쟁구호협회는 잔돈으로 채우라고 작

---

* 기타처럼 생겼고 몸통이 세모꼴인 러시아의 민속 현악기.

은 돼지저금통 100만여 개를 미국인들에게 나눠주었다. 한 어머니는 돼지저금통을 자기 아기가 탄 유모차에 매달았다. 그 어머니가 아기를 데리고 산책하는 동안 지나가는 사람들이 그 돼지저금통에 5센트 동전과 10센트 동전을 넣었다. 미국 중서부의 한 은행가는 자기 자동차의 대시보드에 돼지저금통을 붙여놓고 친구들을 태워주고는 차비를 내라고 했다. 『서베이 그래픽』에 실린 사진은 루이스빌* 어린이들이 기부금을 가지고 러시아전쟁구호협회 지부로 가는 모습을 보여주었다. 또 다른 사진은 위스콘신주 셰보이건의 지역 후원자들이 러시아인에게 보낼 용도로 옷을 모으는 장면을 보여주었다.[83] 에드워드 카터가 1943년에 소련을 방문한 목적은 자기 재산을 아낌없이 선뜻 내준 미국인 수천 명에게 그러한 기증품이 원래 의도한 용도로 제대로 잘 쓰이고 있음을 증명해주는 것이었다. 그는 러시아 어린이들이 기부된 미국 옷을 지금 즐겨 입는다고, 미국인이 보낸 씨앗 450여 톤을 승리 텃밭**에 심어서 감사를 표했다고 답장을 써보냈다. 러시아의 가정이 머지않아 아이다호 감자나 뉴잉글랜드*** 호박을 즐길 수 있을 터였다. 또한 카터는 그 기증품이 정확히 어디로 — 하르코프로, 아니면 로스토프****로— 보내지고 있는지를 소련이 세심하게 기록하고 있다고 미국의 일반인들에게 확언해주었다. 심지어

---

* 미국 켄터키주의 최대 도시.
** 제1차 세계대전과 제2차 세계대전 때 식량을 마련하고 사기를 높이기 위해 교전국의 가정이나 공원에 만들었던 채소밭.
*** 17세기 초엽에 잉글랜드에서 온 이주민이 정착한 오늘날 미국의 동북단 지역으로, 매사추세츠주, 코네티컷주, 로드아일랜드주, 버몬트주, 메인주, 뉴햄프셔주 등 6개 주다.
**** 모스크바 북동쪽 200킬로미터 지점에 있는 러시아의 고도시.

카터는 미국의 원조 물자를 찾아 적군의 전선 뒤에서 모스크바로 오는 위험한 여행을 한 파르티잔 대원들과 함께 모습을 보이기도 했다.[84]

러시아전쟁구호협회는 전쟁 동안 집회도 열었다. 1942년 6월에 협회는 막심 리트비노프Maksim Litvinov* 소련 대사와 해리 홉킨스Harry Hopkins** 무기대여법 관리국장 같은 연사가 포함된 매디슨 스퀘어 가든*** 집회를 주관했다. 이 집회는 소련 창건 기념 축하 행사이기도 했다. 리트비노프 대사는 러시아 인민이 나치와 싸우면서 막대한 희생을 치르고 있으며 전쟁에서 버텨낼 지속적인 능력을 가지고 있다고 연설했다. 리트비노프는 소련과 미국과 영국의 자원을 합치면 결정적일 것이라고 청중에게 장담했다. 이미 모스크바에 가서 러시아의 전쟁 수행 노력을 직접 본 적이 있는 해리 홉킨스도 붉은 군대가 아직 큰 위험에 빠져 있다고 경고하면서도 러시아는 결연하게 투쟁하고 있다고 청중 2만 명에게 말했다. 미국노동총동맹American Federation of Labor****의 윌리엄 그린 의장이 붉은 군대를 칭찬하면서 붉은 군대가 독일군 무적 신화를 까발렸다고 선언했다. 노동총동맹 원들은 러시아의 대의를 전폭 지원했다.[85]

---

* 소련의 외교관(1876~1951). 유대인이었고 일찍부터 볼셰비키 당원이었다. 1920년대 소련의 외교 노선을 입안했고, 1930년에 외무장관이 되어 영국 및 프랑스와 동맹을 맺어 독일을 견제하려고 시도했지만 실패했다. 1941~1943년에 미국 대사로 근무했다.
** 미국의 행정가(1890~1946). 1933년에 뉴딜 정책 행정관, 1938년에 상업장관이 되었고, 1941년에는 무기대여법을 감독했다. 제2차 세계대전 때 러시아와 영국을 오고 간 대통령 특사였다.
*** 미국 뉴욕시에 있는 대형 실내 경기장.
**** 1886년에 새뮤얼 곰퍼스 등이 세운 미국의 노동조합 조직. 타협적 온건 노선을 유지하면서 최대 노동운동 단체로 성장했다.

집회는 모금 행사이기도 했다. 러시아전쟁구호협회는 600만 달러를 목표액으로 삼고 이미 200만 달러를 모았다. 카터는 "철강 노동자, 주부, 사무직원 등 … 보통 사람이 러시아전쟁구호협회를 시작했다"는 점을 웅변으로 청중의 머리에 떠올려주었다. 국제여성의류노동조합과 미국해운노동조합이 아낌없이 쾌척했다. 국제사무기기 회사 IBM, 초대형 철강업체 U.S. 스틸, 다른 대기업도 마찬가지로 그랬다. 존 록펠러 2세John D. Rockefeller, Jr.*는 개인적으로 5만 딜러짜리 수표 한 장을 "이것은 '제가 러시아군이 하고 있는 것, 즉 영웅적 용기와 용맹성, 그리고 자기 나라에 바치는 희생적 헌신을 찬양한다는 표현'이라고 선언하는 편지와 함께" 보냈다. 집회 청중은 "5천 달러부터 1달러"까지 다양한 금액을 기부했다. 너무 적은 기부금이란 없었다.[86]

문화 교류도 미국의 소련에 대한 이해를 증진했고 관계 개선을 촉진했다. 이 교류는 학술 방문부터 체스 시합까지 다양했다. 러시아 음악도 미국에서 큰 관심을 불러일으켰다. 드미트리 쇼스타코비치 Dmitrii Shostakovich**의 전시 교향곡들이 다른 러시아 작곡가들의 교향곡과 마찬가지로 미국 곳곳에서 연주되었다. 쇼스타코비치의 「7번 교향곡」이 몰래 서방으로 반입되어 토스카니니Toscannini***의 지

---

* 미국의 기업가(1874~1960). 대재벌 존 록펠러의 외아들이었고, 대학을 마친 뒤 아버지의 사업을 거들었다. 투자자로 유명했고 자선사업을 많이 했다.
** 소련의 작곡가(1906~1975). 페테르부르크의 유대인 가정에 태어났고, 1925년에 음악원 졸업 작품 「제5교향곡」으로 세계적 명성을 얻었다. 1942년과 1949년에 스탈린상을 받았다.
*** 이탈리아의 음악가(1867~1951). 1898년에 밀라노의 스칼라 오페라 극장의 지휘자가 되었고 세계 순회 연주회로 명성을 얻었다. 1920년대 중엽부터 미국에서 활동하며 뉴욕을 세계 음악의 중심지로 만들었다.

휘로 미국 라디오에서 초연되었다. 레닌그라드 봉쇄 동안에 작곡된 「제7교향곡」은 나치에 맞선 저항의 상징이 되었다. 쇼스타코비치가 1942년 7월 20일 자 『타임』의 표지에 나왔다.[87] 미국의 재즈와 영화가 소련에서 큰 인기를 누렸다. 또한 이 같은 교류는 관광과 미국의 기술과 아이디어의 이전移轉을 비롯한 20년의 역사를 바탕 삼아 이루어졌다.[88]

이 교류에서 나타난 선의는 동맹의 존속 가능성이 있는 경우에만 지속되었다. 그 존속 가능성이 의문시되자마자, 1945~1946년에 극적으로 그랬던 것처럼 변화는 신속하게 이루어졌다. 깨지기 쉬운 이 동지 관계의 가장 눈에 잘 띄는 조짐이 중산층 미국 일반인 사이에서 ―수백만 명이라는― 대단한 독자 수를 지닌 강성 보수 애국 잡지인 『리더스 다이제스트』에 나타났다. 궁지에 빠진 러시아인을 지원한다는 관점에서 『리더스 다이제스트』는, 어느 모로는, 맨 마지막에 들어와서 맨 먼저 빠져나갔다. 『리더스 다이제스트』에는 엄청나게 인기 있는 이 월간지를 1927년부터 펴내기 시작한 월리스Wallace 부부*의 완고한 보수주의가 늘 반영되었다. 전재 기사나 축약 기사의 출처는 거의 반드시라고 할 만큼 『아메리칸 머큐리』나 『새터데이 이브닝 포스트The Saturday Evening Post』 같은 보수 잡지들이었다. 월리스 부부는 『볼티모어 선Baltimore Sun』**을 비롯한 신중한 지역 신문에 실린 글까지 전재했다.

전쟁 첫 몇 해 내내 『리더스 다이제스트』는 소련의 사회주의 실

---

* 디윗 월리스(1889~1981)와 라일라 월리스(1889~1984).
** 1837년에 메릴랜드주에서 창간된 미국의 일간신문.

험에 손톱만큼의 지지도 보여주지 않았고, 실제로 소련과 소련 지도자들을 장황하게 자주 비난했다. 이 태도는 루스벨트가 1933년에 소련을 승인한 뒤 오히려 심해졌다. 스탈린이 농업 집산화를 무지막지하게 밀어붙이고 소련 시민 수천 명을 숙청하고 방위 능력이 없어 보이는 소국 핀란드로 쳐들어가자 『리더스 다이제스트』의 적대감은 1930년대 꼬박 10년 동안 지속되었다. 이 적대적 태도는 심지어 나치가 1941년 6월에 소련을 침공한 뒤에도 유지되었다. 여론 주도자들이 소련을 열성적으로 돕자고 촉구하는 동안 『리더스 다이제스트』에는 매섭게도 러시아 전문가로 널리 인정받던 버트램 울프 Bertram Wolfe*가 『하퍼스 *Harper's***』에 썼던 비판적인 「소리 없는 소비에트 혁명」(1941년 7월) 같은 기사들이 실렸다. 같은 해에 윌리스 부부는 『아메리칸 머큐리』에서 뽑은 「대역죄의 아카데미」(1941년 8월)를 다시 실었다. 이 글에서 얀 발틴Jan Valtin***은 미국의 방위를 해치는 공산당 음모가 까발려졌다고 주장했다.[89]

『리더스 다이제스트』 편집진은 러시아에서 벌어지는 전쟁이 모스크바 근처에서 초기의 전환점에 이르자 이따금 누그러졌다. 그들은 소련이 나치와 싸우는 데 막대한 노력을 기울이고 있으며, 소련 국민이 나치의 침략에 완강히 저항하고 있다는 것을 마지못해 인정했다. 1942년 1월에 『리더스 다이제스트』는 독일군 전선 뒤의 게릴라전을

---

* 미국의 문필가(1896~1977). 젊었을 때는 공산주의자였지만 냉전기에 반공주의자가 되었다. 레닌, 스탈린, 트로츠키의 평전을 써서 유명해졌다.
** 1850년에 창간된 미국의 월간지 『하퍼스 매거진(*Harper's Magazine*)』의 속칭.
*** 독일의 작가(1905~1951). 공산당 활동을 하다 1926년에 미국으로 건너갔고 얀 발틴이라는 필명으로 글을 써서 인기 작가가 되었다. 1943년에 징집되어 일본군과 싸웠다.

격찬하는 러시아인 전선 통신원 알렉산드르 폴랴코프의 『라이프』 기사를 다시 실었다. 1930년대에 소련의 우랄 공업 지역에서 일했던 미국의 언론인 존 스콧John Scott*이 1942년 2월에 『배런스Barrons』** 에 「스탈린의 우랄 요새」라는 글을 썼다. 이 글은 나치 군대의 접근 범위 너머에서 안전하게 무한한 전쟁 자원을 러시아 군대에 공급할 능력을 지닌 러시아의 전시 공장을 고무적으로 그려냈다. 스탈린과 스탈린 체제에 의심을 계속 품었으면서도 『리더스 다이제스트』는 미국인 필자 존 스콧이 사실의 서술이라고 인증한 이 기사를 2월호에 실었다.[90]

그러나 『리더스 다이제스트』 편집진은 적대감을 결코 버리지 않았고 소련과 소련 지도부를 비판하는 글을 계속 내보냈다. 1941년 12월에 『리더스 다이제스트』에는 한때 공산주의자였다가 이 무렵에는 마르크스레닌주의의 앙숙이 된 맥스 이스트먼Max Eastman***이 쓴 글이 실렸다. 1941년 12월에 『리더스 다이제스트』에 실린 그의 『아메리칸 머큐리』 논설문 「스탈린의 미국 권력」은 미국에 공산주의의 위협이 있다는 무시무시한 이미지를 만들어냈다.[91]

한때는 소련 사회주의 실험을 찬양하다가 그 실험의 어두운 면과 마주친 다음에 정치 스펙트럼의 오른쪽으로 휙 가버린 이스트먼은 훗날 냉전의 전사 대열에 합류했다. 이스트먼은 레닌과 여타 공산당

---

* 미국의 언론인(1912~1976). 1932~1942년에 우랄에서 노동자로 일하며 러시아 여인과 결혼했다. 사회주의자였지만 공산당의 숙청에 실망했다. 제2차 세계대전 때 전략사무국에서 일했고, 전후에는 주로 『타임』에 글을 썼다.
** 1921년에 창간되어 금융 정보와 시장 상황에 관한 뉴스를 주로 제공한 미국의 주간지.
*** 미국의 문필가(1883~1969). 사회주의자였지만, 1920년대에 소련을 방문한 뒤 소련 체제에 회의를 품었다. 그 뒤 무신론의 입장을 견지하면서도 자본주의를 옹호하고 공산주의를 비판했다.

지도자들을 만난 1920년대 초엽에 소련을 직접 체험했다. 그는 스탈린이 소련에서 권력을 잡은 뒤 레닌의 유언장*을 유출했다. 얄궂게도, 그가 소련에서 활동하고 공산주의와 소련 체제에 오랫동안 친숙했던 덕에 소련 비판자로서의 그의 위상이 진실성을 얻었다. 제2차 세계대전까지 그의 글은 보수 저널리즘이 러시아에서 실행된 실험을 언급할라치면 늘 거론되는 문건이었다. 그러고 나서 『리더스 다이제스트』가 여러 달 동안의 가장 중요한 기사들 가운데 하나라는 꼬리표를 붙인 그의 비판적 논설문은 공산주의자들이 어떻게 자유주의 단체에 침투해서 루스벨트 대통령을 비롯한 미국인들을 바보 취급하고 있는지를 설명했다. 『리더스 다이제스트』 편집진은 호의적인 반응을 기대하고는 그 글을 전재했다. 스탈린에 대한 불신과 나치 침략자에 맞선 스탈린의 전쟁 사이에 끼여 이스트먼은 보수주의자들의 전시 딜레마를 드러냈다. 그는 다음과 같이 경고했다. "스탈린은 그 두 깡패 폭군 가운데 더 약한 깡패 폭군이며 상식은 우리가 히틀러에 대한 이 저항을 지원하기를 요구한다. 그러나 상식은 스탈린의 미국인 요원들이 우리의 생활방식에 맞선 더 교묘한 음모로 힘을 키우지 못하도록 막아야 한다는 경고도 한다."[92]

러시아에서 벌어지는 거대한 전쟁은 진주만 공습과 미국의 참전 뒤에 미국인에게 점점 더 중요해졌다. 의심쩍기는 해도 이제 러시아는 미국의 유일한 결정적 동맹국은 아닐지라도 여러 결정적 동맹국

---

* 병석에 누운 레닌이 1923년 초에 구술한 문건. 이 문건에서 레닌은 스탈린과 트로츠키를 비롯한 주요 당 지도자들을 평가하고 집단지도체제를 제안하면서 스탈린을 소련공산당 총간사 직에서 해임하라고 요구했다.

들 가운데 하나였다. 러시아 전선에 대한 소식이 신문 제1면의 표제를 지배했다. 소련에서 벌어지는 전쟁의 중요성을 이해하지 못하는 미국인은 거의 없었다. 한 학자의 말대로, "1941년 여름과 1944년 6월 사이에 대다수 라디오 방송국에서 러시아 국토방위의 진척이 언급되지 않고 한 시간이 지나가는 경우는 거의 없었다." 1941년 6월 마지막 주에 독소전쟁과 미국-러시아 관계가 평균적인 미국 신문의 제1면에서 72.3퍼센트를 차지했다. … 진주만 공습까지는 독소전쟁이 … 대개 미국 신문의 모든 제1면의 주요 부분을 차지하고 라디오 방송에서 첫 뉴스로 나왔으며, 진주만 공습 한 달 뒤에 이런 현상이 다시 나타나기 시작해서 이후 두 해 동안 지속되었다.[93]

거의 끊이지 않는 뉴스 보도의 영향을 받아 소련을 대하는 미국인의 태도가 바뀌기 시작했다. 1941년 10월에 소련을 영국과 같은 급의 동반자로 평가하는 미국인은 22퍼센트뿐이었다. 1942년 2월까지 이 수치가 41퍼센트로 뛰어올랐다. 1943년 봄에 『타임』은 독일 육군 장교의 군모를 쓰고 가슴에는 나치 상징을 달고서 "나는 유럽을 볼셰비즘에게서 지키고 있다"고 적힌 표지판 위에 내려앉은 대머리수리를 보여주는 『세인트루이스 디스패치 *St. Louis Dispatch*』의 만평을 실었는데, 이는 솟구치는 친러시아 정서를 포착한 셈이다. 전시 동맹국들의 이 기상에 발맞춰서 『리더스 다이제스트』는 소련에 호감을 보이는 글을 대서특필했다. 이러한 방침상의 변화는 더는 위험하지 않다고 판명되었다. 반공주의자인 『시카고 트리뷴 *Chicago Tribune*』[*] 소

---

[*] 1847년에 시카고에서 창간된 일간지. 20세기 전반기에는 고립주의를 표방하는 우익 논조를 띠고 루스벨트 행정부를 비판했다.

유주 맥코믹 대령조차, 의심의 여지없이 이를 악문 채로, 비록 공산주의자들이 반골이고 위험할지라도 "우리는 그들의 위험성이 아니라 그들의 반골성을 이용해야 한다"고 썼다는 점을 고려하면 말이다. 맥코믹에게 이 입장은 그가 공산주의를 길들이게 된 것과 진배없었다.[94]

이 무렵에는 러시아의 전쟁 구호를 강력히 지지하며 믿기지 않을 만큼 대단한 러시아의 전쟁 수행 노력과 러시아가 치르고 있는 대가를 격찬하며 러시아 농민의 불굴의 용기에 주목하는 기사들이 1942년과 1943년의 『리더스 다이제스트』에는 전형적이었다.[95]

1942년 초엽에 『리더스 다이제스트』는 진주만 공습 뒤에 나온 조지프 데이비스 전 대사의 몹시 친소적이어서 큰 논란을 빚은 책 『모스크바행 임무*Misson to Moscow*』를 발췌해서 싣기도 했다. 으레 그랬듯이, 데이비스는 "여기 미국에서 러시아 공산주의를 두려워하는 사람은 자기 나라와 제 나라 제도를 얕잡아보는 사람이다"라고 썼다. 같은 호에서 밀턴 마이어Milton Mayer*가 막심 리트비노프 소련 외무장관을 "아빠 리트비노프"로 일컬었다. 이제는 친척 아저씨 같은 스탈린('조 아저씨')에 리트비노프가 합류한 셈이다.[96]

한 해 뒤에 『리더스 다이제스트』는 웬델 윌키의 글 「러시아 변경의 삶」을 다른 기사들과 함께 실었는데, 이 글은 소련의 전쟁 수행 노력뿐만 아니라 소련 체제의 업적에도 다음과 같이 찬탄했다.[97]

* 미국의 문필가·교육자(1908~1986). 유대인으로 대학을 마친 뒤 여러 언론사에서 기자로 일했다. 1950년에 퀘이커 교도가 되었고 대학에서 강의를 하고 민주주의를 연구했다.

오늘날 소련의 일부를 방문한 사람은 누구라도 소련의 무신론을 싫어하거나 소련의 공산주의 테마에 거북살스러워할 법하지만, 이 사람들과 이야기를 해보면 이들이 가장 효율적인 현대 사회를 건설했음을 누구나 다 깨달을 수 있다.

1940년에 루스벨트와 겨뤘다가 졌던 맞수 윌키는 현대적인 뭔가에 감명을 받는 미국인의 경향을 반영했다. 윌키는 러시아 구호품을 구하라고 인세로 받은 수표를 기부했다. 심지어 데이비스의 『모스크바행 임무』보다 더 많이 팔린 책 『하나의 세계』의 저자인 윌키는 소련과의 전시 동맹과 전후 협력의 주요 옹호자로 우뚝 섰다. 그는 미국이 소련과 함께 평화로운 세계를 만들어낼 수 있다고 믿었다.

몇 달 뒤에, 전시 동맹의 인기가 절정일 때 『리더스 다이제스트』는, 아마도 또다시 뉘우쳐서 그랬을 텐데, 또 하나의 교정책을 맥스 이스트먼에게서 내놓지 않으면 안 된다고 느꼈다. 데이비스와 윌키를 거론하며 이스트먼은 데이비스 대사에 관해서 "(그의) 행적은 그토록 많은 미국의 명망가들을 홀려 사로잡고 있는 폭정 국가를 너무 심하게 찬양하는 유행병을 극단적 사례로 명확히 밝혀줄 뿐"이라고, 윌키에 관해서는 "바보 멍청이들이 우리를 망가뜨리고 있다. 우리는 자연스레 웬델 윌키 쪽을 돌아본다"고 적었다. 이스트먼은 "스스로를 기만하는 우리 좌파 분자"를 조심하라고 매섭게 경고했다. "미국을 설득해서 러시아가 종교의 자유를 누린다고 … 믿게 만들려고 무진 애를 쓰는" 그리스도교인 장관들과 "또 다른 공산주의 옹호자 …"가 되어버린 헨리 월리스 부통령도 경고 대상이었다.[98]

『리더스 다이제스트』는 보수주의의 의무를 다하고서, 1943년과

1944년에는 비교적 긍정적인 글을 실었다. 그 전형이 『새터데이 이브닝 포스트』에서 발췌한 러시아 언론인 보리스 보예트호프Boris Voetkhov*의 「세바스토폴의 마지막 날들」이었다. 맥스 이스트먼조차 전후에는 소련과 협력해야 한다고 보았고, 따라서 『리더스 다이제스트』는 특히 1944년 동안에는, 즉 소련군이 승리를 거두며 서쪽으로 돌진하던 때에는 그 협력 가능성을 예측하는 글을 여러 편 실었다. 에릭 존스턴은 자기가 스탈린과 나눈 대화를 보도했는데, 그는 스탈린이 현실적이고 솔직한 사람임을 알았다. 존스턴과 함께 6주 동안 소련을 여행한 『엠포리아 가제트*Emporia Gazette*』**의 전쟁 통신원이자 편집인인 윌리엄 화이트William White***는 돌이켜보면 매우 명확하고 비판적이지만 균형 잡힌 글이었다고 입증된 2부작 논설 「러시아인에 관한 보고」를 썼다. 몇몇 사람이 이 글을 부적절한 전시 동맹국 비판으로 생각했으므로 논란이 일었다. 『리더스 다이제스트』는 자기 견해를 게재할 화이트의 권리를 옹호했다.[99]

그러나 그 논란은 전쟁이 끝나가면서 연합국의 결속이 느슨해져 풀어진다는 신호였다. 『리더스 다이제스트』는 전시의 러시아 전쟁 수행 노력을 찬양하는 것에 장단을 맞춘 글 한 편을 더 실었는데, 돌이켜보면 그 글은 백조의 노래****였다. 『라이프』에서 뽑아와 독일이 항복한 5월에 실은 리처드 라우터바크의 글 「러시아의 으뜸 군인」은

---

* 『프라브다』 기자.
** 미국 캔자스주의 소도시 엠포리아에서 1890년에 창간된 일간지.
*** 미국의 언론인(1868~1944). 신문 편집인, 작가로 일했고 진보주의 운동의 지도자였다. 1896년부터 내륙 농촌의 대변자로 활동했다.
**** 은퇴하거나 죽기 직전에 마지막으로 하는 공연이나 행위를 일컫는 은유적 표현.

『리더스 다이제스트』가 나치에 맞선 러시아의 전쟁 수행 노력에 관해 게재할 긍정적인 마지막 글이었다. 라우터바크는 주코프 장군의 이모저모를 소개하면서 그를 "제2차 세계대전의 가장 위대한 장군들 가운데 한 사람"으로 규정했다. 조지 마셜George Marshall*과 드와이트 아이젠하워Dwight Eisenhower**와 오마 브래들리Omar Bradley***의 합체 격인 "주코프는 현대전에서 견줄 데가 없는 군사 위업의 기록을 지니고 있다", "연합국 군대에서도 추축국 군대에서도 필적할 이가 단 한 명도" 나타나지 않았다. 그의 특징을 묘사하는 형용사로는 "꾀 많은, 상상력이 풍부한, 예언자 같고 … 담대한, 흔들림 없는, 무패의"가 있었다. 그 글의 절정은 다음과 같은 평가다. "주코프는 훌륭한 공산주의자다. 그는 하느님을 안 믿는다. 하지만 그는 역사를, 진보를, 품격을 믿는다. 이것들을 위해, 자기 가정과 아내와 자녀를 위해, 러시아를 위해 그는 한번도 지지 않고 전쟁을 수행했다." 이 평은 미국이 곧 독일 측의 독소전쟁 해석을 수용하고 얄궂게도 독일국방군 장군들이 주코프의 신화적 위상을 차지하리라는 점을 고려하면 주목할 만한 찬사였다. 주코프는, 그리고 티모셴코처럼 큰 찬사를

---

* 미국의 군인(1880~1959). 제1차 세계대전에서 퍼싱 장군 참모장으로 근무했고, 전간기에는 육군 현대화에 힘썼다. 제2차 세계대전 시기에는 참모총장으로 대통령, 의회, 동맹국, 각 전역 사이를 조정했다. 종전 뒤에는 국무장관, 국방장관을 지냈고 서유럽 경제 부흥을 지원하는 마셜 플랜을 주도했다.
** 미국의 군인(1890~1969). 1933년에 맥아더 참모총장 부관으로 근무했다. 제2차 세계대전 시기에는 서방 연합군 최고사령관으로서 조정과 중재에 능숙했다. 1952년에 대통령이 되었다.
*** 미국의 군인(1893~1981). 제2차 세계대전 때 북아프리카와 서유럽 전선에서 미국 육군을 지휘한 주요 사령관들 가운데 한 명이었고, 미 합동참모본부의 초대 의장이었다.

받던 러시아 장군들은 한때 그들이 지배했던 미국인의 의식에서 사라질 터였다. 이 극적인 태도 변화를 알리는 신호처럼 『리더스 다이제스트』는 리 화이트Leigh White가 『새터데이 이브닝 포스트』에 썼던 논설 「루마니아에 온 소련의 철권」을 주코프 기사가 실린 지 석 달 뒤에 옮겨 실었다. 냉전이 시작되었다.[100]

우리는 어쩌면 지나치게 많은 시간을 들여서 전시의 『리더스 다이제스트』 기사를 논의했을지도 모른다. 그러나 우리는 뒤이어 냉전 동안 일어날 극적인 기억 변동을 이해할 토대를 마련하는 것이 중요하다고 믿는다. 1941~1945년 동안 미국인은 동방에서 벌어진 전쟁에 관해 쏟아져 나오는 정보를 접했다. 이 정보에는 여러 전투, 특히 결정적인 스탈린그라드 전투와 전쟁의 마지막 장인 베를린 점령에 관한 상세한 서사가 들어 있었다. 이 제1장에도 독일이 러시아에 가져온 비극을 크게 공감하며 살펴본 책, 신문, 대중잡지, 라디오 등 여러 매체의 자료가 포함되어 있었다. 이 매체들도 이 고통을 인격화했고 러시아군과 러시아의 승리를 찬양했다. 전쟁 뒤에 이 기억은 대두하는 소련-미국의 긴장이 가하는 압력에 짓눌려 희미해지더니 사라져서, 러시아군의 잔학 행위와 독일군의 영웅적 용기, 그리고 심지어는 동방의 야만인 무리에게서 서방 문화를 지켜내려는 초인적 희생을 강조하는 친독일 해석으로 대체되었다. 곧, 꽤 많은 미국인이 미국이 전시에 이해한 바와 크게 어긋나는 이 독일 측의 시각을 포용할 터였다. 이 같은 전환은 오로지 미국인이 전시 동맹의 절정기에 조차 공산주의 정권과 슬라브 민족에게 품었던 심한 양가감정 때문에 일어났다. 이 양가감정이 『리더스 다이제스트』 지면에 가장 뚜렷하게 나타났다.

제2장

냉전과 패배한 대의 신화의 대두

제2차 세계대전이 끝날 때에는 독일군이 나치 정권의 전쟁범죄와 공모 관계에 있었다는 것에 의문의 여지가 조금도 없었다. 전쟁이 여전히 진행되고 있는 동안, 즉 1942년 11월에 소련은 나치의 전쟁범죄를 조사할 비상국가위원단*을 만들었다. 그 결과로, 이듬해에 여러 곳에서, 즉 7월과 8월에 크라스노다르**에서, 9월에는 마리우폴***에서, 그리고 가장 극적으로는 12월에 하르코프에서 소련의 군사재판소가 열렸다. 그 재판들은 언론의 관심을 끌었다. 외국 언론인이 초빙되고 문서 사본이 여러 언어로 번역되었다. 서방 언론에 기사가 꽤 많이 실렸다. 부역자를 다루는 크라스노다르 재판에서 이미 리하르

---

* 정식 명칭은 독일 파시스트 점령자 만행 확인 조사 비상국가위원단.
** 러시아 남부의 쿠반강 유역에 있는 도시.
*** 우크라이나 남동부 아조프해의 항구도시.

트 루오프 상급대장 예하 독일 제17군을 상대로 중대한 기소가 이루어졌다. 하르코프 재판에는 소련인 부역자 한 명, 독일군 대위 한 명, 나치친위대 장교 한 명, 독일 제6군 하사 한 명이 피고로 함께 회부되었는데, 이들은 모두 유대인을 포함한 민간인의 학살에 연루된 자들이며 그 피고들 가운데 네 명이 처형되었다. 여기서 이미 나치 친위대와 독일국방군 사이에 협력이 있었다는 것이 입증되었다.[1] 전쟁 뒤에 소련 성부는 여러 연출재판을 열었으며, 이 재판은 뉘른베르크의 국제군사재판과 나란히 진행되었다. 이 연출재판에는 1945년 12월에 스몰렌스크와 브랸스크에서 열린 재판과 1946년 2월에 리가에서 열린 재판이 포함되었다. 다시, 독일군 장교들과 나치친위대원들이 함께 소련군 전쟁포로 학대 혐의와 민간인 살해 혐의로 재판을 받고 처형되었다. 예를 들어, 리가에서 장군 일곱 명이 범죄 혐의로 처형되었다. 소련은 악명 높은 프리드리히 예켈른도 교수형에 처했다. 러시아의 여러 전선에서 친위대·경찰 상급지도자SS- und Polizeiführer*였던 예켈른은 다른 무엇보다도 바비야르 학살**을 자행했고 리가의 유대인을 숱하게 많이 죽였다. 연합국관리이사회*** 법령 10항의 권한에 근거해서 소련의 수많은 독일 장교 재판이 1947년까지 진행되었고, 그 결과로 소련에서 사형제가 1947년 5월에 공식 폐지되기 전까지 유죄 선고와 사형이 많이 이루어졌다.[2] 또한 소

* 나치친위대, 게슈타포, 경찰의 대부대를 지휘하는 독일의 고위 관리.
** 독일의 특무기동대가 키예프 부근에 있는 바비야르 골짜기에서 1941년 9월 29일, 30일에 소련 민간인 3만 3,771명을 학살했다. 희생자 대다수가 유대인이었다.
*** 제2차 세계대전 말에 연합군이 점령한 독일과 일본 등 추축국을 관리할 목적으로 주요 연합국 국가들의 대표로 구성된 조직.

련군이 대체로 온전히 남은 루블린의 마이다넥 강제수용소를 1944년 8월에 해방한 것이 서방 언론에 널리 보도되었고, 이렇게 해서 나치의 죽음의 수용소가 서방에 처음으로 알려졌다.[3]

1945~1946년에 뉘른베르크에서 열린 국제군사재판소를 필두로 전후의 여러 재판에서 독일국방군이 나치 정권의 인종 목적에 봉사했다는 확신이 명확하고도 강력하게 표명되었다. 뉘른베르크 재판의 첫 미국 측 검사인 로버트 잭슨 대법관이 범죄 조직으로 기소하고 싶어 한 집단들 가운데에는 독일군 총참모본부가 있었다. 미국 행정부 안에서 이 기소에 대한 지지가 강했고, 그 과업은 나중에 잭슨의 후임자가 될 텔퍼드 테일러Telford Taylor*에게 넘겨졌다. 테일러는 기소될 그 조직을 한꺼번에 일컫는 용어로 '독일국방군 총참모본부 및 최고사령부'를 제시했다. 이 결정에는 독일 '군국주의'를 양차 세계대전 배후의 주요 동력으로 여기는 미국의 해석이 얼마간 반영되어 있다. 제2차 세계대전 동안 나치 체제 자체가 독일 군국주의의 표출로 자주 비쳐졌고, 전쟁 말기에 공론은 독일 군국주의가 영원히 근절되어야 한다는 데 동의했다. 훗날 독일국방군에게서 죄를 벗겨줄 아이젠하워 장군조차 처음에는 극히 강하게 동의했다. 1944년 7월에 그는 "독일군 총참모본부는 이 전쟁과 그 바로 전의 전쟁** 을 그저 맨처음에는 유럽에서, 맨 마지막에는 세계에서 우위를 차지하려는 집

---

* 미국의 법률가(1908~1998). 법조인으로 일하다 1942년에 입대해 군 첩보부에서 활동했다. 로버트 잭슨을 도와 뉘른베르크 재판에 미국 측 검사단으로 참여했다. 1950년대에 매카시 상원의원의 위험성을 지적했고, 1960~1970년대에 미국의 베트남 정책을 비판했다.
** 각각 제2차 세계대전과 제1차 세계대전을 가리키는 표현.

요한 결의에서 벌인 전역쯤으로 여긴다"는 말을 했다고 기록되었다. 뒤이은 기록은 이렇다. "그(아이젠하워)는 (자기가 3,500명쯤 된다고 추산하는) 독일 총참모본부 전원을 제거하고자 한다. 아니면 그들은 아마도 어디 세인트헬레나섬* 같은 곳에 한데 수용될 수 있을 것이다. …"[4] 전쟁이 끝나기 며칠 안 남은 1945년 4월 27일에 연합군 해외원정부대 최고사령부가 "독일 총참모본부 장교를, 그리고 장군을 죄다 영구 추방하고 국제연합을 구성하는 한 나라나 모든 나라가 관리하는 한 장소에 종신 감금해야 한다"고 미국 정부를 다그쳤다.[5]

흥미롭게도, 이 문제에는 만장일치로 합의가 이루어지지 않았다. (테일러가 생각하기에는 윌리엄 '와일드 빌' 도너번William 'Wild Bill' Donovan**을 비롯한) 많은 미국 육군 장교가 독일 장교들과 명백히 동질감을 가지고 그들을 존중한 나머지 그들을 한데 묶어 한꺼번에 재판한다는 생각을 거부했다. 그러나 이 입장이 일본군 장군 재판에는 적용되지 않아서, 테일러는 "분명히 뼈대 있는 군인들 안에서 황인종 장군은 품격의 등급에서 북유럽계 백인 장군만큼 높지 않았다"고 비꼬았다.[6] 미국 행정부와 국방부의 고위층에서는 재판 지지가 여전히 강세였을지라도, 야전급 장교들에게는 독일 장교에 대한 소송 절차에 반대하는 경향이 있었다. 독일 장교였던 사람들은 훗날 제2차 세계대전을 대하는 미국인의 태도를 형성하려고 애쓰면서 이

* 아프리카 서쪽 남대서양의 영국령 섬. 1815년에 나폴레옹이 유배되어 1821년에 숨진 곳이다.
** 미국의 군인(1883~1959). 제1차 세계대전에서 무공훈장을 받았다. 1941년에 중앙정보국의 전신인 전략사무국의 초대 국장이 되었고, 1943년에 육군 준장이 되었다. 뉘른베르크 재판에서 전범을 신문했다. '와일드 빌'은 그가 젊었을 때 별명이었다.

태도를 이용할 터였다.[7] 재판이 진행 중일 때, 심지어 아이젠하워(와 그의 예전 동료인 버나드 몽고메리Bernard Montgomery* 육군 원수)조차도 빌헬름 카이텔Wilhelm Keitel**과 알프레트 요들Alfred Jodl***의 입장에 서서 생각하면서 소송 절차에 조금 거북해했다.[8] 더 불길하게도, 영국은 재판이라는 생각을 아예 제쳐놓았다.

끝내 테일러는 '최고사령부'라고 불리는 집합체가 있다고 법정을 납득시킬 수 없었고, 따라서 뉘른베르크 국제군사법정의 본 재판 뒤에 개개인의 재판이 필요해졌다. 그러나 독일군 최고사령부를 범죄 조직으로 선언해야 한다는 논거를 펼치면서 테일러는 독일국방군의 전쟁범죄 공모에 관해서 나중에 망각될 극적인 증거를 많이 공표했다. 특히, 테일러는 발터 폰 브라우히치Walther von Brauchitsch,**** 발터 폰 라이헤나우Walter von Reichenau,***** 에리히 폰 만슈타인을 비롯한 고위 군사령관들이 부대에 내려보낸 메시지를 비롯한 문서를 내놓았는데, 그 메시지에서 저 군사령관들은 '유대인-볼셰비키' 체제

---

* 영국의 군인(1887~1976). 1940년에 제3사단장으로 독일군과 싸우다 됭케르크에서 철수했다. 1942년에 북아프리카에서 롬멜 장군을 물리쳤고, 1944년 노르망디 상륙작전에서 영국군을 지휘했다. 전후에 나토군 최고사령관 대리를 지냈다.
** 독일의 군인(1882~1946). 1938년에 육군 최고사령관이 되었고, 1940년에 프랑스의 항복 문서에 독일 대표로 서명했다. 전술 능력은 미흡했지만 히틀러에 충성하는 열성 나치당원이었다. 뉘른베르크 재판에서 유죄 판결을 받고 처형되었다.
*** 독일의 군인(1890~1946). 제2차 세계대전 동안 독일국방군 최고사령부 작전참모장으로 바르바로사 작전 외의 거의 모든 작전을 입안했다. 뉘른베르크 재판에서 유죄 판결을 받고 처형되었다.
**** 독일의 군인(1881~1948). 열렬한 히틀러 지지자였고, 1938년에 독일 육군 최고사령관이 되었다. 1941년 말에 모스크바 점령 실패에 책임을 지고 물러났다.
***** 독일의 군인(1884~1942). 1902년에 군인이 되었고 제1차 세계대전에서 철십자훈장을 받았다. 제2차 세계대전 동부전선에서 제6군을 지휘했다. 1941년에 남부집단군 총사령관이 되었지만 뇌출혈로 급사했다.

를 무자비하게 없애버리라고 다그쳤다.[9] 독일국방군 연속 선전물 제1
호는 독일국방군이 소련 체제를 대하는 입장에 관해 의심의 여지가
없었다. "빨갱이 인민위원의 면상을 들여다본 적이 있는 자는 누구
라도 볼셰비키가 어떤 놈들인지 안다. … 상당한 비율이 유대인인 이
노예 감시인들의 외모를 짐승에 비유하는 것은 짐승에게 모욕이리
라. 그놈들은 악독한 모든 것의 구현, 인간 안에 있는 고결한 모든 것
에 대한 정신 나간 증오의 화신이다. 이 인민위원들은 피의 고결성에
맞선 열등인종의 반란이다."[10]

1941년 10월 10일에 러시아에서 제6군 사령관 폰 라이헤나우 육
군 원수가 휘하 부대원들에게 그들의 임무를 명확히 밝히는 지령을
다음과 같이 내렸다. "유대인-볼셰비키 체제에 맞선 전쟁의 가장 본
질적인 목적은 그들의 권력 수단을 완전히 파괴하고 유럽 문화에서
아시아의 영향을 제거하는 것이다. … 동방 영토에 있는 군인은 단
지 전쟁술 규칙에 따라 싸우는 자가 아니라 무자비한 민족 이념을
전수하는 자이며 독일 민족과 인종적 동족에 가해졌던 야만 행위
에 복수하는 자이기도 하다. 그러므로 군인은 열등인종인 유대인에
게 가혹하지만 정당한 복수를 할 필요를 철저하게 이해해야 한다."[11]
그러니 뉘른베르크 법정이 비록 기소장에서 씌인 표현을 빼고는 '최
고사령부' 같은 실체를 인정하지 않았을지라도 그 독일 고위 장교들
에게 "남녀와 어린이 수백만 명에게 닥쳤던 참상과 고통에 크나큰 책
임"이 있다고 언급하고 피고들에 대한 개별 재판을 권고한 것은 이상
한 일이 아니다.[12]

뉘른베르크에서 재판을 받는 주요 전쟁범죄자 22명 가운데 독일
장군 두 명이 있었다. 알프레트 요들과 빌헬름 카이텔이었다. 카이텔

독일국방군 최고사령관은 히틀러의 모든 침공 계획의 수립에 참여했고 가장 지독한 것만 추려서 특수부대 명령* 인민위원 명령,** 밤과 안개 명령,*** 인질 명령,**** 사법관할권 명령*****을 비롯해 히틀러가 하달한 가장 끔찍한 명령서들 가운데 여럿에 서명했다. 그 전형이 "이 경우에는 공산당원 50~100명의 사형이 대체로 독일군 한 명의 죽음에 대한 적절한 보상으로 간주되어야 한다. 형이 집행되는 방식은 억제 효과를 훨씬 더 키워줄 것이다"라고 적힌 카이텔의 1941년 9월 16일 자 명령서였다.[13] 요들은 독일국방군 최고사령부 작전참모부장이었으며, 엄밀히는 카이텔의 부하였다. 요들도 나치의 침략과 잔학 행위와 연루되어 범죄를 입증해주는 여러 명령서에 서명했고, 이 때문에 (카이텔처럼) 인도人道에 반反하는 죄와 전쟁범죄 혐의로 기소되어 유죄 판결을 받았다. 둘 다 사형 선고를 받고 교수형에 처해졌다.[14]

　독일 군대에 엄청난 타격을 주었다가 그 뒤 냉전 동안 잊히는 증

---

* 연합군 특수부대를 생포하면 군복을 입고 있거나 투항했더라도 재판 없이 곧바로 죽이라는 1942년 10월 18일 자 독일국방군 최고사령부 명령.

** 소련군 포로 사이에서 정치지도위원을 찾아내면 즉결 처형하라는 1941년 6월 6일 자 독일국방군 최고사령부 명령.

*** 독일군이 점령한 서유럽에서 '독일의 안보를 위협하는 자들'을 체포해서 '밤과 안개'를 틈타, 즉 비밀리에 총살하거나 강제수용소로 보내라는 히틀러의 1941년 12월 7일 자 비밀 명령.

**** 동부전선에서 독일군 한 명이 파르티잔에게 목숨을 잃으면 보복으로 볼모 50~100명을 죽이라는 명령.

***** 바르바로사 작전 준비의 일환으로 독일국방군 최고사령관 카이텔 장군이 서명한 1941년 5월 13일 자 문서. 독일군을 공격하는 소련 민간인은 가장 극단적인 방법으로 처단되어야 하며 민간인을 해치는 독일 군인은 군사재판에 회부되지 않는다는 내용이 들어 있었다.

언이 뉘른베르크 재판과 여러 후속 재판에서 쏟아져 나왔다. 소련에 맞서 동방에서 벌어진 전쟁에 관한 한 검사단은 독일군이 제노사이드에서 수행한 역할을 내심 명확히 알고 있었고, 심지어 많은 나치당원의 증언이 이 판단을 확인해주었다.

법정 발언에서 텔퍼드 테일러는 서방에서 일어난 사건을 거론하다가 동부전선으로 넘어갔다.

> 나는 독일국방군이 파르티잔과 기타 주민에게 한 행위가 나치의 정치·인종 정책을 수행하는 도구, 나치가 바람직하지 않다고 여긴 무수한 슬라브인과 유대인을 학살하는 도구가 되었음을 여기서 보여주고자 합니다. … 독일국방군이 나치친위대를 지원하고 원조했고 나치친위대와 협력해서 활동했음을 보여드리겠습니다. …[15]

여기서, 즉 모두 진술에서 테일러는 곧 부정되거나 망각되었다가 30년 뒤 역사가들이 재발견해서 1990년대 이후에야 비로소 대중에게 알려질 독일 군대와 나치친위대의 전쟁범죄 유죄 가능성을 넌지시 말한다. 그러나 그 유죄 가능성은 동부전선을 낭만화하려는 자들에게 억눌린다.

테일러는 자기의 논거를 입증할 파괴력 있는 증언을 줄줄이 마련해 놓았다. 맨 먼저 특무기동대 D의 우두머리 오토 올렌도르프Otto Ohlendorf*가 나왔다. 올렌도르프의 자백에 따르면, 특무기동대 D는

---

* 독일의 관리(1907~1951). 경찰과 나치친위대에서 고위직에 있었으며 몰도바, 우크라이나, 크림반도, 캅카스 등지에서 학살 임무를 수행했다. 전후에 전범으로 기소되어 처형되었다.

1941년 6월과 1942년 6월 사이에 9만 명을 죽였다. 이어서 올렌도르프는 자기 부하들이 유대인을 비롯한 남녀와 아이들을 죽이고 그들의 소지품과 주검을 처리했음을 몸서리가 일 만큼 상세하게 묘사했다. 질문을 받자 올렌도르프는 이 과정에서 독일군이 인지를 했고 적극 지원했음을 확인해주면서 다음과 같이 말했다. "러시아 전역이 시작되기에 앞서 군 조직과 … 지휘관이 모인 회의에서 히틀러가 (유대인과 공산당 기관원을 말살하는) 이 임무에 관해서 말했고 필요한 지원을 장군들에게 하라고 지시했다고 하인리히 힘러Heinrich Himmler*가 제게 말했습니다." 장군들은 지원하는 데 그치지 않고 신나서 대량 학살에 동참했다. 올렌도르프는 사례를 들어 다음과 같이 말했다. "심페로폴**에서 군사령부는 기근이 일어날 조짐이 있고 가옥이 많이 부족하므로 제거 작업을 서두르라고 그 지역의 특무기동특공대Einsatzkommando***에 요청했습니다." 부근에 있던 제11군의 사령관이 에리히 폰 만슈타인 육군 원수였다. 훗날 자기가 유대인 학살에 관해 듣고 충격을 받았다는 만슈타인의 발언은 그가 나치친위대와 빚은 유일한 갈등이 살해된 희생자들의 손목시계를 차지하기 위한 다툼이었다는 사실로 말미암아 거짓말임이 들통 났다. 그 다툼에서 만슈타인이 이겼다. 올렌도르프는 "제11군의 요청으로 손목시계들은 전선에 있는 군부대가 가졌습니다"라고 증언했다.[16]

* 나치당 지도자(1900~1945). 1929년에 나치친위대 수장이 되었고 1936년에 경찰을 장악했다. 제2차 세계대전 동안 히틀러에 버금가는 권력을 누렸다. 전쟁 말기에 연합국과 강화를 모색하다가 권력을 박탈당했고, 연합군에게 붙잡힌 뒤 자살했다.
** 흑해의 크림반도에 있는 도시.
*** 독일군이 점령한 영토에서 유대인, 공산주의자, 폴란드 지식인, 집시, 동성애자를 말살하는 임무를 수행한 특무기동대 소속 살인 전담반.

그다음에는 히틀러가 총애하는 나치친위대 장군이었던 에리히 폰 뎀 바흐첼레프스키Erich von dem Bach-Zelewski*가 나왔다. 1942년 말까지 러시아 중부의 친위대·경찰 상급 지도자였고 러시아에서 파르티잔과 싸우는, 그 뒤 1944년에는 바르샤바 봉기를 진압하는 소름 끼치는 일을 맡았던 바흐첼레프스키는 나치친위대와 치안대가 동방에서 저지른 잔학 행위에 독일국방군이 두루두루 연루되어 있었다고 증언했다. 그는 집단군 사령관들과, 그리고 독일국방군 관구 사령관들과 빈번히 협의했고 그들에게 파르티잔과 싸울 때 써야 할 방법에 관해 조언했다. 그는 자기가 함께 일했던 사람들 가운데에서 "동방의 독일국방군 사령관 브레머 기병대장, 북부집단군 사령관 게오르크 폰 퀴흘러 육군 원수, 중부집단군 사령관 귄터 폰 클루게 장군과 에른스트 부슈 장군, 우크라이나의 독일국방군 사령관 키칭어 공군대장, 세르비아에 있는 사령관 막시밀리안 폰 바익스 육군 원수 …"의 이름을 들었다. 러시아 측 검사인 유리 포크롭스키 대령의 반대 신문을 받으면서 바흐첼레프스키는 그 명단에 알렉산더 폰 하르트만 소장과 게오르크한스 라인하르트 상급대장을 보탰다. 바흐첼레프스키는 사람들이 가혹한, 잔혹하기까지 한 파르티잔 소탕 활동은 정당하다는 인상을 받지 않도록 "파르티잔 토벌은 슬라브인과 유대인을 말살하기 위한 구실이었습니다"라고 자백했다. 포크롭스키가 "파르티잔을 토벌하려고, 그리고 유대인을 말살하려고 채택된 방법

---

* 독일의 군인(1899~1972). 제1차 세계대전에서 철십자훈장을 받았고, 1930년 나치당에 가입하고 이듬해에 나치친위대원이 되었다. 제2차 세계대전 때 나치 정권이 적으로 규정한 사람들을 제거했고, 1944년 바르샤바 봉기를 무자비하게 분쇄했다. 감옥에서 죽었다.

을 독일국방군 사령부가 알고 있(었)는지" 여부를 묻자 바흐첼레프스키는 "그 방법은 널리 알려져 있었고, 그러니 군 지도자들에게도 알려져 있었습니다"라고 대답했다. 또한 그는 독일국방군이 취한 조치의 의도는 소련에서 슬라브인 3천만 명의 말살이 이루어지도록 하는 것이었다고 자백해서 오늘날 우리가 '동방종합계획Generalplan Ost'* 으로 알고 있는 것을 확인해주었다.[17]

무장친위대Waffen-SS**의 소장이자 제국보안부RSHA(나치 경찰국가의 산하 조직)의 보안방첩대SD 제4국(대외첩보부서) 국장이었던 발터 셸렌베르크도 독일국방군이 연루되어 있음을 보여주었다. 셸렌베르크는 1941년 3월 말에 상관인 라인하르트 하이드리히Reinhard Heydrich***와 독일 육군 병참감兵站監인 에두아르트 바그너 장군 사이에 있었던 회의에 참석해 회의록을 작성했다. 그 회의에서 하이드리히와 바그너는 독일국방군과 나치친위대 특무기동대 사이의 향후 협력을 상세화하는 합의서에 서명했다.[18]

러시아 침공 직전에 독일국방군이 독일 군인에게 하달한, 독일군에게 사로잡힌 공산당 군 정치지도위원을 모조리 총살하라고 명령하는 지령인 인민위원 명령도 뉘른베르크 재판에서 증거로 제출되었다.[19]

---

* 제2차 세계대전에서 독일군이 점령한 동유럽 영토에서 대규모 인종청소를 수행하고 동유럽을 독일인의 식민지로 만들려는 나치 정권의 계획.
** 나치당 나치친위대 산하의 무장 전투 조직. 독일의 정규군인 독일국방군과 병행해서 존재했으며 대우, 무장, 보급 면에서 우대를 받았다.
*** 독일의 고위 관리(1904~1942). 해군 장교였다가 1931년에 전역한 뒤 나치 활동을 했고, 나치친위대에서 제2인자가 되었다. 제2차 세계대전이 일어난 뒤 점령지의 저항을 억누르다 1942년 5월 27일에 영국이 파견한 공작대에게 프라하에서 암살당했다.

끝으로, 나치친위대 여단지도자Brigadeführer이자 경찰과 무장친위대의 소장이었으며 힘러의 지휘참모장이기도 했던 에른스트 로데의 진술서가 나치친위대와 군대 사이의 긴밀한 협력을 조명했다. 특무기동대의 활동을 언급하면서 로데는 다음과 같이 말했다.

(군) 지휘관들은 … 이 부대의 임무와 활동 방식을 샅샅이 다 알고 있었습니다. 그들은 이 임무와 활동 방식을 승인했는데, 보아 하니 그들이 그것에 결코 반대하지 않았기 때문입니다. 보안방첩대에게 넘겨진 유대인, 기관원, 정치지도위원 같은 포로가 이른바 정화의 제물로 똑같이 잔혹한 죽음을 당했다는 사실은 그 처형이 그들의 승인을 얻었다는 증거입니다.

또한 로데는 자기에게 "파르티잔 토벌전이 차츰차츰 유대인과 슬라브인의 체계적 절멸을 위한 구실이 되었음이" 명백하다고 자백했다. 다시 그는 다른 이들처럼 여러 이름을 댔다. 그는 자기의 일을 하는 과정에서 "발터 바를리몬트 장군, 폰 부틀라르 장군, 구데리안 상급대장, 차이츨러 상급대장, 호이징어 장군, 벵크 장군, 킬만세크 대령 …, 그리고 폰 보닌 장군"을 비롯한 독일국방군과 육군의 작전참모부의 주요 장교들과 논의했다.[20] 흥미롭게도, 이 장교들 가운데 여럿이 패배한 대의 신화 만들기(구데리안)나 1950년대의 독일연방군 창설(킬만세크)에서 중요한 몫을 할 터였다.

재판이 진행되면서 장군들은 이 혐의에 관해 무슨 말을 했을까? 두어 명은 혐의를 인정하고 있었다. 독일군 최고사령부를 기소하려는 시도와 관련해서, 전쟁 초기에 야전 사령관이었던 요하네스 블라스코비츠 장군과 1938년 이전의 독일국방군 총사령관이었던 베르너 폰 블롬베르크 육군 원수는 거의 모든 총참모본부 장교가 폴란드 침공을 비롯한 히틀러의 전쟁 정책을 지지했다는 취지의 진술서에 서명했다.[21]

독일국방군의 대량 학살 공모의 세부 사항에 관해서 진실을 자백한 전직 장군은 기갑부대 장군, 독일 제4군 참모장이었다가 동부전선의 중부집단군 참모장이 되었던 한스 뢰팅어 장군이었다. 그는 파르티잔 토벌에 종종 관여했다. 테일러가 그의 진술서를 법정에 제출했다. 뢰팅어는 "처음에는, 공식 경로를 거쳐 발부된 명령에 의거해서, 모두 죽이고 소수만 사로잡았습니다. 명령에 따라 유대인, 정치지도위원, 기관원을 보안방첩부에 넘겼습니다"라고 썼다. 뢰팅어는 '파르티잔 전쟁' 뒤에 있는 더 큰 목적을 잘 알고 있었다. 그는 "파르티잔 토벌전을 지극히 혹독하게 수행하라고 최고위 당국이 내려보낸 명령의 의도는 군의 파르티잔 소탕 군사 활동을 이 목적에 사용함으로써 유대인과 기타 바람직하지 않은 인자를 무자비하게 청산할 수 있도록 만드는 것일 수밖에 없음을 깨닫"게 되었다.[22]

뉘른베르크 국제군사재판 뒤에는 연합국의 네 열강이 관여하는 재판이 더 이상 열리지 않았다. 대신에 추가로 나치 전범 후속 재판 13건이 미국의 1947년 뉘른베르크 군사재판 전에 열렸다. 나치친위대와 게슈타포,* 정부 부처, 의사, 기업가, 특무기동대의 대표를 비롯한 185명이 피의자로 나왔다.

이 소송들 가운데 두 개 사건, 즉 7번 사건과 12번 사건에 다시

---

* 나치 독일의 국가비밀경찰.

독일 장군들이 연루되었다. 7번 사건, 즉 '인질 사건'에서는, 유럽 남동부에 배치되었던 장교 12명이 인질과 민간인의 대우와 관련된 인도적 전쟁 수칙을 무시한 범죄로 기소되었다. 사건의 주안점은 유고슬라비아와 그리스에서 자행된 민간인 인질 총살이었다. 부분적으로, 이 총살은 소위 파르티잔 활동의 보복으로 수행되었다. 그러나그 총살은 그 인질들 가운데 유대인이나 집시가 많았다는 점을 고려하면 (오늘날 우리가 알고 있는 대로) 최종해결책Endlösung*의 일부이기도 했다. 또한 기소의 일부에는 민간인을 강제 이송해서 나치 집단수용소에서 노예노동자로 삼거나, 판명된 대로 절멸수용소에서 죽음에 이르게 한 행위가 연루되었다. 빌헬름 리스트, 발터 쿤체, 로타르 렌둘리치, 빌헬름 슈파이델, 헬무트 펠미, 에른스트 폰 라이저, 후베르트 란츠, 에른스트 데너를 비롯해서 10명이 유죄 선고를 받았다. 선고는 종신형부터 복역까지 다양했다.[23]

　12번 사건, 즉 '최고사령부, 또는 독일국방군 최고사령부 사건'에서는 전쟁포로의 학대·살해와 더불어 점령지 민간인의 혹사와 강제이송을 명령한 개인 책임으로 피고 14명이 기소되었다. 이 장교들 가운데 여덟 명이 동부전선에서 복무했다. 법정은 그들을 독일국방군 군사 엘리트의 대표로 간주했다. 빌헬름 폰 레프, 게오르크 폰 퀴흘러, 헤르만 호트Hermann Hoth,** 게오르크한스 라인하르트, 한스 폰 잘무트, 카를 홀리트, 카를 폰 로크베스Karl von Roques, 헤르만 라이

---

* 제2차 세계대전 때 유럽의 유대인을 모두 죽이려는 나치의 계획에 붙은 공식 암호명.
** 독일의 군인(1885~1971). 독소전쟁 초기에 모스크바 20킬로미터 앞까지 간 기갑부대장이었다. 스탈린그라드 전투와 쿠르스크 전투에 참여했다. 1948년에 전범재판에서 15년형을 받았지만 6년 만에 풀려났다.

네케, 발터 바를리몬트, 오토 뵐러, 루돌프 레만을 포함해서 이 장군들 가운데 11명이 1948년 10월에 전쟁범죄와 인도에 반하는 죄 혐의로 유죄 판결을 받았다. 이 판결의 핵심은 이 독일 장군들이 인민위원 명령과 특수부대 명령의 정식화와 수행에서 맡은 역할, 전쟁포로와 민간인을 강제 이송해서 독일의 노예 노무자로 만드는 일에서 맡은 역할, 전쟁포로, 특히 소련군 전쟁포로뿐만 아니라 민간인에게 자행된 범죄에서 맡은 역할, 동방 유대인의 학살에서 맡은 역할이었다. 형량은 종신형부터 3년 형까지 다양했다.[24]

특히 이 재판에서는 —그 뒤 시기에 새로운 전설들이 짜맞춰지면서 힘을 잃어간— 증거가 동방에서 자행된 범죄에 독일국방군이 얼마만큼 연루되었는지를 낱낱이 예증해준다. 미국이 벌인 전후의 국제전범재판, 특히 독일국방군 최고사령부 재판의 크나큰 아이러니 가운데 하나는 1950년대 이후에 일어난 —역사 고쳐쓰기와 전설 꾸며내기— 바로 그것을 방지하는 것이 그 재판들의 원래 의도라는 점이었다. 미국 측 검사인 월터 랩은 1948년의 한 라디오 방송 대담에서 전범재판의 가장 중요한 효과는 "전설의 방지"여야 한다고 단언했을 때 같은 맥을 짚은 셈이다. 그는 "원수 두어 명과 상급대장 10~20명"을 기소하지 않는다면 제1차 세계대전 뒤에 일어난 것과 똑같은 일이 벌어지리라고, 즉 사람들이 장군들은 기소 혐의와 연관되었을 리 없는 "점잖고 원숙하고 고등교육을 받은 훌륭한 신사"라는 인상을 받으리라고 말했다. 불행히도, 랩은 장군들을 기소해야 한다는 판단에서는 옳았을지라도 기소하면 사람들이 그런 인상을 받지 않으리라는 예언에서는 틀렸다.[25]

우리는 뉘른베르크 재판에서 독일 군대를 상대로 나온 증언을 꽤 상세히 논의하고 인용했다. 여기에 새로운 것은 거의 없다. 1970년대 말엽 이후로 특히 미국과 독일의 역사학자가 이 주제에 관해 —그리고 홀로코스트에 관해 두루두루— 샅샅이 연구하고 글을 썼다. 그러나 사람들이 우리가 뻔한 것을 장황하게 늘어놓는다고 생각하지 않도록 뉘른베르크 재판과 그 후속 재판에서 알아낸 뚜렷한 연결고리가, 나치친위대와 독일 군대를 동부전선에서 자행된 (비록 1970년대에야 비로소 널리 쓰이게 된 용어일지라도) 홀로코스트에 연계한 그 연결고리가 그 30년 대부분의 기간 동안 실종되고 억눌리고 잊혔다는 점을 짚는 것이 중요하다. 실제로, 일반 대중의 관점에서 생각한다면, 일반 대중이 1945년에 분명히 인지하고 인정한 것이 다시 한 번 일반 대중의 역사 인식의 일부가 된 것은 1990년대가 되어서였고, 부분적으로는 「독일국방군 범죄 전시회」*에 초점이 맞춰진 홍보를 통해서였다. 그사이에, 냉전이 대두되고 그 통에 재편이 급격하게 이루어지면서 역사 기억에서 불가피하게 변화가 일어났다. 그리고 이 변화에서 독일이 동방에서 한 역할의 특성을 사뭇 다른 관점에서 규정하는 패배한 대의 신화가 비롯되었다.

국제적 맥락의 변화가 결정적이었다. 미국이 러시아인과 밀접하게 접촉하자마자 미국의 러시아관이 바뀌었다. 그리고 나서 독일 공동통치가 깨졌다. 마침내 적대감이 냉전을 불러일으켰다.

우선은 개인 경험, 즉 러시아인에 관한 부정적 경험과 독일인에 관한 긍정적 경험을 모두 다루는 것이 중요하다. 1945년 4월 25일에

---

* 함부르크사회연구소가 1995년 3월부터 독일과 오스트리아의 33개 도시를 돌며 주최한 「절멸 전쟁: 독일국방군의 범죄, 1941~1944년」 전시회.

엘베강의 슈트렐라와 토르가우에서 미군과 소련군이 처음 만났을 때에는 기쁨이 컸다. 그 만남에서 미군 부대원들은 며칠 동안 소련군과 함께 지냈고, 그 결과 파괴적인 전쟁의 엄혹한 충격 아래서 온힘을 다해 또 다른 전쟁은 피하자고 합동 맹세를 했다. 이 순간은 훗날 "특이한 순간, 즉 한 전쟁, 좋은 전쟁The Good War,* 대조국전쟁Velikaia Otechestvennaia voina**의 실질적 종식과 또 다른 전쟁인 냉전의 시작 사이의 단절기"[26]로 기억되었다. 저 순간에 집착하고 동맹국이 적국이 되는 비극을 인식한 몇 안 되는 이들 가운데 한 사람이 시카고의 택시 기사 조 폴로우스키였다. 그는 해마다 4월 25일에 '핵무기 확산을 중단하라'고 쓴 팻말을 들고 시카고의 미시간애비뉴다리에 나타났다.[27] 1983년에 그가 죽자 생전에 했던 요청에 따라 독일의 토르가우에 묻혔다. 참전 군인들이 1985년의 한 재회에서 그의 무덤에 꽃다발을 바쳤고 이듬해에 독일의 영화 제작자 볼프강 파이퍼가 그에 관한 영화 「미국의 한 몽상가Ein Amerikanischer Träumer」를 만들었다. 미국이 오랫동안 소련과 불화를 빚었고 냉전의 레토릭이 미소 관계를 지배했기 때문에 저 재회와 영화는 별로 주의를 끌지 못했다. 4월 25일의 만남은 사실상 잊혔고, 미소 동맹은 거의 기억되지 않았다.

1945년 7월에 베를린 합동 점령이 시작되고 있을 때, 미군 민정장교 존 매기니스는 자기가 막 알아가고 있었던 러시아인에게 이미 짜

---

* 미국에서 제2차 세계대전을 일컫는 별칭.
** 제2차 세계대전 유럽의 동부전선에서 벌어진 전쟁, 즉 독소전쟁을 소련과 러시아연방에서 일컫는 표현.

증이 나 있었다. 그는 다음과 같이 썼다.

> 나는 러시아인이 유치함, 매정한 현실주의, 무책임, 촌티, 상냥함, 칠
> 칠맞음, 무덤덤함이 종잡을 길 없이 어우러진 존재임을 알아차렸다.
> 우리한테 고민을 안겨주고 있는 러시아인이 우리의 친구이고 우리한
> 테 협력하고 있는 독일인이 우리의 적임을 머리에 떠올리는 것이 가
> 시지 않는 문제가 되었다.[28]

50년 뒤의 시점에서 돌이켜보면서 영국군 첩보장교였던 노엘 애넌
은 동의하며 다음과 같이 썼다.

> 소련인들은 동맹국을 전쟁 동안에 대했던 것처럼 계속 그렇게 대했
> 다. 그들은 의심이 많고 쪼잔하고 비협조적인 훼방꾼이었다.[29]

1945년 7월에 몬도르프*에 있던 미국 측 조사관들이 러시아 측
의 소규모 조사단이 자체 조사를 하려고 도착했을 때 보인 반응도
전형적이었다. 무엇보다도, 그곳에는 발터 바를리몬트 장군과 알베
르트 케셀링Albert Kesselring** 장군을 비롯한 대어大魚가 여럿 있었다.
명백히, 미국인 조사관들은 자기들의 동맹인 러시아인 조사관보다

---

* 룩셈부르크 남동부에 있는 소도시.
** 독일의 군인(1885~1960). 전간기에 항공부대를 편성했고 1936년에 공군 참모
총장이 되었다. 1941년 12월부터 지중해 전구의 독일군을 총괄 지휘했고, 1943년
부터 이탈리아에서 영미군을 막아냈다. 이탈리아 민간인 335명을 처형했다는 죄목
으로 1947년에 투옥되었다가 1952년에 풀려났다.

는 독일인 포로에게 더 공감하고 있었다. 그들 가운데 한 사람인 케네스 헤클러 소령이 훗날 쓴 대로, "이 러시아인들은 복수심에 찬 험상궂은 표정을 하고 임무를 수행하러 왔다. 나는 아침 식사를 같이 하면서 그들을 살펴보았는데 그들의 출현이 내가 신문하고 있었던 포로들의 반응에 영향을 끼칠까봐 조금 걱정되기 시작했다. 그들이 포로수용소 구내에 들어서자마자, 바를리몬트와 다른 포로들이 흥분해서 그들이 러시아 측의 전쟁범죄 조사관인지 물어보기 시작했다." 그러나 헤르만 괴링Hermann Göring*이 용케 비위를 맞춰주자 그 러시아인들이 기분 좋게 떠났다. 계속해서 헤클러는 "그 뒤 곧바로 그 독일인 포로들은 뛸 듯이 기뻐하며 몬도르프를 떠났다. 50명이 안도의 한숨을 내쉬었는데, 40명은 구금자였고 10명은 조사관이었다"고 썼다.[30] 바를리몬트가 전쟁범죄 조사관들에 관해 걱정한 것은 놀라운 일이 아니다. 그는 나중에 전쟁범죄 혐의로 재판에 회부되어 유죄 판결을 받고 종신형에 처해졌다.

1945년 9월에 『룩』은 러시아인들이 "거만하고 오만하고 비협조적이고 의심이 많"다는 인상을 비롯해서 미국인이 그들에게서 받고 있었던 부정적 인상을 인식했지만, 러시아인들이 전쟁 동안 어떤 난관에 직면했었는지를, 그리고 그들이 향후에 협조하리라는 점을 독자의 머리에 떠올려주었다.[31] 한 달 뒤에 같은 잡지에 독일인과 친하게 사귀는 미국 군인을 걱정하는 한 프랑스 레지스탕스 여성 투사의 글

---

* 독일의 정치가(1893~1946). 제1차 세계대전 때 항공부대 지휘관으로 활약했고, 1922년에 나치당원이 되었다. 나치당 집권 뒤 막강한 권력을 쥐었지만 제2차 세계대전 중에 권력의 핵심에서 밀려났다. 뉘른베르크 재판에서 사형 선고를 받았고 처형 직전에 자살했다.

이 실렸다. 그 여성 투사는 "그 미군 병사들은 자기가 부둥켜안은 프로일라인Fräulein*이 —잔학 행위 전문가인— 독일 사람임을 그토록 빨리 잊어버렸나요?"라고 물었다. 「우리는 독일인을 벌써 용서했는가?」라는 효과적인 제목이 붙은 기사에는 나치가 자행한 고문의 희생자의 이야기와 사진이 가득했다.[32]

나치의 잔학 행위에 관한 보도를 선뜻 믿을 수 없어서 현실 인식에 등을 돌리는 사람이 많았다. 수용소를 실제로 해방해서 나치가 저지른 끔찍한 짓을 두 눈으로 본 미국 군인들이 전투도 수용소도 보지 못한 풋내기 군인들로 곧 교체되었다. 그 풋내기 군인들이 독일인과 독일이 문화적이라는 긍정적 이미지가 다시 솟아나는 원천이었다. 전투를 치르느라 독일인과 사귈 일이 거의 없었던 미국의 고참 군인은 전쟁이 마무리되면서 더 젊은 점령군 병사에게 빠르게 자리를 내주었다. 그 병사는 독일인이 아주 멀쩡하고 실은 손님을 환대하는 민족임을 알았다. 그것은 많은 독일인이 더 키우려고 애쓰는 이미지였다. 연합국 국가보다는 —최근까지 자기의 적국이었던— 독일을 더 아늑하게 느끼는 젊은 미국인이 많았다.

1946년 3월 『리더스 다이제스트』에 실린 「왜 그토록 많은 미군 병사가 독일인을 가장 좋아할까」라는 제목의 기사는 "귀국하는 군인은 다섯 명 가운데 네 명꼴로 자기가 보았던 어느 연합국 국가보다 독일을 더 선호했다"고 단언했다. 이 선호는 불길한 결과를 낳았다. 독일을 선호한 탓에 많은 사람이 자기가 최근의 전쟁 동안 나치가 저지른 잔학 행위에 관해 언론에서 읽은 이야기를 부인하거나 부

---

* 아가씨를 뜻하는 독일어 낱말.

정하게 된 것이다. "믿기 힘들겠지만, 독일인을 옹호하다가 그 잔학 행위 이야기를 미국 당국이 날조했다고 욕하는 지경에 이른 미국 군인이 많았다. … 그가 아는 것이라고는 자기 주위의 사람들이 이제는 고향에서 알았던 사람처럼 보인다는 것뿐이었다. 그는 그들을 자기가 듣고 읽었던 고문과 학살의 이야기와 결부할 수 없었다." 실제로 미국 군인의 43퍼센트만이 전쟁의 책임을, 25퍼센트만이 강제수용소의 책임을 독일에게 지웠다.

이제는 실향난민DPs이 된 굶주리고 더러운 강제수용소 생존자와 엄마를 생각나게 하는 푸둥푸둥한 독일 가정주부의 병치는 미국 군인의 마음속에서 독일인에 대한 긍정적인 이미지를 키워주었다. 여기서 이미 우리는 두어 해 뒤에 일어날 일들의 토대가 놓이는 것을 볼 수 있다. "미국 군인이 유럽에서 또 다른 전쟁이 일어난다면 자기는 차라리 독일의 동맹군이 되겠다고 말하는 소리를 듣는 일은 드물지 않았다."[33] 독일인의 상황과 실향난민의 상황 사이의 극명한 대조는 많은 미군 장병의 눈에 비친 긍정적 이미지와 부정적 이미지의 대조만은 아니었다. 그것은 반슬라브주의와 반유대주의를 비롯한 문화적 편견을 드러냈다. 실향난민을 다룬 한 유대계 미국인 장교의 말로는, "1945년 6월 무렵에 나는 피난민과 실향난민을, 특히 유대인을 대하는 미국 군대의 태도에서 일어난 변화를 느끼고 보기 시작했다." 많은 미국 군인이 자기 주변의 유대인과 동유럽인에게 제 나라의 편견을 품었다. 실향난민은 '찌꺼기와 때'로 보인 반면에 미국인은 독일인을 '세상의 소금'으로 대우했다.[34]

독일인과 러시아인, 두 나라 사람을 대하는 미국 군인의 태도 변화의 중요한 양상은 친교 행위를 통해 나타났다. 전쟁이 한창이던

1944년에 미군 당국은 안달이 난 독일 어린이에게 줄곧 껌과 초콜릿을 나누어준 미국 군인에게 친교 행위 엄금 정책을 부과했다. 이 시점에 미군 당국은 "미워하고 두려워하라고 배웠던 적이 자기와 아주 비슷한 문화와 생활 습관을 가진 민족임을 알고 나서 미국 군인이 느끼는 당황스러움"을 우려하게 되었다. 그러나 흔히 위반되던 그 정책은 1945년 중엽에 느슨해졌고, 민주주의화와 탈나치화*가 진행되면서 당국이 미국 군인과 독일 민간인 사이의 섭촉을 사실상 장려한 1946년에는 폐기되었다. 그 접촉은 여러 형태를 띠었는데, 그중에 가장 중요한 것으로는 교회 예배, 영화관, 주점과 선술집, 암시장 거래, 성관계가 있었다.

1948년까지, 독일 청소년 원조 프로그램의 대상이 된 독일 청소년은 거의 170만 명이었다. 독일-미국클럽과 토론회도 중요했다. 이 가운데 최초가 1946년 6월 19일에 만들어진 바트키싱엔의 코스모폴리탄클럽**이었다. 이 클럽의 회원들 가운데에는 독일 공군 대령이 한 명 있었는데, 이것은 향후에 일어날 일의 흥미로운 전조였다. 또한 독일 군인이었던 사람들이 미국 군대에 도드라지게 많이 채용되었다. 미국에 있는 포로수용소에서 본국으로 송환된 모든 독일 군인의 거의 35퍼센트가 미군 기지에서 일자리를 얻었다.[35]

1945년 이후에 미국인과 독일인이 숱하게 많이 접촉하면서 이 두

---

* 제2차 세계대전 직후 독일의 모든 분야에서 나치 정권의 유산과 잔재를 없애고자 나치당원과 친위대원을 요직에서 쫓아내고 나치 관련 조직을 해체한 연합국의 정책.
** 나치에 반대한 독일 귀족 루이 페르디난트 폰 프로이센 공과 미국 육군의 머를 포터 대위가 독일 중앙에 있는 온천 도시 바트키싱엔에 세운 최초의 독일-미국클럽. 1946년 6월에 문을 열었지만 미군 당국의 친교 행위 금지 조치로 곧 폐쇄되었다.

나라 국민 사이에는 전시의 적대감을 누그러뜨리는 공감과 존중, 그리고 심지어는 연대감이 점점 더 많이 늘어났고, 독일인이 러시아에 관해 미국의 일반 병사를(그리고 일반 민간인을) 가르칠 기회도 생겨났다. 미국이 자국의 '동맹국'에 점점 더 많이 품은 불신과 미움을 미국인의 새 친구인 독일인이 엄청나게 키웠고, 그러는 바람에 독일 군인이었던 이들이 동부전선에서 벌어졌던 전쟁의 본성에 관해 미국인을 '교육'할 수 있는 상황의 중요한 토대가 만들어졌다. 처음부터, 독일인은 야만스러운 ─투박하고 짐승 같고 뒤떨어지고 흉포하고 어린애 같고 잔인한─ 러시아 군인의 이야기로 미국인을 즐겁게 해주었다. 그 전형은 러시아 군인이 수도꼭지를 난생처음 보고는 언제든지 물을 얻을 수 있도록 그 수도꼭지를 벽에서 확 뽑아 뜯어내서 자기 배낭 안에 쑤셔넣었다는 우스갯소리였다. 이것들이 나치 정권이 전쟁 동안 퍼뜨렸던, 그리고 이제는 미국인이 가진 이미지의 일부가 된 인종적 이미지와 고정관념이었다.

중앙아시아의 '몽골인' 성폭행자가 모든 러시아 군인의 상징이 되었다. 미국 군인들 가운데에는 반슬라브 편견을 지니고 자라났던 이가 많았는데, 미국 군인은 독일인이 품은 그 이미지를 빠르게 흡수했다. 이 면에서 러시아인은 자제력을 발휘하지 않았다는 점을 짚고 넘어가야 한다. 미국인이 독일인에게서 즐겨 들은 또 다른 이야기는 러시아 군인은 약탈과 강간을 일삼는다는 것이다. 실제로, 러시아 군인이 독일에 들어서면서 엄청난 규모로 강간이 일어났다. 8세부터 80세까지의 독일 여성 수십만 명이 대개는 술에 취한 러시아인에게 능욕당했다. 윤간이 저질러지지 않은 곳이 없었다. 강간은 전쟁이 끝났다고 멈추지 않았다. 1947년에 접어들어서도 러시아 군인이 독일 여성을 강간하는 것이 흔해서, 소련 형제의 긍정적 이미지를 만들어내고 싶은 독일 공산당원이 심각하게 걱정할 지경이었다. 1947년 중엽에 소련군 점령지구에서 ─독일 여성을 보호하기 위해서가 아니라 정치와 성병 확산 때문에─ 러시아 군인이 독일 주민과 격리되었을 때에야 비로소 강간이 대체로 멈췄다. 모든 군대의 군인이 전시에 강간을 하지만, 러시아군의 사례는 보통의 규모를 넘어섰다. 대체로 독일이 소련에서 저지른 끔찍한 약탈에 앙갚음하려고 헤렌멘셴 Herrenmenschen*에 품은 복수심 때문이었다.

여기서 흥미로운 ─그리고 얄궂은─ 것은 미군 점령지구의 미국인과 독일인의 관계와 러시아군 점령지구의 러시아인과 독일인의 관계가 전후에 어떻게 상반된 궤도로 나아갔는가 하는 것이다. 처음에는, 우리가 살펴보았듯이, 미국인은 친교 행위 엄금 지시를 받았고, 러시아인은 그 같은 지시를 받지 않았다. 그러나 시간이 지나면서, 미국인은 자기의 독일인 친구와 여러 수준에서 더욱더 자유로이 소통을 한 반면에, 러시아인은 점령지구의 독일 주민에게서 차츰차츰 고립되는 쪽을 택했다. 고립 정책은 가장 근본적인 형태의 비친교였다. 공식 정책과 별도로, 처음부터 전형적인 미국인은 독일인들의 손에 거의 고통을 겪지 않았고 그들과 물질문화를 공유했으므로 우호적 대화에 거리끼지 않았으며, 독일인은 그 대화를 이용해서 (다른 그 무엇보다도) 러시아인에 관해 미국인을 '교육'했다.

---

* 나치는 인류의 인종 서열상 최상위 인종인 아리아인(독일인과 북유럽인)을 지배 인종, 또는 지배 민족이라고 불렀다. 이 지배 인종의 구성원을 일컫는 나치 용어가 헤렌멘셴이었다.

소련군 점령지구에서는 반대의 일이 벌어지고 있었다. 러시아인은 점령지구에 있는 독일인을 여러 해 동안 (성적인, 그리고 그 밖의) 강탈 행위로 공포에 질리게 한 뒤 자기네 구내로 들어가 모습을 감추고는 '자기네' 독일인과 모든 대화를 끊었다. 더욱이, 심지어는 그 고립 전에도, 대화를 하면서도 마음을 툭 터놓은 적이 없었다. 미국인과 달리 평균적인 러시아인은 전쟁 동안 점령의 야만 행위 탓에 독일인을 미워했고 물질문화 면에서 어떻게든 공유하는 바가 거의 없었기 때문이다. 실제로, 독일인이 평균적인 러시아 시민과 대조적으로 얼마나 잘사는지를 러시아 군인이 알게 되자 증오가 불타올랐고, 이 탓에 전쟁이 끝날 무렵에 강간이 일어났다.[36] 어쨌든 직접 싸운 적이 없는 전쟁에 관해 빠르게 잊어버린 1946년 이후의 젊은 미 점령군 군인과 달리, 젊은 러시아 군인 모두가 지울 수 없는 전쟁의 기억을 마음속에 품었고 이 기억을 소련의 의례가 끊임없이 키웠다. 1946년이나 1950년이나 1960년의 러시아 군인에게 '대조국전쟁'의 기억은 조금도 바뀌지 않았고, 미국인에게 '동방에서 벌어진 전쟁'의 기억은 근본적으로 바뀌었다.

이 모든 것에도 불구하고, 전체 미국인은 전쟁 동안과 전쟁 이후 한동안, 독일인 전범에 가장 혹독한 종류의 사법 정의를 적용하고 싶어 했다. 대중 여론조사는 절반을 훨씬 넘는 미국인이 주요 나치 관리를 기소해서 처형하는 정책에 찬성한다고 시사했다. 한 학자는 "전후 시기에 탈나치화 프로그램과 처벌이 너무 가혹하다고 생각하는 미국인은 거의 없었다"고 주장했다. 이 점을 보여주는 한 지표는 1946년 10월에 한 연설에서 독일인 전범재판을 심하게 비난한 로버트 태프트 미 상원의원에 대한 적대적인 반응이었다. 그 연설에서 태프트는 "유죄 판결을 받은 11명을 목매다는 것은 우리가 오래도록 후회할 미국 기록상의 오점이리라"고 말했다. 그러나 1948년에 "공화당 지도자들이 태프트의 입장을 짐이 아니라 정치 자산으로 여겼다"는 사실로 예증되듯이, 상황이 바뀌는 가운데 미국 국민의 분노는 곧 독일인에게서 벗어나 다른 곳으로 향했다.[37]

이 상황에 급격한 변화가 생겼다는 표시가 독일 통치에서 일어나는 연합국 협력의 파탄과 냉전의 발발이다. 국제적 사건이 앞에서 서술된 태도 변화의 맥락과 그 변화의 원인 일부를 둘 다 차츰차츰 형성했다. 반反나치 독일인 망명자 한스 켈젠Hans Kelsen*이 만든 표현인 연합국 '콘도미니엄condominium'이 전후 독일을 공동 관리하기로 되어 있었다.[38] 즉, 새 거주인들이 옛 거주인들을 쫓아냈고, 각 거주인이 자기의 거주 구역을 관리하지만 건물 전체의 책임을 공유했다. 각 연합국은 자국이 맡은 구역을 자율적으로 관리했지만, 독일이 연합국관리이사회를 통해 하나의 경제 단위로서 운영되어야 한다는 데 동의했다. 그러나 그 거주인들은 곧 서로 갈라섰다. 공동 통치는 처음에는 프랑스 때문에, 다음에는 러시아 때문에 작동하지 않았다. 배상과 구조 개편 같은 근본 쟁점이 그 콘도미니엄을 깨뜨리는 데 일조했다. 그러나 연합국들과 이들의 동맹국인 러시아 사이의 ─심지어 전쟁 동안에도 있었던─ 깊은 불신과 동서 간 체제의 크나큰 차이를 고려할 때, 공동 통치의 희망은 처음부터 비현실적인 공상이었다. 공

---

* 미국의 법학자(1881~1973). 프라하에서 태어났고 법학을 전공했다. 1920년에 오스트리아 헌법을 기초했다. 나치의 유대인 박해를 피해 스위스로 망명했고 1940년에 미국으로 갔다. 자유주의의 입장에서 파시즘과 마르크스주의를 비판했다. 제2차 세계대전 이후에는 국제법을 강의했다.

산주의자와 자본주의자가 같은 아파트 건물을 공유하기는 어렵다.

역할의 역전은 제임스 번스 미국 국무장관이 슈투트가르트에서 연설을 한 1946년 가을에 명백해지고 있었다. 그 연설에서 번스는 "미국 국민은 독일 국민이 세계의 자유롭고 평화를 사랑하는 민족들 사이에 있는 명예로운 자리로 되돌아가기를 바랍니다"라고 말했다.[39] 독일의 분단, 냉전의 대두, 미국이 독일과 러시아 두 나라를 대하는 태도의 근본적인 전환으로 대표되는 그 뒤 시기의 핵심적 사건들은 낯익은 장광설이다. 1947년 1월에 서방이 '미영 점령지구Bizonia'*를 만든 일, 3월에 모스크바에서 열린 4대 열강 회담에서 배상 문제를 해결하지 못한 일, 그해 6월에 마셜 플랜Marshall Plan**이 개시된 일, 동서 분단의 분수령인 12월의 4대 강대국 외무장관 런던 회담에서 베를린이나 독일에 관한 타협에 이르지 못한 일도 마찬가지다.

이듬해에 —1948년에— 독일에 별개의 두 경제 체제를 뜻하는 새로운 —도이치마르크Deutchmark— 통화가 도입되었다. 베를린의 서쪽 구역들에 새 통화가 도입되자 곧바로 러시아가 베를린을 봉쇄했고, 이 봉쇄는 한 해 동안 지속될 터였다. 베를린 봉쇄와 서방의 —베를린 공수空輸***— 대응을 둘러싼 극적 사태는 미국의 태도 변화에 마침표를 찍었다. 베를린 공수의 영웅적 용기, 러시아인의 공격성,

---

* 미국과 영국이 점령해서 통치하던 1947년 1월 1일 현재의 독일 영토.
** 제2차 세계대전 뒤 서방의 경제를 복구해서 공산주의의 확산을 막고자 미국이 1947~1951년에 16개 서방국가에 행한 원조 프로그램. 정식명은 유럽부흥계획이지만 제안자인 마셜 미국 국무장관의 이름을 따서 마셜 플랜이라고 불렀다.
*** 독일 통치를 둘러싸고 서방과 갈등을 빚은 소련이 1948년 6월 24일에 서베를린을 봉쇄해서 물자 부족 사태가 벌어지자, 미국과 영국이 6월 26일부터 서베를린에 항공기로 식량과 생활필수품을 11개월 동안 운송했다.

베를린 시민의 결기는 진행 중이던 한 과정을 끝맺었다. 그 과정에서 러시아는 적이 되고 독일은 —곧 동맹이 될 터이지만 이때에는— 비록 동맹은 아닐지라도 적어도 지켜줘야 할 피보호자가 되었다. 서독일은 서독일대로 최근까지만 해도 적으로 맞붙었던 전쟁의 일부를 자기의 새 우방국들을 위해 정의하는 한편, 이제는 점점 더 서방과 일체감을 품고서 서방과 운명을 같이하고 싶어 했다. 1949년이 되면, 두 독일 국가가 빠르게 서로 적이 되어가고 있던 예전의 연합국들의 피보호자로서 존재하게 되었다. 러시아가 그해 6월에 마침내 베를린 봉쇄를 풀었을 때, 독일의 분단은 확정되어 있었다. 두 달 전에 북대서양조약기구NATO가 창설되었고, 이것은 독일 민족의 일부가 연합국들에게 적에서 피보호자로 바뀌는 진화 과정에서 한 걸음 더 내딛는 것을 알렸다.

1950년 6월에 북한이 이웃한 남한을 침공하기 시작했다. 미국은 이 분쟁에 빠르게 끌려들어갔고, 그 탓에 미국과 (서)독일의 관계 변화에서 또 다른 한 걸음을 내디뎌야만 했다. 서너 해 전만 해도 생각할 수 없었던 그 한 걸음은 바로 독일 군대의 부활이었다. 피보호자였던 독일이 이제는 어엿한 동맹국이 될 터였다. 독일이 잠재적 동맹국이자 군사 동반자로 떠오르자, 미국은 제2차 세계대전의 범죄와 그 범죄의 처벌이라는 문제를 다른 관점에서 다룰 수밖에 없었다.

미국이 맡은 독일 지구의 군사적 점령이 루셔스 클레이Lucius Clay* 장군의 후원을 받아 1949년 6월에 민간인 당국자, 즉 고등판무관

---

* 미국의 군인(1898~1978). 아이젠하워 원수의 부관이었고, 1946년에는 독일 군정관 대리, 이듬해에는 유럽 주둔 미군 총사령관이 되었다. 소련이 베를린을 봉쇄했을 때 베를린 공수를 책임졌다.

으로 대체되었다. 존 맥클로이John J. McCloy*는 전쟁범죄라는 쟁점에
서는 큰 압력에 처한 복잡한 사람이었다. 월가街의 법조인이면서 미
국 전쟁부에서 헨리 스팀슨Henry Stimson**의 오른팔로서는 용감했지
만, 맥클로이는 자기 계급과 시대의 편견에서 자유롭지 못했다. 그는
유대인 친구가 있었지만 조금은 반유대주의적이었고 나치의 유대인
대량 학살의 규모와 성격에 관해 자기가 받은 보고서를 믿지 않으려
했다. 그 쟁점에 그가 보인 수동성이 부분적으로는 아우슈비츠-비르
케나우 죽음의 수용소***를 폭격하라는 명령을 밀어붙이지 못한 원
인이었다.

그러나 맥클로이는 독일인의 벗도 아니었다. 제1차 세계대전 참전
군인이었던 그는 프로이센 군국주의의 망령을 미워했다. 그는 전후
독일을 분단한다는 포츠담 협정에 찬성했고 뉘른베르크 재판을 강
하게 지지했다. 고등판무관 임기가 시작될 때 그는 비록 서독을 정치
적으로나 경제적으로나 강화할 필요성을 보았을지라도, 스스로 고백
한 바에 따르면 "자기의 반감을 억눌러"야 했다.[40] 그는 자기에게 수
용소에 관해 잊으라고 요청한 한 독일인에게 다음과 같이 대답했다.
"나로 말하자면, 아우슈비츠와 다하우**** 같은 수용소를 잊을 수

* 미국의 법률가(1895~1989). 제2차 세계대전 직후 독일에서 고등판무관으로 일
했고, 1947~1949년에는 세계은행그룹 미국 의장이 되었다. 여러 대통령의 보좌관
으로 일했다.
** 미국의 정치가(1867~1950). 1911~1913년에 전쟁장관, 1929~1933년에 국무
장관, 1940~1945년에 다시 전쟁장관을 역임했다.
*** 유대인을 체계적으로 말살할 목적으로 나치가 만든 최대 규모의 강제수용소. 오
늘날 폴란드의 오시비엥침에 있었고, 1942~1944년에 120만 명이 넘는 수인이 이
곳에서 독가스 등으로 목숨을 잃었다.

없고 독일 국민이 그 어느 수용소도 잊기를 바라지 않습니다. 그 수용소들을 잊는다면 독일 국민은 도덕이 타락하고 저하하는 분위기 속에서 새로운 독일 국가를 시작할 것입니다."[41]

그러나 1949년 이후 분위기가 바뀌면서 이런 도덕적 결단에 따라 행동하기는 쉽지 않았다. 점령지구 군사령관 클레이 장군은 유죄 판결을 받은 전범 15명을 처형하는 과제와 함께 더 많은 전범의 형벌을 감형히거나 형기를 줄이는 결정을 하는 과제를 맥클로이에게 남기고 떠났다. 맥클로이는 처음에는 강경한 입장을 선호했다. 그러나 시간이 흐르면서 냉전이 미국에게 으뜸 준거 틀이 되었으므로 그가 내리는 결정이 점점 더 너그러워지는 것은 독일인을 대하는 태도 변화의 기압계였다. 한국전쟁이 일어나고 뒤이어 독일 재무장에 관한 논의가 벌어진 뒤에는 특히 그러했다. 그러는 동안 맥클로이는 관용을 더 베푸는 쪽으로 기울기 시작했다.[42]

1946년 10월과 1949년 4월 사이에 미국에서 있었던 여러 뉘른베르크 후속 재판에서 유죄 판결을 받은 나치 당원들 가운데, 사형 15건을 포함해서, 100여 명이 맥클로이의 사법권 아래로 들어왔다. (미국 육군이 기소한 여러 '다하우' 재판의 피고 1,600여 명은 맥클로이의 책임이 아니었다.) 맥클로이는 자기의 의사 결정을 거들기 위해 데이비드 펙 대법관을 단장으로 삼는 선처재심단善處再審團을 임명했다. 1950년 8월 25일에 선처재심단이 사형 판결 15건 가운데 7건의 감형을 포함해서 심리 대상인 소송 93건 가운데 77건에서 감형이나 선처를

**** 나치 정권이 반대 세력을 탄압할 목적으로 1933년에 최초의 강제수용소를 세웠던 뮌헨 부근의 소도시.

권고하는 보고서를 제출했다. 이것은 상당한 완화였다.[43] 1951년 1월 31일에 맥클로이는 서독의 아데나워 신정부에게서 오는 적잖은 압력을 비롯해 더 적극적으로 선처를 베풀라는 거센 압력을 받으면서도 사형 판결 15건 가운데 5건에서 원심을 유지했지만, 란츠베르크 교도소*에 있는 전범 89명 가운데 79명을 감형하거나 가석방했다. 여기서, 맥클로이의 결정에는 일관성이 없었다. 그는 오토 올렌도르프 친위대 소장, 그리고 특무기동대 소송 건에서는 파울 블로벨 친위대 대령 바비 야르와 1005호 특별작전Sonderaktion 1005**과 베르너 브라우네와 에리히 나우만, 그리고 강제수용소의 경제적 활용을 감독했던 오스발트 폴 나치친위대 경제행정총국장의 사형을 승인했다. 이 판결은 1951년 6월 6일에 집행되었다. 그러면서도 그는 특무기동대의 학살에 직접적으로 연루된 다른 이들은 풀어주었다. 그들 가운데에는 특무기동대 A 산하 특무기동특공대 1a 우두머리였다가 나중에 에스토니아에서 보안경찰과 보안국의 사령관을 지낸 마르틴 잔트베르거가 있었는데, 그는 1941년과 1942년에 에스토니아에서 유대인과 공산주의자, 그 밖의 다른 이들 수천 명의 총살을 분주하게 지휘했다.[44] 맥클로이가 형량을 20년에서 10년으로 줄여준 또 다른 이는, 보안국 대외첩보부장을 지냈고 특무기동대 공작 전문가였던 프

---

* 독일 남부 바이에른주에 있는 소도시 란츠베르크암레흐에 있는 교도소. 1910년에 세워졌으며, 히틀러가 1924년에 수감되었고, 제2차 세계대전 직후에는 나치 전범이 수용되었다.
** 폴란드와 동유럽의 점령지에서, 나치 독일이 유대인을 학살했다는 증거를 감추려고 1942년 5월부터 수인들이 동원되어 집단 매장지에서 주검을 파내 소각하는 등 극비리에 수행된 작전.

란츠 직스였다. 풀려난 이들 가운데 가장 큰 논란을 불러일으킨 이는 전쟁 동안, 다른 무엇보다도, 노예 노동력을 널리 이용했던 거물 병기 기업가 알프리트 크루프였다. 그가 풀려나자 미국에서 비판의 불바람이 일었고, 이것은 망각으로 가는 길이 순탄치 않음을 시사했다. 그러나 시간과 사태는 선처의 편이었다. 이때 같이 풀려난 크루프의 임원들 가운데 한 사람이 "골치 아픈 한국 문제를 풀어야 하니 미국인들이 우리한테 훨씬 더 사근사근하군"이라고 말했는데, 그는 맥을 정확히 짚은 셈이다.[45]

흥미롭게도, 맥클로이는 스스로 명예회복 과정을 곧 시작할 독일 장군들에게는 선처를 베풀지 않았다. 전쟁포로를 죽였던 라이니케와 '특수부대' 명령과 '인민위원' 명령을 전달했던 라인하르트와 호트가 그랬듯이, 발칸반도에서 볼모들을 죽였던 리스트와 쿤체은 선처하지 않았다. 독일인 참전 군인들뿐만 아니라 아데나워 정부와 특히 그의 군사 보좌관들은 맥클로이가 그 독일 장군들에게 선처를 베풀지 않자 기분 나빠했다. 솔직히, 그것은 얼마간 사적인 것이었다. 맥클로이가 받은 압력의 일부는 란츠베르크 교도소에서 형기를 거의 다 채우고 있던 빌헬름 슈파이델 장군의 동생인 한스 슈파이델에게서 왔다. 장군이었던 한스 슈파이델은 곧 독일연방군의 주요 인사가 되었다.[46]

결국, 맥클로이의 행위는 일련의 사태를 불러일으켜서 1958년까지 미국 측에 유치되어 있던 나머지 전범 전원의 석방으로 이어졌다. 맥클로이는 이 사태가 일어날 것을 눈치 채고 있었다. 1950년 9월에 그는 독일의 재무장과 냉전 같은 정치적 긴급사태 때문에 "우리가 독일에서 이루어지기를 보고 싶어 하는 것들 가운데 몇몇은 완수되지 않을 것"이라고 해리 트루먼 대통령에게 말했다.[47] 맥클로이가 아마도 눈치 채지 못한 것은 자신의 행위가 불러일으킨 변화의 엄청난 규모였다. 맥클로이 평전 작가가 주장하듯이, 그가 감형과 석방을 해주는 바람에 "독일연방공화국은 자국의 과거에 관한 망각으로 빠져들 수 있었다. 맥클로이가 의도하지는 않았지만, 그의 란츠베르크 결정은 전범에 관한 독일의 슐루스슈트리히Schlußstrich(과거를 매듭짓고 더는 거론하지 않기) 심성에 이바지했다."[48] 그런 다음에, 이번에는 많은 독일인이 기억 재정식화의 전제조건으로서 유사한 망각에 빠져들도록 미국인을 유혹했다. 그 재판들은 처음부터 일부 미국인의 비판을 샀고, 이 비판은 1940년대 말엽에 냉전이 대두하면서 거세졌다. 우리는 로버트 태프트 미국 상원의원이 특설 재판소라는 생각에 반대했다는 점을 기억하고 있다. 아이오와주 고등법원의 찰스 웨너스트럼 대법관이 '미합중국 대對 빌헬름 리스트' 재판*에서 재판장을 하면서 1948년 2월에 전범 프로그램을 비판했다.[49]

어떤 이가 한 제기는 '승자의 정의'로 불리는 것에 바탕을 두었으니 순전히 법리적이었다. 많은 법조인이 그 재판에서 절차상 문제들, 특히 상소 체계의 결여를 보았다. 피고인의 권리가 침해된다는 우려도 나왔다. 많은 이가 자백의 도출에서 의심적은 관행을 보았다. 그 재판이 미국의 법 전통과 헌법상 인신 보호 조항을 어긴다는 의혹이 일었다. 이것이 행정관 감형**과 형기 재심을 호소하는 까닭이었다.

어떤 이의 제기는 본성상 대체로 정치적이었다. 많은 공화당원이

---

* 1941년에 발칸반도에서 민간인을 총살한 혐의로 빌헬름 리스트를 비롯한 독일국방군 장군 12명을 미국 검사단이 기소해서 책임을 물은 재판. 1947년 7월 8일부터 이듬해 2월 19일까지 진행되었으며, 인질 재판이라고도 한다.
** 미국의 대통령이나 주지사가 행정권을 행사해서 실행하는 감형.

1947년 이후의 전범재판 전체를 옳지 못한, 비非미국적인, 심지어는 공산주의의 편견에 물든 재판으로 규정하고는 민주당 행정부의 위신을 떨어뜨린 것으로 이해했다. 더 특정한 항의는 원칙적 차원의 이의 제기를 주州나 지역의 정치와 결합시켰고, 심란하게도 이런저런 나치 전범을 자주 허울 좋은 근거로 옹호하는 데 중점을 두었다. 좋은 예가 독일계 미국인 배경의 유권자가 많은 노스다코타주의 윌리엄 랭어 상원의원이었다. 랭어는 가장 저명한 나치를 제외한 모든 나치당원의 재판이 잘못이며 미국의 법 전통을 침해해서 공산주의를 돕는다고 생각했다. 랭어는 마르틴 잔트베르거를 위해 자기의 권력을 사용했다. 잔트베르거는 1941년에 특무기동대 A 산하 특무기동특공대 1a의 지휘관에, 그해 말엽에는 에스토니아의 보안경찰과 보안방첩대의 사령관에 임명된 자로서, 잔트베르거 휘하 부대는 에스토니아에서 유대인, 공산당원, 지식인을 죽이라는 임무를 받았다. 1947년 9월에 미군 군사법정이 특무기동대 재판에서 잔트베르거에게 사형을 선고했다. 그러나, 얼마간은 랭어가 애쓴 덕에, 맥클로이가 감형해서 1953년 1월에 잔트베르거는 풀려났다.[50] "1940년대 말까지 미국의 많은 이들은 유죄 판결을 받은 나치 범법자가 범죄자이기는 커녕 연합국 전쟁범죄 프로그램의 희생자라는 보수파의 주장을 받아들이게 되었다"는 것은 어떠한 근거에 입각한 것이든 그 재판에 이의가 제기된 탓에 나타난 불운한 결과였다.[51]

제2차 세계대전의 중대한 일부를 재개념화하기 위한 분위기가 이보다 유리하게 조성될 수는 없었다. 그 기회를 활용할 태세가 되어 있는 고위 장교가 독일국방군에 많았는데, 그들은 자기의 평판을 회복하고 동방의 전쟁에 관해 미국인을 교육한다는 이중 과업에 나섰다. 이 두 과업의 상징이 할더 작업단이라고도 알려진 '작전사 (독일) 부서Operational History (German) Section'의 활동이었다.

미국이 그 군사 연구 프로그램을 이끌 사람으로 고른 이는 독일 장군이었던 프란츠 할더였다. 할더는 이 같은 유의 책무를 맡기에 이상적인 자격을 갖춘 것처럼 보였다. 그는 1938년부터 1942년까지 육군 참모총장으로서 제2차 세계대전의 첫 세 해 동안 작전 계획을 수립하는 데 중심에 있었다. 할더는 비록 히틀러가 지휘 기능을 많이 넘겨받아서 그가 맡은 직무가 차츰차츰 줄었을지라도, 그의 미국인 직원들의 마음속에서는 한때 프로이센 총참모본부의 수장이었던 그 위대한 헬무트 폰 몰트케Helmuth von Moltke*의 전통에 서 있다고 보였다.[52] 더욱이, 할더는 독일의 그 어떤 고위 장교 못지않게 나치 정권과는 거리가 멀어 보였다. 그의 이름은 일찍이 1938년과 1939년에 있었던 저항 집단과 연계되어 있었다. 1942년 9월에 군사 정책에서 근본적 견해차가 있다며 히틀러가 할더를 참모총장직에서 해임했다. 금상첨화 격으로, 할더는 히틀러의 목숨을 노렸지만 실패한 모살기도인 1944년 7월 20일 사건의 여파 속에서 체포되었고 미군이 해방할 때까지 여러 집단수용소에 수감되었다. 어느 전직 독일 장성 못지않게 할더는 나치 정권의 범죄에 물들지 않아 보였다. 더욱이, 그는 독소전쟁과 나치 정권을 보는 관점을 점잖은 미국인에게 전해주기에 이상적인 위치에 있었다. 이때 그 관점을 짜맞추고 있던 수많은

---

* 프로이센의 군인(1800~1891). 대(大)몰트케라고도 불린다. 1822년에 군문에 들어섰고 1858년에 육군 참모총장이 되었다. 군을 재조직해서 프로이센이 덴마크, 오스트리아, 프랑스와 벌인 전쟁에서 모두 승리했다.

전직 독일군 장교가 기록 바로잡기에 품은 관심은 죄과를 변명하려는 동기와 딱 들어맞았다. 더군다나 할더는 비록 자기의 회고록을 저술하기를 거절했을지라도 1949년에 『사령관으로서의 히틀러*Hitler als Feldherr*』라는 편향적인 책을 펴냈다. 이 책에는 동방에서 벌어진 전쟁에 관한 신화의 대다수가 담겨 있었고, 그 신화는 그 시점 이후에 많은 이의 펜에서 나오는 회고록과 역사서의 소재가 될 터였다.[53]

히틀러를 가리키는 칭호인 그뢰스터 펠트헤르 알러 차이텐Größter Feldherr aller Zeiten(역사상 가장 위대한 사령관. 약칭으로는 그뢰파츠Gröfaz)를 비웃으면서 할더는 이상화된 사령관 상을 세우고 개구지게도 히틀러를 그것과 비교한다. 이 맥락에서 할더는 진실, 절반의 진실, 신화, 거짓을 뒤섞어 히틀러의 오산, 무능, 위험한 비전문성과 대비되는 독일 군대의 —그래서 자기 자신의— 현명함과 결백함을 확정한다.

동방과 관련해서 언급하는 할더의 요점으로는 다음과 같은 것이 있다. 자기는 서유럽 열강들이 히틀러에게 맞서도록("히틀러 옆의 탁자를 쾅 내리치도록") 만들려고 필사적으로 애썼다,[54] 군은 전쟁에, 폴란드 공격에, 그리고 분명히 러시아 전역에 반대했다, 소련과 벌일 전쟁을 위한 작전 계획은 오로지 히틀러의 명령에 따라 마련되었다, 무인들은 히틀러에게 동방에서 '모험'을 하지 말라고 경고했다, 장군들은 러시아의 군사적 잠재력을 이해한 반면에 히틀러는 이해하지 못했다, 독소전쟁은 사실 소련의 공격을 막아내려는 예방 전쟁*이었다, 히틀러는 비록 소련을 정복하면서 자기의 목적을 군부에 밝히지 않

---

* 전쟁이 불가피하다고 여겨지는 정세에서 적군의 공격에 대비하기보다는 적군을 선제공격하는 것이 유리하다고 판단해서 일으키는 전쟁.

앉어도 소련을 공격한다는 그의 결정은 원래부터 정치적인 결정이었다. 히틀러는 장군들과는 대조적으로 러시아 전역이 8주 뒤에 완수될 수 있으니 군대가 요구하는 겨울옷은 필요하지 않으리라고 생각했다. 그러므로, 당연히, 동방에서 벌어진 전쟁의 모든 전략적 실책과 작전술적 실책은 히틀러 탓이기도 했고, 히틀러의 비전문성은 모든 면에서 군인의 전문성과 대비되었고, 히틀러의 정신착란Wahnsinn은 군의 소박한 애국심과 대비되었고, 히틀러의 완전한 부도덕성은 장교의 전통적 도덕률과 대비되었다는 것이다.

여기서 할더는 군대가 나치 정권의 제노사이드 범죄와 그 범죄의 실행에 협력했음을 언급하지 않는다. 할더는 앞서서 뉘른베르크 재판 동안 제출한 선서 진술서 가운데 그 범죄를 언급하는 부분에서 히틀러가 —인민위원 명령을 비롯해서— 러시아에서 벌어질 전쟁의 향후 성격을 설명한 뒤에 "당연히 군 측 참석자들은 히틀러의 이 발언을 듣고서 격분했"고 몇몇 장교는 브라우히치에게 불평을 했으며 브라우히치는 "우리 독일국방군 최고사령부는 그 같은 명령을 결코 실행할 수 없다"는 말을 했다고 적는다.[55]

미국인이 알지 못한 (또는, 나중에 판명되겠지만 신경 쓰지 않은) 할더를 더 가까이 살펴보면 동방에서 벌어진 전쟁에 관한, 대두하는 신화와 진실 사이의 극명한 대비가 드러난다. 그 진실은 비록 뉘른베르크 재판에서 부분적으로 인식되었을지라도 곧 잊혔다가 수십 년 뒤에야 비로소 역사 연구로 드러날 터였다. 물론, 히틀러가 자기들을 파국으로 이끌고 있다고 두려워했기 때문에 그를 타도한다는 생각을 이미 뮌헨 위기 이후에 어렴풋이 했던 장교 집단(루트비히 베크, 한스 오스터, 헬무트 그로스쿠르트 같은 사람들)에게 할더가 연계되어 있기는 했다. 그러나 1939년에서 1940년으로 넘어가는 시기에 끝내 할더는 그 집단과, 그리고 군사 쿠데타로 히틀러를 타도한다는 생각과 거리를 두었으며, 전쟁 동안에는 특히 그랬다. 대신에 그는 그 '영도자Führer'*가 하겠다고 결정할지 모르는 모든 것을 위한 작전 계획 입안자로서 자기 직무에 몰두했다.

어쨌든, 저항에 관한 할더의 고민은 나치 정권의 본성이나 방향에 관한 도덕적 양심의 가책보다는 군부가 정치 지도부와 벌인 관할권 다툼에서 비롯되었다고 보인다.[56] 정권이 어디로 향하는지는 폴란드 전역 동안에, 즉 나치친위대와 비밀경찰이 폴란드 지식인을 말살하느라 바빴을 때 명백해졌다. 그 말살에 많은 독일 장교가 격분했지만 할더는 안 그랬던 듯하다. 할더는 그 학살에 관해 잘 알고 있었지만, 브라우히치와는 달리 그것을 문제 삼기를 거절했다. 히틀러의 전쟁 계획에 대한 본성이 드러나고 폴란드에서 제노사이드가 시작되어 크게 동요한 저항 세력의 구성원들과는 달리, 할더는 그 범죄를 일탈행위로 대수롭게 여기지 않았고 나쁜 짓을 저지르는 나치친위대와 경찰을 추적하기 위해 점령지 폴란드에서 비상사태를 선포하자는 한 장군의 계획에 부정적으로 반응했다.[57]

훗날, 할더는 마찬가지로 특무기동대의 만행을 인정하고 자기는 군대를 그 살인 게임에서 떨어져 있도록 만들고 있었다고 스스로를 속일 터였다. 자기의 행동이 반대 결과로 이어졌는데도 말이다.[58] 소

---

* 무솔리니의 호칭인 두체(Duce)를 모방해서 만든 호칭이며, 1931년부터 나치당에서는 의무적으로 히틀러를 이 호칭으로 불러야 했다. 흔히 총통으로 번역되지만, 영도자가 더 정확한 번역어다.

련을 상대로 한 치명적 전역에 관련해서, 자기가 훗날 한 단언과는 상반되게도, 할더는 (ㄱ) 그 전역을 전폭 지지했고, (ㄴ) 히틀러에게서 명령이 내려오기에 훨씬 앞서서 그 전역을 위한 계획을 세웠고, (ㄷ) 소련의 독일 공격을 우려하지 않았고 ―즉, 그때에는 그 전쟁을 '예방' 전쟁으로 여기지 않았고,― (ㄹ) 히틀러가 무엇을 그 전쟁의 진정한 성격으로 구상하는지를 잘 알고 있었고, (ㅁ) 전쟁포로와 민간인을 상대로 한 제노사이드의 실행 기반을 마련하는 일을 거들었고, (ㅂ) 신속하게 승리한다는 히틀러의 가정을 공유했다.

오늘날에는 독일 장군들이 독일의 대륙 패권에 관한 히틀러의 미래상을 상당 부분 공유했고, 이 패권은 대체로 동방의 정복 전쟁으로 이룩될 터였다는 데에 의문이 없다. 1920년대에 ―히틀러가 권력을 잡기 오래전에― 이미 독일 군부는 방어 필요를 훨씬 넘어서는 군대의 팽창을 계획하고 있었다. 1924~1925년의 이른바 '대계획'은 카이저Keiser*의 지배 영역보다 훨씬 더 큰 독일의 지배 영역을 만들어낼 팽창 전쟁을 예견했다. 할더는 이 견해를 공유했다. 1938년 9월의 주데텐 위기** 동안, 신임 참모총장 할더는 예전의 공격 전쟁 계획안을 자료보존소에서 찾아오라고 명령했다.[59] 동방 정복이라는 점에서 장군들의 미래상은 히틀러의 미래상과 크게 다르지 않았다. 비록 장군들이 정복의 토대가 근본적으로 인종적이라는 생각을 폴

---

* 황제라는 뜻의 독일어 낱말. 특정하게는 독일제국(1871~1918)의 황제를 뜻한다.
** 1938년에 히틀러가 영국의 동맹국 체코슬로바키아의 주데텐 지역에 사는 독일계 주민 350만 명을 보호한다는 명목으로 그 지역을 독일에 합병하겠다고 선언해서 전쟁 위기가 고조되었다. 영국의 체임벌린 총리는 9월에 뮌헨 회담을 열어 히틀러의 요구를 받아들였다.

란드 전역 동안에는 받아들이지 않다가 다만 점진적으로 받아들였을지라도 말이다. 러시아를 뒤떨어지고 기술적으로 서툰 존재로 보았던 기나긴 프로이센-독일 군사 전통, 러시아가 제1차 세계대전 동안 입은 (일시적) 손상으로 말미암아 더 최근에 강화된 전통, 더 최근에 생겨난 반공주의에 입각해서, 독일 군대는 동방의 정복 전쟁을 유럽 대륙에서 독일의 최고 우위를 이룩할 정당한 방법으로 보았다.[60]

제2차 세계전쟁 직전에 했던 여러 대담에서 할더는 서방의 관찰자들에게 독일은 서방에서 전쟁을 벌이기를 바라지 않으며 서방 열강들이 동방에서 독일의 외교정책 욕구를 가로막지 않는다면 서방의 전쟁을 피할 수 있다고 알렸다.[61] 1940년 여름에 바르바로사 작전 계획의 원안을 짤 때, 할더가 예하 계획 입안 참모진에게 내린 명령은 "반드시 군사적 개입을 해서 러시아로 하여금 유럽에서 독일이 차지할 지배적 지위를 인정할 수밖에 없게 만들어야 한다는 데 초점을 맞추고 (동방을) 바라보아야 한다"는 발상을 시험해보라는 것이었다.[62] 실제로, 할더가 1939~1940년에 저항 세력 구성원들과 갈라선 것은 그가 기꺼이 히틀러가 이끄는 대로 따르겠다는 신호였다. 주요한 군사사가인 위르겐 푀르스터는 "군 지도부가 이념상의 적에 맞선 투쟁을 각오하도록 만드는 일의 중심"에 할더가 있었다고 주장한다.[63]

할더는 단지 사태의 중심에만 있지 않았다. 그는 앞장섰다. 학자들은 독일 장군들이 히틀러의 동방 공격 계획을 지지했을 뿐만 아니라 많은 경우에 이 계획 자체를 마련해놓았다는 —그리고 히틀러가 그 계획을 어떻게 실행할지에서 그에게 영향을 끼쳤다는— 점을 입증해왔다. 할더가 으뜸 사례다. 1940년 5월에, 즉 독일이 프랑스에게 승리하기 직전에 독일의 눈길은 이미 동방으로 향하고 있었다. 그러나,

그 시점에 러시아를 상대로 신속한 전역을 벌이기를 바라고 있던 사람은 히틀러가 아니었다. (히틀러는 대규모 동원 해제를 고려하고 있었다.) 그 사람은 바로 할더였다! 얼마간은 전략적 고려에서, 얼마간은 히틀러가 고려하고 있던 바로 그 동원 해제를 맞받아치고자 할더가 내린 명령에 따라 그의 참모진이 소련을 상대로 하는 전쟁의 첫 주요 계획의 ―즉, '오토Otto 작전'의― 초안을 1940년 7월 3일부터 만들었다. 할더의 명령은 그가 저항 세력의 옛 동지들과 멀어지고 있던 바로 그때 나왔다.[64] 전후의 또 다른 독일국방군 옹호자인 하인츠 구데리안도 계획 수립에 참여해서 예하 사단을 키예프로, 그다음에는 드네프르강으로 간 뒤 거기서 흑해의 오데사까지 이끌고 갈 진군로를 기획했다.[65]

더욱이, 할더 및 다른 이들이 전후에 자기들의 소련 침공 계획은 본질적으로 방어적이었다고 ―즉, 자기들은 다만 소련 측의 공격을 예견하고서 방어 전쟁을 준비하고 있었다고― 한 주장과는 상반되게도, 독일이 공격자의 역할을 하고 있었음은 당시에 명백했다. 독일이 공격하기 거의 넉 달 전인 1941년 2월 28일에 할더는 일기에 다음과 같이 썼다. "러시아: 러시아가 우리를 대하는 태도가 비우호적이라는 최근에 받은 몇몇 보고는 중요하지 않다. 러시아는 우리의 조치에도, 불가리아의 태도에도 항의한 적이 없다." 할더는 러시아의 공격이 "있을 리가 거의 없다"고 느꼈다.[66] 이틀 뒤에 그는 다음과 같이 썼다. **"러시아 병력의 배치:** 우크라이나에 이루어지는 강력한 집결은 주목할 만하다. 헝가리와 부코비나*를 공격하기 위한 것이 맞겠지만, 나는 이 가능성을 무시할 수 있다고 확신한다."[67]

게다가, 할더의 마음속에는 히틀러가 개시하려던 전쟁이 어떠한 유형인지에 관한 의심이 거의 없었다. 히틀러가 독일 장교 250명에게 2시간 30분 동안 열변으로 자기의 목표와 방법을 설명한 1941년 3월 30일의 한 주요 회의가 끝난 뒤 할더는 히틀러가 한 말의 요지를 일기에 적었다. 할더는 「식민 과업」이라는 자극적인 제목 아래 히틀러 발언을 언급하면서 다음과 같이 쓴다.

두 이념의 충돌. 반사회적 범죄와 다를 바 없는 볼셰비즘에 퍼붓는 맹렬한 비난. 공산주의는 우리 미래에 엄청난 위협이다. 우리는 군인 사이의 동지애라는 개념을 잊어야 한다. 공산주의자는 전투 이전이나 이후나 동지가 아니다. 이것은 절멸 전쟁이다. 우리가 이 점을 깨닫지 못하면, 우리는 그래도 적에게 이기기야 하겠지만 30년 뒤에 다시 공산주의라는 적과 싸워야 할 것이다. 우리는 적을 남겨둘 전쟁을 벌이지 않는다.

미래에 러시아에서 정치적으로 얻을 것: 러시아 북부는 핀란드가 차지한다. 보호국: 발트해 연안 3국,** 우크라이나, 벨라루스.

러시아에 맞선 전쟁: 볼셰비키 정치지도위원과 공산주의 지식인의 절멸. … 우리는 해체의 독에 맞서 싸워야 한다. 이것은 군사법정이 할 일이 아니다. 개개 부대장은 화급한 쟁점을 알아야 하며, 이 싸움에서 지도자여야 한다. 부대원은 자기가 공격당하는 방식과 같은 방식으로 맞싸워야 한다. 정치지도위원과 국가정치총국Gosudarstvennoe

---

* 유럽의 카르파티아산맥과 드네스트르강 사이에 있는 지역을 일컫는 역사적 명칭. 북부는 우크라이나에, 남부는 루마니아에 걸쳐 있다.
** 라트비아, 에스토니아, 리투아니아.

politicheskoe upravlenie[*] 대원은 범죄자이며 범죄자로 취급되어야 한다. 그렇다고 해서 부대원이 통제 불능이어야 한다는 뜻은 아니다. 오히려 부대장은 부하들의 공통 감정을 표현하는 명령을 내려야 한다. 이 전쟁은 서방에서 벌어지는 전쟁과는 사뭇 다를 것이다. 동방에서는 오늘의 가혹함이 미래의 아량을 뜻한다. 부대장은 양심의 가책을 이겨내는 희생을 해야 한다.[68]

할더는 일기장 여백에 "육군 최고사령부 명령에서 구현하라"라는 주 하나를 적는다.

여기서 분명한 점은 할더와 최고위 장군들에게 히틀러의 야만적인 동방 계획이 알려졌고, 이제는 그들이 도덕적 양심의 가책과 국제법을 무시하는 학살의 과정에 군대가 통합되리라는 사실을 인지하고 있었다는 것이다. 이에 항거하기는커녕 할더는 히틀러의 야욕을 미리 보여주는 일련의 명령을 초 잡는 일에 나섰고 ―공산당 기관원뿐만 아니라 무수한 민간인과 전쟁포로에게도― 무자비한 야만적 전쟁의 기반을 마련했다.

두 '범죄 명령'이 나치의 소련 침공에 앞서 나왔다. 가장 잘 알려진 것이 공산당원을 모조리 약식으로 총살하라고 지시하는 '인민위원 명령'이다. 덜 알려진 것이 동방에서 부대원의 행위에 관한 모든 군법 규정을 전반적으로 보류하는 '바르바로사' 명령, 즉 '사법관할권' 명령이었다. 이 명령의 초안을 만드는 작업에서 할더의 참모진이 큰 역할

---

* 약칭은 게페우(GPU). 러시아 혁명정부의 비밀경찰이었던 체카를 대신해서 1922년에 창설되었으며, 이듬해에 통합국가정치총국으로 개칭되었다.

을 했고, 작성자는 할더에게 직접 보고한 오이겐 밀러 중장이었다.[69] 그 실질적 결과물은 모호하게 정의된 상당수의 소련 국민을 마음대로 사냥할 수 있다는 기본 선언인 「러시아 전선 군부대원 행동 지침」에 표현되었는데, 특히 그 상당수 소련 국민에 포함된 "볼셰비키 선동가, 비정규 부대원, 사보타주 행위자, 유대인"은 무자비하게 다루어질 터였다.[70] 이 명령과 지침이 토대가 되어 결국은 소련 민간인, 유대인, 소련군 전쟁포로의 대량 학살이 일어났고, 이 으스스한 과업에 군대가 처음부터 연루되었다. 한 역사가가 쓴 대로, "독일국방군 고위 사령부가 나치당과 친위대 지도부의 지배적 러시아 관을 재생산했다는 점이 두드러진다."[71]

또한 할더는 전선의 후방 지역에서 군대와 특무기동대 사이에 이루어지는 협력에 관해서 자기 예하의 에두아르트 바그너 병참감과 힘러가 거느린 경찰 제국의 우두머리인 라인하르트 하이드리히 사이의 협상을 주재했다. 특무기동대가 폴란드 점령지에서 저지른 행위는 군대에 대체로 알려져 있었고 몇 안 되는 장교만 항의했다는 점을 감안하면, 할더는 특무기동대의 활동에 관해 분명히 알고 있었다. 같은 인물인 이 바그너가 나중에 전쟁포로를 노동력으로 활용하는 문제에 관해, 협의회에서 "일하지 않는 전쟁포로는 … 굶을 것입니다. 일하는 포로는 개별적인 경우에 군 식량을 먹을 수도 있습니다"라고 말할 때 그는 독일 군대가 러시아 전쟁포로를 대하는 무정한 태도를 드러낼 터였다.[72] 할더가 전쟁포로의 운명에 무감각했음은 "포로수용소에 티푸스가 돌아서 러시아군(2만 명)이 죽었다. … 참상이지만, 지금은 구제가 실행 불가능해 보인다"고 적은 그의 일기에서 드러난다.[73]

독일 장교 모두가 이 관점을 공유했거나 군대가 무도한 침략 전쟁에 휘말려든 과정에 연루되기를 바라지는 않았음은 적극적 저항 집단의 지도자인 울리히 폰 하셀Ulrich von Hassell*의 다음과 같은 일기에서 엿볼 수 있다. "러시아에서 우리가 하는 행동에 관련해서 할더가 서명하고 군부대에 하달된 명령에 관해 나돌고 있다고 문서가 폭로하는 것은 —그리고 군법을 주민을 상대로 체계적으로 오용해서 모든 법을 조롱하는 우스운 꼴로 만드는 행태는— 머리털을 쭈뼛 곤두세우기에 충분하다."[74] 그러나 하셀의 관점은 대다수 장군의 관점이 아니었다. 한 학자가 지적한 대로, "1941년 6월 22일에 히틀러와 독일국방군은 거의 드물게도 의견 일치를 보았다."[75] 히틀러의 명백한 지시나 개입 없이 그 '범죄 명령'의 초안을 작성하면서, 군대가 무기력한 상태 속에서 이룩해낸 것이란 나치 정권 앞에서 스스로 힘을 빼는, 나치친위대의 권한을 늘리는, 동방에서 벌어질 전쟁의 야만화에 문을 열어젖히는 일에 앞장서는 것이었다.[76]

전후에 독일 군대가 했던 단언과 다시 대비되게도, 할더를 비롯한 장군들은 소련 침공에 반대하기는커녕 서방에서 거둔 신속한 승리에 우쭐한 채로 동방 전역을 신이 나서 학수고대했다. 그러면서 그들은 소련의 전쟁 수행 잠재력을 턱없이 과소평가하고 독일군의 역량을 어이없이 과대평가해서, 돌이켜보면 망상으로 보이는 동방 전역 소요 시간을 기획했다. '바르바로사 작전'이 될 계획을 짜던 1940년

---

* 독일의 외교관(1881~1944). 1932년에 이탈리아 대사가 되었다. 히틀러 지지자였으나 반대자가 되자 1938년에 해임되었다. 히틀러 반대 세력을 모아 쿠데타를 모의하다 붙잡혀 처형되었다.

7월에 할더는 독일군 80~100개 사단이면 자기 생각에 양호한 사단을 50~75개만 보유한 러시아군을 압도하기에 충분하다고 추산했다.[77] (결국, 독일군은 152개 사단으로 공격할 터였고 러시아군에 300개가 넘는 사단이 있음을 알아차렸다.) 이것은 독일군 첩보의 엄청난 실패를 입증한다. 아무 생각 없는 이 낙관론은 1941년 6월 22일에 개시된 전역의 초기에도 지속되었다. 초기에 극적인 성공을 거두자 할더는 7월 3일 자 일기에 다음과 같이 적었다.

그렇다면, 대체로 보아, 드비나강과 드네프르강 이쪽의 러시아군을 대부분 쳐부순다는 목적이 이루어졌다고 지금 당장 말해도 괜찮다. 나는 러시아군 군단의 중심重心*을 움켜잡았다는 단언을 의심하지 않는다. 드비나강과 드네프르강의 동쪽에서 우리는 일부에 지나지 않는 병력, 독일의 작전 계획의 실현을 방해할 만큼은 강하지 않은 병력과 마주칠 것이다. 따라서 2주라는 기간에 러시아 전역에서 승리했다고 말해도 지나친 말이 아닐 것이다.

처음부터 장군들은 믿기지 않을 만큼 심한 자기기만에 빠져서 러시아 전역이 다가오자, 그러고는 러시아 전역이 진행되자 그 전역에 소요될 시간을 끊임없이 하향(!!!) 조정했다.[78] 히틀러조차 예하 장군들만큼은 자신만만하지 않았다.[79] 따라서 자기는 동방에서 벌어질 전쟁에 반대했다는 할더의 전후 주장은 전설의 영역에 속한다.[80] 끝으로, 전후에 할더를 비롯한 장군들은 부하 수백만 명을 싸움터로

---

* 정신력과 물리력, 행동의 자유, 투지를 제공하는 힘의 원천을 뜻하는 군사 용어.

보내 끝내는 죽음에 이르게 한 동기가 단순한 애국심이었다고 주장했지만, 이들의 동기가 단지 애국심뿐만 아니라 돈이기도 했다는 점을 말해두어야 한다. 1940년 이후 히틀러가 할더를 비롯한 예하 최고위 장군들에게 정기적으로 뇌물을 주었다는 것은 사실이다. 원수에게 다달이 주어지는 통상적 금액은 세금이 면제된 4천 라이히스마르크*였고 상급대장에게는 2천 라이히스마르크여서, 상당 액수였던 그들의 봉급은 사실상 두 배로 늘었다. 이 돈의 지급은 비밀이었고 어떻게 처신하느냐에 따른 조건부였다. 할더는 1940년 7월에 상급대장으로 진급했는데, 그날부터 제 몫의 뇌물을 받기 시작했다. 돈은 심지어 그가 1942년 9월에 참모총장 직에서 해임된 뒤에도 계속 지급되었다. 그가 퇴역하지 않고 '고위 장교 예비대Führerreserve'**에 재배치되었기 때문이다. 1944년 7월에 미수에 그친 히틀러 모살 기도 직후에야 할더가 그 음모를 사전에 알고 있었다고 해서 돈의 지급이 중단되었다.[81]

물론, 할더는 7월 20일 음모 뒤에 체포되어 다하우, 라벤스브뤼크, 플로센뷔르크 등 대여섯 군데의 수용소에 갇혔다. 그렇다고 그가 채석장에서 돌을 깨고 있었다고 상상해서는 안 된다. 훗날 그는 음식과 숙소에 관한 불만이 없었다고 인정했다. 끝에 가서 그는 제국경제장관이었던 얄마르 샤흐트Hjalmar Schacht,*** 프랑스 총리였던 레옹 블룸Léon Blum,**** 오스트리아의 총리였던 쿠르트 슈슈니크Kurt

---

* 1924년 부터 1948년까지 쓰인 독일의 통화.
** 제2차 세계대전 시기에 보직을 맡지 않고 새 보직을 맡기까지 대기하는 고위 장교를 수용하던 독일군 기구.

Shuschnigg[*]를 비롯한 주요 인사들과 함께 지냈다. 그는 1945년 1월 말에야 군대에서 공식적으로 퇴역했고, 전진하는 미군에게 1945년 5월 5일에 사로잡혔다.[82]

프란츠 할더는 특히 동방에서 벌어진 전쟁에 관련해서 제2차 세계대전 이후에 나타난 신화와 현실 사이의 극적인 차이를 어느 독일 고위 장교보다 잘 구현한다. 그가 전후에 한 변명, 그리고 미국에 한, 특히 동방의 그 전쟁에 관한 미국의 이해에 기여한 봉사는 그의 실제 이력과 두드러진 대조를 이룬다.

***** 독일의 경제학자(1877~1970). 금융 전문가로 바이마르공화국 국가은행 총재를 지냈다. 히틀러에게 우호적이어서 요직을 맡았지만 독일의 재무장과 전쟁에 반대하다 힘을 잃었다. 전후에 전범재판을 받았지만 무죄방면되었다.

****** 프랑스의 정치가(1872~1950). 1919년에 국회의원, 1924년에 사회당 당수, 1936년에 인민전선 내각의 총리가 되었다. 제2차 세계대전 때 체포되어 독일에 억류되었는데 종전 뒤 귀국해서 다시 총리가 되었다.

* 오스트리아의 정치가(1897~1977). 변호사였다가 정치에 입문해서 정부 요직을 맡았으며 총리가 되었다. 나치를 방조하다가 뒤늦게 독일의 오스트리아 합병 시도에 저항했지만 1938년에 압력을 받아 사임했다. 투옥되었으나 제2차 세계대전이 끝난 뒤 풀려났다.

제3장

독일 장군들이 말을 하고
글을 쓰고 인맥을 쌓다

작전사 (독일) 부서

저명한 가톨릭 평신자이자 헌터대학 총장이며 존 맥클로이 밑에서 바이에른 담당 고등판무관이 될 조지 슈스터George N. Shuster*는 독일 문화에 관해 두루두루 글을 썼다. 얼마간은 이런 이유로 그는 미군에게 사로잡힌 나치 고위 인사들을 면담하기 위해 만들어진 미국 전쟁부 역사위원단 단장에 임명되었다. 슈스터와 그의 동료들은 1945년 7월부터 11월까지 그 나치 고위 인사들 가운데 알베르트 케셀링, 카를 되니츠Karl Dönitz,** 하인츠 구데리안 같은 군인을 포함한

---

* 미국의 문필가, 교육자(1894~1977). 제1차 세계대전 때 미군 첩보부에서 복무했고, 여러 대학에서 총장 등을 지냈다. 독일 문화 및 가톨릭교회 연구의 대가였고, 유네스코 창립에 관여했다.

25명과 면담했다. 슈스터는 그 군인들에게서 꽤 깊은 인상을 받았다.[1]

슈스터 위원단이 1945년에 한 그 면담의 파생물 가운데 하나가 포터 대령의 비호 아래 미국 육군역사단이 만든 기구인 작전사 (독일) 부서였다. 승리자들은 독일 장교 포로 신문을 수천 건이나 수행한 바 있다. 이제는 그다음 단계로 넘어가서, 그 독일 장교 포로들 사이에서 자기가 겪은 제2차 세계대전에 관한 글을 써서 미국 나름의 향후 연구를 제대로 마무리해줄 독일인을 찾아 기용하는 것이 현명해 보였다. 그 같은 글은 정보 수집의 잠재성을 지녔을 수도 있다. 미국의 첫 초점은 미군이 독일군과 싸웠던 전선에 맞춰져 있었다. 그러나 시간이 흐르면서 냉전이 펼쳐지고 소련과 전쟁을 할 가능성이 드러나자 미국의 관심은 동부전선과 독소전쟁으로 옮아갔다.

1946년 여름에 이미 프란츠 할더는 봇물처럼 마구 배출되는 — 자기에게, 그리고 미국에 이로운— 연구에 관여했다. 그는 미군에게 사로잡혔고 처음에는, 자기가 보기에, '범죄자'로 취급되었다.[2] 1945년 10월부터 1946년 1월까지 그는 영국에 넘겨져 조사를 받았다. 1946년 8월에 그는 뉘른베르크로 이송되어 그곳에서 열리는 전범재판에서 증인으로 신문을 받았으며, 이후 전쟁 경험을 글로 쓰라고 선택된 고위 장교들의 한 사람으로 헤센주의 마르부르크 인근 슈타인라거Steinlager*로 보내졌다. 그는 1947년 6월 20일에 구금 상태에

** 독일의 군인(1891~1980). 제1차 세계대전 때 잠수함장으로 지중해에서 활동하다 포로가 되었다. 1936년에 잠수함대 사령관이 되었고, 제2차 세계대전에서 U-보트 함대를 총괄 지휘했다. 1945년 4월에 히틀러의 영도자 직위를 넘겨받고 연합국에 항복했다. 뉘른베르크 전범재판에서 10년형을 받고 만기 복역했다.

* 제2차 세계대전 직후에 미군이 슈타트알렌도르프에 급히 만들어 독일의 고위 장교와 관료를 가두었던 감옥.

서 공식적으로 풀려났다. 명백히 그는 '범죄자'가 더는 아니었다. 그는 비록 경감輕減 대상이 되어 뉘른베르크에서 범죄 조직(독일군 최고 사령부)의 일원으로 재판을 받지는 않았지만 고비를 완전히 넘기지는 못 했다. 탈나치화 노력의 일부로서 여전히 할더는 뮌헨에서 독일이 운영하는 심판원Spruchkammer*에 직면해야 했다. 그는 전쟁을 일으키는 나치 정권을 거들고 부추겼다는, 그래서 "전쟁과 전쟁의 결과가 이 세대에 불러일으킨 이루 말할 수 없는 고통"에 얼마간이라도 책임을 져야 한다는 고발에 맞서 스스로를 변호해야 했다. 1948년 10월에 열린 이 재판은 독일 국내외 언론의 면밀한 추적을 받았고 큰 관심을 불러일으켰다. 할더는 나치친위대가 전선 뒤에서 저지른 범죄를 전혀 알지 못한다고 주장했고 자기는 정권의 의사결정 회로 밖에 있었다고 해명했다. 할더의 변호인은 그가 저항 세력과 연계되어 있었고 나중에는 나치 정권에게 체포되어 감금되었다는 점을 경감 요소로 제시했다. 끝내 그 법정은 그가 "결백하다unbelastet"고 선언하고 그를 풀어주었다.[3] 그러나 검사가 바이에른 법무부의 고등법원Kassionshof에 항소했다. 한편 검사는 다른 무엇보다도 '범죄 명령'들을 정식화하는 일에서 할더가 한 역할을 보여주는 그의 상세한 전시 일기를 열람했다. 첫 번째 재판에서 풀려나는 것은 보류되었고 그는 큰 곤경에 빠진 듯 보였다.

그의 벗들, 즉 미국인들이 그를 구하려고 나섰다. 고등법원은 여러 달 동안 허사였지만 청문회 일자를 잡으려고 애썼다. 그러나 미국인들은 '역사과' 일을 해야 하므로 그가 없어서는 안 된다고 주장하면

---

* 제2차 세계대전 뒤에 탈나치화를 위해 설치된 독일의 준사법기관.

서 그를 놓아주려고 하지 않았다. 그는 여전히 미국의 비호 아래에 있었고 두 번째 재판을 받으러 뮌헨으로 가지 않았다. 바이에른 주 정부는 마침내 단념했고 1950년 9월에 원래의 판결로 되돌아갔다. 할더는 자유롭게 미국인과 함께 계속 일했다.

실제로, 1948년 즈음에 그는 완전히 미국 육군의 환심을 샀다. 1947년 7월에 그는 알렌도르프 근처 노이슈타트의 수용소에 있는 독일인 피억류자들(전직 독일군 장교들이 '민간인 피억류자'라고 지칭되었다)을 통솔하는 임무를 받았다. 역사 기획 사업이 더 정교해지자, 이 전직 장교들이 1948년 여름에 쾨니히슈타인임타우누스*로 이송되고 할더가 역사과 '감수단監修團' 단장이 되었다. 할더와 그의 단원들은 이제 전직 독일 장교들의 글쓰기를 총괄했고, 700명을 넘는 그 독일 장교들이 쓴 글은 결국에 2,500건에 이르는 주요 원고가 될 터였다. 1954년 6월에 할더는 그 작업을 카를스루에**로 옮겨서 1961년까지 계속했다.[4]

제2차 세계대전 동부전선에 관해 미국인을 교육하는 일에서 할더는 어떤 동기에서 그 같은 중심 역할을 혼자서 확보한 것일까? 그의 자백에 따르면, 목적 하나는 볼셰비즘에 맞선 전쟁을 계속하는 것이었다.[5] 할더는 이 목적을 1946년 10월에 세웠다고 주장했다. 냉전을 예견했기 때문이라기보다는 독일 장교 대다수가 뉘른베르크 재판의 판결, 특히 사형 선고를 받은 요들 장군과 카이텔 장군의 판결에 분노를 품게 된 것이 배경이었다고 한다. 볼셰비즘과 싸우기를 목적으

---

* 독일 서부 헤센주의 타우누스산맥 기슭에 있는 휴양 도시.
** 프랑스 접경 지역에 있는 독일 남서쪽의 도시.

로 삼은 의도는 특히 할더를 위해 글을 쓰는 이 장교들을 달래고 그렇게 해서 그 기획이 지속되도록 만들기 위해서였다.[6] 그 반공주의 동기는 나중에 냉전의 맥락에 아주 잘 들어맞았다.

할더의 또 다른 목적은 —어쩌면 그에게 가장 소중했을 목적은— 독일 장교단과 히틀러, 나치즘, 전시 잔학 행위의 연관성을 끊어서 독일 장교단의 명예를 구하는 것이었다. 이것은 전쟁이 끝날 때로 거슬러 올라가는 목적이었고 할더에게 활기를 계속 불어넣어줄 목적이었다. 미국인은 이 동기를 모르지 않았다. 할더가 사로잡혀 있는 동안 다른 장군들과 나눈 대화가 몰래 녹음되었기 때문에 미국인들은 그 동기를 이미 들어서 알고 있었다. 한 첩보 메모에는 다음과 같이 적혀 있었다. "그(할더)는 자기가 생각하기에 무엇을 감추거나 왜곡해야 할지를 지극히 솔직하게 터놓고 말하며, 독일군 총참모본부가 어떤 것에, 특히 전쟁 계획 수립에 관여했다고 시사하는 의견에 유난히 매우 민감하다."[7] 바로 이것이 미국이 신화 만들기 과정의 일부로서 공유하게 될 관점이었다. 마지막으로 할더는 미래의 독일국방군을 위해, 그리고 이 같은 조직체를 독일 민족에게 또다시 받아들여질 수 있도록 만들 목적으로 독일의 관점에서 본 역사서를 준비하기를 열망했다.

자기 작업에 도움이 되도록 할더는 연합국이 탈취한 기록물에서 상당량의 문서를 달라고 미국인에게 요구했고 이를 얻어냈다. 이로써 이중의 이점이 생겨났다. 이로써 할더를 위해 집필하는 사람들은 자기들이 하는 서사의 바탕을 문서에 둘 수 있게 되었고, 또한 할더의 감수단은 유죄를 입증해줄 듯한 증거를 없앨 수 있게 되었다.[8]

할더는 제출되는 모든 연구 원고를 검토할 '감수단'을 임명할 때

대다수가 고위 참모장교였으며 자기의 관점과 일치하는 장교들을 신중하게 가려 뽑았다.[9] 똑같은 원칙이 그가 기용할 많은 저자에게 적용될 터였다. 또한 이 사람들은 다양한 경험을 지녔다고 해서 뽑혔는데, 그 경험 덕택에 그들의 이바지는 작전 계획 수립과 부대 훈련에 대한 독일의 혜안을 얻으려고 안달 난 미국인에게 귀중해질 터였다. 따라서 할더의 목적과 미국의 목적은 잘 들어맞았다. 훗날 할더는 어떻게 전쟁 뒤에 그토록 빨리 미국인과 함께 일을 할 수 있었느냐는 질문을 받자 다음과 같이 대답했다.

두 쪽에 다 선의가 있었기 때문에 어려움은 없었습니다. 초기에 문제는 독일군의 편성, 동원, 훈련 등등 사이의 결정적 관계를 설정하고 특히 미 육군으로서는 몸소 겪어본 적이 전혀 없는 동방의 적과 싸우면서 쌓은 경험을 설명하는 데 있었습니다. 나중에 우리 일은 차츰차츰 그 전쟁의 역사서들로 바뀌었고 여기에서도 동방이 가장 두드러졌습니다.[10]

할더는 자기를 위해 역사서를 쓰는 장교들을 면밀히 감독했고 자기가 만들어내려고 애쓰고 있는 해석 틀에 그들의 저술이 제대로 잘 들어맞지 않으면 주저하지 않고 그들을 '지도'했다. 그는 원고를 받은 뒤 툭하면 내용이나 강조점에서 편집상의 수정을 지시하는 꽤 긴 답장을 써 보내곤 했다.[11] 특히 정치가 군사에 개입한 부분에서 할더는 자기의 재량으로 유난히 민감하다고 여겨지는 주제를 제쳐놓았다.[12]

할더는 과거와 미래 둘 다와 결정적으로 연관된 사람을 많이 가려 뽑았다. 전쟁 동안 주요 사령관, 특히 동부전선의 사령관이었던 이가 많았고, 몇몇은 전쟁범죄자로 기소된 적이 있는 사람이었다. 몇 사람은 1955년 이후에 서독군에서 출세하고 다른 몇 사람은 책과 회고록을 펴내, 특히 미국인에게서 명성과 인기를 얻을 터였다. 흥미롭게도, 그 범주들은 사람들이 짐작하는 만큼 깔끔하게 구분되지 않는다. 다음과 같은 꽤 많은 사람이 동부전선의 전투 지휘관이었다. 고트하르트 하인리치(1941년부터 1945년까지 제4군 및 제1기갑군 사령관), 귄터 블루멘트리트(1940년부터 1942년까지 제4군 사령관), 하인츠 구데리안(1941년부터 1942년까지 제2기갑군 사령관, 1943년부터 1944년까지 기갑총감), 알베르트 케셀링(1941년에 러시아 전선의 독일 공군 사령관, 그 뒤에 이탈리아 남부 주둔 독일국방군 사령관), 하소 폰 만토이펠(1943년부터 1944년까지 제7기갑군 및 그로스도이칠란트Großdeutschland 사단 사령관), 오스카르 문첼(1944년부터 1945년까지 기갑여단 사령관), 에르하르트 라우스(제15군 및 제3기갑군 사령관), 한스 폰 그라이펜베르크(1941년에 러시아의 페도어 폰 보크 장군의 참모장), 로타르 렌둘리치(유고슬라비아 주둔 제2기갑군 사령관, 러시아 주둔 남부집단군 사령관), 게오르크 퀴흘러(러시아 주둔 북부집단군 사령관), 가이어 폰 슈베펜부르크(제40기갑군단 사령관), 아돌프 호이징어(1943년부터 1944년까지 독일국방군 최고사령부 작전과장). 이 사람들과 더 많은 이에게서 깊은 샘물처럼 동부전선에 관한 지식과 경험이 흘러나왔다. 동시에, 그들 가운데 많은 이가 전쟁범죄자로 기소되거나 유죄 판결을 받았다. 이탈리아에서 볼모들이 총살당하도록 한 케셀링과 더불어 퀴흘러와 렌둘리치는 발칸반도에서 한 행위로, 만토이펠은 나중에 독일 법정에서 열아홉 살의 독일인 탈영병 한 명이 총살당하도록 한 혐의로 유죄 판결을 받았다. 훗날 서독군을 이끌 한스 슈파이델은 전범이 아니었지만, 그리스 주둔군 사령관이었던 그의 형 빌헬름 슈파이델은, 점령된 벨기에를 운영하는 동안 볼모들이 살해되고 유대인이 강제 이송되도록 한 알렉산더 폰 팔켄하우젠이 그랬듯이, 전범이었다.

이 사람들 가운데는 회고록을 비롯해 책 쓰는 일에 나서려는 이가 많았고, 그 책은 여러 세대의 미국인에게 강한 영향을 끼쳐서 동부전선 신화의 영속화를 도울 터였다. 그러한 이들로는 에르하르트 리우스, 하인츠 구데리안, 일프레트 토페, 발터 바를리몬트, 알베르트 케셀링, 그리고 동부전선에서 1개 기갑여단을 지휘했고 훗날 독일연방군에서 고위직에 오른 오스카르 문첼이 있었다. 어느 모로 가장 문제가 될 만한 이는 아마도 아돌프 호이징어였을 것이다. 그는 독일 육군 작전과장이었으므로 동부전선에서 벌어지고 있는 모든 일을 꿰고 있었다. 그는 전쟁 회의가 수백 차례 열리는 동안 히틀러 곁에 있었고, 실제로 1940년 7월 20일, 즉 히틀러 모살 기도 때 다쳤다. 공범 가능성이 있어서 체포된 그는 곧 풀려나 고위 장교 예비대에 들어갔다. 그의 이름은 국제연합의 첫 전범 목록에 있었지만 그 뒤에 묘하게도 사라졌다. 그는 뉘른베르크 재판에서 증인으로 맹세를 하고는 자기의 예전 동료들을 변호한 다음에 잠깐 미국인들과 함께 일한 뒤 라인하르트 겔렌Reinhard Gehlen*의 서독 첩보기관에 들어갔다. 그는 1940년대 말엽과 1950년대 초엽에 구금되어 있는 독일 장교들의 석방 운동을 이끌었다. 1950년에 그는 콘라트 아

---

* 독일의 군인, 첩보 전문가(1902~1979). 제2차 세계대전 때 군 방첩대에서 일했다. 전후에는 미국 자금으로 겔렌 기관이라는 첩보 조직을 만들어 공산권 정보를 수집했다. 1955년에 서독 정보부 책임자가 되었지만, 1968년에 부하가 소련 간첩이었음이 밝혀져 물러났다.

데나워 총리의 군사 보좌관이 되었고, 아데나워는 1955년에 독일연방군이 창설되자마자 그를 ―한스 슈파이델과 함께― 연방군 중장 직위에 임명했다. 1957년에 그는 독일연방군의 ―사실상, 최고 사령관인― 초대 감찰감이 되었다. 그는 1960년대 초엽에 워싱턴의 '나토 군사위원회'의 의장으로서 경력을 마쳤고, 미국의 '유연 대응' 교리[*]의 개발에 이바지했다.[13] 그 집단 전체와 마찬가지로 호이징어는 전범일 수 있었는데, 미국의 조력자로, 그리고 독일연방군 지도자로 변신을 거듭했다.

할더 작업단이 만들어낸 동부전선과 관련된 여러 저술을 보면 전술, 작전술, 전략 수준에서 상당한 폭과 깊이가 드러난다. 예를 들어, 전략 수준에서는 『독일군의 러시아 전역: 계획 수립과 작전, 1940~1942년』과 할더가 쓴 『러시아 전역에 영향을 미치는 결정, 1941~1942년』이 있다. 이 연구들은 독일군 지도자들이 바르바로사 작전을 안타까워하고 의심했다면서 바르바로사 작전의 책임을 곧장 히틀러에게 돌림으로써 동부전선의 신화를 확립했다. 작전술 수준에서는 한스 폰 그라이펜베르크의 『모스크바 전투, 1941~1942년』과 테오도어 부세 등의 『성채 작전: 1943년 7월의 쿠르스크 전투』, 페터 폰 데어 그뢰벤의 『1944년 중부집단군의 붕괴』, 에르하르트 라우스의 『포메른 전투와 동부전선 사령부, 1945년』이 있다. 이 연구들은 작전술적으로 우세한 독일군이 지극히 막대한 인력 및 장비와 대결한

---

* 도발의 수준에 맞게 재래식 방어, 전술핵 대응, 전략핵 보복을 선택적으로 조합해서 대응해 상호 억제를 추구하는 방어 교리. 미국 아이젠하워 행정부의 대량 응징 보복 교리 대신에 케네디 행정부가 1961년에 도입했다.

다는 일반적 관점을 강화한다. 끝으로, 전술 수준에서는 펠릭스 슈타이너의 『기동부대 전술: 제5SS기갑척탄병사단 '비킹Wiking'이 로스토프와 마이코프 유전에서 수행한 작전』, 로타르 렌둘리치의 『설상雪上 전투』, 구스타프 회네의 『눈과 진흙 속에서: 1942년 초봄 동안 자이들리츠 예하 부대의 공격 31일』처럼 연구가 무척 많다. 마지막 두 권은 패퇴를 러시아 날씨 탓으로 돌리는 독일의 성향을 보여준다.

미국은 전쟁의 마지막 두 해 동안 독일이 치른 방어 전투에 특히 관심을 가졌다. 소련이 중유럽과 서유럽에 대군을 투입한다면 서방이 적어도 일시적으로라도 비슷한 상황에 처하리라고 예견했기 때문이다. 할더의 부하들은 기꺼운 마음으로 글을 썼고, 올트비히 폰 나츠머의 『포위된 부대의 작전: 독일군의 러시아 경험』과 에르하르트 라우스의 『독일의 러시아군 돌파 방어전술』 같은 글이 나왔다. 여기서, 그 독일인들은 동부전선 신화 영속화하기와 자기의 전시 경험에 기대어 미국인에게 조언을 해줘서 그나마 남은 자긍심을 추스르기라는 이중의 목적에 기여할 수 있었다.[14]

더 깊은 수준에서는, 여러 연구서가 소련, 소련의 민족들, 소련 군인을 보는 독일의 관점을 미국에 전해준다. 그 연구서들은 비록 러시아 군인의 전투 자질에 관해서는, 그리고 독일이 선도해서 개발한 기술을 잘 익힌 붉은 군대 지도부에 관해서는 자주 솔직하더라도 나치의 인종 교의와 그리 다를 바 없는 인종적 러시아관을 묘사하기도 한다. 이것은 로타르 렌둘리치의 『러시아 군인의 전투력』과 앞에서 언급된 『소부대 교전』에서 엿보인다. 슬라브인에 관한 일반화가 자주 나오는데, 이 일반화는 대놓고 인종주의적이다. 예를 들면, 이런 식이다. "슬라브인의 심성은 ―특히 아시아의 영향이 다소간에 뚜렷한 경우에는— 워낙 종잡을 수 없어서 광신, 극단적 용맹, 야수성과 다를 바 없는 잔혹성이 어린아이 같은 상냥함과 툭하면 갑작스레 공포에 빠지는 성향과 맞물려 있다."[15] 다른 글에서는 이런 식이다. '반半아시아인'이라고 지칭되는 러시아 군인에게는 "판단력도 독자적 사고력도 없다. 그는 서방인에게는 이해가 가지 않을 만큼 분위기에 휩쓸리며 본능에 따라 행동한다. 군인으로서 러시아인은 원초적이고 나대지 않으며 선천적으로 용감하지만 집단 속에서는 풀이 죽어 소극적이다." … "인간을 경시하고 죽음을 대수롭게 여기지 않는 것이 러시아 군인의 다른 특성이다." … "그는 본성이 단순하고 원시적인 탓에 온갖 고난에도 감정적인 반응을 그다지 보이지 않는다. 그의 감정은 짐승 같은 흉포함과 극진한 친절함 사이를 오락가락한다."[16] 렌둘리치 장군은 자기가 쓴 책 『러시아 군인의 전투 자질』에서 러시아인은 잡종이라는 순전히 인종적인 주장을 내놓는다. 그 잡종에서 "고트인*의 시대와 중세에서 비롯된 미약한 게르만 혈통을 찾아낼 수도 있다. 그러나 나는 타타르인의 지배**를 받은 300년 동안 몽골인의 피가 주입된 것이 특히 중요하다고 여긴다. 그 지배가 러시아인의 민족성에 뚜렷하게 자국을 남겼기 때문이다." 그 피의 주입으로 어떤 특성이 생겨났을까? "고통을 참고 견뎌내는 극도의 능력, 삶과 운명에 대한 일정한 무기력과 순종, 진취성 부족, 그리고 … 쉽사리 흥분해서 잔인성과 가혹성으로 쏠리는 성향, 그들 가운데 다수에게서 나

---

* 스칸디나비아에 살다가 3세기에 로마제국으로 들어가 제국의 붕괴를 유발한 게르만인의 한 지파.
** 러시아가 1240년부터 1480년까지 몽골인의 지배를 받은 역사적 사건을 일컫는 용어.

타나는 이 성향은 그 민족의 순한 천성을 고려하면 몽골 유산의 일부로 여겨질 수도 있다."[17] 할더가 참지 못하고 끼어들어 그 나름대로 "툭하면 드러나는 무정한 잔인성은 제대로 다뤄질 경우에 내비치는 애착, 충실, 온순성과 결합되어 나타난다"고 평가했다.[18] 이런 식으로 독일인은 미국인과 이어주는 또 다른 연줄을 만들어내기를 바랄 수 있었다. 더불어 그들은 이념 및 군사상의 위협뿐만 아니라 인종상의 위협과도 직면하고 있는 '서방인'이었다.

독일 장교들이 쓴 많은 연구서는 미국인에게 큰 충격을 주었다. 특히 한국전쟁이 터진 뒤에는 한 저자의 표현마따나 "소련 군조직과 제2차 세계대전의 작전에 관한 정보에 대한 물리지 않는 식욕"을 키우는 미국 정부 기관이 많았다. 그 저자는 "참모본부에게서, 그리고 군 교육기관에게서 나온 정보 요청이 1,182건을 넘고 이 가운데 972건이 제공되었다"고 주장했다. 많은 미군 고위 장교도 이 연구서들을 읽었고, 번역되지 않은 채로 남은 많은 연구서는 사관학교의 독일어 학습반에서 이용되었다. 또한 몇몇 연구서는 출판되어 유럽 주둔 미군 부대의 훈련에서 이용되었다.[19]

미국 육군이 1948년에, 그리고 이후에 있을 법한 소련의 공격에 대처할 준비를 하면서, 그 위협에 대처할 새 전략이 필요했다. 원래의 계획안은 라인강에서 적을 저지한다는 진지 방어에 바탕을 두었다. 이 전술은 '기동방어' 개념이 채택되자 1949년 뒤에 바뀌었다. 이것은 연합국 영토 안으로 깊숙이 치고 들어오는 적의 공격을 감안한 것이고, 기동성이 높은 장갑부대가 막강한 화력으로 수행하는 일련의 역공으로 적의 돌출부를 끊어내어 으스러뜨릴 터였다. 전술상의 이 변화는 독일이 제2차 세계대전 후반기에 동부전선에서 구사한 유연 방어에 관한 독일 측 서술의 영향을 강하게 받았다. 1949년에 야전교범 17-100을 출간함으로써, 미국 육군은 중유럽과 서유럽에서 자기들이 처한 입장이 동부전선에서 독일군이 1943년 이후에 처한 입장과 매우 유사하다는 것을 인정했다.[20]

할더와 그가 추려 뽑은 작업단이 1952년 2월 28일에 1년 기한으로 야전교범 100-15 연구에 착수해서 할더 작업단이 동부전선에서 얻은 경험에 얼마간 바탕을 두고 그 교범을 비평해달라는 요청을 받았다는 것은 미국이 할더 작업단의 영향력을 얼마만큼 인정하는지를 보여주는 모종의 지표다.[21] 할더는 기꺼이 그렇게 했다. 그는 초청장을 받은 뒤 곧바로 블루멘트리트 장군에게 다음과 같이 편지를 써 보냈다. "나는 이 과제를 받아들였습니다. 이 과제를 진지하게 다루면 우리가 서방의 방어 잠재력에 지적 기여를 할 위치에 설 것이며 다른 어느 누구도 그 기여를 할 수 없다는 것이 내 의견이기 때문입니다. 또한 나는 공개적으로는 아직도 거부당하는 옛 독일군 총참모본부가 적어도 막후에서는 견줄 데 없는 전문가로 평가된다는 사실을 숨기지 않겠습니다."[22] 미국 육군은 할더의 자체 평가에 차츰차츰 동의해서 히틀러가 독일 장군들의 권한을 부당하게 가로채지 않았더라면 독일 장군들이 승리를 거두었으리라고 확신하게 될 터였다.

결국, 독일이 미군의 작전 교리에 기여하는 상황은 그리 오래가지는 못할 터였다. 경제(장갑 부대는 너무 비쌌다)와 핵무기라는 두 요인이 맞물리면서 기동방어 교리는 싸움터가 아니라 책에 남게 되었다.[23] 나중에 밝혀지지만, 독일의 실질적이고도 지속적인 영향은 처음에는 미국 군인들의 마음속에서, 그 뒤에는 점점 더 많아지는 정부 및 정치권 인사들의 마음속에서, 그리고 마지막에는 수백만 미국인의 마음속에서 독일 장교단의 복권과 동부전선 신화의 확립 및 영속화를 이루었다.

프란츠 할더는 이 성공의 살아 있는 상징이다. 훨씬 더 큰 범위의 미국 군사, 정치, 외교 엘리트와 ―그리고 결국은 미국의 일반인과― 쌓은 인맥으로 생겨난 그의 인기는 독일군의 평판이 재확립되었을 뿐만 아니라 동부전선 신화가 성공적으로 확립되었다는 징후였다. 할더가 쓴 글들은 미 군부 인사들, 특히 역사 부서에서 그와 함께 일한 사람들이 보내온 감사 편지로 보답을 받는다. 그들 가운데 많은 이가 그의 작업에 고마워했을 뿐만 아니라 그가 내놓은 원고는 물론이고 번역된 그의 책 『사령관으로서의 히틀러』로 말미암아 제2차 세계대전을 보는 그의 편견을 확신하게 되었다. 『사령관으로서의 히틀러』는 그들 대다수가 읽었고 아주 잘 나갔다.[24]

1950년대가 흘러가면서 할더의 영향력이 커졌다. 그는 역사 원고의 산출을 계속 감독했으며, 독일 장교였던 이들이 미국에서, 그리고 독일 주둔 미군 기지에서 강연을 하도록 주선했다. 이것은 그가 일력日曆에 적어놓은 글로 분명해진다. 사례를 들자면, "하이델베르크가 … 러시아어를 할 줄 아는 독일 장군 한 사람을 찾고 있음. 그는 러시아어를 할 줄 아는 미국 장교들에게 자기가 경험한 러시아 전쟁에 관해서 강연할 것임. … 세미나 기간은 열흘," "쿠르트 마이어Kurt Meyer*가 미 제7군 대표 한 명과 프랑스 장교 세 명을 만나 회의를

---

* 독일의 군인(1910~1961). 노동자의 아들로 태어났고, 제1차 세계대전에 참전했다. 1930년에 나치당에 가입했고 친위대원이 되었다. 제2차 세계대전에서 무장친위대 지휘관으로 여러 전선에서 싸웠다. 전후에 민간인과 전쟁포로를 학살한 혐의로 재판을 받았고, 풀려난 뒤에는 무장친위대상호부조협회를 이끌었다.

한다. 파르티잔 전戰의 성격과 우리가 러시아에서, 그리고 발칸반도에서 한 경험에 관한 논의" 또는,

라이히헬름이 미국 강연 여행에 앞서 보고한다. (주제: 러시아 군인) "독일 장교들, 특히 폰 푸트카머의 강연에 관한 미국 측의 제안. 강연회를 개최하려는 의향이 있다. 그 강연회는 제7군에서뿐만 아니라 저쪽, 즉 유럽에서도 반향을 얻었다. … 많은 미국 장교가 독일연방군과 함께 고생하고 있는 이때, 독일 장교들이 제7군을 위해 봉사를 하고자 한다면 나는 환영할 것이다. 제7군은 우리 독일의 러시아 경험에 특별한 관심을 가지고 있다." "필리피가 (한 미국 대학 교과과정에서) 동방 전역에 관해 미국인들에게 한 강연에 관해 보고한다. 성공인 듯."[25]

할더의 옛 상관인 폴 로비넷Paul M. Robinett*이 운영하는 미국 육군군사사연구실Office of the Chief of Military History**이 할더를 1955년 11월 27일부터 12월 8일까지 미국에 초청했다. 할더는 웨스트포인트,*** 아나폴리스,**** 뉴욕, 마운트버넌*****을 방문했다. 또한 그는

---

* 미국의 군인(1893~1975). 1917년에 기병대원으로 군문에 들어섰고 총참모부와 군 첩보부에서 일했다. 제2차 세계대전 때는 장갑부대를 지휘했고 1948년부터는 미국 육군군사사연구실에서 근무했다.
** 미국 육군에 관한 자료를 수집하고 전사를 편찬하는 기관. 1950년에 설립되었고 1973년에 미국 육군군사사연구소(U.S. Army Center of Military History)가 되었다.
*** 미국 육군사관학교의 별칭.
**** 미국 메릴랜드주의 주도. 미국 해군사관학교가 있다.
***** 미국의 버지니아주 포토맥강에 있는 사적지. 조지 워싱턴이 살았던 저택이 있다.

방문 여행이 끝날 무렵에 미국 육군군사사연구실에서 미국 육군 참모총장 맥스웰 테일러 장군을 비롯한 일단의 고위 장교에게 연설을 했다. 그는 군사사의 가치를 독일군 총참모본부 작전 기획의 필수 불가결한 일부로서 강조하고 역사 부서의 작업을 칭찬하고 나서는 제2차 세계대전에서 배출되는 문서를 ―특히, 서면 명령을― 평가할 때에는 신중해야 한다고 다그쳤다. 할더가 명령이 발생하는 '분위기'를 ―즉, 히틀러의 군 지휘권 찬탈에 점점 더 압도되는 분위기를― 감안하라고 미래의 역사가들을 다그칠 때 그의 염두에는 의심할 여지 없이 그의 참모진이 작성했던 '범죄 명령'이 있었다. 할더는 "히틀러의 정신적 태도Geisteshaltung가 독일군 최고위 사령부의 전체 작업 방식, 의견 교환, 의사 결정, 명령 하달에 비록 완전히 스며들지는 않았을지라도 점점 더 많이 영향을 끼쳤습니다. 이 점은 서로 불신하고 서로 의심하는 분위기를 잘 알아야만 이해 가능합니다"라고 말하고는 "히틀러의 악마성Ungeist과 독일군의 오랜 군사 관념 사이의 메울 수 없는 간극"을 다시 한 번 더 대비했다.[26] 할더가 진지하게 받아들여졌다는 것은 그가 청중에게서 받은 감사 편지에 반영되어 있다. 예를 들어, 수석 역사가*는 다음과 같이 말했다. "당신의 방문은 우리 모두에게 자극과 격려가 되었으며, 당신이 마지막 날에 한 연설은 우리가 우리 역사에서 거대한 표석으로 오래도록 기억해야 할 경험을 우리에게 주었습니다."[27]

미국 전쟁부 역사위원단의 작업이 1950년대 말엽에 차츰차츰 끝

---

* 켄트 로버츠 그린필드(1893~1967). 미군의 제2차 세계대전 공간사를 주도한 존스흡킨스대학 교수.

나가자, 도처에서 할더에게 찬사가 터져 나왔다. 한 소령이 국방부에서 다음과 같이 편지를 써보냈다. "저는 당신이 전쟁 이후 독일과 미국에 이바지한 것은 이루 헤아릴 길 없이 엄청나며, 군인, 남자, 세계시민으로서의 당신 경력에 영원한 기념물로 서 있으리라고 믿습니다."[28]

유럽 주둔 미국 육군 최고사령관은 "당신의 오랜 헌신적 봉사에 크나큰 감사를 표하고자" 편지를 보낸다면서 다음과 같이 썼다. "당신 노고의 산물은 군사사의 단순한 페이지를 훨씬 더 넘어섭니다. 이미 그것은 공산주의의 침공 위협에 대처할 우리 군대의 조직과 훈련에 귀중한 자료를 내놓았습니다. … 따라서 당신의 작업은 민주주의적 생활방식의 합동 방위를 위한 우리 두 위대한 국가 간 동맹이라는 또 다른 영역을 개척했습니다."[29] 작전 차장 존 데일리 소장은 "당신의 감독 아래서 감수단이 준비하는 연구서들은 입수 가능한 최고의 권위서로서 시간이 갈수록 더 소중해질 것입니다"라고 썼다.[30]

또한 할더는 세속적으로 더 큰 보상을 받았다. 1940년의 영국 침공 계획인 '바다사자Seelöwe' 작전을 연구할 때 함께 일했던 할더의 가까운 벗 앤슬 제독은 할더가 미국 해군연구소 준회원이 되도록 손을 썼다.[31] 할더는 작업이 완료된 뒤 케네디 대통령의 이름으로 미국의 돌맨 소장에게서 1961년 11월에 '민간봉사공로상'을 받기도 했다. 이 상은 미국을 위해 일하는 외국인이 받을 수 있는 최고의 상이었으며 할더의 전후 경력에서 절정이었다. 이렇게 해서 할더는 아돌프 히틀러와 미국 대통령에게서 훈장을 동시에 받은 유일한 독일 장군이 되었다.[32]

1960년대 동안 할더는 일종의 역사 아이콘이 되었다. 그의 일기가 출간된 뒤에는 특히 그러했다. 학계든 재야든 역사가들이 그에게서 조언과 정보를 구했고, 그 질의에 그는 상세히 답해주었다.[33] 생각할 수 있는 모든 종류의 질문이 담긴 편지를 평범한 시민들이 써 보냈고, 할더는 참을성 있게 답장을 보냈다. 그 전형이 뉴욕주 바타비아의 돈 버켈이 쓴 편지다. 그는 다음과 같이 썼다.

저는 당신이 제게 기사십자장과 철십자훈장 사이의 차이점을, 그러니까 그 둘이 같은 것인지를 말해주실 수 있을 만큼 당신의(원문 그대로임) 바쁘지 안으신지(원문 그대로임) 궁금해했습니다. 저는 귀하가 제게 보내주신 편지를 제 역사 교사한테 가져가 보여주면서 전쟁에 관해 당신과 편지를 주고받을 수 있어서 운이 참 좋았다고 말했습니다. 저는 당신의(원문 그대로임) 무척 바쁘셔서 십중팔구 제 두 번째 편지에 답장하실 시간이 없었다고 알고 있습니다. 저는 당신의 첫 번째 편지를 액자에 넣어 다른 유명인에게서 받은 저의 다른 편지들과 함께 벽에 걸어두었습니다.[34]

할더가 —처음에는 미국 군대 안에서, 그다음에는 더 넓은 정치권 안에서, 마지막에는 군사사에 흥미를 품은 꽤 많은 일반 대중에게— 누린 명성과 영향력은 동부전선과 독일 군대에 관해 냉전 동안 미국에서 일어난 역사 기억의 점진적 변화의 표현이며 복사판이다.

독일연방군과의 인맥 쌓기

독일인이 동부전선에 관한 신화를 전달하는 또 다른 통로가 1955

년에 생겼으니, 그것은 독일연방군이었다. 이 군대의 형성과 독일군의 복권 사이에는 매우 중요한 연결고리가 —동부전선 신화에서 가장 중요한 구성 요소가— 있었다. 다섯 해 전에, 즉 한국전쟁이 일어난 뒤에, 열전熱戰이 아시아에서 유럽으로 확산되는 우발 사태에 대비해서 모종의 독일 군대가 되살아나야 한다는 점이 미국에 명확해졌다. 미국의 군사 사상가들이 1947년 이후 이 우발 사태를 숙고해 왔지만, 그 우발 사태가 실제 긴급사태가 되었다. 그러나 수많은 전직 독일 장교 사이에서는 독일국방군이 복권되지 않으면 미래의 독일 군대는 불가능할 것이라는 확신이 있었다.

바로 이런 까닭에 1950년 10월 9일에 한스 슈파이델, 한스 뢰팅어, 아돌프 호이징어, 헤르만 푀르치, 프리도 폰 젱어 운트 에털린을 비롯한 예전의 독일 고위 장교 여러 명이 라인강 서쪽 아이펠산맥에 있는 베네딕토회 사원인 힘메로트수도원에 몰래 모여 나흘 동안 독일 재무장 문제를 의논했다. 할더 작업단의 일부로서 미국을 위해 원고를 썼던 저 다섯 사람 모두가 콘라트 아데나워 서독 총리에게 조언을 했다. 이 모임에서 '힘메로트 각서'로 알려진 각서가 나왔는데, 이 각서는 미래의 서독 군대의 '대헌장'*이 될 터였다. 각서 작성자들은 일정한 조건 아래서만 서독 군대의 창건에 관여하겠다는 점을 분명히 한다. '전범'으로 유죄 판결을 받은 모든 독일 군인이 풀려나야 하고, 무장 친위대원을 비롯한 독일 군인의 명예훼손은 중단되어야 하고, 병역을 대하는 대중의 태도를 바꿀 조치가 시행되어야 하

---

* 영국의 왕과 제후의 권리를 규정해서 의회 민주주의의 효시로 평가된 1215년의 문건.

고, 독일연방 정부는 독일 군인이 명예롭게 싸웠다는 취지의 선언서를 발표해야 하고, 군인이었던 사람들과 이들의 미망인과 고아의 물질적 복지를 보장하는 적절한 사회적 조치가 취해져야 한다는 것이었다.[35]

아데나워는 이 제안들을 받아들였고, 서독을 점령하고 있는 세 열강의 대표들에게 독일 군인들이 구금 상태로 남아 있거나 재판에 회부되어 있는 한 당시에 계획된 유럽방위공동체 군대에는 어떤 서독 군대도 있을 수 없다고 말했다. 이 조건이 란츠베르크교도소에 갇혀 있는 예전 독일 장교들의 형량을 기꺼이 줄여주는 맥클로이 고등판무관의 입장에 얼마간 작용했다는 데에는 의심의 여지가 없다.[36]

이 예전 장교들에게는 서독 정부가 자기와 자기 전우들을 '복권'하는 것이 성에 차지 않았다. 미국도 그대로 따라 해야 했다. 나토군 사령관 지명자인 드와이트 아이젠하워 장군이 1951년 1월 하순에 독일을 방문하면서 기회가 열렸다.

슈파이델과 호이징어는 전직 연합군 사령관이면서 현직 나토군 사령관인 사람과 대화할 기회를 잡았다. 누가 시키지도 않았는데, 슈파이델은 조지 헤이스 고등판무관 대리에게 가서 독일 군인을 복권하려고 하니 아이젠하워와의 만남을 주선해달라고 그를 설득했다. 호이징어와 그 그룹의 구성원 대여섯 명이 함께 문서를 작성했고, 그 문건이 1951년 1월 22일에 아이젠하워에게 경의를 표하는 환영연에서 그에게 건네졌다. 아이젠하워는 그 문서에 서명하기에 앞서 독일 장군들에게 자기가 제2차 세계대전 시기 독일군에 관한 예전의 평가에서 실수를 했었다고 말하며 사과를 했다. 1945년에 아이젠하워는 "독일국방군과 히틀러 패거리는 매한가지"라는 인상을 받았었다.

그러나 그가 최근에 읽은 '사막의 여우' 에르빈 롬멜Erwin Rommel*
장군에 관한 책은 독일군과 나치 정권 사이에 뚜렷한 금을 그었다.
그 장군들은 이 구분에 전적으로 동의한다고 머리를 끄덕이면서 자
기는 전쟁 동안에 자기 나름의 경험으로 그 점을 잘 알고 있었다고
말했다. 그리고 나서 아이젠하워가 그 문서에 서명했는데, 거기에는
다음과 같이 적혀 있었다.

　본인은 독일 정규군 장병과 히틀러 및 그의 범죄 집단 사이에 실질
적 차이가 있음을 알게 되었습니다. 본인은 엄밀한 의미의 독일 군인
이 명예를 잃었다고 믿지 않습니다. 어떤 개인이 전쟁에서 불명예스럽
고 비열한 행위를 범했다는 사실은 그 당사자 개인에게 수치이지 대
다수 독일 장병에게 수치는 아닙니다.[37]

　자기가 쓴 책『유럽의 십자군Crusade in Europe』에서 독일 군대를 맹
비난했으며, 그리고 1944년 말엽에 아내 메이미에게 보낸 편지에 "독
일 놈은 짐승이야. … 맙소사, 독일 놈들이 미워"라고 썼던 사람에게
서 이런 말이 나오고 있었다.[38]

　몇 해 뒤에 아이젠하워는 백악관에서 트루먼 대통령, 앨빈 바클리
부통령 등 대다수 각료와 만났다. 거기서 그는 다음과 같이 말했다.
"너무 많은 미국인이 독일에 관해 큰 소리로 너무 많은 말을 했습니

---

* 독일의 군인(1891~1944). 제1차 세계대전에서 야전 지휘관으로 활약했고, 전간
기에 군사학교 교관으로 근무하다가 히틀러에게 발탁되었다. 제2차 세계대전 때 북
아프리카에서 기갑부대장으로 활약했다. 1944년에 서부전선을 방어하다 부상을 입
고 쉬었다. 히틀러 모살 음모에 연루되었다는 혐의를 받자 자살했다.

다. 개인적으로 그*는 독일 부대를 자기 예하에 두려고 합니다. 그는 독일 부대가 어떤 종류의 전사가 될지 알 법도 했습니다."[39]

한국에서 미군 총사령관이었던 매튜 리지웨이Matthew Ridgway** 장군도 제2차 세계대전의 독일 장교들에게는 죄가 없다고 말을 해줘서 독일인들의 처지가 한결 더 좋아졌다. 특히, 그는 "동부전선에서 전쟁범죄를 저질렀다고 유죄 판결을 받은 모든 독일 장군을 사면하라"(!)고 고등판무관들을 다그쳤다. 그는 자기가 한국에서 내린 "그런 유의 명령을 내렸다고 독일 장군들이 감옥에 앉아 있다"고 주장했고, '군인으로서의 명예' 때문에 자기는 이 독일 장교들이 교도소에서 풀려나는 것을 자기가 '유럽 군대의 독일 군인에게 명령을 하나라도' 내리는 조건으로 고집하지 않을 수 없다고 주장했다.[40]

아이젠하워와 리지웨이의 발언은 1950년대 중엽 서독 재무장의 맥락에서 중요했다. 몇 달 뒤 독일 장군이었던 한스위르겐 슈툼프 Hans-Jürgen Stumpff***와 게오르크한스 라인하르트가 두 최고위 미군 장군의 공개 발언에 용기를 얻어 아데나워 총리와 만나 전범 문제를 의논했다. 할더, 케셀링, 룬트슈테트, 구데리안을 비롯한 전직 장군 및 육군 원수 26명이 서명한 편지로 무장한 두 장교는 단 한 사람이

---

* 아이젠하워.
** 미국의 군인(1895~1993). 1917년에 군문에 들어섰다. 제2차 세계대전에서는 서부전선에서 싸웠고, 1942년에 준장이 되었다. 1950년 12월 말부터 미8군 사령관으로 한반도에서 공산군과 싸웠고, 1952년에 아이젠하워 후임으로 유럽연합군 최고사령관이 되었다.
*** 독일의 군인(1889~1968). 1907년에 군문에 들어섰고, 제1차 세계대전 때에는 참모부에 있었다. 1937~1939년에 독일 공군 참모총장이었고, 1945년 5월에 독일 공군 대표로 항복문서에 서명했다. 1947년에 석방되었다.

라도 무고한 동료가 감금되어 있는 한 명예로운 독일 군인들이 제복을 걸치리라고 기대할 수 없다고 주장했다. 그 두 사람은 벨기에에서 사로잡힌 미국 군인들이 살해당한 사건인 말메디 학살로 유죄 판결을 받은 이들을 언급하고는 그 행위를 한국에서 일어난 사건과 비교했다. 의심의 여지없이 리지웨이의 발언을 이용하는 행위였다. 아데나워는 그 두 장군에게 동의하면서 아이젠하워가 곧 백악관에 들어설 터이니 그렇게 되면 전범 평결 문제 전체가 '군인 대 군인'으로 해결될 수 있다는 점을 짚었다. 라인하르트는 "첫 독일 군인이 군복을 입는 순간이 '전범' 문제 해결의 마감일이어야 합니다"라는 말로 그 만남을 끝냈다.[41]

이렇듯 아이젠하워와 리지웨이의 발언은 서독 재무장의 맥락에서 중요했지만, 또 다른 맥락에서는 훨씬 더 중요했다. 또 다른 맥락이란 동부전선 신화의 진화였다. 복권된 독일국방군은 예전의 독일 장군들이 1945년 이후에 그려왔던 그림에서 아이젠하워의 승인을 얻어 한복판을 차지할 수 있었다. 이제, 그 메시지는 각계각층으로 퍼져갈 수 있었다. 그 신화를 맨 처음 받아들였던 비교적 소수의 미국 장교와 첩보원을 넘어선 것이다.

독일연방군

동부전선의 신화를 퍼뜨리기 위한 제도적 틀 하나가 서독의 군대였다. 1955년에 창설된 이 군대의 장교들은 뒤이은 여러 해 동안 미국의 장교 및 민간인과 인맥을 쌓을 기회를 많이 얻을 터였다. 1955

년에 독일연방군 장교단 100퍼센트가 예전의 독일국방군 군인으로 이루어져 있었다(시간이 지난 1967년에도 여전히 41퍼센트였다)는 데 주목하면 흥미롭다.[42] 여기에 제2차 세계대전에서 싸웠던 사람들, 그리고 미국 군인들과 동지가 된 사람들이 잔뜩 모여 있었다. 미국 군인들 가운데에는 그 싸움의 기억이 거의 없거나 전혀 없어서 독일 측 기억을 받아들이는 데 거부감을 보이지 않는 이가 많았다. 얼마 되지 않아서 독일군 전쟁 영웅의 미군 기지 방문으로 일반적 협력이 보완되었다. 그 전쟁 영웅들은 자기를 부른 이들에게서 찬사와 환대를 받았다. 특히 인기가 높았던 방문자 한 사람이 러시아군 비행기 314대를 격추했다는 제2차 세계대전의 주요 독일군 에이스인 에리히 하르트만이었다. 실제로, 1957년에 하르트만은 미국 공군 전투기 과정을 이수했다. 이런 행사 주최는 독일연방군 장교들이 훈련과 기동을 위해 미국으로 건너가면서 미국 본토에서 지속되었다. 여러 해 동안, 유타주 오그던의 힐 공군기지는 '유타주 브리튼전투 협회Battle of Britain Society of Utah'의 후원을 받아 독일군과 영국군의 예전 조종사들을 부르는 행사를 주최했다.[43]

독일국방군 영웅의 미군 기지 방문뿐만 아니라 서독군 장교와 미국군 장교 사이에 이루어진 숱한 접촉 외에도 —이제는 독일연방군의 최고위 사령관인— 예전의 독일국방군 장군과 미국군 장군 사이에 고위급 접촉이 1950년대에 확립되었다. 전형적인 사례로 오스카르 문첼이 있다. 문첼은 소장, 즉 제2기갑사단 사령관으로서 전쟁을 마쳤다. (1944년에 그는 동부전선의 방어 전투에서 제14기갑사단을 지휘했다.) 미국에 구금되어 있을 때 그는 할더 작업단을 위해 글을 썼고, 미국 육군부* 책자 20-242, 즉 『러시아 전역 기간의 독일군 기갑부대 교통 통제』의 공저자 가운데 한 사람이었다. 그는 한동안 이집트에서 군사 보좌관을 지낸 뒤 신생 독일연방군에 들어가서 1956년에 준장, 1958년에 중장으로 진급했다. 그는 『기갑 전술Panzertaktik』을 썼는데, 이 책은 그가 받은 많은 감사 편지에서 잘 드러나듯이 미군 장교 사이에서 무척 인기를 끌었다.[44] 그는 미국에 초빙되어 연설을 하고 미군 기지를 순방했다. 이 방문으로 대개 그는 상을 받았고 비싼 가죽 장정 사진첩을 선물로 얻었다. 그가 1958년 11~12월에 포트녹스 기갑학교와 포트베닝 보병학교를 순방했을 때 그랬다.[45]

그는 기갑 전술에 관해 미군 장교들과 상담했고, 미국 장교들에게 강연을 하고 있던 자기의 예전 동료들과 상담했다.[46] 그와 그들은 방어를 포함해서 전장의 기동이라는 요인을 늘 강조했다. 한 독일 장교는 포트녹스에서 할 강연의 초안을 문첼에게 보내며 다음과 같이 적었다. "내게는 우리가 (러시아) 전역 초기에 기동성을 가졌음을, 그리고 우리가 그 기동성을 잃은 탓에 우리의 우위마저 어떻게 잃었는지를 미국인에게 예증해주는 것이 중요했습니다."[47] 또한 문첼은 군사 잡지 『전투부대Kampftruppen』의 편집자였고, 미국의 군사 잡지 『기갑Armor』의 편집자인 유진 더착Eugene Dutchack 중령과 편지를 주고받았다.[48] 문첼은 할더로 대표되는 마성적 매력의 소유자가 된 적은 없었지만, 기꺼이 값을 치를 테니 문첼의 사진과 뭐든지 문첼이 아직도 가지고 있을지 모를 독일국방군 제복을 보내달라고 부탁하는 오하이오 밸리 군사협회Ohio Valley Military Society 해군 선임위병장의 편지에서 잘 드러나듯이, 독일국방군에게 차츰차츰 매료되는 대중에게

---

* 미국 육군의 행정 업무를 총괄하는 미국 전쟁부 산하기관.

무명은 아니었다.[49]

독일국방군 장군이었던 사람과 미군 고위 장교 사이의 친교에 모든 미국인이 좋은 인상을 받지는 않았다. 지난날 안치오 전투에서 미군 제3사단 제7보병연대 K중대와 함께 싸웠던 버나드 버튼은 그 전투에서 자기의 지휘관이었던 루시언 트러스콧Lucian Truscott* 장군이 프랑크푸르트에서 케셀링 육군 원수와 함께 연회를 벌이는 모습을 보여주는 『뉴욕 타임스』 기사에 화가 치민 나머지 케셀링에게 총살당했던 이탈리아인들의 가족에게, 그리고 전사한 미국 군인들에게 모욕이 되는 행위를 했다며 트러스콧을 꾸짖었다. 그 미국 군인의 미망인 가운데 어느 누구도 그 기사에 딸린 사진에서 트러스콧의 아내가 —손을 케셀링의 팔에 얹은 채로!— 서 있는 자리에 있으려 하지 않으리라는 것이었다.[50]

그렇지만 미군 장교 대다수가 독일국방군과 그 장교들을 존경심을 품고 바라보고 있다는 것은 분명했다. 이것은 독일연방군의 본질이 지닌 여러 아이러니 가운데 하나로 생생하게 드러났다. 젊은 독일연방군 창설자 여러 사람은 —볼프 폰 바우디신 백작, 요한 아돌프 폰 킬만세크 백작, 울리히 드 메지에르 백작 같은 이는— 독일연방군을 독일국방군이었던 과거에서 떼어내서 현대 민주주의의 맥락 속에 놓기를 바랐다. 그들은 낡은 프로이센식 군대 덕목, 즉 예전 독일 군대의 엄격한 때 빼고 광내기 관행인 옛 코미스Kommiss를 되살

---

* 미국의 군인(1895~1965). 1917년에 기병대원으로 군문에 들어섰고, 제2차 세계대전에서는 야전 지휘관으로 북아프리카, 시칠리아, 이탈리아에서 싸웠다. 많은 상을 받았으며, 전후에는 첩보기관에서 일했다.

려내기는 피하고 '군복 입은 시민'을 만들어내고 싶어 했다. '군복 입은 시민'은 군 복무를 하면서도 여러모로 민간인으로 남으려고 하는 군인, 투표를 하며 심지어는 정치적으로 적극적인 군인, 몰정치적인 프로이센 전통과는 상극인 존재였다. 심지어 신생 독일연방군의 제복에도 이 사람들의 '반反군국주의'가 반영되었다. 칙칙한 회색에 장식이 달리지 않은 제복은 집사나 하인의 제복으로 자주 오인되었다. 프로이센식 보법*도 도입되지 않았다.[51]

독일에 민주주의를 가르쳐주고 있다는 미국이 정작 군 개혁의 산물에는 관심을 두지 않았고, 사실은 그 군 개혁을 폄하했다는 것은 미국이 옛 독일국방군에게 얼마나 매료되었는지를 보여주는 지표다. 폰 바우디신 백작이 부아가 나게도 미국 방문에서 알아차린 대로, "그들은 다만 ―될 수 있는 한 수가 많고 유능하고 신속히 동원되는― 독일 군인을 원할 뿐이었다."[52] 존 머피 준장은 민주주의적 군대라는 발상이 터무니없다고 생각했다. 그 군대는 "규율 없는 어중이떠중이"에 지나지 않을 터였다. "25년이라는 기간 안에 무시무시한 전투 병력을 두 차례나 만들어냈던 민족에게 우리 식의 개념을 강요하려는 어떠한 시도도 … 실패하고야 말 것이다." 훈련 담당 부사관이 늘 입에 달고 하는 "너희는 민주주의를 지키려고 여기 있지, 민주주의를 실천하려고 여기 있지는 않다"라는 말이 머리에 떠오른다.

이렇듯 미국은, 비록 소련의 공격에 맞서 유럽을 지키는 데 도움

---

* 열병식이나 군 행사에서 무릎을 굽히지 않고 행진하는 보법. 거위걸음이라고도 한다.

이 될 수 있는 서독의 방위군을 크게 기대할지라도, 독일국방군이 설정한 기준에 독일연방군이 미치는지를 늘 의심했다. 한 독일 학자가 표현한 대로, "그런데도 미국이 독일의 미래 군사 역량에 품은 흔들림 없는 믿음을 키운 것은, 결국은 독일국방군에게서 얻은 지난날의 경험이었다. 연합국이 비록 침략과 절멸의 나치 정치에 독일국방군이 휘말려든 것을 … 혹독하게 비판하고 징벌했을지라도 독일의 전투력에, 독일군 일반 참모의 직진 역량에, 독일 부내의 응집력에 품은 직업적 존경은 그 비판보다 더 오래 살아남았다."[53] 옛 독일 군대를 찬양하고 1937년에 찰스 린드버그Charles Lindbergh*를 독일에 데려왔던 트루먼 스미스 전 베를린 주재 대사관 육군 무관은 매서운 1963년도 독일연방군 평가서에서 "1963년의 독일군은 지난 두 세기의 그 어떤 독일군에게도 견줄 가치가 없다"고 썼다. 그리고 그 취약성의 원인은, 스미스에 따르면 서독군의 바로 그 민주주의적 성격이었다.[54]

독일군 장교였던 많은 이가 1950년대 초엽 이후 미군의 조직, 전략, 전술에 관해 각급 수준에서 점점 더 거리낌 없이 아이디어와 비판을 내놓았다. 부분적으로, 그들은 미국인이 '결백한' 독일국방군 신화를 차츰차츰 받아들이고 제2차 세계대전 시기 독일의 군사적 분투에 경탄을 표현하자 자기들의 신용이 높아진다는 것을 감지했다. 부분적으로, 미국 군대는 얼마간은 한국에서 보여준 형편없는 성

---

* 미국의 비행사(1902~1974). 1927년에 뉴욕부터 파리까지 대서양 횡단 무착륙 단독 비행에 최초로 성공했다. 반유대주의자였고 파시즘을 지지했다. 미국의 제2차 세계대전 참전에 반대했지만, 진주만 공습 이후에는 참전을 지지했다.

적 때문에, 그리고 얼마간은 독일인들이 자기들의 제2차 세계대전 시기 장비보다 못하다고 여긴 부적절한 장비 때문에 독일인 사이에서 평판을 꽤 잃기도 했다. 그리고 부분적으로, 미국이 할더의 경우에서처럼 계속해서 독일인에게 조언을 구했다.

훗날 미국에서 큰 인기를 끌 회고록의 저자인 하인츠 구데리안은, 이미 1950년에, 『U.S. 뉴스 앤드 월드 리포트*U.S. News and World Report*』*와 한 인터뷰에서 러시아군을 물리칠 수 있느냐는 물음에 "서유럽으로 치고 들어오는 침공군을 막아낼 수 있는 군인이 세계에 한 사람 있다면, 그것은 독일인입니다"라고 대답했다. 더욱이 러시아에서 얻은 경험에 기대어 구데리안은 기동성 있는 기갑부대가 필수라고, 그리고 전술 핵무기를 폄하하면서 결정적 전투는 지상에서 수행되리라고 역설했다. 독일군이 —공간, 러시아군, 날씨 가운데— 무엇 때문에 러시아에서 졌냐는 물음에 대답하면서(질문이 이미 구데리안이 답하고 싶어 하는 것에 국한했다) 구데리안은 그 패배의 원인을 일부는 러시아의 겨울 탓으로 돌렸지만 대부분은 "러시아군의 어마어마한 수적 우위" 탓으로 돌리면서 다음과 같이 말했다. "독일 군인과 함께 나는 세 배, 또는 심지어 다섯 배 우세한 적을 이길 수 있습니다만, 그 비율이 1 대 10이라면, 아니 1 대 8만 되어도, 독일 군인조차 항복하지 않을 도리가 없습니다." 히틀러에 맞선 저항에 왜 가담하지 않았냐는 물음에 구데리안은 다음과 같이 말했다. "히틀러 제거의 유일한 결과는 지도자 없는 독일 군대 사이에 조성되는 혼돈

---

* 『U.S. 뉴스』와 『월드 리포트』가 1948년에 합병해 만든 미국의 시사 주간지. 논조가 경쟁 매체인 『타임』과 『뉴스위크』보다 조금 더 보수적이다.

과 걷잡을 수 없는 러시아군의 전진이었을 것입니다. 러시아군이 오늘날 엘베강에 있고 라인강에 있지 않다면, 그것은 우리의 공로입니다." 끝으로, 구데리안은 미국 군대의 개혁을 위해 자기가 쓴 20쪽짜리 각서를 언급했다. 프로이센식 체계를 강하게 권고하는 그 각서는 "대다수 미군 장교에게 일종의 성경이 될 듯합니다."[55] 여기서, 구데리안은 조직과 전술에 관해 미군에게 조언을 해준 셈인데, 그것은 1943년 이후 독일국방군의 조직 및 전술과 닮았다. 덧붙여서 그는 동부전선에 관한, 그리고 군부와 히틀러 정권의 관계에 관한 신화를 되풀이한 셈이다. 그러나 그는 이번에는 그 발언을 일반인에게 했다.

구데리안의 20쪽짜리 각서는 두 해 뒤, 즉 1952년에 새 미국 대통령 드와이트 아이젠하워가 미국판 '독일국방군 최고사령부'를 설치하라는 구데리안의 제안을 채택할 것임이 독일에서 발표되었을 때 다시 대중 앞에 나왔다. "프로이센의 역학이 미국의 유선형화와 합쳐져" 새 지휘 구조가 만들어질 터인데, 그 지휘 구조는 무엇보다도 합동참모본부들을 하나의 총참모부로 통합하고 더불어 최고사령관으로서의 대통령의 권한을 키울 터였다.[56]

독일연방군 장교들이 미국 육군 훈련 프로그램에 참여한 것도 비판에 근거를 제공했다. 은퇴한 카를기데온 폰 클레어 중령은 1955년에 포트 레번워스에서 지휘 참모장교 과정에 참여하고는 미군이 러시아군을 심하게 얕잡아보고 있다는, 그리고 일반 참모 운용을 위한 미군의 훈련은 교육이라기보다는 연습이라는 사실을 특별히 지적하는 상세한 비평서를 썼다. 그러나 그는 "우리의 가장 훌륭한 대사大使는 독일에서 돌아오는 미군 부대"라는 점을 인정했는데, 이 말은 진행되고 있던 화기애애한 인맥 쌓기를 보여주는 지표였다.[57]

끝으로, 더 높은 수준에서는, 1957년도 미군 간행물 7-100-2 「보병사단The Infantry Division」(이른바 '펜토믹 사단Pentomic Division'*을 지칭)에 대한 헤르만 뷔슐레프Hermann Büschleb 전직 소장이 1958년에 쓴 비판적 보고서가 있다. 그는 독일의 경험을 활용하려고 시도하는 재래식 전쟁용 전술과 핵전쟁용 전술을 맨 처음으로 결합했고, 독일군의 경험을 활용하려고 노력한다며 미군을 치켜세운다. 그렇지만 그 전술들은 아직도 고정적이고 충분히 기동적이지 않으며, 하나의 계획이 있어도 되는 곳에 너무 많은 계획이 차지하고 있다. 그 보고서는 "붉은 군대의 전술과 심성에 관한 경험이 사라지고 없다"는 점을 여실히 보여준다. 독일인이 미국인에게 각인하려고 여전히 애쓰고 있었던 바로 그 경험 말이다.[58]

독일 참전 군인들은 자기의 조언을 미국의 대중과 언론뿐만 아니라, 다음의 이야기가 생생히 보여주듯이, 미국 첩보기관과도 공유하고 있었다. 『뉴스위크Newsweek』**의 해리 컨 국제 관계 선임 편집인은 독일 군대가 다시 만들어지려면 독일 장교였던 이들의 처신이 어떠해야 하는지에 관한 기사를 쓰게 된다. 그 기사의 주요 원천은 할더 작업단의 또 다른 참전 군인인 가이어 폰 슈베펜부르크였고, 컨과 로버트 해거 『뉴스위크』 편집장은 둘 다 그를 매우 잘 알았다. 컨은 가이어 폰 슈베펜부르크에게서 얻은 정보를 미국 중앙정보국 국장 앨런 덜레스Allen Dulles***과 공유하곤 했다. 그가 독일 군대에 관

---

* 사단 아래 다섯 개 여단, 여단 아래 다섯 개 중대가 있으며, 부대 별로 독자적인 전투 능력을 갖춰 핵전쟁에 효율적으로 대응한다는 구상 아래 1950년대 후반에 도입되었으나 실전에서 효과가 없다며 1962년에 폐기된 미국 육군 편제.
** 1933년에 뉴욕에서 창간된 미국의 시사 주간지.

한 예전 기사 한 편을 덜레스의 전임자인 월터 베델 스미스 장군과 공유했듯이 말이다. 컨은 가이어 폰 슈베펜부르크와 여러 다른 전직 독일 장교와 가까웠고 자기의 『뉴스위크』 기사들을 오려서 그들에게 정기적으로 보내주었다.[59]

동부전선과 '결백한' 독일국방군의 신화가 폭넓은 군인 독자들에게 스며들어 퍼져나갔다. 그 자료의 상당수가 독일국방군 장교였던 사람과 미군 징교가 글을 기고하는 군사 잡지에 나타났다. 예를 들어, 『군사평론*Military Review*』*은 이미 1950년대 초엽에 조지프 피오트 중령의 「북극이 우리의 동맹일 수 있다」(러시아의 겨울이 독일군을 망쳤다), 폴 보겐 중령의 「기갑부대는 어떤 종류의 코끼리인가」, (할더의 상관이었던) 폴 로비넷의 「지상군의 기동성」, 독일 장군이었던 블루멘트리트의 「전략적 후퇴」 같은 글을 싣고 있었다.[60] 대부분이 '패배한 대의' 신화 꼴의 대대적인 역사 다시 쓰기에 해당했다. 그 신화는 미국인에게 낯익은 또 다른 '패배한 대의' 신화, 즉 미국내전 신화를 쏙 빼닮았다.

***미국의 고위 관리(1893~1969). 1942년부터 1945년까지 베른 주재 전략첩보국장으로 일했고, 1953년에 중앙정보국장이 되었다. 1961년에 쿠바 침공이 실패하자 물러났다.

*미국 육군 제병협동본부(U.S. Army Combined Arms Center)가 1922년부터 간행한 격월지.

역사와 기억, 그리고 미국내전의 유추

　독일의 위대한 역사가 레오폴트 폰 랑케Leopold von Ranke*는 역사가 "비 에스 아이겐틀리히 게베젠wie es eigentlich gewesen", 즉 "있었던 그대로, 신화와 전설을 빼버리고", 그 이야기를 하는 문서에 바탕을 두고 씌어져야 한다고 생각했다. 지금 우리는 이것이 비록 불가능하지는 않을지라도 어려운 과업임을 알고 있다. 부분적으로는 현재가 늘 과거에 비집고 들어가고 있기 때문이다. 데이비드 딜렌이 표현한 대로, "이렇게, 기억의 (따라서, 역사의) 형성은 역동적인 진행 과정이며, 그 과정은 대개는 현재의 필요에 봉사한다. 그것은 새로운 정보가 흡수되면서, 새로운 가치와 맥락이 특정한 시대에 부각되면서, 우리의 정체성이 바뀌면서, 우리가 다른 지향성을 가진 새로운 집단과 관계를 맺으면서, 우리의 역사 기억을 다시 빚어내겠다고 결심한 다른 권위들이 우리에게 작용하면서 끊임없이 빚어지고 다시 빚어진다. 그것은 선택적 기억의 과정이면서 망각의 과정이다."[61] 그것은 기억이 —심지어 개인의 기억도— 알아내기 어렵고 빨리 사라지고 덧없고 다층적이라는 사실로 말미암아 가능해진다. 최근의 인식은 물려받은 인식 위에 구성되고 그것을 바꾼다. 이렇듯, 사건이 일어나서 사람들에게 자주 강력한 영향을 줄지라도, 기억은 빠르게 사라지며 정치적 긴급 사태, 개인이나 국가의 정당화, 맥락의 변화, 또는 노

---

* 독일의 역사학자(1795~1886). 1825년에 베를린대학 교수, 1841년에 프로이센 왕실 공식 역사가가 되어 주로 정치사를 연구했다. 엄밀한 사료 비판에 바탕을 두고 지난날을 '있었던 그대로' 밝혀내는 것이 역사가의 사명이라고 주장하며 역사를 근대과학으로 정립하는 데 이바지했다.

스탤지어의 필요를 비롯한 현재의 필요에 굴복한다. 데이비드 로웬덜이 자기의 연구서 『과거는 낯선 나라다 *The Past Is a Foreign Country*』에서 지적한 대로, "통념과 반대로, 우리는 우리 경험을 대부분 잊는다. 우리에게 일어나는 일의 더 큰 부분이 곧 돌이킬 길 없이 상실된다. … 또한 기억은 수정되면서 바뀐다. 기억된 과거는 변경 불가능하게 고정되어 있다는 고정관념과는 반대로, 기억은 늘려지고 줄어들 수 있으며 곧잘 변한다. 일어났다고 보이는 것은 끊임없는 변화를 겪는다. 어떤 사건을 기억에서 부각하면서 우리는 그 사건을 뒤이은 경험과 현재의 필요에 비추어 재해석한다."[62]

미국인이 정치적 목적을 위해 '패배한 대의' 신화를 미국 역사에서 한 번이 아니라 두 번 이용했다는 것이 이 연구서의 주된 주장이다. 첫 번째는, 잘 알려져 있듯이, 미국내전 뒤 한 세기 동안 백인의 미국 남부를 미연방에 도로 통합하기 위해서였다. 그다음에는 냉전기에 소련이 제2차 세계대전 동안 미국의 동맹국이었다는 기억을 지워버리고 미국의 적이었던 독일을 서방의 방위 구조에 통합하고 그렇게 함으로써 미국 스스로를 역사적으로 재정당화하기 위해서였다.

우리가 유추하기 위해 이용할 수 있는 미국내전의 '패배한 대의'에 관한 문건은 풍부하다. 데이비드 블라이트는 미국내전과 기억에 관한 자기의 훌륭한 연구서에서 두 경우에 다 적용되는 주된 특징들 가운데 하나를 다음과 같이 짚는다. "미국은 미국내전과 노예해방 뒤에 어마어마한 과제와 마주쳤다. 그 과제는 치유와 정의라는 두 심오한 개념 사이의 얽히고 설킨 관계를 어떻게 이해할지였다. 어떤 수준에서는 그 둘이 함께 이루어져야 했지만, 19세기 미국의 인종적인 가정과 권력의 효력을 감안하면 이 두 목표는 결코 역사적 균형을 이루며 전개되지 않았다."[63]

　이것이 바로 아데나워 정권이 1940년대 말엽에, 즉 독일연방공화
국 창건 뒤에 직면한 과제였다. 정의는 군부를 비롯한 나치 정권의
지도자와 추종자가 그들의 행위를 판결하는 소송 절차에 직면하기
를, 전쟁범죄가 단죄되기를, 국가사회주의Nationalsozialismus*의 모든
자취를 독일 국민에게서 지워 없애버리기를 요구했다. 다른 한편, 치
유는 독일의 참전 군인 한 세대 전체를 바이마르공화국에게 골칫거
리가 된 1918년 이후의 앞 세대와는 달리 민주주의를 받아들이겠
다는 조건을 달고서 사회에 통합한다는 뜻이었다. 미국내전 직후의
미국에서처럼, 치유와 정의라는 과업은 균형을 이루어 진척되지 않
았다. 치유가 정의 위에 올라섰다.[64] 미국의 경우에, 남과 북의 화해는
아프리카계 미국인을 희생하면서 이루어졌으며, 아프리카계 미국인
을 위한 참된 해방과 정의는 한 세기를 더 기다려야 했다. 독일의 경
우에 전쟁 세대와의 화해는 나치의 홀로코스트 희생자를 희생하면
서 이루어졌다. 미국은 기본적으로 아데나워의 전략을 받아들였고,
독일국방군 군인이었던 이들을 나름대로 반기며 맞아들였고, 동부
전선의 신화를 만들어내기 시작했다.

　미국내전과 제2차 세계대전은 둘 다 끝난 뒤 전쟁범죄 재판이 있
었다. 제2차 세계대전의 경우에는 뉘른베르크 재판으로 시작해서
1940년대 말엽의 후속 재판으로 이어졌다. 미국내전 뒤에는 재판
이 딱 한 번 있었다. 그것은 조지아주 앤더슨빌의 악명 높은 남부연
합 교도소의 사령관인 헨리 워즈Henry Wirz 대위의 재판이었다. 13

---

* 나치당이 표방한 이데올로기이며, 줄여서 나치즘이라고 한다.

개월이라는 비교적 짧은 워즈의 재임 기간 동안 앤더슨빌에서 1만 3천 명을 웃도는 북부연방군 포로가 죽었다. 그러나 기억을 위한 뒤이은 싸움은 두 경우에 비슷했다. 많은 관찰자의 눈에, 돌이켜보면, 앤더슨빌은 훗날 나치의 강제수용소를 닮았다. 독일의 수용소에서처럼 영양실조, 체온저하, 질병, 학대에 시달려 바싹 여윈 몰골로 굶어 죽어가는 포로들의 사진이 있다. 나치의 눈에 강제수용소가 전쟁 수행 노력의 일부였다면, 워즈는 자기가 "리 장군이 죽이고 있었던 양키 군인보다 … 양키 군인을" 더 많이 죽였다고 자랑했다고 한다.[65] 워즈는 전쟁 뒤 워싱턴에서 군사재판을 받았고 전쟁범죄로 유죄 선고를 받고 교수형을 당했다.

그러나 유죄 선고를 받고 수감되었던 독일 장교들을 복권하고 반드시 석방해야 한다는 선동이 1940년대 말엽에 시작된 것처럼, 워즈를 복권하자는 운동도 그의 사형 집행 뒤 오래지 않아 ―남부연합 대통령이었던 제퍼슨 데이비스의 주도로― 시작되어 수십 년 동안 계속되었다. 두 쪽 다 역사 기억을 위해 싸웠다. 미국 남부에서는 '순교자' 워즈에게 경의를 표하는 기념물이 앤더슨빌에 세워졌고 포로들의 죽음이 포로 교환을 중단했다는 북부 탓으로 돌려졌다. 싸움은 20세기에 접어들어서도 계속되었다. 1908년에, 앤더슨빌의 수감자였던 제임스 매디슨 페이지가 또 다른 북부연방군 수감자였던 마이클 헤일리와 협력해서 워즈와 앤더슨빌교도소에게는 죄가 없다는 이야기를 썼다. 페이지는 남부연합군* 군인이 전투에서 보인 용기에

---

* 노예제를 지지하는 미국 남동부의 주들이 1861년에 미연방에서 탈퇴해서 결성한 아메리카연합국의 군대. 흔히 남군으로 불리며, 북군으로 불리는 북부연방군과 싸웠고 1865년에 항복했다.

감명한 남부 예찬자였으며, 남과 북의 정서적 합일을 옹호했다. "40년 넘도록 우리 북부는 불공정하게 행동하고 있다. 우리는 미국내전의 모든 참상을 남부 탓으로 돌린다." 그는 워즈에 관해 다음과 같이 썼다. "나는 헨리 워즈를 그의 개성에 관한 나의 개인적 지식으로 판단한다. 공정해지고 '역지사지易地思之'해보자. 당신은 똑같은 상황에서 그의 처지에 있다면 더 잘 할까? 더 잘 할 수 있을까?" 페이지는 자기 책을 다음과 같은 문구로 끝맺는다. "그러니까 이른바 '메이슨-딕슨 선Mason and Dixon's line'*을 지워버리고 빗장을 서로 벗어던지자."[66]

그 출판물에 자극을 받은 나머지 워즈의 검사였던 노턴 치프먼이 3년 뒤에 그 재판과 판결을 정당화하는 자기 나름의 책을 썼다. 치프먼은 다음과 같은 말로 끝을 맺었다. "워즈의 기념물이 오해를 불러일으키는 틀린 문구가 새겨진 채 서 있을 수도 있고 남부의 학교에서 어린이들이 북부 관리의 행동이 얼마나 잔혹했는지와 남부 관리의 행동이 얼마나 인도적이고 공정했는지를 배울 수도 있다. 그러나 역사의 진실은 결코 지워질 수 없다. 불운한 북부연방군 수감자에게 쓸데없이 악독하게 가해진 고통이야 **용서**받을 수도 있지만 … 그 같은 희생을 **망각**하는 것은 인간성에 어긋난다."[67] 그 싸움은 오늘날 출판물에서, 그리고 인터넷에서 계속된다.[68]

다른 유사점도 있다. 지적되었듯이, 역사 기억 확립하기에는 기억

---

* 1760년대에 찰스 메이슨과 제러마이어 딕슨이 북아메리카 동부의 영국 식민지 분쟁을 해소하고자 메릴랜드주와 펜실베이니아주 사이에 설정한 경계선. 19세기 중엽까지 노예제를 인정하는 주와 인정하지 않는 주를 나누는 기준선이었고 지금은 미국의 남부와 북부를 가르는 선으로 여겨진다.

하기와 망각하기 둘 다가 연루된다. 역사 기억에서 지워지는 것은 자주 남아 있는 것만큼 중요하다. 남부의 '패배한 대의' 역사 서사敍事의 확립에서, 예를 들어, 미국내전의 주원인으로 보이는 노예제에 관한 언급은 거의 보이지 않는다. 또는 언급되더라도 노예제는 '바람과 함께 사라지다' 식*으로 행복한 노예라는 낭만화된 맥락에서 언급된다. 마찬가지로, 대중문화에서 지난 50년에 걸쳐 확립된 동부전선의 역사 기억은, 아주 최근까지도, 나치가 유대인과 슬라브인에게 저지른 인종 제노사이드를 결코 언급하지 않았다. 두 경우 모두에서, 그 두 전쟁에 핵심적인 쟁점과 사건이 서사에서 그냥 사라지고 없다.

남부연합군과 북부연방군의 참전 군인들의 1913년 7월 4일 게티즈버그 회동에서 ―즉, 남부와 북부 사이의 애찬愛餐에서― 윌리엄 호지스 맨 버지니아 주지사는 다음과 같이 말했다. "우리는 미국내전의 기원을 논하려고 여기에 오지 않았습니다. 전투의 폭풍 속에서 서로 싸우려고 시도했던 사나이들이 이 **위대한 싸움**을 논하려고 여기 왔습니다. … 말하자면, 우리는 **무엇이 1861~1865년의 전쟁을 불러일으켰는지를 논하기 위해서가 아니라** 이곳에서 일어났던 전투에 관해 사나이 대 사나이로 이야기하기 위해서 여기에 왔습니다."[69] 기본적으로 이것이 독소전쟁을 대하는 미국 하위문화의 태도다. 그 하위문화는 인종적 정복, 예속, 절멸의 전쟁이라는 히틀러의 관점에는 관심을 두지 않고 만슈타인의 1943년 봄 하르코프 탈환에, 또는

---

* 1936년에 나온 마거릿 미첼의 소설 『바람과 함께 사라지다』는 미국 남부의 정서와 노예제를 낭만화하고 전쟁 책임을 전가한다는 비판을 받는다.

이런저런 무장친위대 사단이나 그 사단의 개개 군인의 공훈에 관심을 둔다. 대전략은 작전술적·전술적 수준에 자리를 내준다. 그 작전술적·전술적 수준에서는 역사의 더 큰 난제를 ─역사의 '왜'를─ 회피하고 대신에 아주 쉽사리 늘이고 줄이고 낭만화할 수 있는 역사의 '어떻게'와 '무엇'을 인간의 기본 수준에서 받아들일 수 있다. 그리고 그 두 ─미국내전과 동부전선의─ 경우에서 이유는 명백하다. 하위문화는 초점을 싸움 자체에, 개인과 그가 속한 부대의 영예와 업적에 맞추는 한편 불쾌하고 복잡한 쟁점을 제쳐두어서 그 싸움을 낭만화하고 감상성의 안개와 "~더라면 어쩌했을까"의 내음으로 덮을 수 있다. 그리고 그 1913년 '짐 크로Jim Crow'* 회동에 초대된 아프리카계 미국인 참전 군인은 없었고 흑인 신문이 그 회동을 슬픔과 경멸로 대한 것과 마찬가지로, 홀로코스트 생존자들도 웃옷 목깃에 룬rune 문자**가 있고 모자에 해골 상징이 붙어 있는 검정 제복 차림의 사나이들에 관해 감상에 젖는 자들을 같은 감정을 품고 바라볼지 모른다.

두 경우에서 피력된 패전 이유도 아주 비슷하다. 찰스 패럴 버지니아 주지사가 1896년 2월 22일에 리치먼드***의 남부연합 백악관**** 봉헌식에서 '패배한 대의'에 관해 말한 것을 다른 이들이 훗날 제2차 세계대전의 독일국방군과 관련지어 되풀이했다. "그들의 목

---

* 짐 크로는 멍청하고 초라한 시골 흑인을 대표하는 경멸어였는데, 1876년부터 1965년까지 미국에서는 '짐크로법'이라는 흑인 차별법을 시행했다.
** 1세기부터 게르만인이 사용한 문자. 룬은 비밀이라는 뜻이며, 점칠 때 쓴 부호로 추정된다.
*** 미국내전 당시 남부연합의 수도이며, 미국 버지니아주의 주도
**** 남부연합 대통령 관저였는데, 1896년 2월에 미국내전박물관이 되었다.

숨은 월등한 수와 무자비한 힘에 밀려 스러졌습니다." 또는 조지아주 시민 찰스 콜콕 존스 2세Charles Colcock Jones Jr.*가 표현한 대로, "월등한 병력 수와 더 막대한 군수물자에 압도되었다"는 식이다.[70] 이것은 나치가 제2차 세계대전 동안에 취했고 독일 장군이었던 이들이 치켜세워졌던 독일국방군의 패배를 설명하려고 전쟁 뒤에 되풀이한 바로 그 입장이었다. 존속 가능했던 한 문화가 물질주의적 문명에게 분쇄되었다는, 또는 1940년대의 언어로 표현한다면 마르크스주의적이고 금권정치적인 부류의 '유대인 물질주의'가 본질적으로 희생, 고결성, 이상주의 같은 상반된 가치를 찬양하는 문화에 승리했다는 것이다. 블라이트는 미국의 맥락에서 그 문제의 특징을 다음과 같이 묘사한다. "여기에, 사실상 패배한 대의의 —자기의 문화적 적수를 쓸어내버리겠다고 작정한 탐욕스러운 '공업 사회'에게 영광스러운 유기적 문명이 파괴되었다는— 무르익은 신화가 있었다."[71]

두 경우 모두에서 사령관이었던 이들이 신화 창출을 위해 기꺼이 상대편 사령관을 사면했다. 아이젠하워가 히틀러가 대표하는 사악한 대의에도 불구하고 독일국방군은 고결하게 조국을 위해 싸웠다고 말해서 1951년에 독일국방군을 '위생 처리한' 것과 똑같이, 율리시스 그랜트Ulysses S. Grant**는 1885년에 죽기 바로 앞서 쓴 회고록의 종결부에서 자기의 적이었던 로버트 리Robert Lee***의 용맹에, 그리고

---

* 미국의 법률가, 작가(1831~1893). 조지아주 서배너에서 장로교 목사의 아들로 태어났고, 대학에서 법을 배웠다. 1860년에 서배너 시장이 되었지만 미국내전 때 재산을 잃고 뉴욕으로 이주했다가 1877년에 조지아주로 돌아갔다.
** 미국의 군인(1822~1885). 미국내전에서 1862년 2월에 도넬슨 요새를 점령해서 북부연방군의 승리를 이끌었고 1864년에 북부연방군 총사령관이 되었다. 1869년에 대통령이 되었다.

〔도판 3〕 주벌 얼리, '패배한 대의'
의 홍보자.

남부연합군에 다음과 같이 경의를 표했다. "나는 그토록 오래 용감
히 싸웠던, 그리고 대의를 위해 그토록 숱한 고통을 겪었던 적의 몰
락에 결코 기뻐하지 않았다. 비록 이 대의가, 내가 믿기에는, 한 국민
이 싸우면서 섬겼던 대의들 가운데 최악의 대의였고 변명의 여지가
없는 대의였을지라도 말이다. 하지만 우리와 맞섰던 그 많은 사람의
진정성을 의심하지 않는다. …" "따라서 그 전쟁에서 사악함이, 그리
고 대의나 정치적 의미가 꽤 많이 빠져나갔다. 애퍼매톡스*의 신비로

*** 미국의 군인(1807~1870). 사관학교를 마치고 공병장교로 근무했고 멕시코 전
쟁에서 무공을 세웠다. 미국내전에서 남부연합군 총사령관이 되어 우세한 북부연방
군을 괴롭혔지만 끝내 열세를 이겨내지 못하고 항복했다. 전후에는 교육자로 남부
재건을 위해 애썼다.
* 미국 버지니아주에 있는 마을로, 이곳에서 1865년 4월 9일에 남부연합군의 리 장
군이 북부연방군의 그랜트 장군에게 항복해서 미국내전이 끝났다.

운 이틀에 관한 그 북부연방군 영웅의 묘사에 망각의 정치가 쉽사리 들러붙었다. …"72

특정하게 신화 만들기에 연루된 남부연합군 장교와 독일군 장교 사이에도 유사점이 하나 있다. 여기서 가장 뚜렷한 유사성은 주벌 얼리Jubal Early*(도판 3)와 프란츠 할더다.73 이 두 사람은 전쟁의 역사 기억을 확정하는 운동을 가동했다. 남부연합군 장군이었던 얼리는 뉘우치지 않고 남부역사협회Southern Historical Society라는 기구와 이 협회가 14년 동안 펴낸 연속 간행물을 이용해서 미국내전 남부판을 내놓았다. 우리가 보았듯이, 할더는 전직 독일 장교였던 이들의 큰 집단을 이끌고 미국 육군부 역사과를 위해 보고서와 연구서를 대량으로 저술해서 독일판 제2차 세계대전, 특히 독소전쟁을 홍보했다. 남부연합군 장군이었던 보리가드P. G. T. Beauregard**가 얼리에게 했던 말을 할더는 자기 부하들에게 쉽게 할 수 있었다. 그 말은 "역사 **만들기에** 참여한 뒤에 …" 장군들이 이제는 "그것이 올바로 **씌어지도록 만드는**" 과업을 떠맡아야 한다는 것이었다.74 유사성은 계속된다. 그 두 사람(얼리와 할더) 다 미래 세대의 관점을 빚어내려고 안달했다. 두 사람 다 전쟁 뒤에 아주 일찍부터 난전에 나섰다. 할더는 사령관으로서의 히틀러에 관한 짧은 책으로, 얼리는 자기의 회고록으로 말이다. 두 사람 다 젊은이와 외국인에게 다가섰다. 두 사람 다 패

---

* 미국의 군인(1816~1894). 남부의 연방 탈퇴에 반대했지만, 미국내전이 일어나자 남부연합군을 지휘해서 여러 차례 승리했고, 한때는 워싱턴까지 위협했다. 남부연합군이 항복한 뒤에는 역사 저술에 몰두했다.
** 미국의 군인(1818~1893). 사관학교를 마치고 멕시코 전쟁에 참전했다. 미국내전의 거의 모든 주요 전투에서 남부연합군 장군으로 참여했다. 유능했지만 상관과 자주 다퉜다. 미국내전에 관한 책을 펴냈다.

배의 희생양을 지목했다. 얼리는 게티즈버그 전투*의 패배를 탓하며 제임스 롱스트리트James Longstreet** 장군을 책망했고, 할더는 제2차 세계대전의 패배를 히틀러 탓으로 돌렸다.

남부연합군 장군이었던 이와 독일 장군이었던 이 사이의 차이점 가운데 하나는 남부연합에게는 북부인이 역사를 바로잡으리라는 믿음이 없었고 독일인은 미국인이 독일의 해석을 받아들이도록 설득될 수 있다고 일찍부터 믿었다는 것이다. 그러나, 끝내 두 집단은 모두 대체로 성공했다.

블라이트는 남부연합의 패배한 대의 주창자들이 1890년대까지 전국 차원에서 자기들의 주장을 옹호하려고 이용한 강력한 논지 다섯 개를 제시한다. 다섯 논지가 모두 제2차 세계대전 이후 시기와 유사하다.[75] 첫째, 패배한 대의 주창자들은 "남부연합군 군인의 용맹을 찬양하고 수호 전사로서 그들의 명예를 지키고" 싶어 했다. 독일국방군이 1943년부터 종전까지 수행한 장기간의 용맹한 방어 전투가 미국인의 존경과 찬양을 이끌어냈다. 둘째, 그들은 "남부연합의 과거를 모든 사회적·정치적 무질서에 맞서는 보루로 홍보했다." 자기들은 신을 부정하는 볼셰비키의 사회·정치 혁명에 맞서 서방 문명의 이름으로 싸우고 있었다는 독일의 주장과 비슷하다. 패배한 대의의 셋째 목표는 "남부연합의 과거를 현실과 상상의 모든 적에 맞서 지켜내

---

* 1863년 7월 1~3일에 펜실베이니아주 게티즈버그에서 북부연방군과 남부연합군 사이에 벌어진 전투. 이 전투에서 남부연합군이 패하면서 미국내전은 사실상 북부연방군이 승리했다.
** 미국의 군인(1821~1904). 미국내전에서 남부연합군의 리 총사령관의 오른팔 격인 장군이었다. 게티즈버그 전투에서 적군에게 돌격하는 예하 부대를 지원하지 않아서 궤멸을 초래했다는 비판을 받았다. 전후에는 그랜트 대통령에게 협조했다.

기"였는데, 동방에서 벌어진 전쟁의 낭만화된 수정주의 역사가 생각나게 해주었다. 넷째는 "전쟁의 원인에 관해 다투기"였다. 독일 장군들은 시종일관 소련 침공이 사실은 스탈린이 계획하고 있던 유럽 침공을 좌절시키려는 의도에서 이루어진 선제 행동이었다고 주장했다. 그럴듯한 최근 저작이 소련의 공격이라는 이 변명을 되살려냈다. 끝으로, 패배한 대의 주창자들에게는 "충직한 노예들이 남부연합의 전쟁에서 중심인물이었다는 회상을 홍보하면서 대농장 문학 유파*에게서 한껏 차용함으로써 백인의 우위를 되살려내려는" 의도가 있었다. 나치 독일이 멸시당하는 열등인간Untermensch**, 즉 슬라브인을 포함한 외국인 보조 인력을 뒤늦게 활용하던 것은 이 틀에 꽤 들어맞는다. 예를 들어, 전쟁 끝 무렵에 소련군 전쟁포로 사이에서 모집된 블라소프 군대***가 생각난다.

패배한 대의 신화 둘 다 대중문화를 꽉 움켜쥐었다. 그 두 신화는 시간의 시험을 견뎌냈(고 견뎌낸)다. 때때로, 대중문학과 관련해서는, 학계의 역사가가 그 분야를 수정주의 역사가에게 내주었다고 본다. 즉, 학술 연구서에는 더 폭넓은 독자에게 다가설지라도 거부당하는 경향이 있다. 한 미국 퇴역장교가 로버트 리에 관한 앨런 놀런의 비판적 연구서 『리를 숙고하다: 로버트 리 장군과 미국내전사*Lee*

---

* 미국내전 이전을 그리워하며 남부 백인과 북부 백인 사이의 화해를 미국내전 발생 원인의 망각을 통해 도모하려 했던 미국 문학의 한 장르.
** 열등한 비(非)아리아인, 구체적으로는 유대인, 슬라브인, 유색인종을 일컫는 나치 용어.
*** 1942년에 독일군에 투항한 소련의 안드레이 블라소프 장군이 1944년에 독일에 협조해서 붉은 군대와 싸울 목적으로 소련군 포로로 편성한 러시아해방군(Russkaia osvoboditel'naia armiia).

Considered: General Robert E. Lee and Civil War History』에 반응해서 편집인에게 써 보낸 다음과 같은 편지가 이 현상의 전형이다. "저는 모든 진정한 미국내전 연구자, 남북을 가리지 않고 미국내전의 모든 아들딸, 우리의 미국내전 유산을 공부하고 탐구하고 재연하고 보존하고(원문 그대로임)* 기억하려고 만들어진 모든 조직에게 놀런의 책을 사지 말라고 요청합니다. … 당신이 그 책을 가지고 있다면, 재활용할 가치도 없으니 태워버리세요."**76** 대조적으로, 윈스턴 그룹의 『영광의 수의: 애틀랜타부터 내슈빌까지, 미국내전의 마지막 전역*Shrouds of Glory: From Atlanta to Nashville, The Last Campaign of the Civil War*』 같은 패배한 대의 서적은 많은 북클럽 선정 도서 목록에 올라 널리 인기를 누렸다. 마찬가지로, 알렉산더 워스의 『전시 러시아*Russia at War*』, 존 에릭슨의 『스탈린그라드로 가는 길*Road to Stalingrad*』 같은 동부전선의 전쟁에 관한 진지한 연구서가 일찍이 1960년대와 1970년대에 나와서 곧 절판된 반면에, 예를 들어, 쉽게 술술 읽히는 산문으로 독일국방군을 낭만화한 폴 카렐의 대중 역사서들은 수백만 부씩 팔렸다.

　동부전선을 다루는 대중문학과 전쟁게임에서는 독일군이 호의적으로 묘사되면서 맨 앞과 한복판에 있는 반면에 러시아군은 뒤쪽 그늘진 자리를 차지한다. 자주 전쟁게임에서 독일군 부대에게는 특정한 명칭이 주어지는 반면에 러시아군 부대는 일반 명칭으로 나온다. 수집가와 역사재연동호인에게 독일군의 ―깃발, 제복 휘장, 인식표, 무기― 기념수집품은 아이콘과 같은 의미를 띠는 반면에, 러시아군 쪽에서는 별다른 것이 없다. 마찬가지로, ―이기는 쪽인― 북부연

---

* 편지를 쓰는 이가 preserve를 perserve로 잘못 썼다.

〔도판 4〕「제퍼슨 데이비스와 그의 장군들」, 인기가 높은 패배한 대의 판화, 1890년 작. 제목에도 불구하고, 모여 있는 인물들 가운데에서 리가 가장 돋보인다. 각각의 장군은 동부 전구에서 근무하면서 자기 경력의 전체나 일부를 쌓았다. 잭슨은 리의 오른쪽에 있고, 얼리는 맨 오른쪽에 서 있다. 필자의 소장품.

방군 쪽은 —지는 쪽인— 남부연합군 쪽에 비해 불리하다. 리와 예하 장군은 여러 소설에서 핵심이었는데, 그랜트와 예하 장군은 그렇지 못했다. 리와 예하 장군은 판화, 조각, 미술에서 대체로 우세하다. 1983년부터 1995년까지, 『미국내전: 미국내전 협회지*Civil War: The Magazine for the Civil War Society*』에는 리 기념수집품 광고 30건, '돌벽' 잭슨'Stonewall' Jackson(기념수집품 광고 17건, 두 사람의 기념수집품 광고 세 건)이 실렸는데, 그랜트 기념수집품 광고는 딱 두 건이었다. 예술가를 위한 소재로서는 남부연합이라는 주제가 미연방의 주제를 수량에서 3 대 1로 넘어서며 가치에서는 더 급속히 뛰어오른다.[77] 마찬가지로, 수십 년 동안 나치의 전쟁 예술은 특히 군대에서 인기가 무척 높았 다. 사례를 들면 미국 공군사관학교 식당에 유화 여러 점이 있었다. 소련의 사회주의 리얼리즘의 사례는 존재하지 않았다.

홍보도 두 패배한 대의 신화에서 한몫을 했다. 여기서 미국내전의 절정으로 기념되는 유명한 '피켓의 돌격'*을 이끈 조지 피켓George E. Pickett**의 사례와 1940~1942년에 북아프리카에서 독일군을 현란 하게 이끈 '사막의 여우' 에르빈 롬멜의 사례가 인용될 수 있다. 남부 와 북부는 둘 다 피켓을 상당히 빨리 유명인으로 만들었는데, 얼마 간은 그의 극적인 패배 때문이었고 얼마간은 심지어 실패 속에서도 과시된 단호한 용기 때문이었다. 기억의 창출은 그 두 경우에서 꽤 극적이다. 게티즈버그의 마지막 돌격은 예하 사단이 그 공격에서 피 켓의 사단만큼 중요한 역할을 맡은 제임스 페티그루James Pettigrew*** 장군의 이름을 따서 '페티그루의 돌격'으로도 불릴 수 있었다. 그러

---

* 게티즈버그 전투 사흘째인 1863년 7월 3일에 남부연합군의 피켓 장군 예하 보병 1만 2,500명이 1.2킬로미터 들판을 지나 묘지 능선(Cemetery Ridge)에 있는 북부 연방군 부대를 향해 돌격하다가 궤멸한 사건.
** 미국의 군인(1825~1875). 미국내전에서 남부연합군 장군이었으며, 게티즈버그 전투에서 리 장군의 지시로 적군에게 돌격하다가 대패했다.
*** 미국의 군인(1828~1863). 상당히 똑똑했고 에스파냐 문화에 관한 책을 썼다. 미국내전이 일어나자 남부연합군 대령으로 참전했다. 1863년 7월에 게티즈버그 전 투에서 부하를 이끌고 적에게 돌격하다가 궤멸당했다. 일주일 뒤 후퇴하다 부상당 한 뒤 숨졌다.

나 아마추어 역사가와 언론인, 그리고 특히나 적극적인 피켓의 미망인 라살 코벳 피켓이 중대한 역할을 해서 피켓을 훗날 19세기에 모든 것을 포용하는 남북 화합의 상징으로 끌어올렸다.[78] 비록 뛰어난 지휘관이었을지라도 롬멜도 또다시 정치적 편의를 이유로 떠받쳐져 마땅한 것보다 십중팔구 더 높은 지위에 올라섰다. 나치의 선전은 1940년에 프랑스를 극적으로 이긴 뒤에 그를 '국민 장군'으로 치켜세웠다. 영국은, 더 특정해서 윈스턴 처칠온 얼마간은 1941년에 북아프리카에서 당한 멋쩍은 패배를 해명하려고 롬멜을 기발한 '사막의 여우'로 과대 선전했다. 전후에 롬멜은 독일인과 예전의 연합국 사이에서 자기의 전설적 지위를 유지했는데, 부분적으로는 아마도 나치가 대규모 제노사이드를 실행하지 않은 유일한 전선에서 그가 활동했기 때문일 것이다. 아이젠하워 장군은 자기가 롬멜 전기를 읽은 뒤에야 비로소 독일군을 대하는 태도를 바꾸기 시작했다고 대놓고 인정했다.[79]

'패배한 대의'의 더 큰 그림에 있는, 생물이든 무생물이든, 아이콘과 토템에도 주목해야 한다. 우리가 독일국방군 기념수집품에 대해서는 언급을 했다. 그것에 살아 있는 독일국방군 참전 군인들을 보태야 한다. 그들은 열광자의 환영을 받으며 수많은 인터넷 채팅방에 불려와서 자기의 관점에서 본 제2차 세계대전을 설파한다. 마찬가지로, 최근에 숨진 '세계 최고령의 미국내전 남부연합군 미망인'이 패배한 대의의 살아 있는 상징으로 최근 수십 년 동안 남부에서 이 행사에서 저 행사로 옮겨다녔다. 스바스티카Swastika*와 남부연합기

---

* 갈고리십자가(Hakenkreuz)를 도안으로 하는 깃발. 1920년에 나치 당기로, 1935년에 독일 국기로 제정되었다.

둘 다 오늘날까지도 감정적이면서 정치적인 영향력을 강하게 행사하고 있다.

두 패배한 대의 신화가 뒤얽혀 있다는 데에도 주목해야 한다. 미국내전 역사재연동호인은 단지 미국적 맥락에서만이 아니라 독일적 맥락에서도 존재한다. 이것은 독일인이 미국의 서부 및 카우보이와 인디언에 널리 매료되는 현상의 한 부분집합일 것이다. 그러나 한 독일인 교수, 즉 슈투트가르트대학의 볼프강 호흐브룩은 군더더기 없이 다음과 같이 평했다. "나는 독일의 남부연합군 역사재연동호인들 가운데 몇몇은 나치의 인종적 우월성 공상을 실연하고 있다고 생각합니다. 그들은 자기의 패배한 인종주의자들을 기념할 수 없기 때문에 당신들의 미국내전에 푹 빠져 있습니다. 물론, 이 사람들의 대다수는 바이에른 사람*입니다."[80]

---

* 독일에서 바이에른은 상당히 보수적인 지역이다.

제4장

회고록, 소설, 대중 역사서

또한 한 특별한 장르가 —에리히 폰 만슈타인, 하인츠 구데리안, 한스 폰 루크, 프리드리히 폰 멜렌틴, 한스 루델 같은 독일 장교들이 자기 죄를 면피하려고 쓴 회고록이— 수정주의 서사를 키워낸다. 이 책들은 알려지지 않은 희귀본이기는커녕 늘 베스트셀러였고, 전국 북클럽의 선정 도서에 자주 포함되었다. 영향력이 가장 큰 원본은 만슈타인과 구데리안의 회고록이다. 한 사람은 유동적인 전술적 후퇴의 대가이며, 다른 한 사람은 전광석화 같은 기갑 공격의 대가다. 이들은 미국의 독일 전쟁영웅 만신전萬神殿에서 주도적인 쌍둥이 신일 것이다.

만슈타인의 회고록 『잃어버린 승리』는 수십 년 동안 미국인에게, 특히 군인에게 영향을 끼쳤다. 냉전 동안 소련이 서유럽을 공격하고 미군이 후퇴할 가능성을 의식한 미국인은 독일국방군이 러시아에서 했던 —특히, 정복한 땅 한 치 한 치를 고수하기를 좋아한 히틀러가

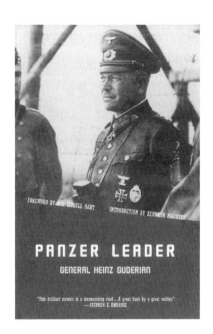

〔도판 5〕『기계화부대장』(2002년 판) 표지에 나오는 최고로 전문적인 장교 하인츠 구데리안.

허락한— 유동적이고 전술적인 일련의 후퇴에 관한 만슈타인의 서술을 경외심을 품고 보았다. 영어로는 1958년에 처음 간행된 그 책은 계속 인기 있었다. 최신판은 '히틀러의 가장 뛰어난 장군'이라는 부제가 달리고 영국의 저명한 군사사가 리델 하트B. H. Liddell Hart*가 쓴 원래의 찬양 조 서문이 들어간 2004년의 염가판이다. 상을 받은 미국인 역사가 마틴 블루멘슨이 쓴 새 머리말은 그 회고록을 "독일의 관점에서 본 권위 있고 숭고하기까지 한 전쟁 서술", 극히 중요한 정당화로 일컫는다.[1] 마찬가지로, 널리 알려진 책인 구데리안의『기계

---

* 영국의 군사이론가(1895~1970). 제1차 세계대전이 일어나자 대학을 중퇴하고 보병 소위가 되어 참전했다. 솜 전투에서 가스 공격을 받고 후송되었는데 당시의 부상으로 퇴역했다. 전간기에 간접 접근 전략 등의 군사교리를 주장해서 주목을 받았다. 제2차 세계대전 직후에 독일국방군 장교단을 옹호했다.

화부대장*Panzer Leader*』이 북클럽 주 선정 도서로 첫선을 보인 지 50 주년인 2002년에 재발매되었다.(도판 5)**²** 이 두 사람의 영향력 있는 회고록은 그들이 전쟁에서 수행한 실제 역할과 얼마나 잘 맞아떨어질까? 그 두 회고록은 '결백한' 독일국방군 신화를 얼마만큼 영속화할까? 우리가 살펴보겠지만, 그 두 책에는 절반의 진실, 거짓말, 누락, 왜곡이 진실과 나란히 공존한다.

만슈타인은 '숭배 받는 이상적 무인militärischer Kult-und Leitfigur'이 되었다.**³** 그는 전후의 역사 서술에서 크게 존경 받는 사람이며, 특히 자기의 회고록을 통해서 전후의 역사 서술에 프란츠 할더 버금가게 결정적인 영향을 끼쳤다. 그는 많은 독일인에게 존경을 받았고, 새로운 연방군이 구상되고 있을 때 서독 정부에게서뿐만 아니라 비非독일인에게서도 자문관이 되어달라는 요청을 받았다. 미국 육군에서는 특히 그랬다. 미국인은 그의 작전술적 천재성, 특정하게는 러시아군에 맞선 기동방어라는 그의 발상에 깊은 인상을 받았다. 아마도 유럽의 어느 전쟁에서든 러시아군은 훨씬 더 많은 병력 수로 먼저 공세를 취할 터였다. 1949년에 다소 마지못해 전쟁범죄 혐의로 그를 재판할 영국인도 마찬가지로 찬양 조였다. 자기 책『독일 장군들이 말하다*The German Generals Talk*』로 '결백한' 독일국방군 신화에 크게 이바지할 리델 하트는 만슈타인을 "연합국의 가장 가공할 군사적 적수"라고 불렀다.**⁴**

심지어 오늘날에도 그는 독일국방군의 가장 유능한 군 지도자로 인정된다. 그 명성 덕택에 그는 일정한 신뢰를 얻어 전쟁 뒤에 독일군의 명성을 구해낸다는 자기 필생의 과업에 전념할 수 있었다. 이 대사업에서 그의 회고록은 하나의 도구일 뿐이었다. 실제로, 만슈

〔도판 6〕다정하게 말을 주고받는 에리
히 폰 만슈타인과 히틀러(오른쪽).

타인은 자기의 찬양자들보다 앞서서 스스로를 높이 치켜세웠다. 그
는 스스로를 독일제국의 참모총장인 대大몰트케와 알프레트 폰 슐리
펜Alfred von Schlieffen*과 견주기를 좋아하는 프로이센-독일 군사 전
통의 원형적 화신이었다. 오직 히틀러만을 국가수반으로 자기 위에
둔 채, 지휘의 완전한 독립성을 지닌 러시아 전구 최고사령관이 되
는 것이 그가 전쟁 동안 품은 ―히틀러와 함께 자주 검토한― 포부
였다.(도판 6) 한 인간으로서 만슈타인은 ―기분이 상한 많은 동료가
동의한 대로― 거만하고 둔감하고 쌀쌀맞고 무정하고 빈정대는 사람
일 수 있었다.[5] 그는 용기도 보여줄 수 있었고 무척 출세지향적이어

* 독일의 군인(1833~1913). 군인 가문에서 태어나 21세에 군문에 들어섰다. 주로
참모부에서 근무했고 1891년에 참모총장이 되었다. 1905년에 프랑스, 러시아와 양
면 전쟁을 벌이는 상황에 대비하는 이른바 '슐리펜' 계획을 입안했다.

서, 구데리안도 옹호했던 새로운 기동전 방식을 자기와 동일시했다.

제2차 세계대전이 터질 때, 그는 (폰 룬트슈테트 예하) 남부집단군의 참모장이었고 단기간의 폴란드 전역에 그 직위로 참여했다. 그는 서부로 전출되어서는 코블렌츠*에서 A집단군 참모장으로 근무했는데, 그곳에서는 프랑스와 저지대 국가**를 상대로 하는 전역을 위한 계획 수립이 진행 중이었다. 독일 육군 최고사령부는 계획 하나를 정식화했다. 1914년의 계획과 상당히 유사한 그 계획에는 벨기에를 통과해서 프랑스 북부로 들어가는 묵직한 돌진이 들어 있었다. 만슈타인이 대안 계획을 구상했으며, 그 계획에는 아르덴 삼림 지대에서 튀어나와 프랑스를 가로질러 영국해협까지 휩쓰는 밀집 기갑부대의 활용이 들어 있었다. 이것이 히틀러가 우여곡절 끝에 받아들인 계획이었고, 이 계획은 얼마간은 구데리안의 분투를 거쳐 멋들어지게 작동했다. 바로 이 '지헬슈니트Sichelschnitt(낫질)' 계획이 만슈타인의 명성을 확립할 터였다.

그는 1941년 2월에 (북부집단군 소속) 제56기갑군단 사령관에 임명되었고, 같은 해 6월의 거대한 소련 침공에 참여했다. 그의 군단은 발트해 연안 지대를 가로질러 나아가 레닌그라드를 에워쌌다. 9월 12일에 만슈타인에게는 제11군 지휘권을 주고 세바스토폴에 거대한 요새가 있는 크림반도를 정복하라고 했다. 그는 1942년 7월까지 크림반도를 정복했고, 육군 원수로 진급했다. 이는 그가 야전 사령관으로서 명성을 드높이는 데에 중간 기착지가 되었다. 그가 처음으로 전

---

* 독일 중서부 라인강 중류에 있는 소도시.
** 오늘날의 벨기에, 네덜란드, 룩셈부르크에 해당하는 유럽 서북부의 스헬데강, 라인강, 뫼즈강의 낮은 삼각주 주변 일대.

쟁범죄에 연루된 곳도 크림반도였다.

이제는 히틀러의 총아인 만슈타인에게 1942년 11월 22일에 (나중에 남부집단군으로 이름이 바뀌는) 돈Don 집단군의 지휘권이 주어졌다. 1942년 봄에 이 집단군이 캅카스의 유전과 스탈린그라드에 도달한다는 독일군의 러시아 남부 주요 공격을 맡았다. 이 과업은 만슈타인의 최대 실패 가운데 하나였다. 그가 스탈린그라드에서 곧 포위당할 독일군 제6군에게 항공 보급을 할 수 있을 것으로 과대평가했고, 그 바람에 너무 오래 대기한 나머지 제6군이 포위망을 뚫고 나오도록 하거나 제6군을 구하러 포위망 안으로 들어갈 수 없었기 때문이다. 그 결과는 제2차 세계대전에서 독일이 겪은 가장 큰 군사적 재앙들 가운데 하나가 되었으며 많은 사람이 동방에서 벌어진 전쟁의 전환점이라고 생각하는 제6군의 항복이었다.

만슈타인은 독일군이 동방의 제2차 세계대전에서 전략적 주도권을 쥘 마지막 차례가 될 것에도 ―즉, 쿠르스크 전투에도― 관여했다. 돌이켜보면, 독일군 전선에 있는 거대한 돌출부를 잘라내려고 개시된 그 전투는 사리에 맞지 않았다. 예를 들어, 구데리안은 그 전투에 반대했다. 만슈타인은 찬성했다. 그 전투는 여러 차례 연기된 뒤에 1943년 7월 초순에 개시되는 바람에 기습의 요소가 사라졌다. 러시아군이 방어를 잘 준비한 탓에 독일군의 전진은 지지부진했고, 얼마간은 연합군의 시칠리아 상륙 때문에 공세가 한 주 뒤에 중단되어야 했다. 그 뒤로 독일은 만슈타인과 함께 러시아에서 방어 태세에 들어갔다. 그는 독일이 잘해야 비기는 싸움은 할 수 있지만 전쟁에서 더는 이길 수 없음을 깨닫고 소련군의 공격 역량을 소모하는 유연 방어를 옹호했다. 그는 아직은 ―1943년 3월에 하르코프시를 되찾는— 성공을 한두 차례 용케 거두었지만, 대체로 이제는 혈전을 벌이며 서쪽으로 멀리 퇴각하는 임무를 맡아야 했다. 이 지점에서 그가 땅 한 치 한 치를 끈질기게 지키기를 바라는 히틀러와 심하게 불화를 빚었다. 만슈타인이 유연 방어를, 그리고 동부전선에 단 한 명의 총괄 지휘관을 (즉, 자기를) 지명하기를 끊임없이 다그치자 히틀러는 여전히 그의 솜씨를 인정하면서도 1944년 3월에 마침내 만슈타인을 해임했다. 만슈타인은 다시 불러주기를 바랐지만, 그런 일은 일어나지 않았다. 그 육군 원수는 전쟁이 끝날 때 자기 신병을 스스로 영국군에 넘겼다. 만슈타인은 자기를 전쟁범죄 혐의로 재판해서 처형하려고 시도할 —실제로 전쟁 뒤에 그런 시도를 했지만 실패한— 러시아인에게 사로잡히기를 어떻게 해서든 모면하고 싶어 했다.

만슈타인의 회고록은 이 시기 전체를 다루며 그가 1944년에 해임되면서 끝난다.[6] 처음부터 그는 자기가 거의 전적으로 군사적 사건만 다루고 있으며 정치의 각축장은 배제할 것이라고 밝힌다. 이것은 편의적이다. 그렇게 함으로써 그는 동방에서 벌어진 전쟁을 인종 노예화 및 절멸의 전쟁으로 논하는 것을 완전히 피할 수 있었을 뿐만 아니라 그가 국가사회주의와 맺었을지 모르는 어떠한 관계도 거론하지 않을 수 있었기 때문이다. 그의 설명 방식은 언제나 자기를 긍정적으로 묘사하며, 그는 자기가 설명하는 모든 군사 활동의 중심에 있다.

만슈타인은 독일 군대를 호의적으로 묘사하고 독일 군인이 심지어 물자와 인력의 압도적 우세에 직면했을 때에도 늘 적군보다 더 잘 싸웠다는 사실을 부각한다. 그는 독일군의, 특히 하급 수준의 통솔력 훈련을 강조한다. "개개의 통솔력은 최하급 부사관이나 보병에 이르기까지 다른 어떤 군대에서도 견줄 데 없는 규모로 양성되었고, 바로 이것에 우리가 거둔 성공의 비결이 있었다."[7] 그가 여기서 서술하고 있는 것이 1950년대에, 그리고 다시 베트남 전쟁 뒤에 미국인이 그토록 찬양하고 제도화하려고 애쓴 그 유명한 임무형 전술 Auftragtaktik(네가 무엇을 해야 할지를 부하들에게 밝히고 부하들은 어떻게 그 일을 할지를 알아낼 책임을 맡는다)이다.

소련이라는 적에 관해 말하자면, 만슈타인은 러시아 병사의 강인함을 찬양했지만 소련군 장교단에게 작전술적 수준에서 계획을 잘 세울 능력이 있다고는 결코 여기지 않는다. 그는 특히 전쟁의 마지막 두 해에는 러시아군이 장비, 인력, 예비 병력 면에서 우세했고, 이에 맞선 독일군은 병사들의 전투력만 우세했다고 거듭 강조한다. 그에게는 러시아의 스탑카가 복잡한 대규모 작전을 전개해서 수행할 수 있었다는 생각이 전혀 들지 않는다. 그 생각은 전쟁 동안에도 그에게 들지 않았고 하나의 맹점이었다. 그 맹점 탓에, 예를 들어, 러시아군은 1943년 11월에 그를 속여서 키예프를 되찾을 수 있었다.[8]

다른 많은 이가 그랬듯이, 그는 히틀러를 비판하고 됭케르크에 다가서지 못하도록 기갑부대를 막는 바람에 영국군 대부분이 탈출할 수 있도록 허용한 것을 비롯해 그의 실수를 죽 늘어놓는다. 러시아의 초기 전역에서 승리하려고 시도하면서 히틀러는 곧장 모스크바로 향하는 대신에 북쪽과 남쪽에서 측방을 공격하는 실수도 했고, 처음에는 스탈린그라드에 초점을 맞추었다는, 그다음에는 그 도시에서 제때 빠져나와 1개 군 전체의 상실을 피하지 못했다는 비판을 받는다. 히틀러는 성채Zitadelle 작전(1943년의 쿠르스크 전투)을 성공할 모든 기회가 상실될 때까지 지체했다고, 가장 중요하게는

1943~1944년에 유연 방어를 수행하지 않고 제2차 세계대전의 마지막 두 해 동안 동부전선에서 독립적인 사령관 한 명을 지명하지 않는 이중의 실패를 했다는 비난을 받는다. 이 비판에서 만슈타인이 솔직하지 않다는 것은 확실하다. 만슈타인은 스탈린그라드에서 빠져나오라는 명령을 내리지 못했고 성채 작전을 옹호했다. 그는 전쟁의 경제적 측면을 이해하지 못했는데, 이 경제적 측면이야말로 히틀러가 자기의 전체 전략에서 고려하고 있었던 바로 그것이다. 끝으로, 만슈타인에 따르면, 히틀러에게는 전술 재능은 있었지만 작전술적, 또는 전략적 감각은 모자랐다.[9] 히틀러에게는 "경험에 바탕을 둔 군사적 능력"이 모자랐다는 것이다. 히틀러를 도박사로 보는 통념과는 달리 만슈타인은 히틀러가 얼마간은 창피를 당할까봐 두려워한 나머지 위험을 감수하기를 싫어했다고 주장한다. 히틀러에게는 결단이 요청될 때 끝없이 미루는 경향이 있었다는 것이다.[10]

만슈타인은 독일 육군 최고사령부의 자기 동료들도 비판한다. 이 회고록 지면에서 그들 가운데 어느 누구도 좋게 나오지 않는다. 그의 네메시스*인 할더는 특히 그렇다. 실제로, 생존해 있던 많은 장군이 『잃어버린 승리』가 나왔을 때 만슈타인이 자기들을 깎아내려서 스스로를 내세우는 꼴을 보고 충격을 받았다. 그들은 모두 다 실수를 했고 만슈타인은 실수를 한 번도 하지 않았다는 것이다.[11] 만슈타인은 히틀러가 그들을 그토록 마음대로 지배하게 될 수 있었던 것은 얼마간은 그들 자신의 결점 탓이라고 말했다. 예들 들어, 폴란드 전역 뒤에 그들은 서부에서 방어 태세에 들어가고 싶어 했는데, 이 탓

---

* 그리스신화에서 지나치게 교만하거나 신에게 도전한 인간을 응징하는 신.

에 주도권이 그대로 히틀러에게 넘어갔다는 것이다.[12] "독일 육군 최고사령부는 추가로 히틀러의 의지에 굴종하고 사령부 지도자들이 개인적으로 동의하지 않는 작전명령을 내림으로써 지상전을 책임지는 당국의 자리에서 사실상 물러났다."[13] 만슈타인이 언급하고 있는 바로 그 장교들이 그의 계획과 야망을 가로막았다는 것을 감안하면, 이것도 자기 위주의 주장이다. 만슈타인은 그들을 히틀러에게 고분고분한 수동적 존재로 보이게 만들어서 대조적으로 자기를 단호하고 대드는 존재로 보이게끔 한다. 그는 자기가 그 독재자와 빚은 불화를 강조한다.

대체로 그와 같은 생각을 하거나 그와 함께 원활하게 일을 한 이들, 또는 그만큼이나 단호하고 독립적인 모습을 보여준 이들은 만슈타인의 회고록에서 그의 인정을 받는다. 그는 구데리안을 유난히 인정하고 있다. 프랑스 전역 동안에는 특히 그렇다. "궁극적으로, 우리 전차들이 영국해협 해안에서 적의 뒤쪽으로 빙 돌아치고 들어가도록 고무한 것은 그의 기백이었다. 나로서는 구데리안이 다수의 전차를 아르덴처럼 까다로운 지역을 통과하도록 밀어넣는다는 내 발상을 실현 가능하다고 여긴다는 것을 알고 나니 크게 안도가 되었다."[14] 성공 그 자체에 관해 말한다면, 만슈타인은 그 밖의 다른 이에게는 찬사를 거의 보내지 않는다. "… 이 성공(프랑스에서 적을 물리친 것)은, 내가 느끼기에, 우선은 집단군의 작전 원리를 실행에 옮기면서 구데리안 장군이 발휘한 그 엄청난 활력 덕이다."[15] 만슈타인은 기갑부대의 활용에서 "퍼부어라, 찔끔찔끔 흘리지 말고klotzen, nicht kleckern" 같은 구데리안의 현란한 격언을 좋아하기까지 했다.[16]

이렇듯이, 요컨대 만슈타인의 회고록은 독일국방군의 특징을 규정하고 독일국방군이 수행한 전역을 만슈타인의 관점에서 서술하는 데에서 중요한 역할을 해서 그는 하나의 '신화'를 만들어냈다. 이 신화를 "깨는 일에서 최근 20년의 비판적 군사사 서술은 대부분 성공하지 못했다."[17]

만슈타인은 자기의 회고록에서 일체의 정치 논의를 제거하려고 안간힘을 쓴다. 지적되었듯이, 이렇게 함으로써 그는 오로지 제2차 세계대전의 작전술적·전술적 양상에만 초점을 맞추어 전략 수준의 논의를 회피할 수 있다. 전략 수준의 논의를 했더라면 그는 히틀러가 벌인 전쟁의 범죄성을 제대로 다루지 않을 도리가 없었을 것이다. 그러나 만슈타인은 자기 경력에 도움이 될 때에는 부끄러움 없이 정치적 언어를 썼다. 그 같은 사례로는 히틀러가 50세 생일을 맞아 1939년 4월 20일에 한 연설이었다. 그날 독일의 거의 모든 위수부대에서 열병식과 축하 행사가 있었고, 지휘관들이 연설을 했다. 이것들은 전적으로 임의였다. 연설을 하라는 명령도 없었고 통상적인 독일국방군 축하 의전에 연설 규정도 없었다. 실제로, 지휘관의 42퍼센트가 그날 연설을 하지 않았다. 만슈타인은 연설을 했을 뿐만 아니라 히틀러에게 하느님이 독일을 구원해서 다시 위대하게 만들려고 보낸 분이라는 찬가를 바쳤다. 그는 군인으로서 히틀러가 어디로 이끌든지 그 독재자를 따르겠다는 뜻을 내비치며 다음과 같은 숙명적인 말로 끝을 맺는다.

적대적 세계가 독일 주위에 성벽을 세워 독일 민족이 미래로 나아갈 길을 막고 영도자께서 일을 완수하지 못하도록 방해하는 듯 보일 때, 우리 군인은 영도자께 맹세한다. 모든 열강에 도전해서 그분의 위업을 지켜내고, 전투를 포함해서 그분이 우리를 어디로 이끄시든지 그분의 의지를 실행하겠다고 말이다!"[18]

만슈타인이 자기의 회고록이나 마지막 저술 어디에서도 국가사회주의를 대놓고 비난하지 않는다는 점을 짚는 것도 흥미롭다.[19]

만슈타인의 회고록에서는 1941년 6월 6일에 하달된 히틀러의 악명 높은 범죄적 명령인 '인민위원 명령'에 대해 다음과 같이 한 문단만 할애된다.

인민위원 명령Kommissarbefehl 같은 명령은 전혀 군인답지 않다. 그 명령이 수행되도록 했다면 우리 전투부대의 명예뿐만 아니라 사기도 위태로워졌을 것이다. 그래서 나로서는 내 휘하의 어느 누구도 인민위원 명령을 실행하지 않으리라는 것을 나의 상관에게 알리지 않을 도리가 없었다. 나의 예하 지휘관들은 이 점에서 나와 입장을 전적으로 같이했으며, 군단 관구에 있는 모든 이가 그에 따라 행동했다.[20]

실제로는 만슈타인은 명령을 받자 —지휘관이 히틀러의 명령에 대놓고 불복종할 수는 없었을 터이라— 그 명령을 예하 지휘관들에게 떠넘겼다. 그리고, 사실상 만슈타인이 제11군을 맡은 뒤에 그의 예하 지역에서 인민위원 처형이 일어났다.[21] 만슈타인은 1941년 3월에 히틀러가 소련을 상대로 벌일 무자비한 전쟁의 계획을 세울 때 참석해 있었으므로 그 명령에 유난스레 놀라지 않았을 것이다. 실제로, 만슈타인이 1949년의 재판에서 유죄 판결을 받은 기소 조항들 가운데 하나가 그의 인민위원 명령 실행과 정확히 연관되어 있었다.

게다가 만슈타인은 자기가 나서서 더 광의의 홀로코스트와 관련된 명령서를 하달했다. 1941년 11월 20일에 만슈타인은 인민위원이 아니라 유대인에 초점을 맞추는 명령서를 하달했다. 그 명령서의 일부는 다음과 같았다.

> 6월 22일 이후로 독일 민족은 삶과 죽음을 가르는 싸움을 볼셰비키 체제와 벌여왔다. 이 투쟁은 유럽의 전쟁 규약이 정한 기존의 형태로만 소련군에 맞서 수행되고 있지 않았다. 전선 뒤에서도 싸움이 계속된다. … 유대인은 후방의 적, 아직도 싸우고 있는 붉은 군대의 잔존 병력, 붉은 군대 지도부를 잇는 매개자다. 유대인은 유럽에서보다 더 강력하게 소련의 정치 지도부와 행정부의 모든 핵심 요직을 움켜쥐고 상업과 교역을 관리하며, 게다가 모든 소요와 일어날지 모를 봉기의 핵을 이룬다. 유대인-볼셰비키 체제는 단번에 영원히 절멸되어야 한다. 그 체제가 유럽의 생존 공간을 다시 침범해서는 안 된다. … 독일 군인은 볼셰비키 테러의 정신적 보균자인 유대인을 혹독하게 응징할 필요성을 인식해야 한다. 또한 이 혹독한 응징은 유대인이 거의 다 불러일으킨다고 할 수 있는 모든 봉기의 싹을 잘라내기 위해서라도 필요하다.

따라서 만슈타인은 사실상 히틀러에게 동의했고 볼셰비즘 뒤에는 유대인이 있다는, 볼셰비키는 곧 유대인이며 유대인은 곧 볼셰비키라는 히틀러와 나치의 신념에 동의했다. 만슈타인은 자기의 회고록에서 이 명령서를 언급하지 않는다. 뉘른베르크 재판에서 미국의 텔퍼드 테일러 검사가 그 명령서를 들이밀었을 때 만슈타인은 "저는

이 명령서가 제 기억에서 완전히 사라지고 없다고 말해야 합니다"라고 대답했다.[22]

그 명령서는 만슈타인이 특히 그가 지휘 책임의 일체를 맡은 크림반도에 있는 제11군의 사령관으로서 홀로코스트에서 한 역할을 설명하는 데 도움을 준다. 만슈타인은 비록 악명 높은 오토 올렌도르프 예하 특무기동대 D가 저지르고 있었던 살인에 관해 뭔가 알았다는 것을 부인했을지라도 (그가 자기 부하들에게서 그 처형에 관한 보고를 받았다는 점에서) 소극적으로든, (그가 특무기동대 D를 지원하고 최소 한 건의 학살에 대한 명령을 실제로 내렸다는 점에서) 적극적으로든 연루되었다. 올렌도르프는 자기의 행위 탓에 전쟁 뒤에 재판을 받고 처형될 터였고, 독일국방군과 자기의 특무기동대 사이의 협조에 관해 죄를 입증하는 증언을 했다.

만슈타인은 학살에 관한 정기 보고를 받는데, 그 보고의 대다수를 무시했다. 사례 하나가 여기서 유용하다. 울리히 군체르트라는 대위는 유대인 남녀와 어린이가 처형되어 그들의 주검이 구덩이 안에 내던져지는 모습을 본 목격자였다. 그 사건에 충격을 받은 군체르트는 그 살인 행위를 만슈타인에게 지체 없이 보고했고, 조치를 취하라고 그를 다그쳤다. 만슈타인은 거절했다. 그는 자기가 후방 지역에서 발생하는 일에는 영향력이 없다고 주장했는데, 이것은 진실이 아니었다. 게다가 그에게는 다른 걱정거리가 있었다. 그는 군체르트에게 그 이야기를 퍼뜨리지 말라고 경고했다. 군체르트는 "그것은 책임 회피, 윤리 파탄이었다"라고 썼다.[23]

만슈타인 예하 부대는 수송 차량, 연료, 운전병, 군사경찰을 제공해서 지역에 비상경계선을 쳐서 특무기동대 D에 자주 협조하곤 했다. 만슈타인이 가장 악랄하게 적극적으로 참여한 사례는 1941년 11월에 심페로폴에서 유대인 1만 1천 명을 학살한 것이었다. 2천 명이 넘는 독일 군인이 그 행위에 가담했다. 올렌도르프와 정기적으로 접촉하던 만슈타인의 참모장 오토 뷜러는 학살 직후에 비극적 사건에 기괴한 기조를 보태서 죽은 유대인에게서 거둔 손목시계를 모조리 군대에 넘기라고 올렌도르프에게 지시하는 만슈타인의 명령에 관해서 썼다. 올렌도르프는 얼마간 항거한 뒤에 수리한 시계 120개를 부대원들에게 나눠주도록 제11군에 넘겼다. 그런데 뷜러는 특무기동대 D에 협조한 혐의로 8년 감금형을 선고받았다.[24]

만슈타인이 크림반도에서 제11군을 지휘하는 동안 특무기동대 D가 9만 명이 넘는 유대인을 죽였고, 따라서 크림반도를 '유덴프라이 judenfrei'[*]로 만들었는데, 이 일을 만슈타인은 재판에서 부인했고 자기의 회고록에서도 언급하지 않는다.[25] 또 다른 경우에, 만슈타인이 엡파토리야[**]에서 앙갚음으로 1,300명을 총살하라고 명령했다는 보고가 있다. 만슈타인은 그런 명령을 내리지 않았다고 부인했지만, 보복 처형은 정당하다고 주장했다.[26] 그러나 그의 전속 부관인 알렉산더 슈탈베르크는 자기의 회고록에서 만슈타인이 유대인 10만 명이 자기 집단군의 후방 지역에서 살해되었다는 말을 들었을 때 그가 얼마나 충격을 받고 믿지 못했는지를 애써 말한다.[27]

대다수 독일 장군처럼 만슈타인은 독일군이 러시아 민간인과 얼마나 좋은 관계를 맺었는지를 강조하려고 애쓴다. 다만 그 좋은 관

---

[*] '유대인을 모조리 없앤', 또는 '유대인이 일소된'이라는 뜻으로 나치가 사용한 독일어 낱말.
[**] 크림반도 서쪽 해안에 있는 도시.

계를 점령지의 나치 관리들의 악랄한 행위가 망쳤을 뿐이라는 것이다. 심지어는 1943년과 1944년에 퇴각하는 독일군이 실행하는 '초토화' 정책의 맥락에서조차도 만슈타인은 이 신화를 완고하게 고수했다. 그는 드네프르강에서 붉은 군대가 퇴각하는 독일군을 추격했으므로 야금야금 잠식해오는 붉은 군대가 어떤 자원도 이용하지 못하도록 막으려면 민간인에게 일련의 야만 행위를 해야 했다고 주장하면서 그 행위의 실상을 애써 외면한다.

당연히 우리가 그 지역을 '약탈'할 리 없었다. 약탈은 —다른 어떤 군대와도 달리— 독일 육군이 용인하지 않는다. … 독일국방군 최고사령부는 민간인도 소개疏開해야 한다고 지시했다. 사실상, 이 강제조치는 즉각 재징집되었을 징병 연령대 남자에게만 적용되었다. 다른 한편, 상당한 비율의 러시아 민간인이 무시무시한 소련군을 피하려고 아주 자발적으로 우리의 퇴각에 합류했고, 우리 스스로가 나중에 독일 동부에서 보게 될 대열처럼 큰 대열을 이루어 걸었다. 이 사람들은 억지로 끌려가기는커녕 독일군에게서 가능한 모든 도움을 받으며 드네프르강 서쪽 지역으로 인도되었고, 그곳에서 독일 당국이 손을 써서 그들에게 먹을 것과 지낼 곳을 주었다. 그들은 바란다면 말과 소를 비롯해 가지고 갈 수 있는 것은 모두 다 가져가도 된다고 허용되었고, 어디에서든지 우리가 용케 할 수 있는 곳에서는 그들이 마음대로 쓰도록 우리 차량을 내주었다. 비록 이 사람들이 전쟁 탓에 엄청난 불행과 고난을 겪었을지라도, 그 고난은 독일의 민간인이 당한 테러 폭격이나 나중에 독일의 동쪽 영토에서 발생한 일에 견줄 바는 아니었다. 어쨌든, 독일 측이 취한 모든 조치는 군사적 필

요에 좌우되었다.[28]

이것은 순전히 터무니없는 말이다. 1941년에 승승장구하던 때조차도 독일 육군은 처음부터 민간인에게 짐승처럼 굴었다. 현지 징발이 —즉, 약탈 행위가— 도처에서 자행되었다. 독일군이 필사적으로 총퇴각하고 있었으므로, 민간인을 전보다 조금이라도 더 좋게 대우한다는 생각은 터무니없었다. 여기서, 실제로 독일군이 하고 있었던 것은 임시 방어시설과 방어선을 만들 수 있는 건강한 성인 민간인을 포함해서 쓸 수 있는 모든 것을 가져가는 한편으로 그 밖의 것은 모조리 파괴하고, 따라서 어린이, 병자, 늙은이를 남겨놓고 떠나서 혹심한 궁핍을 겪도록 만드는 것이었다.

1949년 8월에 만슈타인은 전쟁범죄 혐의 18건으로 영국 군사법정에 회부되어 함부르크에서 재판을 받았다. 고위 독일국방군 장군의 마지막 재판이었다. 그 재판이 서독에서뿐만 아니라 영국에서도 논란거리였다는 것은 —베를린 봉쇄가 막 풀리는 등— 냉전이 대두하고 있었음을 보여주는 지표다. 영국은 소송 절차를 개시하기를 주저했지만, 소련과 폴란드가 만슈타인을 넘겨받아 재판해야 한다고 요구하고 있었기 때문에 소송 절차를 개시했다. 소련과의 관계를 염두에 두고 영국은 자기들이 사법적으로 행동해야 한다고 느꼈다. 그러나 처칠이 보란듯이 25파운드를 최초로 기부하면서 영국의 보수주의자들이 만슈타인의 변호 기금을 위해 모금을 한 것도 그 시대의 징후였다. 철학자 버트런트 러셀Bertrand Russell*이 그랬듯이, 치체스터 주교Chichester**가 독일 장교들의 일반 사면을 지지하는 발언을 했다. 또한 영국은 미래의 어느 시점에서 서독의 인력이 유럽의 방어에 필요할지 모른다는 것을, 그리고 서독 군대 장교의 대다수가 독일국방군 장교였다는 것을 알고 있었다. 실제로, 서독인은 투옥된 독일국방군 장교가 구금 상태인 한 독일 군인은 군복을 입지 않겠다는 의견을 넌지시 표시하고 있었다. 『이코노미스트*Economist*』*는 다음과 같이 썼다. "독일의 가장 유능한 전시 지휘관들을 한 명이라도 러시아나 폴란드에 넘겨준다면 냉전에서 독일의 서방 지지를 규합하기가 무척이나 불가능할 것이다. ⋯"[29] 1945년에 변호 각서를 쓰라고 장군들을 다그쳤던 윌리엄 도너번이 또다시 끼어들어 뉘른베르크에서, 필요하다면 장군들을 변호할 태세를 갖춘 자기 친구 파울 레버퀸Paul Leverkuehn**을 불러들여 만슈타인의 변호를 돕게 했다.[30]

만슈타인의 변호사는 영국의 노동당 국회의원 레지널드 패짓Reginald Paget***이었는데, 그는 독일인들과 유대계 영국인 변호사 샘 실킨Sam Silkin****의 지원을 받았다. 패짓은 자기의 만슈타인 변호의

---

* 영국의 철학자(1872~1970). 제1차 세계대전에 반대하는 평화운동을 하다 모교 케임브리지대학에서 해임된 뒤 논리학 등의 연구와 저술에 전념했다. 제2차 세계대전 때도 전쟁에 반대했고, 냉전기에는 핵무기 반대 운동을 이끌었다.

** 캔터베리주 치체스터 교구를 관장하는 영국국교회 성직자. 1929~1958년의 치체스터 주교는 조지 벨(1883~1958)이었다.

* 1843년에 창간된 영국의 주간지. 경제, 국제정치, 문화를 주로 다룬다.

** 독일의 정치가(1893~1960). 제1차 세계대전 때 외무부 비밀요원으로 활동했고, 1930년에 변호사 자격을 얻었다. 나치당에 가입했고, 제2차 세계대전 때 터키와 중동에서 외교관으로 일했다. 전후에는 기독교민주당에서 정치가로 활동했다.

*** 영국의 법조인(1908~1990). 대대로 보수당을 지지하는 귀족 가문 출신인데 케임브리지대학 학생 때 노동당에 입당했다. 1934년에 변호사 자격을 얻었고, 제1차 세계대전 때 영국 해군 의용예비대에서 활동했다. 1945~1974년에 하원의원을 지냈다.

밑바탕을 뉘른베르크식 변론*에 두었고, 아니나 다를까 어김없이 독일 장교들은 만슈타인 같은 사람들이 여전히 구금되어 있는 한 다시 군복을 입지 않겠다는 정치적인 주장을 했다.[31]

변론 자체가 "제3제국의, 그리고 제3제국이 러시아에서 사용한 전쟁 방식의 옹호자"가 됨으로써 '결백한' 독일국방군 신화의 강화를 도왔다.[32] 패깃은 방어 시설을 짓는 데 민간인과 전쟁포로를 동원한 것과 무장한 민간인을 총살한 것 등 독일이 행한 많은 행위가 제네바 협약의 허가를 받은 것이라고 주장했다. 그는 퇴각하는 독일군의 '초토화' 정책을 그 상황에서는 어떤 군대도 퀸즈베리 후작의 규정**에 따라 싸우지 않을 것이기 때문이라며 변호했다. 그는 영국군도 미군도 1944년에 군사재판 법규를 모든 명령에 복종할 의무로부터 모호한 입장으로 변경했다고 주장했다. 더 나쁘게도, 그는 유대인과 볼셰비즘이 동일하다는 나치의 주장을 입증하고, 그렇게 해서 만슈타인의 1941년 11월 20일 자 명령을 변명하려고 시도한다. (이 변호 주장에 실킨이 보인 반응에 관한 기록은 없다.) 더욱이, 패깃은 만슈타인에게 영웅의 역할을 맡겼다. 그의 마무리 발언은 다음과 같은 말로 끝난다.

이 재판의 정치적 목적은 독일군과 그 군대의 가장 위대한 지휘관

**** 영국의 법조인(1918~1988). 노동당원이면서 뛰어난 크리켓 선수였고, 1941년에 변호사 자격을 얻었다. 1964~1983년에 하원의원을 지냈다.
* 뉘른베르크 재판에서 전쟁범죄 행위로 기소된 피고인이 유죄 판결을 모면하고자 하급자여서 상부의 명령을 따를 수밖에 없었다는 식으로 자기를 변호한 논법.
** 링에서는 솜을 넣은 글러브를 써야 한다는 등 영국의 퀸즈베리 후작이 1865년에 제정한 권투의 기본 규칙을 말하며, 현대 권투의 기반이 되었다.

의 명성을 깎아내리는 것이었습니다. 그것은 완전히 실패했습니다. 우리는 아프리카, 이탈리아, 프랑스에서 독일국방군과 대결했을 때 그들이 품격 있는 군인임을 알았습니다. 우리는 러시아의 정치선전을 받아들였기 때문에 독일군이 동부에서 야만인처럼 싸웠다고 믿었습니다. 그것은 이 경우에 증거가 아니었습니다. 그렇기는커녕, 증거에 따르면 소름 끼칠 만큼 야만스러운 상황에서도 독일 군인은 상당한 절제와 대단한 규율을 보여주었습니다. 저로서는 기쁩니다. 서유럽을 방어하려면, 이 품격 있는 군인들이 우리 동무여야 합니다. 재판장님, 패자의 명성을 깎아내리는 것은 승자의 권한이 아닙니다. 만슈타인은 독일 국민 사이에서 영웅이며 영웅으로 남을 것입니다. 만슈타인은 독일 국민이 거둔 승리의 설계자이며, 그들이 맞닥뜨린 패배의 헥토르였습니다. 헥토르는 트로이가 멸망할 것임을 너무나 잘 알면서도 거대한 패퇴 속에서 지휘를 한 인물입니다. 지금 이 법정 앞에서 그는 자기가 복무한 군대의, 그리고 자기의 명령으로 목숨을 잃은 부하들의 명예를 위해 두려워하지 않고 마지막 전투를 벌였습니다. 여러분이 그의 위상에 순교의 제관을 보태든 말든, 그는 독일의 기개, 용기, 확고함에서 최선인 순교의 본보기 노릇을, 그리고 우리에게는 그것에 해당하는 마땅한 낱말이 없으며 로마인이 '그라비타스gravitas'*라고 부른 것의 본보기 노릇을 할 것입니다. 만슈타인의 명성을 해치는 것은 여러분의 권한 밖에 있으며, 여러분 자신의 명성을 해칠 수 있을 따름입니다.[33]

---

* 책임감이 강한 고매한 인격의 진중함과 존엄함을 뜻하는 덕목. 고대 로마에서 지도자에게 요구되던 여러 덕목 가운데 하나였다.

독일인을 명예로운 군인으로, 러시아인을 실제 야만인으로, 독일 국방군 사령관을 명예의 본보기로, 만슈타인을 트로이의 헥토르로 여기는 이 말은 결백한 독일국방군 신화의 핵심을 표현한다.

패짓이 항변했는데도 법정은 아홉 개 기소 조항에서 만슈타인에게 유죄를 선고했다. 그 기소 조항에는 자기의 지휘 구역 안에서 살인을 막지 않은 직무 태만, 방어 시설을 만들고 지뢰밭을 제거하는 일에 소련 포로와 민간인을 동원한 것, 자기의 지휘 구역 밖에 있는 민간인을 강제 이송한 것, 소련군 전쟁포로를 학대하고 총살한 것, 그들을 보안방첩대에 넘긴 것, 인민위원의 명령을 실행한 것, 부하들이 보복으로 민간인을 총살하도록 허용한 것이 들어 있었다. 그에게 18년 감금형이 선고되었다.

하지만 잘 생각해보면, 이 모든 일은 냉전의 맥락 안에서 일어나고 있었다. 만슈타인은 1953년에 조기 석방을 얻어냈고, 얼마간은 처칠과 아데나워 사이의 고위급 협상 덕택에 때마침 새 독일연방군의 토대를 닦고 있던 연방방위청*의 보좌관이 되었다.[34] 패짓은 만슈타인의 이력과 재판에 관한 베스트셀러 서적을 펴냈는데, 이 책은 대중의 기억 속에 그 재판의 피고 측 견해를 —따라서, 신화를— 굳혔다. 이에 보태서 만슈타인 예찬자인 영국의 역사가 리델 하트가 (미국에서는 『독일 장군들이 말하다』로 출간된) 또 다른 베스트셀러 『언덕의 이면*The Other Side of the Hill*』을 펴냈는데, 이 책은 만슈타인을 가장 위대한 작전의 천재이자 연합군에 맞선 가장 효과적인 지휘관으로 떠

---

* 독일 연방 내각의 국방장관이 수장으로 있는 최고 연방 행정기관. 국방부에 해당한다.

받들었다. 물론, 이것이 만슈타인의 자화자찬식 회고록의 토대를 마련했다. 그 3대 저작은 동부전선 신화에 엄청나게 이바지했다.

회고록은 쓰지 않았지만 미국 육군용으로 준비되는 연구서에서 신화 창출에 나름대로 이바지한 할더와 달리, 만슈타인은 역사과와 함께 작업하지 않기로 마음먹고 자기의 회고록 및 다른 저작을 통해 독일국방군의 위생 처리에 이바지하는 쪽을 택했다.[35] 그렇게 함으로써 그는 자기가 뉘른베르크 재판에서 추구하기로 맹세했던 대의에 자기 삶을 바쳤다. 법정이 독일국방군 최고사령부는 '범죄 조직'으로 분류될 수 없다고 결정한 지 하루 뒤인 1946년 10월 2일에 만슈타인은 아내에게 다음과 같은 편지를 써 보냈다.

뉘른베르크에서 총참모본부가 범죄 조직으로 선언되지 않아서 나는 무척이나 흡족했다오. 그래서 내 평생 작업의 초점이었던 군대를 변호한 열 달 동안 나는 군대를 위해 한 번 더 봉사할 수 있었소.[36]

만슈타인은 이 봉사를 여생에 계속할 터였다. 만슈타인이 성공했다는 것은 서방 학자들이 그의 회고록에 관해 쓴 열광적인, 심지어 숭배하는 듯한 서평으로 입증된다. 전형적인 사례는 다음과 같다.

아마도 그것(그 회고록)의 최대 가치는 그것이 한 위대한 작전 기획자의 생각과 고난을 거울처럼 정확히 보여준다는 점이다. 독자는 일급 해법의 지적 창출에 참여한 살아 있는 진정한 군사 재능을 본다. 모든 형태의 지상전에 통달한, 그리고 부하들을 탁월하게 이끈 이 군사 논리학자를 기리는 행사는 찬탄을 자아내며, 또한 독자의 마음을 훈육한다.[37]

이미 전쟁 동안 만슈타인은 당연히 영국과 미국에서 언론 보도감이었다. 1944년 1월 10일에 『타임』이 만슈타인을 표제 기사로 다루었다. 그 기사는 초점을 유연 방어에서 나타난 그의 전술적 천재성에 맞추었는데, 유연 방어는 1950년대의 미국 육군도 강한 인상을 받고 본받을 만하다고 여길 전술이었다. '후퇴는 능숙할지 모르지만, 승리는 그 반대 방향에 있다'는 부제가 생생하게 보여주듯이, 독일군은 동부전선에서 궁극적으로는 진다는 깃이 기사의 요지인데도, 그 기사는 만슈타인에게 '전쟁을 위한 천재성'과 '전술적 탁월성'이 있다며 그를 칭찬한다. 그 기사는 "패배하고 절망했는데도, 오늘날의 독일 소시민에게 만슈타인보다 더 위대한 군사적 우상은 없다"는 말로 끝을 맺는다.[38] 이것은 냉전의 맥락에서 미국인에게도 진실에 무척 가까울 터였다.

하인츠 구데리안은 1930년대에 기갑전의 강력한 주창자로 등장했다. 그는 전격전의 아버지라는 명성을 나중에 자기 스스로 키웠는데, 그 명성은 다른 장교들도 나름대로 이바지를 했다는 점을 감안하면 다소 부풀려진 것이다. 그러나 구데리안은 대단한 시사 작가였다. 그는 글을 엄청나게 많이 썼고 『주목, 기갑부대! *Achtung, Panzer!*』를 1937년에 펴냈는데, 이 책은 전통 지향성이 더 강한 많은 장교에게 경악스럽게도 베스트셀러가 되었다.

구데리안은 폴란드 전역에서 제19군단을 지휘했고, 대담한 전공으로 1급 철십자훈장과 2급 철십자훈장을 받았다. 그는 자기의 실질적인 명성을 프랑스에 맞서 예하 기갑부대를 맹렬하게 몰아서 아르덴 숲에서부터 프랑스를 가로질러 영국해협까지 질주한 이듬해 봄에 얻었다. (구데리안 예하 전차에는 노란색 'G' 자가 붙어 있었으니, 그는 겸손

한 사람이 아니었다.) 그 성과에 힘입어 그는 상급대장으로 진급해 제 2기갑군 사령관이 되었고, 러시아 전역의 초기 몇 달 동안 제2기갑군을 성공적으로 지휘했다. 그러나 그는 명령을 어기고 1941년 12월에 모스크바 앞에서 독단적으로 후퇴했고, 직위 해제되어 고위 장교 예비대에 배치되었다.

스탈린그라드 전투 뒤 구데리안은 독일의 기갑 전력을 확충하기 위해 기갑총감으로 도로 불려왔다. 이 직위에서 알베르트 슈페어 Albert Speer* 군수장관과 함께 일하며 그는 여러 전선에서 싸우는 데 필요한 전차를 개발해서 대량으로 생산하려는 노력의 일환으로 독일을 누비며 돌아다니면서 설계하고 생산하는 시설을 방문했다. 이 과업에서 그는 대체로 성공했다.

1944년 7월에, 히틀러를 모살하려다가 미수에 그친 장교들의 음모 직후에 구데리안은 육군 참모총장이 되었는데, 이 직위는 이 무렵에 히틀러가 거의 모든 지휘 책임을 장악했던 것을 감안하면 대체로 명예직이었다. 구데리안은 전쟁이 끝난 1945년 3월 28일에 겉으로는 건강상의 이유로 다시 직위 해제되었다.

자기의 회고록에서 구데리안은 둔감한 편이어서 기갑전의 잠재력을 보지 못한 이들, 특히 독일 육군 최고사령부에 있던 이들과, 그리고 자기 앞길을 방해하려고 애쓴 이들과 줄곧 싸우면서 모든 전역에서 주도권을 잡고 기존의 한계를 뛰어넘는 대담하고 혁신적이며 과

---

* 독일의 건축가(1905~1981). 대학에서 건축을 전공했고, 1931년에 나치당에 가입했다. 히틀러의 신임을 얻어 제3제국의 건축을 구상했고, 1942년부터 장관이 되어 군수생산을 지휘했다. 뉘른베르크 재판에서 과오를 뉘우쳤지만 유죄 판결을 받고 20년 동안 복역했다.

감한 실천형 지휘관으로 스스로를 내세운다. 구데리안은 1940년 프랑스 전역에 관해서 다음과 같이 쓴다. "아브빌*의 대서양 연안 지대에 이를 때까지 나 혼자 모든 결정을 내렸다. 최고사령부가 내 행동에 미치는 영향은 내내 구속일 따름이었다."[39]

그의 회고록은 독일 기갑부대의 발전을 다루는 한 개의 장으로 시작되는데, 그는 그 발전을 거의 다 자기의 공으로 돌린다. 자기가 끈질기게 주도한 덕택에 1935년 가을에 최초의 3개 기갑사단이 창설되었다는 것이다. 줄곧 그는 덜 깬 고루한 장교들의 저항에 마주친다. 그들은 전쟁 동안에도 똑같이 그러할 터지만 계획이 수립되는 여러 해 동안 자기를 방해했다는 것이다. "논쟁은 자주 극도로 과열되었다. 그러나 끝내는 참신한 착상의 고안자가 반동가와 맞선 싸움에서 이겼다. 연소기관이 말을, 대포가 장창長槍을 물리쳤다."[40]

전쟁 자체로 관심을 돌린다면 구데리안은, 전쟁 뒤에 글을 쓴 거의 모든 독일 장군과 마찬가지로, 히틀러의 결정과 여러 단점을 비판한다. 그 독재자가 자기 말을 들었더라면 전쟁 결과가 달라졌을 것이라는 암시다. 그는 최고사령부의 독일 장군들에게도 마찬가지로 비판적이다. 그는 히틀러가 프랑스를 이긴 뒤에 북아프리카를 침공해서 곧바로 영국과 교전해야 했다고, 히틀러는 애초에 러시아를 침공해서는 안 되었다고, 1941년에 히틀러는 곧장 모스크바로 밀고 들어가야 했다고, 히틀러는 1941년 12월에 독일국방군이 모스크바를 점령하지 못했을 때 총퇴각 명령을 내려서 방어진지를 개선해야 했다고,

---

* 프랑스 북부 해안에 있는 소도시. 1940년 봄에 영국-프랑스 연합군이 독일군의 공격에 밀려 프랑스 북부 지역에 몰려 있었는데, 구데리안의 기갑부대가 5월에 20일에 아브빌을 점령하면서 영국군과 프랑스군이 두 동강 나서 위기에 빠졌다.

히틀러는 1944년에 서방에서 아르덴 공세를 개시하지 말고 줄어드는 독일의 군사적 자원을 동방의 방어 작전에 집중해야 했다고 주장한다.[41]

늘 그렇듯이, 구데리안은 과장과 절반의 진실이라는 비용을 들여가며 스스로를 치켜세운다. 예를 들어, 그는 자기가 1941년 말엽에 모스크바 공격을 지속하기를 꺼렸음을 부풀린다.[42] 실제로는 구데리안은 여름에 얻어낸 것을 잃지 않으려고 1941년 11월 중순에 모스크바로 계속 밀고 나아가기를 옹호했다. 사실, 그는 남쪽에서부터 모스크바를 차단하기 위해 랴잔에 도달하는 것을 예하 제53군단 소속 2개 사단의 목표로 설정할 만큼 낙관적이었다. 이것은 140킬로미터를 진군한다는 뜻이었는데, 구데리안은 3주가 걸리리라고 추산했다. 딱 한 달 뒤에 그는 그 두 사단이 지나치게 노출되었다고 판단해서 단독으로 퇴각을 명령했다.[43] 그러나 이것은 그의 회고록에 있는 훨씬 더 터무니없는 허위, 절반의 진실, 누락에 견주면 사소한 누락이다.

구데리안은 러시아를 공격할 이유를 1941년 6월 14일에 히틀러에게서 들었다고 주장하며, 모든 장교가 입을 다물고 무거운 마음을 안고서 회의장을 떠났다고 주장한다.[44] 이것은 정말로 솔직하지 못하다. 이미 3월 30일에 히틀러는 소련에 맞선 향후의 전역이 인종 절멸의 성격을 띤다고 휘하 사령관들에게 밝혔다. 구데리안이 그 발언을 듣지 못했다고는 믿기 힘들다.

그는 히틀러가 바르바로사 작전 초기에 하달한 악명 높은 범죄적 명령이라는 ─특히, 사법관할권 명령과 인민위원 명령이라는─ 아주 심각한 문제에는 딱 한 페이지만 할애한다.[45] 그는 독일군 부대원들이 소련 주민에게 자행할지 모르는 모든 행위에 대해 그들을 사전에 사면한 '사법관할권 명령'을 규탄하는데, 그 이유는 그 명령이 범죄적이거나 비인도적이어서가 아니라 군대의 사기에 나쁜 영향을 끼칠지 몰라서였다. 그는 어쨌든 자기의 부대는 그 명령을 결코 실행하지 않았고 '인민위원 명령'도 실행하지 않았다고 단언한다. "똑같이 악명 높은 이른바 '인민위원 명령'은 나의 기갑집단에는 심지어 도달하지도 않았다." 이어서 그는 이 명령들을 저지하지 않았다며 최고사령부(독일 육군 최고사령부와 독일국방군 최고사령부)를 비판한다. 바로 이 기관들이 맨 먼저 그 명령의 초안을 만들었다는 사실을 잊고서 말이다! 여기서 그의 단언은 그야말로 사실이 아니다.

그는 독일군이 러시아 민간인을, 그들의 종교와 문화를 배려했다는 미심쩍고 오래된 언명을 내놓는다. 그는 1941~1942년 시기에 관해 다음과 같이 썼다. "이 겨울 전투가 이어지는 동안 우리는 본국과 제11군, 그리고 러시아 주민에게 식량을 공급하는 문제에 대처해야 했다. 1941년의 수확은 그 나라 곳곳에서 풍작이었고 빵을 만들 곡물이 풍족했고 … 우리 부대의 수요는 도시의 러시아 민간인의 수요가 그런 것처럼 확보되었다. …"[46] 그는 우리에게 비축분이 1942년 3월까지 버틸 수 있을 분량이었다고 확언한다.

이것은 황당한 헛소리다. 1941년의 수확은 러시아의 곡창 지대인 우크라이나가 이 기간 동안 격전의 현장이었기 때문에 풍작일 수 없었다. 더구나, 독일이 러시아에서 시행한 정책은 러시아 주민, 특히 도시민이 대개 굶주릴 것을 상정하고 자원을 모조리 독일로 실어 보낸다는 것이었다. 동방종합계획은 1400만 명의 감손율을 상정했다. 레닌그라드에서만 75만 명이 굶어 죽을 터였다.[47]

구데리안은 스몰렌스크에 있는 대성당을 방문했다가 소련이 그

대성당을 무신론 박물관으로 전환했다는 데 충격을 받았다고 주장했다. 귀중한 종교 물품들이 바닥 곳곳에 흩어져 있었다. "아름다운 모습이 아니었다." 구데리안은 그 물품을 맡아 관리할 수 있는 러시아인 한 명을 찾으라고 명령하고는 그 대성당을 원래의 예배소로 되돌렸다. "그 대성당이 나중에 어떻게 되었는지 나는 모른다. 그때 우리는 그 대성당이 훼손되지 않도록 애썼다."[48] 마찬가지로, 그는 독일군이 부대 본부로 징발한 야스나야 폴랴나*의 톨스토이 영지를 자기가 얼마나 잘 돌보았는지를 자랑한다. "가구 하나도 불사르지 않았고 책이나 원고도 건드리지 않았다." 모든 것이 보존되었고 구데리안은 심지어 톨스토이의 무덤이 잘 유지되도록 무덤을 방문했다는 것이다. 구데리안은 톨스토이의 영지가 훼손됐다고 알리는 전후의 소련 방송을 언급하면서 "그 어떠한 전후의 상반된 언명도 공상의 영역에 속한다"고 쓴다.[49] 늘 그렇듯이, 러시아인들은 독일군을 해방자로 반긴다고 묘사된다. "니에시비에시** 주민은 자기의 해방을 기념하는 감사 예배를 허가해달라고 요청했고, 나는 그들의 이 요청을 들어줄 수 있어서 기뻤다."[50] 그리고 그 행복이 지속되지 않았다면, 그것은 언제나 나치 민간인 행정관들의 ―특히 우크라이나의 에리히 코흐Erich Koch*** 같은 아주 고약한 자들의― 잘못이었다는 것이다.

---

* 러시아의 툴라 부근에 있는 톨스토이 가문의 영지. 레프 톨스토이가 태어나서 자랐고 창작 활동을 한 곳이다.
** 오늘날 벨라루스의 냐스비주. 1919~1929년에는 폴란드의 영토였다.
*** 독일의 나치 지도자(1896~1886). 의용군으로 제1차 세계대전에 참전했고, 1922년에 나치당원이 되었다. 1938년까지 돌격대에 있었고, 제2차 세계대전 때에는 동유럽 지역의 행정관이 되어 점령지의 민간인을 착취했다. 재판에서 사형 선고를 받았지만 종신형으로 감형되었다.

구데리안은 1943년까지 나치 점령자들의 횡포에 관해 알지 못했다고 주장했다! 구데리안은 1943년 2월의 한 회의에서 빈니차*의 사령관 폰 프리엔 장군에게서 처음으로 정보를 얻었다고 주장한다. "프리엔이 독일의 행정에 관해 나에게 해준 말은 무척 불쾌했다. 독일의 방식, 특히 코흐 제국판무관의 방식은 우크라이나인을 독일의 벗에서 적으로 만들어버렸다. 불행하게도, 우리 군 당국은 이 정책에 맞서 무력했다. 정책은 군과의 협업 없이 보통은 군이 모르는 사이에 군의 의지를 거슬러서 나치당과 행정 기구를 통해 실행되었다."[51] 이것도 명백히 허위였다. 우리가 살펴본 대로, 독일군은 러시아의 평정과 약탈에서 시기를 가리지 않고 —뒤늦게 1943년에야 알았다는 말에는 신경 쓰지 마라— 나치친위대 및 민정 당국과 긴밀하게 협력했다. 이 점은 앞에서 언급된 친위대 여단 지도자이자 경찰 치안감, 힘러의 개인 지휘 참모진의 일원인 에른스트 로데의 다음과 같은 전후 증언이 보여준다. "나의 직분은 친위대·경찰 상급 지도자들에게 파르티잔 토벌전에 필요한 병력을 제공하는 것과 육군 부대 지원을 보장하는 것이었습니다. 이것은 독일국방군 최고사령부와 독일 육군 최고사령부의 작전부 소속 주요 장교들과의 사적인 의논을 통해 나왔습니다. 이름을 대자면, …" 뒤이어 여덟 명의 이름이 나오는데, 그 가운데 하나가 구데리안이었다. 이어서 로데는 "경찰 부대가 제국판무관부**에게서는 대개 차출 불가였으므로, 이 토벌전의 지휘는 실질적으로 언제나 군대의 수중에 있었습니다"라고 말했다.[52]

---

* 우크라이나 남동부에 있는 도시.
** 제2차 세계대전 때 독일이 점령한 영토를 준식민지로 만들기 위해 설치된 총독부.

장군들은 전후 저술에서 자기의 청렴성과 독일에 대한 충성을 강조하기를 좋아했다. 구데리안도 다른 장군들 못지않았다. 그들이 언급하기를 자주 잊은 것은 그들의 충성은 얼마간은 매수되었다는 사실이다. 많은 경우에 히틀러는 크고 작은 부동산을 휘하의 장군, 육군 원수, 제독, 예를 들어 에리히 레더, 빌헬른 폰 레프, 게르트 폰 룬트슈테트, 발터 폰 브라우히치, 귄터 폰 클루게 등에게 기증하여, 자기가 받은 봉사에 사의를 —그리고 앞으로 충성을 받을 기대를— 표했다. 구데리안은 다른 많은 이와는 달리 자기의 회고록에 그 이야기를 언급한다. 그러나 그는 자기의 부패 가능성에 관한 의혹을 따돌리고자 그 선물을 전혀 나쁘지 않은 것으로 묘사한다. 1942년 봄에 히틀러는 구데리안이 독일 남부에 있는 부동산을 구입하려 한다는 말을 듣고는 그 대신에 구데리안이 그의 선조 땅인 바르테가우*에 터를 잡아야 한다고 제안했다. 그 독재자는 자기가 모든 백엽기사철십자훈장 수여자에게 국가 기증물을 주고 있다고 알리고는 구데리안에게 부동산 하나를 찾으라고 말했다. "이 말을 들었을 때 나는 이제 내 회색 군복을 벗어 개어두고 민간인으로 느긋하게 살 수 있음을 깨달았다."[53] 진실은 살짝 덜 고상하다. 10개가 넘은 영지의 목록을 받은 뒤 차례로 방문한 구데리안은 그 목록에 올라 있지도 않은 영지를 —거대한 2800만 제곱미터짜리 농장을— 골랐다. 그곳의 관구장**인 아르투어 그라이저Arthur Greiser***가 힘러의 후원를 받아

---

* 1939년에 병합된 폴란드 영토로 구성된 나치 독일의 부속령인 라이히스가우 바르텔란트를 줄인 표현.
** 나치당 지부장, 또는 우리나라의 도에 해당하는 나치 독일의 행정구역인 관구(Gau)의 책임자.

그 영지를 내주기를 거부하고는 이만한 크기의 영지를 상급대장이 차지하면 육군 원수의 영지는 어디 있겠냐고 말했다. 결국, 구데리안은 다른 목록을 다시 받아 영지를 찾아냈다. 그 영지는 한 폴란드인 가문에게서 몰수되었으며 가치가 124만 마르크인 다이펜호프*였다.[54]

1944년 7월 20일 사건, 즉 장교들의 히틀러 모살 음모 직후에 구데리안의 행동을 좌우하는 데 일조한 것은 ㅡ그의 2천 마르크 월급은 말할 나위도 없고ㅡ 아마도 충성에 주어지는 이 보상이었을 것이다. 구데리안은 그 음모가 미수에 그친 뒤 참모총장에 임명되었을 뿐만 아니라 군사재판 기구인 특별 명예법정Erenhof의 일원으로 활동해달라는 요청을 받았다. 명예법정의 임무는 그 음모를 꾸민 이들이 악명 높은 국민재판소**에서 재판을 받고 교수형에 처해질 수 있게끔 그들을 군에서 쫓아내는 것이었다. 구데리안은 또다시 스스로를 가능한 한 가장 훌륭한 모습으로 묘사한다. 그는 이 임무에서 벗어나려고 애를 썼지만 히틀러의 강요 탓에 그 임무를 계속 수행하지 않을 도리가 없었다고 주장했다. 자기는 ㅡ자기가 '역겹다'고 부른ㅡ 법정 회기에 불참하려고 애썼다는 것이다. "내가 들은 것은 지극히 슬프고 속상했다. … 어쩌다 드물게라도 참석할라치면 나는 구제할 수 있는 사람을 구제하려고 최선을 다했다. 이 애정 어린 노고가 성공한 경우는 극소수에 지나지 않았다."[55] 그러나 이어서 그는 공모자

*** 독일의 관리(1897~1946). 1914년에 자원입대했으며, 나치당 초기 구성원이었고 나치친위대원이 되었다. 제2차 세계대전 때 독일이 점령한 폴란드에서 홀로코스트를 수행했다. 1945년에 미군에게 붙잡혀 재판을 받고 교수형에 처해졌다.

* 오늘날 폴란드 중북부의 쿠야비포모제주에 있는 구엠보키에 마을.

** 나치 정권이 반대 세력을 처단하고자 1934년에 설치한 판결 기구이며, 법률의 합헌적 적용 범위 밖에 있는 특별 법정이었다.

들의 행위를 규탄하고는 독일 국민은 명예 서약을 깨고 전시에 국가 수반을 모살하는 그들(장교단)을 비난할 것이라고 말한다.

그러나 그 음모에 대한 구데리안의 진심은 그가 1944년 7월 29일과 8월 24일에 내린 명령서에 드러난다고 보인다. 이 명령서는 그의 회고록에 언급되지 않는다. 7월 29일 자 명령서는 모든 일반 참모 장교에게 나치의 '지도 장교'가 되든지, 아니면 전근 신청을 하라고 지시했다.[56] 8월 24일 자 명령서는 다음과 같았다.

7월 20일은 독일 총참모본부의 역사에서 가장 암울한 날이다. 총참모본부 장교 몇몇 개인의 반역 행위로 독일의 군대, 즉 독일국방군 전체가, 그렇다, 대독일제국* 전체가 파멸의 위기에 몰렸다. ··· 어느 누구에게도 뒤지지 말고 앞장서서 영도자께 충성하라. 어느 누구도 그대보다 더 광신적으로 승리를 믿거나 그 믿음을 더 많이 발산하지 못할 것이다. ··· 무조건적 복종에서 솔선수범하라. 국가사회주의 없이 제3제국의 미래는 없다.[57]

몇 달 뒤 11월 6일의 국민돌격대** 집회에서 구데리안은 "히틀러의 뒤에 국가사회주의자 8500만 명이 서 있으며, 우리는 자발적으로 선서를 했고 지금부터 여러 세기 동안 여전히 사람들은 모든 적에 맞서 정의를 지켜낸 우리 세대의 승리를 이야기할 것"임을 국민돌격대의 노병들이 적에게 입증하리라고 말했다.[58]

---

* 1943년부터 1945년까지 나치 독일의 정식 국호.
** 히틀러의 명령에 따라 1944년 10월 18일에 군복무 경력이 없는 16~60세 독일 남성으로 편성된 민병대.

비록 구데리안이 히틀러와 여러 차례 다퉜고 전후에 스스로를 반나치 인사로 묘사했을지라도 그가 사실은 독일 장군들 가운데 가장 '나치'다운 장군이었음을 시사하는 추가 증거가 있다. 이런 견해차가 있었는데도, 어쨌든 히틀러는 전쟁 동안 구데리안에게 계속 되돌아가서 그의 봉사를 거듭 얻어냈다. 히틀러는 구데리안의 걸걸하고 투박한 방식을 좋아했고 기갑전의 이론과 실제에 구데리안이 한 기여를 높이 샀지만, 다른 무엇보다도 구데리안이 국가사회주의의 가치 체계를 얼마만큼 공유하는지를 알아차렸다. 실제로, 구데리안은 얼마간은 그가 7월 20일 음모 사건 뒤 휘하 장교들에게 내린 명령 때문에 '국가사회주의 지도 장교'로 규정되었다.[59]

요제프 괴벨스Joseph Goebbels*도 확실히 그렇게 생각했다. 구데리안이 1943년 3월에 다시 불려와 기갑총감 직무를 맡았을 때 괴벨스는 일기에 다음과 같이 적었다.

구데리안은 정신을 아주 바짝 차린 사령관이라는 인상을 나한테 주었다. 그의 판단은 명확하고 분별이 있으며 복되게도 그는 건전한 상식을 갖추었다. 의문의 여지없이 나는 그와 함께 일을 잘할 수 있다. 나는 아낌없이 지원해주겠다고 그에게 약속했다.

정확하게 3주 뒤 그는 "나는 영도자와 함께 되니츠와 구데리안을

---

* 독일의 정치가(1897~1945). 1922년에 나치당원이 되었고, 1926년에 선전부장을 맡아 당세를 키웠다. 1933년에 공보장관이 되었다. 제2차 세계대전 때 국민을 독려하며 전쟁 수행 노력을 지휘했고, 1944년에 총력전 전권위원에 임명되었다. 전쟁이 패배하기 직전 가족과 함께 자살했다.

길게 논의했다. 둘 다 영도자의 전적인 신임을 누린다"고 썼다.[60]

히틀러는 1944년 9월 1일에 늑대굴Wolfsschanze*에서 열린 한낮의 전황 회의에서 다음과 같이 말했다. "(서부방벽Westwall**을 보강하기 위해 어느 부대를 보낼지를 정하려고 애쓰는) 이 상황에서 인종적으로 순수한 부대를 구성하는 게 소용없지 않겠는가?" 이 말에 구데리안은 "저는 인종적 순수성에 찬성합니다"라고 대답했다.[61]

끝으로, 구데리안은 심지어 사로잡힌 상태에서도 히틀러와 국가사회주의에 대한 충성을 버리지 않았다. 미국 육군 제7군의 수중에 있는 동안 구데리안은 미국 육군 역사과를 위해 제2차 세계대전의 역사를 쓰는 일에 협력하고 싶으냐는 질문을 받았다. 구데리안과 그의 부하들 가운데 한 사람이었던 레오 가이어 폰 슈베펜부르크는 이 수용소에 수감된 최고위 장교인 빌헬름 폰 레프 육군 원수에게 가서 조언과 허가를 부탁했다. 미군이 대화를 몰래 녹음했다. 레프는 구데리안이 협력해야 한다는 데 동의했지만, 그에게 "조국을 난처하게 만들지도 모를 말을 하지 않도록 이 주제('목적, 대의, 작전의 진척')에 다가설 때에는 귀관의 답변을 조금 신중하게 숙고해야 할 것"이라고 경고했다. 대화의 끝 무렵에, 그 장교들은 생각에 잠겨 제3제국의 12년을 돌이켜보았다. 가이어는 "객관적 관찰자라면 국가사회주의가 노동자의 사회적 지위를, 어느 모로는 가능한 한 노동자의 생활수준까

---

* 히틀러가 독소전쟁을 지휘할 목적으로 동프로이센의 라스텐부르크(오늘날 폴란드의 켕트신) 부근의 숲속에 세운 본부.
** 독일이 마지노선 맞은편 국경 지대에 만든 480킬로미터 길이의 요새 시설. 지크프리트선이라고도 불렸으며, 바젤에서 클레베까지 이어져 있었다. 1944년에 연합군이 노르망디에 상륙하자 히틀러가 이 방어선을 다시 강화하라고 지시했다.

지도 높았음을 인정할 것"이라고 말했다. 레프가 "이것은 국가사회주의의 위대한 성취들 가운데 하나입니다"라고 대꾸했다. 그 말에 구데리안이 끼어들어 "그 기본 원칙은 훌륭했습니다"라고 맞장구를 쳤다.[62] 물론, 이 대화는 구데리안의 회고록에 나오지 않는다. 그는 히틀러가 독일국방군의 전적인 지원을 받아 동방에서 —대량 총살, 마구잡이 약탈, 노예노동으로— 수행한 절멸과 노예화의 전쟁을 언급조차 하지 않는다.

전후에 구데리안은 예전의 독일군 장교단을 겨냥한 재판은 모두 모면했고, 예전의 독일국방군을 복권하는 과정을 시작했다. 이 과업은 냉전의 개시와 서방 방위를 도울 독일 군대가 필요하다는 전망으로 훨씬 덜 어려워졌다.

1950년, 즉 한국전쟁 발발 직후 구데리안은 『서유럽은 방어될 수 있는가?』라는 제목의 짧은 책을 독일에서 펴냈다.[63] 이 책의 도입부에서 그는 제2차 세계대전 이후 러시아의 팽창을 서방이 여러 세기 동안 동방의 줄기찬 공격을 거듭 막아내야 했다는 맥락 속에 놓는다. 이번에는 볼셰비키의 위협이었다. 소련을 단지 "또 다른 형태의 민주주의"로 오판한 서방 열강, 특히 프랑스와 영국과는 달리, 히틀러와 국가사회주의는 동방의 그 거인이 가하는 치명적 위협을 처음부터 알아챘고, 독일이 볼셰비즘을 제압해서 쳐부술 마지막 기회를 잡았다고 확신한 히틀러는 다른 독재 체제와 싸우려고 독재 체제를 구축했으며, 서방과 암묵적 거래를 해서 동방에서 자유재량을 발휘할 권리를 얻었다고 오인한 히틀러가 서방이 자기에게 선전포고를 하는 것을 보고 실망했으며, 그래서 볼셰비즘에 맞서 자기의 전쟁을 죽을 때까지 벌였다는 것이다. 구데리안은 다음과 같이 썼다.

(러시아에 맞선) 전쟁 도중에 유럽의 역사에서 그토록 빈번히 나오는, 그리고 동방에서 오는 위협에 맞선 유럽의 방어력을 약하게 만드는 뭔가가 일어났다. 미국의 막강한 힘 덕분에 전쟁 이후 강해진 서방 열강들은 전쟁 동안에는 러시아와 동맹을 맺었고 독일이 소련과 벌이는 어려운 싸움 속에서 적나라한 생존을 위해 투쟁하고 있는 바로 그 순간에 독일의 후방인 노르망디에 상륙해서 독일의 힘을 깨뜨린 것이다. … 사람들은 서방 열강이 하나의 독재 체제와 거래하고 있다는 것을 깨닫지 못했는데, 그 독재 체제에 견주면 히틀러의 독재 체제는 대수롭지 않았다. … 그래서 천 년의 독일 역사, 독일의 식민 운동, 중유럽의 독일 문화와 문명이 지워졌다.[64]

달리 말해, 서방이 배반해서 서방 문명에 대한 최대 위협에 맞선 전쟁에서 독일이 졌고, 그뿐만 아니라 독일 군인은 유럽을 위해 싸우고 있었을 따름이라는 것이다. 연합국은 "유럽의 수호자에게 판결을 내리기 위해" 러시아가 뉘른베르크 재판의 평결에 참여하도록 허용했다. "사람들은 히틀러의 행위들을 하나의 의지로 판단할 수도 있으므로, 그가 지독한 실수와 오류를 저질렀을지라도 돌이켜보면 그의 투쟁은 유럽에 관해서였다(!). 우리 군인들은 유럽을 위해 싸우다 쓰러졌다."[65] 참으로 파렴치하다. 이것보다 더 좋은 1944년도, 1945년도 나치 정치선전 요약은 있을 수 없었다.

구데리안은 다른 주장들도 하고 있는데, 그 주장은 그의 회고록에서 다시 나올 것이다. 즉, 히틀러는 낙제 수준의 변덕스러운 사령관이었고 나치 민간인 행정관들만이 러시아 민간인을 학대했다면서 러시아의 겨울을 핑곗거리로 삼는다. 또한 구데리안은 (훗날 자기가 펴내는 회고록에서는 대개 빼놓는) 나치의 인종 정치선전을 그대로 따라 하지 않고서는 배길 수 없었다.

　　우리는 욕구 면에서 서방의 민족들로서는 상상 불가능한 원시성을 보유한, 즉 독하고 끈질기고 러시아와 아시아의 대륙성 기후의 고통과 고초에 익숙한 동유럽인, 러시아인, 훨씬 더하게는 아시아인의 완전히 본연적인 유형을 본다. 이 인간형은 전투에 임할 때 느끼기 마련인 극심한 두려움에 다른 어떤 민족보다 더 둔감하다.[66]

　그러나 여전히 구데리안은 미국이 소련을 경제적으로, 기술적으로, 정치적으로, 또는 군사적으로 얕잡아보면 안 된다고 말한다.

　이 모든 것이 독일 군대의 갱신이라는 쟁점과 연관되어 있다. 구데리안은 독일이 완전하고 독립적인 협력자로 복원될 경우에만 유럽의 방어가 이루어질 수 있다고 주장한다.[67] 서방 열강들은 독일을 처음부터 강력하게 방어해야 하며, 러시아가 유럽을 유린하게끔 내버려두다가 되돌아와서 그 지역을 해방하기를 바랄 수는 없다는 것이다. 그 숨은 뜻은 감금 상태로 남아 있는 독일 장교들이 모두 다 풀려나고 그들의 권리가 —다른 무엇보다도 연금이— 회복되고 미래의 독일 군대의 고위 사령관 직위가 그들 몫으로 남겨져야 한다는 것이다. 구데리안을 염탐하는 미군 첩보원들이 발견한 대로, 이 목표를 이루고자 그는 동료였던 여러 사람과 함께 일했다.[68]

　처음부터 미국인들은 구데리안에게서 깊은 인상을 받았고 그의 조언을 구했다. 우리가 지적했듯이, 전쟁 직후에 구데리안을 면담한 조지 슈스터는 그에게 홀딱 넘어가서 미국 군대에 조언을 하도록 그를 워싱턴으로 데려와야 한다고 제안했다.

또한 구데리안은 장차 독일 군대가 서방 방위에 이바지하는 반대급부로 독일 장교들을 교도소에서 풀어주라는 청탁에 나섰다. 그는 1944년에 말메디에서 미군 포로를 총살하라고 명령했던 무장친위대 지휘관 요헨 파이퍼Jochen Peiper*를 위해 유난히 적극적으로 싸웠다. 그가 자기 부하였던 가이어에게 써보낸 바로는, "바로 지금 나는 한디Handy(하이델베르크) 장군과 협상하고 있다네. 이 고상한 신사 분이 불쌍한 파이퍼를 목매달고 싶어 하기 때문이지. 맥클로이는 무력해. 미국 유럽사령부The United States European Command(약칭 Eucom)**가 말메디 재판을 관장하고 있는데, 유럽사령부는 맥클로이에 종속되지 않기 때문이지. 그 결과 나는 트루먼 대통령한테 전보를 쳐서 이 멍청한 짓을 알고는 있냐고 물어보기로 마음먹었다네."[69] 우리가 살펴보겠지만, 무척 흥미롭게도, 파이퍼는 독일국방군을, 그리고 특히 무장친위대를 낭만화하는 미국인의 영웅들 가운데 한 사람이다.

다른 고전적인 회고록 하나가 소장이었던 폰 멜렌틴의 『기갑전투Panzerschlachten』다. 1956년과 1976년 사이에 6쇄를 간행한 이 책은 독일국방군 낭만무협인 사이에서 큰 인기를 계속 누린다.[70] 멜렌틴은, 남부연합 낭만무협인이 사용하는 논거이기도 한데, 독일군이 "무궁

---

* 독일의 군인(1915~1976). 본명은 요아힘 파이퍼. 무장친위대 기갑 지휘관이었고, 전후에 전범재판을 받았지만 몇 해 뒤에 풀려났다. 프랑스로 이주했으나, 괴한이 집에 불을 질러 숨졌다.
** 1947년에 창설되어 독일의 슈투트가르트에 본부를 두고 유럽 일대를 관장하는 미군의 통합전투사령부.

무진해 보이는 엄청난 자원을 지닌 무자비한 적과 마주쳤"다고 지적하는 반면에 러시아 군인 찬양자는 아니어서 러시아 군인을 시종일관 인종적 관점에서 묘사한다. "대다수 러시아 군인은 무감각하고 머리가 둔한 탓에 인명 손실에 무척 무덤덤하다. 러시아 군인은 제 목숨을 자기 전우의 목숨보다 더 귀하게 여기지 않는다. … 그에게 목숨은 소중하지 않다. 러시아 군인은 믿기지 않을 만큼 극심한 고난에 만성이 되어 있으며, 심지어 그 고난에 신경을 쓰지도 않는 듯하다. 그는 폭탄과 포탄에 똑같이 둔감해 보인다." 이것은 러시아 군인 가운데 다수가 "소련 제국의 가장 깊은 오지에서 끌려나온 아시아인"이기 때문이라는 것이다. 러시아 군인은 "본질적으로 용기를 타고났으며 감정과 본능에 좌우되는 원시적 존재다. … 그에게는 참된 종교적, 또는 도덕적 평정이란 것이 없고, 그의 심기는 짐승 같은 잔인함과 진실한 친절함 사이를 오간다." 그의 특성은 "미련함, 정신의 경직, 나태함으로 쏠리는 천성"이다.[71]

그런데 기술적으로 능숙하고 인종적으로 우월하다는 독일인이 열등인종인 러시아인에게 왜 졌을까? 답은 다시 러시아군의 막대한 인력과 물량에 있다. "독일 군인이 러시아에서 이룬 성과는 러시아가 무적이 아님을 뚜렷이 입증한다. … 심지어 1944~1945년의 위태로운 시기에도 우리 군인들에게는 결코 러시아인에게 뒤처진다는 느낌이 들지 않았다. 그러나 미약한 독일군은 대양의 바위 같았고 사방에서 밀려와 끝내는 그 바위를 집어삼키는 인간과 전차의 끝없는 파도에 에워싸였다."[72]

장군들의 경우에서보다 훨씬 더하게도, 참으로 커다란 독자층이 『슈투카 조종사*Stuka Pilot*』로 번역된 한스 울리히 루델의 회고록을 탐독했다. 이 책에는 전략과 작전이 조금 나오며, 자기를 히틀러에게서 멀찍이 두려고 애쓰지도 않는다. 이 책은 처음부터 끝까지 순전히 전투뿐이며, 급강하 폭격을 해서 러시아 전차를 파괴하는 것이 대부분인 끝없는 임무 비행에 관한 루델 자신의 서술이며 더 많은 파괴, 임무에 대한 광적인 헌신, 감상적 전우애, 아슬아슬한 탈출 이야기이며, 독소전쟁의 개전으로 시작하지만 책의 대부분은 스탈린그라드부터 베를린까지의 기나긴 퇴각과 온힘을 다해 뭐든지 해서 러시아군을 저지하겠다는 루델의 결의를 다룬다.

루델은 제2차 세계대전에서 훈장을 가장 많이 받은 독일 군인이었다. 기사십자장을 필두로 그는 영웅적 용기로 기장旗章 다섯 개를 받았다. 마침내, 그의 공훈은 히틀러가 그를 위한 새로운 기장을 만들어야 할 지경이었다. 그 기장은 전쟁 동안 딱 하나만 수여된 황금곡엽검금강석 기사십자철십자장이다. 루델은 직접 히틀러에게서 훈장을 여러 차례 받았다. 그는 자기의 슈투카 급강하폭격기JU-87를 타고 임무 비행 2,530회를 기록하면서 전차 500대, 화물차 700대, 대공포 진지 150개소, 소련군 전함 1척 이상을 파괴했다. 루델은 32번 격추당했다. 그는 전쟁의 마지막 몇 달 동안 한쪽 다리에 의족을 끼고 비행을 했다. 그를 사로잡는 대가로 스탈린이 현상금 10만 루블을 걸었다는 말이 있다.[73] (거의 다 동부전선에서만 싸운) 그는 '동부전선의 독수리'[74]라고 불렸고, 페르디난트 쇠르너 육군 원수는 그를 두고 "루델은 온전히 1개 사단의 가치가 있다"고 말했다.[75] 가장 유명한 그의 인용구는 "스스로 포기하는 자들만이 패배한다"였다.

1958년부터 1966년까지 루델의 책은 5쇄를 찍었는데, 마지막 쇄는 대량 유통되는 밸런타인Ballantine 염가판(벨-하이Bal-Hi 시리즈)이었다. 그 책은 여러 언어로 번역되었고 "해외 총 출판 부수가 100만 부 이상에 이르렀다."[76]

만슈타인과 구데리안 같은 장군의 경우가 그랬듯이, 루델의 회고록도 예전의 적에게서 일종의 정당화를 확보했다. (역시 한쪽 다리를 잃은 뒤에도 비행을 한) 영국의 조종사/영웅이 ―즉, 더글러스 바더Douglas Bader*가― 『슈투카 조종사』를 호의적으로 소개한다. 바더는 전쟁 동안에 독일에서 포로로 지내다가 루델의 전공을 들었다. 바더는 전쟁이 끝난 뒤 루델이 포로로 영국에 잠시 있는 동안 그가 새 의족을 얻도록 도왔다. 루델의 회고록에 달린 서문에서 바더는 "나는 루델의 책에 이 짧은 서문을 써서 기쁘다. 내가 비록 그를 2~3일 정도 만났더라도 그가, 어떤 기준에 견줘도, 씩씩한 친구이고 그의 행운을 바라기 때문이다"라고 썼다.[77] 마찬가지로, 귄터 유스트Günther Just의 루델 전기(1975년)에는 또 다른 연합군 조종사가 ―즉, 피에르 클로스테르망Pierre Clostermann**이― 쓴 머리말이 있다. 제2차 세계대전에서 가장 성공적인 프랑스군 조종사인 클로스테르망은 "루델이 이룬 성취의 이야기는 끔찍한 드라마, 즉 생사를 건 싸움의 와중에 인간의 가장 고귀한 미덕을 줄곧 보여준 한 사나이의 이야기"라고 말한다. 루델 전기의 표지 그림은 목표를 향해 급강하하

---

* 영국의 군인(1910~1982). 1928년에 공군에 입대했고 1931년에 곡예비행을 하다 사고로 두 다리를 잃었는데, 그 뒤에도 의족을 끼고 비행했다. 1940년에 전투기 조종사로 브리튼 전투에서 전과를 올렸다. 1941년 8월에 잡혀 독일에서 포로 생활을 했다.
** 프랑스의 군인(1921~2006). 1942년 3월에 영국에 있는 자유프랑스 항공대에 들어가 독일군과 싸우며 전투기 에이스가 되었다. 드골에게서 '프랑스의 으뜸 전사'라는 찬사를 받았다.

는 슈투카의 모습인데, 왼쪽 위 구석에 멋진 군복 차림으로 웃고 있는 루델의 사진이 있다.[78]

어느 모로, 루델은 회고록을 쓴 최고위 독일 장교들의 관점을 공유한다. 그는 러시아에 맞선 전쟁이 예방 전쟁이었다고 믿는다. "소련은 우리나라를 침공할 기지로서 그 모든 준비를 강화하기로 작정한 양 보인다. 러시아에게 과연 독일이 아닌 다른 어느 서방 국가를 공격할 의사가 있었을까?"[79] 또한 그는 그들과 똑같이 러시아 문화를 깎아내리면서 러시아 문명의 원시성을 강조한다. 루델은 다음과 같이 썼다. 움막에 숙영하게 되어 "거기에 들어서면, 3세기 전의 어느 원시적인 나라로 옮겨졌다고 상상할 수 있다. … 일단 그것에 익숙해지면 가장 좋은 가구, 즉 높이가 1미터쯤이고 미심쩍은 흰색 칠이 된 커다란 돌난로 하나를 알아볼 수 있다. 그 난로 주위에 옹기종기 모여 3대가 살며 먹고 울고 아이를 낳고 죽는다."[80] 루델도 핑곗거리를 대서 독일의 패배를 설명한다. 얼마간은 러시아의 겨울 탓이다. "거침없이 전진하던 군대가 … 상상할 수 없을 만큼 혹독한 겨울의 인정사정없는 주먹에 쫓겨 대피호와 참호 안에 처박혔다." 러시아의 거대한 공간도 한몫했다. "러시아의 가장 소중한 동맹자는 그 나라의 광활함이다. 무궁무진한 인력으로 러시아는 아주 취약하게 방어되는 빈 공간 어디에라도 자국의 대중을 쉽사리 쏟아부을 수 있다." 그리고 러시아는 물량 면에서만 우세했고 그나마 그 물량도 대부분이 미국에서 왔다는 흔하디흔한 언급이 나온다. "독일 군인은 … 그의 실력에 의해 패하지 않았고 다만 압도적 물량에 짓눌렸을 뿐이다."[81]

그러나 자기가 사령관으로서의 히틀러를 경멸했음을 역설하고, 견해차가 있어서 그 독재자와 갈라섰다고 강조하는 장군들보다 루델이 솔직하기는 하다. 루델은 자기가 히틀러를 찬양한다는 것을 숨기지 않으며, 특히 러시아의 힘을 얕잡아보는 경향에 빠져 히틀러를 오도했던 장군들을 비판한다.[82] 루델은 히틀러에게서 첫 기장을 받은 뒤 다음과 같이 말했다. "전선에 있던 우리 모두는 그분이 세세한 사항을 제대로 파악하고 계시다는 데 놀란다. … 그분은 아이디어와 계획으로 가득 차 있고 굉장히 자신만만하셨다. … 히틀러는 침착성을 내뿜어 우리 모두를 물들이신다. 우리는 각자 다시 활력을 얻은 채 자기 일을 하러 간다." 또 다른 경우에 그는 "나는 그분의 온정과 다정한 진심에 감명을 받는다"고, 그리고 또다시 "그분은 탄도학, 물리학, 화학 분야의 가장 세세한 사항을 술술 토론하신다. 술술 토론하시는 그 모습에 이 부문의 비판적 논평자인 나는 깊은 인상을 받는다"라고 쓴다.[83]

루델은 교만하다고 할 만큼 자신만만하다. "나는 다양한 경험과 몰라서 무서울 게 없는 자신감 덕분에 1초도 안 되는 순간에 몸을 곧추세워 전차의 취약부를 정확히 타격할 수 있다." 그는 스스로를 겁이 없고 삶을 긍정하는 사람으로 묘사한다. "나는 살고 싶다. 나는 삶을 사랑한다. 나는 숨을 깊이 들이쉴 때마다 온몸으로 사랑을 느낀다. 나는 죽음을 겁내지 않는다. 나는 죽음의 눈을 몇 초 빤히 쳐다보았고 결코 먼저 눈길을 내리깔지 않았지만, 또한 그렇게 마주친 뒤에 매번 나는 마음속으로 기뻐했고 엔진의 굉음보다 더 큰 소리를 내려고 의기양양한 함성을 가끔 질렀다."[84]

루델은 전투에서 자기의 비행중대를 열성적으로 지휘한다. 그는 휴가를 모두 거절한다. 한 번은 간염에 걸려 입원하고도 의사의 지시를 어기고 퇴원한다. 그는 다리 하나를 잃은 뒤 곧바로 대충 만든 의족을 달고 비행한다. 심지어는 히틀러가 루델의 비행을 금지한 자기의 명령을 철회해야 한다는 조건을 내걸고 히틀러에게서 여러 차례 기장을 받는다.[85] 볼셰비키 무리에게서 조국을 방어하는 것이 그의 강박관념이 된다. "나는 이 순간까지 몸이 상했다고 우울했던 적이 없지만, 지금은 몸이 멀쩡한 모든 남자가 필요할 때 활약 못하는 신세가 되었으니 다시 모든 것을 잃었다고 느낀다." "나는 다섯 번 다쳤고 그 가운데 몇 번은 중상이었는데도 늘 운이 좋아서 빨리 낫고 그 뒤 곧바로 날마다, 해마다 동부전선 곳곳에서 내 비행기를 몰 수 있었다. … 나는 러시아 전선을 속속들이 훤히 알고 있다. 그러므로 나는 포성이 멈추고 우리나라의 자유가 확보될 때까지 계속 날아올라 싸워야 한다는 의무감을 느낀다." "나는 유라시아의 스텝에서 온 이 야만인 무리가 유럽의 심장부로 질주해 들어가고 있다고 생각하니 억누를 길 없는 분노에 사로잡힌다."[86]

루델은 어리석게도 러시아를 지원하고 있는 연합국들이 러시아가 그들을 적대할 때 결국은 대가를 치르리라는 사실을 벌써 말한다. "악마가 지금 독일을 차지하려고, 전 유럽을 차지하려고 도박을 하고 있다. 더없이 소중한 군대가 피를 흘려 죽어가고 있고 세계의 마지막 보루가 붉은 아시아의 공격을 받아 허물어지고 있다." "서방 열강들은 볼셰비즘이 가장 큰 적이라는 것, 러시아가 독일에 결국은 승리한 뒤 우리에게 그랬듯이 그들에게 똑같은 위협이 되리라는 것, 그들 홀로는 그 위협을 더는 없앨 수 없으리라는 것을 알게 될 수는 없을까?" 그리고 마침내 그는 자기를 사로잡은 이들이 — 즉 미국인과 영국인이 — 서서히 러시아라는 적의 본색을 알아가고 있다는 사실에서 얼마간 만족을 얻는다. "그들은 대량 축출, 강간, 살인에 관해 말하고 있다. … 지금 그들의 시각은 무척 자주 선언된 우리 명제를 거울에 비춘 듯 쏙 빼닮은 반영물이며, 우리에게서 빈번하게 베낀 언어로 표현된다."[87] 끝으로, 루델의 세계는 한 사나이의 세계다. 책 전체에서 그는 한 번은 자기가 아내와 결혼했음을 알리려고, 그다음에는 책 끝부분에서 자기의 병상 곁에 아내가 앉아 있었음을 밝히려고 아내를 두 번 언급할 뿐이다.[88] 여기에는, 예를 들어 폰 슈탈베르크의 회고록에서처럼, 가족에 관해 길게 써서 스스로를 더 인간적으로 보이게 하고 자기 삶의 신산함을 누그러뜨리려는 시도가 없다.

한 미국인 조사관은 루델이 "전형적인 나치 장교"라고 적었다.[89] 그 조사관은 진실과 동떨어져 있지 않았다. 전쟁 뒤 루델은 자기의 나치 성향을 숨기지 않았고 남은 생애 동안 여러 과격한 우익 조직에 들어갔다. 전쟁 직후 그는 아르헨티나로 가서 독재자 후안 페론Juan Perón*과 사귀었고, 페론은 그를 자기의 공군 보좌관으로 삼았다. 라틴아메리카에 있는 동안 루델은 피신한 나치당원을 위한 '아이히만-룬데Eichmann-Runde'이라는 이름의 구조 기관을 가동했고, 특히 요제프 맹겔레Josef Mengele**를 도왔다. 독일에서 그는 신나치 우익 정당인 '사회주의제국당'에 가입했고, 이 정당이 금지되었을 때 그 후신인 '독일제국당'에서 국회의원 후보자로 나섰지만 당선되지 못했다. 이 두 정당의 당원 대다수는 전쟁이 끝나기 전에 나치당에 속했던

---

* 아르헨티나의 정치가(1895~1974). 군인으로, 1943년에 쿠데타를 주도했다. 정계에 들어가 1946~1955년, 1973~1974년에 두 차례 대통령을 했다. 독재자였지만 노동자를 위한 정책을 펴서 인기를 얻었다.
** 독일의 의사(1911~1979). 친위대 장교였으며, 제2차 세계대전 때 동부전선에서 부상을 입었다. 1943년부터 아우슈비츠 수용소에서 의사로 일하며 수인을 대상으로 생체실험을 했고, 전후에 남아메리카로 도주했다.

이들이다. 루델은 1982년에 죽었다. 그는 심지어 죽어서도 자기의 나치 정체성에서 벗어날 수 없었다. 많은 조문객이 나치식 경례로 그에게 작별을 고하는 동안 독일연방군의 팬텀 제트비행기 두 대가 그의 무덤 위를 저공비행했다. 이 일이 물의를 빚었다. 루델의 전기 작가는 비록 루델과 페론의 친분을 언급할지라도 루델의 정치 활동에 관해서는 입을 다문다.[90]

대중 역사서, 유난히 삽화가 많이 들어 있는 역사서가 장군들의 회고록에 나오는 증언을 보강했다. 이 역사서들 가운데 가장 많이 알려지고 가장 널리 읽힌 책은 폴 카렐의 역사서일 것이다. 그 가운데에서도 『히틀러가 동쪽으로 움직이다, 1941~1943년』과 『초토焦土(Scorched Earth)』가 가장 높은 인기를 누린다.[91] 이 책들과 삽화가 많이 들어 있는 카렐의 다른 책은 독일에서, 그리고 미국에서 수백만 부가 팔렸다.[92]

카렐은 장군들의 변명조 서술에서 자기의 메시지를 얻는다. 카렐은 자기의 저서에서 독일국방군을 패배한 대의를 위해 싸우는 영웅으로 그린다. 독일 군인은 사악한 독재자가 자기에게 부과한 결백한 전쟁을 수행했다는 것이다. 동방에서 벌어진 전쟁의 실상이었던 침략과 인종 절멸의 전쟁에 관한 언급은 없다. 나치친위대는 나머지 사람들과 다를 바 없는 군인으로 나온다. 결국, 얼마간은 미국의 무기대여법으로 보강된 적군의 압도적인 물적·인적 자원에 독일이 진다. 일종의 '~더라면 어떠했을까 식 역사'에서 카렐은 스탈린그라드 전투나 쿠르스크 전투 같은 전환점을 틀림없이 다른 길로도 갈 수 있었다는 —그러나 불운하게도 그러지 않았다는— 식으로 그린다. 만약 —공산주의라는 아시아인 무리를 제외하고— 원흉이 있다면,

그자는 바로 주제넘게 무책임한 간섭을 해서 유능한 전문 군인들이 거둘 수도 있었을 승리를 독일에게서 앗아간 독일의 독재자 히틀러라는 것이다.

카렐은 전쟁 동안 군인은 아니었지만 나치 정권을 적극적으로 섬겼다. 본명이 파울 카를 슈미트인 '카렐'은 요아힘 폰 리벤트로프 Joachim von Ribbentrop*의 외무부에서 언론 대변인이었는데, 외무부에서 그는 외국 언론용 정치선전을 정식화했다. 그렇게 함으로써 그는 독일국방군과 긴밀한 유대를 유지했고, 궁극적으로는 독일국방군에게서 독일인과 외국인에게 똑같이 전쟁이 어떻게 해석될 것인지에 관해 많이 배우기도 했다. 정치 선전가로서 그의 전문 분야 가운데 하나가 유대인 문제였고, 그는 여러 차례 유대인을 "민족 유기체의 부패와 사망을 촉진하는 정치적 병원균"으로 일컬었다.[93] 그는 1950년대에 전쟁사 서적을 펴내기 시작해 1990년대에 들어서서도, 그리고 1997년에 죽을 때까지 책을 줄줄이 출간했다.

독일국방군의 낭만화를 조장하는 또 다른 흐름은 ―평범한 병사의 회고록을 보완해주기도 하는― 대중 전쟁소설이었다. 이 장르의 가장 성공적인 소설 하나가 스벤 하셀의 저작이다. 1917년에 태어난 하셀은 민족을 따지면 덴마크-오스트리아계 독일인이었다. 그는 전쟁 전에는 덴마크에서 살았었다고 주장했지만, 제복을 입고 군 복무를 하고 싶어 1937년에 밀항해서 독일로 갔다. 독일에서 그는 조금 지체한 뒤에 독일국방군에 입대할 수 있었고 곧 폴란드에 진주하

---

* 독일의 외교관(1893~1946). 무역으로 큰돈을 벌었고, 1932년에 나치당원이 되어 히틀러의 외교 보좌관이 되었다. 1938년부터 외무장관이었다. 뉘른베르크 재판에서 유죄 판결을 받고 처형되었다.

는 부대의 일원이 되었다. 한 해 뒤 그는 탈영했다가 체포되어 ─탈영병, 범죄자, 정치적 이견을 지닌 자, 그리고 그 밖에 체제가 반反사회 인자로 분류하기로 정한 자들로 구성된 부대인─ 형벌 대대에 배치되었다. 이 부대는 지뢰밭 제거를 비롯해 전선에서 가장 위험한 일을 했고, 사상률은 무시무시했다. 하셀은 북아프리카 전선을 제외한 모든 전선에서 싸웠고 일곱 번 다쳤다. 그는 대부분의 시간을 동부전선에서 보냈다. 1945년에 베를린에서 사로잡힌 그는 그다음 4년을 포로수용소에서 보냈다. 1951년에 결혼한 그는 아내의 격려를 받아 저술을 시작했다. 그의 첫 소설은 1957년에 발간된 『저주받은 자들의 군단Legion of the Damned』이었으며, 그 뒤에 『공포의 바퀴Wheels of Terror』(1959)와 『전우Comrades of War』(1963)를 썼다. 마침내 하셀은 소설 14편을 썼고, 그 소설들은 16개 언어로 번역되었고 50개 국가에서 출간되어 지금까지 5200만 부가 팔리고 있다.

첫 책은 하셀 자신이 동부전선에서 얻은 경험이라는 말이 있고, 다른 책들은 파생 소설이다. 그 책들은 1950년대, 1960년대, 1970년대에 베스트셀러였고, 이후 수십 년 동안 절판 상태였다. 그 책들 가운데 『저주받은 자들의 군단』과 『공포의 바퀴』, 『친위대 장군SS General』을 비롯한 책 네 편은 최근(2003)에 카셀 밀리터리 페이퍼백스Cassel Military Paperbacks에서 복간되었고, 더 많은 책의 복간이 계획되어 있다. 카셀 책의 표지 디자이너들은 독자에게 전투 중인 독일 군인의 모습을 자극적으로 보여주었다. 예를 들어, 『저주받은 자들의 군단』의 표지 그림은 막대 수류탄을 쥐고 화가 나 미쳐 날뛰는 한 독일 군인을 묘사하고 있다. 확연히, 그 군인은 적에게 수류탄을 던질 참이다. 선연한 붉은색과 노란색의 배경에서 화염이 건물 한 채를 집어삼키고 그 책 표지의 충격적인 시각적 특성을 고양한다.

그 책들은 진정으로 '알보병' 소설이다. 등장인물들은 패배한 밴드 오브 브라더스, 즉 자기가 미워하는 정권을 위해 자기가 믿지 않는 전쟁을 수행하는, 역경에 처한 인물로서의 독일 군인이다. 그들은 노련한 살인 전문가이며 자기가 살아남을 가망에 숙명론적 감성을 품는다. 그들은 시간이 허락하면 좋은 음식과 사귈 여자를 늘 찾아다니는 막돼먹은 대주가이기도 하다. 대개 그들은 지저분하고 냄새나고 쌀쌀맞다. 하셀의 소설에 빠지지 않고 나오는 등장인물의 전형은 '포르타Porta'인데, 그는 입이 걸고 심한 말을 툭툭 내뱉는 비사교적인 베를린 사람, 전문 저격병이며 전차 운전병, 음악가, 미식가이며, 큰 목소리로 허풍을 떨고 노란 실크햇을 쓰고 자기 고양이 스탈린을 주머니에 넣고서 전투에 임한다. 범죄자였던 '꼬맹이Tiny'는 키 2미터에 몸무게 120킬로그램의 거한巨漢, 폭발물 전문가이며, 멍청한 짓을 하고, 살금살금 다가오는 적군을 탐지하는 비상한 청각 때문에 전우들이 소중하게 여긴다. '레히오네르Legionair'*는 왜소한 남자이지만 특히 칼을 들고 싸우는 지극히 능숙한 싸움꾼인데, 프랑스 외인부대에서 복무했고, 전쟁 뒤에는 매음굴을 열겠다는 포부를 되뇌며 음담패설을 입에 달고 지낸다. '늙은이Ol'un'는 다른 이들보다 열 살 더 많고 결혼해서 아이들을 두고 있다. 그는 차분해서 조용한 지도력을 행사하며 포화 속에서도 늘 느긋하다.

이 사나이들은 히틀러를 미워하고 나치친위대와 게슈타포 등 정권의 제도와 힘러, 괴벨스, 괴링 같은 다른 정치 지도자를 경멸하며,

---

* 프랑스 외인부대 대원을 뜻하는 네덜란드어 낱말.

장군을 더 좋아하지도 않는다. 한 번은 히틀러와 휘하 장군 몇 사람이 부대를 방문한다. 차량 한 대에서 만슈타인 육군 원수가 내렸고, "뒤이어 그의 참모진 전체로 보이는 자들이 내렸다. 보라고 붙인 기장 여럿이 아주 눈부셨다. 금색 견장이 지천으로 널려 있었고 외알안경은 사람들이 눈 하나에 외알안경 하나를 걸치고 있는 게 틀림없다는 생각이 들 만큼 많았으며, 박차와 군도는 전체 기병 돌격이라도 하는 것처럼 덜거덕덜거덕 소리를 냈다."[94]

나치친위대는 유난히 미움을 받는다. "상황은 공격하는 동안 독일군 일반 병사들이 뒤에 있으면 감히 전투에 나서는 친위대 부대가 없는 지경에 이르렀다. 독일 군인들이 나치친위대를 제압하도록 해주려고 전투 중에 휴지기가 한 차례 있곤 했다. 일단 그들이 처리되면 싸움이 재개되곤 했다."[95] 그러나 또한 하셸은 일관적이지 않다. 『친위대 장군』의 주요 주제는 형벌대대를 이끌고 스탈린그라드에서 탈출해서 수백 킬로미터를 지나 독일군 전선으로 복귀하는 한 굳센 친위대 장군인데, 이 공훈 탓에 그 장군은 히틀러의 명시적 명령을 어기고 스탈린그라드를 떠난 탈영 죄목으로 마지막에 총살당한다. 병사들은 처음에는 그 친위대 장군을 반감을 품고 보지만, 그에게 조금도 대들지 않고 그의 지휘를 받아들인다. 그들 가운데 한 사람이 다음과 같이 그 이유를 말한다. "우리는 그를 뒤돌아보고 그를 미워하고 그를 업신여기기 시작했어. 우리 쪽이 직수굿하게 열과 성을 다해 살인을 하면서 말야. 우리는 상당히 잘 조련되었지. 우리는 맹목적 복종의 습관을 버리기에는 여러 해 동안 프로이센의 노예였어. 장군을 손찌검한다는 생각은 선뜻 머리에 떠오르지 않더라고."[96]

이 병사들은 장군들과, 그리고 장군들의 회고록과 공통점이 하나 있다. 둘 다 러시아의 겨울을 핑곗거리로 삼는다는 것이다. 독일 군인이 러시아군보다 러시아의 겨울에 더 많이 상했다는 것이다. "병사가 적군 포화보다 혹한과 질병에 더 많이 죽었다. 러시아의 최고 동맹군은 자연, 즉 러시아 겨울이었다. 오직 시베리아인 부대원만 러시아 겨울을 견뎌낼 수 있었다. 겨울이 광대뼈가 튀어나온 이 작은 군인들을 더 만족스럽고 투지만만하게 만들어준 듯 보인다."[97] 또는 스텝을 가로질러 맹위를 떨치는 눈보라에 관해서는 이런 식이다. "러시아인들은 그 눈보라에 익숙했고 그것에 대처할 장비를 갖추고 있었으며, 바람도 그들에게 유리하게 불었다. 우리 독일군은 눈보라에 겁을 먹었다. …"[98]

가끔 부대는 러시아 군인들과 친교 행위를 하곤 했다. 한 번은 양쪽 사나이들이 하천에서 알몸으로 헤엄을 쳤다. "러시아군 부사관 한 사람이 '이게 제대로 하는 전쟁이라고 생각하지 않나?'라고 외쳤고, 우리도 그에게 동의했다. 그들은 독일 만세 삼창을 했고 우리는 러시아 만세 삼창을 했다."[99] 등장인물들은 흔히 러시아 군인을 '동무'라고 부른다. 비록 이런 사건이 알려져 있지 않은 것이 아닐지라도, 꽤나 허구로 보일 것이다. 그것은 1914년 12월에 영국 병사들과 독일 병사들 사이에서 이루어진 그 유명한 성탄절 휴전*을 살짝 생각나게 한다. 그러나 제1차 세계대전은 일어난 지 얼마 안 되었고, 그 같은 자연발생적 휴전은 다시 일어나지 않을 터였다. 하셀의 책에서, 전쟁은 한동안 진행된 상태였고, 점점 더 잔혹해지고 있었다. 하셀은

---

* 제1차 세계대전 첫해 성탄절에 이프르 전선에서 영국군 병사들과 독일군 병사들이 싸움을 멈추고 선물을 주고받고 축구 시합까지 하며 친교 행위를 한 사건.

어쩌면, 어디선가 다른 곳에서 그러듯이, 양쪽의 '잘난 것 없는 사람들'의 공통된 인간성을 강조하려고 애쓰고 있다. 불행하게도, 그는 나치의 민간인 행정관들을 빼고는 러시아 사람과 독일 군인이 꽤 사이좋게 지냈다는 독일 장군들의 주장을 강화할 뿐이다.

종종, 심지어 자기 동포에게도 살해, 약탈, 강간 등의 야만 행위를 저지르는 군인에게 적용되는 '아시아인'이나 '시베리아인' 같은 용어와 함께 나치 인종주의의 옅은 반영물이 기어들어온다.[100] 독일군 부대와 먹을 것과 마실 것을 나누고 있던 칼미크인*에 관해 한 등장인물이 "저놈들은 바로 지금이야 양처럼 순하니 괜찮지만 … 잘못 건드리면 몇 초 안에 격분해서 말싸움을 할 거야"라고 평했다.[101]

하셀은 파시즘에 반대하는 정치적 좌파에 속하지만, 틀림없이 자기도 모르게 그의 저작은 영웅적 독일국방군의 —또는 적어도 독일국방군 일반 병사들의— 신화에 이바지한다. 이 사나이들은 치열하게 싸운다. 그러나 이들의 적군도 그렇다. 그들은 러시아 민간인을 좋아하고, 조금이나마 갖고 있던 먹을 것을 나누면서 그들과 친교 행위를 자주 한다. 러시아 농민은 그들대로 우호적이며 보답을 한다. 한 번은 독일 군인들이 아기를 밴 러시아 여인의 산파 노릇까지 한다.[102] 하셀은 독일국방군이 사실은 무엇을 하고 있었는지, 혹은 전쟁 범죄에서 정권과 얼마만큼 협력하고 있었는지를 거의 언급하지 않는다. 실제로, 당신은 이 자들이 점령군의 일부이며 제노사이드를 수행하는 부대에 개의치 않는다는 것을 사실상 인식하지 못한다. 그들은 바깥세상과 고립되어 싸우면서 자기 나름의 국부적 소우주 안에 있

---

* 캅카스 북부에 사는 러시아의 몽골계 소수민족.

다. 그들은 사실상 탈맥락화해 있다. 더구나, 이 독일 병사들은 완전히 무르익은 등장인물이며 조금 거칠더라도 매력적이다. 러시아 병사들은 거의 예외 없이 그림자처럼 희미한 인물로 남는다.

하셀의 병사들은 다른 군대의 병사들과 다르지 않다. 보통 사람으로서의 병사인 것이다. 그들은 영화 「더티 더즌The Dirty Dozen」*의 등장인물로 완벽하게 들어맞을 것이며, 빌 몰딘Bill Mauldin**의 병사들이다. 이렇게 해서 이 평범한 사내들이, 물론 마지못해서이기는 해도, 단연코 가장 극악한 대의들 가운데 하나를 위해 싸웠다는 사실을 감추는 일종의 상대주의화가 나타난다. 또한 러시아의 비밀경찰인 내무인민위원회NKVD***도 게슈타포와 별로 달라 보이지 않는다. 한 등장인물은 "공산주의나 나치나, 낫과 망치****나 스바스티카나 무슨 차이가 있었냐"고 말한다.[103] 끝으로, 이 자들은 독일인에게는 비극적인 퇴각의 시기에만 보일 따름이다. 동부전선에서 일어나는 대다수 하셀의 소설 속 시간은 의기양양하게 전진하는 시기가 아니라 1943년이나 이후 시기에 맞춰져 있다. 그래서 그들은 궁극적이고도 비극적인 마지막 순간까지 싸운다. 각 소설은 어느 모로는 —

---

* 1965년 소설을 저본으로 삼아 1967년에 제작된 미국 영화. 제2차 세계대전 때 범죄를 저지르고 중형을 선고받은 미군 12명으로 구성된 특공대가 적지에 들어가 활약한다는 내용이며, 한국에서는 「특공대작전」이라는 제목으로 상영되었다.
** 미국의 만화가(1921~2003). 육군 하사였으며 제2차 세계대전에서 싸우는 군인의 생활상을 주제로 풍자만화를 그려서 병사와 시민에게 인기 있었다. 퓰리처상을 두 번 받았다.
*** 내무부에 해당하며, 1934년에 통합국가정치총국을 대신해서 내무인민위원회 산하에 창설된 비밀경찰을 일컫기도 했다. 1954년에 국가보안위원회로 개편되었다.
**** 소련의 국기. 낫과 망치는 각각 농민계급과 노동계급을 상징하며, 노동자농민 동맹을 국가의 기틀로 보는 이념을 표현한다.

1950년대와 1960년대에 독일에서 인기가 아주 높았던 유명한 군바리Landser 소설과 다를 바 없이— 살아남은 자들이 저녁노을 속으로 행진해 들어가면서 끝난다.

하셀의 소설들은 영어, 프랑스어, 에스파냐어, 네덜란드어, 스웨덴어, 핀란드어를 비롯한 여러 언어로 번역되었다. 그러나 그 소설들 가운데 단 하나 『공포의 바퀴』만 오스트리아에서 독일어로 나왔다. 그 책은 1987년에 영화로도 만들어졌다.* 독일어 번역이 거의 없다는 것은 어쩌면 독일인 스스로가 일반 병사 수준의 독일군의 경솔한 낭만화를 감지한다는 신호일 것이다.

이 대중 전쟁소설과 나란히 전쟁 동안, 하셀의 소설에 나오는 등장인물처럼 그냥 평범한 '알보병'이었던 사람들이 아주 최근에 펴낸 회고록이 있다. 그 회고록들에는 귄터 코쇼렉Günter Koschorrek의 『핏빛 눈: 한 동부전선 독일 병사의 회고록Blood Red Snow: The Memoirs of a German Soldier on the Eastern Front』, 고틀로프 헤르베르트 비더만Gottlob Herbert Bidermann의 『치열한 전투에서: 한 독일 군인의 동부전선 회고록In Deadly Combat: A German Soldier's Memoir of the Eastern Front』, 아르민 샤이더바우어Armin Scheiderbauer의 『내 젊은 시절의 모험: 1941~1945년 동부전선의 한 독일 군인Adventures in My Youth: A German Soldier on the Eastern Front, 1941-45』 같은 제목이 달려 있다. 이 제목들은, 앞으로 살펴보겠지만, 하셀의 전쟁소설과 상당히 비슷하게 들린다.

---

* 고든 헤슬러 감독의 1987년 영화 「쩌리 부대(The Misfit Brigade)」이며, 독일의 한 형벌부대가 붉은 군대의 보급선을 끊는 임무를 띠고 적의 후방에 투입된다는 이야기다. 한국에서는 「죄수 전차대」라는 제목으로 상영되었다.

베트남 전쟁 이후

이 회고록, 대중 역사서, 전쟁소설의 초기 효과는 1950년대와 1960년대에 가장 컸다. 그 책들의 인기는 결코 완전히 줄어들지는 않았지만, 베트남 전쟁 동안에는 뒷전으로 밀려났다. 최고위의 군부와 첩보 기관도 아시아에서 전쟁을 치르는 동안 독일국방군에 관해서 잊는 경향을 보였다. 독일군이 러시아에서 올린 성과는 동남아시아의 정글 전쟁과는 별 관련이 없었다. 그러나 미국의 1974년 베트남 철수의 여파 속에서, 미국이 진 까닭에 관해서, 특히 미국 육군의 붕괴에 관해서 의문이 제기되었다. 어쨌든 미국 육군은 대다수 교전에서, 심지어는 구정 대공세*에서도 이겼고 프랑스가 디엔비엔푸**에서 당했던 괴멸적 패배를 겪은 적이 없다. 그런데도 왜 미국 육군에는 응집력이 없어 보였을까? 규율이 왜 무너진다고 보였을까? 왜 유난스레 많은 미군 병사가 마약과 술을 탐닉하고 탈영하고 장교들을 수류탄으로 죽이고 있었는가?

이 의문을 이해하려고 애쓰다가 미국은 독일국방군을 재발견했다. 한 독일인 관찰자가 표현한 대로, "미국의 군사 문헌에서, 독일국방군의 경험에서 도움을 구하는 행태는 위기가 오면 일어나는 일종의 반

---

* 북베트남 정규군과 남베트남민족해방전선 비정규군이 남베트남에서 1968년 1월 30일 밤부터 개시한 대공세. 처음에는 미국 대사관과 주요 시설이 점령되었지만 곧 미군의 반격에 밀려 남베트남민족해방전선 비정규군이 괴멸되었다. 그러나 국제사회에서 베트남 전쟁에 대한 반대 여론이 거세졌다.
** 베트남 서북부의 디엔비엔푸에 진지를 구축한 프랑스군을 상대로 북베트남 군대가 1954년 3월 13일부터 개시한 공격 작전. 5월 7일에 프랑스군이 항복하면서 제1차 인도차이나 전쟁이 베트남의 승리로 끝났다.

사행동이 되었다고 보인다."**104** 1940년대 말엽에 독일 장군들은 용케도 미국인이 결백한 독일국방군 신화를 믿게 만들었지만, 미국은 제2차 세계대전에서 승자였던지라 독일군을 본보기로 삼으려는 시도는 하지 않았다. 베트남의 여파 속에서 이제 미국은 바로 그 시도를 했다. 특히 동부전선에서, 아니 실제로는 모든 전선에서 쌓은 독일군의 경험은 규율, 동기부여, 응집력, 인내, 전투력에 관해 미국인에게 무엇을 가르쳐줄 수 있었을까? 이것이 특히 중요했다. 1970년대 말엽과 1980년대에 또다시 미국의 주의가 냉전의 원발병터로서의 유럽에 집중되었고 러시아와 충돌할 가능성이 미국의 상상 속에서 무섭도록 커 보였기 때문이다. 그 충돌이 일어날 터라면, 미국 군대에서 중대 개혁이 실행되어야 했다.

그래서 미국의 정부 기관들, 특히 국방부가 독일군과 미군을 비교하거나 독일군 자체를 탐구하는 여러 연구를 의뢰했다. 게다가, 독일 장군이었던 이들이 또다시 두 군대에 관한 견해를 말해주는 자문이 되었다. 한 학자가 익살맞게 표현한 대로, "제2차 세계대전 이후 다른 시간과 장소에서, 당혹한 군사 개혁가들이 자기가 처한 궁지의 해결책을 찾아 사회과학, 게임 이론, 고에너지물리학, 또는 경영대학원을 기웃거렸다. 해결책을 찾아 헤매다가 이제 독일군의 특이한 역사로 되돌아갔고 어느 모로는 예기치 않게 독일군의 경험이 적절할 뿐만 아니라 본보기로 보이게 되었다는 것은 현재의 당혹감의 또 다른 반영일지 모른다."**105**

맨 처음에, 연구자들은 제2차 세계대전 바로 뒤에 의뢰된 비슷한 연구를 되돌아보았다. 그 하나가 제2차 세계대전 동안 미국 육군 첩보부에서 근무했던 에드워드 실스와 모리스 야노위츠가 1948년에 펴낸 유명한 보고서였는데, 이 보고서는 독일 군인이 어떻게 그토록 효율적으로 성과를 올렸는가라는 문제를 검토했다. 두 저자는 독일 군이 기본적인 소집단이나 1차 집단을 —즉, 소대나 중대를— 통해 '일정한 1차적 인성 요구'를 충족했다는 결론을 내렸다. 독일군은 한 부대에서, 설령 그 부대가 재편성되더라도, 동일한 인원을 가능한 더 유지하고 장교와 부하 사이의 전우애를 포함해 높은 수준의 전우애를 강조하고 보충병을 빨리 동화시키고 규율을 상교가 부하에게 해주는 배려와 결합하려고 애썼다. 사병들은 자기 부대를 '하나의 큰 가족'으로 볼 터였다.[106]

흥미롭게도, 이 초기 연구는 —1974년 이후 연구들이 그럴 터이지만— 독일군 안의 나치 이념을 중시하지 않았다. 얄궂게도, 이 탓에 저자와 독자는 —그리고 더 큰 미국 하위문화는— 어떠한 정치적·전략적, 또는 이념적 맥락에서도 벗어나 독일군을 계속 찬양하고 '낭만화'할 수 있게 될 터였다.

1970년대 말엽과 1980년대 초엽의 세 연구가 미국의 제2차 세계대전 시기 독일군 탐구의 결과를 생생하게 보여준다. 리처드 가브리엘과 폴 새비지의 연구는 본질적으로 실스와 야노위츠가 30년 앞서 그랬던 것과 똑같은 결론을 냈다. 그들의 답은 다음과 같았다. "독일군이 싸움터에서 발휘하는 응집력은 상호작용을 통해 개개 병사가 자기의 —분대, 소대, 중대— 1차 집단에게서 인정과 존중을 받으면서, 그리고 자기의 직속상관인 장교과 부사관이 존경을 받을 자격을 충분히 갖추고 부하를 보살펴주는 신사라고 인식하면서 이루어지는 병사 개인의 심리적 강화의 직접적 결과다."[107] 달리 말해서, 독일군은 장교를 매우 신중히 선택했고 그가 부하와 똑같이, 그리고 부하보다 더 많이 위험을 지도록 해서 부하와 가깝게 지내도록 했다. 또한 독일군은 가끔 전선 밖의 사단들을 순환 배치하고 그 사단을 붙어 지내는 단짝들로 재구성해서 시간이 갈수록 강한 부대 소속감을 개발해서 부대의 결집을 유지했다. 또한 독일군은 성공하면 병사들을 기장, 훈장, 포상으로 후하게 보상했다.[108] 또다시 이 연구에서는 이념이 단지 부수적으로만 중요해 보인다.

둘째 연구는 저자가 이스라엘인 역사가인데도 독일군을 칭찬했다. 마르틴 크레펠트는 1980년에 보고서를 펴냈고, 대체로 다른 연구와 비슷한 결론에 이르렀다. 독일군, 특히 장교단은 늘 최고의 군인을 전선으로 보내서 일부러 후방 지역을 약하게 유지함으로써 질을 성취하려고 애썼다는 것이 그의 결론이다. 전투력 문제에 대한 그의 도입부는 독일군에 바치는 찬사다.

역사가는 3 대 1이나 5 대 1, 또는 심지어 7 대 1로 수에서 밀린 … 한 군대와 마주한다. 그러나 그 군대는 도주하지 않았다. 그 군대는 허물어지지 않았다. 그 군대는 장교를 수류탄으로 죽이지 않았다. 대신에 그 군대는 끈덕지게 계속 싸웠다. 비록 히틀러의 전쟁이 독일에서 어느 때에도 결코 인기를 얻지 못했더라도 그 군대는 계속 싸웠다. 비록 뒤에서는 본토가 폭격을 당해서 산산조각 나고 있을지라도 그 군대는 계속 싸웠다. 비록 장군들 가운데 다수가 … 최고사령관을 미쳐 날뛰는 정신병자나 진배없다고 여길지라도 그 군대는 계속 싸웠다. … 하지만 이 모든 것에도 불구하고 그 부대는 심지어 원래 규모의 20퍼센트로까지 줄어들었을 때에도 계속 버텼고 저항했다. 어떤 군대로서도 견줄 데 없는 성취였다.

이것은 사실상 독일군을 우러러보는 특징적인 묘사일 뿐만 아니라 미국 육군과의 불쾌한 비교이기도 하다.[109] 흥미롭게도, 크레펠트는 다른 역사가들이 동유럽에서 벌어진 히틀러의 인종절멸 전쟁에 독일군을 단단히 결부한 지 오래인데도 독일국방군에 관한 지극히 아부성 논평을 계속했다. 1999년에 나온 논문집에 실린 논문에서 여전히 크레펠트는 독일국방군이 "이전과 이후의 어느 현대 군보다도 주도성과 규율을 더 잘 결합했다"고, "이 군대의 전술 역량, 그 무엇보다도 작전술 역량은 거의 전설이 될 만큼 처음에는 대단했다"고 주장했다.[110]

끝으로, 노골적인 독일국방군 찬양자이자 단호한 군사 개혁가인 듀푸이 대령도 『전쟁의 귀재_A Genius for War_』라는 딱 들어맞는 제목으로 독일군 총참모본부의 역사에 관한 책을 펴냈다. 이 책에서 그는 개인의 주도성을 격려하고 가장 뛰어난 자를 최고위직으로 진급시키고 군사사를 공부하라고 최고의 인재들을 격려함으로써 군사적 천재성과 탁월성에 제도적 형태를 부여한 공을 독일군 총참모본부에게 돌린다.

듀푸이는 독일군이 심지어 1944년에도 적군을 상대로 전투 효율에서는 20퍼센트 우세하고 인명손실 강요에서는 3 대 2 비율로 우세했다고 보고한다. 비록 그가 자기의 연구에서 복잡한 수학 모델을 이용할지라도, 그의 산문은 그가 어떤 입장에 서 있는지에 관해 의문의 여지를 남기지 않는다. "독일군이 1944년 중엽의 재앙에서 회복한 일로 말하자면, '기적'으로 불릴 만한 더 대단한 군사적 성취를 달리 찾아내기 어렵다. … 그러나 그토록 완벽하게 패한 군대가 일단 기회가 주어졌을 때 이 같은 놀라운 회복력을 보여준 적은 드물다."[111] 또다시, 듀푸이는 이념적·정치적·전략적 요소를 무시하는 경향을 보인다.

그러나 미국은 미국 육군의 개혁을 평가하기 위해 다만 문헌 작성에, 그리고 사회과학과 심리학 모델에 의존하지만은 않았고, ―이제는 일어난 지 30~40년이 된― 제2차 세계대전 이후에 살아남아 있는 독일 장성들을 부르기도 했다. 베트남 전쟁에서 사단장이었던 윌리엄 데푸이William Depuy 대장(듀푸이 대령과 헷갈리지 말 것)은 미국 육군의 모든 훈련과 지속적 교육과 더불어 야전교범의 구상과 저술을 담당하는 훈련교리사령부Training and Doctrine Command를 편성해서 운영해달라는 요청을 받았다. 데푸이는 어디서 정보를 얻을까 고민하다가 독일군을, 그리고 그 독일군이 독소전쟁의 끝 무렵에 수행한 방어 전투를 기억해냈다.

> 그러나 더 알맞은 것은 스탈린그라드부터 제2차 세계대전의 종결까지 러시아군을 상대한 독일군의 경험이다. 두 해 반 동안 독일군 300만여 명이 러시아군 550만 명에 맞서 전략적 방어 전투를 치렀다. … 이처럼 경이적인 원거리에서 이처럼 서사시적인 전투를 직접 치른 경험은 독일군을 제외하면 서방 어느 군대에도 없다. 이 상황에서 독일군이 이룬 성취는 기적이나 마찬가지였다.[112]

이제 듀푸이는 독일군 지휘관이었던 두 사람을 미국으로 데려오기로 결심했다. 그 두 사람은 미국인이 독일의 조지 패튼George S. Patton*으로 여기는 헤르만 발크 기갑군 장군과 그의 참모장이었던 폰 멜렌틴이었다. 미국인의 애독서인 『기갑전투』(1956), 그리고 더 최근 작품인 『제2차 세계대전의 독일 장군들German Generals of World War

Two』(1977)의 저자인 멜렌틴은 자기의 상관이었던 발크를 "결단은 확고부동하고 재능은 탁월한 기갑군 지휘관"으로 규정하면서 심한 아부 조로 발크를 묘사하여 『제2차 세계대전의 독일 장군들』에 집어넣었다.[113] 발크와 멜렌틴은 고위급 회합을 위해 1980년 5월에 워싱턴에 왔고, 그 회합에서 러시아군에 맞선 자기의 제2차 세계대전 전술을 설명했다. 그들은 그 전술이 나토에 잠재적으로 유용하다고 보았다. 제11기갑사단 사령관이었던 발크는 치르강**에서 수행한 작전으로 유명했는데, 치르강에서 그는 1942년 겨울에 유연/기동방어 전술을 구사해서 손실을 거의 입지 않고 소련군의 대공세를 물리쳤다. 그는 이것을 미국인에게 가르쳐주려고 시도했다. 나흘에 걸쳐 듀푸이와 여러 고위 장교를 비롯한 미국인이 경청했다. 그 광경을 생생하게 보여주는 것이 그 두 사람에 관한 듀푸이의 다음과 같은 서술이다.

발크 장군에게는 말이 없는 사람인, 즉 ―조금은 퉁명스러운― 과묵한 경향이 엿보이지만 사려가 깊다. 그는 명백히 무쇠 같은 의지와 무쇠 같은 신경을 가진 사람이었고 지금도 그렇다. 그는 자신감의 아우라를 강하게 내뿜는다. 스스로에 대한, 독일 군대에 대한, 독일 군인에 대한 자신감 말이다. 그는 독일군이 러시아군보다 우월하다는 것을 의심하지 않는다. … 폰 멜렌틴 장군은 겉으로는 온화해 보이는

---

* 미국의 군인(1885~1945). 제1차 세계대전에서 전차 부대장이었다. 1942년에 북아프리카에서 싸웠고 이듬해에 이탈리아 침공을 주도했다. 1944년에 프랑스에서 전격전 전술로 독일군과 싸웠다. 종전 뒤 바이에른 군정장관에 임명되었으나 소련을 혐오하고 탈나치 정책을 비판해서 해임되었다. 자동차 사고로 숨겼다.
** 러시아 남부에서 돈강 중류에 흘러드는 317킬로미터 길이의 지류.

장교다. 그러나 그의 기록과 발크의 존중은 그도 속으로는 철의 사나이임을 우리에게 말해준다.

이 두 독일인은 자기의 낡은 문화적 편견을 미국인에게 물려주었다. 멜렌틴은 다음과 같이 말했다. "러시아인은 종잡을 수 없습니다. 오늘 그는 아주 철저하게 공격하는 영웅인데, 내일은 완전히 겁에 질려 아무것도 하려 들지 않지요. … 우리말을 믿으세요. 그들은 무리이지만 우리는 개인입니다. 이것이 러시아 군인과 유럽 군인의 차이입니다." 교육을 더 많이 받거나 서방식 사고를 더 많이 접하면 러시아 군인이 바뀌겠냐는 질문에 발크는 "아니오, 나는 그렇다고 믿지 않습니다"라고 대답했다.

또한 두 독일인은 자기의 제2차 세계대전 본보기가 ―특히, 기동방어와 하급 지휘관의 독립성이― 미군이 모방해야 하는 본보기임을 미국인에게 전하는 데에서 꽤 설득력을 지녔다. 세미나 마지막 날어느 때에, "…전장의 전술에서 독일군 지휘관이 한결같이 우월했다는 취지로" 독일군과 미국 육군이 기분 상하게 비교되고 있음이 분명해졌다. 미국인은 이의를 제기하지 않았다. "그 토론에서 발크 장군과 폰 멜렌틴 장군의 명백한 탁월성과 빼어난 성취는 청중을 쉽사리 그 방향으로 이끌었다."[114]

그 조언의 상당 부분이 우여곡절 끝에 야전교범 100-5 신판(1982)에 들어갔다.[115] 그러나 미국인의 이해는 조금 더뎠다. 미국인과 함께 바르샤뱌조약군 1개 침공부대에 맞서 벌인 도상전쟁 연습 경연에서 미군은 너무 앞에서 러시아군의 공격을 받게 되어서 졌다. 두 독일 장군은 서독 안으로 멀리 물러선 다음에 러시아군을 측면공격해서 이겼다.[116] 멜렌틴은 네 해 뒤에 나토의 방위 전망에 관한 중요한 책한 권을 펴내서 추가로 미국인의 인정을 받았다. 말할 나위 없이 그책은 제2차 세계대전 동안 독일군이 러시아에서 구사한 방어 전술을 부각했다.[117]

이 연구들의 결과는 곧 미국 육군에 스며들었다. 1980년대와 1990년대의 인기 군사저널에서 논문이 급증했다. 그 유명한 독일의 군인/지식인인 카를 폰 클라우제비츠Carl von Clausewitz*가 다시 크게 유행했고, 그에 관한 강좌는 미국 육군 지휘참모대학의 필수 강좌였다. 클라우제비츠에 관한 논문이 군사저널에 많이 실렸는데, 얼마간은 전쟁은 정치의 연장이라는 그의 유명한 격언이 미국이 베트남에서 겪은 실패에 대한 150년 된 해설로 보였기 때문이다.[118]

다른 논문은 위대한 독일 군인들을, 특히 독일군 총참모본부장을 기렸다. 빈번하게 나타나는 이름들 가운데에는 초대 독일제국군 총참모본부장인 헬무트 폰 몰트케와 1920년대에 독일 군대를 되살려내고 현대화한 한스 폰 젝트Hans von Seeckt**가 있었다.[119] 독일군의 작전술 기법을 다른 군대의 그것과 비교하는 논문이 여럿 나왔는데, 거의 모든 논문에서 독일군은 명성이 훼손되지 않은 채 등장했다.[120]

독일군에 관한, 미국이 독일군에게서 배울 점에 관한 긍정적인 견

---

* 프로이센의 군인(1780~1831). 사관학교를 수석으로 졸업한 뒤 나폴레옹 군대와 싸웠다. 러시아에서 지내다 1815년에 귀국해서 프로이센 육군학교 교장을 지냈다. "전쟁은 다른 수단을 통한 정치의 연장"이라는 명제가 담긴 『전쟁론』의 저자다.
** 독일의 군인(1886~1936). 1885년에 군문에 들어섰고 참모장교로 두각을 나타냈다. 제1차 세계대전 때 전공을 세워 장군으로 진급했다. 베르사유조약에 따라 독일군 규모가 제한되는 상황에서 우수한 장교단을 보전했다. 1926년에 예편했고 1933년에 중국에서 장제스(蔣介石)의 군사 자문관을 맡았다.

해만 있지는 않았다. 어떤 이들은 독일국방군이 미국이 상상하고 있는 것만큼 그렇게 훌륭하지 않다고 주장했다. 독일국방군은 초기에 더 약하고, 잘못 지휘되는 군대를 상대로 승리했고, 첩보는 형편없었고, 계획 수립은 부적절했고, 틀린 전제에 바탕을 두었고, 거의 다 말로 끄는 수송 수단은 원시적이었고, 부서 간 경쟁은 심했고, 대중의 믿음과는 달리 나치가 독일국방군에, 특히 하급 장교단에 스며들어 있었다는 것이다.[121] 다른 이들은 미국이 임무형 전술 같은 독일군의 개념을 맥락에서 완전히 벗어난 채로 받아들였거나 그 개념이 처음에 뜻한 바를 이해하지 못했다고 주장했고, 따라서 미국이 독일군의 경험에서 배울 점이 어쩌면 생각하는 것보다 적다고 시사했다. 독일군은 탁월한 교리가 많아서가 아니라 엄밀하게는 그 같은 교리가 없어서 전쟁 초기에 성공을 거두었다는 주장도 있었다. 독일군은 심지어는 스스로도 놀랄 만큼 우연히 성공했다는 것이다.[122]

그러나 이 견해는 소수에 머물렀으며, 독일국방군은 미국이 배워야 할 점을 많이 가진 우월한 전투부대라는 견해를 계속 가지고 있는 자들에게서 심하게 공격당했다. 예를 들어 크레펠트는 비판자, 특히 보몬트와 휴스와 맞서면서 다음과 같이 단언했다. "독일국방군은 최고위에 약점이 있기는 했어도 군軍 수준까지는 역사상 최고의 전투기계였으며 20세기의 어느 군대보다 훌륭했다." 다른 저자들은 러시아에 맞선 독일의 '잊힌 전쟁'을 딱 집어 들먹이며 독일군의 경험을 통해 적에 관해 배우라고 미군 장교들을 다그쳤다.[123]

독일국방군을 보는 바로 이런 관점은 1980년대와 1990년대에 우세했고 군대에 침투한 다음에는 전쟁 덕후, 전쟁게임 플레이어, 역사 재연동호인, 수집가, 인터넷 채팅방 회원으로 이루어진 일반 대중에게까지 스며들었다. 실제로, 독일국방군에 관해 새로 일어난 흥미와 열광은 더 광범위한 문화에 예전처럼 독일군을 '낭만화'할 추동력을 제공했다. 1950년대와 1960년대에 독일국방군을 낭만화하던 이들은 대개 알지 못했던 홀로코스트에 관한 지식이 1980년대와 1990년대에 널리 퍼졌는데도, '결백한' 독일국방군의 낭만화가 비슷하게 계속 진행되었고 얼마간은 빠르게 등장하는 인터넷 기술 덕에 기세와 강도 면에서 심지어 증대했다.

미국인이 독일 군대와 그 지도자들을 얼마나 높이 평가했는지를 입증하는 설득력 있는 증거가 여럿 있다. 베르너 칼슨이라는 중령이 폰 멜렌틴의 "능수능란하게 씌어진" 『기갑전투』를 읽은 뒤에 그에게 푹 빠졌고 그와 면담을 하려고 남아프리카공화국으로 갔다. 그곳에서 멜렌틴은 매력을 발휘해 칼슨을 자기편으로 만든다. 그 결과 『군사평론』에 예찬 조의 기사가 한 편 실린다. 칼슨은 멜렌틴의 동방 전쟁 이야기를 들은 뒤 "그가 지난 전투를 말할 때, 그의 옅은 파란색 눈은 마치 자기가 다가오는 소련군 전차에게서 눈을 떼지 않으면서 전투 지역 전단前端에 있는 듯 초점을 먼 곳에 두었다"고 썼다. 명백히, 세련되고 매력 있는 멜렌틴은 1950년대에 독일 장군들이 그랬던 것만큼 효과적으로 칼슨에게 주문을 걸었다. 멜렌틴은 우아하고 귀족적이고 겸허하고 몸이 탄탄했다. 분명히 칼슨은 그의 제2차 세계대전에 관한 해설을 비롯해서 그가 말한 모든 것을, 더불어 롬멜, 구데리안, 발크처럼 예전에 동료였던 이들에 관한 그의 의견을 액면가로 받아들였다. 칼슨의 머리에는 독일군 장군 3분의 1 이상이 그 전쟁에서 목숨을 잃었다는 것이 떠올랐다. 칼슨은 다음과 같이 끝을 맺었다. "이렇게 손실이 무시무시했고 교도소에 갇혔는데도, 폰 멜렌틴의 기백은 꺾이지 않았다. 그는 아침마다 두 시간 동안 애마를 타고 날마다 여덟 시간 동안 책상에서 일을 하고 다양한 자선 운동에서 무보수 상담관으로 활동한다. 한 달에 한 번 그는 서른 명이 넘는 자기의 확대 가족을 위해 공식 만찬을 주재한다. 그는 군사 기동훈련에 가능한 한 자주 나가며 나토와 고등 군사교육기관에서 강연을 한다."[124]

이 찬양 조의 인터뷰는 오늘날까지 계속된다. 고위 장교들은 모두 다 세상을 떠났으므로 사실상 오늘날의 인터뷰는 독일 알보병이었던 이들과 이루어진다. 2005년에 나온 한 인터뷰에는 '히틀러 군대의 기병대원'이라는 제목이 붙어 있다.[125]

『맨체스터 가디언 위클리*Manchester Guardian Weekly*』에 전재된 『워싱턴 포스트*The Washington Post*』 기사 「독일국방군은 더 좋은 군대였다」는 크레펠트와 듀푸이 대령의 연구를 부각하고 독일군은 "**어떤 상황에서도** 맞수인 영미군에게서 입은 것보다 50퍼센트쯤 더 높은 비율로 사상자 피해를 입혔다"는 듀푸이의 주장을 되풀이한다.[126]

제2차 세계대전 때 기갑부대장이었던 구데리안의 손자 권터 구데리안 중령이 1990년대 중엽에 포트브래그*에 독일연방군 연락장교로 배속되었다. 한 인터뷰에서 그는 "가끔 나는 독일군보다 미국 육군에서 훨씬 더 많은 장교가 그 이름(구데리안)을 안다는 데 감명했습니다"라고 말했다. 이어서 그는 자기가 미국 육군 제7군단에 연락장교로 배속되어 있는 동안 일어났던 일을 말했다. 그가 작전장교실에 들어갔는데, 벽에 걸린 커다란 사진 두 점이 눈에 들어왔다. "하나

---

* 미국 육군 공수부대와 특수작전부대가 주둔해 있는 미국 노스캐롤라이나주의 군사기지.

는 패턴이었다. 하나는 나의 할아버지였다."[127]

미국 공군의 알렉산더 로버츠 중령이 1994년에 「정예 공군의 핵심 가치: 리더십 도전」이라는 제목의 강연을 했는데, 이 강연에서 그는 지식이 중요하지만 개성은 필수 불가결하다는 취지의 전 독일 장군 귄터 블루멘트리트의 말을 인용했다.[128]

케블라Kevlar 방탄모*가 미국 육군에 도입되었을 때 이는 제2차 세계대전 당시의 독일군 철모와 비슷해서 부대원 사이에 인기 만점이었다.[129]

이 이야기들은 단지 빙산의 일각이고 독일국방군의 낭만화가 각급 수준의 미국 군대에 어느 정도로 침투했는지를 생생히 보여주며, 미국의 더 광범위한 문화에서 '결백한' 독일국방군 신화의 지속을 위한 틀을 형성하고 추동력의 상당 부분을 공급할 터였다. 베트남 전쟁 이후 독일국방군의 재유행도 우리가 이 뒤의 여러 장에서 탐구할 대중 역사서, 전쟁게임, 인터넷 채팅, 역사재연동호활동에 틀을 제공한다.

---

* 미국의 듀폰 사가 1973년에 개발한 합성섬유로 만든 방탄모.

제5장

마음 얻기

독일인이 독소전쟁을 미국 대중용으로 해석하다

독일 장군들은 자기의 메시지를 폭넓은 청중에게 선전할 필요성을 인식했고, 그들의 책, 특히 그들의 회고록은 이 목적을 이룰 주요 매체가 됐다. 1952년에 하인츠 구데리안의 『기계화부대장』은 러시아에서 벌어진 전쟁에 관해 줄줄이 나올 독일 측 설명의 선두였다. 다른 책들이 곧 그 뒤를 이었는데, 가장 두드러진 것이 1956년에 나온 폰 멜렌틴 소장의 『기갑전투』와 1957년에 나온 에리히 폰 만슈타인의 『잃어버린 승리』였다. 그리고 나서 1960년대 초엽에 폴 카렐의 대중 역사서 『히틀러가 동쪽으로 움직이다』가 나와서 꾸준한 애독서가 되었다. 그 뒤를 이어 40년이 넘는 기간에 걸쳐 20권 남짓한 책이 간행되었는데, 그 가운데에는 알렉산더 슈탈베르크의 회고록 『본분*Bounden Duty*』[*]이 있다. 만슈타인의 전속 부관으로 근무한 슈탈베르크의 저작은 만슈타인의 행동과 더불어 장교단 전반의 행동을 들여다보는 귀중한 통찰을 제공했다. 근래에는 1989년에 한스 폰 루

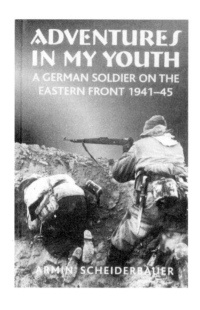

〔도판 7〕『내 젊은 시절의 모험: 1941~1945
년 동부전선의 한 독일 군인』의 표지.

크의 『기갑 지휘관: 한스 폰 루크 대령의 회고록*Panzer Commander: The
Memoirs of Colonel Hans von Luck*』이 미국에서 곧바로 독자를 얻었다. 프레
거 출판사가 양장본으로 내놓은 『기갑 지휘관』은 델 북스Dell Books 출
판사가 1991년에 이 책을 염가판으로 펴내면서 대량 유통되었다. 그
책은 밀리터리 북클럽 선정 도서로 큰 명성을 이미 얻었었다.

 2001년 이후에는 독일군의 하급 장교나 일반 병사도 책을 써서
독소전쟁을 설명했다. 고틀로프 헤르베르트 비더만의 『치열한 전투
에서: 한 독일 군인의 동부전선 회고록』, 아르민 샤이더바우어의 『내
젊은 시절의 모험: 1941~1945년 동부전선의 한 독일 군인』(도판 7),
귄터 코쇼렉의 『핏빛 눈: 한 동부전선 독일 병사의 회고록』(도판 8)이

---

* 독일어 원제는 『저주받은 의무: 1932년부터 1945년까지의 회상(*Die verdammte
Pflicht: Erinnerungen 1932 bis 1945*)』.

〔도판 8〕『핏빛 눈: 한 동부전선 독일 병사
의 회고록』의 표지.

그렇다. 비더만과 코쇼렉의 책은 상당한 회원을 가진 밀리터리 북클럽
과/이나 히스토리 북클럽의 특집 도서로 거듭 선정되면서 폭넓은 독
자층을 얻었다. 그들의 전망은 붉은 군대 군인들과 맞부딪친 보병으
로서 겪은 실제 전투 경험에서 나왔고, 고위 장교가 지닌 총체적 시야
를 갖추지 못했지만 필사적인 싸움이 벌어지는 네 해 동안 동부전선
에서 직접적인 전투를 치른 젊은이의 감정을 이야기해주었다. 그들의
저작은 기다란 일련의 독일 측 해설을 마무리했고, 육군 원수와 소위
에서 병장과 일병까지 모든 수준의 독일국방군을 반영하는, 그리고
50년 넘도록 이어진 일관된 서사를 독자에게 제공했다.[1]

　이 저술들의 독자는 정책 결정자와 군사 입안자부터 대중적 군사
사에 흥미를 품은 대중까지 다양했다. 동부전선에서 점점 더 필사적
으로 진행된 그 거대한 싸움의 규모가 미국에서 많은 사람의 상상
력을 사로잡았고, 아직도 그렇다. 실제로, 1991년 이후에도 독일 측

의 회고록이 출판되고 북클럽이 그 회고록을 선정 도서로 삼았다는 것은 독일 군대에 관한 적극적인 관심이 지속되고 있다는 것을 시사한다. 크든 작든 출판사는 이 열렬한 관심을 인지해서 반응했다. 미국의 주요 대형 출판사 가운데 하나인 랜덤하우스의 여러 분사分社가 최근에 펴낸 학술서 목록에는 만슈타인의 『잃어버린 승리』, 멜렌틴의 『기갑전투』, 루크의 『기갑 지휘관』, 지크프리트 크나페의 『졸디트: 한 독일 군인의 반추, 1936~1949년Soldat: Reflections of a German Soldier, 1936-1949』이 들어 있었다. 랜덤하우스 출판사가 그 도서목록을 전국의 대학 학과 교수진과 도서관 직원에게 보냈고, 이제는 독일 측 독소전쟁 해설의 지지자들이 교육받은 독자층에 들어갔다. 랜덤하우스 출판사의 분사인 델 북스 출판사와 밸런타인 출판사는 주요한 염가판 대량 유통사가 되어 대중 독자층의 구미에 맞는 책을 펴낸다. 이 두 분사가 회고록들 가운데 셋을 염가판으로 내놓았다. 주요 군사사 출판사들 가운데 하나인 프레시디오 출판사가 네 번째 회고록을 펴냈다. 독자는 이 책들을 랜덤하우스 출판사의 웹사이트에서 온라인으로도 구매할 수 있다. 쉬퍼Schiffer 출판사의 1996년 춘계 도서목록은 군사사 특집이었다. 군사사 도서 234권 가운데 204권이 독일 군대를 다뤘다. 실제로 한 도서목록 사진은 함께 서서 대화를 나누는 독일 공군 에이스 여섯 명을 보여주었다. 이 사진은 트레버 콘스터블과 레이먼드 톨리버(예비역 미국 공군대원)의 『독일 공군 전투기 에이스Fighter Aces of the Luftwaffe』의 2쪽에 있는 삽화였다. '패배한 대의' 파토스와 죽이 착착 맞아, "위대한 에이스들은 … 이길 수 없었지만 잊을 수 없는 전투 사가saga*에서 마지막 순간까지 싸웠다."[2]

독일 군대만 전문으로 다루는 출판사인 페도로위츠J. J. Fedorowicz

출판사의 출판물 가운데 수십 권이 주요 인터넷 서점인 아마존과 반스 앤드 노블의 웹사이트에 올라 있다. 랜덤하우스 출판사 산하의 대형 대량 유통사인 밸런타인 출판사는 페도로위츠 출판사의 책 여러 권을 염가판으로 다시 내놓았다. 또한 아마존의 도서 안내에는 '편집자 비평'과 독자 반응란이 있어 짤막한 책 분석과 추천사를 다른 잠재적 독자에게 제공하고 있다. 이 사이트에는 그 특집 도서 외에 다른 책을 추가 구매한 고객을 찾아보는 참고 정보도 있다. 샤이더바우어의 『내 젊은 시절의 모험』 경우에 고객은 비더만의 『치열한 전투에서』와 함께 독일군의 제2차 세계대전 경험에 관한 다른 회고록 다섯 권도 소장했다. 샤이더바우어의 『내 젊은 시절의 모험』을 사기로 한 고객은 다른 아마존 고객이 구매한 다른 동부전선에 관한 책 대여섯 권의 목록도 찾을 수 있다. 이 목록에는 흔히 비더만의 『치열한 전투에서』, 코쇼렉의 『핏빛 눈』, 크나페의 『졸다트』가 들어 있었다. 이 도서 안내는 흥미를 느끼는 대중의 눈앞에 책 여러 권을 항상 놓아두는 내장형 보완 메커니즘이다.[3]

독일국방군과 제2차 세계대전을 다루는 히스토리 채널** 특집 프로그램의 빈도는 독일 군대의 인기를 보여준다. 독일국방군만 다루는 웹사이트의 증가는 대중의 삶에서 독일 군대가 얼마나 우상 노릇을 하는지를 확인해준다.[4] 냉전 덕택에 독일 측의 제2차 세계대전 해설이 성공할 수 있었다. 1990년대까지, 냉전이 끝나갈 때 이 저작

---

* 주로 아이슬랜드에서 고대 노르만어로 쓰인 중세 북유럽의 장편 서사문학. 소재는 노르만인의 역사, 바이킹의 항해, 전투, 가문 사이의 불화였다.
** 1995년에 창립된 미국의 케이블 위성 텔레비전 방송사. 역사물을 주로 방송하며, 2008년에 히스토리로 개칭했다.

들이 산출한 서사는 고전의 반열에 오른 지 오래였고, 1990년대 초엽 이후 간행된 숱한 책들의 밑거름이 되었다.

독일국방군 정당화하기

그토록 많은 출판사가 이 회고록들을 시장에 내놓는 까닭은 그 책들의 수요 평가 때문이겠지만, 단지 그 이유만은 아니었다. 다른 상황에서라면 논란이 일었을지 모를 책들이 책 겉장에 적힌 저명한 학자와 인기 군사사 작가의 평으로 말미암아 정당성을 얻었다. 또한 독일 장교들과 그들을 후원하는 서방인들은 자기 책의 신뢰성과 자기 자신의 명성을 높일 필요성을 너무나도 잘 알고 있었다. 각각의 책이 출간되면, 미국과 영국의 저명한 군부 인사와 군사사가가 저자의 용감한 군 이력을 칭찬하는 머리말을 써주었다. 또한 미국과 서방 전체가 마구 확장하는 러시아제국과 동유럽 위성국가들을 지배하는 공산주의 '체제'에 거의 보편적으로 품은 공포에 편승하려는 시도의 일환으로, 저자들은 자기 책의 서문을 반공주의 수사로 시작했다. 만슈타인의 『잃어버린 승리』 예전 판에 있는 저명한 군사 전문가 마틴 블루멘슨과 (1970년에 작고한) 영국군 인사이자 군사이론가인 리델 하트의 홍보성 논평이 1981년 판에 다시 나타났다. 실제로, 블루멘슨은 "군사사 분야에 수많은 기고를 하고, 그 분야에 크게 이바지하는 다종다양한 학술 활동을 반영했다"며 (『군사사 저널Journal of Military History』을 간행하는) 군사사협회Society for Military History*가 주는 1995년 새뮤얼 엘리엇 모리슨 상을 받았다. 또한 블루멘슨은 미국 육군의 역사 프로그램에서 일했고, 미국 국방참모대학National War College, 미국 육군참모대학Army War College, 미국 해군참모대학Naval War College의 교수이기도 했다. 블루멘슨은 만슈타인이 버텨낼 수 없지만 그로서는 포기할 수 없는 상황에 처했다고 썼다. 프로이센 장교, 육군 원수로서 만슈타인은 독일 국가를 지킨다는 거룩한 전통을 지켜야 했고, 자기와 동료 장교들이 경멸하는 정권에 '맹목적 복종'을 할 의무를 졌고, 전통과 자기가 받은 훈련이 요구하는 대로 반응해서 정치 지도부를 섬기고 독일을 위해 싸웠다는 것이다. 블루멘슨은 독일국방군에서 근무하는 내내 보여준 그의 성실성과 도덕적 지도력을 들어 만슈타인을 칭찬했다.[5]

리델 하트는 만슈타인의 군 지휘가 탁월했고 그가 남부집단군의 수장으로 있는 동안 기꺼이 히틀러에게 대들었다고 주장했다. 만슈타인이 영도자와 논쟁하면서 서슴없이 직언을 하고 프로이센 전통에 충실하게도 솔직한 주장을 활발하게 제시한 탓에 끝내 해임되었다는 것이다. 그리고 만슈타인의 계획 덕택에 1940년에 독일군이 영국군과 프랑스군을 무너뜨릴 수 있었으며, 그의 지휘 아래 북부집단군 제56기갑 군단이 전쟁 첫 3~4일 만에 놀랍게도 160킬로미터를 전진했고, 다시 1942년에 크림반도에서 그가 지휘하여 독일군이 눈부신 승리를 했다는 것이다. 리델 하트가 말하는 바로는, 반격의 서곡으로 전략적 후퇴를 한다는 만슈타인의 개념은 점령한 모든 땅을 사수하라는 영도자의 요구와 어긋났다.[6]

제2차 세계대전 동안 주요 군사 보좌관들 가운데 한 사람이었고

---

* 군사사 연구자들이 1933년에 미국에서 창설한 국제학회.

제2차 세계대전 이후 시기에는 최고참 군사 전문가였던 마셜S. L. A. Marshall*은 만슈타인 회고록 초판을 책 겉장에 인쇄된 (그리고 2004년까지 나온 모든 판과 쇄에서 반복된) 평을 통해 글로 홍보했다. 그는 『잃어버린 승리』가 "칼만큼 좋은 펜을 지녔고 학식이 높고 언변이 분명한 한 군인의 저술을 즐기는" 모든 독자에게도 호소력을 지닌 "더없이 소중한 군사 서적"이라고 썼다. 미군 보병 분석의 고전인 『총쏘기를 거부하는 사람들Men against Fire』로 유명한 마셜은 자기의 명성으로 만슈타인에게, 그리고 독일 군대는 고결하다는 그의 주장에 힘을 보태주었다. 그 책 겉장에는 『잃어버린 승리』를 "제2차 세계대전사 이해를 돕는 가장 중요한 기여 가운데 하나"라고 칭찬하는 리델 하트의 논평도 들어 있었다. 정평 있는 『포린 어페어스Foreign Affairs』, 『라이브러리 저널Library Journal』, 『샌프란시스코 크로니클San Francisco Chronicle』, 『예일 리뷰Yale Review』, 『퍼블리셔스 위클리Publishers' Weekly』의 열광적 평가가 책 겉장에 있었다. 이 같은 도덕적이고 전문적인 권위지가 그 저작의 출간과 재출간이 이루어진 거의 50년 동안 둘도 없는 신뢰성을 부여했다. 블루멘슨, 리델 하트, 마셜의 논평도 만슈타인의 그 저작을 동부전선과 군사사 전반에 관한 문헌의 중심에 놓았다.[7]

만슈타인의 전속 부관으로 근무한 알렉산더 슈탈베르크가 쓴 『본분』의 1991년 판에도 의무와 범죄적 정권 사이의 비슷한 긴장이 나타났다. 이 책의 겉장에는 저명한 존 해킷John Hackett 경**의 많은

---

* 미국의 군인(1900~1979). 1917년에 군문에 들어섰고 전간기에는 기자로 활동했다. 1940년에 재입대해서 미국 육군의 공식 제2차 세계대전 군사사가가 되었고, 30여 권의 저서를 남겼다.

상, 장기 군 복무, 두드러진 직함이 나오는데, 그는 한 독일 장교의 어려운 처지를 다시 언급했다. 슈탈베르크가 국가에 대한 의무 및 본분과 '범죄적 악한'인 히틀러에 대한 반대 사이에서 선택의 기로에 섰다는 것이다. 유럽 주둔 미국 육군 사령관과 나토의 중부집단군 사령관을 역임한 글렌 오티스 장군은 슈탈베르크가 "거기에 있었던 사람이 해주는 매혹적 설명"을 제공했다고 지적했다. 슈탈베르크의 저작에는 그가 만슈타인의 고결한 도덕적 품성으로 인식하는 것에 관한 관찰이 들어 있다는 것이다.[8]

구데리안의 『기계화부대장』은 리델 하트의 호평을 얻었고, 그는 그 책의 1952년 초판에 머리말을 써주었다. 리델 하트의 평은 대량 유통사인 밸런타인북스 출판사가 1957년부터 1968년까지 낸 5쇄, 캐나다에서 1967년과 1996년에 나온 2쇄, 다 카포Da Capo 출판사가 2002년에 낸 50주년 판에 들어 있었다. 리델 하트는 구데리안이 처음에는 히틀러에게서 좋은 인상을 받았고 그 영도자가 기동전에 열광했다고 장황하게 서술한다. 이 입장에 독일 전격전의 아버지인 구데리안이 넘어간 것이 틀림없다는 것이다. 이어서 리델 하트는 이어서 구데리안이 히틀러를 점점 더 잘 알게 되면서 자기가 받은 첫인상을 바로잡았다고 쓴다. 리델 하트는 구데리안이 왜 군인이라는 직업을 택했는지도 설명한다. 적에게서 자기 나라를 지키려고 그랬다는 것이다. 그의 천재성이 전쟁 초기의 승리를 설명해주며 분명히 전장의 추동력이었다는 것이다. 리델 하트는 구데리안에게 '역사의 위

** 영국의 군인(1910~1997). 1931년에 장교로 임관했고, 제2차 세계대전에 참전했으며 네덜란드에서 부상을 입고 사로잡혔다가 탈출했다. 전후에는 해외 주둔 영국군 사령관을 지냈다. 어학과 군사사에 정통한 학자 군인이었다.

대한 대장들' 가운데 한 사람이라는 꼬리표를 붙여주었다.[9]

2002년 『기계화부대장』 초간 50주년 판에는 정평 있고 널리 읽히는 『뉴욕 타임스 북리뷰New York Times Book Review』, 『크리스천 사이언스 모니터The Christian Science Monitor』, 『타임』, 『뉴스위크』, 『뉴요커The New Yorker』, 『타임스 리터러리 서플리먼트The Times Literary Supplement』에서 나온 숱한 찬사가 들어 있었다. 『뉴욕 타임스 북리뷰』는 『기계화부대장』을 독일 장군이 쓴 회고록들 가운데 최고라는 꼬리표를 붙였다. 그 서평들은 직업 군인과 정치 지도부 사이를 분명하게 구분하는데, 이것은 독일 장교들이 필사적으로 자기의 새 후원자인 미국 군대와 새 동맹자인 미국 대중에게 각인하고 싶어 한 기본 주장이었다.[10]

1996년 판에서, 그리고 2002년 재판에서, 출판사는 이름난 군사사가이자 제2차 세계대전 때 영국군에서 복무한 전차 부대원인 케네스 맥시의 후원을 얻었다. 맥시는 군사사에 관한 책을 최소 40권 출간했다는 신임장을 가져왔고 펭귄 출판사의 『펭귄 근현대 전쟁 백과사전The Penguin Encyclopedia of Modern War』과 『히틀러의 선택Hitler's Options』의 편집자였다. 맥시는 『케셀링 육군 원수와 롬멜 육군 원수의 전기』도 썼다. 무엇보다도, 그는 권위 있는 구데리안 전기를 썼다. 그의 발언은 그 자체로 독자에게 상당한 무게를 주었다.[11]

맥시는 구데리안이 대중의 주목을 받기 꺼리는 겸손하고 자부심을 지닌 장교라고 서술했다. 프로이센의 군 복무 전통을 계승한 구데리안은 새로운 기갑 전술을 개념화하는 데 뛰어났고, 히틀러의 형편없는 의사 결정을 막으려고 필사적으로 애썼고 외교 수단으로 평화를 추구했지만 폰 리벤트로프 외무장관에게 막혀 허사가 되었다는 것이다. 맥시가 내리는 결론대로라면, 구데리안은 "그 괴물"이 죽은 뒤에도 살아남은 다음에 자기 삶의 특성인 "위엄, 정직, 통찰을 갖춘" 자기의 이야기를 썼다.[12] 이 같은 언사는 독일 장군들이 자기의 회고록에서 하는 주장을 보강하며, 그들이 정치적으로 순진하고 용감하고 충성스럽고 자기의 직업과 동포에게 헌신했다는 대중적 이미지에 이바지한다.

정치적 순진함과 직업적 헌신이라는 주제는 최근의 출판물에 나타난다. 저명인사인 역사가 스티븐 앰브로즈는 『기갑 지휘관』의 저자인 한스 폰 루크를 자유의 투사이자 정치를 전혀 모르는 사람으로 가공했다. 앰브로즈는 다음과 같이 쓴다.

… 한스는 아주 똑똑하기는 했어도 정치에서는 가장 단순한 사람이었다. 그가 몰정치적이라는 말까지 있었다. 그는 어디서든 자유를 지지하고 좌익에서 비롯되든 우익에서 비롯되든 일체의 전체주의에 반대하지만, 그것을 넘어서면 그에게는 어떠한 정견도 없다. 나로서는 그 같은 태도를 이해할 수 없지만, 어쩌겠는가.[13]

한스 폰 루크와 한 면담을 설명하면서 앰브로즈는 그 독일국방군 대령이 프로이센 문화에 깊은 뿌리를 내린 유서 깊은 프로이센 가문 출신이라고 말했다. 실제로 루크의 선조는 프리드리히 대왕*과 함께 싸웠다. 루크는 독일을 위해 싸웠지 나치당이나 그 악랄한 이념을 위해 싸우지 않았다는 것이다.[14]

---

* 프로이센의 군주(1712~1786). 1740년에 프리드리히 2세로 즉위한 뒤 전쟁과 외교술로 프로이센을 열강으로 키웠다. 뛰어난 군인이었고 종교를 관용하고 교육을 확대하고 헌법 제정에도 관여한 계몽 전제군주였다.

1992년에 출간된 지크프리트 크나페의 『졸다트』에서 책 겉장 안쪽에 적혀 있는 선전 문구는 다음과 같았다.

지크프리트 크나페에게서 우리는 보통 사람, 즉 성실한 군인, 착하고 점잖은 사람을 찾아낸다. 우리는 그가 ―비록 이루 말할 수 없이 끔찍한 정권을 자기도 모르게 섬겼을지라도― 바로 그런 사람임을 알아챈다. 그에게서 우리 자신을 보기 때문이다. 그래서 우리는 히틀러가 어떻게 한 세대 전체를 움직여 자기의 기괴한 계획을 실행하도록 유도했는지를 이해할 흔치 않은 기회를 얻는다. 그리고 우리는 독일이 무너져 폐허가 되고 자기의 온 세상이 허물어질 때 우리의 주인공이 삶에서 자기의 자세를 견지하려고 발버둥치는 모습을 지켜보면서 어떤 대가를 치르는지를 배운다.[15]

1950년대에 나온 구데리안과 만슈타인의 저작에서 드러나는 똑같은 정서가 크나페의 회고록에서 여전히 표출되었다. 책의 선전문에 있는 평에서 크나페는 자기를 생포한 소련 군인과 나눈 대화를 이야기할 때 부연했다. 크나페는 그 러시아 군인이 자기에게 아우슈비츠에 관해 묻자 자기는 전혀 모른다고 말했다. 그는 화가 난 러시아 경비병들이 자기에게 베르겐벨젠*과 부헨발트Buchenwald**에 관해 물었을 때 다시 깜짝 놀라는 반응을 보였다. 크나페는 그 경비병

---

* 독일 북부 니더작센주의 소도시이며, 1943년에 나치의 대규모 포로수용소가 있었다.
** 너도밤나무라는 뜻이지만, 나치 정권이 1937년에 바이마르 부근의 숲에 세워서 체제에 반대하는 이들을 가둔 강제수용소였다.

들이 이 질문을 왜 하는지, 그 질문을 통해 무엇을 의도하는지 알아채지 못했다고 썼다. 자기는 유럽 유대인의 절멸을 알지 못했고 나치 정권이 그처럼 끔찍한 일을 계획했는지조차 몰랐으며, 군인으로서 자기 나라에 봉사했고 독일 민족에게 충성했지 나치당에 충성하지 않았다는 것이다. 실제로, 그는 나치나 나치 정책에 관해 무지하다는 것을 보여주었다.[16]

독일 장교들의 도덕적 입장

독일 장교들에 따르면, 나치와 아돌프 히틀러는 독일 국민과 독일 군인도 제물로 삼았다. 히틀러가 군사작전 수행에 빈번히 끼어들어서 동방의 전역이 치명적으로 위태로워졌고, 나치는 독일국방군이 통제권을 행사할 수 없는 후방 지역에서 무자비한 테러 전쟁을 추구했고 사악한 목적을 실현하려고 몰정치적인 장교단의 충성과 명예를 이용했으며, 군인 스스로는 독일의 과거에 깊이 뿌리박은 도덕률을 준수하면서 의무를 다해 독일 국가의 지도자들을 섬기고 독일 국민을 지켰다는 것이다. 독일 측의 회고록과 해설은 '패배한 대의'의 양상을 띠었고 미국에게 패배의 대가를 일깨워주었다.

이 책들은 독일 장교들의 제2차 세계대전 서사를 만들어내고 지탱했는데, 그것은 많은 미국 군부 인사가 포용하고 더 큰 집단인 미국 대중이 가장 잘 아는 서사였다. 만슈타인의 『잃어버린 승리』 같은 해설은, 평범한 병사들의 최근 출판물이 그러듯이, 패배한 대의의 정수를 구현했다. 최근의 책들은 1991년 이전 수십 년 동안 확립된 독일 동부전선 참전 군인의 도덕적 입장을 보강했다. 역설적으로, 이 냉전 이후 서적들은 독일, 이스라엘, 미국의 학계가 20년 동안 독일 국방군과 무장친위대를 동방에서 활동한 학살 기계의 일부로 설득력 있게 묘사했는데도 넘쳐났다.[17] 불행하게도, 학술서는 적은 독자층에 국한된 채 남은 반면에 독일인 저자들의 (그리고 그들의 영어 파생작들의) 독자층은 꽤나 더 컸다.

독일 군대의 속성이라고 참전 군인들이 주장하는 고결한 성격에 들어맞도록 독일인 저자들 가운데 다수가 자기는 오로지 군사작전에만 초점을 맞추겠다고 선언하면서 서술을 시작했다. 자기는 정치 세계와는 관련이 없는 군인이다 운운하는 것은 모두가 서술의 첫머리에서 주장하는 바인데, 그 저자들로서는 나치의 전략 목표를 거론할 필요가 없다. 『잃어버린 승리』의 첫머리에서 만슈타인 육군 원수는 전쟁의 군사적 부분만을 다룰 '군인'과 곧바로 동일시된다. 만슈타인은 자기 입장을 뒷받침하려고 국제적으로 유명한 영국의 군 관련 인사인 리델 하트의 말을 인용한다. 리델 하트는 독일 장군들에게는 정치 감각이 모자라고 그들의 재능은 싸움터에서 나타난다고 썼다. 분명히, 만슈타인은 정권의 범죄로부터 거리를 두는 한편으로 전문 직업군인이라는 이미지를 키우고 자기의 명성을 지켜내고 있었다.[18] 훗날 만슈타인은 다음과 같이 썼다.

나는 각급 수준의 지휘관의 능력과 결합된 독일 전투병의 자기희생과 용기, 그리고 임무에 대한 헌신이 (전쟁) 내내 결정적 요인이었다는 점을 시종일관 밝혀냈기를 … 바란다.[19]

이 인용문에서 만슈타인은 병사와 장교가 독일에 바치는 충성과 거룩한 조국 수호 의무를 다하는 데에서 발휘한 용기가 독자의 머릿속에 떠오르도록 만들었다. 저 육군 원수를 정권의 범죄와 결부하는 사람은 없을 것이다. 그 뒤 40년 넘도록 아무것도 바뀌지 않았다. 비더만의 『치열한 전투에서』를 편집하고 번역한 이는 "제2차 세계대전의 특징이었고 어느 모로는 제2차 세계대전을 대표하게 된 잔혹한 역사적 사건들 가운데 많은 사건을 다시 말하는 것은 무가치한 일"이라고 저자가 "원고에서" 했던 평을 되풀이했다. 그 편집자 겸 번역자는 비더만이 전선의 경험만을 다뤘다고 적었다. 마찬가지로 『핏빛 눈』에서 코쇼렉은 군인들이 전투에서 영웅으로 행동했는지, 아니면 살인자로 행동했는지를 놓고 논쟁을 개시할 필요성을 거부했다. 대신에 그는 "현실을 서술"하는 쪽을 택했다. 한 평범한 군인으로서 코쇼렉은 저 세계를 사로잡았고 다른 이들의 행위에 대한 책임을 왈가왈부할 필요성을 대놓고 거부했다.[20]

이 해설은 늘 멀지만 어느 모로는 매혹적으로 보인 전쟁에 관한 미국의 생각과 지식을 지배했다. 미국 대중은 제2차 세계대전 동안 독일인에게 목숨을 잃은 유럽 유대인 600만 명의 고통은 마땅히 존중하고 기념하는 반면에, 이러한 정서가 독일국방군 및 무장친위대와 싸우다 죽은 붉은 군대 군인 800만 명의 가족, 또는 독일국방군과 긴밀히 협력한 학살 전담반인 특무기동대와 독일국방군 및 무장친위대에게 목숨을 잃은 민간인 2200만 명에게는 전혀는 아니더라도 거의 확장되지 않았거나 확장되지 않을 것이다.[21]

러시아 사료에 의존한 저작이나 러시아인의 저술이 나타나기 시작한 지는 최근 10년*이 채 안 되었다. 냉전이 끝나고 러시아의 자료보존소가 열리자 소련의 관점에서 나오는 통찰력이 더 늘었다.[22] 그런데도 독일의 독소전쟁에 대한 해석이 아직도 미국 대중의 주의를 끌고 있다. 경쟁에서 40년 동안 앞서갔고 수십 년의 반反소련 정치선전에 길들여진 미국의 러시아 불신이 워낙 끈질긴지라 독일 측 해설의 우세가 풀 길 없는 수수께끼로 남아 있지는 않다.

독일의 동부전선 서사

50년 동안 글을 쓰면서 독일인은 전쟁과 패전의 책임을 곧장 아돌프 히틀러와 나치당의 어깨에 걸머지웠다. 참전 군인들과 동정적인 저자들은 독일 군인들의 영웅적 용기, 독일 군대의 충성심, 이 사나이들이 얻은 명예에 관한 글을 썼다. 그들의 해설은 잔학 행위라는 쟁점을 꾸준히 제기했지만, 그 잔학 행위는 러시아인의 소행이지 독일인의 소행이 아니었다. 독일군이 용감하고 용맹한 사나이로 채워진 명예로운 조직체가 아니라고 오해하는 사람은 있을 수 없었다. 독일군의 행위는 결코 문제 삼을 수 없었고 동방의 적군, 즉 러시아군의 행위만이 더 면밀한 탐구의 대상이었다. 또한 이 사나이들의 고통은 미국 대중이 찬양하고 공감할 수 있는 연민을 자아냈다. 서독과 미국 사이에 공동의 적인 소련에 맞서 서방을 지켜내는 동맹이 결성되자 미국인은 독일인의 회고록에 있는 주장에 동조하게 되었다. 미국 대중의 눈에 독일국방군과 그 장병은 냉전의 종결까지 거의 불가

---

* 여기서 말하는 '최근 10년'은 1990년대 말부터 2000년대 말엽까지다.

침의 지위를 얻었다.[23]

우리가 살펴본 대로, 독일 장군이었던 이들은 제 나름의 도덕 세계를 만들어냈다. 그들은 거의 작전술 문제에만 초점을 맞추고 정치 문제와 전략 문제의 논의를 모두 회피함으로써 왜 자기가 아돌프 히틀러가 이끄는 대의를 섬기고 있었는지를 설명할 책임에서 벗어났다. 이렇게 하면서 그들은 자기 자신과 부하들을 '패배한 대의'를 위해 동방에서 싸우는 명예로운 인간으로 규정함으로써 자기의 이야기에 도덕성을 주입하는 수순을 밟았다. 그들은 주문을 외워 흑백 논리의 세상을 만들어냈는데, 그 세상에서 히틀러는 악, 자기는 덕의 구현이었다. 그러나 그들은 악을 그 독재자의 속성으로 돌리면서도 그를 서툴고 경험 없고 자주 망설이고 고집이 세다고 묘사했다. 히틀러는 나치 정권에서 극악무도한 모든 것의 구현체이지만, 한편으로 군사령관으로서는 실수투성이의 무능력자였다는 것이다.

예를 들어, 만슈타인은 폭군의 모든 비열한 특징을 띤 독재자 히틀러를 장교의, 특히 자기처럼 명예로운 옛 프로이센 전통에서 비롯된 장교의 전문성과 대비했다. 만슈타인은 다음과 같이 썼다.

한편으로, 우리에게는 예하 여러 개 군을 어디에서든 움직이지 못하게 고정해둘 뿐만 아니라 심지어 적을 꼼짝하지 못하게 억제하는 자기 의지의 힘을 믿는 독재자라는 개념이 있었다. 그러나 위험을 감수하면 잠재적으로 자기 위신에 위협이 되기 때문에 위험을 감수하기를 꺼리기도 하는 그 독재자는 모든 재능에도 불구하고 현실적인 군사적 실체라는 기초가 모자란 사람이었다. … 다른 한편에는 군사 지도자들의 시각이 있었다. 그들은 교육과 훈련 덕분에 전쟁이란 명확한 판단과 과감한 결단이 핵심 요소를 이루는 기예라고 여전히 확신했다. 기동작전에서만 성공을 거둘 수 있었던 기예 말이다. 오직 이 기동작전에서만 독일 지도부와 독일 전투부대의 우월성이 완전한 효과를 거둘 수 있었기 때문이다.[24]

독일 장교들이 동방에서 자기들이 당한 패배를 설명하려고 들먹인 것이 히틀러의 간섭과 무궁무진해 보이는 러시아 측의 인력 및 전쟁 물자의 공급이다. 패배의 결과는 독일 수도 베를린의 폐허와 폭격으로 허물어진 독일의 도시, 그리고 죄 없는 민간인이 폭격 공습과 추방되면서 당한 광범위한 고통에서 확연히 드러났다. 전쟁의 여파로, 그리고 연합국이 독일의 나머지 영토를 1945년에 불가피하게 점령하면서 독일인이 추방되었다.

전문 직업 장교들이 용감히 노력했는데도 히틀러는 꺾이지 않았고 독일은 전쟁에 졌다. 이 서사의 핵심이 러시아에서 독일이 당한 군사적 패배를 서방인이 인식하는 방식을 만들어냈다. 이로써 독일인 저자들은 전쟁범죄와 관련해서 독일군은 무고하다는 주장을 설득력 있게 할 수 있게 되었고, 전문 직업 장교 측의 작전술적, 또는 전술적 실패 이외의 다른 관점에서 패배가 설명되었다. 이 독일 장교들은 정치적으로 순진했기에 무자비하고 범죄적인 나치 지도자들에게 이상적인 장기짝이 되었다는 것이다. 이렇게 그들의 독소전쟁 서사는 단순한 독소전쟁의 역사를 넘어선다. 그들의 독소전쟁 서사 덕분에 독일 군대는 인종 정복과 절멸의 전쟁에 참여했다는 죄목에서 벗어나게 된다.

독일 장교단의 하급 장교들이 펴낸, 그리고 일반 병사 사이에서 나온 더 최근의 출판물은, 비록 고위 장교들이 직면한 더 폭넓은 쟁

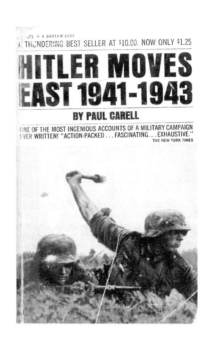

〔도판 9〕『히틀러가 동쪽으로 움직이다, 1941~1943년』의 표지.

점보다는 직접적인 전투 경험을 더 많이 생생하게 보여줄지라도, 한때 그들의 상관이었던 이들의 시각을 반영한다. 예를 들어, 『핏빛 눈』에서 귄터 코쇼렉은 히틀러가 독일국방군의 의사 결정 과정에 개입했다고 언급했다. 직접적인 관찰보다는 소문으로 그러한 상황을 전달하면서 코쇼렉은 제6군에게 스탈린그라드 고립지대에 남아 있으라고 강요하는 히틀러의 명령 때문에 사실상 사형 선고를 맞은 장병들 가운데 많은 이가 환멸을 느꼈다고 썼다. 전쟁이 끝날 즈음 코쇼렉과 그의 전우들은 히틀러가 자살했다는 소식을 들었다. 쓰라린 한 논평에서 코쇼렉은 다음과 같이 썼다.

우리는 그 교만한 지도자가 이런 식으로 비겁하게 자기 책무를 회피하기로 결심했다는 데에 충격을 받았다. 하지만 두어 시간 안에 그는 잊힌다. 우리에게는 우리 나름의 문제가 있다.

1944년 가을에 한 차례 전투를 치른 뒤 어느 시점에서 코쇼렉은 나치 지도부도 비겁하다고 비난했다. 지역의 당 관리들이 민간인에게 그 지역을 떠나야 한다는 것을 알려주지 않기로 결정한 탓에 민간인들이 잠에서 깨어나 보니 붉은 군대 군인들이 들이닥쳐 있었다는 것이다. 물론 나치 행정관들, 즉 코쇼레이 붙인 '당의 거물'이라는 별명으로 불리는 이들은 안전한 곳으로 도주한 지 오래였다.[25]

비더만은 독일 군인이 조국과 가족을 지키려고 싸웠고 이 과업을 해내려고 기꺼이 목숨을 내버렸다고 주장했다. 어느 누구도 히틀러와 그의 추종자들을 위해서는 무기를 들려고 하지 않았다는 것이다.[26] 카렐은 독일 군인이 결백하고 결연했다는 자기의 해설을 『히틀러가 동쪽으로 움직이다』 염가판에 있는 사진으로 부각한다.(도판 9) 그 사진에는 전투에 한창인 독일 군인 두 명이 있다. 둘 다 엎드려 있는데, 한 명은 소총을 쥐고 있고 다른 한 명은 적에게 수류탄을 던지는 동작을 하고 있다. 그의 책이 주장하는 바로는, 독일 군인은 전문성을 지니고 조국과 군에 헌신하며 싸웠다. 마찬가지로 코쇼렉은 부대원들이 독일을 지키려고 무기를 들었지 나치당과 그 정책의 끔찍한 목표를 달성하려고 무기를 들지는 않았다고 주장했다. 전선에 있는 군인은 자기와 전우를 보호하려고 러시아군과 맞섰으며 몇 사람은, 특히 자기 부대의 중위는 나치 요원들이 포용한 추악한 가치를 넘어서는 이상을 위해 싸웠다는 것이다. 또한 비더만은 자기를 지휘한 장교인 프리츠 린데만 장군이 1944년 7월의 히틀러 모살 기도에 연루되었다는 혐의로 죽임을 당했다고 주저리주저리 썼다. 그 장군을 묘사하면서 비더만은 린데만을 붙잡는 대가로 나치가 현상금 50만 라이히스마르크를 걸었으며 나중에 린데만이 게슈타포에게 목숨을 잃었음을 독자의 머릿속에 떠오르도록 만들었다. 비더만은 용감하고 싸움터에서 유능했으며 자기 부하들을 쓸데없이 위험에 빠뜨리는 명령에 기꺼이 항거했다며 린데만을 칭찬했고, 독일군 부대에 배속되어 '폴리트룩politruk'*이라는 밉살맞은 별명을 얻은 정치 요원들을 심하게 비판했다.[27]

유대인 학살에 관해 몰랐다고 주장한 비더만은 한번은 유대인 살해를 국가사회주의와 맞지 않는 이념을 지닌 군인들이 맞이한 운명과 뒤버무렸다. 비더만은 그 군인들의 용기를 칭찬하고, 미심쩍게도 게슈타포의 손에 그들의 행방이 묘연해졌다고 한탄했다. 마찬가지로, 친親국가사회주의 장교의 심기가 상하면 병사가 히틀러와 나치를 조금만 비판해도 무시무시한 형벌대대에 배치될 수 있었으며 아무리 용감하고 유능해도 심기를 건드리면 버티지 못했다는 것이다. 코쇼렉은 자기도 그런 소문을 들었다고 말했다. 얼마간 의뭉스럽게도 그는 다음과 같이 썼다.[28]

나는 그자들이 그들을 체포해서 강제수용소로 질질 끌고 갔다는 말을 자주 들었다. 사람들은 이것이 노동수용소이며 그 경비대는 나치친위대원이라고 말한다. 그자들은 다른 사상을 가진 이들과 제3제국에 반대하는 이들을 강제수용소에 처넣는다. 하지만 속 시원히 밝

---

* 부대원의 정치 교육을 담당하고 장교를 감시하는 임무를 띠고 소련군 단위 부대에 배치된 정치지도위원의 줄임말.

힌 사람이 없으니 뭔가를 확실히 아는 사람은 없다.[29]

이 서사도 독일 장교가 히틀러에게 도전하는 용기를 지녔다며 독일 장교를 영웅으로 떠받드는 해설을 미국 대중에게 제공했으며, 대다수 시민과 심지어는 학자마저 독일의 군인과 군대가 연합국의 군인과 군대를 훨씬 능가했다고 주장하는 지경에 이르도록 독일 장교가 싸움터에서 올린 실적을 부풀렸다. 실제로, 러시아가 수와 물량의 우위 때문에 이겼다는 흔한 주장이 미국에서는 존 엘리스의 『힘으로 밀어붙이기*Brute Force*』에서 나타났다.[30] 구데리안과 만슈타인 같은 장군들이 아직도 엄청난 독자층을 거느리고 있고 폴 카렐의 책이 시장에서 계속 넘쳐난다. 거의, 또는 오로지 독일 군대만 다루는 출판사가 독일국방군, 무장친위대, 독일 공군에 관한 책을 잇달아 내놓는다. 이 책들에는 독일 측 서사의 모든 측면이 포괄되어 있다. 냉전 이후에도 1950년대와 1960년대의 서사가 여전히 기승을 떤다.

회고록을 쓴 사람들 가운데 몇몇은 유대인 학살에 깊은 유감을 표현했다. 그러나 그들은 모두 유대인 학살에 참여하지 않았거나 심지어 알지도 못했다고 부인했다. 오직 슈탈베르크만 만슈타인에게 그 같은 행위를 알리려는 자기의 노력을 언급했을 때 그 쟁점을 제기한다. 슈탈베르크는 보안방첩대와 나치친위대가 러시아의 유대인을 죽이고 있음을 알아차렸고, 그 사실을 알리자 만슈타인은 흠칫 놀라며 충격에 빠졌으며 그런 행위가 가능하다고 믿기를 거부했다는 것이다. 슈탈베르크는 심지어 자기의 "외증조부 빌헬름 모리츠 헥셔가 유대인이었다"고 밝혔다. 물론, 만슈타인은 자기의 지휘 관할 지역에서 무슨 일이 일어나는지 잘 알고 있었다.[31]

이 저작들에는 소련과 벌이는 냉전에 휘말려든 미국 대중에게 호소력을 지닌 반공주의도 들어 있었다. 만슈타인은 공산주의 통치자들과 그들의 국가에 폭군과 살인자라는 꼬리표를 붙였다. 그는 소련을 사람의 목숨을 무시하는 '아시아적 권력'으로 묘사할 때 무심코 자기 진심의 인종적 의식을 드러냈고, 『히틀러가 동쪽으로 움직이다』에서 폴 카렐이, 그리고 『기갑전투』에서 멜렌틴이 이 견해에 동조했다.[32]

카렐은 많은 문헌에 들어가 있는 한 흥미로운 이야기에서 자유라는 주제를 상술했다. 카렐은 캅카스산맥으로 이동해 들어가는 독일군 부대를 이야기했다. 거기서 그 부대는 자기들을 통치하는 공산주의자들을 몹시도 미워하는 의기소침한 민족들과 마주쳤고 그들은 공산주의 국가와 싸우겠다며 자원해서 독일군에 입대했다는 것이다. 카렐이 그들을 다음과 같이 묘사했다.

자유를 사랑하는 이 민족은 국가가 독립할 때가 왔다고 믿었다. 나중에 스탈린의 분노가 그들을 들이쳤을 때, 그 분노는 혹독했다. 이 모든 부족이 아름다운 고향 땅에서 쫓겨나 시베리아로 추방당했다.[33]

이 같은 언어는 소련 체제를 지극히 적대적으로 묘사했고, 심지어 1990년대에 접어들어서도 미국 대중에게 호소력을 지녔다.

슈탈베르크도 공공연한 반란이라는 주제를 거론했다. 그는 소련의 통치자들을 피에 굶주린 폭군으로 묘사했고 벨라루스 같은 나라들에 있는 러시아인이 쉽게 독일 편으로 넘어오리라고 시사했다. 이 정서는 소련의 통치자들이 자유를 사랑하는 러시아인을 공포와 완력으로 노예화했다고 굳게 믿는 사람이 많은 미국에서 의심의 여지

없이 공감을 불러일으켰다.[34]

반공주의는 러시아 중부 전선의 참호에서, 그리고 러시아 남부의 스텝에서 싸운 자들의 저술에서도 나타났다. 『핏빛 눈』에서 1944년에 니코폴* 교두보를 차지하려는 전투에 관해 서술하면서 중기관총병 코쇼렉은 독일군이 러시아군 부대 배치에 관한 정보를 얻으려고 사로잡은 포로 여섯 명이 모두 쉰 살을 넘었고 싸움터에 있기에는 너무 늙었다고 평했다. 오로지 공산주의자 정치지도위원의 가혹한 결단이 이 남자들을 전투로 내몰았다는 것이다. 비더만은 소련군 정치지도위원의 역할을 장황하게 설명했다. 그는 다음과 같이 썼다.

… 정치지도위원의 위협, 강요, 애국심 호소에 내몰려서 러시아군은 돌격 횡대를 이루어 우리를 들이쳤다. 그들은 한껏 마신 보드카로 용기를 내고 망설이는 낌새가 있을라치면 정치지도위원이 쥔 권총의 성난 총구에 직면해서 우리를 거듭 들이쳤다.[35]

「적군」이라는 장에서 비더만은 "전쟁 초기에 소련군의 대거 탈영을 목격했다"고 진술한다. 이 탈영병들은 독일군에 노무자로 자주 가담했다. 어떤 자들은 비더만이 지독한 곳이라고 인정한 후방 저 멀리에 있는 독일군의 포로수용소에서 왔다. 비더만과 그의 부하들, 그리고 독일국방군의 모든 군인은 단지 제 이익, 즉 생존을 위해 독일군을 거드는 러시아인과 "스탈린 체제 아래서 굶주림과 강제 노동을 겪은" 자들을 구분했다. 이 자들은 볼셰비키를 몹시 싫어했고 그들

---

* 드네프르강 하류에 있는 우크라이나의 도시.

을 쳐부수고자 온힘을 다해 무엇이든지 하려고 했다는 것이다. 비더만은 심지어 무신론자 볼셰비키에 맞서 무슬림의 신앙을 위해 싸우는 "자유를 사랑하는 캅카스의 산악 민족"에 관한 카렐의 이야기를 끄집어내기까지 했다.[36]

또한 비더만은 독일 편에 가담한 러시아인이 친척에게 보낸 편지들을 모두 실었다. 이것들은 린데만 장군의 개인 소장품이어서 신뢰성을 얻은 듯했다. 한 편지에서 어느 무슬림은 가족에게 자기들은 "신을 믿지 않는 소련 놈들" 아래서 여러 해를 견뎌왔고, 독일인이 그 놈들을 무찔러주기를 바라 마지않으며, 이 목표를 이룰 '힘'을 달라고 알라께 빈다고 썼다. 독일인이 히비Hiwi(힐프스빌리게Hilfswillige, 즉 '자원봉사자')*로 일컫는 또 한 사람은 '전우애, 평등, 상호 존중, 정의, 우애'를 지녔다며 독일군을 칭찬했다. 비더만이 집어넣은 편지 한 통에서는 한 아내가 '병역 입대' 보고를 한다며 자기 남편을 호되게 꾸짖었다. 그 아내와 아이들은 먹을 것이 없어서 고생하는데 지역 당국은 그들의 곤경을 못 본 척한다는 것이다.[37]

비더만은 1942년에 크림반도의 페오도시야**에서 퇴각하는 독일군에 합류하겠다는 러시아군 포로 수천 명의 결심을 이야기했다. 실제로 이 전쟁 포로들이 경비대 없이 독일군 전선을 향해 행군했다는 것이다. 비더만은 그 러시아인들은 자기들이 독일군에 투항했다며 러시아 해방자들의 손에 고통을 당하리라는 것을 너무 잘 알고 있다고 말했다.[38] 이 같은 서술에서 독자는 독일이 침략 행위를 했다는

---

* 제2차 세계대전 때 독일이 점령한 동유럽과 소련의 영토에서 주로 노무부대원으로 징모되거나 독일에 부역한 현지인을 일컫는 독일어 낱말.
** 크림반도 남동쪽 해안에 있는 도시.

것이나 러시아 일반인이 독일국방군이 자기 마을을 점령했을 때 안도감을 결코 표현하지 않았다는 것을 알아챌 수 없었다.

끝으로, 아르민 샤이더바우어는 스몰렌스크주의 카틴 부근에 묻힌 폴란드 장교들의 주검이 발견*된 이야기를 끄집어냈다. 그는 소련 체제의 희생자로 보이는 주검들을 조사하고자 파견된 국제위원단과 마주쳤다. 그는 독자에게 뉘른베르크 나치 전범재판이 폴란드 장교 수천 명의 학살을 못 본 체했다고 알렸고, 책임져야 할 행위자로 소련을 지목했다. 소련 통치자들은 말 그대로 범죄자였고 심지어 러시아인에게 종교의 자유도 주지 않았다는 것이다. 소련 정부에 공감할 수 있는 독자는 거의 없었다.[39]

전문성

또한 독일 장교들은 자기 저작에 전문성이라는 주제를 집어넣었다. 이 주제는 거의 모든 이 해설에서 사용되는 사진에서 가장 분명하다. 그 사진은 '거기에 있다'는 느낌을, 그리고 기억되고 싶어 하는 모습으로 이 사람들의 실감나는 초상을 전달했다. 시각자료와 그 자료에 달린 설명글도 이 사람들에 관해, 그리고 이 사람들이 동부 전구에서 한 행위에 관해 배울 빠르고 극적인 방식을 독자에게 제공했

---

* 소련 비밀경찰이 1940년 봄에 스몰렌스크 서쪽 20킬로미터에 있는 카틴마을 부근의 숲에서 폴란드의 장교와 지식인 2만 명을 죽여서 암매장했다. 1943년에 이 매장지를 발견한 독일은 소련을 범인으로 지목했지만 소련은 부인했다가 1990년에야 이 학살을 시인했다.

다. 한결같이 그 회고록들에는 저자와 동료 장교들의 사진이 들어 있었다. 그들은 늘 전투복 차림으로, 그리고 훈장과 기장, 그리고 다른 휘장을 빠짐없이 붙인 정장 예복 차림으로 자주 나왔다.[40]

전형적인 사례로, 만슈타인의 회고록에 실린 표지 사진은 대단한 전훈을 세운 이가 받는 기장인 기사철십자훈장이 부각되도록 전문적인 자세를 취한 그 육군 원수를 보여주었다. 만슈타인은 군모를 벗고 골똘히 생각에 잠긴 진지한 자세를 취하고 있었다. 책 겉장 안쪽에는 1944년에 찍은 만슈타인 육군 원수의 자신감에 찬 옆얼굴 사진이 있었다. 이 사진들은 회고록에 있는 자기 자신의 사적인 서술과 일치하는 한 사나이를, 그리고 물론 진정으로 헌신적인 전문 직업군인도 보여주었다. 사적인 회상을 하다가 만슈타인은 다음과 같이 썼다.

이 전쟁의 독일 장군들은 —어디서든지— 그 직종의 최고 완제품이었다. 그들은 안목이 더 넓고 사려가 더 깊었더라면 더 나았을 수도 있다. 하지만 **그들은 만약 철학자가 되었더라면 군인이 되지는 못했을 것이다.**[41]*

이 발언은 만슈타인이 정치적으로 순진했으며 장교가 맡는 군사 임무에만 헌신했다는 인식을 강화했다.

---

* 만슈타인이 회고록의 서문에서 인용한 이 리델 하트 발언의 출처는 B. Liddell Hart, *The Other Side of the Hill: Germany's Generals, Their Rise and Fall with Their Own Account of Military Events 1939-1945* (London: Cassell, 1948), p. 310; *The German Generals Talk: Startling Revelations from Hitler's High Command* (New York: Quill, 1979), p. 300.

271쪽 뒤에 있는 사진 대여섯 장은 전문성이라는 주제를 다시 다룬다. 한 사진은 전황도戰況圖를 깊이 몰두해서 살펴보는 만슈타인을 보여준다. 그 사진에는 역시나 전황도의 세부 사항에 몰두하면서 병력 배치 상황을 만슈타인과 함께 우려하는 장교도 서너 명 있었다. 그들 뒤에는 사진의 박진성을 높여주는 야전 막사가 보였고 "크림반도의 제50사단 본부에서"라는 사진 설명글이 있었다. 그 지도에 담긴 상황이 만슈타인의 주목을 끄는 것이 분명했다. 그 뒤에 나오는 사진 한 장은 사령부에서 참모들에게 둘러싸여 탁자에 앉아 있는 만슈타인 육군 원수를 보여주었다. 만슈타인을 비롯해 모두가 야전 지도를 보고 전장과 연관된 문제를 논의하고 있다. 만슈타인은 사령관으로서 전장 정보를 평가하는 힘들고 까다로운 업무에 바쁜 군인이라는 기대를 충족해주었다.

만슈타인에게 바치는 찬사에서 슈탈베르크는 만슈타인의 전문적 성격, 즉 잔학 행위나 징벌 행위나 야만 행위를 할 수 없는 특성을 보강했다. 슈탈베르크의 회고록에 실려 있는 사진들 가운데 한 장은 만슈타인과 참모진의 모습을 부각했다. 그들은 독일이 독소전쟁에서 마지막으로 펼친 대규모 작전인 성채 작전, 즉 1943년 7월의 쿠르스크 전투를 준비하면서 지도를 살펴보고 있었다. 그 회의는 열차 지휘 차량에서 열렸는데, 슈탈베르크는 그 열차가 한때 유고슬라비아의 빅토리아 왕비의 소유였음을 독자들의 머리에 떠올려주었다. 책 뒷부분에서 슈탈베르크는 만슈타인의 전문적 태도를 평했다. 슈탈베르크는 다음과 같이 썼다.

이곳의 대화는 솔직하고 공개적이었다. 우리가 독일에서는 전쟁이 끝날 때까지 누릴 수 없는 종류의 대화였다. 만슈타인의 탁자에서 나타난 발언의 자유는 그날 저녁에도 적용된 철저한 '프로이센식' 관행이었다.[42]

이 인용문은 만슈타인과 그가 대표하는 프로이센 전통에 대한 슈탈베르크 자신의 찬양을 생생히 보여준다. 또한 이 인용문은 선량한 독일인에게서 표현의 자유를 앗아갔다고 보이는 나치당과 당 요원들로부터 만슈타인과 그의 프로이센 기풍을 분리했다.

이어서 지크프리트 크나페는 나치 정권과는, 그리고 그 나치 정권이 러시아인에 가한 참상과는 명백히 맞지 않는 독일 군인의 전문적 성격을 장황하게 부각했다. 훈장을 단 정장 예복 차림을 한 크나페를 보여주는 사진이 한 장 있다. 사진 설명글에는 이 훈장과 그 훈장 수여를 정당화해주는 공훈이 나열되어 있었다. 일련의 사진이 더 느긋한 분위기에서 크나페와 그의 부하들이 놀면서 식사하는 모습을 묘사하고 있다. 이 사진들은 크나페와 그의 벗들을 더 인간적으로 묘사해주었다. 이들은 장교이면서 여느 사람처럼 오락이 필요하고 식사를 같이하는 동료들의 우애가 필요한 보통 사람이라는 것이다. 크나페는 1942년에 포츠담 군사학교Kriegsschule* 수료반이었던 자기를 찍은 사진 한 장에서 전문성 에토스로 되돌아갔다. 사진에 딸린 글은 크나페와 그의 동료 훈련생들이 전쟁과 의사결정의 기법을 철저히 익히려고 애쓰면서 프로이센의 영광스러운 과거에서 핵심적인 전

---

* 제2차 세계대전 때 독일국방군 장교를 교육하고 조련하는 군사학교가 포츠담, 뮌헨, 드레스덴, 하노버, 비너노이슈타트 등 다섯 군데에 있었다.

투와 전술을 세심히 학습했다는 것을 독자에게 알려주었다. 또한 크나페는 젊은 장교들이 선망하는 총참모본부가 독일국방군에서 가장 뛰어난 이와 가장 똑똑한 이만 들어갈 수 있는 기구였음을 지적했다.[43]

폴 카렐도 전문성을 지녔다며 독일 장교를 칭찬했다. 그는 바르바로사 작전 동안 로슬라블* 점령으로 이어진 구데리안의 작전에 관해, 그리고 모스크바로 돌진하는 것을 포기하고 남쪽으로 틀어서 키예프로 향한다는 결정을 놓고, 그가 아돌프 히틀러에게 도전한 것에 관해 장황하게 썼다. 왜 모스크바를 향해 계속 밀고 나가야 하는지를 구데리안이 거세게 전문적으로 설명했다는 것이다. 카렐은 구데리안의 사진을 여러 장 실었는데, 그 가운데에는 지휘 차량에 막 탑승하려는 그 상급대장을 보여주는 사진 한 장이 있었다. 자신감에 찬 구데리안의 웃음은 기사십자장이 달린 멋진 제복과 어울렸다. 그 사진이 암울한 표정을 짓고 더러운 군복을 입은 꾀죄죄한 소련군 포로들의 사진 위에 있었다는 점도 중요하다. 승리한 구데리안의 전문성과 패배한 소련군 포로들의 체념 사이의 대비가 곧바로 독자의 주목을 끈다.[44]

---

* 스몰렌스크에서 남쪽으로 123킬로미터 지점에 있는 도시. 민스크와 모스크바의 중간에 있다.

가족, 그리스도교, 희생

이 독일인 저자들의 회고록에 자주 나오는 가족, 그리스도교, 희생이라는 주제들은 이 사람들을 사뭇 다른 이미지로 만들어낸다. 그들의 전문성 에토스가 언제나 주안점으로 남았지만, 그들의 저술에서는 인간애, 도덕성, 인품처럼 개인적인 요소도 강조된다. 이 강조로 말미암아 분명히 그 장교들은 독자의 눈에 더 매력 있게 보이고, 그들이 이름 없이 인종적으로 묘사되는 러시아라는 적군을 서술할 때 만들어지는 부정적인 인상이 부각된다. 독일인 저자들은 전쟁에서 모든 사람이 갖는 근심을 지닌 보통 사람의 역할을 맡으려고 애쓴다.

공유된 경험에는 늘 괴로운 경험인 가족의 개인적 상실이 포함되었다. 만슈타인의 아들인 게로Gero의 죽음은 가족 상실의 으뜸 사례다. 게로는 제18보병사단에서 복무하다가 일멘호수 부근의 북부전선에서 숨졌다. 만슈타인은 아들의 죽음으로 말미암은 자신의 고통과 가족의 고통을 장황하게 서술한다. 만슈타인은 프로이센 군사 전통의 맥락에서 아들의 군사적 포부에 관해 쓴다. 만슈타인은 조국에 대한 의무가 게로에게 군 생활의 주된 매력으로 돋보였다고 술회했다. 명백히 아들은 아버지가 말한, 이른바 정치적 순진성, 그리고 나치를 포함한 어떤 정당이 아닌 독일을 위해 싸운다는 책무를 받아들였다는 것이다. 만슈타인은 아들을 '젊은 귀족', 그리고 나치당과는 상극으로 만드는 자질을 지닌 명예로운 인물로 일컬었다.[45] 만슈타인에게,

그것은 군인의 기나긴 계보에서 비롯되는, 열성적인 독일 군인이라

는 바로 그 사실로 형성된 그의(게로의) 유산이었다. 동시에 그는 신사였다. 그 낱말의 가장 진정한 의미로 말이다. 신사였고 그리스도교인이었다.[46]

만슈타인은 아들을 "유난히 사랑스러운 —진지하고 사려 깊지만 늘 즐거운— 아이"로 서술했다. 만슈타인은 아들의 군사적 포부를 전적으로 지지했다. "정규 독일 장교가 되는 것은 —즉, 독일 젊은이들의 교관이 되고 유사시에 그들의 선두에 서는 것은— 천성이자 가문의 내력이었"기 때문이다. 만슈타인은 아들의 장례식에 관해서, 그리고 아들의 무덤에서 장례식을 주재한 크루거 목사의 말에 관해서 썼다. 참석한 이들은 "그의 영혼을 하느님의 손에 맡겼다." 또한 만슈타인은 게로가 전쟁에서 죽은 독일 어머니의 다른 아들들과 합류했다고 적었고, 그렇게 함으로써 육군 원수의 개인적 비극을 국민 전체와 관련지었다.[47]

크나페도 만슈타인처럼 전쟁 때문에 개인적 상실을 겪었다. 그의 동생이 전투에서 입은 부상으로 숨졌다. 크나페는 동생 프리츠가 모르핀을 다량으로 주입해야만 격통이 살짝 줄어들 만큼 심한 부상을 입고 죽었다고 썼다. 실제로, 프리츠는 모르핀 때문에 말을 못 했다. 크나페는 프리츠가 "나와 내 성취를 늘 자랑스러워했는데, 이제 그는 제 나름의 성취를 이룰 실제 기회를 얻기도 전에 죽을 참"이라고 기억했다. 전쟁은 프리츠에게서 목숨과 미래를 앗아갔다. 크나페는 젊은이들과 그들의 가족에게 그 같은 고통을 안기는 전쟁에 대한 제 나름의 괴로움을 드러냈다. 실제로, 크나페는 자기가 쓴 책의 표지에 개 한 마리를 안고 있는 순진무구한 모습으로 나오는데, 개는 역사

에서 가장 무시무시한 전쟁에 참여한 거친 군인들이 지닐 만한 것이 아니다.[48]

크나페는 가족과 친구들이 추도하며 보낸 꽃으로 에워싸인 프리츠의 그리스도교식 무덤을 찍은 1942년 사진 한 장을 넣었다. 그 광경은 전쟁에서 모든 이가 하는 희생을 머리에 떠올려주었다. 프리츠가 세상을 뜨니 슬픔에 젖은 어머니는 남은 마지막 아들인 크나페의 운명을 훨씬 더 많이 걱정하게 되었다. 궁극적으로는 나치당이 이 고통의 근원이었다. 실제로, 나치는 크나페, 그의 동생, 그의 가족을 제2차 세계대전에 참여한 모든 이만큼 잔혹하게 제물로 삼았다.[49]

크나페는 자기 아내 릴로에 관한 글과 사진에서 가족의 또 다른 순간을 포착했다. 릴로와 크나페가 민간인 복장을 하고 동네에 있는 모습이었다. 또 다른 사진에서 그들은 한 바탕 헤엄을 치고 나서 잠시 휴식을 즐긴다. 셋째 사진에서 그들은 자기들의 결혼 피로연에서 촬영을 하려고 자세를 취했다. 이 마지막 사진에 딸린 본문은 두 사람이 결혼을 한 번은 '일반 식으로, 그러고 나서 한 번은 교회 식으로' 올렸음을 독자들이 짐작하게 해주었다. 분명히, 저자들은 그리스도교의 거룩한 이상에 헌신하는 신실한 그리스도교인이라는 자기의 정체성을 강조하고 싶어 했다. 크나페는 종교와 더불어 역사와 문화라는 주제를 다시 제기했다. 크나페는 결혼식이 열린 교회가 마르틴 루터가 처음 설교를 한 곳이고, 리하르트 바그너가 세례식을 거행한 곳이며 요한 제바스티안 바흐를 오르간 연주자로 맞이한 교회였다고 밝혔다. 크나페는 자기의 결혼식을 1940년대에 지난날과는 사뭇 다르고 사악한 곳이 된 현대 독일보다는 영광스러운 독일의 역사적 과거와 결부했다. 마지막 사진에는 동부전선으로 돌아가는 긴 여정을 준비하면서 어머니와 아내가 양옆에 있는 크나페의 모습이 담겨 있었다. 크나페는 이 이별이 함께 지내는 마지막 시간일 수 있음을 깨달았기에 자기 가족이 큰 슬픔에 빠졌다고 적었다.[50]

크나페는 자기가 동부전선에서 마주친 참상을 어여쁜 자기 아내에게 숨겨야 한다고 썼다. 그는 전선에서 그토록 흔한 '죽고 죽이기'를 릴로가 알지 않기를 바랐다. 가슴 아픈 문장으로 크나페는 다음과 같이 말했다.

나는 사람들이 거의 짐승처럼 살 수밖에 없는 한 나라를 가로질러 가며 끝없이 걷는 동안 내가 본 그 비인간적인 것들을 아내가 알기를 바라지 않았다. 이 편지를 쓰는 일은 균형 잡힌 시각을 유지하는 데 도움이 되기도 했다. 심지어 가장 섬뜩한 상황에서도 존재하는 아름다움 같은 것이 있다는 시각 말이다.[51]

슈탈베르크도 가족, 그리스도교, 희생이라는 주제를 다루었다. 그의 회고록에 있는 감동적인 전쟁 이전의 사진 한 장은 그의 사촌 네명, 할머니, 외삼촌 한스 폰 베데마이어Hans von Wedemeyer*를 보여주었다. 함께 있는 그 가족은 독일 사회의 가장 좋은 가족을 대표했다. 친척들이 네 사촌의 견신례堅信禮**에 모였다. 슈탈베르크는 나중에

---

* 독일의 귀족(1888~1942). 동프로이센의 대지주 귀족 가문이었고, 제1차 세계대전에 참전했으며 전후에는 우익 민병대에 참여했다. 대위로 제2차 세계대전에 참전했고, 스탈린그라드 부근에서 전사했다.
** 유아 세례를 받은 그리스도교인이 자란 뒤에 사제의 안수 기도를 받고 신앙을 굳히는 교회 성사.

나치에게 살해되는 유명한 반체제 종교인인 디트리히 본회퍼Dietrich Bonhoeffer*가 견신례를 집전했다고 적었다. 그러나 가족 모임의 행복은 끔찍한 전쟁의 충격 아래 끝내 사라졌다. 한 사진에 보이는 젊은 이들은 여러 전투에서 싸우다 다쳐서 모두 죽었고, 베테마이어 외삼촌은 스탈린그라드에서 죽었다. 슈탈베르크의 할머니는 "러시아군이 그분의 영지를 짓밟을 때" 죽었다. 그 가족은 700년 동안 슈탈베르크 가문이 영면하는 장소였던 교회 묘지에 네 사촌을 묻었다. 심지어는 죽어서도 그 가족과 가문의 전통적 과거와의 유대가 지속되었다. 슈탈베르크가 바란 대로, 그 사진과 사진의 여파는 그들이 무고한 주인공으로서 끌려들어간 잔혹한 전쟁에서 나치즘과 공산주의라는 쌍둥이 악에게 파괴된, 친밀하고 전통적이고 종교적인 한 가족의 모습을 전해준다.[52]

슈탈베르크는 어머니와 아내가 겪은 전쟁도 보여주었다. 슈탈베르크의 어머니인 다정한 중년 여인의 사진 한 장이 『본분』의 사진 모음 절에 있었다. 그의 어머니는 전쟁 때문에 가족과 친구들에게 닥칠 끔찍한 일을 알고 있는 양 슬픈 표정을 지었다. 그 사진의 설명글에는 어머니가 세계의 주요 인도주의 단체들 가운데 하나인 적십자의 회원이라고 적혀 있었다. 적십자는 나치당과는 상극이었다. 슈탈베르크는 어머니를 "엄밀히는 폼메른Pommern**의 경건주의자 프로

---

* 독일의 성직자(1906~1945). 루터교회 목사이자 신학자였고 고백교회의 설립자 가운데 한 명이었다. 히틀러 제거 계획에 가담했다가 1943년 3월에 붙잡혔고 교수형에 처해졌다.
** 유럽 중북부와 발트해 남쪽 연안에 걸쳐 있는 지역. 오늘날에는 대부분이 폴란드 영토이며, 서쪽 끝 일부 지역이 독일에 속한다. 폴란드어로는 포모제라고 한다.

이센인의 딸"로 묘사하고, 어머니를 강력한 종교 전통과 확실하게 동일시했다.[53]

또한 슈탈베르크는 어머니의 음악적 재능을 서술하며, 그 과정에서 나치 집권 이전 독일의 과거와의 강력한 유대를 확립한다. 그는 어머니의 「월광 소나타」 연주를 극찬했으며, 「성 마태 수난곡」과 「성 요한 수난곡」의 합창곡을 비롯한 바흐와 브람스의 유명 작품들을 연주하는 어머니를 회상했다. 이 음악 주제는 슈탈베르크가 바이올린을 들고 있는 그의 사진에서 입증되듯이 음악회의 바이올린 연주자가 되겠다는 자기의 진정한 염원을 말할 때 다시 나타났다. 슈탈베르크는 거의 성자 같은 어머니를 통해서든, 아니면 음악을 향한 자기의 열망을 통해서든 자기가 섬기는 나치 정권과는 전혀 어울리지 않는 이미지를 빚어냈다. 슈탈베르크는 평온한 예술가의 삶을 갈망하는 동안, 자기 어머니가 다친 이들을 도와주고 치유하는 일에만 열중하는 동안, 나치는 악몽을 만들어냈다는 것이다. 또 하나의 얄궂은 반전으로, 책 표지는 슈탈베르크의 책 제목의 글자에 부딪혀 깨진 나치의 상징을 보여주며 그가 나치 정권에 품은 반감을 시사하는 반면에 본분이라는 제목은 그가 독일과 군대에 바치는 충성을 예시한다.[54]

아르민 샤이더바우어와 그의 가족도 삶의 대부분을 좋은 대의에 바쳤다. (유감스럽게도, 세계사에서 가장 파괴적이었던 전쟁보다는 보이스카우트의 분위기를 풍기는 듯한 제목인)『내 젊은 시절의 모험』의 도입부는 저자와 그의 가족을 확고하게 그리스도교 전통 속에 놓았다. 샤이더바우어의 아버지는 개신교 목사로 복무했고 제2차 세계대전에서도 군종 목사였다. 종교는 그의 아들의 모든 차원에서 삶을 빚어냈다. 샤이더바우어는 튀링겐에서 자라는 동안 교회에서 다양한 직위로 근무했고, 종교개혁 기념일 같은 특별 행사를 축하하는 가족을 즐겁게 기억했다. 샤이더바우어가 쓴 바로는, 이 경험에서 그는 나날의 삶에서 '그리스도교인의 미덕'을 활용하는 방법을 배웠다. 무책임한 사람이나 군인이 하는 일은 아니었다. 얄궂게도 책 표지는 그리스도교 전통과 어긋나게도 사람을 죽일 작정을 하고 참호에서 적에게 사격을 하는 군인들 모습을 보여준다.(도판 8)[55]

샤이더바우어의 아버지는 나치가 신앙에 개입하는 데 반대했기 때문에 고생했다. 나치와 그의 교회 신도가 그를 교구에서 몰아냈다. 그런데도 그는 독일국방군에 장교로 들어갔다. "그분에게 장교의 삶은 교회의 가치와 동일한 가치를 대표했다. 조국에 대한 의무, 사회의 질서와 품격에 대한 헌신, 하급자에 대한 책무 말이다." 샤이더바우어의 아버지는 나치당원에게 활기를 불어넣은 이념 그 어느 것도 공유하지 않았고 자기의 군 복무를 영성과 애국심을 성취하는 경험으로 여겼다. 실제로, 그는 샤이더바우어가 아직 고향에 있는 동안 가족을 데리고 프로이센 군사 전통의 본산인 포츠담으로 갔다. 포츠담의 수수한 건물들과 교회, 그리고 프로이센 군주의 여름철 거처인 상수시Sanssouci 궁전*은 프로이센의 경험을 요약하는 분별력을 그의 가족에게 과시했다. 대조적으로 나치 지도부는 분별력을 거의 전혀 지니지 못했고 독일 민족에게 고통만 가져다준 세계 정복 사상을 품었다.[56]

나중에 동부전선에서 복무하는 동안 샤이더바우어는 그리스도교인으로 키워줘서 고맙다는 감사 편지를 부모에게 보냈다. 그 같은 고

---

* 프로이센의 프리드리히 대왕이 1747년에 베를린 근교인 포츠담에 세운 궁전.

역의 와중에 샤이더바우어는 아버지가 자기에게 준 선물인 『신약성서』가 고마웠다고 썼다. 샤이더바우어의 아버지가 헌정사로 쓴 『성서』 「시편」과 『성서』 구절은 아들에게 자기는 앞으로 맞닥뜨릴 수많은 전투에서 살아남으리라는 자신감을 주었다.

수십 년에 걸쳐, 이 회고록 저 회고록 가릴 것 없이, 독일인 저자들은 그리스도교 원칙을 많은 독일국방군 장병의 지표로 묘사했다. 이 사료들만 보면, 독일국방군에게 겨눠진 혐의를 상상하기가 불가능할 것이다.[57]

민간인과의 조우

독일의 참전 군인은 러시아 민간인과 만난 일을 빈번히 거론했다. 독일국방군 부대가 공산당 통치에서 '해방된' 러시아 마을을 지나 행군할 때 민간인이 뛰쳐나와서 독일군 장병들이 놀랐다고 한다. 슈탈베르크는 자기의 연대가 소련의 수도에 가까이 다가가자 부근의 여러 마을에서 온 '작은 영접위원단'과 마주쳤다고 자랑스레 말했다. 자주 "흰 옷을 입은 아가씨들이 우리에게 꽃을 건네고 행운과 환영의 유서 깊은 상징인 빵과 소금을 선사했다." 카렐의 『히틀러가 동쪽으로 움직이다』에 실린 사진 한 장은 수수한 옷을 입고 머리에 스카프를 두른 아가씨가 목마른 한 독일 군인에게 물을 주는 모습이다. 그 군인과 그의 전우들은 모스크바의 바로 북서쪽에 있는 르제프의 외곽에서 휴식 차 멈췄다.[58]

가슴 아픈 한 이야기에서, 코쇼렉은 자기와 전우들이 우크라이나의 드네프롭카라는 마을의 러시아 아가씨 카탸와 맺은 친밀한 우정을 말한다. 그들은 카탸를 '수호천사'로 생각했다. 그들의 부대가 그 지역에 주둔해 있는 동안 카탸와 그의 어머니는 그들을 "접대했다." 코쇼렉은 카탸가 "철저히 접근 금지 대상"이었다고 딱 잘라 말했다. 카탸는 그들의 방을 청소하고 침대를 정리하고 늘 따뜻하게 웃어주었다. 그들은 그들대로 카탸에게 초콜릿, 옷감, 어머니가 신을 양말, 기타 필요한 물품을 주었다. 그들이 임무를 수행하러 떠날 때 카탸는 그 여정이 그들의 죽음을 뜻할 수도 있음을 알고서 울었다. 카탸는 그들의 침대에 작은 선물을 놓아두었고 전사한 이를 위해 성호를 긋는다. 또한 카탸와 그의 어머니는 그들이 전선에서 돌아오자마자 끼니를 마련했다. 섬뜩한 전투를 빼면, 상황은 거의 목가적으로 보였다! 역설적이지만, 코쇼렉의 책 표지에는 그 같은 평온한 장면과는 어울리지 않게도 파괴가 난무하는 전투 장면이 나온다.(도판 9) 물론, 코쇼렉과 전우들은 독일로 되돌아가는 긴 퇴각을 재개할 때 붉은 군대가 마을에 들어서자마자 카탸가 맞이할 운명을 걱정했다.[59]

샤이더바우어가 비슷한 연민의 사례를 독자에게 제시했다. 샤이더바우어와 그의 부하들은 군사적 목적으로 어느 거리의 한 편에 있는 건물을 헐어버리라는 명령을 수행하고 있었다. 샤이더바우어에게 그 경험은 심란했다. 그와 부하들이 그 같은 파괴를 해본 적이 없었기 때문이다. 그들이 건물들을 불태우려고 준비하고 있는데 "엄청나게 나이든 한 남자"가 그 젊은 장교에게 다가와 그 집들 가운데 한 채를 남겨달라고 애원했다. 그 '늙은이'의 말로는, 그는 평생을 거기서 살았고 자기 집 안에서 죽고 싶다고 했다. 샤이더바우어는 명령에 따를지, 아니면 그 늙은이에게 인정을 베풀지 선택해야 했다. 부하들

이 기뻐하도록 그는 그 집을 그대로 두었다.[60]

마찬가지로, 전투가 잠시 잠잠한 동안 샤이더바우어와 그의 상관인 슈나이더 대위는 리투아니아의 한 마을에 있는 가톨릭 성당에 들렀다. 신부가 그들을 초대해서 점심 식사를 같이했다. 그 뒤 슈나이더 대위는 그 마을의 장정들을 모아 후방으로 이송하는 일을 맡게 되었다. 독일군 사령부는 이 수법을 써서 붉은 군대가 그들을 징집하지 못하도록 했다. 신부는 그 젊은이들 가운데에서 자기 바람에 거슬러서 붉은 군대에서 복무했고 마을 아가씨와 막 결혼한 남자 한 명을 풀어달라고 대위에게 간청했다. 자기 소관 밖이었지만, 슈나이더 대위는 샤이더바우어의 동의를 얻어 그 신랑이 아내와 다시 함께 지내도록 허락했다는 것이다. 샤이더바우어는 자기가 그 마을 약제사의 집에서 피아노를 발견했다며 이야기를 끝맺었다. 그가 말한 바로는, "물에 다가가는 목마른 사람처럼 나는 피아노 앞에 앉아 몇 달 만에 처음으로 연주를 했다." 이 설명에 따르면, 독일 장교는 기회가 있을 때마다 러시아 민간인에게 친절을 베풀었다. 독일 장병은 러시아에 볼셰비키와 싸우러 갔지, 공산당 통치의 공포를 스무 해 넘게 견뎌온 민간인을 괴롭히려고 가지 않았다는 것이다.[61]

러시아인에게 베푼 그 같은 친절과 연민은 독일인들의 회고록에 거의 모두 나타나는 듯했다. 비더만은 자기가 크림반도에서 한 '타타르인 가정'에 머무른 것을 이야기했다. 비더만과 그의 부하들은 크림 타타르인이 소련을 증오한다는 것을 알았고, 독일 군인들은 먹을 것을 집주인 가족과 주고받고 심지어는 한 아기의 탄생을 산모와 그 친구들과 함께 축하했으며, 독일군 의무병이 의약품을 내주고 비더만의 부하들은 산모에게 '사탕'을 주었다는 것이다. 또한 비더만은 현지의 이슬람 이맘*이 빈번히 아잔**을 했다고 적었다. 그 같은 일들이 비더만의 회고록 곳곳에 나왔다.[62] 비더만과 샤이더바우어, 그리고 다른 이들의 이야기는 대다수 독일 군인이 러시아인의 안전을 자기 전우의 안전만큼 걱정하는 점잖고 고상한 사람임을 독자에게 보여주고 있었다. 이 묘사는 나치친위대, 보안방첩대, 기타 나치 동조자들의 묘사와 뚜렷하게 대비되는 러시아 주둔 독일군의 이미지를 만들어낸다. 볼셰비키와 그 추종자들 때문에 전쟁 이전과 전쟁 동안 러시아인이 고통을 겪었다는 것이다. 독일군 장병이 자주 그들의 고통을 덜어주고, 되도록이면 종교의 자유를 복원해주려고 애썼다는 것이다. 비더만의 책 표지에서 그는 사진을 찍을 때 전형적으로 보이는 차분한 표정의 군복 정장 차림이다. 배경에서는 독일 군인들이 부서진 건물을 지나 행군하고 있는데, 전쟁의 혹독함은 시사해도 독소전쟁의 본성인 제노사이드는 거의 시사하지 않는다. 싸움터 위에서 비더만이 전문 직업군인의 자세를 취하고 있으니, 독자는 그를 전쟁의 잔혹성과 결코 결부하지 않을 것이다.

이 회고록들에서 종교적 주제는 국내 전선에서 그런 것만큼 점령지에서도 중요하다. 이 장교들 가운데 다수가 독일 군인은 그리스도교인으로서 러시아정교 신앙에 반감을 품지 않았고 공산당의 종교 표현 금지에 유감을 자주 표출했다고 썼다. 폰 루크는 독일군이 붉은 군대에게서 스몰렌스크를 장악한 뒤에 스몰렌스크의 한 대성당에 모여드는 러시아인을 선연하게 묘사했다. 그 대성당은 스몰렌스

크 공방전에서도 파손을 모면하고 이제는 예전 신자들의 봉화 노릇을 했다는 것이다.[63] 루크는 다음과 같이 말했다.

나는 대성당에 들어가서 여자들과 늙은이들을 따라갔고, 그 아름다움에 깊은 감명을 받았다. 대성당은 온전해 보였다. 제단은 꾸며져 있었고 타오르는 촛불과 금으로 화려하게 치장된 많은 성상화가 내부를 축일 분위기로 휘감았다. 내가 동료들과 함께 세단으로 가자, 턱수염을 무성하게 기른 허름한 차림새의 늙은이가 엉터리 독일어로 내게 말을 걸었다.[64]

그 성자는 루크에게 "당신이 우리 도시를 해방했습니다"라고 말했다. 그는 루크에게 "제가 이 대성당에서 첫 미사를 드려도 될까요?"라고 물었다. 루크는 미사를 어서 드리라고 다그쳤다. 이튿날 대성당으로 돌아간 루크는 숨 막히는 광경을 보았다. 도심은 사람들로 미어터졌고, 모두 다 되찾은 대성당 쪽으로 행렬을 이루어 느릿느릿 걸어가고 있었다. 루크와 그의 부하들은 눈에 띄지 않게 가만히 있으며 그 행렬이 지나가도록 두었다.[65] 그 경험에 감동한 루크는 다음과 같이 썼다.

사람들은 무릎을 꿇고 기도했다. 모두의 눈에 눈물이 맺혀 있었다. 그들에게는 20여 년 만에 처음 드리는 미사였다. 내 동료들과 나는 깊이 감동했다. 이 불쌍한 사람들, 억눌린 사람들에게는 믿음이 얼마나 깊어야만 했는지. 이념도, 강압이나 공포도 그들에게서 믿음을 앗아갈 수 없었다. 그것은 내가 결코 잊지 못할 경험이었다.[66]

나치 정권이 아니라 독일국방군이 러시아인들을 공산주의 폭군에게서 해방하고 그들의 종교 공동체를 회복해주었다고 암시된다. 군대는 정치 영역과 별개의 세상에서 작동했고, 러시아인에게 닥친, 그리고 닥칠 재앙의 원흉이 이 정치 영역을, 즉 나치당과 공산당을 지배했다. 루크의 책에 있는 시각자료는, 그 같은 모든 회고록에서처럼, 독일 군인의 전문 직업적 성격을 보완한다. 책 표지에는 사진 두 장이 들어 있는데, 하나는 전선으로 행군하는 독일 보병의 사진인 반면에 다른 사진에는 동방에서 근무한 적이 없어서 결백한 독일군 사령관인 롬멜 육군 원수가 자기의 참모 차량을 배경에 두고 지도를 막 펼치려는 모습이다. 책 안에 실린 사진 한 장은 노르망디를 차지하려는 전투가 벌어지는 동안 서류철을 들고 있는 루크가 전문 직업 군인의 자세로 수심에 잠겨 앞을 바라보는 모습이다. 또 다른 사진 한 장은 오늘날의 루크가 신사복 차림으로 미소를 머금고 있는 모습인데, 어느 모로 보나 교양인이며 힘러 같은 나치와는 다른 부류다. 이 같은 묘사는 그 전쟁의 섬뜩한 본성을 암시조차 하지 않는다.

카렐도 사실적인 텍스트보다는 시각자료를 강조해서 스몰렌스크의 경험을 포착했다. 그는 스몰렌스크대성당에서 거행되었다는 첫 미사의 극적인 사진 한 장을 이용했다. 그 사진은 미사를 드리는 동안 수많은 여인이 전통적인 머리덮개를 하고, 아이들이 무릎을 꿇고 있는 모습을 보여주었다. 나이 많은 한 여인이 몸을 가누려고 지팡이를 부여잡고 화려하게 치장된 철책을 움켜쥐고서 제단 곁에 서 있었다. 회중은 그토록 오랜 부재 뒤 예배당 안에 있다는 안도감을 전달했다. 예배당의 배경에서는 독일국방군 군인 두 명이 신도를 지켜보며 서 있었다. 그 사진의 설명글은 다음과 같다.

독일군 전선 부대가 한 늙은 러시아인 사제에게 첫 성무를 보도록 허락했을 때 스몰렌스크의 금빛 돔 대성당은 꽉 들어찼다.[67]

카렐은 정규 독일국방군 부대를 잔학 행위를 저지르는 후방 지역의 비정규 부대와 늘 신중하게 구분한다. 슈탈베르크도 오로지 보안방첩대와 나치친위대가 민간인과 러시아 유대인을 죽이는 임무를 책임졌음을 강조했다. 그는 "우리가, 즉 군인들이 전선에서 총에 맞고 있는 동안 나치친위대는 우리 등 뒤에서 자기네의 만행을 저지르느라 바빴다"고 단언했다.[68] 독일국방군이 위험에 직면하고 러시아인을 해방하는 동안 민간 행정관들은 전선 뒤에서 러시아인을 무자비하게 착취했다는 것이다.

싸움터

독일 측 설명은, 이겼을 때에는 상냥하고 심지어 너그럽기까지 한 행동을 부각하고, 패배의 고통에 대해서는 '패배한 대의' 접근법을 강조하는 방식으로 역설한다. 주제 가운데 하나는 붉은 군대가 보유한 병력과 전쟁 물자의 무궁무진해 보이는 공급에 직면했을 때조차 독일 군인이 잃지 않았던 용기다. 독일 보병은 점점 심해져서 최종 승리를 불가능하게 만드는 역경에 맞서 싸웠다. 그런데도 그들은 참호에서 끈질기게 버텼다. 냉소적인 코쇼렉조차 그랬다. 코쇼렉과 그의 전우들은 스탈린그라드 고립지대 서쪽의 방어진지를 지켜냈다. 그들은 스탈린그라드시 안에 있는 군인들의 곤경을 잘 아는지라 자기들이 돈강 너머의 독일군 점령지 안으로 러시아군이 들어가지 못하도록 막아야 한다는 것을 알고 있었다. 러시아군이 그들을 압도적인 수적 우위로 공격한다. 코쇼렉의 부대는 기관총, 소총, 카빈총, 러시아군에게 날리는 쇠붙이는 무엇이든지 쏘았다. 러시아 군인이 엄청나게 많이 죽었고 소련군의 돌격이 돌연 멈췄다.[69]

비더만은 독일군의 성공적인 1942년 크림반도 진지 방어를 이야기했다. 러시아군이 "압도적 병력으로" 그의 부대를 공격했다. 비더만과 그의 부하들은 버텨냈다. 또한 비더만의 부대는 엄청난 역경에 거듭 맞부딪혔다. 1943년 겨울에 그와 그의 부하들은 레닌그라드 부근의 북부전선에서 소련군의 대공격에 맞부딪혔다. 볼셰비키는 '얇게' 방어되는 독일군 전선을 빈번히 돌파했다. 전차, 대포, '볼셰비키' 야만인 무리가 독일군 부대원들을 밀어붙였다. 독일군은 혹한의 환경에서 큰 희생을 치르고 그 공격을 끝내 막아냈다. 비더만이 쓴 바로는, "동프로이센, 라인란트, 바이에른, 팔츠, 바덴, 뷔르템베르크 출신의" 사나이들이 감당하기 힘든 불리한 상황에서 분투했다. 전투 직후에 그 사나이들은 다친 사람과 죽어가는 사람의 절규를 들었다. 독일 군인은 영웅적으로 싸웠을지라도 패해가는 전쟁에서 초인적인 도전에 맞부딪혔다. 그 같은 행동이 전선에서 독소전쟁을 치른 독일인의 모든 설명에 띄엄띄엄 들어 있었다.[70]

전쟁이 진행되면서 전세가 독일국방군에 불리해지자 독일 군인이 부딪친 곤경은 심해지기만 했다. 전쟁이 레닌그라드, 모스크바, 스탈린그라드에서 중유럽으로 옮아가면서 군인들은 심한 물자 부족을 겪었다. 독소전쟁의 마지막 두어 달 동안 러시아에서 리투아니아로 후퇴하면서 비더만과 그의 부하들은 말고기를 구해서 빈약한 식량을 보충했다. 전진하는 대신에 후퇴했고, 군인들이 영웅적으로 분투했는데도 1945년에 독일은 어찌할 수 없는 상황에 직면했다.[71]

후퇴에는 그 나름의 고통이 따랐다. 전투의 위험과 더불어 사로잡힌다는 가망에 독일 군인은 공포에 질렸다. 샤이더바우어, 코쇼렉, 비더만은 모두 다 생포에, 그리고 러시아인이 전쟁포로에게 가하는 운명에 커다란 두려움을 표현했다. 비더만 같은 누군가에게 '항복'은 죽음을 뜻했다. 코쇼렉은 갈기갈기 찢긴 독일 군인의 주검과 마주치고는 죽는 것이 사로잡히는 것보다 훨씬 더 낫다고 확신하게 되었다고 기록했다. 후퇴하는 동안 고통을 겪지 않는 사람이 없었다. 코쇼렉은 부크강으로 도주하면서 입은 개인의 외상을 서술했다. 군화가 맞지 않아서 두 발이 핏덩어리가 되었고 아파서 견딜 수 없는 지경에 이르렀다. 그는 퇴각을 포기하면 생포될 터이므로 서 있어야 했다. 그는 러시아군이 자기 바로 뒤를 가차 없이 따라오면서 외치는 "우라"* 소리가 아직도 들린다고 썼다. 보조를 유지하지 못해 뒤처진 이들은 대개 총에 맞거나 총검에 찔려 죽었다. 몇 사람은 러시아군에게 "자비를 구했"지만 비웃음을 산 뒤에 살육당했다. 실제로, 코쇼렉은 붉은 군대 군인들이 단지 "목숨을 부지하"려고 독일군을 도왔던 "러시아 여인과 아이"를 "난도질해서 죽였다"고 비통하게 썼다.[72]

실제로 사로잡힌 뒤 목숨을 부지한 이들조차 고통을 피하지 못했다. 1944년 6월에 붉은 군대가 대공세를 개시해서 독일의 중부집단군을 사실상 섬멸했다. 독일 군인 수십 만 명이 죽거나 사로잡혔다.

---

* "와" 소리나 만세를 뜻하는 러시아어 낱말. 붉은 군대 군인들이 돌격할 때 지르는 함성이기도 했다.

비더만이 독자에게 알린 바로는,

> 먼 거리를 이동하다가 갈증과 탈진으로 죽거나 부상이나 질병 때
> 문에 이동을 계속할 수 없어서 끝없는 행군 동안 주저앉은 곳에서
> 약식으로 총살당한 사람이 많았다.[73]

수용소에 다다른 이들은 그다음에 연합국 고관대작과 모스크바
주민 앞에서 붉은 광장을 거쳐 지나가는 가두행진을 해야 했다. 많
은 경우에 가두행진을 하는 동안 독일군 포로들은 소화기 계통에
탈이 났고 "급성 설사 탓에 … 그들은 훨씬 더 심하게 허약해졌다."[74]
이 사나이들에게는 전우의 죽음이 불가피했다. 1944년 6월에 러
시아군의 바그라티온Bagration 작전*이 한창일 때 샤이더바우어는 뮐
러 대위의 주검을 연대 지휘소로 옮겼다. 뮐러의 얼굴에는 탈진한 티
가 역력했다. 거기서 샤이더바우어와 두 연대 '전령'이 뮐러를 지휘소
근처에 그리스도교식으로 매장했다. 「주기도문」을 외운 뒤에 그들은
전사한 전우를 기리며 말없이 서 있었다. 비더만은 상실한 전우들을
보여주는 시각자료에 1943년 여름에 열린 참모회의의 사진을 끼워
넣었다. 신원이 확인된 네 사람 가운데 세 명은 전사했고 나머지 한
명은 게슈타포가 죽였다. 어느 시점에 전우의 죽음에 감정이 복받쳐
오르자 사실상 "처음으로" 비더만은 "유난히 가까웠던 벗 하나를 잃
었다고 흐느꼈다."[75]

---

* 붉은 군대가 1944년 6월 22일에 개시해 6주 동안 펼친 작전. 붉은 군대가 독일군
중부집단군을 섬멸하며 서쪽으로 수백 킬로미터를 전진해서 비수아강에 이르렀다.

"스탈린그라드 고립지대 바깥의 외진 교두보"에서 전우들이 죽는 모습을 섬뜩하게 서술하면서 코쇼렉은 싸움터에서 죽어가는 것의 진정한 공포를 독자의 머리에 떠올려주었다. 러시아 T-34 전차 한 대가 포격으로 독일군 대전차포반원들을 맞추었다. 코쇼렉은 그렇게 죽으면 단 한 번의 부상으로도 주검이 여러 조각으로 찢긴다고 독자에게 말했다. 러시아군 전차들이 독일 군인들을 문자 그대로 산산조각내서 날려버렸다. 그들의 주검에서 남은 부분은 "팔, 다리, 엉덩이에서, 그리고 어떤 경우에는 머리에서 떨어져 나온 낱개의 살덩어리…"로 보였다.[76]

독자에게 심란한 부분은 독일군 부상병에 관한 설명이었다. 비더만은 전투 중에 다친 병사들을 위한 간이 병원을 서술했다. 그들의 상태는 뼈가 부러진 것부터 허파에 구멍이 뚫리고 대동맥이 끊긴 것까지 다양했다. 그들은 다음과 같은 상태에서 누워 있다.

찢어진 지저분한 군복을 입고 피에 흠뻑 젖은 붕대를 두른 채 알 길 없는 운명으로 가는 여정을 기다리면서 그들이 내는 비명, 신음, 흐느낌, 차디찬 정적이 뒤섞여 공기를 가득 채웠다.[77]

병사들은 위엄 어린 철십자훈장보다는 나무 십자가와 함께 삶을 마쳤을 것이다. 부상의 육체적·정신적 결과를 견뎌내며 살아가는 사람이 많았다.[78]

코쇼렉과 비더만은 러시아인에게도 연민과 동정을 보여주었다. 코쇼렉은 러시아 군인들의 주검이 그들이 입은 군복에서만 독일 군인들의 주검과 다르다고 썼다. 이어서 그는 "불쌍한 놈들. 그놈들 대다수의 얼굴은 우리 얼굴만큼 젊다"고 말했다. 비더만은 "나는 오늘 내 목숨과 내 전우의 목숨을 구하려고 사람을 죽여야 하는가?"라고 물었다. 또 다른 시점에서 그는 심하게 다친 한 러시아 군인을 "켜켜이 쌓인 흙과 먼지 아래에서" 끌어냈다. 비더만과 그의 전우들은 그 러시아 부상병을 치료를 받을 수 있도록 야전 의료시설로 실어 날랐다. 치열하게 싸우면서도 독일 군인은 적에게 친절을 베풀었다는 것이다.[79]

동부전선에 대한 다양한 묘사는 동부전선 독일국방군에 관한 무해한 이미지를 창출하고 지탱했다. 군사 천재는 정치권력을 결코 이겨낼 수 없었고 확실했던 승리는 한 아마추어, 즉 아돌프 히틀러의 손에서 미끄러져 빠져나갔다. 그의 정책이 독일을 패배와 폐허로 이끌었다. 육군 원수부터 기관총병까지 독일 군대는 히틀러의 결정과 나치당의 정책이 어리석다는 것을 알 수 있었다. 그러나 그들은 자기의 의무감과 독일 국가에 대한 충성심에 따랐고 패해가는 대의를 위해 치열하게 싸웠다. 그들은 전문가로서 전쟁에 임했고, 전문가로서 전투와 전역을 치렀다. 규율과 명예가 그들의 삶을 지배했다.

그들은 나치에 경멸을, 전쟁의 끝 즈음에 히틀러의 죽음에는 철저한 무관심까지도 표현했다. 그들은 자기의 힘을 싸움터에 쏟아부어 전우를 구하고, 가능할 때에는 붉은 군대를 물리쳤다. 독일국방군 안에 끼어든 정치 요원은 군인들의 경멸을 샀다. 전세가 독일에 불리하게 바뀐 뒤에는 특히 그랬다. 이들은 계급과 상관없이 전쟁에만 관심을 두었지, 다른 것에는 두지 않았다. 그들은 전선에서는 결코 알 수 없었던 참상인 홀로코스트를 알고 나서 충격을 받았다. 그들은 보안방첩대와 나치친위대가 민간인을 학대한다고 의심한 듯하며, 어떤 이들은 전쟁포로를 기다리는 운명을 알았다. 어떤 이들은 몰랐고, 또는 사로잡히거나 항복하는 러시아인의 수를 누구도 예측하지 못했기에 수용소가 제대로 준비되지 않았으므로 전쟁포로가 고통을 겪었다고 주장했다.

똑같이 중요한 점은, 그들 나름의 설명에서, 이 사람들이 자기 영혼의 고결성에 여전히 충실했다는 것이다. 그들은 무신론을 신봉하는 볼셰비키 국가에 짓밟힌 한 민족에게 종교의 자유를 되찾아주든, 아니면 사제와 민간인을 다루면서 자기의 원칙에 따라 행동하든, 자기의 그리스도교 원칙에 따랐다. 또한 그들은 러시아 군인을 다루면서 도덕적 양심을 보여주었고 러시아의 그리스도교인에게 동정심을 표현했다. 장교는 가능할 때마다 치료를 해주고 먹을 것을 나눴다. 그리스도교인, 도덕적인 사람, 명예로운 군인으로서 그들은 러시아 군인이 독일 군인에게 가했다고 주장하는 잔학 행위와 독일군 장병 시신의 훼손에 역겨움을 느꼈다는 것이다.

그들은 군사 전역 동안 자기들을 '집에 묵게 해준' 민간인에게 친절을 베풀었다. 그들은 러시아 아기의 탄생을 축하하고 산모에게 초콜릿을 주고 산모와 아기가 건강하도록 의약품을 내주었다. 그들은 독일군이 임시 거처로 차지한 가옥의 소유주인 가족과 식량이나 보급품을 나눠 가졌다. 그들은 집주인과 훈훈한 사적 관계를 맺었고 독일 군인이 이동하고 그 대신에 붉은 군대 군인이 들어왔을 때 그 가족이 맞이할 운명을 몹시 걱정했다.

전투원으로서 그들은 러시아와 동유럽의, 마지막에는 독일 본토의 싸움터에서 더 많이 고생했다. 그들은 전우가 참혹하게 죽고 끔찍하게 다치는 것을 보았다. 그들은 러시아에서 혹한부터 혹서, 그리고 무릎 깊이의 진흙까지 상상 불가한 힘든 조건들을 견뎠다. 그들은 며칠 동안 자지도 못하고 변변히 먹지도 못한 채, 종종 이길 가망도 없이 싸웠다. 그들은 전우를 구하려고 목숨을 기꺼이 희생했고 패배를 모면하고 조국, 고향, 가족을 구한다는 헛된 희망을 품고 소련의 압도적인 병력과 물자에 맞서 싸웠다.

전쟁과 독일 군인의 행동에 관한 이 설명들은 동방에서 벌어진 전쟁을 이해하는 데 주요한 사료였다. 그 설명들은 다큐멘터리에, 대중 독자를 상대로 독일 군대에 관한 글을 써서 인지도를 높인 본좌에게, 1980년대 이후 두드러지는 역사재연동호인 집단에게, 1990년대의 신기술로 번성한 인터넷 사용자에게 영향을 미쳤다. 물론, 앞서 여러 장에서 밝혀진 대로, 이 자들의 주장은 러시아 유대인 수백만 명뿐만 아니라 러시아 군인 800만 명, 소름 끼치게도 여자와 어린이가 상당수 포함된 민간인 2200만 명이 죽은 전쟁의 실상과 상충한다. 이 설명들을 저술한 자들이 기억하는 전쟁은 러시아인이라면 인정하지 않을, 하지만 대다수 미국인은 거의 체험이라도 한 양 알게 된 전쟁이었다. 그들은 결백한 독일국방군 신화로 가는 길뿐만 아니라 더 최근에 대두하고 있는 서사, 즉 독일이 피해자라는 서사로 가는 길을 닦았다.

제6장

본좌

본좌는 독일군을, 그리고 특히 무장친위대를 낭만화하는 독자들 사이에서 인기가 높은 저자들이다. 그들 가운데 대다수가 (비록 대개 는 그림책일지라도) 책을 경이로울 만큼 많이 펴냈다. 본좌는 낭만무 협인이 자기가 가장 좋아하는 독일군 부대나 전투에 관해 끊임없이 대화하는 인터넷 채팅방에서 가장 빈번하게 언급되는 저자들이다. 또한 그들은 더 주류에 속하는 학자와 나란히 도서목록에, 그리고 특히 아마존이나 반스 앤드 노블 같은 대형 서점의 인터넷 웹사이트 에 나온다. 이 같은 사이트에는 짧은 서평을 제공하는 방문자가 책 과 저자에 관해 올린 칭찬 조의 평도 있다. 이 노출은 그들의 인지도 를 높여주는 동시에 그들을 정당화해준다.

이 저자들은 전투, 날짜, 제복, 훈장, 약장略章에 관한 세부 사항과 박진성에 기울이는 세심한 주의를 영웅적 기풍에 아로새겨진 편향되 거나 수정주의적인 역사적 맥락과 결합한다. 아니면 역사적 맥락이

랄 것이 전혀 없다. 또한 그들은 일종의 도상학적 효과를 갖도록 자기 책의 본문에 ―부대의, 전투 장면의, 여러 개인의― 사진을 많이 넣는다. 용어, 즉 독일군 계급, 차량 명칭, 훈장도 마찬가지여서, 늘 독일어 원어로 표기되며 토템적 가치도 지닌다. 책 제목도 낭만성을 자주 띤다. 예를 들면, '플랑드르의 사자', '유럽 북방인 전사', '강철의 기사', '동방을 향한 질주', 이런 식이다. 눈길을 끄는 책 표지 그림은 한결같이 영웅적 자세를 하고 있는 사나이들의 낭만화된 모습인데, 이 모습은 그 사나이들을 찬미하고 처음부터 독자에게 책의 논조를 확실히 드러내준다. 그 논조란 동방에서 벌어진 전쟁의 특징이었던 진정한 참상에 관한 논쟁을 거론조차 하지 않는다는 것이다.

비록 특정한 경우에 출판물의 유형에 따라 변동이 있을지라도, 본좌들은 인종적이고 반유대주의적인 수정주의 우파부터 정치 스펙트럼의 중간까지 다양한 스펙트럼을 차지한다. 그들 가운데에는 몰정치적이려고 애쓰는 이가 많은데, 몰정치적이면 자기 책에서 역사적 해석의 맥락을 회피하는 데 도움이 된다. 그러나 그들은 모두 다 자기 저술을 아주 낭만적으로 강조를 하며, 그러한 강조로 그들은 광범위한 호소력을 지닌다. 몇몇 경우에, 그들은 자기의 호소력이 커지자 자비 출판에서 군소 출판사로 출간을 다시 해서 중요도를 올린다. 그 군소 출판사는 자주 쉬퍼 출판사, 비블리오필 리전 북스Bibliophile Legion Books 출판사, 메리엄 출판사Merriam Press처럼 미국 동부의 소도시에 집결해 있는데, 그 꼭대기에는 매니토바주 위니펙에 있는 페도로위츠 출판사가 있다. 이 출판사는 제2차 세계대전 때 독일군, 그리고 관련된 부대를 다루는 책을 수십 권 출간한다. 페도로위츠 출판사에서 출판되면 다된 셈이다. 이따금 이런저런 본좌의 저작이 용케도 히스토리 북클럽 선정 도서로, 또는 밸런타인 출판사나 밴텀 북스 Bantam Books 출판사 같은 대량 유통사의 매출품으로 나타나기도 한다. 이렇게 되면 품격, 정당성, 대중 독자층이 보장된다.

본좌들은 '사실에 입각한 객관적' 역사나 수정주의적 역사를 쓰고 있다고 주장한다. 실제로 그들은 전혀 역사를 쓰고 있지 않다. 역사를 쓰려면 해석 틀이 있어야 하기 때문이다. 그들은 그보다는 허구의 공동체를 만들기 위한 토대를 다지고 있으며, 그 공동체에 들어오라고 독자에게 권유한다. 그것은 역사 공동체의 일종이지만, 과거에 있기 때문에 안전하다. 이 의미에서 그 공동체는 중세 기사도의 시대를 머릿속에서 불러내서 자기 시대의 무자비한 경쟁을 안전한 맥락 속에 놓은 19세기 낭만주의 작가의 세계를 닮았다. 본좌의 공동체에서, 부대 사진은 너의 부대다. 짧은 인물 소개가 달린 개인들의 여러 사진은 너의 단짝들이다. 군복과 훈장은 너의 군장이다. 이 사나이들의 ―용기, 명예, 충성, 애국심 등― 전문적 가치는 너의 가치다.

본좌가 좋아하는 집단이 무장친위대다. 결국에는 37개 사단, 거의 100만 명으로 이루어진 무장친위대는 독일 정규군과 나란히 싸웠지만 하인리히 힘러의 통솔을 받으며 운용되었다. 무장친위대는 정규군보다 더 잘 훈련받고 더 잘 무장했고, 나치의 이념 훈련을 훨씬 더 많이 받았다. 히틀러는 무장친위대를 특히 동부전선에서 결정적 상황을 처리하는 일종의 '소방대'로 활용했다. 이것이 왜 독일국방군보다 무장친위대의 승리가 더 극적이고 탈출이 힘겹고 손실이 더 높은 수준이었는지를 설명해준다. '낭만무협인'의 호재인 셈이다. 그러나 낭만무협인이 언급하지 못하는 것은 무장친위대가 잔혹했고 거의 5만 명에 이르는 무장친위대원이 전쟁 동안 강제수용소 경비병 노릇을 했다는 것이다. 실제로, 무장친위대의 기원은 부분적으로 수용소 경비대였다. 무장친위대 '해골Totenkopf' 사단을 지휘하게 될 테오도어 아이케Theodor Eicke*는 다하우수용소의 초대 사령관이었으며, 수감자를 다루는 방법에 관한 ―모든 수용소에서 표준이 된― 경비대용 교범을 만들었다. 아이케는 나중에 강제수용소 체계 감독관이 되었다. 전쟁 동안 그의 부대는 1940년에 프랑스에서 영국군 포로 100명을 죽이는 등 여러 차례 전쟁범죄를 저질렀다. 본좌들이 이 정보에서 멀찍이 거리를 둔다고 해서 이상한 일이 아니다. 그들의 저작에 배어 있는 영웅적 용기, 희생, 미덕, 궁극적인 비극의 아우라를 날려 버릴 터이니 말이다.[1]

중요한 본좌 한 사람이 무장친위대에 관한 자료를 많이 저술한 작가인 ―어쨌든 출판인이기도 한― 마크 여거다. 그는 지금까지 책 11권을 펴냈는데, 그 대다수가 제2차 세계대전 시기의 독일군 관련 주제에 특화된 쉬퍼 출판사에서 나왔다. 여거를 비롯한 본좌들은 무장친위대 장교였던 이들이 살아 있는 동안 그들과 유대 관계를 ―실제로는 우정을― 맺으려고 몇 해에 걸쳐 애썼는데, 그들은 본좌들에게 영감을 주고 자료를 다 넘겨주었다. 여거의 『무장친위대 지휘관Waffen-SS Commanders』 제2권에는 '다스 라이히Das Reich' 사단, '괴츠 폰 베를리힝겐Goetz von Berlichingen' 사단, '라이히스퓌러-SSReichsführer-SS' 사단의 사령관이었으며 곡엽검기사십자철십자

---

* 독일의 군인(1892~1943). 17세에 학교를 그만두고 입대해서 제1차 세계대전 때 여러 전투에 참여했다. 1928년에 나치당에 입당했고, 1933년에 다하우수용소 부소장이 되는 등 친위대에서 두각을 나타냈다. 제2차 세계대전에서 SS해골사단 사령관으로 활동했는데, 타고 있던 초계기가 소련군 대공포에 격추되어 숨졌다.

장을 받은 오토 바움Otto Baum*이 쓴 머리말이 있다. 여러 해 동안 여거와 친하게 지낸 바움은 머리말에서 다음과 같이 쓴다.

오늘날 일각에서 주장되는 바와는 달리 독일국방군은 범죄 조직이 아니었고, 무장친위대도 마찬가지였다. 이 점은 그 무엇으로도 바뀌지 않을 것이다. 뉘른베르크의 어리석고 옳지 못한 처리로도, 전쟁 이후부터 현재까지 계속되는 틀리거나 격앙된 여러 묘사로도 말이다.[2]

또한 여거에게는 자기의 영웅들이 있다. 하나가 오토 쿰Otto Kumm**인데, 여거는 그의 약전을 썼고 그에 관해 "르제프 전투 동안 쿰의 '데어 퓌러Der Führer' 연대 통솔은 믿기지 않을 만큼 대단할뿐더러 전설적이었다"고 말한다.[3] 또 다른 영웅은 역시 '데어 퓌러' 연대 지휘관인 오토 바이딩어Otto Weidinger***인데, 그에 관해 여거는 "오토 바이딩어는 내가 아는 이들 가운데 가장 명예로운 품성을 지녀 찬탄을 자아내며 믿음이 가는 벗이었다"고 말한다.[4] 또한 이들은 다른 많은 무장친위대 참전 군인에게서 자료를 얻도록 여거에게 편의를 봐주었고, 객관성과는 동떨어진 방향에서 그에게 영향을 끼쳤다.

---

* 독일의 군인(1911~1998). 상인 집안에서 태어났고 대학을 다니다 1934년에 나치친위대원이 되었다.
** 독일의 군인(1909~2004). 1934년에 나치친위대원이 되었고, 제2차 세계대전 때에는 주로 동부전선의 무장친위대 부대를 지휘했다. 전후에는 사업을 했으며, 무장친위대원상호부조협회를 이끌며 나치 이념을 버리지 않았다.
*** 독일의 군인(1914~1990). 1934년에 나치친위대원이 되었고, 다하우수용소 경비대를 지휘했다. 1950년대 초 프랑스에서 전범재판을 받았다. 그 뒤 저술 활동으로 무장친위대를 변호했다.

그 관계는 명백히 거꾸로도 작용한다. 이따금 미국 출판사가 무장친위대 지휘관이었던 이들이 독일어로 쓴 책을 영어 번역서로 출간하곤 한다. 예를 들어, 자기 부대인 '데어 퓌러' 제4SS기갑척탄병연대의 역사인 오토 바이딩어의 『마지막까지 전우』 번역서를 쉬퍼 출판사가 펴냈다.[5] 바이딩어도 여거의 영웅들 가운데 한 사람이다. 말 나온 김에 밝히자면, 바이딩어는 전쟁 동안 무장친위대가 1944년 6월에 오라두르쉬르글란에서 자행한 악명 높은 학살*의 현장에 있었고 1985년에는 무장친위대의 행위를 옹호하고 책임의 상당 부분을 프랑스 공산당의 마키maquis 레지스탕스**에게 돌리는 글을 썼다. 그는 그 레지스탕스가 튈 부근에서 독일 군인들을 죽였다고 꾸짖는다.[6]

여거는 무장친위대 지휘관을 다루는 저서 두 권에서 그나마 가장 역사가답다. 그는 베를린의 연방자료보존소, 체코 프라하의 군사사자료보존소, 베를린문서보관소,*** 런던의 제국전쟁박물관, 워싱턴의 국립자료보존소를 비롯한 대여섯 나라의 자료보존소에서 조사를 열심히 했다. 여거가 이용한 평전 자료의 대부분은 베를린문서보관소에 있는 나치친위대 인사 서류철에서 나온 것이다. 그는 다수의 개인, 자기 같은 작가 몇 사람, 여러 무장친위대 퇴역전우회를 비롯한

---

* 레지스탕스의 공격으로 친위대 장교 두 사람이 죽자 독일의 무장친위대 제2SS기갑사단 '다스 라이히'가 보복으로 1944년 6월 10일에 프랑스 중부의 오라두르쉬르글란에서 성인 남자 190명, 성인 여자 247명, 어린이 205명 등 642명을 죽였다.
** 제2차 세계대전 때 프랑스 산간 지대에서 독일군과 부역 집단에 맞서 싸운 무장 저항 집단.
*** 나치 정권이 1945년 봄에 미처 없애지 못한 문서를 수집하고 보존해서 뉘른베르크 전범재판 준비에 필요한 자료를 모으는 작업을 총괄하고자 미국의 독일 점령 행정기관이 베를린에 설치한 기구.

단체의 사적인 소장 문서도 이용했다. 또한 여거는 자기와 면담하고 편지를 주고받은 사람과 자기가 살펴본 서류의 주인 35명의 명단을 제시한다. 게다가 그는 2차 문헌도 폭넓게 참고했다.

여거는 세부 사항에 신경을 쓰는 사람인지라 나치친위대의 계급, 칭호, 훈장, 그리고 자기 탐구 대상의 약전에 통달했다. 그는 자기가 가진 광범위한 1차 사료로 집단전기학적 연구서를 쓰려는 마음은 전혀 없이 주로 무장친위대 지휘관들의 전훈과 이 전훈으로 그들이 받은 기장을 기록하는 일에 관심을 가진 듯하다. 여거는, 구할 수 있는 경우에는, 기장을 받을 후보자로 이 자들을 지명하는 상관의 편지를 장황하게 인용한다. 그 책에는 히틀러에게서 이 자들이 훈장을 받는 사진이, 그리고 그들에게 기장을 수여하거나 그들의 진급을 기록하는 히틀러의 서명이 있는 서류의 사진이 가득하다. 이 사진과 문서는 추천사와 더불어 도상학적인 효과를 지닌다.

사람들은 여거가 가끔씩만 이들을 다소 마지못해 어떤 정치적, 또는 이념적 맥락 안에 두었다고 의심한다. 그의 인물 약전이 완전하려면, 예를 들어, 그는 이런저런 지휘관이 보안방첩대나 게슈타포, 또는 전쟁 동안 점령 부대에서 경력을 시작했음을 지적해야 한다. 폴란드 총독령Generalgouvernement*의 친위대·경찰 상급지도자였던 프리드리히빌헬름 크뤼거Friedrich-Wilhelm Krüger**에 관해 여거는 "그가

---

* 1939년에 독일이 폴란드를 분할 점령한 뒤 폴란드와 우크라이나 일부에 설치한 행정기구.
** 독일의 고관(1894~1945). 제1차 세계대전에서 철십자훈장을 받았고 1929년에 나치당에 가입했다. 나치친위대에서 요직을 맡았고, 1939~1943년에 폴란드에서 전쟁범죄를 저질렀다. 전쟁이 끝날 때 자살했다.

잔혹하고 폴란드인에게 영향력(!)을 가졌으므로 1943년 4월 20일에 차를 타고 사무실로 가는 동안 그의 목숨을 노린 암살 기도가 일어났다"라고만 말한다.[7] 구스타프 크루켄베르크Gustav Krukenberg* 박사의 경우에 여거는 그가 프리드리히 예켈른 친위대·경찰 상급지도자 예하 1개 파르티잔 토벌대를 이끌었다고 언급하지만 예켈른이 키예프 외곽의 바비야르에서 벌어진 대학살의 주된 책임자였음은 지적하지 않는다.[8] 쿠르트 마이어의 경우처럼, 여거는 정보를 더 무해한 상황에 슬며시 끼워 넣기도 한다. 마이어는 "캉Caen 전투** 동안 캐나다군 포로를 죽이라고 명령했다는 혐의로 전쟁 뒤에 재판을 받았다. 마이어의 사형 선고는 감형되었고 그는 풀려났다. … 그의 회고록 『척탄병Grenadiers』은 그의 여러 관할 부대 군인들에게 바치는 헌사이며 그들의 사령관이 가진 기백과 활력과 용기를 드러내준다."[9]

여거의 다른 출판물에 관해 말하자면, 그림은 넘쳐나고 텍스트는 빈약하다. 그의 오토 바이딩어 '전기'의 텍스트는 총 96쪽 가운데 19쪽밖에 되지 않는다. 그의 오토 쿰 연구서와 에른스트 아우구스트 크라크Ernst August Krag*** 연구서도 마찬가지다. 많은 그림부터 그 사람들 경력의 성자전聖者傳 식 서술, 제목과 표지 그림까지 다양한

---

* 독일의 군인(1888~1980). 학자 집안에서 태어났고, 법학 박사학위를 취득했다. 1932년에 나치당에 가입했고, 제2차 세계대전 때 무장친위대 사단을 지휘했다. 1945년 4월에 베를린에서 싸우다 끝내 붉은 군대에 항복했다.
** 노르망디의 요충지인 도시 캉을 장악하려는 영국군·캐나다군과 지키려는 독일군 사이에 1944년 여름 내내 벌어진 공방전. 독일이 캉 방어에 정예부대를 투입해서 연합군이 매우 고전했다.
*** 독일의 군인(1915~1994). 1935년에 나치친위대에 입대해 포병 훈련을 받았다. 제2차 세계대전 초기인 1940년 1월에 중상을 입었지만 복귀했다. 동부전선에서 무장친위대 돌격포 부대 지휘관으로 근무했고, 1944년에는 서부전선에 투입되었다.

이 책들의 구성은 한데 어우러져, 역사 해석 위주의 역사적 틀이 아니라 용기와 희생의 낭만화된 초역사적 세계에 탐구 대상을 아로새기는 하나의 도상학 꾸러미를 만들어낸다.

엉성하게 씌인 선언문에서 여거는 자기 생각에 역사가로서 자기가 무엇을 하고 있는지를 짧게 언급한다. 그는 다음과 같이 쓴다.

이 시기에 관한 나의 관심은 역사적이다. 그 전쟁이 끝난 지 10여 년 뒤에 태어났으니 나는 그 시기와는 감정적이거나 사회적인 관련이 없다. 나는 개인적으로 어느 시기의 정치와 정치가를 토론 주제로 삼는 걸 건설적이지 못한 시간 낭비로 여기므로 어느 것에도 관심이 없다. 정치가 전쟁을 일으키고 군인이 그 전쟁을 수행하는 반면에 개인에게는 제 나름의 방식으로 얻는 의견이 있다. … 평전 연구자로서 나는 특정한 이유로 주제를 선택한다. 필연적으로, 긍정적 성격을 지닌 존경스러운 인물을 연구하는 것이 내게는 훨씬 더 큰 유인 동기가 된다.[10]

여거는 정치가와 정치가 전쟁을 일으키고 착한 사람이 그 전쟁을 수행해야 하기 때문에 정치가와 정치를 경멸한다. 그는 자기에게 의미가 없다는 이유로 전쟁의 정치적·전략적 맥락을 무시한다. 대신에 그는 존경스럽지 않은 자들의 명령으로 싸움터로 보내져 싸우는 '존경스러운' 사람들의 용감한 행위에 초점을 맞출 것이다.

더 급진적인 또 다른 본좌가 리하르트 란트베어다. 그는 책을 최소한 14권은 펴냈는데, 그 대다수가 무장친위대와, 그리고 특히 무장친위대 소속 외국인 의용군 부대와 관련되어 있다. 그는 그 의용군을 시대를 통틀어 가장 위대한 국제군으로 여긴다. 이 책들에는 에스토니아인, 덴마크인, 영국인, 루마니아인, 프랑스인, 헝가리인, 이탈리아인, 노르웨이인, 우크라이나인, 왈룬인, 플랑드르인, 네덜란드인 의용군의 연구서가 포함된다.[11] 여거처럼 란트베어는 살아남아 있는 무장친위대원들과 그들의 가족, 특히 전후에 미국으로 이주한 이들과 친분을 쌓았다. 그 결과로, 란트베어는 저서와 잡지 기사를 쓰는 일에서 그들의 협조를 얻었다.

란트베어는 자비로 출판한 책도 있지만, 메릴랜드주 실버스프링스의 비블리오필 리전 북스 출판사가 찬조해서 나온 책도 있으며, 다른 책들, 즉 대개는 제3제국 육해공군 부대사部隊史인 이른바 슈탈헬름 시리즈Stahlhelm Series의 재간행본의 경우는 셸프 북스Shelf Books 출판사가 영국에서 출간했다. 란트베어가 서술하는 부대들은 거의 모두 동부전선에서, 어쨌든 전쟁의 마지막 날까지 싸웠다. 따라서 그 부대들은 제2차 세계대전 유럽 동부전선의 '낭만무협화'를 위한 호재이며, 그 낭만무협화에서 란트베어가 눈에 띄는 역할을 한다. 예외 없이 브라질인 삽화가 라미루 부제이루Ramiro Bujeiro가 앞표지 그림과 일부 삽화를 그린다. 이 그림들은 지나치게 낭만화된 묘사다. 몇몇 사례가 그 장르를 예증한다. 인기가 더 높은 것 가운데 하나인 『자유를 위한 싸움: 무장친위대의 우크라이나인 의용사단』[12]은 "무장친위대였던 국제 반공주의 군대의 예전 대원 모두에게, 그리고 특히 제14SS무장척탄병사단 군인"에게 헌정된다. 이 책의 간행 일자는 제14SS무장척탄병사단 창설 50주년에 맞추어 잡혔다. 책의 표지는 적군, 아마도 소련 공산군에게 수류탄을 던질 태세를 한 성난 우크라이나인 친위대원을 그린 그림이다. 이 책은 "상당한 정도로 야로슬라프 소카 박사Dr. Jaroslav Sawka(미시간주 스털링하이츠에 있는 우크라이나인 공동체의 일원이며, 우크라이나 위클리 프레스 기금의 기부자)의 노고와 후원 덕에" 가능해졌다. 그가 가진 사료로 말하자면, "이 책에 있는 자료의 대부분은 알려지기를 바라지 않는 우크라이나인 반대파 구성원들에게서 받은 것이다." 란트베어는 이 책이 "완전한 역사서인 척하는 허세를 떨지 않는다. 이것은 무장친위대 소속 우크라이나인 의용사단의 짧은 개관일 뿐이며, 그 탐구 대상에 관한 더 높은 수준의 긍정적 인식을 불러일으키는 데 목적이 있다"고 말한다.

이 연구서는 란트베어의 다른 모든 책처럼 명백히 수정주의적이다. 란트베어는 무장친위대가 주장되는 것만큼은 나쁘지 않았다고, 그리고 ─미군과 소련군을 비롯한─ 연합군 군인도 똑같이 나쁜 짓을 저질렀는데 승자의 정의가 그 사실이 드러나지 않게 막았다고 지극히 집요하게 주장한다. 실제로, 그는 무장친위대를 매우 긍정적인 역사적 틀 안에 놓는다. 무장친위대는 "다소 덜 고결하다고 일컬어질 수 있는 것에 맞서 국제적 단결, 높은 이상, 용감한 희생을 촉진한 독특한 실험"이었다는 것이다. 여기 어디에서도 나치친위대가 민간인에게 저지른 잔학 행위나 무장친위대원 수십만 명이 강제수용소 경비대로 복무했다는 사실은 언급하지 않는다. 자기의 배경을 약술하면서 란트베어는 독일 장군들과 같은 노선을 따른다. 나치의 민간 행정관들의 ─즉, 코흐의 체제의─ 가혹한 행동이 실행되기 전까지는 독일군이 해방자로 환영을 받았다는 것이다. "소련을 위해 에리히 코흐보다 일을 더 잘하는 유급 요원은 없었을 것이다!"

란트베어는 자기의 역사적 맥락을 정하고는 그 부대의 편성과 훈런, —브로디 전투*에서 쌓은— 첫 실전 경험을, 그다음에는 재편성과 재배치를 서술한다. 그는 참전자의 일기와 회고의 짧은 발췌문으로 싸움터의 서술 부분을 부각한다. 책에서 이 부분은 참으로 무미건조한 산문체로 서술되는데, 저자가 사실 관계에서 정확하려고 공을 들이고 있는 것처럼 보인다. 그러나 다시 그의 수정주의 맥락이 작동한다. 이 장치는 슬로바키아 민족 봉기를 깎아내리는 데 일조했다. 란트베어는 그 봉기를 "슬로바키아 육군 고위 장교 반역 도당과 점점 자라나는 좌파-공산주의자-파르티잔 패거리가 … 주범이었던" 항명 사태로 규정한다. 우크라이나인 의용사단은 오스트리아에서 싸우다가 전쟁을 마쳤다. 다른 많은 동유럽인 의용병들과 달리, 그들은 우크라이나인들을 억지로 러시아에 넘겨주지 말라고 연합국에게 촉구한 교황 비오 12세**와 함께한 우크라이나인 사제가 개입해서 강제 본국 송환을 모면했다.[13]

란트베어의 모든 책처럼, 이 책에는 전투 중인 부대와 휴양 중인 부대의 많은 그림과 더불어 개개 군인의 약력이 달린 사진이 넘쳐난다. 이 —사실상 도상학적 표현물인— 그림들은 이 무장친위대 군인을 찬미하고 자주 애도하는 목적에만 소용된다.

비슷한 책이 『무장친위대 루마니아인 의용군, 1944~1945년*Romanian Volunteers of the Waffen-SS, 1944-45*』이다.[14] 이 책은 루마니아의 파시즘

---

* 1944년 7월 중순에 우크라이나와 폴란드 동부에서 공격하는 붉은 군대와 방어하는 추축군의 전투들 가운데 우크라이나의 브로디에서 벌어진 전투.
** 이탈리아의 가톨릭 성직자(1876~1958). 1939년 3월 2일에 가톨릭교회 260대 교황이 되었다. 제2차 세계대전이 일어나자 중립을 선언했고, 전후에는 전쟁 피해 복구에 힘썼다.

단체인 미카엘 대천사 군단Legiunea Arhanghelul Mihail(철위대Garda de fier)*의 지도자인 코르넬리우 젤레아 코드레아누Corneliu Zelea Codreanu**와 그의 후계자인 호리아 시마Horia Sima***에게, 그리고 루마니아인 무장친위대에 헌정된다. 란트베어는 비교적 소수의 루마니아 군인, 즉 제2차 세계대전 끝 무렵에 무장친위대에서 복무한 6천여 명에 관해 이야기한다. 그들 대다수는 미하이Mihai 국왕****이 1944년 8월에 루마니아의 동맹국인 독일을 버리고 러시아군을 루마니아로 불러들이자 독일 편으로 넘어간 사람들이었다. 란트베어는 미하이 국왕의 결정을 견줄 데 없는 배신 행위로 여긴다. 이들은 1개 사단을 이루기에는 수가 충분하지 않아서 부수적인 소부대들과 함께 1개 연대로 편성되었다.

란트베어는 자기의 대다수 저작에서처럼 상세한 서술을 생존자의 사적인 추억, 많은 사진, 수정주의의 맥락과 결합한다. 전쟁 말기에 오스트리아에서 미군에게 사로잡힌 이 단명한 부대는 몇몇 부대

---

* 미카엘 대천사 군단은 1927~1941년 루마니아에서 있었던 극우 운동이며, 강한 종교성과 극우 민족주의 성향을 띠었고 파시즘을 찬양하고 유대인과 공산주의에 반대했다. 철위대는 1930년에 만들어진 미카엘 대천사 군단 산하 준군사 조직이다.
** 루마니아의 정치가(1899~1938). 법을 전공했다. 1927년에 정교회 신앙과 파시즘을 뒤섞은 대천사 미카엘 군단을 창립하고 극우 운동을 이끌었다. 1937년 선거에 나서려다 이듬해 국왕의 지시로 처형되었다.
*** 루마니아의 정치가(1907~1993). 대학에서 법을 전공했고 철위대에 가입해서 활동하다 1938년부터 지도자가 되었다. 1940년에 안토네스쿠와 손잡고 권력을 잡아 부총리가 되었다. 테러를 일삼다 정권에서 쫓겨났다. 1944년에 루마니아가 연합군 편에 서자 스페인으로 망명했다.
**** 루마니아의 국왕(1921~2017). 1927년에 즉위했지만 3년 뒤 아버지에게 왕위를 빼앗겼다. 1940년에 왕위를 되찾았지만 실권은 안토네스쿠에게 있었다. 소련군이 루마니아에 들어온 1944년 8월에 안토네스쿠를 내쫓고 공산당이 주도하는 정부를 지명했다. 1947년에 퇴위하고 망명했다.

보다 운이 좋았다. 본국 송환과 서방 잔류 사이의 선택권이 주어지자, 대다수가 잔류를 택했다. 미국 첩보기관을 도와준 뒤에 미국으로 이주한 사람이 많았다. 란트베어는 "바로 그 동일한 사람들이 (냉전 동안) 자기의 기량과 재능을 미국 쪽에 아낌없이 기부했는데, 최근 몇 해 동안 내무인민위원회/국가보안위원회Komitet gosudarstvennoi bezopasnosti SSSR*의 가련한 자식, 즉 미국 법무부의 이른바 '특별조사국Office of Special Investigations'**이 풀려나 날뛰면서 그들 가운데 많은 이를 핍박했다"고 단언한다.

그의 맺음말은 다음과 같다.

루마니아인 무장친위대 부대는 세계의 대부분을 위협하고 사실상 뒤덮고 있는 악의 장막을 걷어내려는 위대하고 고결한 노력의 일부였다. 그들의 노력과 행동은 보전되고 기억될 만하다!

그의 책에서 란트베어의 태도와 수정주의적 해석 틀이 분명히 드러날지라도, 그가 무장친위대에 관해 품은 감정의 깊이는 그가 1980년대 말엽부터 펴내고 있는 『지크루넨*Siegrunen*』(승리의 룬 문자) 잡지에서 확실하게 드러난다. 지크루넨 자체가 토템적 의미를 띤 나치친위대 번개무늬 표식을 지칭한 것이다. 이 잡지는 다양한 무장친위대

---

* 약칭해서 KGB. 내무인민위원회 대신에 1954년에 창설되어 1991년까지 존속한 소련의 정보기관.
** 1979년에 창설된 미국 법무부 범죄청 산하 부서로, 인도에 반하는 죄 등 국제법을 어긴 자를 찾아내 조사했다. 주로 미국에 있는 전쟁범죄자를 추적하는데, 유대인 단체에 휘둘리고 소련이 주는 정보를 활용한다는 비난을 받기도 했다.

부대에 관한 짧은 이야기, 영웅적 자세를 강조하는 사진을 많이 곁들인 무장친위대 장병의 개인 신상, 친위대원의 일기, 부고장, 서평으로 이루어져 있고, 편집진 논평은 늘 빠지지 않는다.

기고자는 많은 듯하다. 그들 가운데 어떤 이는 상이한 국적의 무장친위대원이었던 이들의 친척이다. 이 잡지는 소량으로 비정기적으로 나오는데, 몇몇 호는 허둥지둥 함부로 준비되어 편집이 엉망이고 오자가 많다. 란트베어의 책과 달리 이 출간물은 수가 더 적은 신참자 집단을 겨냥하고 있으므로 란트베어의 편견을 더 스스럼없이 표출한다.

란트베어는 단순한 반공주의자가 아니다. 그는 제2차 세계대전의 모든 '연합국'(그는 연합국이라는 낱말에 늘 따옴표를 친다)에 반감을 품고 있다. 명백히 그의 영웅은 무장친위대이며 그는 이 '카메라덴Kameraden'*과 전적으로 동질감을 가진다. 또한 그는 자기가 물질주의적이고 세속적이라고 보는 자기 시대와 명백히 소원하다. 그는 무장친위대를 낭만화하고 사라진 지 오래된 미덕이며 현대 세계에서 그가 그리워하는 가치인 명예, 충성, 단합이 무장친위대원에서 구현되었다고 본다. 『지크루넨』 24주년 기념호인 69호에 실린 한 무장친위대원의 사진은 젊은 친위대 군인의 모습을 보여주며, 그 위에 결연한 한 나치친위대 군인의 그림이 '지크루넨'이라는 표제 옆에 있다. 그 군인은 자기 직분에 헌신하고 '최종해결책'이라는 끔찍한 목적을 실현하는 데에는 헌신하지 않은 전사의 순수성을 구현한다.

약력에서 란트베어는 패배한 대의를 섬기며 용감하게 죽은 자들을 자주 묘사한다. 그는 그들을 스벤 하셀의 소설에 나오는 등

---

* 동지들, 또는 전우들이라는 뜻의 독일어 낱말.

장인물들과 비슷하게 그렸다. 예를 들어, 란트베어는 『지크루넨』의 한 호에서 별명이 '럭키 샷Lucky Shot'인 노르웨이인 친위대 병장SS-Rottenführer 마르틴 파우글리를 크게 다룬다.[15] 또한 그는 악명 높은 『역사비평지Journal of Historical Review』*에 「제2차 세계대전의 유럽 의용군 운동」이라는 제목의 성자전聖者傳 식의 글을 실었는데, 이 글에서 그는 "공산주의와 대大자본주의라는 쌍둥이 히드라에 맞서 떨쳐 일어난" 여러 유럽 국가 출신의 '강습 세대'**의 특징을 묘사한다.[16] 그는 홀로코스트 주제 일체를 허위로 일축하고 대신에 세상에서 감춰진 채 있는 '연합국'의 잔학 행위로 주의를 돌린다.

란트베어는 ─예를 들어, 바비 야르나 오라두르쉬르글란에서 나치 친위대가 저지른 악명 높은 학살 등─ 잘 알려진 나치의 여러 잔학 행위의 배후에 있는 이른바 거짓말을 까발리려고 애쓴다. 오라두르쉬르글란에서 실제로 있었고 그 학살 직후에 무장친위대의 '데어 퓌러' 연대를 인계받은 오토 바이딩어의 해석에 기대어 란트베어는 오라두르쉬르글란 학살을 윤색하려든다. 바이딩어 스스로가 자기 연대의 역사이며 영역판으로도 출간된 저서 『마지막까지 전우』로 일종의 본좌가 되었다.(『역사비평지』 편집자에게 보낸 란트베어의 1980년 9월 4일 자 편지를 볼 것) 란트베어는 1944년 가을 슬로바키아 봉기 진압도 수정주의 방식으로 재정의한다. 그는 일반 대중에게서 지지를 받

---

* 역사비평연구소가 1980년부터 2002년까지 펴낸 정기간행물. 반유대주의 성향이 강하고 홀로코스트 부정론을 설파했다.
** 제리 빌라니라는 본좌가 제1차 세계대전 때나 전간기에 태어나 무장친위대에 자원입대한 유럽 여러 나라의 젊은이들을 '광신자'로 보아서는 안 된다며 그들에게 붙인 표현.

지 못했다면서 그 봉기를 '슬로바키아 군대 반란'이라고 부른다.[17]

또한 란트베어는 나치의 용어와 물건을 토템화한다. 그는 친위대의 모든 계급을 원래의 독일어로 표기한다. 나치친위대원의 무덤, 제복의 표시, 문서가 『지크루넨』의 지면을 장식한다. 어떠한 실질적 맥락도 없는 친위대원 사진이 마치 그 잡지가 장례식 목록인 양 본문 곳곳에, 그리고 앞표지에도 늘 큼지막하게 잡혀 있다. 심지어는 ─지크루넨이라는 ─ 제목도 그 잡지에 관한 토템의 성질을 지닌다.

란트베어는 살아남아 있는 파시즘 세계의 지도자들을 명백히 찬양한다. 그가 개인적으로 좋아하는 이가 무장친위대를 위해 왈룬인 부대를 편성한 벨기에인 파시즘 지도자인 레옹 드그렐Léon Degrelle* 이다. 란트베어는 『지크루넨』 1989년 9월 호를 드그렐에게 헌정하면서 그를 "살아 있는 가장 위대한 20세기의 정치·군사 지도자"로 규정한다.[18] 앞표지에는 드그렐의 현재 사진이 란트베어에게 보내는 친필 인사말과 함께 있다.

다섯 해 뒤 드그렐이 여든일곱 살에 죽자 란트베어가 다음과 같이 부고를 쓴다.

의문의 여지없이 이것은 내가 써야 했던 가장 슬픈 글 가운데 하나일 것입니다. 1994년 3월 31일 오후 11시 30분에 레옹 드그렐께서 숨을 거두셨습니다. 그는 지난 수십 년 동안 저술/출판 분야에서 제

---

* 벨기에의 파시스트(1906~1994). 가톨릭 청년 운동을 이끌다 독일이 벨기에를 점령한 뒤 독일에 부역했다. 1941년에 왈룬인 부대를 만들어 동부전선에서 무장친위대와 함께 싸웠다. 종전 뒤 궐석재판에서 사형 선고를 받았지만 에스파냐에서 죽을 때까지 지냈다.

가 해내거나 이뤄낸 모든 것에 영감을 주신 분이었습니다. … 드그렐이 사람들 사이에 있는 거인, 즉 아마도 향후 오래도록 우리가 볼 가장 위대한 마지막 영웅이리라는 것은 말할 나위 없습니다.[19]

란트베어는 제2차 세계대전 동안 루마니아의 마지막 총리였던 호리아 시마도 찬양한다. 그가 『무장친위대의 루마니아인 의용군』을 받고 그 책을 읽은 뒤 란트베어에게 보낸 다음과 같은 감사문이 실려 있다. "나는 이 대단한 책을 놀라면서, 감동하면서, 고마워하면서 읽었습니다. … 별도로, 나는 이 책을 쓰고 펴낸 귀하의 헌신에 감사합니다."[20]

또한 란트베어는 네덜란드의 재무장관이자 제34SS사단 '란트슈토름 네데를란트Landstorm Nederland' 포병장교였던 자*의 아내인 플로렌티네 로스트 반 톤닝엔Florentine Rost van Tonningen**이 1945년에 쓴 전갈을 만족스레 실었다. 란트베어는 그 여자를 "그 문제에서는 우리 시대, 또는 다른 모든 시대의 참으로 위대한 여인들 가운데 한 사람"으로 일컫는다. 1945년에 글을 쓰면서 그 여자는 다음과 같이 말한다. "하지만 현재의 끝 단계는 마지막 대격변의 신호입니다. 제3제국은 지나가 사라졌고, 그들이 바리케이드 위에 서 있었습니다. 지금은 제4제국이고, 이제는 우리가 바리케이드에 서 있습니다." 이 '참으로 위대한 여인'은 히틀러와 힘러의 총아였던 벨기에인 부역자

---

* 메이나우드 로스트 반 톤닝엔(1894~1945). 네덜란드의 파시즘 정치인이며, 제2차 세계대전 때 독일에 부역했고 네덜란드 국립은행장이 되었다. 종전 뒤 붙잡혀 수감되었고 횡사했다.
** 네덜란드의 파시스트(1914~2007). 은행가의 딸로 태어났고 대학에서 생물학을 전공했다. 히틀러에게 매료되었고, 1939년에 메이나우드 로스트 반 톤닝엔을 만나 이듬해 12월에 결혼했다. 전후에도 파시즘을 지지하면서 남은 나치당원을 지원했다.

와 결혼한 변함없는 골수 나치였고 나중에는 반유대주의/홀로코스트 부정 문건을 퍼뜨린 '검은 과부'로 더 잘 알려져 있다. 반 톤닝엔은 자기 연금의 일부를 네덜란드의 신나치 정당에 기부금으로 내고 있다는 것이 밝혀져서 1986년에 거센 항의를 불러일으켰다. 반 톤닝엔은 역사비평연구소Institute for Historical Review*에서 여러 차례 초청 강연을 했다.[21]

란트베어는 불가능한 일까지 시도한다. 그 일은 가장 악명 높은 무장친위대 지도자들 가운데 한 사람인 오스카르 디를레방어의 평판을 만회하는 것이다. 디를레방어는 술에 찌들어 있어 어디서나 따돌림 당했고 미성년자들에게 성범죄를 저질러 1930년대에 교도소를 들락거렸다. 우여곡절 끝에 1940년에 나치친위대에 받아들여진 그는 디를레방어 특무부대Sonderkommando Dirlewanger로 알려진 특별 분견대를 창설했다. 1941년에 그의 부대는 대대(디를레방어 SS특무대대)로 확대되었고 벨라루스에서 파르티잔 부대와 싸우는 데 널리 활용되었다. 여기서 그는 고문과 강간을 비롯한 잔혹한 방식으로 유명했다. 심지어 나치친위대조차 그를 조사했는데, 재판에는 넘기지 않았다. 그의 부대는 1944년 8월의 바르샤바 봉기와 1944년 말엽의 슬로바키아 봉기를 잔혹하게 진압하면서 추가로 불명예를 얻었다. 란트베어는 『지크루넨』에서 디를레방어의 평판을 만회하려고 여러 차례 시도한다. 란트베어는 디를레방어가 "인간으로서는 낙제"임을 인정하면서도 디를레방어의 부대는 "매우 효율적이고 가공할 전투부

---

* 미국의 극우 분자인 윌리스 카토가 캘리포니아에서 1978년에 세운 단체이며, 신나치 조직과 제휴해서 반유대주의를 표방하고 홀로코스트 부정론을 설파한다.

대"였으며 "시대와 전쟁을 통틀어 가장 뛰어난 파르티잔 토벌대였을 법하다"고 단언한다.

디를레방어의 부대가 성공적이었던 것은 다름 아니라 그 부대가 밀렵꾼과 범죄자로 이루어졌기 때문인데, 수용소에서 벗어나려고 지원한 '정치 분자'를 받아들이고 나서야 부대의 질이 떨어졌다는 것이다. 란트베어는 범죄자가 '정치 분자'보다 더 뛰어난 전투원이 된다고 믿는다. 란트베어는 디를레방어가 알츠하우젠*에 붙잡혀 있는 동안 프랑스군에서 복무하는 폴란드 군인들에게 고문당하고 살해되었다고 언급하고는 "디를레방어의 부대는 소련 공산주의 테러단(미안, '파르티잔 투사들'!)에 매우 효율적으로 대처했으며 유대계 인물이 이 테러단을 지도하고 지원하는 경향(그들이 오늘날 자랑스레 떠벌이기를 줄곧 좋아하는 사실)이 있었으므로 '나치 사냥꾼들'이 디를레방어에게 송곳니를 드러냈다고 해서 놀라운 일이 아니다"라고 쓴다.[22]

자기의 동기와 영감에 관해서 란트베어는 자기가 일찍이 1960년대에 수정주의 서적을 보았다고 쓴다. 『크비슬링: 명예 없는 예언자 Quisling: Prophet without Honor』와 『마지막 100일 The Last One Hundred Days』, 이 두 책은 무장친위대를 긍정적으로 그려냈다. 란트베어는 카자크들의 강제 본국 송환**을 다룬 『동방이 서방에 왔다 The East Came

---

* 독일 남부 슈바벤 지역에 있는 작은 도시.

** 러시아 남부와 우크라이나의 변경에 사는 농민전사 집단인 카자크는 러시아제국에서 기병대원으로 복무하는 조건으로 토지 보유 특권을 누렸다. 러시아혁명 뒤 내전에서 반혁명 편에 섰던 일부 카자크는 제2차 세계대전에서도 독일 편에 서서 붉은 군대와 싸웠고, 전쟁 말에 서쪽으로 도주해서 서방 연합군에 투항했다. 미국과 영국은 카자크를 넘기라는 소련의 요구를 받아들였고, 소련에 인도된 카자크는 핍박을 받았다.

West』를 읽고 분노했고, 이스라엘인들이 저질렀다는 데이르 야신Deir Yassin 사건*을 다룬 책을 읽고도 그랬다. 그러고는 '절멸 사기'를 폭로했다는 폴 라시니에Paul Rassinier**의 책 『유럽 유대인의 연극*Le Drame des juifs Européens*』이 나왔다. 끝으로 휴 페이지 테일러의 저서처럼 '좋은' 무장친위대 서적이 출간되었다. "하지만 나는 내게 필요한 정보, 특히 유럽인 무장친위대 의용병에 관한 정보를 아직 얻지 못하고 있었다. 그리고 본질적으로는 무장친위대와, 얼마간은 제2차 세계대전 시대의 '알려지지 않은 역사'에 관한 자료의 전달 통로로서 『지크루넨』이 태어났다."[23] "이것이 내가 처음에 『지크루넨』을 시작한 까닭이다. 나는 있는 그대로의 진실을 '보통' 사료에서는 얻지 못하고 있었고, 방해가 되는 '기득권층의' 프로파간다라는 두터운 층 없이, 무장친위대에 관한 참된 사실을 말할 수 있는 토론장을 제공하고 싶었기 때문이다."[24]

란트베어는 자기 시대에서 소외되어 있다고 느낀다. 그는 세상에서 사라져버렸다고 걱정하는 가치를 체현했다는 사나이들의 영웅적이지만 불운한 집단과 동일시하면서 위안을 찾는다. 이것은 그의 여러 책에서는 은근히, 그의 잡지에서는 노골적으로 드러난다. 그가 한 말이 자기의 소외를 다음과 같이 역설한다.

---

* 1948년 4월 9일에 유대인 군사조직이 예루살렘 서쪽에서 3킬로미터 떨어진 곳에 있는 팔레스타인인 마을을 공격해서 주민 107명을 죽인 사건.
** 프랑스의 정치 활동가(1906~1967). 제2차 세계대전 이전에는 공산주의자였고, 전쟁 때는 레지스탕스 활동을 하다 강제수용소에 갇혔다. 그러나 전후에는 유대인 피해가 부풀려졌다는 주장을 했고, 홀로코스트 부정론자다.

'가장 위대한 세대'*가 그 '좋은 전쟁'에서 자기 역할을 마쳤을 때, 국제공산주의자들은 10억 명을 웃도는 사람을 노예화하고 추가로 수천만 명을 죽일 수 있었다. 가운데(원문 그대로임) 누구도 이른바 '나치 희생자들'과는 대조적으로 인정되지 않는다! 한편, 우리에게 더럽고 비천하고 타락하고 퇴락한 사회가 남겨져 (계속 지속되는 한) 그 안에서 살아가야 하는 반면에 진실, 명예, 품격 같은 작은 것들은 쓸려서 눈에 안 띄는 곳에 처박힌다.[25] … 현대의 다른 정권과 마찬가지로 네덜란드 통치자들은 온갖 절대적 타락이 만연하도록 내버려두었지만, 국가사회주의와 기타 관련된 철학이 대표하는 '전통 가치'를 가혹하게 탄압했다.[26]

란트베어는 자기 저서 『자유를 위한 싸움』을 선전하는 광고문을 다음과 같이 쓴다.

동부전선의 전쟁은 지금까지 세상에 나타난 가장 양극화된 이념 사이의, 즉 반反유럽에 맞선 유럽의 무력 충돌의 증거였다. 우크라이나는 공산주의라는 적에 맞선 방어에서 유럽이 가진 방패의 필수 불가결한 일부였다. 무장친위대는 고결한 힘이라고는 할 수 없는 소련 공산주의와 소련의 여러 국제 깡패 동맹국에 맞서 국제적 단결, 고상한 이상, 용감한 희생을 키워내는 독특한 실험이었다.[27]

---

* 미국에서 대공황기인 1930년대에 태어나 제2차 세계대전에서 싸운 세대. 미국의 문필가 톰 브로코의 1998년 저서 『가장 위대한 세대』에서 비롯된 표현이다.

편집자의 말에서 란트베어는 수정주의를 내세우는 역사비평연구소가 불만을 품은 직원들에게 넘어갔고 연구소의 창립자가 쫓겨났다고 언급한다. "역사비평연구소에서 벌어진 일은 서로 물어뜯는 지금 우리의 타락한 물질주의-자본주의 문화에서는 흔할지 모르지만 '나의' 세계에서는 분명히 적합하지 않다. 단합, 이상주의, 명예, 충성이 언제나 우리의 표어여야 한다." 이제 그는 『역사비평지』가 오염되어 있으므로 대신에 사람들이 『반스 비평*The Barnes Review*』*으로 돌아서야 한다고 권고한다.[28]

란트베어는 1994년 노르망디 상륙 기념일에 즈음해서 다음과 같이 썼다.

> 우리의 통치자들과 매체가 '노르망디 상륙일'에 부여한 중요성은 아무리 강조해도 지나치지 않다. 이날은 현재의 타락한 세계 질서의 성립에서 한 전환점이었다. 미국의 역사에서 십중팔구 가장 큰 헛짓거리에서 친애하는 우리 지도자는 틀림없이 레닌과 스탈린의 전성기 이후로 마르크스주의자 인민위원, 괴상한 소수민족, 비非그리스도교인의 가장 잡다한 집합일 자기의 정부 전체를 운행하기까지 했다.[29]

사람들은 란트베어의 위치를 수정주의 역사와 도덕적 혼란의 어슴푸레한 과격 우파에서 쉽게 찾을 수 있을 것이다. 최근에 한 평론은 『뒤에 남겨진*Left Behind*』**처럼 얼마 전에 아주 인기 있었던 휴거

---

* 윌리스 카토가 1994년에 창간한 미국의 격월지. 홀로코스트 부정론과 반유대주의를 표방한다.

소설과 영향력 있는 소설 『터너 일기_The Turner Diaries_』***** 사이의 밀접한 유사성에 주목했다. 특히 『터너 일기』는 티머시 맥베이Timothy McVeigh******가 오클라호마시티의 연방정부 청사를 폭탄으로 폭파하도록 영감을 주었다는 말이 있다. 그 두 소설에 관해 그 평론가는 "미국의 주류 공적 생활과 시민 지도자들이 타락하고 미미하고 쓸모없고 쉽사리 허물어질 존재로 묘사된다"고 말한다.[30] 이 태도는 란트베어의 태도와 빼닮아 보인다. 사람들은 —그가 쓴 많은 책의 경이로운 성공이 아니었더라면— 『지크루넨』을 그저 사회의 한 주변인의 수사로 일축했을지 모른다.

중요한 의문 하나가 본좌의 자료에서 생겨난다. 우리는 결백한 독일국방군 신화가 어떻게 만들어지고 키워졌는지 살펴보았다. 그러나 무장친위대는 완전히 또 다른 실체다. 참전했던 무장친위대원들은 자기가 "다른 모든 군인과 마찬가지로 군인"이라고 애써 말했지만, 이 부대가 훈련과 전투에서 유난히 야만스러웠고 국가사회주의 이념으로 이념 훈련을 받았으며 적어도 일부는 강제수용소의 경비대 기능을 했다는 것이 처음부터 명백했다. 실제로, 무장친위대의 기원은 강제수용소 체제에 있었다. 그렇다면 왜 '낭만무협인'은 이 군인들을,

---

** 그리스도교의 종말론과 환난을 소재로 미국의 팀 라헤이 목사가 작가 제리 젱킨스와 함께 쓴 연작 소설. 1995년부터 2007년까지 총 16권이 나왔다.
*** 미국의 인종주의자인 윌리엄 피어스가 1978년에 앤드류 맥도널드라는 필명으로 쓴 소설. 백인 종교 집단이 1991년에 미국에서 권력을 잡은 유대인과 유색인종에 맞서 투쟁한다는 내용으로 백인우월론을 설파했다.
**** 미국의 테러리스트(1968~2001). 20세에 군인이 되었고 1990년 걸프전쟁에 참전했다. 미국 연방정부에 불만이 있었기에 1995년 4월 19일 폭탄을 실은 화물차를 몰고 오클라호마시티의 연방정부 청사로 돌진해 폭탄을 터뜨렸다. 청사가 무너져 168명이 죽고 680명 이상이 다쳤다. 유죄 판결을 받고 사형당했다.

독일국방군의 경우에서보다 훨씬 더 심하게, 낭만적 영웅으로 볼까? 단서가 이 자들 가운데 가장 인기 있는 —고故 요아힘 파이퍼라는— 한 사람에게 있을지 모른다.

1944년 12월 7일에, 즉 '벌지 전투'가 개시되었을 때 무장친위대 부대가 벨기에의 말메디에서 무장하지 않은 미군 포로 120명을 쏘아 죽였다. 아주 가까운 지역에 29세의 무장친위대 장교 요하임(요헨) 파이퍼가 지휘하는 파이퍼 전투단 부대가 있었다.

파이퍼는 하임리히 힘러의 부관으로 경력을 시작했는데 1941년 러시아 침공 초기에는 라이프슈탄다르테 아돌프 히틀러 친위사단 Leibstandarte SS Adlof Hitler과 함께 동부전선에서 이름을 날렸고, 그 뒤에는 1943년 3월에 하르코프 재점령에서 연대장으로 활약해서 기사십자철십자장을 받았다. 그는 러시아에서, 그리고 나중에는 이탈리아에서 벌어진 다른 전투에서 기장을 많이 받았다. 1944년 12월에는 벌지 전투를 개시하는 핵심 역할이 그와 라이프슈탄다르테 사단에게 주어졌다. 바로 이 맥락에서, 즉 파이퍼와 그의 부대가 뫼즈 강*으로 돌진하고 있을 때 학살이 일어났다.

재판에서 파이퍼는 카리스마와 매력이 있어서 다른 사람들 사이에서도 튀는 중심 인물이었다. 그는 자기 부하들을 비호하는 책임을 맡았다. 이 사건을 연구한 주요 학자가 말하는 대로, 그는 "꿰뚫어보는 눈, 매부리코, 때때로 내려가서 잔인성이 슬쩍 내비치는 입꼬리로 … 할리우드 영화의 전형적인 나치친위대 장교 이미지"였다. 또한 그

---

* 프랑스 동부에서 발원해서 아르덴 지역을 거쳐 벨기에와 네덜란드를 지나 북해로 흘러드는 강. 독일어 및 네덜란드어로는 마스강이라고 한다.

는 "유난히 점잖고", "기품"이 흘렀고 퍽 지적이며 영어가 유창했다. 그는 가끔 ―전혀 독일인답지 않은 특성인― "툭툭 터지는 쾌활성"도 내비쳤다.[31]

결국, 피고인 대다수가 감금형부터 사형까지 다양한 형을 선고받았다. 파이퍼는 사형 선고를 받았다. 그러나 냉전이 도래하고 서방 방위에 또다시 독일 군인이 필요하다는 전망이 보이면서 1949년이 되면 맥락이 완전히 바뀌어버렸다. 이 무렵이면 재판 전 조사 방법의 세부 사항이 알려지면서 그 재판과 선고가 미국에서 논란의 대상이 되었다. 폭력, 협박, 모의재판, 그 외의 기법이 쓰였다고 판명되었다. 미국의 정치적 우파가 명분을 감지했다. 반유대주의가 연루된 기미도 뚜렷했다. 조사관들 가운데 여러 명이, 특히 윌리엄 펄이라는 한 중위가 유대인이었기 때문이다. 실제로, 대여섯 명은 미국으로 온 이민자였다.

1950년대 초엽에 대여섯 개의 미 상원위원회를 비롯해서 여러 조사위원회가 개회 중이었는데, 물의를 빚는 경력을 시작할 각오를 한 조지프 매카시Joseph McCarthy*가 그 상원위원회들 가운데 한 위원회에 있었다. 우파와 반유대주의 분자뿐만 아니라 위스콘신의 친독일 우익 주민에게서 격려와 정보를 받은 매카시가 "자기 고향 주州의 반유대주의 정서와 고립주의 정서"에 영합하면서[32] 그의 이름이 의사록에 압도적으로 많이 나오고 신문 전면 표제에서 빠지지 않았다.

---

* 미국의 정치가(1908~1957). 위스콘신주의 검사였고, 1946년에 상원의원이 되었다. 1950년 2월에 공산주의자 205명이 국무부에서 암약하고 있다는 근거 없는 주장으로 주목을 받았다. 그 뒤 냉전의 분위기에 편승해서 무고한 이들을 공산주의자로 지목하며 물의를 빚다가 1950년대 중엽에 몰락했다.

또한 우익 반유대주의 판사인 에드워드 리로이 반 로덴Edward LeRoy van Roden*이 십중팔구 그를 부추겼을 것이다. 로덴은 그 재판을 독일인에게 앙갚음하려는 유대인의 노력으로 여겼고, 조사위원회들 가운데 한 위원회의 일원으로 활동하기도 했다.

잘 알려진 우익 시사평론가인 프레다 어틀리Freda Utley**가 1954년 11월에 『아메리칸 머큐리』에 독일인을 위한 정의가 없다고 규탄하는 글을 썼다. 프레다는 미국 전쟁범죄국 다하우 지부장 로젠펠드 대령이 모의재판을 이용했음을 인정했다고 주장했다. 로젠펠드가 한 기자회견에서 "예, 물론입니다. 우리는 그 새들이 다른 식으로는 말하도록 만들 수는 없었습니다. 그것은 속임수였고 마술처럼 잘 먹혔습니다"라고 말했다는 것이다. 어틀리는 미국인의 타고난 정의감에 호소하고 냉전을 들먹이면서 다음과 같이 썼다. "우리가 공산주의 폭정에 맞서 독일 국민을 우리의 동맹으로 동원하고 싶어서가 아니더라도, 정의롭다는 미국의 평판을 위해 우리는 전후 시기의 불의를 바로잡으려는 시도를 해야 한다."[33]

파이퍼는 여러 집단이 마지막 제2차 세계대전 수감자인 그를 풀어주려고 시도했으므로 서독에서 대중의 영웅이 되었다. 파이퍼의

---

* 미국의 법조인(1892~1973). 펜실베이니아주 법원에서 법관 일을 시작했으며 곧 델라웨어주에서 근무했다. 제1차 세계대전에 참전했고 전쟁이 끝나고는 법관직에 복귀했다. 제2차 세계대전 때 다시 입대해서 노르망디 상륙작전에 참여했고, 전쟁 뒤 델라웨어 법원에 복귀했다.
** 미국의 문필가(1898~1978). 영국 런던에서 태어났고, 1928년에 영국 공산당에 입당했다. 러시아인과 결혼해서 1930년대 전반기에 소련에서 살았다. 1936년에 남편이 숙청당하자 공산주의에 환멸을 느꼈고, 반공 활동에 나섰다. 1950년에 미국 국적을 얻었다.

사형 선고는 1954년에 35년 형으로 감형되었고, 그는 1956년에 풀려나 말메디 학살 기소자들 가운데 마지막 석방자가 되었다. 그런 다음에 얄궂게도 그는 포르셰 자동차 회사 북아메리카 대표로 얼마간 성공했지만, 이탈리아 노동자들이 시위를 해서 이탈리아 북부에서 파르티잔과 싸우는 동안 저질렀다는 그의 몇몇 잔학 행위를 세계인에게 상기시키자 그 직위를 잃었다. 그는 우여곡절 끝에 프랑스로 이주했고, 프랑스에서 가정을 이루고 번역가로 일하며 목숨을 부지했다. 그에 관한 기사 한 편이 공산당 신문 『뤼마니테*L'Humanité*』*에 실려서 그의 소재가 알려진 뒤, 신원을 알 수 없는 사람들이 1976년에 그의 집에 소이탄을 터뜨려 그를 죽였다.[34]

이 사건은 재판을 받는 동안 독일에서 대중의 영웅이었던 파이퍼가 왜 미국의 낭만무협인에게도 영웅이 되었는지를 설명하는 데 도움을 준다. 냉전과 매카시 시대의 시작이라는 틀 속에서 그는 악당에서 영웅으로 탈바꿈했다. 그가 재판에서 한 행동, 그의 개인 성품, 그의 외모 등 모두가 이 과정을 거들었다. 그의 유창한 영어도 도움이 되었다. 완벽한 신화적 인간이 ―즉, 비극적이면서도 영웅적인 인물이― 실물로 여기에 있었다.

왜 '낭만무협인'이 무장친위대원 개개인뿐만 아니라 무장친위대 조직 자체도 찬양하는지를 설명하려면, 미국 대중문화의 특정 부분을 살펴보아야 한다. 란트베어 스스로가 실마리를 제공한다. 그에 따르면, 무장친위대는 "현대에서 십중팔구 가장 '민주적인' 군대였을 것이다. 장교와 다른 군 계급 사이의 경직된 격식과 계급 구조가 엄격

히 금지되었다. 장교는 사회 계급이 높기 때문이 아니라 자기가 부하들보다 더 나은 군인임을 입증했기 때문에 지위를 유지했다."[35] 명백히, 이것은 전통적 엘리트에 화를 내거나 조롱을 보내고 계급 위계제를 싫어하는 많은 미국인에게 호소력을 지닌다. 무장친위대는 엘리트였지만 애써 얻었지 물려받지 않았으며, 싸움터에서 능력을 입증할 수 있는 사회의 하층 출신을 선택해서 그에게 지휘권을 주기도 했다는 것이다. 미국인은 이러한 사회적 상향 이동성도 높이 산다. 더욱이 무장친위대에는 카우보이 같은 구석이 있어서, 대원들은 거칠고 굳세며 그들이 받는 훈련은 제식훈련보다 야전 훈련이 더 많았다. 무장친위대원들 가운데 많은 이가 파격적인 개인주의자여서 계급이 더 낮은 군인에게 책임을 맡기는 독일군의 경향을 한껏 활용할 수 있었다는 것이다. 그들은 위험과 죽음을 대수롭지 않게 여기는 람보Rambo*의 집합체로 보였고, 그들의 사상자율은 정규 독일군의 사상자율보다 훨씬 더 높았다. 또한 그들은 많은 이념 훈련의 결과로 이상주의적으로, 동지적으로, 그리고 가장 명백하게는 패배한 대의의 순교자로 보였다.

그러나 그 모든 영웅이 무장친위대의 대열에서 나오지는 않는다. 독일 군대의 다른 병과도 명망가를 배출한다. 한 영웅이 독일 공군에서 나오는데, 바로 에리히 하르트만이었다. 레이먼드 톨리버와 트레버 콘스터블이 쓴 하르트만 전기의 제목은 『독일의 금발 기사The Blond Knight of Germany』다.[36] 이 책의 표지만 보아도 책 내용이 무엇이

* 1982년에 제작된 영화 「람보」와 1985년, 1988년, 2008년에 나온 속편 영화의 주인공. 미국 육군 특전부대원 출신이며 극한 상황에서 적을 해치우는 무적의 군인으로 설정되어 있다.

있는지, 그리고 저자들이 자기들의 주인공을 어떤 역사적 틀 안에 놓고 싶어 하는지 금세 알아챌 수 있다. 책 제목은 나치가 보았다면 좋아했을 아우라를 전해준다. '금발'이라는 낱말이 지배 인종의 이미지를 시사한다. 지배 인종의 주요 골상은 당연히 노란 머리카락, 푸른 눈, 길고 좁은 두개골, 호리호리하고 다부진 몸매로 이루어졌다. '기사'라는 낱말은 나치가 자기들의 군대뿐만 아니라 '봉신'이 자기의 '주군'에게 ─즉, 영도자 히틀러에게─ 충성과 신서를 맹세하는 나치 정권의 본성을 서술하고자 끊임없이 사용한 낭만적 봉건 언어를 생각나게 한다. 그 용어는 군대에 적용되면 훨씬 더 음흉하다. 적에게 너그럽고 이겨도 관대하고 심지어 싸울 때에도 정중한 중세 기사도다운 무엇인가를, 요컨대 독일군이 동방에서 한 행위의 특성을 묘사하지 못할 뿐만 아니라 실제로는 그 반대를 나타내는 온갖 행위를 암시하기 때문이다. 그것은, 편의적으로 낭만화의 언어다. 기사도의 이미지, 아름다운 귀부인의 마음을 얻으려고 마상창馬上槍 경기를 하는 백기사들의 이미지를 지닌 중세 유럽만큼 낭만화된 시대는 없었다.

'금발'과 '기사'라는 두 낱말을 합치면, 당신은 현실에서 이루지 못한 독일군의 세계뿐만 아니라 특히 나치친위대의 세계에도 들어선다. 하르트만은 공군 대원이었지 무장친위대원이 아니었을지 모르지만, 정형화된 이미지는 동일하다. 여기서 우리에게 신귀족, 즉 결투와 명예 법정, 그리고 귀족의 다른 상징물을 죄다 갖춘 인종 엘리트가 나타난다. 이것은 새 인종 엘리트를 낳으려면 숱한 열등 인간을 제거하기도 해야 한다는 사실을 감출 뿐이다.

그리고 나서 책 표지에 ─적과 신사답게 마상창 경기라도 벌이려는 듯이 구름에서 튀어나오는 메서슈미트 109 전투기 한 대를 그린— 낭만화된 미술품 한 점을 보태면, 당신은 그 책의 내용을 모두 알게 된다. 말 나온 김에 밝히자면, 그 그림은 노획된 독일의 전쟁 미술품이 아니라 미국인과 독일의 참전 군인 사이에 이루어진 인맥 형성의 한 예증이었다. 미국인 예술가 할리 콥틱이 이 그림을 그렸으며, 책 안에 있는 사진 한 장은 찬탄을 자아내는 에리히 하르트만이 석판화에 사인을 하고 있는 모습이다.

에리히 하르트만이 누구길래 제2차 세계대전에서 독일의 적국이었던 국가의 저자들이 그에 관해 그토록 찬양조로 글을 썼을까? 그는 제2차 세계대전에서 가장 성공적인 독일 전투기 에이스였다. 그는 1942년 11월과 1945년 5월 사이에 확인된 것만 해도 적기 352대를 격추해서 히틀러가 수여하는 기장들 가운데 가장 선망의 대상인 곡엽검금강석기사십자장을 받았다.

그러나 그는 그 밖의 다른 것도 할 수 있었다. 이 책의 주제를 생생히 보여주는 그것은 그가 아주 쉽사리 미국의 영웅으로 재가공되었다는 점이다. 그가 전투 시간을 오로지 동부전선에서만 보냈다는 점을 짚는 것이 중요하다. 그가 격추한 비행기는 한두 건만 빼고 모두 러시아 비행기였다. 게다가 그는 전쟁 뒤에 소련에서 여러 해 동안 포로 생활을 했는데도 살아남았다. 그런 다음에 그는 서독으로 돌아가서 서독이 공군을 창건하는 것에 앞장섰다. 하르트만은 서독 공군의 창설을 위해 미국을 두루두루 여행하며 미군의 여러 인사들과 긴밀한 관계를 맺고 그들의 찬양을 받았다. 그러나 하르트만의 전후 경력은 냉전 없이는 생각할 수 없다. 미국이 러시아와의 지상전에 휘말려 들어갈 수도 있다고, 사실은 그럴 가능성이 아주 높아 보였을 때, 미국은 러시아군과 싸운 적이 있는 독일인에게서 어떨 때는 유료로, 어떨 때는 무료로 조언을 받았다. 미국은 할더와 만슈타인처럼 고위 사령관이었던 이들에게 조언을 구했지만, 이들은 하르트만 같은 전투의 영웅이 아니었다. 미국은 영감도 찾았다. 하르트만(과 그와 같은 이들)은 미국인에게 전설적인 위상을 차지했고 러시아를 물리칠 수 있다는 느낌을 주었다. 그렇다는 시사를 그 누가 러시아 비행기를 300대 넘게 격추했던 조종사보다 더 잘 할 수 있을까? 실제로 하르트만은 1957년에 미국 공군 전투기 조종사의 교육 과정을 이수했다.

그러나 하르트만 같은 부류를 낭만화한다는 것은 이미 독일이 싸우다 진 대對러시아 전쟁에 따라다녔던 동일한 이념적 바닥짐을 얼마간은 의식적으로, 얼마간은 무의식적으로 없는다는 뜻이기도 했다. 그 바닥짐에는 히틀러와 그의 주요 졸개들이 죽었다는 안전한 맥락 속에 놓일 수 있는 나치의 인종 교리들 가운데 여럿이 포함되어 있다. 미국인이나 미국 군인의 전통적 언어에서 흔히 발견되는 개념이 아닌 '금발 기사'는 이 바닥짐의 일부였고 미국이 냉전에서 비타협적으로 행동하도록 고무할 목적에 기여했다. 또한 그것은 미국이 결국은 공산주의를 물리치려는 노력에 반드시 뛰어들도록 만들었던 동부전선 독일군의 패배한 대의를 낭만화하도록 허용했다.

그 책은 독일 측의 찬사로 꼭꼭 에워싸여 있다. 독일 공군 전투기 병과의 지도자였고 서방 군부의 마당발인 아돌프 갈란트Adolf Galland* 장군이 서문을 써준다. 갈란트는 "역대로 뛰어난 전투기 조

---

* 독일의 군인(1912~1996). 에스파냐 내전, 브리튼 전투에 전투기 조종사로 참전했고, 1941년 11월에 독일 공군 전투기 부대 사령관이 되었다. 영군·미군의 공습을 막지 못한다는 이유로 1945년 1월에 해임되었다. 전후에 아르헨티나 공군 보좌관을 지내다 귀국해서 기업 고문으로 일했다.

종사", 삶이 "영감을 주는 인간 드라마"인 사나이라며 하르트만을 예찬하고 그 책을 "한 전투기 조종사에 관해 씌인 가장 주목할 만한 책"이라고 일컫는다. 갈란트는 "우리 독일 전투기 조종사 형제단은 그들의 진정성과 공정성을 들어 존경한다"며 그 저자들에게 고마워하면서 "독일 공군 전투기 조종사였던 우리는 당신들이 해낸 일의 가치를 인정한다"고 덧붙인다.[37]

그 저자들은 예전의 한 동료가 동독에서 몰래 빼냈다는 하르트만 부대III/JU-52 일일 작전사를 빼고는 10년 동안의 연구에서 참조한 사료를 드러내지 못하면서, 자기들이 가진 자료의 대부분이 뮌헨에 있는 독일전투기조종사협회의 기록 문서에서, 그리고 하르트만의 가족에게서 나왔다고만 말한다. 이 책은 '기다려준 우슈Usch'에게 헌정된다. 하르트만의 아내 우슈는 그가 러시아에서 포로였던 몇 년 동안 그를 기다렸다. 이것은 그 결과로 나온 연구를 위한 비판적 해석 틀이 없음을 시사한다.

그 책의 의도가 비판적 역사 연구가 아니라면, 그 저자들의 의도는 무엇일까? 저자들은 짧은 서문에서 하르트만이라는 이름을 —각각 미국인과 독일인인— 에디 리켄배커Eddie Rickenbacker*와 오스발트 뵐케Oswald Boelcke**를 비롯한 창공의 기사도 영웅의 기다란 명단에 보태려는 의도를 밝히지만 꼭 군사 기록을 올리겠다는 의도는

---

* 미국의 군인(1890~1973). 독일계 미국인이었고 1917년에 입대해서 유럽 전선에서 전투기를 몰았다. 최고의 에이스가 되어 숱한 상과 훈장을 받았다. 전간기에 군사 자문관이었고 항공 수송 전문가로 일했다.
** 독일의 군인(1891~1916). 제1차 세계대전 때 독일 최고의 전투기 조종사로 활약했다. 공중전 초기의 전술을 개발해서 독일 전투기 부대의 아버지, '공중전 전략의 아버지'로 추앙되었다.

밝히지 않는다. 오히려 저자들은 명백히 자기 책을 냉전에 대한 기여로 여긴다. 10년 동안 소련에 억류된 탓에 하르트만은 "눈에 띄지 않고 알려지지 않은 … 냉전의 영웅"이며, 실제로 "러시아 비밀경찰에 맞선 그의 외로운 투쟁은 그가 전투기 조종사로서 이룩한 그 어떤 것도 훨씬 능가한다"는 것이다. 끝으로, 저자들은 독자들에게 조금은 뜬금없이 하르트만의 이야기가 '전쟁의 고발장'으로 여겨져야 한다고 단언한다. 분명히 그렇지 않은데 말이다. 그러나, 더 중요하게도 사람들은 "세계가 내무인민위원회 심성에 좌지우지된다면 세상에 무슨 일이 닥칠지에 대한 분명한 경고로서" 의심한다.[38] 그렇다면 하르트만이 기꺼이 섬긴 정권의 특징이었던 게슈타포식 심성은 무엇이었는지 묻고 싶다.

제1장에 세 주제, 즉 타고난 지도자, 낭만적 기사, 냉전의 약탈 행위가 나타난다. 러시아에 사로잡혀 있을 때 드러난 하르트만의 품성을 묘사하면서 저자들은 나치가 지도력에서 늘 찬양한 특성을 서술한다. 그것은 타고난 지도자, 낮은 신분에서 빠르게 출세한 자, 최고 위직으로 자연스럽게 올라서서 등급을 초월하는 최고 인재, 즉 "품성, 의지력, 인내의 관점에서 독일 사나이들 가운데 으뜸"이다.(4쪽) 여기서 서술되듯이, 하르트만은 1919년에 독일 자유의용단Freikorps* 지도자일 수 있었다. 자기 부하들이 인정한 지도자였지 계급이나 단체 소속으로 결정된 지도자는 아니었다. 저자들은 그 타고난 지도력의 원

---

* 제1차 세계대전에서 패한 뒤 독일에 생긴 불법 준군사 극우 조직. 자유군단이라고도 한다. 민간 생활에 적응하지 못하고 군대에서 안정감을 느끼는 참전 군인이 주로 가입했으며, 좌익 세력이 패전의 배후 세력이라고 믿고 해체된 군대를 대신해서 정부의 묵인 아래 공산주의자와 싸웠다.

천을 찾아 유산과 가족의 낭만화된 결합체로 거슬러 올라간다. "그것들의 원천은 그의 가족 배경과 자유로운 양육, 그리고 한 아름다운 여인의 영원한 사랑으로 강화된 타고난 사나이다움에 있었다."(5쪽)

그 두 저자가 하르트만의 특성을 묘사한 대로 현대성에 대한 나치의 반감이라는 요소도 있다. 그의 가치는 전통적이지, 근대적이지 않다. 그는 시대착오적인 사람, 즉 "대중의 영향과 동조의 시대에 구제불능의 개인주의자"다.(5쪽) (란트베어가 이 구절을 좋아할 것이다.) 나치가 선호하는 비특정(루터교가 아니라 고트글로이비히gottgläubig 운동*인) 종교라는 요소도 없지 않다. 하르트만은 교파적 관점에서 보면 종교인이 아니다. 더 정확히 말한다면, "그의 종교는 양심의 종교이며 투쟁심의 연장이다."(6쪽)

저자의 봉건적 낭만주의가 실제로 가장 극적으로 나타나는 곳은 책의 끝부분이다. 제1장의 마지막 문단(14쪽)에는 다음과 같이 씌어 있다.

금발 기사의 찌그러진 방패에는 아직도 명예가 실려 있고 방패의 문양은 지금도 번쩍인다. 그 방패를 든 금발 기사는 삶이라는 마상창 경기의 가공할 참여자이므로 영광의 이름(아우슈비츠? 부헨발트?)이 그 방패에 그래도 더 많이 아로새겨질지 모른다. 마상창 경기 영웅으로서의 그의 이야기, 묶여 있는 동안 그가 당한 고통의 깊이, 그가 아름다운 귀부인과 나눈 잊지 못할 로맨스를 그와 함께 탐구할 시간이 왔다.

---

* 신의 존재를 믿지만 그리스도교를 비롯한 특정 종교의 신을 믿지 않는 나치 독일의 종교 운동.

사람들은 전투기 조종사로서의 기량과 대담성의 관점에서 하르트만에게서 아무것도 떼어내고 싶어 하지 않는다. 그러나 그의 공훈을 그가 충성스럽게 섬겼던 정권과 그에게 두 번째로 가장 높은 훈장을 주었던 정권의 지도자에게서 분리하는 것은 도움이 되지 않는다. 인종 정복과 절멸의 전쟁이라는 역사적 맥락이 아니라 아름다운 귀부인의 손을 잡으려고 기사들 사이에 벌어지는 낭만화된 봉건적 마상 창 경기에 그를 놓는 것도 그렇다.

인기가 많은 본좌들 사이에서 프란츠 쿠로프스키는 독일인이고 독일국방군 참전 군인이라는 특이한 이점을 누린다. 여거나 란트베어와 달리 쿠로프스키는 독일의 싸움터라는 '거룩한 땅'을 걸었고 패배의 쓰라림을 견뎌냈다. 그는 독일국방군에서 기자로 복무했으며, 나중에 그 재주를 개발해서 독일국방군, 무장친위대, 독일 공군, 그리고 병과의 전훈에 관한 글을 썼다. 본좌들 가운데 쿠로프스키만큼 강력하게 박진성을 추구한 이는 없다.

쿠로프스키의 출간물은, 낭만무협인의 마음속에서는 의문의 여지 없이, 동부전선에서 벌어진 전쟁의 진정한 경험을 독자에게 가져다준다. 참전했던 군인으로서 쿠로프스키는 동부전선에서 복무한 사람들 가운데 많은 이를 자기의 지인, 친구, 기사단 동무로 여긴다. 그의 연구는 독일군의 전시 기록 외에 그 사람들, 그리고/또는 그들의 가족에 대한 접근에 자주 좌우된다. 그는 자기 책에 나오는 사람의 일기를 폭넓게 자주 인용한다. 쿠로프스키는 진정한 모든 본좌처럼 독일 군대에 기소된 심각한 악행 혐의를 무시하고 『독일의 금발 기사』의 저자들처럼 자기의 여러 저서에서 자기가 서술하는 사람에게 영웅적 맥락을 제공한다. 이 여러 인용은 그가 하는 설명의 사실성을 크게 높여주고 쿠로프스키 자기의 박진성을 과시한다.

여러 해에 걸쳐 쿠로프스키는 제2차 세계대전 때 독일 군대의 여러 측면에 관한 책 수십 권을 펴냈고, 이 책들은 독일 독자들 사이에서 폭넓은 인기를 누렸다. 그러나 쿠로프스키의 책은 번역되지 않아 대다수 미국 독자에게 알려지지 않았다. 페도로위츠 출판사가 쿠로프스키의 인기 저작들 가운데 첫번째로 『기갑 에이스 *Panzer Aces*』를 1992년에 펴내고, 1994년에 『보병 에이스 *Infantry Aces*』를 출간해서 이 문제를 해결했다. 이 책들의 표지 그림은, 독일 군대에 관한 많은 저작에서처럼, 영웅적 용기와 결단, 그리고 독일 군인과 무기의 위력을 실감나게 보여준다.

미국에서 가장 큰 도서 유통업체인 아마존은 쿠로프스키의 저작도 판매한다고 홍보한다. 이 유통업체의 웹사이트는 북아메리카 시장용으로 18권을 크게 내건다. 이 책들은 최신간으로 2005년 3월에 나온 『기갑전: 제2차 세계대전 독일군 기갑작전 개관 *Panzerkrieg: An Overview of German Armored Operations in World War 2*』과 2005년 8월에 나온 『브란덴부르크 특공대 *Brandenburg Commandos*』를 포함해서 1992년부터 2005년까지 거의 해마다 나왔다. 이 책들은 제2차 세계대전 때 독일 군대의 모든 측면을 망라한다.[39]

쿠로프스키의 많은 저작 사이에서 고전인 『기갑 에이스』와 『보병 에이스』가 두드러진다. 이 두 책은 지난 10년 동안 여러 출판사에서 여러 차례 발매되고 재간행되었는데, 페도로위츠 출판사가 판권을 소유한 동안 처음으로 성공을 거두었다. 보아하니 이 성공을 보고 밸런타인 북스가 확신을 얻어서 두 책을 전국의 대중 독자를 겨냥한 염가판으로 재간행한 것 같다.(도판 10) 그 책은 페도로위츠 출

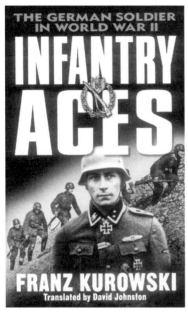

〔도판 10〕『보병 에이스』와 『기갑 에이스』의 표지 그림.

판사에서 출간하고 나서 8~10년쯤 뒤인 2002년에 나왔으며, 지금
도 아마존에서 구할 수 있다. 그 뒤에, 펜실베이니아주 메카닉스버그
에 있는 스택폴 북스Stackpole Books 출판사가 세 번째로 그 두 책을
펴냈다. 스택폴*이 후원하여, 『기갑 에이스』와 『보병 에이스』가 아마
존에서 구매자와 낭만무협인들 사이에 잘 팔렸다. 이 두 저작은 폭
넓은 열성 독자층을 계속 거느렸다. 밸런타인북스 출판사는 『기갑
에이스』를 적당한 가격의 오디오 CD 형태로 간행하고 그렇게 해서
상당한 청취자 시장을 북돋으려고 했다.[40] 『기갑 에이스』나 『보병 에
이스』를 산 독자는 『기갑 에이스』 제2권과 『독일 공군 에이스』를 비

---

* 스택폴 북스 출판사의 소유주.

롯한 쿠로프스키의 다른 책도 샀다.

『기갑 에이스』와 『보병 에이스』에는 제2차 세계대전 유럽 전구의 독일 군인들과 그들의 전훈에 관한 짧은 설명이 들어 있다. 다른 본좌들의 경우에서처럼, 군 장교와 무장친위대 장교의 독일어 계급이 번역판에서 그대로 사용된다. SS-오버슈투름반퓌러SS-Obersturmbannführer(SS-상급돌격대 지도자), 슈투름반퓌러Sturmbannführer(돌격대 지도자), 오버그루펜퓌러Obergruppenführer(상급집단 지도자), 라이프슈탄다르테 사단, 게네랄펠트마르샬Generalfeldmarschall(육군 원수) 같은 상징적 용어는 낭만무협인에게 어마어마한 호소력을 지닌다. 번역판에는 무기와 차량의 독일어 명칭도 들어 있다. 쿠로프스키는 부하들에게 판처마이어Panzermeyer로 알려진 그 유명한 쿠르트 마이어, 요아힘 파이퍼, 파울 하우서Paul Hausser 제2SS기갑군단장, 폰 만슈타인 육군 원수 등등을 비롯한 동부전선의 여러 반신半神을 자기의 이야기에 집어넣는다. 낭만무협인 세계의 이 저명인사들은 러시아의 싸움터에서 발휘된 용맹성에 관한 쿠로프스키의 이야기에 등장하는 사나이들을 지휘했다.

『기갑 에이스』와 『보병 에이스』에서는 독일의 적에 맞선 전투에서 싸우다 죽은 자들의 모습을 극히 호의적으로 묘사한다. 그 이야기는 극적인 언어로 표현된 군인의 전훈에 관한 단순한 이야기를 넘어선다. 쿠로프스키는 독일 군인을 어떤 전쟁범죄도 저지르지 않은, 사실상 그 같은 행동을 할 수 없는 거의 영웅적인 존재로 독자에게 제시한다. 그의 설명에서, 독일 군인은 자기 전우에게, 그리고 조국 방위에만 전념하는 군대에 늘 충성을 과시한다. 쿠로프스키의 책에 묘사된 사나이들은 제 전우를 위해 직무의 범위를 넘어선다. 그것이 뻔히 죽을 뻔한 전우를 구조하는 것이든, 자기 몸을 치명적 포화에 드러내는 것이든, 또는 심지어 자해를 했을지라도 다친 전우를 구조하는 것이든 말이다.[41]

희생과 겸손은 독일 군인들의 도드라진 특성이다. 이 군인들의 행동은 휘장과 기장, 그리고/또는 진급을 자주 안겨주지만, 그 사나이들은 이 보상에 무관심한 채로 남아 있다. 대신에 그들은 전우가 건강을 되찾고 있는지, 다친 데가 낫고 있는지, 또는 전우가 적절한 의료 시설로 옮겨졌는지 알려달라고 요구한다. 강력한 이 충성의 유대는 독일군 부대에 응집력을 주고, 적에게 패할 것이 뻔한 상황에서도 자주 발휘되는 강한 투지를 설명해준다.[42]

쿠로프스키가 말한 대로라면, 독일국방군 안에 있던 충성의 유대를 보여주는 고전적 사례 하나가 소련의 수 개 군이 러시아 남부 드네프르강의 체르카시* 고립지대에 독일군 수만 명을 몰아넣은 1944년 2월에 일어났다. 프란츠 베케Franz Bäke** 박사가 그 고립지대를 돌파해서 덫에 걸린 부대들이 빠져나올 회랑을 열려고 예하 중기갑연대를 이끌었다. 베케와 그의 부하들은 소련군의 부대들과 싸우고 또 싸웠다. 소련군의 공격은 1월에 개시되었고 2월에는 베케의 연대에 격심한 손상을 입혔다. 재정비되고 훨씬 더 결연해지자 베케는 예하 연대를 다시 그 고립지대로 이끌어서 2월 16일까지 회랑을 열었

---

* 우크라이나의 드네프르강 우안에 있으며 키예프에서 남쪽으로 200킬로미터 지점에 있는 도시.
** 독일의 군인(1898~1978). 1915년에 자원입대해서 제1차 세계대전 서부전선에서 싸웠고, 종전 뒤에는 자유의용단 활동을 했다. 1933년에 나치돌격대에 들어갔고, 제2차 세계대전 때에는 주로 동부전선에서 기갑부대를 지휘했고, 전후에는 치과 의사로 일했다.

다. 베케와 그의 부하들은 소련군의 역공에 거세게 저항해서 아군이 안전한 곳에 이를 수 있도록 해주었다. 이렇게 행동해서 그들은, 심지어 실제 돌파가 이루어지기 전에도, 만슈타인 육군 원수의 칭찬을 받았다. 쿠로프스키가 쓰는 대로라면, "소련군은 예상된 공격을 개시했을 때 탈진한 기갑부대 군인들에게 섬멸되었다."[43]

부대원에 대한 이타적 헌신은 의무병 프란츠 슈미츠의 경력에서 가장 두드러지게 나타난다. 러시아 남부에서 자전을 벌이는 제95보병사단에 배속된 슈미츠와 그의 의무반은 부대원들과 함께 전투에 임했다. 이 경우에, 제95보병사단은 쿠르스크 공세 실패 직후에 독일군 전선을 돌파하는 소련군을 저지하는 부대 노릇을 했다. 전사상자가 치솟자 슈미츠와 의무반은 전투 지역으로 신속히 이동했다. 그는 전선에서 온 부상병들을 구하느라 이미 긴 밤을 지샌 상태였다. 부대원들이 직면한 위험을 깨달았으니 "그를 제지할 길이 없었다." 슈미츠는 전투 지대의 포화를 무릅쓰고 들어가 부상병들을 데리고 안전한 곳으로 돌아왔다. 그의 힘은 바닥나지 않는 듯했다. 그는 싸움터에 들어갈 때마다 거의 피할 길 없는 죽음과 마주쳤지만 자기가 맡은 지극히 어려운 일을 계속 해내서 부상병이 남아 있지 않았을 때에야 비로소 그 일을 그만두었다. 저녁까지 슈미츠의 개인적 분투가 아니었더라면 싸움터에서 죽었을지도 모를 98명이 구조되었다. 쿠로프스키가 말하는 대로라면, "마침내 그는 부상자를 더 찾을 수 없었다. 그는 비틀거리며 숲으로 돌아와서는 탈진해 바닥에 주저앉았다."[44]

쿠로프스키의 설명에 나오는 사나이들은 충성의 유대를 시종일관 보여주었다. 죽음에 직면해서는 특히 그랬다. 요제프 슈라이버 분대장과 분대원들이 이 전우애의 전형적 예였다. 슈라이버는 1943년 겨울에 오룔 지역*에서 소련군의 돌파 시도와 싸우던 제78돌격사단에 속했다. 슈라이버와 분대원들은 249.7고지를 지키겠다고 다짐하고 참호를 팠다. 그들은 며칠 동안 소련군의 공격을 거듭해서 물리쳤고 많은 병사가 죽거나 다쳤는데도 진지를 고수했다. 소련군의 공격은 끈질겼다. 어느 시점에서, 분대의 일원인 렘케 상병이 탄약을 더 달라고 절박하게 요청했다. 탄약을 가득 걸머진 척탄병 한 명이 공격에 시달리던 렘케 쪽으로 달려왔다. 그 병사는 총탄에 맞았는데도 손과 무릎으로 "마지막 30미터쯤을 가까스로 기어왔다."[45] 그는 탄약이 없으면 전우들이 틀림없이 죽음에 직면하리라는 것을 알았다.

여러 차례의 249.7고지 공격 가운데 마지막 공격의 와중에 슈라이버 하사가 주검인 줄 알고 한 소련 군인을 지나쳐 걸어갔는데, 사실 그 소련 군인은 멀쩡히 살아 있었고 공격할 기회를 노리고 있었다. 그 군인은 슈라이버가 자기를 지나가자 일어나서 그를 죽이려 들었다. 슈라이버는 거의 죽은 목숨이었다. 슈라이버의 부하들 가운데 한 명이 그 위급한 상황을 알아보고 총을 쏘아 슈라이버를 살짝 비켜 그 소련 군인을 죽였다.[46]

한 사람이 다른 사람을 구하는 무섭지만 가슴 저미는 이 순간이 249.7고지를 지켜내려는 기나긴 싸움 내내 되풀이되었다. 그 사나이들은 구원병 없이, 보충병 없이 밤낮으로 싸웠다. "서로를 지켜보고 서로 의지하는 결연한 사나이 12명이 살아남으려고 필사적인 전투를 벌였다."[47]

---

* 모스크바와 하르코프의 중간에 있는 지역.

그때, 첫 서광에, 그 사나이들 가운데 한 명이 지원부대가 온다고 외쳤고 모두가 크게 안도했다. 슈라이버가 녹초가 된 부하들에게 공격 준비를 하라고 지체 없이 명령했다.

망설임의 순간이 그날 하룻밤 무자비한 14시간 동안 헤아릴 수도 없이 여러 번 죽음을 눈으로 지켜보았던 사나이 12명을 스쳐 지나갔다. 그러나 그들은 제 무기를 집어 들고 예비용 기관단총을 메고 경기관총에 새 탄띠를 끼우고는 러시아군 개인호를 향해 돌격을 이끄는 그 자그마한 상병의 뒤를 따랐다.[48]

일단 전투가 독일 측의 승리로 끝나자, 전투의 소용돌이를 거쳐 그 승리를 일궈낸 사나이들은 전우를 위해 목숨을 바치고 죽은 이들에게 경의를 표하려고 모였다. 케터 대령이 "중대 별로 전사자들의 이름을 불렀다. 각 중대는 무덤 앞에 정렬해서 깊은 정적 속에 서 있었다. 살아남으려고 날마다 싸우면서 굳세진 사나이들이 하얀 자작나무 십자가에 내리쪼이는 3월의 햇빛을 보았다. 그날 (있었던) 사람들 어느 누구도 그해 봄 아침에 부른 노래 「내겐 전우가 있었지Ich hatt' einen Kameraden」*를 결코 잊지 못하리라."[49] 이 맥락에서 독소전쟁은 정복과 인종 절멸의 전쟁이 아니라 오히려 삶과 죽음에서 독일 군인들을 전우로서 한데 묶어내는 힘으로 보였다.

쿠로프스키가 보는 대로라면, 전쟁은 민간 세계에 존재하는 사회

---

* 루트비히 울란트가 지은 가사에 프리드리히 질허가 스위스 민요에 바탕을 둔 곡을 붙여 1825년에 만든 독일의 비가. 독일군에서 전사자를 기리는 장례곡으로 널리 불렸다. 「그 좋은 전우(Der gut Kamerad)」라고도 불린다.

위계를 줄이기도 했다. 실제로, 장교와 병사는 시야를 공유하고 서로를 배려했다. 장교는 늘 부하의 안녕을 자기의 안녕보다 우선했다. 요아힘 폰 리벤트로프 제3제국 외무장관의 아들 루돌프가 저명한 파울 하우서 장군 예하 제2SS기갑군단의 일부인 제2SS사단 다스 라이히에서 복무했다. 아들 리벤트로프는 전투에서 다쳤고 하우서가 공업도시 하르코프에서 퇴각하라고 그 사단에 명령했을 때에는 회복 중에 있었다. 루돌프 리벤트로프는 자기를 전투 지대 밖으로 후송할 특정 용도로 소형 비행기 한 대가 도착했다는 것을 알았다. 그는 거세게 항의했고 가장 어린 병사를 우선해서 평범한 병사들을 후송하라고 요청했다. 군의관이 그의 항의를 귀 기울여 듣지 않고 대기하고 있는 비행기에 타라고 명령했다. 아버지의 지위에서 나오는 특권은 아들에게 중요하지 않았으므로 그는 묵묵히 뜻을 굽히지 않았다. 부상병들 가운데에서 가장 어린 병사가 루돌프 리벤트로프가 요청한 대로 비행기를 타고 하르코프 지역에서 빠져나갔다.[50]

쿠로프스키는 독일 군인의 용맹과 엄청난 전투 능력도 강조한다. 『기갑 에이스』와 『보병 에이스』에 나오는 사나이들은 포화에 맞서 두드러진 통솔력을 거듭 보여주었다. 그들의 행위는 상상을 뛰어넘는 대담성과 아무리 열세를 넘어설 수 없을지라도 계속 싸우겠다는 투지를 시사한다. 이 사나이들에게 성공적인 전투란 독일의 적에게 승리한다는 뜻이었고, 그들은 그 목표를 이루려고 온힘을 다했다. 1942년 12월에 베케 소장이 스탈린그라드에 갇힌 제6군을 구하려는 시도에 참여했다. 만슈타인 육군 원수가 구상하고 호트 상급대장이 지휘하는 그 작전의 의도는 소련군의 방어에 구멍을 뚫어서 제6군이 확실시되는 궤멸에서 벗어나도록 퇴각할 회랑을 열어젖힌다는 것이었다. 베케의 기갑 중대가 이 필사적 노력에서 중요한 역할을 맡았다. 그는 12월 14일부터 17일까지 사흘 동안의 전차전에 참여했다. 그 전투 동안 그는 독일 전차로 보이는 것이 사실은 위장한 소련 전차임을 알아차렸다. 열세인데도 베케는 예하 전차들을 이끌고 교전에 들어가 위장한 전차 40여 대 가운데 32대를 격파해서 구원하러 가는 기갑부대에 가해지는 위협을 그 지점에서 끝냈다. 그러고나서 그는 예하 전차들을 이끌고 앞으로 나아가 소련군 전차들과 또 다른 교전을 벌여 그 전차들도 격파했다. 베케가 속한 군단은 고립지대에 상당히 가까이 다가섰지만, 소련군 부대가 너무 막강했다. 그 행동은 어쨌든 헛일이 되었는데, 히틀러가 제6군이 돌파해 나오는 것을 허락하지 않았기 때문이다. 끝내, 소련군이 베케와 부하들의 모든 전투 기량과 용맹이 쓸모없음을 입증하는 그러한 규모로 자원을 전개했다. 이 이야기는 미덕은 진 쪽에 있다고, 승자는 물자와 인력의 압도적 우세 때문에 이겼을 따름이라고 시사하는, 거의 모든 패배한 대의 신화에 딱 들어맞는다.[51]

독일 군인은 싸움터에서 거의 초인적인 노력을 자주 과시했으면서도 자기의 위업에 관해서는 겸손했다. 고전적 사례 하나가 티거 전차 장교 미하엘 비트만Michael Wittman*의 행동에서 나타난다. 1943년 11월에 키예프 부근에서 싸우면서 비트만과 예하 승조원들은 어느 날 아침에 전차 10대와 5개 대對전차부대를 격파했다. 그날 늦은 오

---

* 독일의 군인(1914~1944). 건설 인부로 일하다 1936년에 입대했고 곧 부사관이 되었다. 무장친위대원으로 제2차 세계대전을 맞이했고, 동부전선에서 전차 지휘관으로 활약하며 소련의 전차와 기갑차량 수백 대를 파괴했다. 1944년 봄에 서부전선에 배치되었고 8월에 전사했다.

후에 비트만과 예하 전차들은 증원군의 도움을 받아서 전차 11대를 또 격파했다. 다음 2~3일 동안 그와 예하 승조원들은 전차 60여 대와 거의 같은 수의 대전차포를 격파했다. 비트만은 자기 상관이 자기에게 이처럼 두드러진 전훈은 권위 있는 기사십자장을 받을 만하다고 알려주자 자기의 포수가 그 훈장을 받을 자격이 있지, 자기는 아니라고 대답했다. 비트만은 위업을 세웠는데도 겸손을 앞세웠다.[52]

쿠로프스키가 말하는 대로라면, 많은 소련 군인이 무력한 독일군 포로나 부상병에게 잔학 행위를 했는데도 독일 군인은 소련군 부상병을 배려하면서 거의 기사도 식으로 소련군과 전쟁을 했다. 예를 들어, 스탈린그라드 안에 갇힌 제6군을 지탱할 독일군 보급기들이 이용하는 타친스카야 공항에서 독일군 전차 승조원들이 독일 군인의 주검들을 발견했는데, 제대로 묻지도 않고 배수로에 내버려진 그 주검들에 고문의 흔적이 있었다는 것이다.[53]

그러나, 쿠로프스키에 따르면, 그 같은 보고에도 불구하고 독일 군인은 소련 군인을 다룰 때 정중하고 상냥했다. 예를 들어, 1941년의 한 작전에서 미하엘 비트만 친위대 부사관은 소련군에게 포위되는 상황을 막으려고 제25차량화보병사단의 1개 모터사이클대대와 연결하기 위해 싸우면서 전진했다. 그 과정에서 그의 돌격포는 소련군 전차 18대를 쳐부줬고, 이 전투로 그는 1급 철십자훈장을 얻었다. 제프 디트리히Sepp Dietrich* 친위대 장군이 포상을 하면서 비트만에게

* 독일의 군인(1892~1966). 본명은 요제프 디트리히. 1911년에 입대했고, 1919년에 자유의용단에 가입했다. 1928년에 나치당에 들어갔고 히틀러의 경호대장이 되었다. 제2차 세계대전에서는 무장친위대 장교로 여러 전선에서 싸웠다. 전후에 전범재판을 받고 수감되었고 1959년에 석방되었다.

요청이 있는지 물었다. 주저하지 않고 비트만은 56고지에서 싸우다 다쳐 그곳에 있는 러시아군 부상병 세 명이 긴급 치료를 받아야 한다고 말했다. 디트리히는 그 문제를 처리하겠다고 비트만에게 장담했다. 그 러시아 군인들의 안녕이 비트만이 철십자훈장에 부여한 그 어떤 중요성보다도 더 중대했다는 것이다.[54]

소련 군인에게 해준다는 이 배려는 1941~1942년 겨울 동안 중부집단군 부대원 사이에서 다시 나타났다. 또 다른 사건에서, 슈라이버 하사와 그의 부하들이 러시아군의 야간 공격을 막 물리쳤다. 싸움터를 살피다가 슈라이버는 참호 바로 너머에 누워 있는 러시아군 부상병 한 명을 보았다. 슈라이버는 그 병사를 독일군 방어 설비가 있는 안전한 곳으로 끌고 가 그의 상처를 치료했다. 자비를 베풀거나 찾지 않는 격전인데도 독일 군인은 적군에게 다시 인간애를 보여주었다는 것이다. 마찬가지로, 같은 해 겨울 동안 러시아 남부에서 프란츠 슈미츠 의무병과 그의 전우들이 혹한의 추위에 눈보라가 세차게 휘몰아치는데도 목숨을 많이 구했다. 심한 동상으로 고생하는 러시아 군인과 독일 군인이 어느 편에서 싸우는지를 따지지 않고 치료를 받았다. 슈미츠와 "그의 동료들은 의무병으로서의 의무가 군복의 어떠한 차이도 대신한다는 것을 알았다."[55]

쿠로프스키의 세계에서는 명예, 적에게 베푸는 배려, 타인을 위한 희생, 네 전우를 위한 헌신이 독일국방군과 무장친위대에게 정신적 지지대를 제공했다. 이 미덕들이 독일의 군인, 부대, 군대 전체의 특징을 이루었으며, 독일군은 엄청난 역경에 맞서 분투하면서도 심지어 가증스러운 적에게도 인간애를 늘 보여주었다는 것이다. 쿠로프스키의 책에 나오는 소재 인물들은 가끔 살아남았고, 자주 비명에

갔다. 전차 지휘관으로서 엄청난 능력을 지녔는데도 미하엘 비트만은 노르망디 해변 가까이에서, 한 이야기에 따르면, 미군 셔먼 전차들이 그가 탄 티거 전차를 격파한 1944년 8월에 최후를 맞았다. 다른 이들은, 요제프 슈라이버처럼 거의 전쟁 말기까지 용감히 싸우다가 1945년 2월에 숱하게 많은 독일 군인과 마찬가지로 목숨을 잃었다. 영웅적 투쟁이 죽음과 비극으로 끝난 것이다.[56]

쿠로프스키는 흠이나 성격 결함이 없는 독일 장병의 이미지를 만들어냈다. 서문에서 그는 그 같은 사례 수천 건에서 그 이야기들을 취했으며, 이 사나이들과 이들의 전훈은 독일국방군과 무장친위대 전체를 대표한다고 주장한다. "이 사나이들은 전시 경험의 공포를 품고서 다치고 꺾인 채로, 부끄럽고 지친 채로 돌아온 모든 이를 대표한다." 쿠로프스키는 1945년 독일 패전의 여파 속에서 평판이 나빠진 참전 군인들의 운명을 한탄한다. 그들은 여러 형태의 생지옥을 견뎌냈고 유럽의 한 쪽 끝에서부터 다른 쪽 끝까지 걸쳐 있는 싸움터의 시련을 이겨냈다는 것이다. 자기 책이 이 사나이들을 위한 적절한 추모비 노릇을 하는 것이 쿠로프스키의 의도다. 그들은 자기 나라에 봉사했을 뿐인데, 그 탓에 구박을 받았다는 것이다.[57]

영웅적 용기와 희생에 관한 쿠로프스키의 이야기는 낭만무협인 나름의 독일 군인 관을 반영한다. 이 사나이들은 엄청난 역량을 과시하면서 자기 전우와 조국을 위해 이타적으로 싸웠으며 명예가 그들의 행동을 지배했고 적에 대한 친절이 그들의 참된 고결성을 보여주었다는 것이다. 쿠로프스키는 나치당이나 홀로코스트나 야만적인 러시아인의 착취를 단 한 번도 언급하지 않는다. 그는 독일이 소련을 침공한 까닭에 대해서는 입을 다문다. 의심의 여지없이, 러시아에서 벌어진 전쟁의 실상에는 독일군의 용맹에 관한, 이 같은 형용사가 적절하다면, 신나는 이야기가 많이 들어 있었다. 그러나 동방에서 벌어진 전쟁에 관한 압도적 다수의 문서는 독일군이 쿠로프스키의 저작에 나오는 사건과는 정반대로 행동했음을 생생하게 보여준다.

독일 군인은 다친 러시아 군인을 흔히 배려했을까? 싸움터의 죽음, 끔찍한 전쟁포로 대우, 많은 소련 주민의 체계적 학살은 다른 것을 시사한다. 쿠로프스키의 본좌로서의 위치가 21세기까지 번성하는 독일 군인에 관한 진부한 신화를 지탱한다.

안토니오 무뇨스는 독일국방군과 함께 싸운 다양한 비독일계 민족에 관한 서적과 잡지의 간행에 특화되어 있다. 그는 적어도 두 가지 방식에서 본좌다. 우선, 그는 자기 주제의 철저한 연구를 영웅적 서술과 결합한다. 그다음으로, 그는 이미 광범위한 낭만무협인 독자층을 확장하기 위해 다른 본좌, 저자, 출판사와 인맥을 쌓는 본좌 겸 흥행 기획자다.

무뇨스가 세르비아, 크로아티아, 헝가리, 루마니아, 발트해 연안 3국 출신의 부대에 특화하는 동기는 얼마간은 그의 개인사와 관련되어 있을지 모른다. 무뇨스는 피델 카스트로Fidel Castro*의 쿠바에서 온 망명자다. 그의 할아버지는 유고슬라비아 출신인데, 유고슬라비아에서는 티토Tito**의 공산당원들이 우여곡절 끝에 권력을 잡았다. 그리고 무뇨스는 미국 해병대원이었다. 그는 반공주의가 워낙 극심한

---

* 쿠바의 혁명가(1926~2016). 대학에서 법학을 전공했다. 1953년에 독재정부 타도에 나섰다 붙잡혀 수감되었다. 풀려난 뒤 외국에서 게릴라 부대를 만들어 1956년에 쿠바로 돌아와 독재정부와 싸웠고, 1959년에 혁명정부를 세웠다. 사회주의에 입각한 개혁을 단행했고, 반제국주의 노선을 견지했다.

〔도판 11〕 잡지 『액시스 유로파』의 표지.

지라 그가 볼셰비키의 위협에 맞서 한때 독일군과 함께 싸웠으며, 그런 다음에는 무뇨스의 일생 대부분 동안 공산당에 짓밟힌 '포로 국가'***의 국민이 되었던 반공 투사들을 이야기하게 된 것도 무리는 아니다.

무뇨스는 추축국과 동맹을 맺은 소국과 그 나라의 군대에 심대한 찬양을 내비친다. 낭만무협인이 독일 육해공군 군인들이 영웅적으로 표현되기를 바라는 것과 똑같이, 무뇨스는 추축국 동맹군과 소부대의 군인들에게도 이 사나이들과 그들의 희생을 거의 알지 못하는 대중에게 다시 들려줄 용맹한 무용담이 필요하다고 믿는다. 이 열성이 발전

** 유고슬라비아의 정치가(1892~1980). 제1차 세계대전에서 오스트리아 군인으로 싸우다 러시아군에게 사로잡혔고, 러시아혁명을 겪고 공산주의자가 되었다. 제2차 세계대전에서 파르티잔을 이끌고 추축군과 싸웠다. 종전 뒤 국가수반이 되어 독자 노선을 걸으며 비동맹 진영의 지도자로 활약했다.
*** 냉전 시대에 미국에서 비민주주의 정권 아래 있는 국가, 구체적으로는 소련의 위성국가를 일컬었던 표현.

Hitler's Eastern Legions

EUROPA

Volume - II THE OSTTRUPPEN

Axis Europa, Inc. 53-20 207th Street, Bayside, N.Y. 11364 USA

〔도판 12〕『액시스 유로파』가 사용한 상징.

해서 추축국 동맹군에 헌정된 소식지가 나왔다. 나중에, 그 소식지는 본격적인 잡지 『액시스 유로파*Axis Europa*』가 되었다.(도판 11)『액시스 유로파』의 상징은 파시즘 예술을 그대로 흉내 냈고 위협적인 음흉한 형상을 싸워 물리치는 북유럽계 백인 전사를 보여주었다.(도판 12) 한편 무뇨스는 추축국 군대에 관한 책을 펴내기 시작했다. 무뇨스는 소식지, 잡지, 출판 사업을 활용해서 추축국의 동맹국, 그리고 무장친위대의 대열 안에서 싸운 비非독일인의 대의를 홍보했다. 무뇨스의 인쇄 매체는 본좌의 여러 주요 배출구 사이의 조직적 유대도 촉진했다.[58]

본좌의 지위로 올라가면서 무뇨스는 원조 본좌인 리하르트 란트베어와 그의 잡지 『지크루넨』과 밀접한 관계를 맺어 이득을 보았다. 이 제휴는 무뇨스가 란트베어와 협력해서 『지크루넨』을 제작한 1980년대 초엽에 시작되었다. 무뇨스는 우익 출판사가 독일어와 영어로 펴낸 출판물을 비롯해서 무장친위대에 관한 책들을 평했다. 무뇨스는 이 저작들이 철저하다고 칭찬했고 무장친위대 부대에 관한 자기의 관심이 커지고 있음을 과시했는데, 그 관심은 나중에 그의 확대된 잡지 『액시스 유로파』에서 배출구를 찾았다. 무뇨스는 1980년대 중엽과 말엽에 란트베어의 『지크루넨』에서 객원 편집기자를 했다. 1980년대와 1990년대에 무뇨스는 아따금 『지크루넨』에 짧은 글을 썼다.[59]

무뇨스는 자기의 출판 사업을 개시한 뒤에도 란트베어와 계속 제휴했다. 무뇨스의 소식지에는 '독자광고'란이 있었는데, 여기에는 이따금 『지크루넨』 과월호 요청을 크게 다루었다. 무뇨스는 일단 자기의 출판사가 영업을 개시하자, 『지크루넨』을 이용해서 독일 군대에 관한 작품에 대한 자기의 도서 서비스를 광고했다. 마찬가지로, 란트베어도 『지크루넨』에 『액시스 유로파』 광고를 실었다.[60]

무뇨스는 『지크루넨』 독자를 환영했고 셸프 북스 출판사에서 나온 란트베어의 『플랑드르의 사자들: 무장친위대의 플랑드르인 의용군, 1941~1945년 *Lions of Flanders: Flemish Volunteers of the Waffen-SS 1941-1945*』을 칭찬했다. 무뇨스는 다음과 같은 결론을 내렸다. "그것(『플랑드르의 사자들』) 없이 외국인 의용군 운동을 연구하는 군사사가는 없을 것이다." 또한 무뇨스는 중요한 사료의 소재지를 알아내는 일에서 란트베어와 자기의 사적 관계를 이용했다. 『잊힌 군단들: 무장친위대의 무명 전투부대 *Forgotten Legions: Obscure Combat Formations of the Waffen-SS*』를 연구하면서 무뇨스는 무장친위대에 관한 란트베어의 전문지식을 활용했고, 『잊힌 군단들』을 "위해 사진과 문서, 그리고 다른 기념수집품의 전체 소장물의 일부를 사심 없이 내주거나 빌려주었"다며 그에게 고마워했다.(도판 21. 『잊힌 군단들: 무장친위대의 무명 전투부대』의 표지 그림)[61]

무뇨스의 『액시스 유로파』도 추축국 보조 부대를 파고드는 저자들을 위한 배출구 노릇을 했다. 예를 들어, 카를로스 후라도는 무뇨스와 비슷한 관심사인 독일국방군과 무장친위대의 비독일인 부대에 관한 저서로 명성을 쌓았다. 그와 무뇨스는 비슷한 경로를 따라갔다. 후라도는 『지크루넨』에서 객원 편집기자로 실력을 발휘했고, 적어도 2000년까지는 그 직함을 유지했다. 또한 후라도는 1985년부터 1986년까지 또 다른 본좌인 마크 여거와 함께 근무했고, 이 시기에 한동안 레이 메리엄과도 근무했다. 레이 메리엄이 소유한 메리엄 출판사는 나중에 『지크루넨』의 단행본을 출간했다. 또한 후라도는 란트베어와 긴밀히 협력해서 란트베어의 책 『무장친위대의 루마니아인 의용군』에 공을 들였고, 이 책을 1991년에 『지크루넨』이 출간했다. 후라도는 독일국방군의 외국인 의용군에 관한 출판물을 통해 비독일인 부대 전문가로서의 지위를 높였다. 영국의 오스프리 출판사 Osprey Publishing가 1985년에 그의 책 『독일국방군의 외국인 의용군, 1941~1945년 *Foreign Volunteers in the Wehrmacht, 1941-1945*』을 출간했고, 1992년에 그의 『독일국방군 보조 부대』를 펴냈다. 후라도는 무뇨스가 편집하는 『액시스 유로파』에 글을 싣기도 했다. 무뇨스를 비롯해서 숱한 본좌와 낭만무협인이 그렇듯이, 후라도는 격렬한 반공주의를 과시한다.[62]

1999년에 무뇨스는 『액시스 유로파』를 폐간하기로 결정했다. 『액시스 유로파』는 영업 경비를 대기에 충분한 이윤을 내지 못했고, 자금 유출은 그의 재원으로 감당하기에 너무 심했다. 대신에 무뇨스는 모든 시간을 도서 출간에 쏟아붓기로 결정했다. 그 뒤로 그의 사업은 극적으로 성장했다. 그는 출판사의 세련된 웹사이트를 이용해서 추축국 군부대를 다루는 책을 선전하고 판매한다. 현재 무뇨스가 소유한 유로파 북스는 8개의 대주제를 다루는 책을 25권 넘게 자랑한다. 이 대주제는 독일군과 무장친위대부터 유럽의 남동부와 동부에 있는 여러 나라의 보조 부대까지 다양하다. 그 책들의 겉은 반질반질하게 처리되어 있고 각각의 책에는 부대사부터 다양한 전구의 원본 지도까지 정보가 알찼다.[63]

유로파 북스는 호화 양장본도 간행한다. 『히틀러의 백러시아인: 벨라루스의 협력자, 절멸과 파르티잔 토벌전, 1941~1944년*Hitler's White Russians: Collaborators, Extermination and Anti-Partisan Warfare in Byelorussia, 1941-1944*』은 흰색과 빨간색 위주로 제작된 고가의 양장본 도서다. 광택지, 수십 장의 사진과 흑백 지도, 채색된 원문이 512쪽짜리 책의 면면을 아름답게 장식한다. 이 저작들의 독자는 아직은 낭만무협인의 세계에서 나오기는 하지만, 덜 알려진 추축국 군부대에 각별한 관심을 지닌 개인들의 작지만 헌신적인 부분집합이다. 아마존 고객의 서평은 철저성, "고품격 … 제품," 책의 "광택지"를 들면서, 그리고 예전에는 구할 수 없던 새 사진이 많이 실렸다며 책을 칭찬했다. 서평은 전투 서열, 도표와 그래픽, 요컨대 엄청난 분량의 세부 정보도 높이 샀다. 여러 해 동안 각기 다른 판형으로 분투한 뒤에 무뇨스는 낭만무협인 사이에서 고수로 인정받는다. 『히틀러의 백러시아인』을 구매한 고객이 『내 젊은 시절의 모험』과 『기갑 작전: 라우스 장군의 동부전선 회고록, 1941~1945년*Panzer Operation: The Eastern Front Memoirs of General Raus, 1941-1945*』과 기갑 지휘관이었던 오토 카리우스 Otto Carius가 쓰고 페도로위츠 출판사가 펴낸 『진흙 속의 호랑이*Tigers in the Mud*』*도 샀던 것이다. 무뇨스의 독자는 동부전선에 관한 책을

같이 찾는 경향이 두드러졌다.[64]

1991년에 액시스 유로파 북스 출판사에서 나온 무뇨스의 『잊힌 군단들: 무장친위대의 무명 부대』는 낭만무협인의 인맥이 작동하는 것을 보여준다. 도입부를 위해 무뇨스는 아칸소주 아카델피아의 헨더슨주립대학 학부의 군사사가인 새뮤얼 미첨 2세에게 머리말을 써달라고 부탁했다. 미첨은 자기가 1980년대에 『지크루넨』에 있는 무뇨스의 저술을 읽고 나서 팬이 되었다고 썼다. 그는 『잊힌 군단들』의 머리말을 써달라는 부탁을 받자 흔쾌히 승낙했다. 미첨은 『잊힌 군단들』이 "여러 해 동안 출간된 무장친위대 관련 영어 서적 가운데 최고"라고 쓴다. 그는 그 연구를, 그리고 나치친위대의 영웅적 행위에 관한 극적 서술을 칭찬한다. 미첨은 독자에게 다음과 같이 말한다.[65]

(독자는) 파멸을 맞이하는 브레슬라우시** 안에서 SS요새연대*** 와 함께 포위되어 12 대 1을 넘는 열세에 몰려 눈 덮인 폐허에서 싸우는 것이, 또는 동부전선이 허물어져 소련군의 대규모 전차 공격에 마지막 수류탄으로 거세게 저항하며 고참 친위대 보병부대와 함께 있는 것이 어떠했는지 알게 될 것이다.[66]

미첨은 막을 길 없는 힘에 저항하고 패배한 대의에서 끝내 목숨을 바치는 절망적이지만 영웅적인 나치친위대원의 모습을 그리는데, 이

---

* 독일어 원제는 *Tiger im Schlamm*. 이동훈 옮김, 『진흙 속의 호랑이』(길찾기, 2012).
** 오늘날 폴란드 남서부의 도시 브로츠와프. 1742~1945년에는 독일 영토였다.
*** 붉은 군대가 브레슬라우를 포위하자 무장친위대가 이를 지키려고 1945년 2월에 급조한 부대. 이 연대는 시가전을 벌이며 82일 동안 버티다 5월 6일에 투항했다.

주제는 추축국 편 소국들과 그들의 민족적 염원에 관한 저작 대부분을 통해 메아리친다.

이 정서를 옹호하는 양, 책에 있는 무뇨스의 머리말에서는 무뇨스가 "가장 혐오스러운 정권"이라고 일컬은 것의 멍에 아래 살아가는 동유럽 국가의 해방이 언급된다. 그는 동유럽 전체를 휩쓸고 있었던 '자유 운동'을 서술한다. 또한 그는 파울 하우서 같은 나치친위대 지휘관들이 동유럽인에게 스탈린과 그의 패거리에 맞서 수행되고 있는 '범유럽 반공십자군'에 가담하라고 호소했음을 독자의 머릿속에 떠올리게 한다. 그러나 히틀러와 그의 '졸개들'이 그 같은 모든 노력을 망쳤고 스탈린과 그의 잔혹한 추종자들을 유럽에서 제거할 유일한 기회를 없앴다는 것이다.[67]

흥미롭게도 무뇨스는, 어이쿠, 쿠로프스키와는 다소 다른 독소전쟁관을 낭만무협인 공동체에 내놓는다. 무뇨스는 독일군이 독소전쟁에서 잔혹하게 행동했고 러시아인뿐만 아니라 유대인에게도 범죄 행위를 저질렀음을 인정한다. 이것은 본좌 사이에서는 흔히 금기시되는 주제다. 그가 누군가를 낭만무협화한다면, 그 누군가는 독일군과 함께 싸웠지만 나치 정권의 목표와는 다른 ―보통은 자기 동포를 위해 민족 독립이라는― 목표를 가지고 싸운 많은 사람이다. 독일이 이 의용군을 더 일찍, 훨씬 더 광범위하게 활용하지 않은 것이 그가 애석하게 여기는 점 하나였다.

자기 책을 뒷받침하는 연구의 질과 강도에 전념하는 전문성과 독일군의 잔인성을 인정하는 정직성으로 말미암아 무뇨스는 다른 본좌들, 특히 리하르트 란트베어와 구분된다. 란트베어가 누구에게도 뒤지지 않게 무장친위대에 보이는 열광은 오늘날까지 지속된다.

제7장

전쟁게임, 인터넷, 그리고 낭만무협인의 대중문화

낭만무협 공동체들은 확연히 다른 두 시대에 합쳐졌다. 1960년대 말엽과 1970년대에 전쟁의 복잡성을 다루는 게임의 도전에 매료된 10대와 20대의 청소년 사이에서 전쟁게임이 인기를 얻었다. 독소전쟁을 내세운 게임은 무럭무럭 자라나는 이 취미의 성장을 북돋워주었다. 게이머의 수가 극적으로 팽창하는 1970년대에 특히 그랬다. 게임 회사의 성공에 뒤이어 곧 전쟁게임 클럽, 즉 메일, 잡지, 전국 전시 행사로 연결되는 전쟁게임 네트워크가 나타났다. 낭만무협인은 자연스레 전쟁게임을 결과가 사뭇 다른 독소전쟁 전투를 다시 치를 유일한 기회로 보았다. 한편, 게임을 취미로 즐기는 이들이 제2차 세계대전에 관한, 특정하게는 목숨을 건 동부전선의 대결을 판가름하는 거대한 전투에 관한 많은 게임에 열광하면서 독일 군대에 관한 역사 정보의 수요도 커졌다. 잡지가 게임, 전투, 전역의 분석을 위한 수단을 제공했다. 전시 행사가 주기적으로 게이머들을 사흘 동안의 시합,

강연, 토론에 불러 모았다. 상당히 멀리 떨어져 있던 게이머들은 이 복잡한 게임을 할 계획을 메일을 통해 짰다. 게임 산업이 팽창하자 동부전선 게임은 그 취미의 초기에 그 게임이 누린 평판을 지켰다.

1990년대가 되면 인터넷으로 말미암아 낭만무협인 공동체가 탈바꿈하고 커졌다. 통신 기술이 이제 낭만무협인을 늘 한데 모았다. 웹사이트, 채팅방, 다양한 토론장, 기타 형태로 말미암아 낭만무협 공동체가 크게 고양되었고, 그 공동체의 구성원은 공통 관심사를 위한 새 매체를 얻었다. 낭만무협인 공동체는 이제 국가의 경계와 문화를 넘어섰다. 정보, 뉴스, 토론, 공지, 모든 형태의 소통이 수많은 낭만무협인에게 즉시 옮아갔다. 전문 사이트는 1990년대에는 노인이 되어버린 독일군 참전자를 초청해서 스탈린그라드나 모스크바나 쿠르스크에서 실제로 싸운 사람의 견해를 듣고 싶어 안달하는 낭만무협인의 질문에 답을 해달라고 요청하기까지 했다. 웹사이트는 독일 군대에 관한 엄청난 분량의 역사 정보의 창고 노릇도 했다. 동부전선의 이름난 장교의 전기, 핵심 전역의 해설, 전투의 서술, 심지어 상황 일지까지 웹사이트에 올라왔다. 이렇게 인터넷과 전쟁게임은 독소전쟁에 대한 열정을 함께 나누는 열광자를 한데 모으는 지속적인 공동체를 건설하는 수단이 되었다.

능동적 취미로서의 전쟁게임의 발전은 최초의 주요 대형 게임회사들이 세워진 뉴욕시와 메릴랜드주 볼티모어 같은 지역 중심지에서 생겨난 최초의 낭만무협 공동체의 밑바탕 노릇을 했다. 볼티모어에 본사가 있는 애벌론 힐Avalon Hill 사는 1950년대 말엽에 전쟁게임을 내놓기 시작했다. 초기에 가장 잘 팔린 게임들 가운데 하나는 스탈린그라드 전투를 묘사했고, 1963년에 출품된 뒤 여러 해 동안 절판되지 않았다. 애벌론 힐 사는 동부전선을 다룬 베스트셀러 전쟁 게임들 가운데 하나인 「판처블리츠PanzerBlitz」를 1970년에 제작했다. 애벌론 힐 사는 자사의 출시품을 토론하고 고객의 질문에 답을 하며 앞으로 나올 게임에 관한 최신 정보를 제공하는 잡지인 『장군The General』도 발간했다.[1]

　뉴욕에 있는 시뮬레이션스 퍼블리케이션스 사Simulations Publications Inc.도 전쟁게임 산업에 중대한 영향을 미쳤다. 여러 영업 부서들 가운데 한 부서가 전쟁게임을 전담하면서 게임 애호가 전체에 부응한 애벌론 힐 사와는 대조적으로 이 회사는 모든 힘을 전쟁게임에만 쏟았다. 게임을 해마다 두어 개 제작한 애벌론 힐 사와 달리 시뮬레이션스 퍼블리케이션스 사는 해마다 게임을 많이 출시하는 데 기대는 마케팅 전략을 의식적으로 택했고, 그 과정에서 전쟁게임 애호가 시장을 넓히는 데 성공했다. 『전략과 전술Strategy & Tactics』만 해도 1970년대 말에는 구독자가 3만 6,500여 명에 이르렀다. 시뮬레이션스 퍼블리케이션스 사는 우편 주문 사업 일변도에서 소매 영업으로 옮겨가면서 세련된 도판과 포장을 통해 자사 게임을 공격적으로 홍보했다. 시뮬레이션스 퍼블리케이션스 사의 잡지 『전략과 전술』도 지향점을 바꾸었다. 『전략과 전술』은 한 해에 나오는 여섯 호마다 역사 시뮬레이션 게임을 여전히 크게 다루면서도 차츰차츰 "더 군사사, 역사 정보, 심지어 현대전의 잡지"가 되었다. 『전략과 전술』 편집인 제임스 더니건과 공동 편집인 레드먼드 사이먼센은 『장군』이 오로지 애벌론 힐 사의 전쟁게임만 다루는 것처럼 시뮬레이션스 퍼블리케이션스 사의 게임을 논의하고 홍보할 새 잡지 『무브스Moves』를 창간했다.[2]

1990년대에 더 많은 회사와 전쟁게임 잡지가 시장에 뛰어들었다. 게임 디자이너스 워크숍, 게이머스The Gamers, 클래시 오브 암스Clash of Arms와 그 밖의 다른 회사가 시장에 가세해 경쟁이 점점 더 치열해졌다. 호화롭고 고급스럽게 제작된 잡지인 『지휘: 군사사, 전략, 분석Command: Military History, Strategy & Analysis』이 화려하게 만들어진 게임과 그래픽으로 전쟁게임 애호가의 주목을 끌었다. 각 호에는 전쟁게임에서 다뤄지는 주제에 관한 주요 기사 한 편과 그보다는 짧은 글 여러 편이 들어 있었다.

『지휘』, 『전략과 전술』, 시뮬레이션스 퍼블리케이션스 사가 시사하듯이, 전쟁게임과 전쟁게임 잡지는 동부전선의 전투를 대리 경험하고 싶어 하는 낭만무협인의 호기심과 모든 전역의 이 '어머니'의 모든 측면에 관한 역사 정보를 얻고 싶어 하는 그들의 왕성한 욕구를 모두 채워주었다. 전쟁게임에는 개인, 군대, 무기, 전투, 전역, 계획, 지형, 그리고 독일군과 적군에 관한 다른 여러 측면에 관한 상세한 역사 정보가 엄청나게 많이 들어 있었다. 게임 잡지를 통해서 많은 참여자가 러시아에서 벌어진 전쟁에 관한 자기의 해석을 내놓고 그 전쟁의 여러 측면을 토론했다.

전쟁게임으로 낭만무협인은 이 세부 사항에 통달하고는 자기 세계의 중심부를 이루는 전투를 재현할 수 있게 되었다. 사람들은 폴 카렐의 스탈린그라드 전투에 대한 서술을 읽을 수 있었지만, 1979년에 낭만무협인은 그 도시의, 그리고 전투의 핵심을 이루는 다양한 건물과 공장의 세부 지도를 갖춘 전쟁게임 「스탈린그라드의 거리Streets of Stalingrad」에서 적과 교전할 수 있었다. 표지 그림은 전투로 파괴되어 폐허가 된 스탈린그라드 한복판에서 전투태세를 갖춘 일단의 독일 군인을 보여주었다.

소련군은 독일군의 공격에 어떻게 저항했을까? 어떻게 하면 그 결과가 뒤집힐 수 있을까? 병과兵科를 어떻게 조합하면 제6군이 트랙터 공장이나 곡물창고*를 점령할 수 있었을까? 낭만무협인이 물었을 것 같은 이 질문과 다른 질문들이 이제 답을 얻을 수 있었다.

낭만무협인은 1970년대와 1980년대에 나타난 여러 전쟁게임 잡지들 가운데 하나인 『사격과 이동: 모의전투 포럼』의 9~10월호에서 면밀한 「스탈린그라드의 거리」 분석도 살펴볼 수 있다. 그 글에서 「스탈린그라드의 거리」 게임의 작동 원리, 지형의 역할, 상이한 유형의 무기 체계의 자산, 다른 여러 쟁점이 신중하게 검토되었다.[3]

「판처블리츠」가 1970년에 출시되자 걸음마를 하던 산업이 성큼성큼 자라났다. 「판처블리츠」는 엄청나게 인기 있는 게임임이 판명되었고 전국에서 많은 이용자를 끌어들여서 1970년대와 1980년대에 동부전선 게임 범람의 촉매제가 되었다. 「판처블리츠」는 발표된 순간부터 트렌드를 선도했다. 「판처블리츠」의 포장 상자 표지 그림이 곧바로 낭만무협인의 주의를 끌었다. 그 그림은 독일군 장갑차량인 것 같은 것을 두 대 보여주었다. 전통적인 검정 군복 차림의 독일군 기갑 장교가 전방의 지형을 주시하며 전투태세를 갖추고 서 있었다. 「판처블리츠」는 전술 전투의 모든 요소를 곧장 낭만무협인에게 가져다주었다. 전술 수준의 게임으로서 「판처블리츠」에는 전술 전투에 관련된 여러 사항 가운데에서 탄약 부족, 보병 방어 없는 장갑차량에 대

---

* 스탈린그라드의 트랙터 공장과 곡물창고는 스탈린그라드 전투에서 가장 치열한 격전이 벌어진 곳이다.

한 보병 공격의 이점, 독일의 우월한 광학이 포병 탄막 사격에 미친 영향, 독일군 및 소련군 전술의 상대적 이점 등이 들어 있었다. 그 게임에서는 박격포와 전차부터 자주포와 모터사이클 부대까지 독일군과 소련군의 온갖 무기도 빠짐없이 전개되었다.[4]

게임 플레이어는 한 차례의 공격에서 어떤 조합의 무기가 사용되어야 하는지에 관해 러시아 전장 지휘관의 도전에 직면했다. 또한 낭만무협인은 공격을 계획하면서 지형의 역할에 대처해야 했다. 기갑부대나 보병부대 같은 상이한 병과를 나타내는 카운터는 사거리, 공격/방어력, 기동성을 가리키는 수치를 지녔다. 전차, 화물차, 반+궤도 차량의 카운터에는 앞면에 인쇄된 이 차량들의 이미지가 그려져 있었다. 이 이미지들의 상징적 가치가 그 게임의 힘에 보탬이 되었다. 또한 「판처블리츠」는 동부전선의 실제 전투에서 따온 일련의 상황 카드를 낭만무협인에게 주었다. 상황 1은 소련의 독일 후방 공습을 상정했다. 상황 3은 1941년 가을에 러시아의 뱌즈마시로 이동하는 독일군의 1개 기갑부대를 묘사했다. 이 부대는 더 앞선 독일군의 공격으로 본대가 괴멸된 뒤에 살아남은 러시아군의 잔존 부대 안으로 뛰어들었다. 이 시나리오들은 역사적 상황에 따랐고 낭만무협인을 위해 게임의 사실성을 높였다.[5]

시뮬레이션스 퍼블리케이션스 사는 1974년에 「동방의 전쟁: 독소전쟁, 1941~1945년War in the East: Russo-German Conflict 1941-1945」을 내놓았다. 오랫동안 기다렸던 「동방의 전쟁」은 전술 수준의 「판처블리츠」와 달리 사단 규모의 부대와 대형 복합 지도를 구사하는 거대한 싸움 전체를 묘사했다. 「동방의 전쟁」은 게임 산업의 첫 '괴물' 게임들 가운데 하나였고, 그 규모는 낭만무협인에게 동부전선 게임들이 갖고 있는 호소력을 확 끌어올렸다. 그 게임은 생산부터 후방까지 전쟁의 모든 양상을 망라했다. 보급과 증원부대가 엄청난 거리를 지나야 싸움터에 다다르기 때문에 독일 측 플레이어에게는 철도 건설이 중대한 역할을 차지했다. 독일국방군은, 실전에서처럼 일단 러시아 안으로 깊숙이 전진하면 인력, 탄약, 식량, 기타 필수품이 크게 줄어들면서 위태로운 상황에 직면할 터였다. 플레이어는 독일군 최고사령부가 1941년에 그랬던 것만큼 이 조건을 계산해야 했다. 심지어 그 게임에는 거의 모든 회고록에서 제기된 관념, 즉 히틀러가 싸움터의 의사 결정에 해롭게 끼어들었다는 관념이 들어 있었다. 고정된 게임 규칙은 점령지를 러시아군에게 넘겨주기를 거부하는 히틀러의 성향을 반영해서 독일군의 후퇴를 금지했다. 히틀러를 독소전쟁에서 당한 여러 패배의 원천으로 보는 낭만무협인들에게 그 규칙은 그들 나름의 독소전쟁 인식에 제대로 들어맞았다.[6]

뒤이어 시뮬레이션스 퍼블리케이션스 사는 『전략과 전술』에서 「동방의 전쟁」의 이모저모를 크게 다루었다. 그 호를 읽은 독자는 전투 서열, 러시아군 플레이어를 위한 전략, 스탈린그라드 전투 시나리오를 위한 전술적 선택을 면밀하게 살펴볼 수 있었다. 낭만무협인에게, 이 내용물은 그 게임과 구성요소를 더 잘 이해할 수 있게 해주었다. 이 사례들이 시사한 대로, 이 전쟁 게임들과 분석의 초점은 전투와 전역에 집중적으로 맞춰져 있다.[7]

1976년 가을에 『전략과 전술』이 「구데리안 판처그루페: 1941년 7월 스몰렌스크 전투Panzergruppe Guderian: The Battle of Smolensk July 1941」를 잡지의 특집 게임으로 내놓았다. 전술 수준의 「판처블리츠」나 웅장한 「동방의 전쟁」과 달리 「구데리안 판처그루페」는 규모 면에

〔도판 13〕「구데리안 판처그루페: 1941년 7월 스몰렌스크 전투」의 표지 그림.

서 중간쯤에 있었다. 또한 그 게임에는 낭만무협인의 아이콘들 가운데 하나인 구데리안이 판매 홍보의 주안점으로 들어가 있었다. 『전략과 전술』의 표지 그림에도 구데리안과 독일군 기갑부대가 큼지막하게 잡혀 있었다. 구데리안 상급대장의 사진 한 장이 잡지 표지의 오른쪽 아래에 자리 잡고 있었다.(도판 13) 정복 차림에 기사철십자장이 눈에 확 띄었고 구데리안의 목에는 그가 지휘관임을 드러내는 쌍안경이 걸려 있었다. 그의 모습은 교만에 가까운 자신감을 물씬 풍겼다. 잡지 표지 맨 위에는 독일 전차 옆에 연기가 모락모락 피어오르는 망가진 소련군 전차 한 대가 있는 러시아 풍경을 가로질러 독일군 기갑부대가 전진하고 있다. 또한 그 잡지 기사는 구데리안의 『기계화부대장』이 여전히 "가장 좋은 전격전 분석"이라고 주장한다. 구데리안의 성공은 그의 능력과 이론으로 가능해졌다는 것이다. 원래의 독일어 낱말인 판처그루페Panzergruppe*를 쓴 것도 낭만무협인

에게 호소력을 지닌다.[8]

그 기사에는 구데리안의 제2차 세계대전 경력에 관한 부속 기사가 딸려 있었다. 그 부속 기사는 전격전 개념에 대한 구데리안의 기여로 시작해 그를 이 전쟁 방식의 창시자로 보며, 폴란드 전역과 1940년 5월 프랑스 침공에서 그가 수행한 전투를 매우 긍정적으로 서술하고 그가 동부전선에서 수행한 전투를 칭찬한다. 그 글에는 1941년 말 히틀러가 자기를 해임한 것에 대한 구데리안의 설명이 들어 있다. 히틀러가 모든 독일국방군 군인은 제자리를 고수해야 한다고 요구했는데도 구데리안이 부하들에게 후퇴를 명령해서 해임되었다는 것이다. 그 글은 뒤에서 그 기갑부대 상급대장이 "전문가였고 기술자였으며, 어떠한 정치적 분위기에도 영향을 받지 않고 기능을 발휘할 수 있는 유형의 도구였다"고 주장했다. 그 부속 기사는 비록 히틀러가 나중에 구데리안을 동부전선의 수장에 임명했을지라도 그 영도자가 심지어 전술 수준까지 지휘권을 실제로 행사했다는 점을 짚었다. 구데리안의 능력은 심한 제약 아래서 발휘되었다는 것이다. 낭만무협인에게 이 언급은 구데리안을 군인의 의무에, 그리고 조국 수호에 헌신하는 원칙의 인간으로 완벽하게 규정한다. 구데리안은 정치의 늪을, 그리고 틀림없이 나치 범죄의 추악한 수렁을 뛰어넘었다는 것이다.[9]

독일에 치우치는 이 경향은 여러 후속 동부전선 게임에 나타났다. (1987년에 나온) 「마지막 승리: 폰 만슈타인의 역습, 1943년 2~3월 The Last Victory: Von Manstein's Backhand Blow, February and March 1943」은

---

* 기갑집단.

〔도판 14〕 「마지막 승리: 폰 만슈타인의 역습, 1942년 2~3월」의 표지 그림.

독일군이 우크라이나의 하르코프시를 탈환하는 전투를 담았다. 스탈린그라드의 재앙에 뒤이어 남부전선이 거의 무너진 직후에 만슈타인이 이 시도를 조직하고 지휘했다. 게임 포장상자의 표지 그림은 헤드폰과 쌍안경을 착용하고 근엄한 얼굴 표정을 지은 한 독일국방군 기갑장교를 보여준다.(도판 14) 그 장교는 열린 해치 안에 서 있다. 그의 뒤에는 도시의 거리를 따라 55톤짜리 티거 전차가 늘어서 있다. 그 배경에는 안개와 연기가 피어올라 푸른빛을 띤 하르코프시가 있다. 표지 그림 왼쪽 위에는 밝은 동그라미 안에 나치의 스바스티카가 들어 있다. 동봉된 역사 해설은 극히 유능한 예하 지휘관들의, 특히 제3SS해골사단을 이끈 파울 하우서의 재능을 알아보는 능력을 갖췄고 걸출하다며 만슈타인을 칭찬한다.[10]

〔도판 15〕 숙명론적인 독일 군인.

만슈타인과 하우서는 낭만무협인의 세계에서 두드러진 인물이다. 만슈타인은 정치의 바깥에 머무르며 조국을 위해 싸우는 프로이센 장교의 완벽한 본보기였다. 그는 용기, 영웅적 행동, 부하의 안녕에 대한 전념을 과시했다. 하우서의 능력, 그리고 심지어는 방어 전투를 하면서도 싸움터에서 거듭해서 승리를 거둔 것이 그를 독일 군대의 명예로운 위인의 반열에 들게 했다. 하우서가 낭만무협인이 좋아하는 엘리트 부대인 무장친위대의 일원이었다는 사실도 그의 위상을 드높여주었다. 분석문은 그 두 사람을 목표를 이루고 부하들을 슬기롭게 부리고 늘 자기의 전문적 행동 규약을 준수하는 것에만 관심을 두는 걸출한 전장 지휘관으로 제시했다. 그 두 지휘관은 히틀러와 견해차를 보였고, 1943년 무렵에는 패색이 짙어가는 군사 문제에 그가 끼어드는 데 동의하지 않았으며, 만슈타인은 구데리안처럼 그 영도자와 의견이 달라 해임당했다는 것이다. 이 서술은 어느

〔도판 16〕「진공 계획 세우기」.

모로 보나 낭만무협인이 만슈타인 같은 우상에 기대하는 것에 들어
맞는다.[11]

친독일적 도판이 있는 게임이 전쟁게임과 전쟁게임 잡지에 빈번
히 나타났다. 『전략과 전술』 1988년 9월 호가 그 점을 극적으로 예
증한다. 그 호는 나치의 커다란 적백흑기赤白黑旗*를 배경 삼아 전선의
독일 군인 한 명을 묘사한다.(도판 15) 특집으로 다루어진 그 게임의
제목인 「스탈린그라드 요새: 러시아 겨울 공세, 1942~1943년Fortress
Stalingrad: The Russian Winter Offensive 1942-1943」이 표지 밑부분 가까
이에 적혀 있다. 그 도판은 「승리는 우리의 것이 되리라Der Sieg Wird
Unser Sein」라는 제목의 나치 선전화에서 따온 것이다. 그 전역에 관

---

* 1871년부터 1918년까지 독일제국과 1933년부터 1935년까지 나치 독일 초기에
쓰인 국기. 이 적백흑기 한가운데에는 스바스티카가 있다.

〔도판 17〕 적과 마주쳐서.

한 주 기사에 있는 해설은 히틀러와 의사 결정에 끼어드는 그의 행위를 깎아내리는 한편으로 만슈타인의 놀라운 능력을 칭찬한다. 이같은 논리는 독일 군대가 나치 정권과 거리를 두면서도 나치 정권의 결정이 불러온 파국적 결과를 감내했다는 낭만무협인의 해석에 부응했다. 그 그림과 그 주장은 또다시 러시아에서 벌어진 전쟁, 그리고 그 전쟁의 영웅과 악당에 관한 낭만무협인의 이해와 완벽히 맞아떨어진다.[12]

그 글에는 독일군 장병의 멋지거나 영웅적인 이미지를 보여주는 도판도 들어 있었다. 첫 도판인 「제49산악군단 부대 사령부에서: 캅카스 진공 계획 세우기」(도판 16)는 지도로 뒤덮인 탁자에 모여 있는 고위 장교들을 보여주었다. 한 장교가 큰 지도를 들고서 특정 위치를 가리켰다. 지휘관들이 전투를 결정해야 한다는 암시였다. 대다

〔도판 18〕 덫에 갇힌 독일군.

수 장교가 서 있는 장교의 지도를 뚫어져라 쳐다보았다. 생각에 잠긴 표정의 장교가 많았다. 그 그림은 전문성의 느낌을 주었다. 두 번째 이미지인 「기세등등한 그 여름날: 제6군의 스탈린그라드 돌파」는 완전무장을 하고 투지에 찬 북유럽계 백인 외모의 군인 세 명을 묘사했다.(도판 17) 한 명은 유명한 MG42 기관총을 움켜쥐었고, 다른 두 명은 먼 곳을 쳐다보았다. 마지막 동판화는 진지를 방어하는 독일 군인들의 필사적 분투를 포착했다. 한 사람은 머리에 붕대를 감았고 몸 일부에 기다란 담요를 걸치고 있었다. 참호 속의 다른 사람들이 탈진해서 바닥에 주저앉아 있는 동안 다른 군바리가 참호 맨 위에 앉아서 먼 곳을 응시했다.(도판 18) 그 병사들은 모든 역경에 맞서 방어를 한다는 인상과 개인이 어떠한 대가를 치르더라도 끝까지 싸우겠다는 의지를 전해주었다. 이 이미지, 그리고 그 이미지가 전하는 인상은 독일의 병사와 장교를 보는 낭만무협인의 이상화된 견해

〔도판 19〕「코앞에 닥친 적: 스탈린그라드 고립지대부터 만슈타인 예하 남부집단군의 역공까지, 1942년 11월 19일부터 1943년 3월 14일까지」의 표지 그림.

를 재확인했다.[13]

고통 받는 독일 군인의 이 동정어린 동일한 초상이 「코앞에 닥친 적: 스탈린그라드 고립지대부터 만슈타인 예하 남부집단군의 역공까지, 1942년 11월 19일부터 1943년 3월 14일까지」의 표지에 나타났다. 게이머스 사가 내놓은 그 게임의 포상 상자에는 틀림없이 인내의 끝에 다다라서 기진맥진한 채 참호에 있는 독일 부상병들이 큼지막하게 잡혀 있었다.(도판 19) 머리에 붕대를 완전히 두른 채 지친 표정을 한 병사가 자기 앞에 있는 땅에 소총을 놓고 참호 벽에 기대어 있다. 또 다른 병사는 손에 삽을 쥐고 앉아, 서 있는 군바리를 올려다보고 있다. 질 것이 뻔한 고립지대에 갇혀 있으니, 이 용감한 젊은이들에게 종말은 확실하다. 오직 만슈타인의 창의적 정신만이 남부전선 전체를 '붉은 물결'에게서 구해낸다는 것이다. 그 이미지는 패배한 젊은이들이 방어할 수 없는 진지를 방어한다는 인상을 주었다. 이

〔도판 20〕「후베의 고립지대」의 표지 그림.

같은 영웅적 용기는 독일국방군에 복무하는 사나이들에 관한 낭만 무협인의 관념을 실현한다.[14]

　게이머스 사가 내놓은 1996년의 「후베의 고립지대Hube's Pocket」에 있는 그림은 이 편견의 강력한 사례를 내놓는다. 그 그림은 예하 제 1기갑군을 이끌고 남부전선의 드네스트르강* 부근 고립지대에서 빠져나오려는 한스 후베Hans Hube** 상급대장의 돌파 시도를 묘사했다. 그 게임은 러시아군의 덫에서 제1기갑군을 풀어주려는 만슈타인의 시도에 초점을 맞추었다. 포장 상자 그림은 게임의 핵심을 포착해서 독일 군인을 극적으로 묘사했다.(도판 20) 전투에 임하는 결연한

* 우크라이나와 몰도바를 지나 흑해로 흘러 들어가는 강.
** 독일의 군인(1890~1944). 1909년에 군문에 들어섰고, 제1차 세계대전 초에 싸우다가 왼팔을 잃었다. 종전 뒤 육군에 남았고, 제2차 세계대전에서는 기갑부대 지휘관으로 여러 전선에서 싸웠다. 1944년 4월에 비행기 사고로 숨졌다.

독일 군인들이 판터 전차 한 대 위에 올라타고 있거나 그 전차와 나란히 달렸다. 그들은 강한 바람과 거센 눈보라 속으로 곧장 들어갔다. 그 옆에 있는 다른 판터 전차 한 대의 윤곽은 전차들과 군인들이 뻔히 보이는 패배에서 벗어나려고 시도하는, 더 큰 전투부대의 일부임을 시사했다. 역사 해설문은 제1기갑군이 고립지대를 뚫고 나와 서쪽에 더 강한 방어진지를 재구축한다는 만슈타인 육군 원수의 계획을 놓고 그와 히틀러 사이에 빚어진 긴장을 강조했다.[15]

히틀러와 만슈타인 사이의 긴장을 극적으로 설명하는 만슈타인의 회고록 『잃어버린 승리』와 카렐의 『초토』가 참고문헌에 들어 있었다. 낭만무협인들을 위해서 「후베의 고립지대」에는 그들의 여러 이상이 들어 있었다. 용감하고 용맹한 한 육군 원수가 히틀러에게 도전했다는 것이다. 이것은 자주 되풀이되는 주제였고 독일국방군의 대다수 난관의 원천이었다. 만슈타인의 결의는 독일국방군의 운명과 자기 부하들에 관한 염려에서 생겨났으며, 독일 군인들은 훨씬 더 큰 병력의 적군과 부딪쳤지만 제1기갑군의 존속, 바로 그것을 위한 싸움에서 러시아군과 교전했다는 것이다. 또한 그 게임에는 낭만무협인이 독일 군대의 엘리트 부대로 여기는 것의 주요 아이콘인, 즉 제2SS기갑군단을 나타내는 검은색 카운터가 들어 있다.[16] 그러나 낭만무협인의 세계를 바꿀 변화가 일어날 참이었다. 게임, 잡지, 전시행사가 아직은 쌩쌩할 터이면서도, 눈부신 과학기술이 동부전선에 관한 정보의 주요 원천으로서의 이 전통적 매체 배출구들을 대체할 터였다.

1990년대까지는 전쟁게임 잡지, 새 게임회사, 전쟁게임 전국 대회와 전쟁게임 지역 전시행사가 인쇄물이나 대면對面 모임을 통해 낭만무협인을 한데 모았다. 게임은 역사적 세부 사항을 알고 싶어 하는 낭만무협인들의 욕구를, 그리고 그들의 동부전선 독일군 이해를 수용하는 해석을 바라는 욕구를 계속 채워주었다. 이 조우를 매개하는 과학기술은 기본적으로 19세기에 개발되었고 최근 100년 동안 조금씩 변경되었다. 이로 말미암아 낭만무협인 공동체의, 그리고 게임산업 소식을 낭만무협인에게 정기적으로 알려주는 정보 배출구의 기반이 만들어졌다. 게임과 잡지가 탄탄한 기반을 만들어낸 것은 분명하지만, 낭만무협인이 한데 모일 수 있게 해주는 과학기술은 초보 상태였다. 사람들이 교류하는 방식에서 극적인 단절적 변화가 일어난 것은 1990년대였다.

1990년대의 과학기술 변화로 낭만무협인의 대중문화가 탈바꿈했다. 인터넷이 도래하기 전까지 정보 교환은 느리고 번거로웠고 중대한 과학기술과 연계되지 못했다. 인터넷은 의사소통을 영원히 바꿔놓았다. 전자 파동이 거의 비용을 들이지 않고 놀라운 속도로 정보를 옮기면서 거리와 시간은 모든 의미를 잃었다. 인터넷은 엄청난 분량의 정보가 비교적 쉽게 저장되고 이용될 수 있는 웹사이트의 어마어마한 가능성도 만들어냈다. 웹사이트를 돌보는 운영자도 필요하면 정보를 업데이트할 수 있었다.

낭만무협에 연루된 사람들은 그 모든 가능성을 지닌 새 과학기술을 놀라울 만큼 빠르게 받아들였다. 특정한 관심사로 동질감을 자주 느끼는 새 낭만무협 공동체들이 1990년대 10년 동안 등장했다. 낭만무협인은 온갖 관심사를 보여주었다. 어떤 웹사이트는 무장친위대원들을 한데 묶어준 각별한 유대, 그리고 위계제의 부재 때문에 낭만무협인이 좋아하는 무장 친위대에 크게 열광했다. 다른 웹사이트도 독일 무기와 엘리트 부대, 심지어는 전투복에 특화했다. 몇몇 주요 웹사이트에는 역사 정보, 동방에서 벌어진 전쟁의 서사, 부대사, 이름난 지휘관의 전기, 그리고 낭만무협인이 대화와 논쟁을 벌이는 탄탄한 토론이 있었다. 전도유망한 한 미술가가 더 유명한, 또는 "경우에 따라서는 악명 높은" 주요 독일 장교들의 초상화를 그렸다. 나치친위대 장교인 요아힘 파이퍼, 파울 하우서, 쿠르트 마이어 같은 제3제국의 스타들, 그리고 폰 만슈타인을 비롯한 저명한 군 장교들이 그 미술가의 웹사이트에 나타났다. 이 그림들은 낭만무협인의 마음을 확 사로잡는 걸출한 영웅을 묘사한다. 끝으로, ─밀리터리리인 액트먼트 사Militaryreenactment Inc.라는─ 한 회사가 최근에 독일국방군 및 나치친위대 영웅의 이미지가 그려진 군용 커피잔을 광고했다. 만슈타인, 구데리안, 룬트슈테트, 파이퍼의 얼굴이 이 커다란 잔을 장식한다. 유명한 전차 지휘관 미하엘 비트만, 해골사단을 지휘하고 죽음의 수용소의 본보기인 다하우강제수용소를 설계한 악명 높은 테오도어 아이케, 그리고 라이프슈탄다르테 사단, 그 뒤에는 제1SS 기갑군단의 지휘관이었고 전쟁범죄자였던 요제프 '제프' 디트리히도 잔에 나타난다.[17]

　이 웹사이트와 인터넷은 시간과 거리에 구애 받지 않는 논쟁을 촉진했다. 미국의 낭만무협인은 새로 통일된 독일공화국에 있는 독일 참전 군인 단체의 주소를 검색했다. 몇몇 경우에는 참전 군인이 낭만무협인 채팅 그룹에 열심히 합세해서 그 그룹에게 낭만무협인이 영웅적이고 용맹하다고 인식하는 독일국방군과 무장친위대에서 복무하며 싸웠던 자들과 접촉할 기회를 주었다. 낭만무협인은 무기와 차량, 기타 장비 같은 기술적 세부 사항을 파고드는 웹사이트도 탐색

한다. 이 사이트의 박진성은 독일 군대의 세계에 활기를 불어넣는다. 인터넷으로 말미암아 낭만무협인의 힘이 커졌고 낭만무협인의 수가 늘었고 온갖 새 정보를 얻을 능력이 높아졌다.

특화된 웹사이트이자 가장 오랫동안 운영된 웹사이트들 가운데 하나인 「주목, 기갑부대Achtung Panzer」는 독일 기갑차량을 다룬다. 이 웹사이트는 1990년대 중엽 온라인이 개설되었고 다달이 상당수의 방문자를 계속 끌어들이고 있다. 「주목, 기갑부대」는 인기가 높고 오래 지속되었으므로, 적어도 웹사이트가 빠르게 나타나고 사라지는 인터넷에서는 연구하기에 적당한 웹사이트다. 이 웹사이트의 그래픽은 곧바로 낭만무협인의 눈길을 끈다. 「주목, 기갑부대」는 기갑차량 아이콘을, 그리고 티거 전차나 4호 전차Panzerkampfwagen IV*의 3차원 천연색 그림을 큼지막하게 내건다. 이 사이트는 낭만무협인들이 갈구하는 역사와 기술의 세부 사항을 그들에게 제공한다. 이 사이트에는 일찍이 제1차 세계대전 때 나온 전차부터 바르바로사 작전 때 독일 기갑부대의 심장이었던 4호 전차까지 수많은 전차가 있다. 각각의 일람표에는 차량의 시각자료와 탄탄한 주요 특성 분석이 담겨 있다. 차량 목록에는 구축전차**와 자주포가 들어 있다. 독일군 기갑차량에 관한 정보가 필요하면, 이 사이트에서 찾을 수 있다.[18]

「주목, 기갑부대」의 '추가 정보' 항목에는 기갑부대를 지휘한 이름난 장교들의 약력이 있다. 그 웹사이트의 소유주는 비非정치적 입장을 선언하고 파시즘 단체나 네오파시즘 단체와의 유대를 부인한다.

---

* 독일군이 1930년대 말엽에 개발해서 제2차 세계대전 동안 널리 사용한 중형 전차.
** 야크트판처(Jagdpanzer). 기존 전차의 차체에 대구경 대전차포를 탑재해서 적의 기갑차량을 격파하는 임무를 수행한 독일군 차량.

낭만무협인으로서 그 웹사이트를 후원하는 자들과 그 웹사이트 행사에 참여하는 자들은 독일국방군과 무장친위대에 치우친 편견을 내보인다. 이 편견은 에리히 폰 만슈타인, 하인츠 구데리안, 오토 카리우스, 미하엘 비트만 같은 저명한 지휘관과 전차 부대원의 약력에서 가장 생생하게 나타난다. 물론, 만슈타인과 구데리안은 늘 빠지지 않고 나오는 인물이다. 카리우스는 그가 동부전선의 싸움터에서 세운 전훈과 페도로위츠 출판사에서 펴낸 출판물에 바탕을 두고 낭만무협인의 주목을 받았다. 비트만은 동부전선에서, 심지어는 기갑병과 전체에서 십중팔구 훈장을 가장 많이 받고 가장 저명한 전차 지휘관으로 두드러진다. 연합군이 노르망디해안 교두보에서 고립지대를 뚫고 빠져나오려고 시도하는 동안 그가 맞닥뜨린, 적어도 낭만무협인에게는, 때이른 죽음은 그의 영웅적이고 상징적인 위상을 드높인다.[19]

이 사람들에 관한 약술은 낭만무협인의 인식을 여러모로 보강한다. 만슈타인 설명의 개요는 주요 독일 장교에 관한 낭만무협인의 관념에 들어맞는다. 그 약력에는 만슈타인의 도드라진 가문사가 언급되어 있다. 그 약술에는 전장 공훈보다는 지휘 능력으로 더 이름난 한 인물에게 영웅적 차원을 보태주는 무용武勇과 능란한 통솔력으로 받은 기장과 포상에 관한 논의도 들어 있다. 그 약술은 만슈타인을 —유능하고 창의적이고 깐깐한— 이상적인 전장 지휘관으로 아낌없이 칭찬한다. 그 약력에서, 만슈타인은 부하들과 그들의 안녕에 전념하는 영웅으로 두드러진다. 1943년에 그는 위치를 고수하라는 히틀러의 요구를 무시하고 독일군 부대에게 체르카시 고립지대로 알려진 포위를 뚫고 나오라고 명령했다. 만슈타인의 행동이 만약 그가 히틀러의 요구에 순종했더라면 죽었을 병사 수천 명의 목숨을 구했다는 것이다. 그는 해임될 위험을 무릅쓰면서도 예하 부하에 대한 배려를 다른 어떤 고려 사항보다 우선시했으며, 결국은 히틀러와 견해가 달라서 해임되었다는 것이다. 그 약술은 만슈타인이 미수에 그친 히틀러 암살 시도에 가담하지는 않았을지라도 그 음모를 알고는 있었다고 되어 있다.[20]

실은 그 약술은 낭만무협인에게 어려운 쟁점 하나를 열어젖힌다. 그것은 전쟁범죄다. 물론, 만슈타인은 기소되었고 범죄 행위를 저질렀다는 판결을 받았다. 그 약술은 만슈타인의 재판이나 유죄 가능성에 관한 어떠한 논의도 회피하고 대신에 전쟁 동안 저지른 범죄로 기소된 독일 군인들을 그가 "성공적으로 변호했다"고 자랑스럽다는 듯이 적은 뒤에 만슈타인의 전후 이력으로 빠르게 넘어간다. 여기서는 만슈타인의 숙적이기도 한 소련이라는 새 위협에 맞서 서방을 지켜낼 용도의 새 독일 군대를 창건하는 일에서 그가 맡은 역할에 초점이 맞춰진다. 약술에 적혀 있는 대로라면, 그는 전직 육군 원수로서 자기의 막강한 힘을 사용해서 독일연방군에게 붉은 군대와 싸울 목적으로 구성된 연합국 동맹체의 일부로서 제 역할을 해야 한다고 조언했다. 종합하면, 그 약술은 자기 부하들과 자기 나라에 헌신한 명예로운 사람이라는 인상을 준다. 이 짧은 만슈타인 서사로부터 추출된 결론은 그토록 많은 이전 저작에 나타났던 것을 그저 되풀이한다.[21]

하인츠 구데리안의 전기에서, 그 약술은 구데리안을 독일군 최고사령부와, 궁극적으로는 히틀러와 불화를 빚는 관계에 놓으려고 시도한다. 서술에는 사관생도와 하급 장교로서의 초기 경력과 제1차 세계대전 시기의 복무, 기갑병과 창설에서 그가 맡은 역할이 들어 있다. 이 약술은 구데리안이 프랑스와 러시아에서 세운 전훈을 들어 그를 칭찬하고는, 그의 장기였던 적군을 향한 위험부담이 큰 전진의 긴급성을 놓고 최고사령부와 견해가 달랐던 탓에 생겨난 긴장을 강조한다. 1941년 전역에서 그의 상관이었던 폰 클루게 장군이 그의 제지를 받아 안달이 난 구데리안과 툭하면 부딪쳤다. 얄궂게도, 구데리안은 우세한 러시아군 부대와 맞부딪쳐서 자기 부하들이 전투를 치르느라 탈진하고 소진된 1941년 12월에 전략적 후퇴를 요청한 탓에 해임되었다. 히틀러는 1944년에 구데리안을 참모총장에 임명해서 그에게 지휘권을 돌려주었다. 구데리안은 또다시 히틀러와 격심한 견해차를 보인 탓에 두 번째로 해임되었다.[22]

그 해설에서는 구데리안의 성격도 그에게 후한 찬사를 안겨주었다. 그 상급대장은 부하들에게 충직하고 부하들이 그를 찬양해서 걸출한 장교로 각인되었다. 필연적으로, 구데리안은 독일군 최고사령부가 결코 완전히는 이해하지 못한 기갑전에 통달했기 때문에 상찬을 받았다.[23]

사이트의 「평결」 란에 있는 글은 전쟁범죄 문제와 정면으로 맞선다. 만슈타인의 경우에서처럼, 그 글은 구데리안이 그 같은 행위에 가담했다는 쟁점을 피해가며, 구데리안은 반유대주의를 결코 받아들이지 않았고 심지어는 나치의 유대인 절멸 프로그램을 알지 못했다고 주장한다. 그는 그저 유럽의 유대인을 결코 고려하지 않았다는 것이다. 기갑총감으로서 보아하니, 그는 자기가 순방하는 독일의 여러 공장에서 노예노동을 하는 신세가 된 전쟁포로와 동유럽인 수백만 명의 운명을 결코 감안하지 않았다. 물론, 구데리안도 다른 어떤

독일군 장교도 자기 회고록에서 이 노동자들의 운명을 거론하지 않는다.[24]

「주목, 기갑부대」의 여러 저명한 독일 장교 약전에는 '슈투카 에이스'이면서 악명 높은 나치 추종자인 한스 루델의 일대기가 있었다. 다른 해설에서처럼, 그 약전은 루델의 독일 공군 경력을 차근차근 따라가면서 그가 싸움터에서 했던 여러 영웅적 행위를 서술하고 이 전공으로 그에게 수여된 기장들을 자랑스레 적어놓는다. 일례로, 루델은 추락한 항공대원 한 명을 구조하려고 자기 목숨을 잃을 위험을 무릅썼다. 그들은 비상 착륙을 해서 땅에서 옴짝달싹하지 못하게 되었고, 자기들을 죽이거나 사로잡으려는 적군과 맞닥뜨렸다. 루델은 자기 비행기를 땅에 내려놓은 뒤 걸어서 탈출하려고 시도하던 항공대원들과 합류했다. 전설적인 그의 영웅적 용기는 심지어 패전이 확실해졌을 때에도 지속되었다. 그는 전쟁이 끝나갈 때 피할 길 없는 소련군의 전진을 저지하려는 필사적 노력의 일환으로 자살 비행 임무를 자원했다. 루델은 독일의 전쟁 수행 노력에 다른 방식으로 이바지했다. 그는 독일 공군 대비행대大飛行隊의 교리가 되는 효과적인 슈투카 항공 전술을 개발했다. 끝으로, 그 해설에는 대부분 러시아군을 상대로 한 임무 비행 횟수부터 투하한 폭탄의 총중량까지 그가 조종사로서 쌓은 경력에 관한 통계 수치가 들어 있다. 이 수치는 그가 싸움터에서 했던 용감한 행위를 요약해서 보여주었다.[25]

그 약술은 루델과 나치의 연계를 인정한다. 루델이 한 말을 고려하면, 그 해설은 이 연계를 무시할 수 없었다. 출간된 저작에서 루델은 미수에 그친 히틀러 암살 기도를 대놓고 비난했다. 그 해설에서 강조되듯이, 특히 서방 연합군의 침공으로 독일의 방어가 위태로워졌을 때 그 모살 기도가 있어서 혼돈 상태가 일어났기 때문이었다. 그는 독일군 최고사령부도 탓한다. 최고사령부가 히틀러를, 그리고 전쟁에 관한 그의 천재성을 방해했다는 까닭에서였다. 1953년에 출간된 루델의 일기에서 그가 나치 추종자임이 밝혀졌지만, 해설에 적혀 있는 대로라면 "나치인 것이 더는 그리 나쁜 일이 아니었다." 루델이 1982년에 죽은 뒤 곧바로 유명한 연합군 조종사 두 사람, 즉 더글러스 바더와 피에르 클로스테르망이 루델의 일기 제2판에 찬양조의 훈훈한 서문을 썼다. 또다시, 「주목, 기갑부대」는 독일의 군사 영웅들 가운데 한 사람의 나치 동조를 대수롭지 않게 여긴다.[26]

이 같은 진지한 해설들 사이에 이른바 취미 같은 활동만 다루는 난이 끼어 있다. 「주목, 기갑부대」는 참여자들이 자기가 좋아하는 독일 전차를 제출하고 그 까닭을 설명하는 이달의 독일 전차 경연을 특집으로 꾸민다. 그달 말에 웹사이트 운영자가 제출된 글을 모아서 평가하고 웹사이트 이용자로부터 투표한 이들을 헤아리고 우승한 전차를 발표한다. 2001년 10월의 우승자는 1,130표 가운데 231표를 얻은 판터 전차였다. 11월 사이트의 2페이지에 나와 있는 발표에 따르면, 다음 투표는 장갑차 광 사이에서 '좋아하는 장갑차'를 가려낼 작정이었다. 이 활동은 기갑부대 강조 및 낭만무협인의 상세한 독일국방군 지식과 들어맞는다.[27]

2001년 11월 11일에 「주목, 기갑부대」에는 하인츠 귄터 구데리안의 책 『노르망디에서 루르까지: 제2차 세계대전에서 제116기갑사단과 함께 *From Normandy to the Ruhr: With the 116th Panzer Division in WW II*』의 광고가 이 책의 표지와 함께 올라 있었다. 제2차 세계대전과 관련된 서적, 특정하게는 친독일 저작에 전념하는 여러 사업체들 가운데 하나인 펜실베이니아주 남동부의 애버조나Aberjona 출판사가 기갑총감 구데리안 장군의 아들 하인츠 귄터 구데리안의 책을 내놓았다. 구데리안이라는 이름이 낭만무협인에게 지니는 호소력은 도서 시장에서 상당한 영향력을 지니며, 애버조나 출판사는 웹사이트 「주목, 기갑부대」가 그 책을 구입할 잠재 고객층을 확보해준다는 것을 본능적으로 알았다. 끝으로, 「주목, 기갑부대」의 2001년 11월 웹사이트에는 구데리안의 유명한 인용구들 가운데 하나인 "전차가 성공하면 승리가 뒤따른다"가 올라 있었다.[28]

「주목, 기갑부대」에는 "어떤 88밀리미터포 형이 티거2 전차의 주포였나?"나 "1944/1945년에 오토 카리우스는 512대전차자주포대대 제2중대를 지휘했다. 맞나, 틀리나?" 같은 문제를 낸 이달의 전차 퀴즈도 있다. 낭만무협인에게 호소력을 지니는 사이트의 전형으로, 설문지에는 기갑부대의 검정 제복과 선글라스를 착용한 장교 한 명이 열려 있는 해치 안에 서 있는, 기갑차량의 상징적인 그림 한 장이 들어 있다. 그 옆에 놓인 한 기갑 장교의 얼굴이 전차 퀴즈 표제 위에 있다. 그 페이지에는 전경前景에서 연기가 피어오르는 가운데 자주포 위에 올라타고 사격을 하는 독일 보병의 모습을 잡은 흑백사진 한 장도 큼지막하게 있었다. 이 그림과 사진은 낭만무협인 앞에서 전투의 이미지를 유지해주고 사이트에 사실성의 기운을 보태준다. 1996년부터 1999년까지 「주목, 기갑부대」가 끌어들인 방문자는 56만 7,772명이었고, 「주목, 기갑부대」의 변함없는 호소력을 과시했다.[29]

또한 「주목, 기갑부대」 소유주들은 자기의 친독일국방군 정서가 나치 이념과 동일시될 가능성에 예민한 반응을 보인다. 그들은 나치 교의나 현재의 신나치 단체에 가입하거나 동조한다는 것, 또는 그것을 믿는다는 것을 공개적으로 부인하며, 「주목, 기갑부대」는 특정 당파에 쏠리지 않는다고 거듭 주장한다. 이 입장은 민간인, 전쟁포로, 유럽 유대인에게 저질러진 범죄를 독일국방군과 무장친위대가 공모했음을 드러내는 일에 참여자들이 관여할 수 없음을 여러모로 감춘다. 예를 들어, 「주목, 기갑부대」 소유주들은 러시아군 전쟁포로와 민간인 수백만 명을 독일 본토의 실질적 노예노동 작업장에 강제로 투입한 독일의 정책을 알았다고 인정한다. 그곳의 혹독한 작업 체제 아래서 사람이 엄청나게 많이 죽었다. 그러나 그 웹사이트는 이 정책과 독일국방군이나 무장친위대 장교 사이의 어떠한 연계 가능성도 모르는 척한다. 그 장교들의 명성은 이들에 관한, 그리고 러시아의 싸움터에서 이들이 했다는 영웅 행위에 관한 그 웹사이트의 긍정적 서술로 뒷받침되어 훼손되지 않은 채 남아 있다. 이 긍정적 서술은 독소전쟁과 전투는 나치 정권의 행위에 대한 책임과는 별개라는 낭만무협인의 관념을 지탱한다. 일정 정도의 순진성이 이 누락의 원인이라는 결론을 내려야 한다. 독일 기갑부대와 장교를 찬양하는 서술은 전쟁이 끝난 뒤 50년이 넘도록 그 낭만무협 기풍과 신화의 힘을 「주목, 기갑부대」 방문자의 머릿속에 뚜렷하게 떠올려준다.[30]

기갑병과의 역할을 이해하는 데에서 제2차 세계대전 서사가 지니는 중요성을 아는지라 「주목, 기갑부대」에는 제2차 세계대전의 독일군 기갑부대에 관한 상당한 분량의 참고문헌이 들어 있다. 링크는 독일 기갑부대의 세계에 새로 들어선 이들을 위해 당장 읽을거리 목록을 만들어주며 나중에 찾아볼 유용한 참고 도서를 제공한다. 열거된 책들에는 『1호 전차와 2호 전차*Panzerkampfwagen I & II*』, 『돌격포: 자주포와 대공자주포*Sturmartillerie: Self-Propelled Guns and Flak Tanks*』, 『독일군에서 활용된 노획 전차: 소형 전차와 장갑 트랙터*Captured Tanks in German Service: Small Tanks and Armored Tractors*』처럼 기술적으로 상세한 저술이 포함되어 있다. 그 목록에는 낭만무협인의 관점에 크게 공감하는 제임스 루카스가 제2차 세계대전의 독일 군인과 그의 역할에 관해 쓴 저술과 제2차 세계대전의 독일 군대를 대중화하는 고든 윌리엄슨과 브루스 쿼리가 쓴 저술도 들어 있다. 끝으로, 파일에는 제2차 세계대전의 여러 전구의 독일 전쟁기계를 다루며, 일반 대중이 구할 수 있는 비디오 목록도 있다.[31]

「주목, 기갑부대」 사이트는 장갑차량에 관심을 가진 이들을 위한 토론장을 내세운다. 이 사이트에는 나치 정치 이념이나 수정주의 역사에 관한 어떠한 논의도 거부한다는 '행동 수칙'이 있다. 또한 사이트는 모든 참여자는 다른 참여자와 벌이는 논전에서 예의를 보이라고 요청한다. 예의를 보이지 않으면 게시판 접근권이 없어진다는 것이다. 이 사이트의 운영자에게는 모욕적이라고 여겨지면 메시지를 삭제할 권한이 있다. 대화는 다양하지만 보통은 판터 전차나 티거 전차를 초탄에 파괴하는 105밀리미터포의 능력, 또는 1943년 쿠르스크에서 처음으로 전투에 운용된 자주포, 즉 페르디난트*Ferdinand*가 지닌 문제 등 자잘한 화제에 초점을 맞춘다. 사이트 방명록에는 참여자의 이름과 사는 곳, 그리고 「주목, 기갑부대」를 알게 된 경로가 들어 있다.[32]

끝으로, 「주목, 기갑부대」 사이트는 책와 잡지를 주로 다루는 사이트로 연결되며, 밀리터리 북클럽을 군사사 저작을 위한 최고의 출처라고 칭찬한다. 또한 이 사이트는 페도로위츠 출판사를 목록에 올려놓고는 제2차 세계대전의 독일 육해공군에 관한 자료를 다루는 전문 출판사라고 소개한다. 방문자가 그 링크를 따라가면서 페도로위츠 출판사 사이트를 방문할 즈음 낭만무협 기풍의 심장부로 들어간다.[33]

페도로위츠 출판사가 독일군을 대하는 태도는 오토 카리우스가 한 일련의 발언에서 가장 극적으로 나타난다. 카리우스는 동부전선에서 중전차 중대장으로 복무했고 쿠로프스키의 『전차 에이스』에 나온다. 가장 두드러지게는 낭만무협인을 위해서, 이 참전 군인은 페도로위츠 출판사의 인기 도서인 『진흙 속의 호랑이』를 썼다. 이 책은 독일의 55톤 티거 전차들이 나오는 격렬한 동부전선 기갑전투를 이야기하는데, 이것은 낭만무협인 사이에서 대단한 열광을 불러일으키는 주제다.[34] 카리우스가 페도로위츠 출판사 영역판에 쓴 서문은 카리우스와 페도로위츠 출판사가 독일 군대에 지니는 공감을 독자에게 전해준다. 카리우스는 제2차 세계대전에 관한 글을 쓰는 독일인 저자들이 더 폭넓은 시장에 다가설 수 있도록 해준다며 페도로위츠 출판사에 고마워한다. 카리우스는 페도로위츠 출판사를 직접 언급하며 다음과 같이 쓴다.

영화, 텔레비전, 언론에서 벌어지는 독일 군인에 대한 명예훼손이 이 출판물들에서 반박되었고 많은 자료의 도움을 받아 독일국방군의 모습이 더 객관적이 되었다.[35]

카리우스는 독일 군대의 일원이었던 이들이 견디고 있는 비판이 불만스럽다는 것과 제2차 세계대전 동안 독일에 봉사한 자들의 이미지를 회복하는 데 도움을 준다며 페도로위츠 출판사에 찬사를 보낸다는 것을 분명히 한다. 그러고 나서 그는 독일 탈영병 기념물에게

욕을 퍼붓고 이 잘못된 기념물을 헌정한 이들을 규탄한다. 카리우스에게, 탈영병은 제2차 세계대전에서 독일 군대의 대열을 채운 2천만 명의 미미한 일부였으며 독일군에 관한 거짓말은 독일 군인을 모독하는 주장에 부채질을 했다. 카리우스는 한때 제3제국을 위해 일했던 부역자들이 이 배신을 지탱한다고 단언한다. 그는 독일 군인은 국가에 대한 의무를 다했을 따름이라고 결론을 내린다. 페도로위츠 출판사가 그 책을 후원하고 그 서문을 그대로 실었다는 점을 고려해보면 우리는 그 출판사도 마찬가지일 것이라고 짐작한다. 정치가들이 적을 선택한다, 이것이 모든 참전 군인이 되뇌는 문구다. 페도로위츠 출판사는 카리우스에게 진심으로 동의한다.[36] 페도로위츠 출판사 링크는 낭만무협인들에게 그들이 독일 군인과 야전 지휘관에게 품는 정서를 재확인해준다.

「제2차 세계대전 시기 독일 육해공군German Armed Forces in WW II」이라는 사이트는, 「주목, 기갑부대」와 달리, 제2차 세계대전 때 독일 군대의 모든 것을 가리지 않고 다루며, 독일 군대에 몰입하는 가장 오래된 낭만무협인 웹사이트들 가운데 하나로 남아 있다. 2002년에 제이슨 파이프스가 웹사이트 이름을 '펠트그라우Feldgrau'*로 바꿨고, 2005년까지 그 사이트는 「제2차 세계대전 시기 독일 육해공군」으로 1996년에 문을 연 이후 방문자가 100만 명이 넘었다. 더 중요한 것은 파이프스가 오랫동안 낭만무협인 공동체의 저명한 일원이었다는 것이다. 그는 1980년대에 리하르트 란트베어의 『지크루넨』에 글을 쓰는 기고자로서 안토니오 무뇨스와 함께 일했고, 1990년대에

---

* 야전 회색이라는 뜻의 독일어 낱말. 독일군 군복색인 녹회색의 별칭이었다.

는 무뇨스의 『액시스 유로파』의 편집자였다.[37] 또한 파이프스는 독일 육군 내의 러시아인 의용군에 관한 무뇨스의 논문을 사이트에 올려놓았다. 무뇨스는 그 논문을 원래는 유로파 북스 출판사가 출간하는 브와디스와프 안데르스Władysław Anders* 중장의 책에 실으려고 준비했다.[38]

파이프스는 무장친위대에 관한 저작으로 명성을 쌓은 인터넷 본좌 마르크 리크멘스포엘과도 일한다. 파이프스와 리크멘스포엘은 독일국방군에서 복무한 노르웨이인 의용군에 관한 글을 함께 썼고, 이 글은 「제2차 세계대전 시기 독일 육해공군」 웹사이트에 올라왔다. 무장친위대에 쏠리는 리크멘스포엘의 개인 성향은 맥스 헤이스팅스의 책 『다스 라이히 사단』을 다룬 리하르트 란트베어의 적대적 서평에 그가 쓴 머리말에서 가장 생생하게 나타났다. 그는 『지크루넨』에 1983년 처음 실린 본좌 리하르트 란트베어의 헤이스팅스 저서 서평에 전적으로 동의했다. 란트베어는 허위 설명, 거짓말, 왜곡을 했다며 헤이스팅스를 비판했다. 란트베어는 프랑스의 오라두르쉬르글란 마을에서 다스 라이히 사단에게 당한 피해자의 수를 대수롭지 않게 여겼고 헤이스팅스가 동유럽과 독일에서 붉은 군대가 저지른 숱한 잔학 행위를 무시한다고 비난했다. 란트베어는 그 책이 북클럽과 공립·사립 도서관 등에 유포되는 것이 두렵다고 했다. 리크멘스포엘은 자기가 탐구하는 바로 그 집단인 무장친위대에 관해 비판적인

---

* 폴란드의 군인(1892~1970). 러시아군 장교였으나 1918년에 폴란드가 독립하자 폴란드 육군에 들어갔다. 제2차 세계대전 초에 소련군의 포로가 되었고, 독소전쟁이 일어나자 풀려났다. '폴란드 제2군단' 사령관으로 연합군 소속으로 이탈리아 전역에 투입되어 독일군과 싸웠다. 전후에는 폴란드 망명정부에 참여했다.

글을 쓰는 이들에게 뿌리 깊은 반감을 드러냈다. 또한 그의 글은 그와 파이프스 사이에서 공유되는 독일군에 관한 어떤 공통의 관념을 제시했다. 본질적으로 리크멘스포엘은 무장친위대원들의 용기를 찬양하고 그들의 범죄는 무시하는 낭만화된 무장친위대의 해석을 옹호한다.[39]

파이프스의 독일군 몰입은 그가 모아서 낭만무협인과 기타 관심 있는 이들에게 가져다준 온갖 정보에서 생생하게 드러난다. 그 사이트에는 제2차 세계대전 시기의 독일 군대에 매료된 이들의 관심사 9대 영역이 포함되어 있다. 이 영역들은 '전역과 전투', '기장과 포상', 무장친위대, 독일군, 독일의 동맹국, 기타 관련 주제를 망라한다. 또한 방문자는 독일 군대를 둘러싸고 계속되는 온라인 토론에 참여할 수 있다. 그 사이트는 무장친위대 군인 같은 아이콘을 써서 방문자들을 그들이 고른 주제에 관한 정보로 안내한다. 낭만무협인에게 「제2차 세계대전 시기 독일 육해공군」은 자료, 의견, 토론의 금 노다지를 제공한다. 실제로, 파이프스의 사이트에는 1999년 11월로 1천 건이 넘는 독일군 부대사와 "1,200쪽의 정보"가 있었다. 이 같은 사이트들은 낭만무협인의 세계를 지탱하고 하루 24시간 이용 가능한 공공 토론의 장을 만들어내며, 미국과 유럽 곳곳의 낭만무협인을 위한 만남의 장소가 되었다.[40]

「제2차 세계대전 시기 독일 육해공군」 사이트에는 낭만무협인에게 흥미로운 쟁점에 대한 투표가 들어 있다. 실제로, 그 사이트는 참여자의 반응을 구하는 정기 여론조사를 주최한다. 이 투표는 "어느 사단이 가장 엘리트였다고 생각하는가?", "어느 병과에 가장 관심이 많은가?", "가장 흥미로운 인물은 누구인가?" 등등 독자에게 묻는다. 이 질문은 독일 군대에 관한 상당한 지식, 대개는 꽤나 상세한 지식을 상정한다. 독자 수백 명이 응답했다. 흥미롭게도, 응답자들은 좋아하는 조직으로는 무장친위대와 육군을, 좋아하는 부대로는 라이프슈탄다르테 사단과 그로스도이칠란트 사단을 골랐다.[41]

파이프스의 사이트에는 보병 사단부터 기갑사단과 산악 사단까지 모든 유형의 독일군 전투 사단에 관한 수많은 파일이 있다. 그 파일에는 각 사단, 신하 연대, 지휘관의 짧은 역사가 들어 있으며, 전쟁 내내 활동한 지역과 일자를 보여주는 표도 들어 있다. 가끔은, SS샤를마뉴 사단*과 에스파냐 의용군 사단**의 경우처럼, 해설문은 소련군에 맞선 전투에서 부대가 발휘한 용기와 힘을 칭찬한다. 그 글은 독일군이 러시아에서 마주친 혹독한 기상 조건과 헤쳐 나가야 했던 까다로운 지형도 서술한다. 이 서술은 독일 군인이 소련에서 직면한 투쟁과 전장의 이 요구를 채워주면서 보여준 투지와 희생을 강조한다. 독일부대 난은 제501중전차대대 같은 소부대나 특수부대, 특히 제6철도장갑열차도 검토한다. 어떤 파일에는 독일군이 사용한 무기의 장단점을 밝히는 분석이 들어 있었다. 그 분석은 독일 무기의 성능 개선을 위한 변경 사항까지 토론한다.[42]

독일군에 열광하는 이들을 위해 파이프스 사이트는 독일군 기갑부대 교범 복사판을 큼지막하게 내걸었다. 그 교범은 러시아에서 기

---

* 정식 명칭은 제33무장척탄병SS샤를마뉴사단(제1프랑스). 제2차 세계대전에서 프랑스인 의용병으로 구성되어 독일 편에 서서 싸운 부대. 국방군에 속했다가 이후 무장친위대에 배속되었다. 붉은 군대에서 맞서 베를린에서 마지막 순간까지 싸웠다.
** 청색군단(Legión Azul). 제2차 세계대전에서 독일을 돕기 위해 1941년에 에스파냐에서 지원자로 구성된 부대. 초기에 입은 파란색 군복에서 이름이 비롯되었다. 에스파냐인 4만 7천 명이 이 부대에서 싸웠다.

갑 병과와 기갑부대를 지휘하는 기갑 장교를 위한 '30개 기본 교훈'을 강조했다. 마찬가지로, 그 사이트에는 베펠스하버Befehlshaber*부터 토텐코프Totenkopf**까지 독일어 용어사전이 있다. 그 독일어 용어는 이 집단에서 인기 있는 그 상징적 언어에 다가가게 해주며, 그들에게 주요 단어의 명확한 정의를 제공해준다. 낭만무협인 사이에서는 흔한 일이지만, 상세한 희귀 정보 검색이 이 파이프스 사이트의 파일들에서 이루어진다.[43]

이 사이트에는 독일국방군과 무장친위대의 무기, 기장, 휘장, 상징물, 다른 물품을 상세히 알려주는 기술 저작이 소개되어 있는 참고문헌이 있다. 이것들은 독일 군대라는 잃어버린 세계를 재현하려고 애쓰는 낭만무협인이 높이 존중하는 박진성과 실제 정보를 제공한다.

그 참고문헌에는 본좌의 저작이 빠지지 않는다. 여거, 무뇨스, 란트베어, 쿠로프스키의 저작이 참고문헌 목록 가운데 26권을 차지한다. 예를 들어, 란트베어의 책 『나르바 1944년: 무장친위대와 유럽을 위한 전투Narva 1944: The Waffen-SS and the Battle for Europe』와 『플랑드르의 사자들: 무장친위대의 플랑드르인 의용군, 1941~1945년』이 참고문헌에 있다. 나르바라는 제목은 레닌그라드 봉쇄를 돌파하려는 소련군의 공세를 저지하는 전투***를 다루며 이 전투의 결과에 유럽 대륙 전체의 운명이 달려 있었음을 시사한다. 독일의 승리가 공산주

---

* 사령관, 지휘관, 또는 명령권자라는 뜻의 독일어 낱말.
** 해골이라는 뜻의 독일어 낱말.
*** 발트해 연안의 요충지인 에스토니아의 가장 동쪽에 있는 나르바를 차지하려고 독일군 '나르바(Narwa)' 분견대와 소련군 레닌그라드 전선군이 1944년 2월 2일부터 8월 10일까지 벌인 나르바 전투에서 외국인으로 구성된 무장친위대 부대와 징집된 에스토니아인 부대가 독일군과 함께 소련군과 싸웠다.

의 군대의 맹공에게서 유럽을 구하리라는 것이다. 또한 동방에서 공산주의자들을 물리치는 데 헌신한 자들은 엘리트 무장친위대와 함께 싸웠다. 『플랑드르의 사자들』에서 란트베어는 1941년 11월에 동부전선에서 독일군에 가담해서 공산주의라는 야만 세력을 물리치는 데 목숨을 바쳤던 영웅적 플랑드르인 의용군의 투쟁을 묘사한다. 이들은 조국을 구하고자 기꺼이 목숨을 바치려는 자들, 가장 강인하고 가장 헌신적인 지원자만을 추린 특권적 부대인 무장친위대의 대열에 한 자리를 차지하려고 시험대에 섰던 자들이었으며, 그 플랑드르인 의용군은 헌신성과 강인성을 과시했다는 것이다. 이 같은 특징 묘사는 낭만무협인에게, 그리고 동방에서 소련의 위협에 맞서 싸우는 용감한 자들이라는 해석에 호소력을 지닌다. 또한 참고문헌에는 낭만무협인이 지닌 고귀한 독일 장병 관이 들어 있을 뿐만 아니라 독일군 정보 꾸러미가 가득 차 있는 란트베어의 『지크루넨』 53권 전질이 기재되어 있다.[44]

무뇨스의 책도 「제2차 세계대전 시기 독일 육해공군」의 참고문헌에 나온다. 그의 인기작 『잊힌 군단들: 무장친위대의 무명 전투부대』가 권장도서 목록에 있다.(도판 21) 무뇨스는 무장친위대에 관한 권위서에서 무시된 무명 부대에 관한 상상 가능한 모든 종류의 정보로 그 책을 꽉 채웠다. 가장 작은 무장친위대 부대의 모든 세부 사항까지도 통달하려고 애쓰는 낭만무협인에게 이 책은 필수적인 책이다. 무뇨스의 철저함에는 부대 병력, 사상자, 전투 서열, 부대 편성, 무장친위대 부대의 위치가 표시된 숱한 지도가 들어 있었다. 그의 『히틀러의 동방 군단들 제1권: 발트해 연안 치안대 *Hitler's Eastern Legions vol. 1: The Baltic Schutzmannschaft*』와 『히틀러의 동방 군단들 제2권: 동방인 부

FORGOTTEN
LEGIONS
Obscure Combat Formations
of the Waffen-SS

〔도판 21〕『잊힌 군단들: 무장친위대의 무명
전투부대』의 표지 그림.

대『Hitler's Eastern Legions vol. 2: The Osttruppen』도 참고문헌에 있다. 또다시,
이 책들에는 낭만무협인에게 중요한 상세한 정보가 들어 있다.[45]

독일 군대에 관심을 가진 독자들에게 지침을 줄 의도로 작성된 참
고문헌에는 본좌 마크 여거의 저작들이 반드시 들어간다. 무장친위
대에 관한 그의 저작들은 낭만무협인에게 없어서는 안 될 책들이다.
이 책들은 모든 낭만무협인이 갈구하는 역사적 세부 사항을 제공한
다. 본좌의 전형인 여거는 설명을 하면서 전투에서 유능하고 과감했
다며 무장친위대 장교들을 칭찬한다. 예를 들어, 아르투어 플렙스는
제1차 세계대전 때 오스트리아헝가리 군대에서 군 경력을 시작했다.
처음부터 그는 전투에서 두각을 나타냈다. 그는 1919년에 루마니아
국적을 얻었고, 그러고 나서 1941년에 무장친위대에 들어가서 SS기
갑사단 비킹 소속 베스틀란트Westland 연대를 지휘했다. 전투에서 그

는 자주 압도적으로 우세한 적에 맞서 부하를 이끌며 늘 영웅 행위를 했고, 시종일관 '용맹성과 대담성'을 과시했다. 그 약전은 통솔력과 승리 덕에 기장과 진급을 플렙스에게 안겨준 전투 행위의 이야기를 독자에게 실컷 들려주었다. 그 약전에는 다른 장교들과 논의하는 등 다양한 상황에 있는 플렙스가 찍힌 흑백사진 12장이 들어 있었다. 항상 동료 무장친위대 장교들과 함께 자세를 취하는 플렙스가 사진에 포착되었다. 그는 페도로위츠 출판사에서 나온 책의 저자이면서, 다 알다시피 동부전선 참전 군인인 오토 쿰의 상관이기도 했다. 참고문헌 목록에 여거의 저작이 들어간 것은 낭만무협인의 세계를 지탱하는 데에서 이 웹사이트들이 지닌 중요성을 잘 보여준다.[46]

그 웹사이트의 참고문헌에는 독소전쟁과 독일 군인에 관한 낭만무협인의 관념에 극히 잘 어울리는 많은 저자도 크게 다루어진다. 제임스 루카스의 『동부전선의 전쟁: 러시아의 독일 군인, 1941~1945년』은 동부전선에서 역경과 날씨와 싸우는 독일 군바리를 아주 호의적으로 묘사한다. 루카스의 저작들은 전쟁 마지막 해를 비롯한 많은 주제를 다룬다. 대체로 그는 독일군 장병을 긍정적으로 서술한다. 또한 루카스는 본좌인 마크 여거와 무장친위대원이자 작가인 오토 바이딩어와 각별한 관계를 맺었다. 바이딩어는 전쟁 동안 다스 라이히 사단에서 복무했고, 그 결과로 많은 독소전쟁 참전 군인을 직접 알고 있었다. 그는 제2차 세계대전 종결 이후 참전 군인들이 여러 해에 걸쳐 빈번하게 개최한 회동에서 많은 참전 군인을 루카스에게 몸소 소개했다. 이 사람들이 다스 라이히 사단에 관한 책을 쓰는 일에서 루카스를 도왔다. 이 같은 접근법은 동부전선에 관한 저술에서 낭만무협인의 박진성 요구를 완벽하게 수용한다. 또한 루카스도 다른 어떤 자료에서도 얻기 어려운 독일군의 영웅적 용기에 관한 개인적 이야기를 들려준다. 이런 인식이 낭만무협인 세계의 핵심부에 있다. 루카스와 바이딩어, 그리고 다른 저자들은 모두 다 낭만무협인의 편향에 잘 들어맞는다.[47]

파이프스의 사이트는 폭넓은 온라인 포럼 「제2차 세계대전 시기 독일 육해공군 메시지 포럼」을 내세운다. 그 포럼은 미국, 유럽, 오스트레일리아 도처의 독자를 끌어 모으고 독일 육해공군에 관련된 여러 화제를 다룬다. 무장친위대는 포럼 참여자 사이에서 선호되는 주제로 두드러진다. 예를 들어, 2000년 겨울에 한 참여자가 제7SS의 용산악사단 '프린츠 오이겐'SS-Freiwilligen-Gebirgs-Division 'Prinz Eugen'* 의 좋은 역사서에 관해 물었다. 그 참여자는 프린츠 오이겐 사단에서 '최상급 돌격지도자Haupstrumführer부터 상급 돌격대지도자까지의' 직위에 있는 장교들의 사진에 각별한 관심을 보였다. 그는 그 같은 사진이 참전 군인 잡지에 있는지 물었다. 페도로위츠 출판사를 위해 무닌Munin 출판사 책을 번역한 마르크 리크멘스포엘이 주요한 낭만무협인 출판사들 가운데 하나인 페도로위츠 출판사가 펴낸 오토 쿰의 저작 『제7SS산악사단 '프린츠 오이겐'의 역사The History of the 7 SS Mountain Divison 'Prinz Eugen'』를 추천했다. 물론, 그는 란트베어와 무뇨스와 함께 작업해서 무장친위대에 관한 책 한 권을 페도로위츠 출판사에서 펴냈다. 한 차례 오간 이 대화에서, 낭만무협의 기풍에 빠진 한 저명인사가 독일국방군 참전 군인이 쓰고 독일의 우익 출판사가

---

* 독일인 지원자와 세르비아인, 크로아티아인, 헝가리인, 루마니아인 징집병으로 편성된 독일 무장친위대 사단. 주로 유고슬라비아에서 파르티잔을 진압하는 임무를 맡았다.

펴낸 뒤 주요 낭만무협인 출판사들 가운데 한 군데에서 영어로 출간한 주요 저작 한 권을 추천했다.[48]

리크멘스포엘은 무장친위대에 관한 그 책으로 낭만무협인 사이에서 명성을 얻었다. 그 뒤 그는 밀리터리 북클럽을 통해 『무장친위대 백과사전Waffen-SS Encyclopedia』을 펴내며 명성을 한층 더 높였다. 그는 많은 온라인 무장친위대 토론에 참여해서 인터넷 본좌로서의 지위를 얻었다. 무장친위대 전문가라는 명성을 얻자 그는 파이프스의 포럼이 주최하는 온라인 토론에 빈번히 참여하는 일이 더 쉬워졌다. 리크멘스포엘은 사이트 방문자들이 자기 저작을 안다고 가정했고, 그 사이트에서 무장친위대 기사십자장 수훈자에 관한 자기의 다음 저서 제목에 관한 조언을 구했다. 그가 나름대로 제안한 제목은 순수한 낭만무협, 즉 '패배 속의 승리'였다. 분명히 그는 이 자들이 영웅적 존재라고, 그들의 궁극적 패배는 그들 탓이 아니라고 보았다.[49]

참여자들은 리크멘스포엘의 물음에 열렬하게 응답했다. 그의 첫 저서를 칭찬하고 그의 두 번째 책의 핵심부를 이룰 이야기의 주인공인 용맹한 사나이들을 찬양하는 사람이 많았다. 한 사람은 "나는 당신이 이 용감한 군인들의 대단한 행위에 관해 쓰고 있다고 생각한다"고 썼다. 그 집단의 몇몇 회원은 무장친위대가 결국은 졌다며 '승리'라는 낱말을 문제 삼았다. 리크멘스포엘의 친구이자 동료인 제이슨 파이프스는 "무장친위대의 대열에 선 이 용감하고 명예로운 사나이들의 손으로 거둔 승리가 많았다"고 주장하며 동의하지 않았다. 사이트를 창립했고 포럼을 운영하는 파이프스는 '패배 속의 명예: 무장친위대의 기사십자장 수훈자들과 그들의 전투'라는 제목을 추천해서 자기가 리크멘스포엘의 낭만무협식 무장친위대 해석에 공감한다는 것을 과시했다. 리크멘스포엘은 파이프스의 정서를 진심으로 지지했으며 무장친위대가 전쟁에서 거둔 많은 승리를 들먹였다. 기사십자장을 받은 자들 모두가 패배로 끝난 전쟁에서 승리를 경험했다는 것이다. 리크멘스포엘은 제목을 제안한 이들에게 고마워했고, '패배 속의 승리'를 반드시 본제로 삼겠다고 쓴다.

또한 리크멘스포엘은 그 기사십자장 저작의 본보기 노릇을 하는 본좌 마크 여거의 『무장친위대 지휘관』을 대놓고 칭찬했다.[50]

결국, 그 토론은 '패배한 대의'의 맥락에서 낭만무협식 태도를 드러냈다. 낭만무협인의 세계에서 무장친위대는 명예의 화신이며, 나치 정권의 본질적 일부였던 공포와는 상관없이 제 나름의 전투를 수행했다. 낭만무협인에게 무장친위대는 동부전선의 으뜸 군부대였다. 인터넷 본좌 리크멘스포엘의 활약 덕택에 낭만무협 기풍은 인터넷을 통해 활기찬 삶을 누린다.

무장친위대가 이 온라인 토론에 다른 낭만무협인을 많이 끌어들였다. 파이프스의 온라인 포럼에서 마련된 일련의 논전에서 참여자들은 무장친위대에서 복무한 용감한 비非독일인들의 이야기를 꺼냈다. 참여자들은 자기가 외국인 의용병으로서 무장친위대에 복무한 이 용감하고 명예로운 사나이들의 기괴한 운명이라고 간주한 것을 동정적으로 서술한다. 한 토론 참여자는 독일에 부역한 이들에게 과도한 폭행을 저지른 프랑스 레지스탕스 투사들의 위선에 항의했다. 이 '투사들(즉, 레지스탕스 대원들)'은 전세가 독일에게 불리해지기 시작한 1944년까지는 눈에 띄지 않았으며, 자기의 희생에 터무니없이 값비싼 대가를 치른 무장친위대 의용군 사이에서는 그토록 흔했던 용기를 보여준 이가 없었다는 것이다. 벨기에에서는 드그렐의 SS여단에서 복무한 사람들이 브뤼셀의 동물원으로 끌려가 우리에 갇힌 채 벨기에 시민들의 침 세례를 받았는데, 그 시민들 가운데에는 독일 점령 치하에서 편하게 지내던 이가 많았다. 그 토론 참여자는 "아, 그 용감하신 벨기에 레지스탕스 투사들"이라고 쓰고는 그들의 용기라는 것을 비웃었다. 다른 이들은 러시아의 수용소에서 극심한 고생을 했고, 그 수용소에서 살아나온 이는 거의 없었다. 한 놀라운 경우에, 무장친위대 왈룬인 사단의 일원은 '벨기에가 운영하는 강제수용소'에 갇히는 신세가 되었다. 그는 가까스로 탈출해서 약혼녀의 집으로 갔는데, 그곳에서 두 사람 다 당국에 체포되었다. 예전에 벨기에 렉시즘Rexism 운동*의 구성원이었던 그 약혼녀는 강제수용소에서 1년을 복역했으며, 원래 사형 선고를 받은 그 왈룬인 참전 군인은 교도소에서 5년을 복역했다. 따돌림을 받은 그는 풀려난 뒤에도 경제적 궁핍을 오래 겪었지만 '내 명예의 이름은 충성Meine Ehre Heisst Treue'이라는 나치친위대의 '기풍'을 버리지 않았다. 대의에 대한 이같은 헌신과 이 헌신에 내재된 명예가 낭만무협인이 무장친위대에게 품는 열정을 불러일으킨다. 그것은 자기 나라를 위해 복무하는 명예로운 사나이에게 기대되는 바로 그 특성을 구현한다. 이 행동은 독일을 위해 싸웠지 나치를 위해서는 싸우지 않은 전투 조직에 대한 낭만무협인의 기대를 충족해주었다.[51]

인터넷의 논전이 밝히는 대로라면, 비독일인 무장친위대원은 곤란을 많이 겪었다. 무자비한 붉은 군대가 자행한 학살에서 죽은 이가 많았다. 남동부 유럽에서는 세르비아인 파르티잔 투사들과 이들의

---

* 1935~1945년에 레옹 드그렐이 이끈 벨기에의 국수주의 극우 정치 운동.

동맹자인 소련군이 무장친위대 부대의 의용병을 고문한 다음에 살육했다. 발트해 연안 국가에서는 전쟁에서 살아남은 사람들 가운데 많은 이가 억지로 부과된 소련의 통치에서 벗어나 독립을 추구하는 게릴라 운동에서 도피처를 구했다. 소련이 잔혹하게 억누르기 전에 그 운동은 1950년대까지 지속되었다. 이 논전에 참여한 이들 가운데 한 사람이 비독일인 의용군에 관한 정보를 더 얻고 싶어 하는 사람을 위해 안토니오 무뇨스의 『액시스 유로파』에 곧 실릴 글 한 편을 추천했다. 나치친위대 엘리트 전투부대의 비독일인 대원을 다룰 이 글에서는 충성과 용기 때문에 겁쟁이에게, 또는 더 심하게는 끔찍한 정권에 빌붙어 활동하는 살인자에게 가혹한 대접을 받은 명예로운 사나이들이 묘사되고 있다. 그 사나이들이 자기의 맹세에 충실한 채 명예 수칙에 따라 살았기 때문에 사람들이 침을 뱉는다는 것이다. 이 정서는 낭만무협인의 가치 및 인식과 완벽히 어울린다.[52]

파이프스 사이트에는 독일 육해공군 문헌에 관한 논의도 꽤 들어 있다. 한 논전에서는 파이프스 사이트에 처음 온 사람이 가장 좋은 독일군 회고록에 관한 호기심을 표현했다. 한 답변자가 낭만무협인에게 잘 알려진 두 저작, 즉 한스 울리히 루델의 『슈투카 에이스』와 기사예르Guy Sajer*의 『잊힌 병사The Forgotten Soldier』를 제시했다. 한 독일인 참전 군인은 구데리안의 『기계화부대장』을 두고 "제2차 세계대전 저작들 가운데 가장 흥미로운 저작일뿐더러 가장 진실된 회고록

---

* 프랑스의 작가(1927~). 알자스에서 프랑스인 아버지와 독일인 어머니 사이에서 태어났고, 1942년에 독일군에 자원했다. 그로스도이칠란트 사단원으로 동부전선에서 싸웠다. 전후에는 프랑스에서 작가로 활동하며 만화를 그리고 회고록을 썼다.

들 가운데 하나"라고 썼는데, 이것은 낭만무협인이 널리 공유하는 정서다. 또 다른 게시글은 한스 폰 루크의 『기갑 지휘관』을 칭찬하면서 원숙한 제2차 세계대전 저술로 규정했다. 폰 루크의 저작은 낭만무협인에게 무척이나 중대한 박진성을 보여주었다. 참여자들은 자기에게 통찰력 있는 전쟁 해설인 멜렌틴의 『기갑전투』도 격찬했다. 이 저작들은 독일 군대에 관한, 특히 독일 군대가 동부전선에서 한 역할에 관한 낭만무협인의 이해를 보완한다.[53]

추천 도서에 본좌의 책이 들어 있었다는 점도 중요하다. 1998년의 한 논전에서 리하르트 란트베어 저작의 '역사적 정확성'에 한 방문자가 우려를 표현했다. 파이프스 사이트의 한 선참자가 댓글에서 그 새내기에게 란트베어의 저작은 믿을 만하다고 알려주었다. 그는 란트베어가 "다른 저자들보다 무장친위대에 관한 더 정확한 정보를 내놓으려고 연구하고 노력한다"고 썼다. 더욱이 그는 란트베어가 무장친위대원이었던 자들을 개인적으로 많이 알고 있으며 그들과 편지를 자주 주고받는다고 덧붙였다. 그는 란트베어가 연구에 보이는 철저함을 예증하면서 란트베어의 잡지 『지크루넨』에는 다른 자료에서는 구하기 어려운 사진이 들어 있다고 말했다. 기본적으로, 이 발언들을 보고 낭만무협인은 무장친위대의 세계를 재현하기 위해 자기가 간절히 얻고 싶어 하는 상세한 역사 정보를 란트베어가 가져다준다는 점을 기억해낸다. 란트베어 본인이 정확성으로 인식하는 것에 만전을 기하는 덕택에, 이 정보의 수요가 충족되며 사라져버린 이 1940년대 초엽의 세계에 낭만무협인들이 계속 몰입하게 된다.[54]

본좌 프란츠 쿠로프스키의 저작도 파이프스 사이트에서 주목을 끈다. 한 방문자가 쿠로프스키의 『마지막 대대*Last Battalion*』의 질은 어떤지, 그리고 번역은 믿을 만한지를 물었다. 한 참여자가 쿠로프스키의 책은 철저하며 서방 연합군과 소련군에 맞서 제3제국을 수호하는 크고 작은 전투를 포함하고 있다고 답변했다. 또한 그는 쿠로프스키가 동프로이센의 네머스도르프Nemmersdorf*에서 붉은 군대 병사들이 저지른 독일 민간인 학살에 관한 설명을 집어넣었다고 썼다. 쿠로프스키는 자기가 아무런 죄가 없는 여자, 어린이, 노인이라고 일컬은 사람들에 대한 이 학살의 무시무시한 세부 사항을 독자에게 내놓았다. 쿠로프스키가 이야기한 대로라면, 소련 군인들은 여덟 살밖에 안 된 소녀를 비롯해 여자들을 강간하고 죽였고, 이 무고한 사람 여럿의 몸을 심하게 훼손하기까지 했다. 이 같은 서술은 독일인을 피해자로, 독일 군인을 구원자로 만든다. 붉은 군대는 걷잡을 길 없는 만행을 자행하리라는 모든 낭만무협인의 기대를 채워주었다.[55]

이 논전이 있은 지 며칠 뒤 인터넷 본좌 마르크 리크멘스포엘이 또 다른 당사자에게 쿠로프스키에 관한 정보를 보냈다. 그는 그 질문을 한 개인에게 쿠로프스키의 책을 낭만무협인 출판사인 페도로위츠 출판사에서 구할 수 있다고 조언했다. 리크멘스포엘은 쿠로프스키가 제2차 세계대전의 폭넓은 영역을 망라하는 책들을 썼는데 이 책들 가운데 여러 권에서 저자 이름을 가명으로 했다는 말도 보냈다. 뒤이은 논전에서 쿠로프스키의 다른 저작, 즉 『보병 에이스』와 『기갑 에이스』가 추천되었다.[56]

파이프스의 온라인 포럼은 낭만무협인 유형의 서적과 출판사를 언급하는 다른 많은 논전을 크게 다룬다. 무장친위대를 다룬 저작의

---

* 오늘날의 러시아연방 칼리닌그라드주 마야콥스코예.

논의에는 독일인 저자인 롤프 힌츠의 『동부전선의 드라마, 1944년 *East Front Drama—1944*』과 조지 나이프의 『1943년 여름 우크라이나에서의 결정: 제2SS기갑군단과 제3기갑군단*Decision in the Ukraine, Summer 1943: II. SS and III. Panzerkorps*』이 포함되어 있다. 둘 다 페도로위츠 출판사에서 출간되었다. 제2SS기갑사단 다스 라이히와 1945년 5월에 프라하에서 독일 부대를 구출하려는 이 사단의 노력에 초점을 맞춘 한 논전에서 제임스 루카스의 『독일군의 마지막 해』가 나타났다. 한 방문자가 한스 폰 루크의 『기갑 지휘관』을 누가 평해줄 수 있는지 물었다. 한 답변자가 "폰 루크는 있는 그대로 솔직히 말한다"고 썼다. 비록 한 사람이 폰 루크는 제2차 세계대전에 관한 자기 견해를 결코 표명하지 않는다고 불평했을지라도 다른 발언들은 그 책을 칭찬했다. 폰 루크의 '행방'에 관한 별개의 논쟁에서 한 참여자가 자기는 『기갑 지휘관』을 읽고 "깊이 감동했"으며, 그 책의 충격에 관해 폰 루크에게 전하고 싶다고 말했다.[57]

러시아의 입장에서 본 저작이 별로 없다는 점이 온라인 토론에서 주의를 끌었다. 1999년에 한 방문자가 절판된 지 오래된 존 에릭슨의 『스탈린그라드로 가는 길*The Road to Stalingrad*』과 『베를린으로 가는 길*The Road to Berlin*』이 머지않아 재간행된다고 알렸다. 이 저작들은 동부전선 문헌에서 중요한 이정표 격이었다. 이 묵직한 책들을 준비하면서 에릭슨은 무수히 많은 소련 문서, 러시아인이 붙인 명칭인 대조국전쟁의 참전 군인과 한 인터뷰, 독일 사료, 동유럽 자료보존소에서 나온 자료를 이용했다. 그는 그 전쟁을 소련의 입장에서 보여주고 그 전쟁에 관한 사뭇 다른 관점을 낭만무협인에게 내놓는다.[58]

에릭슨의 저서는 중요한데도 초판이 나온 뒤 여러 해 동안 절판되어 있었다. 한 참여자는 이 권위서를 알지 못한다는 것을 드러냈다. 대다수가 그 책에 "유익한 정보가 많다"는 데에 동의했다. 전반적인 의견이 이랬는데도 한 참여자는 에릭슨이 "소련의 공식 전사戰史를 상당히 반영하"며 "몇몇 사실과 수치는 소련 장군의 회고록에서와 같은 방식으로 틀리다"고 독자에게 경고했다. 또 다른 참여자는 에릭슨이 "결국은 소련 옹호자"라고 비난했지만 논쟁에서 다른 참여자에게서 예리한 질책을 받았다. 이 반응은 에릭슨의 책 같은 저작들이 러시아에서 벌어진 전쟁에 관한 낭만무협인의 해석에 동조하는 이들에게서 거센 반발을 불러일으킨다는 것을 생생하게 보여준다. 이 저작들의 희귀성도 독일 측 사료에 바탕을 두고 낭만무협인의 독소전쟁 이해에 부합하는 저작들의 엄청난 분량과 날카로운 대조를 이룬다.[59]

낭만무협인은 윤리성이 두드러지는 쟁점을 놓고서도 맞붙었다. 무장친위대가 적군을 사로잡고서 살려두었는지 여부를 둘러싸고 1998년 11월에 논쟁이 벌어졌는데, 요점은 무장친위대가 붙잡은 사람을 모두 죽였다는 기존 인식이었다. 무장친위대에 호의적인 한 독자는 무장친위대가 정치지도위원인 경우에는 공산주의자들이 독일에 품은 적의를 감안해서 생포해 살려두기를 거부했다고 주장했는데, 이런 행태는 그 독자의 생각으로는 타당했다. 마찬가지로, 러시아 내무인민위원회 부대의 경우에, 무장친위대는 동일한 명령 아래 활동했다. 내무인민위원회, 즉 '비밀경찰의 특수부'는 소련 체제의 이념과 테러의 칼날이었다. 때때로 무장친위대는 전투의 치열함이나 독일군을 격분하게 만드는 어떤 사적인 사건 때문에 사로잡은 이들을 살려두기를 거부했다. 그 참여자는 모든 군대의 군인이 때로는 붙잡은 적을 살려두기를 거부한다는 점을 지적했다. 그는 이스라엘 방위대와

이 부대의 지휘관인 모셰 다얀Moshe Dayan*을 언급했다. 모셰 다얀은 자기 부하들이 시나이사막을 관통하는 1967년의 질주에서 적군을 붙잡아 살려두지 않는다고 보고했다. 동일한 참여자가 무장친위대는 무고한 이들을 수호하면서 고결하게 행동했다고 언급했다. 그는 프랑스인으로 구성된 무장친위대 샤를마뉴 사단이 살육을 일삼는 붉은 군대에게서 민간인을 구하려고 1945년에 포메른에서 사단 부대원을 전개했다고 언급했다. 그 싸움이 벌어지는 동안 샤를마뉴 사단 부대원들이 소련군 정치지도위원에게 고문당한 다른 무장친위대 부대원과 많이 마주쳤다는 것이다.[60]

답변자들은 무장친위대가 포로를 결코 살려두지 않았다는 관념도 문제 삼았다. 또 다른 참여자는 SS해골사단 부대원들이 1943년에 테오도어 아이케 사단장이 러시아군 대공포에 격추되어 죽은 직후 미쳐 날뛰며 했던 행위 때문에 무장친위대가 비열하고 정당하지 않다는 평판을 얻었다고 주장했다. 그 참여자는 무장친위대는 '연합군 프로파간다'의 단정에도 불구하고 대개는 포로를 죽이지 않았다고 주장했다. 토론에서 또 다른 논쟁 참여자는 포로를 죽이라는 명령이 있었지만 보복의 맥락에서, 특히 파르티잔 공격의 경우에 그랬다고 주장했다. 또한 그는 붉은 군대가 "좋아하기에는 너무 훌륭한 부대"에 속한 독일 군인을 처형하라는 상비 명령에 따라 활동했다는 점을 짚었다. 낭만무협인들은 심지어 미국 육군이 부당하게 무장친위대에게 잔학 행위를 저질렀다는 단언까지 했다. 한 참여자는 미

---

* 이스라엘의 군인(1915~1981). 반영(反英) 운동에 참여하고 지하 활동을 하다 1939년에 붙잡혀 투옥된 뒤 1941년에 풀려났다. 제1차 중동전쟁에서 이스라엘군 사령관으로 활약했고 참모총장, 국방장관, 외무장관을 지냈다.

국 육군이 모든 무장친위대 군인을 죽이라는 상비 명령에 따랐다고 주장했다. 그 참여자에 따르면, 이 명령은 무장친위대원이 미국 육군 군인을 '처형한다'는 근거 없는 소문을 사실로 단정했다.

낭만무협인이 무장친위대가 분명한 이유 없이 포로를 죽이는 살인자들로 이루어졌다고 믿는 것은 독일 군대에 관한 자기의 신념체계 전체, 특히 그 신념체계에서 가장 소중한 조직인 무장친위대를 부인하는 것과 마찬가지일 터였다. 명예와 용기의 정신을 구현한 사나이들이 정당하지 못한 살인의 수렁에 빠졌을 리가 결코 없다는 것이다.[61]

이 전쟁범죄의 쟁점은 1998년 봄에 나타났다. 파이프스 사이트에 찾아온 어느 한 명이 제5SS기갑사단 비킹이 러시아 유대인에게 범죄를 저질렀는지를 물었다. 그 부대에 관한 비디오에는 비킹 사단 부대원들이 러시아 전역에서 전투를 벌이는 동안 유대인 수백 명을 살육했다는 주장이 있었다. 이 주장을 부정하는 긴 답변을 무장친위대에 호의적인 한 낭만무협인이 보냈다. 그는 비킹 사단은 소련이 전쟁범죄로 기소하지 않은 몇 안 되는 부대 가운데 하나라고 주장했다. 실제로 러시아의 독소전쟁 문헌은 비킹 사단에 크나큰 존경을 보였고, 그 높은 평가는 전쟁 뒤에도 지속되었다는 것이다. 그러고 나서 그 답변자는 1941년에 우크라이나 안으로 돌진하는 동안 렘베르크*와 타르노폴**에서 살해된 우크라이나인 수천 명의 유해를 발견하는 비킹 사단 부대원들의 경험을 서술했다. 소련이 한 짓임이 확실하며, 비킹 사단을 해방자로 반기는 민간인이 그 주검들이 썩고 있는 장소로

---

* 오늘날 우크라이나의 리비우.
** 오늘날 우크라이나의 테르노필.

부대원들을 데려갔다는 것이다. 그 답변은 특무기동대가 그 현지 유대인 주민을 죽였을지 모르지만 비킹 사단은 여전히 무고하다고 주장했다. 그는 다음과 같은 결론을 내렸다.

독일인들이 겪고 있는 것처럼 보이는 오늘날의 자기혐오와 자기 학대의 통상적 분위기에서, 이 비난은 저 나라의 많은 이가 독일의 집난 기억에서 지워져야 한다고 느끼는 독일 군사 전통의 관 뚜껑에 박히는 또 다른 못이다.[62]

그런 다음에 그 답변자는 제이슨 파이프스가 전쟁범죄 웹사이트를 개설해야 한다는 제안에 응답했다. 그는 그 같은 화제에 관심을 가진 이들은 지몬 비젠탈Simon Wiesenthal*이나 베아테 클라르스펠트Beate Klarsfeld**의 웹사이트를 이용해야 한다고 권하고는 "예, 그 사람들한테는 그것이 있지요"라고 적었다. 그런 다음에 그는 "독일보다 소련이 사람을 훨씬 더 많이 죽였"으니 그 같은 활동에 쓰는 시간이 소련의 야만 행위를 적발하는 데 쓰이면 더 좋겠다고 주장했다.[63]

이 적대감 표출은 명예롭고 고결한 한 조직에게 근거 없는 비난이

---

* 홀로코스트 연구자(1908~2005). 오스트리아 출신의 유대인으로, 르부프에서 살다 1941년에 나치 독일 당국에 체포되어 수용소에 수감되었다. 가족과 친척 대다수를 홀로코스트로 잃었다. 전후에 나치 잔당을 추적하는 일에 나섰다. 그의 뜻을 기려 1977년에 미국에 지몬 비젠탈 센터가 세워졌다.
** 독일의 활동가(1939~). 파시즘을 추종하는 부모와 자주 싸웠고, 홀로코스트로 아버지를 잃은 프랑스인 세르주 클라르스펠트와 1963년에 결혼한 뒤 남편과 함께 홀로코스트 책임자를 색출하는 일에 나섰다. 끈질긴 추적 끝에 클라우스 바르비 등 홀로코스트 범죄자들을 찾아냈다.

가해진다는 인식에서 비롯되는 낭만무협인의 불쾌감을 반영한다. 이 낭만무협인에게 비젠탈과 클라르스펠트는, 보아하니, 전쟁범죄를 저질렀다며 엉뚱한 사람이나 쫓고 있는 사람들이었다. 이 발언들이 시사한 대로, 그는 러시아에 맞선 인종 전쟁이 실패한 뒤에 그토록 많은 독일인이 취한 반공 정서를 받아들였다. 무장친위대는 그 같은 폭력 행위 따위는 하지 않았고 독일을 지키려고 싸웠지 나치 정권이 파멸할 운명으로 정해놓은 독일 국민을 말살하려고 싸우지는 않았다는 것이다.[64]

「주목, 기갑부대」와 아주 비슷하게도, 파이프스 사이트에는 낭만무협인에게 퍽 흥미로운 화제인 역사적 세부 사항에 관한 토론이 많이 있다. 1999년 11월에 그로스도이칠란트 기갑사단 전차 지휘관의 전투모에 범 줄무늬가 있었는지를 놓고 논전이 벌어졌다. 또 다른 논전에서 참여자들은 전선까지 부대를 따라다닌 기자들이 들고 다녔던 사진기의 종류를 놓고 입씨름을 벌였다. 논전의 세 번째 판에서 한 방문자가 독일의 포케불프 190F-8 전투기에 사용된 한 특정 장비의 기술적 세부 정보에 관해 물었다. 그는 『무기 평론*Waffen Revue*』*의 한 호에 나왔을 법한 정보를 알고 있었고 누가 그 잡지의 전질을 소장하고 있는지를 물었다. 1호부터 100호까지 소장한 사람이 그 글을 읽고 자기가 돕겠다는 답장을 보냈다. 낭만무협인이 제2차 세계대전의 독일 군대에 가능한 한 가깝게 자기를 데려다주는 박진성을 찾아다니는 바람에 이 자잘한 논점들이 파이프스 사이트에서 벌

---

* 1970년부터 간행된 독일의 계간지. 독일의 무기, 특히 제2차 세계대전 때 무장친위대의 무기를 주로 다룬다.

어지는 많은 논전을 점령한다.[65]

파이프스의 온라인 포럼은 독일 육해공군을 다루는 다른 여러 웹사이트에서 벌어진 대화도 크게 다룬다. 실제로, 사이트에 관한 공지는 낭만무협인 문화의 기풍을 내비친다. 1999년 12월에 한 게시글이 "Achtung Panzer.com에 무슨 일이 일어났나요?"라고 물었다. 그 방문자는 왜 「주목, 기갑부대」가 이제는 "사용자 이름과 비밀번호"를 요구하냐고 물었다. 그는 "전차가 상업화했는가?", "군사사 연구의 본질은 어디 있나?"라고 썼다. 보아하니, 그 사람은 독일 육해공군에 관한 상호 관심 때문에 이 사이트들을 무료라고 여기고는 상업주의가 낭만무협인 세계의 정신을 망친다고 생각했다. 「주목, 기갑부대」 운영자는 이 사이트가 무료 사이트로 남을 것이며 사용료를 물릴 의향이 없다고 답변했다. 비밀번호와 사용자 이름은 웹사이트의 용량이 정해져 있어서 방문자의 흐름을 통제하는 방법일 따름이라는 것이다.[66]

그런 다음에 제이슨 파이프스가 그 논전에 가담하고는 「주목, 기갑부대」 호스트인 조지 패러다를 조지라고 부르며 그에게 인사말을 보냈다. 그러자 조지 패러다는 파이프스에게 「주목, 기갑부대」에 찾아와달라고 부탁하면서 자기 사이트의 온라인 포럼에 참여하라고 다그쳤다. 패러다는 파이프스가 그의 해박한 지식으로 「주목, 기갑부대」를 이용하는 이들에게 중요한 이바지를 할 것이라고 썼다.[67]

파이프스의 웹사이트는 독일 군대를 다루는 많은 사이트 가운데 하나였을 뿐이다. 예를 들어, 「추축국 인물 전기 연구Axis Biographical Research」는 유럽 전역의 추축국 인사에 관한 완벽한 안내서를 제공할 자원을 개발했다. 이 모든 사이트가 다 그렇듯이 「추축국 인물 전기 연구」 사이트는 비정치성을 표방하면서 제3제국 정부부터 정권의 다양한 군사 부서까지 수많은 주제에 관한 정보를 제공한다. 이 사이트의 조직자들을 연구 면에서 도운 개인으로는 본좌인 마크 여거, 무장친위대 '전문가'인 마르크 리크멘스포엘, 페도로위츠 출판사 간행서의 저자인 조지 나이프, 『액시스 유로파』의 동료인 안드리스 커시티스Andris Kursietis와 그의 동생 발디스 커시티스Valdis Kursietis, 그리고 미군 장교들도 있었다. 그 조직자들의 출신 배경은 다르고 직업도 다양했다. 어떤 이는 독립 작가, 비디오 감독이었다. 미 해군의 잠수함 승조원도 있었다. 창립 멤버들은 모두 전문 직종인이거나 석박사 학위 중이었다. 「추축국 인물 전기 연구」 사이트에는 서평란과 온라인 포럼란이 있다. 1999년 8월 현재, 이 사이트는 개설한 지 석 달 뒤에 방문자 16만 7,839명을 불러들였다. 추축국 부대에 초점을 맞추는 다른 사이트로는 대형 사이트인 「액시스 히스토리 팩트북Axis History Factbook」, 「제3제국의 엘리트 부대, 1933~1945년The Elite Forces of the Third Reich 1933-1945」, 「독재의 병기창Arsenal of Dictatorship」, 「제2차 세계대전 온라인 메시지 포럼」, 「판처디젤Panzerdiesel」 등이 있다.[68]

또한 독일 군인, 그의 지휘관과 적군의 세계를 상상해서 재현하는 일에 나서는 이들의 태도, 견해, 읽을거리, 활동의 탐구가 인터넷으로 말미암아 쉬워진다. 이 같은 도구 덕에 우리는 무엇이 사람들을 독일 국방군과 동부전선이라는 주제로 끌어당기는가라는 어렴풋한 의문에, 한정적으로나마 답할 수 있게 된다. 우리는 우리의 증거가 완전한 그림을 결코 보여주지 않는다고 미리 밝혀둔다. 그러나 그 증거는 무엇이 젊은이들을, 죄다 남자인 젊은이들을 러시아에서 벌어진 전쟁에 끌어들이는지를 우리에게 확증해준다.

많은 사람에게 애착은 어릴 때 형성되어서 어른이 된 뒤에도 삶에서 사라지지 않는다. 아버지와 아저씨가 제2차 세계대전 참전 군인인 경우가 잦았다. 심지어는 할아버지가 참전했고, 몇몇 경우에는 독일인 친척이 실제로 러시아에서 독일국방군과 함께 싸웠고, 싸움터의 참된 서술로 보이는 것을 이야기해줄 수 있었다. 이 같은 사료는 처음으로 전쟁에 관해 배우는 소년이나 청년에게는 너무나도 매혹적일 터이다. 한번은 참여자가 자기 가족이 "독일국방군에서 자랑스럽게 복무"했다고 당당히 밝혔다. 으레 아버지, 아저씨, 할아버지가 말해준 이야기가 어린 소년이었던 이 남자를 사로잡아서 독일국방군에 대한, 그리고 이 군대가 동부전선에서 벌인 싸움에 대한 평생의 애착을 빚어내기 시작했다. 가끔은 참여자가 유럽인이며 독일국방군의 운명이 결정된 바로 그 싸움터에 둘러싸여 자라난 사람이었다.[69]

다른 경우에는 책, 만화, 영화, 텔레비전 프로그램이 제2차 세계대전에 관한 흥미를 불러일으켰고, 이 흥미가 이 사람들을 독일 군대로 이끌었다. 그 책은 낯익은 폴 카렐의 『히틀러가 동쪽으로 움직이다』부터 페터 노이만Peter Neumann*의 『검은 행진The Black March』, 한스 루델의 『슈투카 조종사』 등 다양했다. 싸움의 범위와 규모가 미국의 참여자를 매혹해서 독일 군대에게서 빠져나오지 못하게 만들었다. 한 젊은이는 밸런타인 출판사가, 나중에는 밴텀북스 출판사가 아

---

* 독일의 군인(1920~). 히틀러유겐트를 거쳐 1939년에 나치친위대에 입대했다. 제5SS기갑사단 비킹의 일원으로 독소전쟁에 참여했다. 스탈린그라드 전투에서도 싸웠고 전쟁 말기에는 동유럽에서 싸웠다. 1956년에 전쟁 경험과 붉은 군대의 잔학성을 이야기하는 회고록을 프랑스에서 펴냈다.

주 싸게 내놓은 카렐의 염가판 책을 손쉽게 얻을 수 있었기에 동부전선의 설명을 찾아다니는 물리지 않는 욕구가 생겨났다고 말했다. 마찬가지로, 스벤 하셀의 동부전선 소설이 이 젊은이들의 상상력을 사로잡아 독소전쟁 문헌으로 끌어들였다. 독일 쪽에서 본 강렬한 전투 서술은, 비록 허구일지라도, 독자를 사로잡아서 러시아에서 벌어진 싸움에 관한 이야기를 더 많이 찾도록 이끌었다. 한번은, 참여자가 헤르만 괴링의 전기 『제3제국 원수*The Reich Marshal*』를 읽었다. 그는 이 책에 푹 빠진 나머지 "스바스티카로 장식된 책들을 학교에 가져갔"고, 당연하게도 많은 급우의 반감을 샀다. 독일국방군이 크나큰 역경에 처했고 적군이 독일 부대를 물리치면서 힘든 시간을 보냈다는 점이 독일군이 독자에게 지니는 호소력을 키우는 경우가 많았다.[70]

매체도 독일 군대에 관한 흥미를 자아내는 데 한몫을 했다. 몇몇 경우에 「가장 기나긴 그날」 같은 영화나 독일 군인을 연기하는 등장인물을 동부전선으로 보낸다는 위협이 끊임없이 나오는 텔레비전 연속극 「호건의 영웅들Hogan's Heroes」*이 시청자의 이목을 끌었다. 전쟁영화를 보면서 보내는 일요일 오후도 제2차 세계대전과 독일군에 관한 정보를 더욱더 많이 찾는 참여자들에게 봉화 노릇을 했다. 사실의 묘사가, 또는 심지어 실질적인 코미디도 사람들을 낚아채서 동부전선과 전쟁 자체에서 못 빠져나오게 하기에 충분했다. 한번은 참여자가 미국 영화는 독일을 더 잘 이해하도록 해주지 못하거나 심지어

---

* 제2차 세계대전 때 독일의 미군 포로수용소를 소재 삼아 1965~1971년에 방영된 미국의 CBS 텔레비전 시트콤. 한국에서는 1980~1981년에 방영되었다.

는 독일을 공정하게 취급하지 않는다고 불평했다. 이 참여자에게는, 명백히 승자가 자기의 관점에서 역사를 썼고 매체는 이 설명의 정서를 그저 재생산할 따름이었다. 몇몇 경우에 참여자들은 흥분을 자아내는 독일 측 서사를 읽었다. 한스 루델의 『슈투카 조종사』가 일례를 제공한다. 그 책의 전투 장면과 영웅적 이야기에 이끌린 한 참여자는 전시의 이야기를 찾아 아버지의 책들을 샅샅이 뒤지고는 급기야 독일국방군의 시각적 묘사를 찾아 텔레비전 방송을 찾아보게 되었다. 그는 그것들을 더 철저한 전투 묘사로 인식했을지 모른다. 이경우에, 그 참여자의 아버지와 할아버지는 독일국방군에서 싸웠던 사람들이었고, 따라서 그가 미국의 맥락에서 들은 이야기들은 자기가족이 해주는 이야기와 자주 어긋났다. 이 모든 사례에서, 참여자들은 어릴 적에 서적과 시각 매체, 그리고 빈번하게 특공대 만화를 보면서 처음으로 독일군을 알게 되었다. 많은 이가 독일군의 관점을 이른 나이에 받아들였고, 이로 말미암아 다만 동부전선과 독일국방군과 관련된 상상력이, 그리고 읽을거리와 경험을 더 많이 찾는 열의가 커졌다.[71]

이 상상의 산물은 독일국방군과 동부전선의 다른 표상에도 의존했다. 무기, 군인, 전투의 모델에 이끌려서 수집 취미를 가지게 된 사람이 많았다. 다른 사람들은 제2차 세계대전 기념수집품에 이끌려서 독일군의 기장과 제복의, 그리고 독일 군장軍裝 수집품 전반의 세계에 들어섰다. 또 다른 사람들은 전쟁 게임에 매료되었는데, 이들은 제2차 세계대전이라는 사건을 극적으로 상이한 ─즉, 다양한 전투에서 독일이 이기는─ 결과로 재연할 수 있다. 이른 나이에 형성된 이습관은 독일군에 관한 자료를 더 많이 읽거나 보면 생겨나는 경향을

강화했다. 어떤 이들에게는 심지어 「록 상사Sergent Rock」 만화*도 한 몫을 했다.[72]

필연적으로, 그 같은 조우에서 독일 군대와 동부전선의 낭만화된 해석이 태어났다. 제2차 세계대전 전후 미국의 청년 세대는 냉전기 미국에서 자랐고, 병역을 준비했다. 과반수를 훌쩍 넘어서는 미국 남성 청년이 병역을 소련에서 구현된 공산주의에게서 미국을 수호하는 데 필요한 애국적 의무로 보았다. 또한 그들은 '좋은 전쟁'에서 싸워서 잔학한 적을 물리친 참전 군인들에 둘러싸여 있었다. 묘하게도 미국은 적이었던 바로 그 독일인을 충원해서 냉전 수행 노력에 활용하고 이 미국 젊은이들은 독일인을 향후 수십 년 동안 포용할 터였다.

제2차 세계대전에 관한 책과 시각 매체도 낭만화된 독일국방군 세계를 만들어내는 데 중요한 역할을 한다. 이것들은 1950년대 이후로 상당히 많다. 냉전의 압박을 고려하면, 대개 독일인이 쓴 동부전선 해설에서는 독일국방군이 러시아군에 맞선 전투에서 한 영웅적 노력이 크게 다루어졌다. 이 전구에 관심을 가진 전후 미국의 청년들은, 보아하니 독일 측의 회고록과 해설이 이끄는 대로 따라가면서 동방에서 벌어진 전쟁을 군인과 장군이 혹독한 싸움터에서 승리를 위해 싸운 전구로 본 반면에 독일의 이념적 목표는 이들에게 분명하게 설명되지 않은 채로 남았다. 많은 이에게 중요한 출처인 스벤 하셀의 소설은 동부전선에서 벌어진 전쟁의 위생 처리된 이미지를 그

---

* 조 쿠버트 등이 창작해서 1959년부터 연재된 미국 만화. 제2차 세계대전 유럽 전구에서 싸우는 미국 육군 부대의 전투와 일상을 묘사해서 큰 인기를 끌었다.

리지 않았고, 독자는 하셀 소설의 등장인물이 견뎌내고 이겨냈던 것을 인정했고 심지어는 찬양했다. 그 시대의 미국 동맹 체제 안에서 독일이 차지한 두드러진 위상을 고려하면, 러시아에서 벌어진 전쟁의 진정한 성격을 상상하거나 동부전선의 독일군에 관한 적대적 시각을 찾아낼 수 있는 이는 없었을 것이다. 여자와 어린이가 주로 희생된 한 전구의 참상을 아무도 깨닫지 못한다. 그들은 독일군과 러시아군이 실행하는 전투나 초토화로 도시 수십 개와 읍과 마을 수천 개가 완전히 파괴되었음을 알아채지 못하는 듯하다. 게다가 도시와 시골에서는 공격당할 때, 소련이 최선으로 소개疏開를 하려고 했는데도, 떠나지 못한 민간인들이 언제나 있었다. 따라서 그들은 고통을 겪었다. 독소전쟁의 복잡성과 이 참상에 대한 독일의 책임은, 아무리 제한되고 한정된 것일지라도, 오락이나 취미로 동부전선을 접하는 이들에게는 선뜻 이해되지 않는다. 그 같은 해석은 심지어 지금도 보기 드물고 늘 세찬 반박을 받는다.

그리고 참여자들 가운데 몇몇 사람이 표현하는 태도는 러시아에서 벌어진 전쟁의, 그리고 그 전쟁에서 독일국방군과 무장친위대가 한 역할의 호의적이고 이상화된 해석을 시사한다. 그 참여자들이 한 발언은 그들이 독일 군대를 대하는 태도와 독일 군대로 쏠리는 편향뿐만 아니라 독일 군대의 복잡성과 제2차 세계대전에서 독일 군대가 한 역할에 관한 비판적 이해의 결여를 드러낸다. 토론에 참여한 한 독일군 광은 "군인 대 군인, 부대 대 부대, 군 대 군이라면 그들(즉, 독일군)은 무적이었다"고 단언했다. 나아가서 그는 "그들은 공격에서든 방어에서든 굉장한 위업을 이룬 믿기지 않는 전사였다"고 썼다. 이같은 발언은 모든 참여자가 거세게 비난하는 나치 정권과 그 정권의 목표에 독일 군대를 한사코 연계하지 않았다. 그 군인들은 정치적으로는 순진하지만 군사적으로는 용맹하고 사나운 '전사'로 보인다.

다른 참여자들은 자기가 "당시의 낭만적 이미지에 사로잡"혔고 "평생의 독일국방군 중독"을 키웠다고 말했다. 한 참여자는 실제 경험을 얻으려고 미국 해병대에 입대까지 했다. 얄궂게도 그는 어쩌다 보니 한 해양박물관의 학예연구사가 되었는데, 그 박물관에 "독일 것이 많"다고 적었다. 또 다른 참여자도 입대 신청을 했는데, 자기의 낭만적 상상이 말 그대로 환상이었음을 바로 깨우쳤다. 그러나 그는 그 경험을 해보니 "저 기나긴, 사라진, 더 단순한 시대 …"에 싸운 군바리 씨에게 더 가까이 다가서게 되었다고 주장했다. 그는 동부전선 군인들에게 '존경과 찬양'을 표현했다. 그 참여자가 독일 군인에 품는 애착은 그 자신의 전쟁 경험 때문에 강해졌을 따름이며 그의 상상력을 채워주던 새로운 낭만주의를 대체했다. 가장 극단적인 형태로, 또 다른 참여자는 낭만주의에 이끌린 나머지 문자 그대로 "스탈린그라드 전투(에 있는) 꿈"을 꾸었고 그 전투에서 적군에게 "SdFK2Z 232(독일군 반궤도차량) 측면 너머로 막대 수류탄을 … 던졌다." 그 꿈은 그 환상에 현실이 그에게 내주지 않던 실체를 부여했다. 이 사람들이 경험하지도 않은 것을 상상한다고 해서 동부전선의 복잡성과 참상에 어떻게든 더 가까이 다가설 리는 만무했다.[73]

낭만무협인의 세계는 인터넷의 도입으로 극적으로 확대되었다. 인터넷은 엄청난 거리로 분리되어 있고 공통의 관심사를 통해 이어지며 새로운 전자통신으로 매개되는 공동체를 만들어냈다. 새 웹사이트는 더 전통적인 저장 수단에서는 예상하지 못한 규모의 정보를 구현했다. 그 정보는 독일 군대의 영웅적 세계를 더 잘 이해하려고 끝없이 검색하는 낭만무협인에게 이용 가능한 상태로 남아 있다. 또한 인터넷은 논쟁과 논전이 24시간 내내 벌어지고 지구 전체에 걸쳐 이루어지는 환경을 만들어냈다. 낭만무협인의 문화는 지금 새로운 기술 환경에서 번창한다.

제8장

독소전쟁을 낭만무협화하기
역사재연동호인과 '~더라면 어떠했을까 식 역사'

'결백한 독일국방군' 신화가 미국 대중문화에서 지니는 호소력은 러시아에서 벌어진 전쟁의 전투를, 그리고 그 전투를 수행한 부대를 재현하려는 역사재연동호활동 단체에서 가장 생생하게 나타난다. 역사재연동호활동은 실제 군 경험이 없는 자칭 전략가, 탐독가, 동부전선 기념품 수집가의 세계를 넘어서서 확장된다. 역사재연동호인은 군복, 장비, 지형의 완벽한 박진성을 고집하면서 동부전선의 전투를 적극적으로 재연한다. 그들은 모두 다 자기가 하는 행위가 독일의 승리를 불러오기를 바라는데, 이것은 역사적 박진성을 훼손하지만 '패배한 대의'를 반전한다는 낭만무협인의 목적에 이바지한다. '~더라면 어떠했을까' 역사서로 불릴 수 있는 책들의 장르가 역사재연동호인의 대체역사 접근 방식을 크게 고취한다. 이 책들은 만약 독일이 다른 방향으로 움직였더라면, 만약 히틀러가 개입하지 않았더라면, 장군들이 자기가 세운 계획을 수행할 수 있었더라면 동방에서 벌어진 전쟁의 결과가 어떻게 달라졌을지를 서술한다.

역사재연동호활동 행사 참여를 준비하려고 낭만무협인들은 갖가지 사료에 의존한다. 그들은 러시아에서 싸운 사나이들을 이해하기 위해 회고록을 비롯해서 독일군에 관한 방대한 문헌들을 이용한다. 그들은 그 시대의 실제 장비, 제복, 무기를 비롯한 전쟁용품을 특집으로 다루는 수집가들의 책을 참고서로 매우 자주 이용한다. 낭만무협인이 역사재연동호활동 필수품을 구할 수 있도록 하는 일련의 복제품 제작업체 및 유통업체가 있다. 몸소 경험하고 관찰하기와 결합된 책읽기는 역사재연동호인에게 그로스도이칠란트 사단과 화제가 된 무장친위대 사단들처럼 잘 알려진 부대의 기초 사실에 관한 정보를 꽤 많이 제공한다. 독일국방군 사단들과 특히 무장친위대가 히틀러, 나치 국가, 그 국가의 목적에 절대 헌신했음을 인정한다고 보이는 이는 거의 없다.[1]

역사재연동호활동의 역사

능동적 취미로서 역사재연동호활동의 기원은 1865년 이후 수십 년 만에 미국내전 북부연방군 참전 군인들이 개최한 야영 행사로 거슬러 올라간다. 그 야영 행사는 참전 군인이 자기가 싸우고 고생했던 바로 그 싸움터에서 자기의 공훈을 다시 체험하고 싶어 하면서 역사재연동호활동으로 서서히 확장되었다. 뜻밖에도 남부연합군 참전 군인들이 이 행사에 합류했고 곧 한때는 이 사나이들을 그토록 격렬하게 갈라놓았던 미국내전의 가혹함이 전투 참여라는 공통의 경험에 바탕을 둔 동지애로 진화했다. 미국내전 세대가 죽어 없어지자 그 같은 행사는 사그라들었지만, 미국내전에 열광하는 새 세대가 개시해서 운영하는 경쟁 행사로 대체되었다. 이들이 1930년대 초엽에 전국전장총포협회全國全裝銃砲協會(National Muzzle Rifle Association)를 세웠고, 이 협회가 미국내전 당시의 총기를 사용하는 사격 시합을 주최했다. 한 전국전장총포협회 회원이 1950년에 미국내전교전협회North-South Skirmish Association*를 세웠다. 이 새 단체에 가입한 사람들이 더 큰 미국내전 전투에서 따온 소규모 역사재연동호활동에 관여했다. 이 협회원들이 1960년대 전반기에 미국내전 100주년을 기념하는 역사재연동호인들 사이에서 우세했다. 이 역사재연동호활동에는 불런Bull Run 전투, 즉 제1차 매너서스Manassas 전투**부터 게티즈버그 전투까지 여러 주요 전투가 포함되었다.[2]

20세기 전쟁 역사재연동호활동은 미국내전 단체에서 생겨 자라났다. 미국내전 역사재연동호활동은 열광하는 사람 수만 명이 크고 작은 행사에 참여하면서 1980년대와 1990년대에 극적으로 확장되었다. 이 역사재연동호인 집단에서 20세기 역사재연동·호활동 부대들 가운데 첫 부대를 구성한 이들이 다수 나왔다.[3]

독일군 역사재연동호활동단의 실제 기원은 1970년대의 10년으로 거슬러 올라간다. 1970년대 중엽에 프레드 포디그Fred Poddig와 그의

---

* 미국내전 참전 군인을 기념하고 미국내전에서 쓰인 화기에 관한 지식을 증진하고자 1950년에 설립된 미국의 단체.
** 1861년 7월 21일에 미국의 버지니아주 매너서스시 부근에서 북부연방군과 남부연합군 사이에 벌어져 남부연합군의 승리로 끝난 미국내전의 첫 대규모 전투. 불런 전투는 북부연방군 측, 매너서스 전투는 남부연합군 측의 용어였다.

미주리주 친구들이 제2차 세계대전 역사재연동호활동을 개시했다. 포디그는 어릴 적에 텔레비전 연속극 「호건의 영웅들」에서 독일 군인이 무능력자와 어릿광대로 묘사되는 것을 보고 성을 내는 아버지의 반응에 자극을 받아 기록을 바로잡게 되었다. 포디그는 독일군이 광대처럼 묘사되면 미국 육군이 제3제국에 거둔 승리를 깎아내리는 셈이므로 아버지가 짜증을 낸다고 이해했다. 포디그의 아버지는 제2차 세계대전 침전 군인으로서 그 같은 묘사를 명예훼손으로 여겼다. 아들 포디그는, 아버지가 알았듯이, 독일 군인이 전문성과 강인성을 지니고 전투에 임했음을 깨달았고, 청년 포디그는 그 자질들을 자기의 역사재연동호활동 부대, 즉 제1SS라이프슈탄다르테에서 과시하기를 바랐다. 포디그는 낭만무협인 세계로 가는 여정을 시작했다.[4]

1975년 5월에 포디그와 그의 동료들은 미주리주 웰던스프링에서 제2차 세계대전 역사재연동호활동을 처음 연출했다. 가입비 10달러를 내면 행사 참여자 한 명에게 먹을 것, 탄약, 연막탄 한 개를 주었다. 10월에 포디그는 (세인트루이스에 본거지를 두고) 제1SS라이프슈탄다르테를 편성했고 퀴벨바겐Kübelwagen(독일 군용 승용차)* 두 대, 춘다프Zundapp 모터사이클/사이드카 한 대, 1940년산 포드 화물차 한 대를 얻었다. 그 행사는 독일에 있는 나치친위대 참전 군인 단체들의 관심을 끌었고, 그 단체들은 조언을 해주고 포디그의 소부대를 도와주겠다고 자원했다. 포디그는 이미 유대인 반명예훼손동맹Jewish Anti-Defamation League**과 매체의 감시 아래 있는지라 나치친위대 단체들

---

* 제2차 세계대전에서 독일군이 사용한 소형 승용차. 미군의 지프에 해당한다.
** 반유대주의 및 모든 형태의 편견에 맞서 싸울 목적으로 1913년에 미국에 본부를 두고 창립된 국제 유대인 단체.

의 원조를 거절했다.[5]

포디그는 두어 해 안에 역사재연동호활동 장비 시장이 활발해지리라고 예상하며 역사재연동호인용 장비, 제복, 관련 물품을 제조하는 일을 했다. 한편, 그의 부대인 제1SS라이프슈탄다르테는 해외전쟁복원병협회Veterans of Foreign Wars*와 미국참전용사단American Legion** 같은 단체가 후원하는 가두 행렬과 기타 공공 행사에 참여하면서 공적인 면모를 띠었다. 포디그와 이 초기 시절에 그 취미에 합류한 다른 사람은 패션에서 근본적으로 다른 외관이 요구되던 시대에 짧은 머리에 군복 차림이었으므로 주변인적인 위치를 감내했다. 실제로, 초기 부대를 지탱하려는 노력은 도전적인 일임이 판명되었다.[6]

걸음마를 하던 제1SS라이프슈탄다르테LAH가 1985년에는 100명이 되었다. 이 팽창에는 변화가 따랐다. 포디그는 단원이 입는 제복을 통일하고 부대의 군용차량 수를 확 늘렸다. 또한 단원들은 역사재연동호활동을 할 장소를 확보하고자 미국 육군과 관계를 맺었다. 군대가 역사재연동호활동 행사를 위해 켄터키주의 포트 녹스와 포트 캠벨, 위스콘신주의 포트 맥코이를 비롯한 시설을 내주었다. LAH는 싸움터에 반드시 있어야 할 공간과 적절한 지형을 갖춘 보이스카우트 야영지도 이용했다. 1990년대 초에는 (도상학적 머리글자인) LAH***에서 활동하는 역사재연동호인의 수가 150명에 이르렀

* 미국이 해외에서 벌인 전쟁에 참전한 군인을 회원으로 삼아 1899년에 세워진 미국의 퇴역 군인 단체.
** 미국 해외원정군 대원들이 1919년 3월에 프랑스 파리의 미국인 클럽에서 결성해서 9월에 미국 의회의 인준을 받은 참전 군인 단체. 본부는 인디애나폴리스에 있다.
*** 아돌프 히틀러 경호부대란 뜻의 *Leibstandarte Adolf Hitler*의 머리글자를 조합한 약칭.

고, 이렇게 되자 '콤파니Kompanie(중대, 이 그룹들의 웹사이트를 구축하는 이들은 중대 같은 용어를 자주 독일어 철자로 표기한다)'를 넘어서는 본부를 세울 수 있게 되었다. 1991년 한 해에 부대 구성원이 200명이 되었다. 정식 본부를 갖춘 LAH는 두 번째 보완물인 상설 주차장을 추가했다. 조직자들의 의도에 맞추어, LAH는 기능을 온전히 발휘하는 본부에는 반드시 있어야 할 기구로 여겨진 펠트겐다르메리 Feldgendarmerie(군사경찰*) 소대도 편성했다. 1999년이 되면, 인터넷이 이용 가능해지자 역사재연동호활동은 번성하여 LAH 회원이 250명을 넘어섰다. LAH는 소식지를 달마다 두 번 펴냈고 모든 회원이 이용 가능한 온라인 토론단을 운영했다. 끝으로, LAH는 부대 활동에 관한 최신 정보가 있는 웹사이트도 유지했다. 이것들은 역사재연동호인들이 상당히 떨어져 있는데도 날마다 접촉할 수 있도록 해주며 회원들에게 곧 있을 행사를 알리고 역사재연동호활동에 유용한 상당량의 정보를 제공했다. 이 사이트는 1998년부터 2006년 1월 초순까지 약 35만 4천 명을 끌어들였다.[7]

LAH의 신입 회원은 콤파니퓌러Kompanieführer(중대장)가 포함되어 있는 가입 환영 소식지를 받는데, 그는 콤파니퓌러를 찾아가 보고해야 했다. 신입 회원의 가입 신청서가 슈탑스샤르퓌러 데어 콤파니 Stabsscharführer der Kompanie(중대 참모장)에게 넘어가고, 그가 신상 정보를 검토하고 LAH의 가입을 승인한다. 그러면 슈탑스샤르퓌러 데어 콤파니가 신입 회원에게 SS 전투식별표를 우송하고 그 신입 회원은 LAH에 정식으로 가입한다. 칸디다트Kandidat(후보 회원, 이 웹사이

---

* 예전에는 헌병으로 불렸다.

트는 가능하면 늘 도상학적인 독일어 낱말을 쓴다)는 LAH 회원으로서 정회원 자격을 얻기에 앞서 수습 기간을 거친다. 역사재연동호활동의 모든 측면에 사실성이 스며들고, 독일군 역사재연동호인 제1세대의 진지성을 보여주었다.[8]

역사재연동호활동의 왕성한 성격은 1990년대 말까지 생겨난 새 그룹의 수에서 나타난다. 6개 독일 공군 낙하산 부대를 비롯한 독일군 역사재연동호활동단 40여 개가 등장했고, 이 수는 가장 근접한 경쟁자인 미군 역사재연동호활동 부대(21개)를 넘어선다. 독일군 부대 가운데에서는 무장친위대가 20개 역사재연동호활동 부대를 지녀서 가장 높은 인기를 누린다고 판명되었다. 예를 들어, 독일군 광들이 캘리포니아주에서 두 번째 제1SS라이프슈탄다르테를 만들었다. 콜도라도주의 독일군 광들이 제2SS 다스 라이히를 창단했고, 캔자스주에서는 제11SS사단 '노르틀란트'11 SS-Division 'Nordland'[*]가 활동을 시작했다. 독일국방군 부대가 동부 해안에서 나타났는데, 그곳에서는 특히 '그로스도이칠란트' 사단 제7중대와 제3기갑척탄병사단이 역사재연동호활동 행사를 열었다. 2006년 무렵 낭만무협인은 독일군 역사재연동호활동 부대 124개를 운영했고 그 가운데에는 해전海戰 그룹도 있었다.[9]

대개 이 부대들은 한 주나 한 지역을 전담하는 더 큰 역사재연동호활동 협회들과 제휴했다. 예를 들어, 캘리포니아주의 제1SS라이프슈탄다르테는 애너하임에 본거지를 둔 캘리포니아역사단California Historical Group에 등록했다. 북서부역사협회Northwest Historical Association는 오리

---

* 정식 명칭은 제11SS의용기갑척탄병사단 '노르틀란트'.

건주 포틀랜드에 본거지를 두는 반면에, 텍사스주 벨레어에 있는 텍사스군사사협회Texas Military Historical Society는 미국 남서부를 담당한다. 이 협회들은 "공개 연출 전투와 … 교육 프로그램과 주, 마을, 학교 행사를 위한 전시회를 조직함으로써" 제2차 세계대전 기억을 보존하려고 노력한다. 서적 상인, 비디오 회사, 잡지 시리즈, 그리고 수가 늘어나고 있는 전쟁물품 제작업체와 전쟁 기념수집품 유통업체도 붐비는 역사재연동호활동 업계에 합류했다. 빌 뷰로스 밀리태리아Bill Bureau's Militaria, 로스트 배탈리언스Lost Battalions, 1944년 밀리태리아, 제3제국 문서(상장과 관련 문서자료를 제작한다), 전쟁 영화를 판매하는 국제역사영화사International Historic Films가 급팽창하는 이 취미 분야의 몇몇 사례를 제공한다. 2006년까지, 전반적으로 역사재연동호활동은 이 취미의 첫 전국 전시 행사가 시카고 광역도시권에서 열릴 정도로 성숙했다.[10]

역사재연동호인들과 그들의 세계

역사재연동호인들의 직업은 아주 다양하다. 다수가 직장 생활을 하며 직업이 있다. 화학자와 컴퓨터 프로그래머가 주말에 직업복을 벗고 독일 군인의 복장이나 나치친위대 부대의 검정 제복을 걸친다. 전화 교환원과 자동차 수리공도 한 해 내내 주말에 근무처나 작업장을 떠나 싸움터로 간다. 심지어 잘사는 투자은행 직원도 스트레스가 많은 업무에서 벗어나 역사재연동호인 동무들에게 합류한다. 일단 부대와 함께하면 낮 시간에 직업이나 소득이나 지위에서 나타나

는 차이가 사라지며 전투가 시작되면 박진성이나 군 계급 같은 새로운 기표가 우선이 된다.[11]

행사가 끝나고 사나이들이 노고를 축하할 때에는 민간 사회의 지위나 재산이 아무 소용없는 평등이 지배한다. 공통의 관심사가 만들어낸 우정과 연대가 그들을 묶는다. 어떤 이는 그것을 역사재연동호활동 집착이라고 일컬을지 모른다. 그들은 스타인stein 맥주잔*에 든 술을 마시면서 독일어 조국 찬가를 불러 젖힌다. 한번은 역사재연동호인들이 자기의 병영을 그로스도이칠란트 부대의 부대기와 나치의 스바스티카가 그려진 깃발로 꾸며놓고서 그 전설적 부대를 기념했다. 벽에는 전쟁 당시의 포스터가 죽 걸려 있었다. 나라를 위해 목숨을 바쳤던 이들을 칭송하고 그들의 기억을 살려두려고 사나이들이 모였다. 심지어는 그로스도이칠란트 사단 참전 군인 한 사람이 그 역사재연동호활동 부대의 주말 행사에 합류해서 이 사나이들이 그토록 열렬히 추구하는 사실성을 드높였다.[12]

독일군 역사재연동호활동 부대에 가입한 사람들은 자기가 근무외 시간에 심취해서 하는 활동을 들키면 경력에 해가 될까봐 자주 겁을 낸다. 그 결과 그들은 자기의 역사재연동호활동 페르소나를 종종 숨긴다. 그들은 나치 휘장과 독일 군복이 많은 미국인의 마음에서 자아내는 무시무시한 이미지를 대단히 잘 안다. 그런데도 자기가 전쟁의 몇몇 측면에 매료되었기 때문에 역사재연동호활동을 하게 되었다고 인정하는 이가 많다. 몇몇 사람은 1960년대에 미국내전 역사

---

* 사기로 만들어진 맥주잔, 또는 기념품이나 수집품으로 만들어진 장식용 맥주잔을 일컫는 영어 신조어.

재연동호활동을 보고서 역사재연동호인이 되고 싶은 욕구가 생겼다. 다른 몇몇 사람은 다만 독일 군복을 좋아했다. 그들은 나치친위대 제복에 찬탄하고는 나치친위대 역사재연동호활동 부대에 가입하기까지 했다. 한 사람은 심지어 "그들(독일군)이 좀 나쁜 놈이긴 했지"라고 인정했다.[13]

같은 제복을 입고 전쟁에 끊임없이 관심을 품고 제2차 세계대전의 평범한 군인에, 가끔은 미친 듯이, 몰입하면서 확보되는 투박한 평등이 그들의 역사재연동호활동 관여를 설명해준다. 이 정서가 그들을 유명한 전투에 관한 책 한 권을 읽고 내친 김에 역사재연동호활동까지 한번 해보려고 나타날지 모르는 호사가들과 가른다. 전쟁에, 군대와 나치친위대에 매혹되어서 생겨난 투박한 동지애가 이 사람들 안에서 나날의 생활에서는 있을 법하지 않은 결속을 만들어낸다. 독일군 역사재연동호인은 카메라트샤프트Kameradschaft(동지애)라는 낱말을 써서 이 강렬한 관계를 서술한다. 공통의 관심사는 현실의 삶에서는 사교의 범위가 거의, 또는 전혀 겹치지 않는 전문 직종인과 노동자 사이의 우정으로 이어졌다. 이 사나이들의 공동 취미 활동은 그들의 계급과 직업상의 지위로 생산되는 보통의 사회관계보다 더 강하지는 않을지라도 그만큼은 강한 유대를 만들어낸다. 몇몇 독일군 역사재연동호인은 정장 군복 차림으로 독일 레스토랑에서 만나 자기의 역사재연동호활동 행사 참여를 축하하고 자기가 재연하는 독일 군인을 찬양한다. 역사재연동호인은 사회에서는 무척 드문, 하지만 무척 중요한 이 결속을 대중이 이해하지 못한다는 느낌을 자주 드러낸다.[14]

아마추어 역사가로서의 역사재연동호인

역사재연동호인은 사적 행사와 공개 행사에 관여하는데, 공개 행사 관여가 확실히 가장 눈에 띈다. 공개 행사 현장의 주요 볼거리는 민간 관람객용으로 만들어진 재연 활동인 '에어쇼, 야영'이다. 역사재연동호인은 이 행사를 '투어온즈*touronz*('관람객 행사를 가리키는 역사재연동호인의 용어)'라고 부르며 주요 후원자가 지원하는 공들인 쇼에 자주 출연한다. 국방부 같은 정부 기관, 사설 단체, 특히 군용차량보존협회Military Vehicle Preservation Association,* 그리고 지방자치체 당국이 그 같은 행사의 주최에 참여할 수 있다.[15]

웹사이트들은 대중을 교육하는 것이 역사재연동호활동 부대의 목표라고 빈번히 선언한다. 역사재연동호인은 공개 행사를 이용해서 제2차 세계대전을 거론한다. 예를 들어, 독일군 역사재연동호활동 부대인 제10SS기갑사단 프룬츠베르크Frundsberg는 홈페이지에서 "우리는 아마추어 역사가를 자처한다. 전술 수준의 공개 역사재연동호활동을 통해서 우리의 제2차 세계대전 지식을 증진한다 …"고 선언했다. 이 선언은 이 역사재연동호활동단의 단원들이 독일 군인과 무장친위대 군인, 그리고 그들의 일상생활을 극도로 실감나게 묘사하려고 시도한다는 점을 강조했다. 역사재연동호인은 이 목표를 이 사나이들의 "제복과 장비를 착용함으로써" 달성한다. 그 선언은 역사재연동호활동에는 엄청난 양의 역사 정보가 꼭 있어야 한다고 강조했다.[16]

---

* 군용차량의 입수, 복원, 보존을 위해 군용차량 애호가, 수집가, 역사가들이 모여 1976년에 만든 국제 단체.

마찬가지로, 제2차 세계대전 역사보존단World War Two Historical Preservation Group은 "우리의 목적은 20세기를 빚어낸 역사적 주요 사건에서 평범한 군인이 한 역할을 더 잘 이해하도록 촉진하는 것"이라고 선언했다. 이 단체의 단원들에게는 "제2차 세계대전 전투원의 일과, 생활조건, 장비, 군복에 관해 대중을 교육하"려는 의도가 있다. 제2차 세계대전 역사보존단 단원은 "10개가 넘는 별개의 역사재연동호활동단의 개인 자원자 수백 명을 대표한다." 이 자원자들이 숱한 전시회를 주관했는데, 그 전시회에서 제2차 세계대전 역사보존단은 그 자원자들이 "행사 기간 내내 '1인칭' 모사模寫*에 머물기"를 요구했다. 물론, 관여자들은 행사가 대중을 위한 교육 기제이며 '사진 촬영'을 할 기회이기 때문에 절대적인 역사적 정확성을 과시해야 한다. 제2차 세계대전 역사보존단은 역사재연동호활동을 "제2차 세계대전 군인의 경험을 더 잘 이해하고 인정하도록 촉진하는 교육 환경"을 제공하는 일로 여겼다.[17] 캘리포니아의 역사재연동호인을 위한 상위 통솔 단체인 캘리포니아 역사단이 마찬가지로 "… 평범한 군인의 힘든 나날을 대중에게 더 잘 교육(할) 공개 전시행사를 …" 주관했으며, 역사재연동호인이 그 행사를 해내려면 자기가 재연하려고 애쓰는 독일 군인과 무장친위대 부대원의 물질문화를 훤히 꿰고 있어야 했다. 역사재연동호활동을 비롯한 그 같은 행사를 실행하는 사람은 꽤 많은 역사 지식을 보여주어야 하는데, 이 일에는 질의·답변 시간과 관람객과의 끊임없는 상호작용이 따르기 때문이다.[18]

역사재연동호인이 제2차 세계대전의 세부 사항이나 개별 군인의

---

* 상상하는 다른 시대에 사는 실제 사람인 것처럼 말하고 행동하기.

복장과 무기를 넘어서는 이야기를 하는 경우는 드물다. 이 관심사는 그들이 일반 군인을 재연하고 그의 기억을 기리는 데 몰두한다는 것을 반영한다. 이 논의에서는 도덕과 범죄 가능성, 그리고 사회·경제적 힘의 작용이라는 더 큰 쟁점이 현저히 부재 상태로 남아 있다. 결국, 역사재연동호인은 국적이나 평판에는 개의치 않고 보통 군인에 몰입하기 때문에 자기의 취미 활동을 추구한다. 대중과 상호작용을 하면서 역사재연동호인은 심지어 스스로에게 역사재연동호인이라는 꼬리표를 붙이기를 꺼리기도 한다. 어떤 이는 '살아 있는 역사가' 같은 용어를 쓰기를 더 좋아하고 자기가 공개 행사에 나가는 것을 재연이라기보다는 공연이라고 일컫는다. 역사재연동호인은 민간인이 이 공개 공연을 기대하기 때문에 공개 행사를 자기가 마땅히 해야 할 일의 일부로 여긴다.[19]

　힘들고 까다로운 훈련으로 칭찬을 받고 "명령을 독일어로 외쳐"서 청중의 이목을 끄는 독일군 역사재연동호인들의 공연에 일부 관람객이 호의적 반응을 보인다. 그 사나이들은 군중을 자극하는 독일 군가를 부르기까지 한다. 미국 육군 퇴역 군인도 나치친위대 역사재연동호인을 칭송했다. 놀랍게도, 독일국방군 참전 군인들이 자주 청중에 끼어서 그 기념행사에 박수를 치고 독일 군인의 기억을 살리려는 역사재연동호인의 노력에 진심으로 고마워한다. 그 독일인들은 자기 나라에서는 독일 참전 군인이 나치 정권의 정책 탓에 자주 혹독한 비판을 받기 때문에 미국인 역사재연동호인에 가끔 놀라움을 표현하기도 한다. 독일 참전 군인이나 역사재연동호인이 독일군과 나치친위대가 민간인에게 저지른 범죄에 관한 토론에 나섰다는 기록은 없다.[20]

역사재연동호인과 인터넷

사적 행사는 역사재연동호활동의 핵심이다. 이 행사는 보통은 주말 내내 지속되며 참여자가 수백 명일 때도 있다. 소규모 행사에는 참여하는 역사재연동호인이 15명부터 100명까지 다양하다. 이 행사는 야외 행사여서 참여자는 벌판에서 밤을 지낼 것이라고 예상하는 경우가 잦다. 금요일은 대개 조 편성 문제와 친교 활동을 하며, 가끔은 야간 전투가 있다. 토요일에는 전술 수준의 실제 전투가 있고 일정에 야간 행사가 없다면 그다음에는 친교 모임이 있다. 일요일에 역사재연동호인은 자기 무기를 닦고 집으로 간다. 역사재연동호인은 이 사적 행사를 자기가 싸움터의 도전에 직면하고 제2차 세계대전의 군인들이 알았던 느낌과 감정을 몸소 경험할 수 있는 순간으로 여긴다. 한 역사재연동호인이 설명한 대로, 그는 "1942년의 관점에서 현장을 봄으로써 역사를 상상"할 수 있다. 이 '폭로'는 개인 차원을 결코 넘어서지 않으며, 전쟁을 촉발하고 심각한 도덕적 우려를 일으키는 더 큰 쟁점은 여전히 눈에 띄지 않는다.[21]

역사재연동호인들은 인터넷으로 연락한다. 실제로 웹사이트가 그들의 주요 소통 수단으로 발전했다. 예를 들어, 「제1SS라이프슈탄다르테」에는 무장친위대 계급 용어 사전과 각 계급의 의무와 역할을 간략하게 서술한 것이 올라와 있다. 이 페이지에는 모든 신입 단원이 알아야 하는 진급 체계가 서술되어 있었다. 또한 이 페이지는 진급 결정을 내리는 등급 담당관의 신원을 밝힌다. 이 같은 정보는 진급을 회원에게 싸움터에서 하는 활동과 공연을 보상해주는 중요한 수단으로 삼는 역사재연동호활동단에게 아주 중요했다. 제1SS라이프슈탄다르테에서 운터샤르퓌러Unterscharführer(SS-하사)의 자리에 오르려면 후보자는 (분대장이며 독일국방군 병장Obergefreiter에 해당하는) "SS-로텐퓌러SS-Rottenführer의 요건을 반드시 채우고 평균 이상의 헌신과 통솔력을 보여주어야 했다." 콤파니퓌러가 지명을 하고 '주심의 회主審議會'가 진급을 "승인한다." 제1SS라이프슈탄다르테에서 SS-칸디다트SS-Kandidat(SS-신입대원)는 '공인된 세 개 행사'에 참여해서 수료해야 했다. 웹사이트에 게시된 이 규정은 역사재연동호인이 그토록 적극적으로 추구하는 사실성을 제공했다.[22]

웹사이트에는 계급 식별 지침이 들어 있다. "군의 계급, 군사 예절, 조직: 디엔스트그라트 앤드 글리더룽 데스 헤레스Dienstgrad and Gliederung des Heeres"*라는 표제가 붙은 「제1SS라이프슈탄다르테」의 페이지에는 휘장의 시각자료가 있다. 역사재연동호인은 "독일 육군은 매우 격식을 차렸고 —거의 극단적으로— '정확'했다"는 것을 알게 되었다. 계급의 인식은 극히 중요한 필수사항이었다. 주요 인식 수단이 슐터클라페Schulterklappe, 즉 견장줄에 나타났다. 짧은 설명문이 장교의 견장줄과 부사관의 견장줄을 서술하고 두 범주 사이의 차이를 설명한다. 운터오피치어Unteroffizier(상병)부터 오벌로이테난트Oberleutnant(중위)까지 다양한 계급의 견장줄 그림에 설명문이 따라 붙었다. 또다시, 이 페이지를 작성하려면 현재의 박진성 요구를 채우도록 연구를 꽤 많이 해야 했다. 시각자료와 설명문은 정확성해야 한다. 이 같은 정보로 무장해야 역사재연동호인은 독서와 공부를 통해

---

* '육군의 계급과 편제'라는 뜻의 독일어. 이 표제의 부제에서 '그리고'를 뜻하는 독일어 낱말 운트(und)가 영어 낱말과 혼동되어 앤드(and)로 잘못 표기되어 있다.

얻은 자신감을 품고 참여할 수 있을 터였다.[23]

사이트에는 전투 장비를 빠짐없이 갖춘 역사재연동호인의 사진이 자주 내걸린다. 「제1SS라이프슈탄다르테」에는 무기, 나치친위대 제복, 철모를 빠짐없이 갖추고 무장 차량과 나란히 서 있는 한 역사재연동호인의 사진이 게시되었다. 그 사진의 설명문에서는 한 무장친위대 전투부대에서 발견된 차량을 서술하고 잠재적 신입 단원에게 실감 나는 묘사를 해주었다.[24] 특정 무기를 더 면밀하게 살펴보는 데 관심을 품은 이들을 위해 「제1SS라이프슈탄다르테」가 짧게 설명해준다. 흔한 "게베어슈프렝그라나테Gewehrsprenggranate(총류탄)를 단 카빈 98K 마우저 소총과 자이텐게베어Seitengewehr(총검)를 단 마우저 소총"이 사진 한 장에 나왔다. 이 시각자료 밑에 있는 설명글에는 98K 소총의 역사, 제2차 세계대전 동안 생산된 분량, 작동 방식이 짧게 설명되어 있었고 사거리, 무게, 길이도 들어 있었다. 다른 사진은 MP '기관단총' 43/44와 81밀리미터(8센티미터) 박격포를 보여주었다.[25]

역사재연동호활동 부대의 요구는 전쟁물품을 넘어서 독일 군인의 신체 외관까지 나아간다. 한 사이트는 "하지만 그 군복 안에 있던 실제 사람은 어떻게 생겼었을까?"라고 물었다. 그 물음 다음에는 수염부터 문신과 몸무게까지 일련의 소제목이 있었다. 수염에 관한 논의에서는 정확성에 대한 집착이 보이기도 한다. 설명문은 독일군 규정에서 허용된 수염의 세목을 점검했다. 수염은 제한된 안에서만 허용될 수 있었다. 신체 외관에 관한 페이지에는 콧수염의 제한과 형태를 신입 단원에게 보여주는 동판화가 있었다. 그 페이지에는 수염 깎기나 수염 다듬기에 싫증을 내는 이들을 위해 "이렇게 생각해라. 네 신체 일부를 자르라는 게 아니다. 수염은 도로 자랄 것이다. 우리가 장담한다"는 선언이 부록으로 덧붙여졌다. 수염은 그냥 멋지지 않으며 독일 군인에게는 거의 없었다는 경고도 있었다. 턱수염과 구레나룻은 금지된다고 분명하게 선언되었다. 오직 산악부대원들, 즉 게비르크스예거Gebirgsjäger에게만 턱수염 기르기가 사실상 허용되었다가 일정 고도에서만 허용되었다. 설명문에서 선언된 대로, "우리는 제2차 세계대전의 독일 군인을 묘사하고 있지, 미국 미국내전의 돌벽 잭슨의 부대원을 묘사하고 있지 않다." 이어서 그 페이지에는 "목부터는 싹 밀고 귀 맨 위까지는 살짝 깎아서 머리카락을 뒤로 매끈하게 넘긴 …" 특정한 머리 모양이 제시되었다. 이 머리 모양의 동판화도 그 설명문에 곁들여져서 신입 대원에게 시각자료를 제공했다. 그 페이지에는 신입 대원에게 보내는 다음과 같은 경고도 있었다. "우리는 이것(머리 모양)이 조금 극단적임을 안다. 특히 우리가 가족이나 함께 일하는 사람을 겁주고 싶지 않다면 말이다!"[26]

그러나 실감이 나려면 머리 모양이 '프로이센식' 머리깎기와 비슷해야 했고, 역사재연동호인은 이 기준을 지키지 않으면 조직자들이 '엄격한 두발 규정'을 시행하기 때문에 행사에서 배제되리라는 경고를 받았다. 한번은, 한 역사재연동호인이 제2차 세계대전 동안 핀란드 군인과 독일 군인의 머리를 깎았던 핀란드인 이발사를 찾아냈다. 그 이발사는 그 역사재연동호인의 머리카락을 최고로 실감나게, 즉 그 참전 군인 출신 이발사가 '베어마흐트슈니트Wehrmachtschnitt(독일 국방군 머리깎기)'라고 이름 붙인 머리 모양으로 깎아주었다. 그 역사재연동호인이 간단히 '베어마흐트슈니트'라고 말하자 그 이발사는 그 낭만무협인이 원하는 것이 무엇인지를 정확히 알아듣는다. 그 같은 까다로운 기준에 못 미치면 역사재연동호인의 유일한 선택은 '야전 이발사'였는데, 이 선택은 위험부담이 큰 대안인 경우가 잦았다. 한 사람의 신분을 다시 만들어내려는 시도가 그 같은 요구 사항의 목적으로서 뚜렷하게 나타났다. 역사재연동호인은 스스로를 문자 그대로 독일 군인으로 탈바꿈했다. 그렇지 않으면 받아들여지지 않았다.[27]

규정에 따라 역사재연동호인은 그 시대의 안경만 쓰고 1940년대의 안경집을 치고 다녀야 했다. 부대 규정에 따르면 역사재연동호인은 몸무게 요건도 충족해야 했다. 독일 군인은 말랐기 때문에 역사재연동호인은 날씬하고 몸매가 좋아야 했다. 역사재연동호활동단은 독일의 실제 제2차 세계대전 참전 군인에게 역사재연동호인을 평가해달라는 요청까지 했다. 그 참전 군인은 역사재연동호인이 "너무 뚱뚱하다!"고 퉁명스레 말했다. 독일의 참전 군인은 역사재연동호인이 마치 미군처럼 구부정하게 서서 껌을 씹어댄다고 불평했다. 독일 군인은 꼿꼿이 서 있었고 '암소!'인 양 껌을 씹지 않았다는 것이다.[28]

이 사이트들 덕에 낭만무협인은 제2차 세계대전의 물품과 복제품을 얻을 수 있었다. 한 사이트는 독자에게 수집가와 역사재연동호인이 구할 수 있는 물건을 살짝 보여준다. 그 게시글에는 『미국 소총 *American Rifles*』 편집장이 쓴 짧은 마우저 소총 평론이 있는데, 그는 32쪽짜리 책자가 "마우저 소총 수집가를 위한 훌륭한 참고서"라고 평한다. 또한 그 평론은 마우저 소총을 "제2차 세계대전 독일군 역사재연동호인이라면 반드시 마련해야 하는 것"이라고 선언했다. 다른 평론은 『제2차 세계대전의 독일 자동화기*German Automatic Weapons of WWII*』라는 책을 평한다. 이 128쪽짜리 책에는 필수적인 사진들, 박진성과 사실성을 바라는 낭만무협인과 수집가에게 중요한 사진들이

들어 있다. 그 평론은 그 책 안에 역사재연동호인에게 무척이나 흥미로운 "… 표시물의 상세한 근접 촬영 사진…"이 있다는 점을 짚는다. 어느 시점에서 그 평자는 독일군이 사용하던 원래의 안경집이 역사재연동호인에게 전시하거나 야전에서 사용하기에 극히 유용한 도구라고 쓴다. 그 물건은 "제2차 세계대전 독일군 역사재연동호인이라면 반드시 마련해야 하는 것"이기도 했다.[29]

박진성과 역사재연동호인

사실성에 몰두하다 보니 제2차 세계대전 역사보존단은 영국, 독일, 러시아 등 유럽의, 그리고 미국의 주요 참여자들을 위한 일련의 박진성 지침을 작성해야 했다. 이 지침의 목적은 그 취미 전체를 위한 합의된 규약을 정하는 것이었다. 독일군 규약의 작성자는 그로스도이칠란트 역사재연동호활동 부대에 소속된 사람이었고, 이 소속이 그의 자격을 정당화해주었다. 그가 만든 규약은 염료와 군복부터 급료 장부와 철모까지 모든 역사재연동호인에게 요구되는 갖가지 물건을 망라했다. 또한 그 규약은 제명에 해당하는 "고분고분하지 않은" 행동을 곧장 겨누었다.[30] 그 작성자는 "시간을 많이 들여 이 지침을 만들었다. 모두 다 부대 전체의 야전 모사를 강화하기 위함이며, 각 개인의 모사가 우리의 성공으로 가는 핵심 요소"라고 선언했다. 그 작성자는 신입 단원에게 "자기의 모사를 개선한 다른 독일군 역사재연동호활동 부대 출신의 개개인을 공부하라(여기서 우리가 누구를 의미하는지 네 후원자나 부사관에게 물어보라)"고 추가로 조언했다.[31]

강성 역사재연동호인을 위해, 1935년 판 독일군 훈련교범 『신병 *Der Rekrut*』이 그 취미의 물질적 요구를 지금 충족해주는 많은 제작업체 가운데 한 업체를 통해 입수할 수 있게 되었다. 『신병』은 미국인 독자를 위한 영어 번역으로 나와 있으며, 이것은 1935년 판의 재간이므로 박진성 면에서 극치를 보인다. 『신병』의 웹사이트 광고는 역사재연동호인에게 "『신병』을 알지 못한다면 너는 그저 독일군으로 변장을 하고 있을 뿐"이라고 경고한다. 그 광고는 너는 『신병』에서 얻은 지식이 있어야만 독일 군인이 될 수 있다고 가정하며 『신병』이 여전히 유일무이하며 1935년 판 교범의, 또는 내친 김에 말하면 전쟁 이전 독일 교범의 다른 번역은 없다고 주장한다. 그 『신병』 광고는 "독일 군인의 의무", "군인의 공공 행동", "전투 임무" 같이 독일 군인의 군사 세계의 모든 측면을 망라하는 장 제목의 목록을 역사재연동호인에게 내놓는다.[32]

그 페이지에는 라이프슈탄다르테 웹사이트의 다른 페이지로 연결되는 링크가 있다. "독일군 역사재연동호인을 위한 온라인 자원"이라는 표제가 적혀 있고, 그 뒤에 "그래서 너는 독일 군인이 되고 싶어한다"에서 '디 그룬트아우스빌둥Die Grundausbildung(기초 훈련)'과 '데어 SS 졸다트Der SS Soldat(친위대 군인)' 같은 페이지 제목들이 나온다. 이것들의 의도는 그 취미에 갓 들어선 역사재연동호인에게 유용한 식견을 제공하는 것이다. "그래서 너는 독일 군인이 되고 싶어 한다"의 작성자는 자기의 글 두 편을 극히 짧은 개인 소개로 시작한다. 역사재연동호인은 그 작성자가 역사재연동호활동을 1990년에 처음 했음을 알게 된다. 그때에는 군복과 장비의 질 좋은 복제품 같은 역사재연동호활동 취미의 재료가 드물었다. 역사재연동호활동에 갓 들어선 그 작성자는 독일군에 관해 가능한 한 더 많이 배우려고 빨리 공부를 시작했다. 그 과정에서 그는 무장친위대가 엘리트 부대로 이루어졌음을 알아냈다. 공부를 해보니 자기가 구매했던 군복과 기타 장비가 역사재연동호인에게 권고하는 높은 기준에 전혀 미치지 못한다는 것이 곧 드러났다. 무장친위대원들과 그들의 전투복을 찍은 그 시대의 사진을 면밀히 살펴보고 나서 그는 자기가 가진 복제품이 기준에 미치지 못한다고 확신했다. 그 취미가 무르익고 더 실감 나는 군복과 장비가 입수 가능해지자, 그 작성자는 자기를 무장친위대 군인으로 만들어주는 데 도움이 되는 가장 진품 같은 물건을 살 수 있었다. 비용으로 5천 달러쯤을 들인 뒤에야 그는 마침내 그 취미의 기준을 채우는 인상을 만들어냈다.[33]

그리고 나서 그 작성자는 자기가 1990년 이후 10년 동안 접했던 역사재연동호인의 유형을 범주화한다. 이 유형은 세 집단으로, 즉 연성, 중도, 강성으로 나뉜다. 연성 동호인들은 잘해야 사실성을 추구하는 척한다. 그들은 K98 소총을 가지고 있을지 모르지만 피자를 먹고 현대식 천막에서 자고 싸움터에서 자기에게 무엇이 기대되는지를 알지 못한다. 이 유형은 그 작성자의 각별한 경멸을 산다. 그 작성자는 "흠 잡을 데 없이 모사하려면 시간, 돈, 공부가 필요하다"고 주장한다. 강성 동호인에 관한 그의 서술은 흐리멍덩한 참여자와 예리한 대비를 이룬다. 강성 동호인들은 가장 좋은 장비와 군복을 얻는 데 비용을 아끼지 않는다. 그들은 제대로 깎은 머리 모양부터 독일군의 훈련과 지휘를 아는 것까지 독일 군인에게 기대되는 모든 기준에 들어맞는다. 이 사나이들은 야전에서 독일어로 말하고 독일 군가를 부르고 심지어 속옷도 독일 것을 입는다. 그들은 그 낱말의 모든 의미에서 독일 군인이다. 그 작성자는 "고트 미트 운스Gott Mit Uns", 즉 "하느님께서 우리와 함께하신다"로 끝을 맺는다. 이 짧은 글은 역사재연동호인들이 자기의 바로 그 민간인 신분을 얼마만큼 바꿀지를 생생하게 보여준다. 속옷부터 무기까지 그들은 유럽의 싸움터를 누비고 다닌 무장친위대 군인이나 독일국방군 군인이 되고 싶어 한다. 하느님이 독일 편이라는 맺음말의 쓰디쓴 아이러니는 제2차 세계대전에서 독일이 불러온 참상과 날카롭게 대비된다.[34]

둘째 페이지에서 역사재연동호인과 잠재적 신입 단원은 독일 군대에 관한 지식을 키우려는 의도의 기초 훈련과 연수회로 인도된다. 사실성에 대한 요구에 따라서 그 작성자는 자기를 1콤파니Kompanie(중대) 1추크Zug(소대) 트루펜퓌러Truppenführer*로 소개하고, 자기 부대가 첫 '그룬트아우스빌둥'과 '운터퓌러슐레Unterführerschule(부사관학교)'를 막 마쳤다고 이야기한다. 그 행사들은 그 작성자가 자기를 완전히 사로잡은 제1SS라이프슈탄다르테의 역사를 1975년 창립부터 현재까지 이야기하면서 시작했다. "그 시절에는" 부대 창립자들이 질 좋은 복제품을 구할 길 없어 원래 물건을 써야 했다는 것이 그에게 인상을 남겼다. 그 물건은 아직도 끄떡없었다. 부대의 역사 다음에는 '전문가들'이 역사재연동호활동의 다양한 측면과 일급 모사를 유지할 필요에 관한 일련의 연수회를 열었다. 역사재연동호인은 행사에 가는 동안에는 절대로 군복과 장비를 걸치고 있지 않아야 한다고 배우기도 했다. 이 행태가 역사재연동호활동을 모르는 '민간인' 사이에서 불러일으키는 흔한 반감 때문이었다. 이 연수회는 독일군 총기

---

* 단위 부대장이라는 뜻의 독일어 낱말.

조작 교범의 박진성에도 초점을 맞추었다. 물론, 그 사람들은 아니나 다를까 실제 훈련의 일부로 독일어 구령에 맞춰 행진을 했고, 점심 식사는 슈파너Spanner 스튜였다. 뭐니 뭐니 해도 결국은 시상식이 있었고, 특히 그 작성자가 "경외감을 자아낸다"고 서술한 리터크로이츠 Ritterkreuz(기사십자훈장)와 도이체스 크로이츠 임 골트Deutsches Kreuz im Gold(독일황금십자훈장)가 수여되었다. 그 작성자는 훈련 행사가 더 많이 계획되어 있다고 썼다. 그는 그 부대원들이 "다른 부대원들과 그 취미 전체에 기꺼이 중요한 이가 되고자 하는 … 최고의 능력자"라는 평으로 끝맺음을 했다. 그는 나치친위대의 표어인 마이네 에레 하이스트 트로이에Meine Ehre Heißt Treue('내 명예의 이름은 충성'), 독일어 작별 인사인 우샤uscha(원문 그대로임), 자기 부대의 단대호單隊號*로 마무리를 했다. 분명히, 이 경험들은 원래의 라이프슈탄다르테에 관한 그의 낭만화된 상상을 충족해주었고, 무장친위대의 의도와 이념 지향을 나치의 이념과 행위에 물들지 않고 영웅적으로 제3제국을 수호하는 전투 조직으로 여기는 그의 이해를 확인해주었다.[35]

박진성이 역사재연동호활동의 모든 측면을 어느 정도로 지배하는지는 짤막한 1쪽짜리 조언 조견표에 나타난다. 이 표를 작성한 사람은 독일 군복의 다양한 부위를 죽 훑으면서 복장에서 자주 저질러지는 실수에 관해 역사재연동호인을 꾸짖는다. 그는 표 첫머리에 "LAH(라이프슈탄다르테)는 역사적으로 독일군 역사재연동호인 기준의 발달에서 선두주자였다"고, 그 부대의 "전반적 기준은 기존의 그어떤 제2차 세계대전 독일군 역사재연동호활동 부대보다 더 높다"고

---

* 부대의 완전한 명칭, 그리고 그 부대의 병과와 지휘제대(指揮梯隊)를 나타내는 숫자 부호.

적는다.

박진성에 전념하는 집단에서 기대되는 대로, 이 조언은 지극히 상세하다. 그 조언 조건표 작성자는 자기가 역사재연동호인에게 지금은 질 좋은 군화를 구할 수 있을지라도 비용이 낮고 내구성이 좋다는 이유만으로 스위스 군화를 사지 말라고 경고한다고 쓴다. 그 작성자는 매서운 눈으로 스위스 군화의 끈을 거는 스피드 레이싱(원문 그대로임) 쇠고리가 번쩍거려서, 그가 주장하기로는, 그 군화가 '부정확'하다는 것이 곧바로 드러난다고 지적한다. 그 군화를 슬쩍 보기만 해도 관찰자에게 드러날 잘못이라는 것이다. 작성자는 군화에는 "가죽 밑창, 밑창 징, 굽 쇠징"이 있어야 한다고 추가로 조언하고, 독일군 광이라면 구두코 쇠징도 사야 한다고 다그친다. 세부 사항에 기울이는 그 같은 주의는 모자와 허리띠부터 음식과 시계까지 다종다양하다. 궁극적으로, 작성자는 역사재연동호인의 올바른 몸가짐과 마음가짐이 원본과 똑같이 복제된 제복, 무기, 기타 전쟁물자만큼이나 여전히 중요하다고 조언한다. 그는 역사재연동호인은 자기가 최정예 독일 군인인 양 생각하고 행동해야 하며, 이 행동이 박진성과 결합되어 너를 최고의 군인으로 만든다고 선언한다. 아군 부대원과 적군 부대원, 그리고 그 역사재연동호활동에 온 많은 민간인이 너의 헌신을 알아줄 것이다.[36]

박진성에 쏟는 이 관심이 까다로운 박진성 기준을 요구하는 강성 역사재연동호인의 한 변종인 '바늘땀 나치Stitch Nazi'를 만들어냈다. 그들은 웹사이트나 역사재연동호인 소식지에 불만을 게재한다. 기대된 모직 군복이 아닌 '헤링본 능직 군복'을 입은 역사재연동호인이 있어서 '바늘땀 나치'를 화나게 한 일이 있었다. 그들은 이처럼 눈에 확

띄는 사실성 위반에 거세게 항의했다. 이 극단론자들의 행패로 보이는 행위에 역사재연동호인 중도파가 이의를 제기한다. 그러나 두 진영은 걸맞지 않는 옷차림에 '디지털 시계'를 차거나 '필터 담배'를 피우거나 '엉성한 복제품'을 걸치고 역사재연동호활동에 오는 '파브 Farb(동호인단이 요구하는 박진성에 따라 옷을 입지 않거나 행동하지 않는 역사재연동호인)'를 꾸짖어야 한다는 데 동의한다. 그 같은 터무니없는 오류를 막고자 그로스도이칠란트 역사재연동호활동 부대는 신참이 군복과 장비를 제대로 갖추도록 돕는 '고참'에게 신입 단원을 연결해준다.[37]

더 강박적인 역사재연동호인은 전쟁과 참전자를 더 잘 이해하려고 독일인 참전 군인을 해마다 찾아간다. 어떤 이는 전장 공연을 더 박진성 있게 만들고자 독일어에 숙달하려고 애쓰기까지 한다. 한 역사재연동호인은 비행기를 타고 독일로 갔고, 독일연방공화국자료보존소에 보관된 당시 사진을 살펴볼 수 있었다. 그는 이 사진이 독일 군인들과 그들이 싸운 전장 환경의 세부 사항에 관한 지식을 늘려주기를 바랐다. 어떤 역사재연동호인은, 이례적이라면서도 자기 집을 당시의 물품과 가구로 꾸미거나 방 하나 전체에 수집품을 전시한다. 몇몇 사람은 아예 "그 시대에 산다." 의심할 여지없이, 역사재연동호인은 그 같은 용품을 역사재연동호활동 행사에 정기적으로 여는 벼룩시장에서 얻었을 수도 있다.[38]

박진성과 낭만화

시각자료도 모든 역사재연동호인에게 중대한 역할을 한다. 역사재연동호활동 부대는 웹사이트에 독일 군대를 다루는 비디오 영화를 광고한다. 예를 들어, 독일이 만든 비디오 영화는 역사재연동호인이 독일 군인의 실제 세계를 엿볼 수 있게 해주어서, 제2차 세계대전의 무기, 군복, 철모, 휘장, 기타 군 상비의 실제 모습을 보여준다. 한 형벌대대에 관한 영화인 「형벌대대 999 Strafbataillon 999」*는 역사재연동호인이 자기를 독일 군인과 동일시하는 심리적 측면을 건드린다. 비평가는, 국제역사영화사의 광고가 주장하듯이, 그 대대가 평범한 부대가 결코 아니었다고 가슴 벅차하며 쓴다. 대대 999는 독일 군법을 어긴 군인들이 배치되는 형벌 부대다. 여기서, 우리는 보통 사람의 유대와 역사재연동호인이 그토록 소중하게 여기는 말 없는 영웅적 용기를 본다.[39]

이 군인들은 부하의 목숨을 구하려고 후퇴 명령을 내리거나 항괴저혈청抗壞疽血清을 찾으려고 지나치게 애쓰는 것과 같은 '범죄'를 저질렀다며 고위 사령부의 처벌을 받고 있다. 이 사나이들은 지휘관의 학대를 받고 포화 속에서 쓸모없는 참호를 파거나 최후의 자살 임무에 투입된다. 그들의 적은 도처에 있다.[40]

비평가는 그 영화가 동부전선을 암울하게 묘사하면서 비상한 사실

---

* 하랄트 필립 감독이 독소전쟁의 한 형벌대대를 주제로 1960년에 제작한 독일 영화.

성을 은막에서 보여준다는 결론을 내린다. 확실히, 이 영화 소개는 역사재연동호인의 이미지에 들어맞고 그 인식을 강하게 정당화해준다.[41]

동부전선에 관한 '~더라면 어떠했을까 식 역사'

실제 역사가 아닌 가상의 대안적 결과에 매료되는 현상은 제2차 세계대전에서 역사의 평결을 뒤집으려는 역사재연동호인의 심리적 욕구에서 비롯되는데, 이러한 현상은 동방에서 벌어진 전쟁에 관한 숱한 '~더라면 어떠했을까' 식 설명에서 가장 극적으로 나타난다. 이 설명들에서는 독일이 특정한 전투와 전역, 궁극적으로는 전쟁에서 이길 수 있게 해주는 운명적 결정이 다시 내려진다. 동부전선에 관해서는, '~더라면 어떠했을까'에는 그 전쟁의 결과를 바꾸는 가상의 사건이 여럿 포함된다. 더 기이한 설명에서는 독일이 핵무기를 개발해 소련을 상대로 사용해서 소련군에게, 말할 나위도 없이, 파국적 결과를 불러온다. 다른 경우에서는, 히틀러가 심하게 다쳐서 동방에서 벌어지는 전쟁을 직접 지휘할 수 없게 된다. 그가 없는 사이에 장군들이 더 전문적인 방식으로 전쟁을 수행해서 소련군을 이긴다. 다른 저작들은 그 전쟁의 서사에, 즉 독일 장교들이 실제 사건 뒤에 구축한 서사에 더 가깝게 머무른다. 대다수 경우에, 그 대체 해법은 강한 반공주의를 담고 있어서 붉은 위협을 세계에서 없애려면 독일이 이겨야 마땅했다고 암시한다. 물론, 개연성을 가지려고 저자들은 제3제국이 동방에서 추구한 실제 목표와 그 목표의 실현에서 독일국방군이 맡은 핵심 역할에 관한 어떠한 논의도 유보한다.

중요한 대체 역사서의 저자들은 대부분 군인 출신에, 러시아에서 벌어진 전쟁에 관한 문건의 주요 저술자였으며, 군사 문제를 다루는 자문 기관에서 일하기도 한다. 이 저자들의 대표격인 사람이 스톨피인데, 그는 1991년에 오클라호마대학 출판부에서 출간된 『히틀러의 동부 기갑부대: 제2차 세계대전 재해석*Hitler's Panzers East: World War II Reinterpreted*』을 썼다.(도판 22)[42] 히스토리 북클럽과 밀리터리 북클럽이 자사의 특집 선정 도서의 하나로 삼은 이 책은 폭넓은 인기를 계속 누린다. 그 같은 저작들의 전형으로, 이 평전 및 입문 자료는 독자에게 저자가 마땅히 그 같은 글을 써야 할 이유의 증거를 제공한다. 책 겉장의 선전 문구에서 알 수 있듯이, 스톨피는 캘리포니아주 몬터레이의 미국 해군대학원에서 유럽 근대사 교수였다. 자기의 ~더라면 어떠했을까 식 서술에서 스톨피는 바르바로사 작전을 실제 그대로가 —즉, 실패한 전역이— 아니라 소련의 패배로 이어진 탁월한 위업으로 그린다. 독일이 소련을 공격하는 도입 국면에 대한 이 재평가가 소련의 서유럽 공격에 맞서 싸우는 방법을 연구하던 나토 기획자들에게 '교훈'을 주었다고 책의 겉장과 도입부에서 강조된다. 그 책의 표지 그림은 독일군 기갑차량 한 대가 병사들을 태우고 전진하며 아마도 러시아군일 적군에게 포사격을 하는 모습을 보여준다.(도판 22) 그 전투 장면 위에 굵은 글씨로 "한 번의 치명적 결정이 없었더라면 1941년 여름에 독일이 제2차 세계대전에서 이길 수 있었다"고 적혀있다. 그러니까 공략 대상 독자층은 정규군 장교와 더불어 일반 대중이기도 했다.[43]

나토 문제를 거론할 스톨피의 자격은 동부전선을 비롯한 여러 전선에서 싸운 독일군 총참모부 구성원이었던 멜렌틴과 함께 저술한

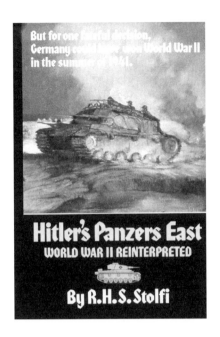

〔도판 22〕 스톨피의 『히틀러의 동부 기갑부대: 제2차 세계대전 재해석』의 표지 그림.

책인 『공격당하는 나토*NATO under Attack*』에서 나왔다. 멜렌틴이 동방의 많은 전투에 참여했고 스톨피가 바르바로사 작전을 설명하면서 언급하는 장교들 가운데 여럿을 직접 알았다는 점을 고려하면, 그 독일 장교는 스톨피에게 상당한 신뢰성을 부여한다. 멜렌틴도 대단히 인기 있었던 『기갑전투: 제2차 세계대전의 기갑운용 연구』를 썼는데, 이 책은 1956년에 오클라호마대학 출판부에서 처음 나왔고, 1971년에 대중 출판사인 밸런타인 북스 출판사에서 염가판[44]으로 다시 간행되었다.

스톨피의 책은 실제 역사에서는 독일이 바르바로사 작전의 초기 단계에서 제2차 세계대전에서 졌다고 주장한다. 독일군이 만약 1941년 가을까지 러시아에서 승리했더라면 제2차 세계대전에서 이겼을 것이며 야전 지휘관들은 이 승리가 어떻게 성취될 수 있었을지를 명확히 이해했다는 것이다.[45] 스톨피에게는 소련을 침공한다는 히틀러의 결정이 제2차 세계대전 전체에서 가장 중대한 결정, 승리할 자원이 독일에게 있었을 때 내려진 결정으로 자리매김되었다. 독일 군대는 유럽의 정치 지도를 다시 만드는 일을 막 끝냈고 모든 적을 물리쳤고 어떤 전역에서도 승리할 수 있다고 자신만만했다. 러시아가 가공할 도전장을 내밀었지만, 동방에서 승리할 것이라는 독일국방군의 능력을 의심하는 사령관은 거의 없었다. 그 같은 승리는 독일에게 소련의 막대한 자원을 얻을 길을 열어젖혀서 제3제국을 다른 열강의 공격에 끄떡하지 않는 무적의 국가로 만들어주었을 것이다.[46]

스톨피의 주장은 전쟁 수행에서 독일국방군이 구사한 전술에만 집중되어 있다. 이 전술은 소련 병력의 규모를 완전히 무력화할 수 있는 신속한 승리와 기동을 노렸다. 독일군 공격의 속도, 우월한 독일 무기의 충격, 무기 체계의 조직화는 독일군에게 견줄 데 없는 자산을 주었다. 독일 군대는 밑으로 부사관까지 모든 지휘 수준의 창의성도 강조했다.[47]

독일군은 전격전 형태의 공격으로 소련군의 후방으로 꿰뚫고 들어가서 지휘소와 전선 부대 사이의 연결을 끊고 후방 전체를 혼란에 빠뜨릴 수 있었다. 소련군은 고립된 채로 독일군의 끊임없는 공격을 받았다. 소련 침공 계획 입안자들에게는 다행스럽게도, 소련군 부대는 독일군이 공격을 개시했을 때 제자리에 머물렀다. 소련 군대는 재편성을 하기 위해 퇴각해서는 진지를 포기하지 않고 고수하다가 독일군의 기갑 선봉대에게 포위되어 금세 패했다. 소련군이 독일군 기갑부대와 제대로 교전하지 못했고 그 기갑 돌파를 억제할 능력조차 갖추지 못했기 때문에 독일군 선봉대의 속도와 그 부대가 불러일으킨 혼란은 어마어마한 소련군의 규모를 무용지물로 만들었다. 개전 6주 만에 소련군은 독일군의 계속되는 공격을 받으면서 군 전체가 허물어지고 전선이 사라지면서 비길 데 없는 손실을 입었다.

처음부터 독일 장군들은 예하의 기갑 선봉대를 북부의 레닌그라드와 남부의 키예프, 가장 중요하게는 중부의 모스크바 쪽으로 몰았다. 군 지휘관들은 모스크바 장악이 승리의 열쇠라고 이해했다. 스톨피가 설명하듯이 수도는 정치, 경제, 상징 면에서 엄청나게 중요했다. 수도 모스크바는 제조업 중심지였다. 모스크바는 소련의 전체 운송 체계의 철도 수송에 중앙의 종점 구실을 해서 모든 노선이 모스크바로 모여들었고, 이로 말미암아 소련의 계획 수립자들은 부대를 이 전선에서 저 전선으로 신속하고도 효율적으로 옮길 수 있었다. 스탈린과 공산당 지도부는 온 나라를 모스크바에서 다스렸다. 전역이 진행되면서, 전격전의 아버지 하인츠 구데리안과 유능한 헤르만 호트가 각각 지휘하는 2개 기갑집단을 앞세운 중부집단군이 수 개 군에 승리했고, 7월 말까지는 모스크바 앞에 있는 마지막 주요 도시인 스몰렌스크에 들어섰다. 스톨피에 따르면, 독일군은 승리할 참이었다.[48]

그리고 나서 스톨피는 왜 현실에서는 그 전역이 어그러졌는지를 설명한다. 히틀러가 바르바로사 작전 실패의 주원인으로 떠오른다. 그가 의사 결정에 끼어들어 러시아 침공에서 모스크바를 결국은 점령 주목표로 여기지 않은 탓에 총참모본부의 계획을 망치고 야전 지휘관이 싸움터에서 거둔 승리를 상쇄했다는 것이다. 러시아를 원료 창고로 본 히틀러는 러시아 전역을 적에게서 독일 국가를 지켜낼 독일의 자원을 확보해서 증강하는 방도로 인식했다. 또한 히틀러는 정복한 영토로 독일을 에워싸서 적에게서 독일을 지키고 싶어 했다.

기본적으로 그는 난공불락의 요새를 만들어내고자 했다. 구데리안 같은 히틀러의 장교들은 그 전역을 적을, 즉 소련 체제를 처부술 수단으로 보았다. 그들로서는, 모스크바를 거머쥐면 그 목적이 이루어질 터였다. 병력을 레닌그라드로 돌리라는, 그리고 구데리안의 기갑집단을 8월 초순에 남쪽으로 보내 키예프에서 거대한 포위망을 꽉 틀어막으라는 히틀러의 명령 탓에 승리할 법한 계획 전체가 뒤틀려버렸다. 구데리안이 예하 전차들을 남쪽으로 보내는 그 순간에 중부집단군은 스몰렌스크 너머에서는 저항을 거의 받지 않았다. 중부집단군에게는 자원이 있었다. 병력과 기갑차량의 수는 넉넉했고 앞서 거둔 승리로 러시아군을 심리적으로 꺾었다는 것이다.[49]

중부집단군이 9월 말에 전진을 재개했을 때에는 승리의 호기가 스르르 사라져버렸다. 독일군이 남쪽으로 키예프까지 갔다가 되돌아와서 모스크바로 향하는 고단한 행군을 하는 동안 소련은 군대와 방어를 재건했다. 비록 중부집단군이 넉넉한 병력과 무기를 보유해서 태풍Teifun 작전*에서 소련군 수 개 군을 격파했을지라도, 그 승리는 전략적 결과를 낳지 못했다. 가을비가 다시 소련군에게 회복할 시간을 주었고 그다음에는 매서운 겨울이 여러 달 동안 싸우느라 탈진한 독일군을 문자 그대로 꽁꽁 얼려버렸다. 소련군은 버텼고 동방에서 온 증원군으로 12월에 대반격을 펼쳐서 독일군을 모스크바 서쪽 160킬로미터 뒤로 밀어냈다. 독일군 공세에 생긴 지연과 독일군이 러시아군에게 준 숨 돌릴 틈이 1941년의 패배뿐만 아니라 궁극

---

* 바르바로사 작전에서 모스크바로 향하다 1941년 가을에 잠시 주공(主攻)의 방향을 키예프로 돌렸던 독일군 중부집단군이 모스크바를 점령한다는 작전 목표를 세우고, 9월 30일부터 다시 모스크바로 전진했다. 이 작전의 암호명이 태풍 작전이다.

적인 패배까지 독일군에게 가져왔다는 것이다. 그러고 나서 스톨피는 스탈린그라드 전투와 쿠르스크 전투 같은 후속 전투는 1941년의 결과를 확정했을 따름이라고 말한다.

스톨피의 설명을 읽으면 독일군이 러시아에서 나치 정권이 저지른 범죄를 공모했다고는 생각이 들지 않을 것이다. 그는 독일의 전투와 뒤이은 점령이라는 약탈적 행위를 무시한다. 그는 공산당 관리를, 그리고 파르티잔과 유대인처럼 미심쩍은 자들을 총살하라고 지시하는 '인민위원 명령', 독일군이 소련 주민에게 자행하는 모든 행위를 사전에 사면한 '사법관할권 명령', 독일 군인 한 명이 파르티잔에게 피살되면 민간인 50명을 총살하라고 규정한 '인질 명령'을 언급하지 않는다. 그는 아인자츠그루펜, 즉 군대의 뒤를 따라 러시아로 들어가서 수십만 명의 인명을 앗아간 '특무기동대'와 독일군의 긴밀한 협력도 언급하지 않는다.[50] 스톨피는 독일국방군을 작전술적 행위에서만 연구하고 제노사이드 수행자로서의 역할에는 주목하지 말라고 넌지시 미국 육군을 다그치고 있다.[51]

히틀러의 목표는 동방 유대인 주민의 말살과 슬라브인의 복속보다 훨씬 더 포괄적이었다. 또한 그 나치 영도자, 그의 조언자들, 고위 군인들은 도시민을 굶긴 다음에, 확실하게 제거할 예정이라는 데 동의했다. 이 점에서 영도자에게 동의하지 않는 이는 거의 없었다. 일단 독일군이 1941년 7월 중순까지 러시아 안으로 깊숙이 전진하자, 히틀러와 그의 측근들은 독일군의 맹공을 겪고도 살아남은 이들이 어떠한 권리도 없이, 그리고 암시된 대로 무기 소지 특권 없이 살아갈 것이라고 결정했다. 독일국방군은 점령한 이 영토에서 현지 주민을 감축한 다음에 독일인 정주지를 세우는 길을 닦았다.[52]

독일은 소련에 사는 어떠한 민족도 해방해줄 의향이 없었다. 심지어는 주민이 독일국방군에게 꽤 열광하는 지역에서도 독일은 현지인을 다른 독일인으로 대체할 작정이었다. 독일에 동조하는 정서가 고조되고 현지의 소수민족이 독일을 자기들의 민족주의적 열망을 실현할 도구로 여긴 우크라이나와 발트해 연안 국가에서조차 침공군은 해방자가 아닌 정복자로 왔다. 히틀러는 나치 정권이 유럽 남동부에서 독일인을 모집한 다음에 곧 비워질 러시아 땅으로 "아마도" 이송할 것이라는 결론을 실제로 내렸다. '동부종합계획'의 주요 개요를 주의해서 읽어보면 히틀러와 독일 지도부의 의도가 드러난다.[53]

또한 독일은 무고한 민간인, 정신지체자, 공산당원, "그리고 모든 불쾌한 외모의 소유자"와 더불어 러시아 유대인을 죽이는 일에 속도를 높였다. 자비를 조금도 베풀지 않는 독일국방군의 손에 전쟁포로가 극심한 고통을 받았다. 분명히, 독일은 동방에서 수백만 명을 제거하고 재편성한다는 히틀러의 목표를 무자비하게 추구했다. 그렇지 않다고 믿으려면 독일 정권의 실상과 그 정권이 독일 국민에게서 받은 거의 보편적인 지지에 초연해야 한다.[54]

스톨피는 잔학 행위를 논한다. 러시아가 독일에 자행했다는 잔학 행위 말이다. 그는 독일이 비인도적인 행위의 책임 당사자임을 대놓고 부인한다. 대신에 스톨피는 그 같은 잔혹한 행위를 러시아가 저질렀고 독일은 피해자였다고 힘주어 주장한다. 스톨피는 다음과 같이 쓴다.

살해, 신체의 절단과 훼손에 관한 설명은 죄다 독일 측에서 나오지만, 상당히 많은 수의 상이한 관찰자와 평자에게서 보편적으로 나오며 심각한 의문이 제기되지 않을 만큼 패턴에 일관성이 있다.[55]

그는 소련 지도부가 군대를 통제하는 방법의 하나로 테러를 사용했다고 주장하고 잔학 행위는 소련에서 영위되는 삶의, 그리고 러시아 국민성의 가혹한 정치·사회적 현실에서 직접 비롯되었을지 모른다고 시사한다.[56]

나치의 범죄가 신문 전면 표제를 지배하는 제2차 세계대전 이후의 분위기에서는 아무도 소련의 범죄를 감히 폭로하려 들지 않았고, 그 뒤 홀로코스트 설명의 조류가 솟구치면서는 그 같은 폭로가 불가능해졌다는 것이다. 끝으로, 스톨피는 독일군의 전선 부대를 러시아인에게 폭력을 자행했다고 고발된 후방 치안부대와 구분한다.[57]

스톨피는 연구서를 쓰기 수십 년 전에 독일 장군이었던 이들이 독소전쟁에 관한 많은 회고와 서사에서 했던 여러 주장을 잔뜩 빌린다. 애초에 프란츠 할더, 하인츠 구데리안, 에리히 폰 만슈타인을 비롯한 독일 장군이 그 여러 주장 가운데 패배의 책임이 히틀러에게 있다는 가장 중요한 주장을 제시했다. 히틀러가 제대로 알지도 못하면서 제멋대로 끼어드는 바람에 전문가들이 승리할 수 있었던 전쟁에서 졌다는 것이다. 이어서 스톨피는 야전 지휘관들, 특히 구데리안을 장황하게 칭찬한다.[58] 구데리안이 프랑스와 동부전선에서 벌인 결정적 전투는 제2차 세계대전 초기에 대성공으로 판명된 독일식 공격의 정수를 구현했다는 것이다. 스톨피는 구데리안과 중부집단군의 헤르만 호트 제3기갑집단 사령관 같은 다른 지휘관들이 독일국방군에 지도력과 재능을 제공해서 1939~1941년에 독일국방군을 특이한 군대로 만들었다고 주장한다. 이 같은 찬사에는 그 장교들이 자기의 동부전선 참전에 관해 쓴 것이 반영되어 있다. 사실상 자기비판을 하는 사람은 아무도 없었다. 만슈타인과 구데리안이 특히 그렇다.

스톨피는 독일인들에게서 나온 다른 생각도 빌려온다. 러시아 군인과 정치지도위원의 역할에 관한 스톨피의 서술에도 독일 장교들이 동방 전역에 관해 말한 것이 반영되어 있다. 스톨피는 독일 군인과 달리 러시아 군인에게는 주도권을 발휘할 역량이 거의 없었다고 쓴다. 러시아 군인은 설령 정치지도위원이 자기 목숨을 위협하더라도 명령을 따랐다. 러시아 군인이 결연하고 용맹했는데도 붉은 군대 안의 규율은 흔히 정치지도위원, 즉 코미사르에 좌우되었다. 정치지도위원은 부대원들이 비겁한 모습을 보이거나 탈영하려고 시도하면 그들을 쏘아 죽였고, 군 장교는 이 관습을 포용했다. 러시아 군인은 독일군에게 저항했는데, 그러지 않으면 그의 상관이 그를 죽일 터였다. 또한 장교는 독일군이 전쟁포로를 으레 쏘아 죽인다는 점을 부대원들에게 끊임없이 일깨워주었다. 스톨피는 일반적인 러시아 군인은 아군 장교와 적군을 둘 다 무서워하며 살았다고 주장한다. 만슈타인과 폰 멜렌틴, 그리고 다른 이들도 러시아 군인을 비슷하게 서술했다.[59]

스톨피는 독일군이 '투항 안전통행증'을 사용해서 대성공을 거두었다고도 주장했다. 독일군 비행기가 이것들을 러시아 군인 위에 떨어뜨려서 포기하라고 다그치며 좋은 대우를 약속했다. 겉보기로는 소련 군인들이 이 설득에 대거 반응했다. 스톨피는 그 군인들이 독일군 전선 쪽으로 넘어가기 전에 자기네 군 장교와 정치 장교를 자주 처단했다는 주장도 한다. 이것은 그가 예전에 묘사한 소련 지도부의 특징을 받아들인다면 그럴듯한 서술이다. 독일 측 사료에 따르면, 러시아군 전쟁포로는 자기네 장교와 체제 전반의 손아귀에서 벗어나서는 신나 있다고 보였다. 스톨피가 무시하는 것은 동방에서 전쟁포로가 받은 대우에 관한 독일 측 기록이다. 독일 측에 억류되었다가 죽은 전쟁포로가 무려 350만 명인데, 이는 독일군에게 붙잡힌 소련군 포로의 57퍼센트였다. 독일의 수용소에서 전쟁포로를 기다리고 있는 운명을 소련 군인들이 알게 되었기 때문에 독일국방군에 저항하겠다는 그들의 결의가 굳어졌다.[60]

끝으로, 스톨피는 독일의 소련 공격이 사실은 선제타격이었다는 수정주의 개념을 포용한다. 이 신화는 독소전쟁 뒤에 독일 장군들이 퍼뜨렸고 블라디미르 레준Vladimir Rezun(필명으로 빅토르 수보로프)* 이 새로 제기했다. 1985년에 레준은 스탈린이 사실은 1939년부터 독일에 맞선 혁명전쟁을 계획해서 독일에 맞닿은 국경이나 독일이 차지한 땅 가까이에 병력을 집결해두라고 명령했다고 썼다. 1941년 6월 침공은 『나의 투쟁Mein Kampf』**에서 처음으로 명확하게 밝힌 히틀러의 오랜 야망을 실현하는 독일의 공세가 아니라, 사실은 독일과 독일의 동맹국을 쳐부술 준비를 하고 있던 적군에게 가한 예방 선제 타격인 셈이라는 것이다. 스톨피가 서쪽 국경을 따라 이루어진 소련 군 대병력의 전개는 제3제국을 치기로 계획된 공격의 완결이었다고 쓸 때 그가 주장하는 바가 바로 이 점이다. 소련군은 루마니아와 동유럽에 주력을 투입할 작정이었고 이것이 소련군 수 개 군이 남쪽에 집결된 까닭을 설명해준다는 것이다. 그리고 소련이 결국은 자국이

---

* 러시아의 작가(1947~). 소련군 첩보장교로 근무하다 1978년에 영국으로 탈주했다. 서방에서 빅토르 수보로프라는 필명으로 소련과 제2차 세계대전에 관한 글을 썼다. 『쇄빙선: 누가 제2차 세계대전을 시작했는가』라는 책을 펴내서 독소전쟁 발발 직전에 스탈린이 독일을 선제공격할 계획을 실행하려 했다고 주장했다.
** 쿠데타에 실패해서 수감된 히틀러가 감옥에서 구술해서 1925년에 출간한 자서전적 저서. 히틀러의 정치관과 미래 계획의 윤곽이 담겨 있어, 나치즘의 경전처럼 여겨진다.

이겼다는 점을 고려해서 독일은 공격자이고 러시아는 피해자라는 자기의 관점을 강요했다는 것이다. 스톨피에게 그 부대 배치는 "소련 측의 기회주의적 공격 정책"을 예증해주었다.[61]

제2차 세계대전 시기 소련에 관한 주요 학자들 가운데 한 사람인 데이비드 글랜츠는 러시아군이 선제타격을 할 가능성이 없었다고 지적한다. 사실, 첩보 보고를 받아든 스탈린은 군대를 동원하라고 명령해야 할 만큼 독일군의 증강이 위협적이라고 확신했다. 또한 그는 예하의 수 개 군을 전방 진지로 보내라고 명령했다. 한편, 주코프는 독일군을 타격한다는 계획안을 내놓았다. 「인민위원회 의장께 올리는 소련 육해공군의 전략적 전개 계획에 관한 1941년 5월 15일 자 보고서」라는 제목의 그 계획안은 독일군이 타격을 개시하기 전에 반격하기를 요구했다. 그러나 그 계획안에는 어떠한 실질적 토대가 없었다. 그 같은 움직임에 요구되는 엄청난 양의 병력과 물자를 모으는 데에만, 독일군의 침공이 개시된 지 오랜 뒤에도, 적어도 두 달은 걸릴 터였다. 더 중요한 점은 소련군에게는 그처럼 거대한 선제타격을 제대로 해내기에 적절한 무기, 훈련, 지도부가 전혀 없었다는 것이다. 소련군이 폴란드와 핀란드에서 기록한 성적은 자신감을 불러일으키지 못했고 소련군을 재정비해서 유지해야 할 절박한 필요성을 보여주었을 따름이다. 스탈린은 예하 군대 조직의 부적절성을 분명히 인지했고 독일을 상대로 예방 전쟁을 개시할 참이 아니었다는 것이다.[62]

스톨피는 1941년 여름에 독일이 승리할 가능성에 관한 신화들 가운데 여럿을 독일 장군이었던 이들에게서 물려받아 재활용한다. 심한 반공주의에 물들어서 그는 바르바로사 작전의 대체 결과를 제시하고, 그 같은 결과가 실제로 일어난 것보다 더 나았으리라고 암시한다. 스톨피의 분석 대부분을 물들인 반공 정서는 동부전선을 재현하는 새뮤얼 뉴랜드 대령의 논문에서 다시 나타난다. 그 논문에서는 다시 독일군이 이긴다. 또한 그에게는 인상적인 자격증이 딸려 있다. 뉴랜드는 미국 국민위병* 대령이며, 그 논문을 실을 때 그는 미국 육군참모대학 고등학술부 교수였다. 그는 독일군과 동부전선에 관해 여러 권의 책을 썼다. 그의 논문은 인기가 높은 『~더라면 어떠했을까? 제2차 세계대전의 전략적 대체안*What If? Strategic Alternatives of World War II*』에 실려 있다. 뉴랜드가 독일국방군과 독일의 동방 전역에 관한 책을 펴낸 학자로서의 자격이 그의 논문에 신뢰성을 부여한다.[63] 미국과 영국의 저명 학자뿐만 아니라 참전 군인 출신 작가와 자기 나름의 출간 기록을 지닌 퇴역 장교도 그 논총에 기고했다. 더 큰 이 맥락이 뉴랜드의 주장에 신뢰성을 부여한다.[64]

뉴랜드는 독일군이 점령지 주민을 더 인도적으로 대우했더라면 대중의 지지를 얻어 승리할 가망을 높여주었을 것이라고 주장한다. 뉴랜드는 논문 첫머리에서 꽤 많은 비러시아인이 무기를 들고 독일 침공군과 함께 스탈린과 그의 정권에 맞서 싸웠다는 점을 짚는다. 그는 소련 체제가 소수민족에게 잔혹한 정책을 수행했었고 그 소수민족은 독일군을 앙갚음하는 수단으로 보았다는 점을 적절하게 지적하고는 소련의 통치 아래서 소수민족이 수십 년 동안 가혹한 정책을 견뎌낸 반면에 독일은 겨우 두 해 동안 러시아인에게 고통의 낙인을

---

* 미국 군대의 예비군 가운데 한 분과. 각 국민위병은 그 주의 민병대이면서 연방정부 예비군이다.

찍었다고 주장함으로써 독일의 잔학 행위의 충격을 최소화한다. 또한 뉴랜드는 스탈린의 농업 집산화가 우크라이나인에게 충격을 주었고, 우크라이나인이 처음에는 독일군을 해방자로 여겼다고 강조한다. 소련에 최근에 병합된 발트해 연안 국가의 민족들도 독일군이 라트비아, 에스토니아, 리투아니아를 점령했을 때 독일 편에 섰다는 것이다. 실제로, 독일군은 우크라이나와 발트해 연안 국가의 주민을 모아 SS사단을 편성했다.[65]

독일군은 캅카스산맥으로 들어간 1942년 여름에 불만에 찬 민족과 마주쳤다. 그 지역의 터키인과 페르시아인은 스탈린의 가혹한 체제 아래서 살았고, 1942년까지 소련의 정책에 분노하고 있었다. 뉴랜드는 이 민족들도 독일군을 해방자로 보았다고 주장한다. 탈영해서 독일군에게 넘어간 러시아 군인도 많았다. 이 탈주가 일단 러시아 군인이 (스톨피가 무시하는 그 무엇인) 독일군의 끔찍한 전쟁포로 대우를 알기 시작하자 꽤 줄었을지라도 말이다.[66]

이어서 뉴랜드는 독일 지배하 자치권 정책이 동방에서 독일이 편실제 정책의 또 다른 대안을 제공했다고 시사한다. 여기서, 뉴랜드는 모스크바 서쪽의 브랸스크 삼림 지대에서 활동한 카민스키 여단*의 사례를 가리킨다. 그곳의 러시아인은 괜찮은 대우를 받았고 독일에 부역했다. 독일은 독일 점령에 대한 후방의 저항을 제거하는 일을 거들도록 1941년에 브로니슬라프 카민스키를 독일군에 채용했다. 예전에 그는 공산주의 체제를 섬겼고, 그 덕택에 오룔-쿠르스크 지역

---

* 1942년 가을에 카민스키를 우두머리 삼아 결성된 1만 명 안팎의 소련인 부대. 독일 편에 서서 붉은 군대나 파르티잔과 싸웠다. 1944년에 바르샤바 봉기 진압에 투입되어 악명을 떨쳤다.

의 주민과 같이 일하면서 꽤 많은 경험을 쌓았다. 카민스키는 독일의 황당무계한 기대를 넘어서는 성공을 거두어 독일에 저항하는 세력이 곧 사라졌다. 그의 부하들은 파르티잔 2천 명 이상을 전사자나 부상자로 만들었고 '민간인' 1만 2,531명을 쫓아냈다. 그러자 독일은 카민스키에게 독일 행정부 산하에 로코트 자치주* 설립을 허용함으로써 보상을 했다. 그러자 카민스키는 자기 부대를 러시아해방인민군Russkaia osvoboditel'naia narodnaia armiia으로 개칭했다.[67]

독일은 이 '성공적' 본보기를 불행한 소수민족인 카자크를 다루는 데 활용했다. 독일은 독일군을 따라 러시아 밖으로 퇴각하는 이 민족에게 동일한 통합주의 접근법을 사용했다. 뉴랜드에게, 이 전략은 독일을 위한 큰 잠재력을 지녔다. 독일은 부드러운 통합주의 접근법을 수많은 전장 승리와 결합할 수 있었다는 것이다. 독일군은 많은 병참 작전과 다른 후방 보급 작전을 거들도록 지역민을 대량으로 징모(하거나 협박)했다.[68]

실제의 카민스키 여단은, 파르티잔 토벌전의 성공에도 불구하고, 1944년 바르샤바 봉기에서 한 행동이 입증하듯이 통합주의 정책의 본보기가 되지 못했다. 대규모의 강간과 약탈로 비난을 받은 탓에 카민스키는 그의 부하들이 저지르는 추악한 행동에 불쾌해하는 독일 장교들과 마주쳐야 했다. 실제로 카민스키 여단은 쿠르스크의 후방 지대에서 한 행동으로 악독한 평판을 얻고 그 폴란드 도시에 도착했다. 쿠르스크 후방 지대에서 카민스키 여단은 도둑과 전과자로

---

* 독일군이 점령한 러시아와 우크라이나의 접경지대에 카민스키를 수반으로 삼아 1942년 7월에 세워져 1943년 8월까지 유지된 반(半)자치주.

이루어진 디를레방어 여단과 긴밀하게 협력했고, 그들 스스로가 악독한 전술을 구사하는 파르티잔과 야만스러운 전쟁을 벌였다. 카민스키 부대는 그 평판 탓에 부역자들에게 꽤 괜찮은 점령의 본보기로 삼기에는 바람직하지 않았고 실제로는 징벌 용도에 더 좋았다.[69] 카민스키가 후방 지대를 평정하는 일에서 독일군을 도와서 안전하고 충성스러운 지역을 만들어냈다고 추정하는 것은 그의 부하들이 약탈과 강탈로 나쁜 평판을 얻었다는 근본적인 사실을 무시한 것이다.

뉴랜드는 논문의 결론에서 독일이 바르바로사 작전 첫날부터 민간인 친화적인 정책을 채택했더라면 러시아인의 민심을 얻었으리라고 주장한다. 독일군 장교들이 자기들은 해방자로 왔다고 널리 알렸다면 두드러지는 성공을 거두고 독일군을 지원하는 무수한 시민을 징모했으리라는 것이다. 또한 독일은 러시아혁명 직후에 볼셰비키를 피해 도망쳤던 망명객 수천 명을 돌려보낼 수도 있었다. 그들의 존재는 독일에게 얼마간 정당성을 주었을 것이다. 한편, 독일이 해방위원회를 설립했더라면 위원회 위원들이 독일의 위상에 더 보탬이 되었을 것이다. 물론, 뉴랜드는 그 같은 가능성이 높지 않았음을 인정한다. 실제로, 가능성은 아주 낮았다. 이 전략은 동방에서 선언된 독일의 목표에 정면으로 배치되었다. 그 목표의 의도는 수백만 명을 대놓고 죽이겠다는 것이었고, 뉴랜드가 일컫는 용어인 "짧은 점령" 동안 바로 그것이 실행되었다. 나치의 정책과 독일국방군의 행위라는 현실에서 그 같은 대안의 기반은 전혀 없다. 그 대안은 러시아인에게 동조하는 독일의 군대와 정권을 상정한다. 그들의 유일한 목표가 러시아인 대부분을 말살하는 것이었을 때 말이다. 뉴랜드의 논문은 독일 측 회고록 문헌과 '~더라면 어떠했을까' 식 문헌에 나타나는 공통 주제, 즉 공산주의자는 악의 구현이었고 독일 군대는 나치 민간 당국과는 대조적으로 소련에서 억압받는 사람들에게 해방의 희망이었다는 주제를 담고 있다고 보인다. 실상은 이 상상의 나래와는 전혀 달랐고 나치 정권과 그 군대와는 상충하는 이미지를 만들어낸다.

맺음말

1983년 가을에 제2차 세계대전 참전 군인인 조지프 폴로우스키가 그의 거주지였던 시카고에서 숨졌다. 폴로우스키의 사망은 대수롭지 않아 보이지만 실제로는 그 기원이 1940년대 말엽으로 거슬러 올라가는 평화공존 옹호의 긴 전통이 끝나는 것을 의미했다. 폴로우스키와 그가 속한 부대의 대원들은 1945년 4월에 엘베강에서 러시아 군인들과 만난 첫 미국 군인들이었다. 그들은 끔찍하게도 3천만 명에 이르는 소련의 사망자를 포함해서 무수한 사람의 목숨을 앗아간 지독한 싸움의 끝을 축하했다. 두 부대의 군인들은 자기들의 만남이 지닌 심오한 의미를 분명하게 이해했다. 그들의 공동 투쟁으로 괴물 같은 적이 패배한 것이다. 특히 핵무기 시대에 평화를 유지하기 위해 폴로우스키는 미국과 소련이 값비싸고 위험한 군비 경쟁을 벌이던 시기에 군비 축소와 협상을 공개적으로 요청했다.[1]

러시아로서 저 싸움은 독일군이 소련을 침범해 들어와서 목숨을 건 싸움을 개시한 1941년 6월에 시작되었다. 신문, 책, 잡지, 라디오, 외교 및 군사 교류로 경각심이 생긴 미국인은 개전부터 1945년 베를린 함락까지 그 전쟁의 경과를 좇았다. 1941년 12월에 일본이 진주만을 공격하고 히틀러가 미국에 선전포고를 하면서 미국과 러시아는 나치 독일에 맞서 싸우는 동맹국이 되었다. 매체는 미국 대중에게 러시아인의 영웅적 용기와 희생에 관한 숱한 이야기를 풀어놓았다. 시민은 목숨을 바쳐 나라를 구하는 러시아 군인에 관한 글을 읽었다. 또한 러시아인은 독일의 군사적 노력을 저지해 독일군을 물리치는 붉은 군대의 분투를 보완하는 게릴라 부대를 만들었다. 매체는 소련 경제에 수백만 명씩 징모되어 침략자에 맞선 싸움을 벌이는 데 꼭 필요한 무기를 만드는 민간인과 노동자의 희생을 묘사했다.

또한 미국인은 독일군과 무장친위대, 그리고 독일 군대를 따라다니는 살인 전담반이 러시아인에게 저지른 잔학 행위를 알고서 공포에 질렸다. 러시아 가정은 독일의 인종 절멸 기구의 잔인성과 야만성 때문에 사랑하는 이를 숱하게 잃었다. 남편, 어머니, 아이가 독일군의 손에 모두 죽었다. 미국인은 독일군이 소련에 가한 물리적 파괴의 사진을 보았다. 독일군이 하늘과 땅에서 공격을 퍼붓는 통에 도시가 차례차례 극심한 고통을 겪었다. 독일군이 러시아에 초토화 작전을 펼치자 마을과 도시 수천 개가 말 그대로 사라졌다. 러시아인에 대한 연민이 미국 대중 사이에서 크게 일었고, 그 상징이 고생하는 러시아인에게 필요한 물자, 식량, 의약품을 보내려고 미국인 사이에서 기부 운동을 조직한 러시아전쟁원조위원회였다.

달력이 넘어가 1990년대에 이르기까지, 미국인의 마음에는 사뭇 다른 독소전쟁 이미지가 존재한다. 러시아인이 아니라 독일인이 저

끔찍한 전쟁의 희생자로 보인다. 미국인 수백만 명이 붉은 군대의 베를린 약탈을 기억한다. 미국인 가운데에 무고한 러시아인에게 만행을 저지른 독일 군인을 판결하려고 1943년에 열린 하르코프 전쟁범죄 재판을 설명할 수 있는 이는 극소수였고, 1942년 여름에 독일군이 백러시아(오늘날의 벨라루스)에서 행한 파괴를 이야기할 수 있는 이는 훨씬 더 소수였다. 독소전쟁의 주인공은 수백만 명씩 목숨을 바쳐 독일을 물리친 용감한 러시아 남녀가 더는 아니었다.

대신에, 군대와 무장친위대의 독일군은 조국을 파괴하려고 작정한 소련군에 맞서 명예로운 싸움을 벌이며 목숨을 바친 사나이로 두드러진다. 독일 참전 군인이 쓰고 낭만적 문체로 영역된 무수한 회고록, 전기, 자서전이 붉은 군대와 동방의 야만인 무리에게서 독일을, 심지어 유럽을 구하려는 독일군의 노력을 서술한다. 만슈타인과 구데리안 같은 이름이 모든 육군 장교에게 낯익고 독일군에 공감하는 책을 사는 독자들에게 널리 퍼졌다. 아주 최근까지, 러시아 쪽에서 본 독소전쟁을 이야기하는 책이 미국의 독서 대중 사이에서 나돈 경우는 극소수였고, 출간된 책들 가운데 초판을 넘긴 책은 훨씬 더 적었다.

그렇다면 패배하는 대의를 위해 싸운 탈진하고 겁 없는 독일 군인이 동방에서 벌어진 전쟁의 상징으로서 붉은 군대 군인을 어떻게 대체했을까? 그 이야기는 전쟁이 끝나자마자 시작되었다. 1940년대 중후반에 독일 장교들은 난제에 부딪혔다. 그들은 어떻게 자기의 전쟁 전과를 나치 정권에게서 떼어내고 자기가 자국의 정치 통치자들의 손에 크게 고생했다고 연합국에 믿게 만들며 독일 재건에서 자기가 가치 있다고 연합국을 설득할 수 있었을까? 독일군 장교와 미군 장교 사이에 앞서 존재하는 유대가 미국 군부가 독일의 입장 쪽으로 쏠리도록 하는 데 분명히 도움이 되었다.

훨씬 더 중요한 점은 냉전의 발발이, 한때는 미국의 주요 동맹국이었다가 가장 험악한 적국이 된 소련에 맞선 싸움에서 독일이 미국 편에 가담할 수 있도록 해주는 맥락을 제공했다는 것이다. 특히 1948년의 베를린 공수, 1949년의 나토 창설, 1950년의 한국전쟁 발발로 전시 동맹국이 숙적으로 탈바꿈했다. 냉전은 독일 군대가 저지른 범죄를 보지 못하도록 미국인의 눈을 가렸고, 이는 하인츠 구데리안, 프란츠 할더, 에리히 폰 만슈타인 같은 장교들에게 천행이었다. 그들은 이제 소련 육군과 싸우는 방법을 미군에게 조언해주려고 줄지어 늘어섰다.

가공할 소련과 대치하면서 미국은 공산군과의 대결에서 독일인에게 조언을 구했다. 미국인은 처음에는 독일국방군 장교였던 이들을 기용해서 러시아인과 싸운 이야기를 쓰도록 했다. 어쨌거나, 누가 러시아인을 죽이는 방법을 러시아인 3천만 명을 해치운 자들보다 더 잘 알았을까? 참모총장이었던 할더가 이끄는 장교 수백 명이 새로운 위협인 붉은 군대에 맞선 전투에서 자기가 얻은 경험에 관해 각각 수백 쪽 분량의 보고서 2,500건을 급히 썼다. 물론, 이 과정에서 할더와 그의 동료들이 기회를 잡아 '결백한 독일국방군' 신화를 조장했다. 독일국방군은 전투에만 전념했고 어떤 전쟁범죄도 저지르지 않았다는 것이다. 독일 참전 군인과 미군 장교 사이의 제휴가 증진되면서 냉전의 가장 군건한 전후 동맹들 가운데 하나가 세워질 기름진 터전이 마련되었다. 할더 밑에서 일한 사람들 가운데 많은 이가 나중에 보좌관이 되거나 연방군이라는 새 이름으로 되살아난 독일 군대에서 출세했다. 동부전선의 신화의 시작은 분명히 창창했다.

만슈타인과 구데리안은 '결백한 독일국방군' 신화에 살을 붙이는 데에 지칠 줄 모르는 일꾼이었다. 독일군이 헤아릴 수 없이 많은 러시아군에 맞서 방어 전투를 치르던 1942년 겨울과 1943년 거의 내내 만슈타인이 쌓은 복무 경험은 미국 육군의 요구를 더할 나위 없이 채워주었다. 병력이 모자란 독일군은 1950년대에 미군이 맞부딪친 것과 똑같이 러시아군의 무궁무진한 병력과 물자에 직면했다. 미국 육군 장교는 만슈타인의 경험을, 그리고 가공할 소련군에 대비하고 그 소련군과 싸우는 것에 관한 문헌과 논의에서 줄줄이 나오는 그의 조언을 반겼다. 물론, 자화자찬으로는 으뜸인 구데리안도 러시아군에 맞선 작전 수행에 관한 자기의 지혜를 내주었다. 그는 자기와 자기 부하들이 제2차 세계대전에서 한 것과 흡사하게 동방의 야만인 무리에게서 유럽을 지켜낼 가장 좋은 방법을 나토 지도자들에게 설명하는 짧은 책을 썼다. 구데리안과 만슈타인, 그리고 사실상 모든 고위 장교는 히틀러가 러시아 유대인을 비롯한 러시아인을 상대로 무엇을 계획했는지를 너무나도 잘 알고 있었다.

미국의 장교와 외교관은 1950년대에 냉전이 달아오르자 그 같은 세부 사항을 모르는 체했다. 실제로, 신생 독일연방공화국과 미국 사이의 거래로 무장친위대원을 비롯한 전쟁범죄를 저지른 독일 참전 군인들이 무죄로 처분되었다. 독일연방군은 소련군과 벌일 마지막 대결에 대비하는 보루로서 나토군에 가입했다.

'결백한 독일국방군' 신화는 외교관과 장교로부터 폭넓은 미국 대중에 파고들어가서 곧 미국 대중문화에서 사라지지 않는 이야기가 되었다. 러시아에서 벌어진 전쟁에 관한 독일 측의 회고록, 자서전,

해설이 1950년대 말엽 이후, 그리고 특히 1960년대에 판을 쳤다. 이 시기에 염가판 대량 유통사들이 여러 해에 걸친 냉전의 수사 탓에 독일의 관점에 치우친 미국 독자에게 이 해설을 퍼부었다. 폴 카렐의 『히틀러가 동쪽으로 움직이다』처럼 비싸지 않고 쉽사리 구할 수 있는 저작이 '결백한 독일국방군' 신화를 조심스레 조장하는 낭만화된 이야기에 전율한 자발적 소비자를 얻었다. 자기를 희생하는 군인뿐만 아니라 정치적이거나 이념적인 요소가 없는 전문성, 조국에 충직한 가정적인 남자, 선량한 그리스도교인이라는 주제가 이 사람들을 미국 대중에게서 찬사를 받는 낭만화된 영웅으로 만든다. 이 같은 해설이 해마다 나타났고 반세기에 걸쳐 끊임없이 재간행되면서 출판계에서 성공을 누렸다.

1980년대와 1990년대에는 하급 장교가, 심지어 병사가 동방에서 벌어진 전쟁에 관한 자기의 해설을 글로 옮겼다. 이 해설은 정서 면에서 1950년대의 원수와 상급대장의 회고록과 그리 다르지 않았다. 독일 군인은 조국을 위해, 동방에서 오는 공산군에게서 자기 가족과 공동체를 지키기 위해 싸웠으며 군인의 곤경에 아랑곳하지 않는 나치 정권에게서, 그리고 독일뿐만 아니라 서방 문명 자체를 파괴하려고 작정한 공산주의 정권에게서 고통을 받았고, 독일 군인 수백만 명이 사랑하는 이들을 지키려고 기꺼이 목숨을 바쳤다는 것이다. 독일 군인은 심지어 러시아의 군인과 민간인을 도와줄 지경에 이를 만큼 러시아에서 멋있게 싸웠으며, 이 점은 붉은 군대 군인 사이에서는 도저히 찾아볼 수 없는 특성이라는 것이다. 또한 독일군 장병은 나치 지도자 나리들에게 경멸감을 내비쳤고, 이들의 인종적·정치적 목적은 군대에 알려지지 않은 채로 남았다는 것이다. 이 같은 해설은 21세기에 들어서도 계속 판을 쳤다. 북클럽은 이 해설을 주요 선정 도서로 거듭해서 크게 내세웠다. 1950년대와 1960년대에 만슈타인과 구데리안에게 매료된 이들에게 비더만과 코쇼렉이 독일군의 영웅적 용기와 자기희생에 관한 신선한 설명을 내놓았다.

동부전선에 관한 독일 측의 모든 새로운 이야기들을 즐기는 열광자에게 이 해설은 물리지 않는 입맛을 계속 자극했다. 1960년대와 1970년대까지 동방에서 벌어진 거대한 싸움에 관한 독일의 해석이 미국에서 수백만 명의 감성과 지성을 사로잡았다. 출판에서 만슈타인과 구데리안이 이룬 성공과 러시아에 공감하는 해설이 맛본 실패는 독일의 참전 군인들이 스스로를 악당에 에워싸인 주인공으로 재현하는 일에서 거둔 장기적 성공을 예증한다.

리하르트 란트베어와 프란츠 쿠로프스키 같은 본좌가 이 참전 군인들의 메시지를 '결백한 독일국방군'과 독일의 영웅적 군인에 관한 각각의 새 해설과 미화를 간절히 기다리는 열광자나 낭만무협인으로 이루어진 열렬한 독자에게 전했다. 본좌는 무장친위대를 비롯한 독일 군인들을 싸움터에서 용맹했다며 칭찬했다. 특히 무장친위대를 자주 칭찬했다. 본좌는 참전 군인들에 관한 상세한 지식과 그들과 맺은 개인적 우정을 결합해서 낭만무협인에게 으뜸가는 특성인 박진성을 과시한다. 본좌의 저작에는 독일 군인을 극히 우호적으로 묘사하는 희귀한 사진과 치켜세우는 글이 들어 있다. 유명한 요헨 파이퍼처럼 멋들어진 인물이 마크 여거 같은 본좌들의 저작에 나온다. 본좌는 파이퍼 같은 독일 군인을 히틀러와 그의 졸개들의 섬뜩한 목적을 실현하려고 시도하는 나치 당원과 대비한다.

낭만화된 독일 군인의 숭배가 독서 대중 사이에 커가면서, 그 숭배는 1960년대와 1970년대 동안 점점 수가 늘어나던 많은 전쟁게임 애호가 사이에서도 새 추종자를 얻었다. 전국이나 지역 차원의 전시 행사와 전국에 배포되는 잡지가 미국에서 영속적인 추종자를 얻으면서 동부전선에 관한 게임이 그 취미를 전국적으로 유명하게 만드는 데 일조했다. 「판처블리츠」와 「동방의 전쟁」 같은 게임이 독일군을 오로지 싸움터에만 전념하는 기구로 묘사했다. 게임 잡지에서는 이 게임에 많은 원자료를 제공하는 문헌에서 선전되는 그 주제가 되풀이되었다. 이 잡지를 읽거나 그 전쟁게임을 하면서 구데리안이 나치에 공감했다고, 또는 만슈타인이 살해된 러시아 유대인에게서 뺏은 약탈품을 나눠가지는 일에 참여했다고 의심하려는 이들은 거의 없었다. 본좌처럼 그들은 제3제국의 인종적·정치적 측면을 애써 회피했다. 어쨌거나, 독일 군인은 최종해결책이 아니라 조국을 지키려고 싸웠다는 것이다.

인터넷이 낭만무협인의 문화를 24시간 내내 참여하는 초국가적 기반을 가진 문화로 바꿔놓았다. 인터넷 사이트에는 독일 군대, 장교와 병사, 전투와 전역에 관한 정보가 믿기지 않을 만큼 많이 저장되었다. 무기, 훈장, 군 계급 같은 갖가지 주제가 이 사이트들에 나타난다. 온라인 포럼으로 낭만무협인은 독일 군대에 관한 토론을 대륙과 대양을 가로질러 지속적으로 할 수 있게 된다. 만슈타인과 구데리안, 그리고 독일 군대의 다른 권위자들이 자주 이 토론의 밑바탕을 이룬다. 토론에서 무장친위대가 자주 다뤄진다. 한번은 참여자들이 무진 애를 써서 SS비킹 사단이 전쟁범죄를 저지르지 않았다고 밝혔고, 이 사실은 그들의 주장으로는 그 부대에 대한 소련의 찬사로 뒷받침되었다. 참여자를 위한 인터넷 사이트의 읽을거리 목록에 멜렌틴, 폰 루크, 크나페 등이 쓴 책이 올라 있다. 이 사이트들은 해마다 방문자 수십만 명을 끌어들이고 어떤 전쟁범죄도 저지르지 않았다는, 또는 나치 정권과 히틀러와는 무관하다는 군대인 독일군의 인기를 예증해준다.

1970년대 중반 이후로는 역사재연동호활동도 낭만무협인 사이에서 인기를 얻었다. 1990년대 말까지 미국 곳곳에서 역사재연동호활동난 수십 개가 만들어져 독일국방군을, 대부분은 부장친위대를 기념했다. 이 부대에 가입한 남자들과 소수의 여자들은 1930년대 말엽과 1940년대 초엽의 독일 군대의 세계를 절실하게 다시 체험하고 싶어 한다. 박진성이 이 개인들을 몰아붙인다. 1940년대식 안경과 두발 모양부터 독일군 제복과 군화까지 역사재연동호인은 가장 실감 나는 전쟁 장비와 스타일을 바란다. 무엇이라도 실감 나지 않으면 혹심한 비판을 비켜가지 못한다. 특히 골수 역사재연동호인에게서 말이다. 실감 나게 다시 경험하기는 가능할 때면 독일어를 쓰고 독일 군가를 부르는 지경에 이른다. 역사재연동호활동의 실제 전투에서 심판이 참여자를 평가해서 점수를 준다. 은행가, 사무원, 기계공 등 모든 경제 계급 및 직업 출신이 주말마다 나와서 독일국방군과 무장친위대의 세계를 다시 경험한다. 역사재연동호인에게는 독일 군대에서 복무한 사람이 용기와 용맹의 최고 이상을 대표한다. 역사재연동호인은 이 메시지를 공개 행사에서 일반 대중에게 전한다. 역사재연동호활동을 보러 온 일반 대중은 역사재연동호인이 자기의 집착에 관해 들려주는 말에 귀를 기울인다. 독자, 인터넷 참여자, 역사재연동호인, 군 장교, 외교관, 본좌, 북클럽 회원 모두가 '결백한 독일국방군' 신화의 생명과 활력을 지탱한다.

독일 군인은 용감한 영웅이라는 낭만무협인의 관념을 생생하게 보여주는 예는 현재도 빈번하게 나타나고 있다. 오늘날에는 역사재연동호활동 물품을 공급하는 인기 업체인 '졸다트 FHQSoldat FHQ'가 낭만무협인들에게 그들이 지탱하는 기억의 주인공들과 연결해줄 중요 수단을 제공한다. '졸다트 FHQ'는 신입 회원에게 진정한 독일 군인으로 탈바꿈할 기회를 준다. 이 제작업체는 졸트부흐Soldbuch, 즉 원래 독일국방군 군인의 개인 정보가 들어 있던 급료 장부를 만들어낸다. 졸트부흐를 얻으려고 신입 회원은 신청서 한 장을 채워넣는데, 맨 먼저 실명과 주소를 써넣어야 한다. 다음에 그 신청서는 실제적인 역사적 모사로 넘어간다. 여기서, 후보 회원은 자기의 새 독일어 이름과 자기가 택하는 정체성의 소유주인 독일 군인의 실제 입대일을 적는다. 그는 자기의 에어케눙스마르케Erkennungsmarke*를 얻고 자기의 혈액형과 방독면 크기를 적는다. 새로 탈바꿈한 그 독일국방군 군인은 자기의 독일 생년월일과 출생지, 종교도 죽 적는다. 그 웹페이지는 한 졸트부흐의 두 개 면의 사진을 올려놓아서 그 제품의 사실성을 과시한다.[2]

그 졸트부흐의 사실성은 2006년 말엽에 일어난 논쟁에서 한 독일인 제2차 세계대전 참전 군인의 평에 나타난다. 그는 자기의 "졸트부흐, 상훈문서, 상훈"을 정확히 재현한다며 '졸다트 FHQ'를 칭찬한다. 그 참전 군인은 다음과 같이 썼다.

---

* 인식표. 군인의 성명과 군번, 다른 신원 정보가 새겨진 작은 쇠판. 군인은 이 판을 늘 휴대하고 있어야 한다.

나는 당신이 독일 첩보기관에서 일자리를 구해야 한다고 믿습니다. 당신은 복제품의 걸작을 만들어냈네요. 제안을 하나 하자면 그 문서는 오래된 문서처럼 보였어야 해요. 그 밖에는 아주 잘했습니다. 저는 당신한테 보낼 편지의 초를 잡겠습니다. 그 편지는 당신의 독일 문화 이해도를 부각할 것입니다. … 빼어난 솜씨와 독일국방군이 무엇에 전념했는지에 관한 이해, 당신의 작업에서 독창성을 만들어내는 능력에 보내는 나의 감사를 받아주세요.[3]

사이트 운영자는 '졸다트 FHQ'가 장비를 낡게 하는 능력을 충분히 가지고 있다고 덧붙였다. 실제로, http://www.soldat.com/Aging을 치면 졸다트 맞춤 노후화Soldat Custom Aging 페이지가 나타난다. 이 페이지는 "(졸다트가) … 한 고객을 위해 낡게 한" 한 장교의 모자를 보여준다. 그 사이트는 졸다트의 서비스를 이용하라고 잠재 고객을 설득하기 위해서 고객을 위해 낡게 한 물품을 주기적으로 올려놓는다. 2006년 11월 1일에 그 사이트에는 '히틀러 전시 모자'의 사진 한 장이 있었는데, 한 고객이 그것이 영화 「몰락」*에서 히틀러 역을 한 배우(브루노 간츠)가 썼던 모자와 닮았기 때문에 그것을 원했다. 사이트 소유주는 졸다트는 "올바른 줄과 표식을 쓰는 반면에 그 영화의 모자는 그렇지 않았다"는 점을 짚기도 했다.

고객들은 졸다트 물건의 품질을 칭찬했다. 한 고객은 다음과 같

---

* 1945년 4월에 베를린 지하 벙커에서 히틀러를 비롯한 독일 지도부 사이에서 일어난 일을 주제로 독일의 올리버 히르슈비겔 감독이 2004년에 제작한 역사 영화로 원제는 Der Untergang. 한국에서는 영어 제목인 「다운폴(Downfall)」로 2013년에 상영되었다.

이 썼다. "당신의 웹사이트에 올라 있는 졸트부흐의 주인인 … 짐Jim 은 우리 부대 회원입니다. 그가 열렬히 추천한 뒤에 우리는" 우리 부 대의 모든 회원이 당신의 회사를 이용해야 한다고 "권하고 있습니다." 라이히스마르크와 천연색 엽서를 비롯해서 다른 물건 가운데에서도 에어케눙스마르케 하나를 사는 것은 300달러를 넘곤 하며 박진성을 성취하려는 역사재연동호인의 끈질긴 집념을 시사한다. 사이트 소유 주가 독자들에게 다음과 같이 알렸다.

졸트부흐 신청 과정 동안 당신이 당신은 1인칭 모사의 배경을 결 정하고 정의해놓을 것입니다. 짝을 이루는 FHQ에 에어케눙스마르케 까지 보태면 당신은 당신의 모사가 됩니다. … 너는 누구냐는 질문을 받을 때 당신의 FHQ의 졸트부흐와 에어케눙스마르케를 꺼내들고 "이 히 빈 …"*이라고 말하세요. 그러면 다된 겁니다.[4]

전쟁의 압박감을 기억해서 '졸다트 FHQ'에는 '기도 요청 페이지" 도 있다. 이 웹사이트는 "하느님의 전신갑주를 입으라!** 군 기도에 특화된 웹사이트"라고 말한다. 그 역사재연동호인 사이트는 온갖 수 단을 다 써서 독일 군인과 그 세계의 사실성을 손님에게 제공한다.[5]

역사재연동호활동 전반에 대한 이 헌신은 제2차 세계대전 역사재 연동호활동협회The World War Two Historical Re-enactment Society, Inc.를 낳았다. 이 협회는 전국 도처의 제2차 세계대전 역사재연동호활동단

---

* Ich bin. '나는 ~이다'라는 뜻의 독일어 구문.
** 『신약성서』「에베소서」 제6장 제11절 참조.

들의 통솔 조직 노릇을 하려고 시도하고, 협회 웹사이트에 명시된 요구 사항을 충족하는 부대들을 인가한다. 그 요구 사항은 박진성 및 홍보 담당관부터 부대명과 "검정된 군복, 무기, 장비의 목록, 그리고 차량"까지 다양하다. 협회의 박진성 위원회와 이사단은 한 부대를 인가하기에 앞서 모든 신청서를 승인해야 한다. 물론, 제출되는 모든 자료는 적절한 서류를 갖춰야 한다. 승인되면 협회의 회장, 부회장, 간사가 신청서에 서명을 한다.[6]

인터넷 사이트는 이 연구서에 포함된 책들 가운데 많은 책을 계속 큼지막하게 내세운다. 이 사이트들 가운데 가장 크고 틀림없이 가장 중요한 사이트일 feldgrau.net가 최근에 '독일의 제2차 세계대전 회고록 및 일기'의 목록을 게재했다. 그 목록에는 이 연구서에서 다뤄지는 저술들 가운데에서도 크나페의 『졸다트: 한 독일 군인의 반추, 1936~1949년』, 고틀롭 헤르베르트 비더만의 『치열한 전투에서: 한 독일 군인의 동부전선 회고록』, 오토 카리우스의 『진흙 속의 호랑이: 독일 기갑부대 지휘관 오토 카리우스의 전투 경력』(페도로위츠 출판사 출간물), (독일어 제목 『한 군인의 회상 *Erinnerungen eines Soldaten*』으로 표기되어 있는) 하인츠 구데리안의 『기계화부대장』, (독일어 원제 *Verlorene Siege*로 표기되어 있는) 에리히 폰 만슈타인의 『잃어버린 승리』, (독일어 원제 『고통의 시대를 잊지 말라 *Vergiss die Zeit der Dornen nicht*』로 표기되어 있는) 귄터 코쇼렉의 『핏빛 눈』, 한스 폰 루크의 『기갑 지휘관: 한스 폰 루크 대령의 회고록』, 프리드리히 빌헬름 폰 멜렌틴의 『기갑전투: 제2차 세계대전의 기갑 운용에 관한 연구』가 있다. 이 서술들에도 그 같은 평론에 그토록 흔한 친독일 편향이 반영되어 있다. 크나페의 책에 있는 한 짧은 문단은 그의 복무 기록과 소련에서 포로로 지낸 몇 년을 강조한다. 폰 루크에 대한 묘사는 그가 용맹했고 여러 상을 받았고 이른 나이에 대령이라는 계급에 올랐음을 부각했으며, 그가 소련군에게 사로잡혀서 소련의 노동 수용소에서 여러 해를 보냈다는 점도 짚는다. 만슈타인의 이름 아래 있는 첫 문장은 그가 "제2차 세계대전에서 히틀러의 가장 탁월한 장군들 가운데 한 사람"으로 손꼽혔다고 선언한다. 그 문장은 만슈타인의 회고록 표지에서 곧바로 따온 것이다.[7]

또한 2006년 10월에 동일한 웹사이트, 즉 펠트그라우에는 비더만의 『치열한 전투에서』, 코쇼렉의 『핏빛 눈』, 카리우스의 『진흙 속의 호랑이』 같은 저작에 관한 호평이 있었고, 더불어 포럼에는 구데리안과 멜렌틴을 극찬하는 서술이 있었다. 한 참여자는 비더만의 저작에 관해서 "나는 그 책을 누군가에게 빌려줬는데 그들은 책을 돌려주기를 잊어버릴 만큼 너무 좋아했다고 생각한다"고 썼다. 그 책을 평해 달라는 인터넷 문의에 응해서 한 참여자는 "나는 그 책을 강력 추천했어. 그의 부대는 스탈린그라드에서 궤멸했지. 그가 그 솥Kessel(포위된 지역)에 있지 않은 것은 오로지 행운 덕이었다니까"라고 썼다. 둘째 참여자 한 사람은 "실제 서사는 일급이야"라고 평했다. 셋째 참여자는 "술술 읽히며 폭력 활극에 젖어들진 않지. 넌 공포와 아드레날린을 느낄 수 있어"라고 단언했다. 또 다른 참여자는 "나는 그가 어떤 정치적 의제를 탁하니 꺼내는 대신에 전우애에 초점을 맞추는 게 유난히 마음에 들었어. 난 그의 실감나는 문체를 좋아했지"라고 썼다. 기다란 『진흙 속의 호랑이』 평 하나의 도입부는 다음과 같다. "나한테는 자기 전우와 상관에 관한 저자의 솔직한 서술이 진짜 인상 깊었어. … 넌 전쟁 기간을 거치면서 어떻게 군인들의 자질이 탁월한 자에서 싸우고 싶어 하지 않는 자들로 바뀌는지 감 잡을 수 있을 거야." 그 평자는 독창성과 시각자료, 그리고 세부 사항에 맞춰진 초점을 들어 그 책을 칭찬하고는 "대체로, 내 견해로는, 소장할 가치가 있는 탁월한 회고록이야"라고 끝을 맺는다. 끝으로, 구데리안의 『한 군인의 회상』과 멜렌틴의 『기갑전투』 가운데 어느 책이 더 뛰어날까 하는 논쟁에서, 응답자들은 그 두 책과 저자를 모두 한껏 칭찬한다. 한 사람은 구데리안이 기갑총감으로서 군대의 더 폭넓은 부분에 지휘권을 행사했다는 이유로 구데리안의 책을 택했다. 나른 한 사람은 둘 다 칭찬받을 만하며 그 두 책을 '함께' 읽어야 한다는 결론을 내린다. 이 저작들에서 초점은 늘 군사적 차원에 머무르며 잔학 행위나 나치 이념 주입, 또는 독일국방군 군인이 히틀러와 그의 정권에 바친 헌신 등 더 논쟁적인 주제는 결코 꺼내지 않는다.[8]

본좌도 독일국방군과 무장친위대에 우호적인 추종자의 대열에서 자기의 존재감을 유지한다. 마크 여거는 사이트 「나치친위대/무장친위대 포럼 파라미터스SS/Waffen-SS Forum Parameters」에서 사회자 노릇을 한다. 낭만무협인 사이에서 그의 전문지식이 주목을 받은 덕에 그는 이 포럼에서 벌어지는 많은 토론을 다루기에 딱 알맞은 선택이 된다. 여거는 그 포럼이 "정치 논쟁터가 아니다"라고 선언하고는 인종주의자나 "열성적인 정치 공세 …"를 모두 검열하겠다고 약속한다. 그는 무장친위대에 관한 질문에 답변하면서 "나는 나치친위대에 관한 주제를 연구하고 저술해왔으므로 내가 할 수 있다면 내 특정 분야에서는 누구라도 기꺼이 돕겠다"고 밝힌다. 무장친위대에 호의적인 정서는 아무런 탈 없이 계속 존재한다. 이날 하루 동안 나온 논전에서 여거는 답변 47개를 달았다.[9]

미디어와 대량 배포되는 잡지가 우리의 연구에서 제기되는 주제들이 들어 있는 프로그램과 글을 특집으로 다룬다. 히스토리 채널도 널리 시청되는 독소전쟁 다큐멘터리에서 동부전선에 관한 낭만무협인의 환상을 키운다. 밤에 시청자 수백만 명이 히스토리 채널을 시청하며, 이들 가운데에는 실제 기록 영상과 음향이 들어간 다큐멘터리를 동방에서 벌어진 야만적인 전쟁의 정확한 묘사로 보는 사람이 많다. 미디어 회사가 최신 기술을 활용해서 본좌의 책들을 아마존에서 용이하게 구입할 수 있는 오디오 포맷으로 전환한다. 이렇게 낭만무협인의 가장 극단적인 형태의 동부전선 신화가 광범위한 소비자 청중에게 전달된다.

『계간 군사사*Military History Quarterly*』와 『군사사*Military History*』는 둘 다 신문 가판대와 지점이 곳곳에 있는 반스 앤드 노블 서점에서 구입할 수 있는데, 이 두 잡지에는 제2차 세계대전 동안 러시아에서 싸운 영웅적 독일군에 관한 인터뷰나 글이 자주 실린다. 이 두 잡지는 「전차 잡는 슈투카 조종사」와 「스탈린그라드 밖에서 포위되다」처럼 눈을 끄는 제목으로 수많은 독자를 끌어모은다. 「스탈린그라드 밖에서 포위되다」라는 글이 2003년 겨울에 『계간 군사사』에 나왔다. 스탈린그라드 전투 참전 군인이 쓴 이 글은 소련군의 독일 제6군 포위에서 빠져나온 젊은 전차운전병 프리츠 바르텔만의 경험을 서술했다. 러시아에서 벌어진 전쟁에 관한 설명에서 독일인이 하는 이야기의 전형으로, 바르텔만은 병사들이 볼품없는 한 러시아 마을에서 이가 들끓는 잠자리와 먹을 것과 온기를 찾아다니는 설치류 동물이 설치는 오두막을 견뎌야 했다고 썼다. 그는 러시아 여자가 대체로 "평범하다"고 서술했다. 독일 참전 군인들이 그토록 자주 말했듯이, 바르텔만은 러시아군 전쟁포로를 정중하게 대우했으며 그 결과로 포로들은 그를 위해 일하기를 즐겼고, 심지어 전쟁 전에 발레 교사였던 한 러시아 유대인 전쟁포로는 바르텔의 감독 아래 자진해서 노동도 했다는 것이다. 물론, 바르텔만은 러시아군 박격포에 맞은 한 젊은 군인의 고통스러운 죽음을 말하면서 독일군이 고통을 받았다는 이야기를 집어넣었다. 그는 그 젊은이가 지니고 있던 사진을 챙겨 가족에게 보냈다. 바르텔만은 늘 다른 이들을 생각하는 점잖고 정중하고 용감한 독일 군인을 구현한다. 그의 이야기는 『계간 군사사』의 높은 명성에게서, 『계간 군사사』 같은 호에 글을 실은 이름난 역사가인 캘리포니아주립대학(프레즈노Fresno캠퍼스)의 빅터 데이비드 핸슨과 일리노이대학의 존 린에게서 이득을 보았다.[10]

『군사사』도 동부전선에 관한 글을 특집으로 다룬다. 「전차를 쳐부수는 슈투카 조종사」에서 에드 맥콜은 독소전쟁 동안 Ju-87을 몰았던 헤르만 노이만을 인터뷰했다. 맥콜은 노이만의 배경과 성장기에 관한 질문으로 시작했다. 노이만은 체코슬로바키아의 자기 고향에 살던 주데텐란트 독일인이 중앙정부의 정책 아래서 지독히도 고생했다고 말했다. 비밀경찰이 1930년대에 나타났고 곧 독일인이 사라지거나 수용소에 끌려 들어가서 돌아오지 못했다. 실제로, 지은 죄라고는 장 질환 때문에 변소를 자주 들락날락한 것뿐인 독일인 교수 한 사람을 체코인 경비대가 그냥 때려죽였다. 독일군이 도착하고 나서야 비로소 노이만과 그의 가족이 그 같은 행태에서 구제되었다는 것이다. 노이만도 동생을 잃었다. 동생은 러시아 전선에서 싸우다 죽었다. 문헌의 공통 주제인 희생자로서의 독일인이 미국의 대중잡지에서 널리 받아들여진다.[11]

노이만은 선량한 독일 장교의 모든 특성을 보여주었다. 노이만은 자기가 슈투카 조종사 사이에서 전설의 지위를 누린 위대한 한스 루델을 찬양한다고 말했다. 그의 전훈이 노이만 같은 사람들에게 영감을 주었다. 노이만은 다쳐서 병원에 입원한 뒤에 참으로 자기희생적으로, 더 심하게 다친 한 군인에게 자기 침상을 내주었다. 또한 노이만은 히틀러의 유럽 유대인 절멸 계획을 알지 못했음을 보여주었다. 그는 자기가 수용소를 알았다고 인정했지만 수용소에는 독일을 위협하는 자들만 수감된다고 믿었고 그 수용소의 용도가 유대인을 죽이는 것이라고는 조금도 의심하지 않았다는 것이다. 슈투카 조종석에 있는 모습의 노이만은, 그토록 많은 독일 참전 군인이 그랬듯이, 나치가 죄 없는 사람 수백만 명에게 가한 공포를 알지 못한 채 자기 나라를 지키는 일에 헌신한 젊은이라는 느낌을 준다. 실제로, 노이만은 미수에 그친 7월 20일의 히틀러 암살 기도를 도저히 이해할 수 없었다고 말했다. 그는 물었다. 왜, 그리고 누가 전시에 독일의 지도자를 죽이고 싶어 할까? 순수, 결단, 용기, 수난이 모두 노이만을 규정했다.[12]

2005년 겨울에 동부전선에 관한 다른 글 한 편이 『군사사』에 실렸다. 「동부전선의 독일 기마병」이라는 제목의 그 글은 북부집단군의 한 기병대에서 복무한 참전 군인인 위르겐 드로크밀러와의 대담을 크게 다루었다. 동부전선에 관한 자기 이야기를 펴낸 수많은 참전 군인처럼 드로크밀러는 유럽 유대인의 절멸이나 집시와 기타 핍박당하는 소수자의 대대적인 탄압을 전혀 몰랐다고 공언했다. 마찬가지로, 그는 억눌렸던 러시아인이 독일군을 꽃으로 맞이했고 공산주의자 통치자에게서 해방되는 데 안도했다고 말했다. 독일군은 교전 지역에서는 받기 어려운 의료를 러시아인에게 제공함으로써 민간인에게 예의바른 자세를 보여주었다는 것이다. 또한 드로크뮐러는 1940년대 초엽에 공산당의 공포가 있었다고 대담자에게 말했다. 이 반공주의 주제는 회고록 문헌에서 빈번하게 나온다. 물론, 그는 선의를 보여주며 러시아군 전쟁포로 한 사람을 풀어주었는데, 그 사람은 실은 한때 드로크뮐러가 함께 만찬을 했던 민간인이었다. 결국 드로크뮐러는 미군 점령 구역으로 가서 그곳에서 투항했다. 러시아군의 손에 사로잡히는 것보다는 훨씬 너 나은 운명이었다.[13] 이 주제는 오늘날 일반 대중문화에서 아직도 성행한다.

히스토리 채널도 특집으로 낭만무협인의 신화적 독일군 관을 조장하는 프로그램을 다룬다. 2005년 5월 2일부터 일주일 동안 히스토리 채널은 연합국의 제2차 세계대전 승리 60주년을 12부작 다큐멘터리 「히틀러의 전쟁Hitler's War」으로 기념했다. 첫 1~6부는 동방에서 벌어진 싸움을 자세히 살펴본다. 그 다큐멘터리는 전시에 카메라에 찍힌 기록 영상과 참여자의 증언이 들어간 직접적인 설명과 동방에서 벌어진 전쟁을 이해하기 위한 맥락을 제공하는 해설로 구성되었다. 그 전쟁이 실제로 잔혹했으며 우리가 독일국방군이 이 참상을 공모했음을 알고 있는데도, 그 다큐멘터리는 독일 군인은 착했고 독일군은 러시아인에게 저질러진 범죄를 몰랐고 독일 군인은 피해자라는 신화를 포용한다.

이 점을 몇몇 사례가 예증한다. 「히틀러의 전쟁」첫 부분에서 인민위원 명령이 거의 스치듯이 언급된다. 그 뒤에 한 독일 참전 군인의 인터뷰가 나오는데, 그는 자기의 인간애를 강조하고 자기 손에 사로잡혀서 자기가 쏘아 죽이기로 되어 있는 정치지도위원 한 명을 풀어주었다고 주장했다. 또 한 번은, 대량 살육을 저지른 주체인 보안방첩대와 특무기동대를 한 차례 스치듯 언급한 뒤 연로한 유대인인 우리헴피슐 라비노프Urichem-Fischl Rabinoff의 인터뷰가 나온다. 라비노프는 그의 가족 가운데 홀로코스트에서 유일하게 생존한 사람이었다. 그는 다만 핀스크*에 배치된 —귄터 그루엘이라는— 한 독일 군인이 그에게 가짜 신분증명서를 주어 그를 구했기 때문에 살아남았다. 또 한 번은 민간인의 총살과 위협이, 그리고 주민의 집단 기아가 얼핏 언급된다. 그러나 그 뒤에 나오는 인터뷰에서는 독일 군인이었던 이가 죽은 말의 뼈에서 고기를 긁어내고 있는 러시아 여자들을 보고 어리둥절했다고 하면서 독일군 점령지에서 일상사였던 약탈 정책을 몰랐다고 인정한다. 민간인 사살 명령이 짧게 언급되지만, 곧바로 마르틴 분덜리히라는 독일 군인이 인터뷰에서 자기가 어떻게 러시아 민간인 한 사람을 사살하기를 거부했고, 실은 풀어주었는지를 이야기한다. 패턴이 뚜렷하다. 해설자가 독일군의 범죄를 최소한도로 언급한 뒤에 믿음이 가며 인간적인 느낌을 주는 실재 인물 한 사람이 인터뷰를 하면서 자기는 그 같은 범죄를 저지르거나 들은 적이 없다고 부인해서 시청자에게 독일 군인이 대개는 모두 점잖았다는 인상을 남기는 한편으로, 드물게 언급된 범죄는 모습이 드러나지 않은 어떤 자들이 저지른 셈이 된다. 이것은 독일국방군의 치부를 가리는 회반죽과 같다. 「히틀러의 전쟁」에 나오는 독일 군인은 전쟁범죄와 마주쳤을 때 격분해서 그 범죄를 막아보려고 했지만 성공하지 못했다는 설정이 자주 나온다. 한번은, 제23보병사단의 한스귄터 슈타르크가 러시아 여군 대대의 공격을 받는다. 크게 주저하다가 그는 기관

---

* 벨라루스 남부에 있는 도시.

총으로 그 여군 대대를 쏘라고 명령하고 적군은 한꺼번에 쓰러진다. 이 사건은 슈타르크에게 전쟁의 광기를 거론할 기회를 준다. 일반적으로 독일 군인은 전쟁과 정권에 반대했다고 묘사되는데, 정치 교의敎義 주입이 독일 군인에게 아주 심하게 이루어졌는데도 그렇다는 것은 믿기지 않는다. 한 러시아 여자가 인터뷰에서 한 독일 군인이 식량을 자기와 어떻게 나누어 가졌는지를 이야기한다.

또한 「히틀러의 전쟁」에서 독일 군인은 고향, 가족, 사랑하는 이들, 종교를 배경 삼아 나오는데, 이것이 러시아 군인에게는 허락되지 않는다. 이것은 독일 군인을 더 흥미롭고 입체적이고 매력 있게 만드는 인간미 넘치는 재료인 반면에 러시아 군인은 그냥 군사 업무만 하는 듯하다. 「히틀러의 전쟁」은 알폰스 메츠거의 약혼녀였던 이를 인터뷰하는데, 배경에는 그 두 사람이 결혼식을 계획하는 모습이 담긴 낡은 사진들이 있다. 그러고는 메츠거는 소집되어 동부전선과 스탈린그라드로 가며, 거기에서 돌아오지 못한다. 이런 유의 이야기가 「히틀러의 전쟁」에 대여섯 차례 나온다. 독일인은 정다운 가족적인 상황에서 크리스마스 캐럴을 부르고 전투를 치르는 가족을 위해 기도하는 모습으로 나온다. 낭만적인 사랑 노래인 인기곡 「릴리 마를렌Lili Marlene」*이 중시된다. 러시아인이 부르는 유일한 노래는 러시아 군인들이 모스크바를 거쳐 전선으로 행군하면서 부르는 군가다.

되풀이되는 이 이야기들에 파묻히는 바람에 다큐멘터리에서 짧게

---

* 병사가 보초를 서면서 고향의 아가씨를 그리워한다는 내용의 노래. 독일 군인 한스 라이프가 1915년에 쓴 가사에 노르베르트 슐체가 1938년에 붙인 곡을 랄레 안데르센이 이듬해에 불러 음반 녹음했다. 1941년에 독일군 라디오에서 방송되자 독일 병사는 물론이고 연합군 병사에게도 큰 인기를 끌었다.

라도 언급되는 독일의 범죄성이 전혀 들리지 않게 된다. 요컨대, 독일 군인과 그의 가족이 전쟁에서 죽은 러시아인 3천만 명 못지않게, 어쩌면 훨씬 더 고통을 겪는다. 낭만무협인에게 이 묘사는 그 전쟁에 관한, 그리고 러시아와 독일의 싸움에서 독일 군대가 차지하는 위상에 관한 제 나름의 이해와 거울을 들여다본 것처럼 똑같다. 1946년에 맨 처음 홍보된 독일판 독소전쟁의 해석이 21세기에도 계속 성행한다.[14] 이 신화가 워낙 끈질기고 강력한 탓에 미국 대중은 동부전선의 진정한 참상과 독일군이 러시아인 수천만 명에게 가한 어마어마한 고통을 제대로 느끼지 못한다. '착한 독일인'은 영생을 누릴 운명인 듯하다.

미 주

제1장 미국이 러시아의 전쟁을 겪다, 1941~1945년

1. 1945년 4월 25일에 엘베강에서 처음 마주친 미국 군인과 소련 군인에 관한 논의로는, 그리고 대화를 이어가려는 노력에 관해서는 Helene Keyssar & Vladimir Pozner, *Remembering the War: A U.S.-Soviet Dialogue* (New York, Oxford University Press, 1990), 서문, pp. vi~xviii, pp. 189~195 을 볼 것. 이 책은 서사와 인물 전기의 설명을 통해 소련과 미국의 관점에서 제 2차 세계대전을 설명해준다.

2. 제3제국 통사로는 Michael Burleigh, *The Third Reich: A New History* (New York, Hill & Wang, 2001)를 볼 것. 가장 뛰어난 히틀러 평전으로는 Ian Kershaw, *Hitler 1889–1936: Hubris* (New York, W. W. Norton & Company, 2000); *Hitler 1936–1945: Nemesis* (New York, W. W. Norton & Company, 2000)를 볼 것.

3. 이 문제에 관해서는 George C. Herring Jr., *Aid to Russia 1941–1946: Strategy, Diplomacy and the Oringins of the Cold War* (New York, Columbia University Press, 1973)를 볼 것. 당시 미국의 대(對)소련 원조에 관해서는 Donald M. Nelson, "American Production-Russian Front", *Survey Graphics*, February 1944, pp. 56, 59, 99, 134~137을 볼 것. 미국의 군사 원조에 대한 러시아의 평가로는 Richard Lauterbach, *These Are the Russians* (New York, Harper, 1944), pp. 62~63을 볼 것. *Wall Street Journal*, 1941 년 6월 24일 자, p. 3, 1941년 6월 26일 자, p. 4, 1951년 6월 28일 자, p. 4, 1941년 8월 30일 자, p. 2; *Time*, 1942년 4월 13일 자, pp. 22~23, 1943년 3 월 15일 자, p. 24; "Lend-Lease to Russia", *Life*, 1943년 3월 29일 자, pp. 13~19도 볼 것.

4. 방대한 분량의 『뉴욕 타임스』 보도의 사례로는 동부전선에 관한 *The New York Times Index* (New York, The New York Times Company, 1945), pp. 1722~1740을 볼 것.

5. Ralph Levering, *American Public Opinion and the Russian Alliance, 1939-1945* (Chapel Hill, The University of North Carolina Press, 1976), p. 54.

6. 독일이 실행한 비인도적 정책에 관한 설명의 한 사례로는 Pierre van Paaseen, "Hitler's Butchers", *Look*, 1942년 9월 8일 자, pp. 38~39을 볼 것. 독일의 유대인 정책에 관한 인지의 사례로는 "All Jews' Aid Asked for Russian Battle", *New York Times*, 1945년 11월 6일 자, p. 8을 볼 것.

7. 러시아가 침공을 당한 지난날의 경험에 관한 당시의 설명으로는 *New Republic*, 1941년 7월 21일 자, pp. 79~81; *Time*, 1941년 7월 14일 자, pp. 20~21, 1941년 8월 4일 자, p. 18, 1941년 9월 22일 자, p. 18, 1941년 11월 10일 자, p. 26을 볼 것.

8. 러시아의 관점에서 본 독소전쟁 설명으로는 존 에릭슨의 두 권짜리 저작인 *The Road to Stalingrad: Stalin's War with Germany* volume 1 (New York, Harper & Row, Publishers, 1975)와 *The Road to Berlin: Continuing the History of Stalin's War with Germany* (Boulder, Colo., Westview Press, 1983)을 볼 것. 1941년까지의 소련 군대의 발전에 관한 폭넓은 분석으로는 John Erickson, *The Soviet High Command: A Military Political History 1918-1941* (Boulder, Colo., Westview Press, 1983)을 볼 것. 동부전선을 포함한 제2차 세계대전의 통사로는 Gerhard L. Weinberg, *A World at Arms: A Global History of World War II* (New York, Cambridge University Press, 1994)을 볼 것. 당시 보도의 예로는 *Time*, 1942년 12월 21일 자, pp. 25~26; 1942년 12월 28일 자, pp. 17~18; 1943년 1월 4일 자, pp. 28~29; 1943년 1월 11일 자, pp. 23~25; 1943년 1월 25일 자, pp. 2~9; 1943년 2월 1일 자, pp. 30~34; 1945년 2월 12일 자, p. 22; 1945년 2월 19일 자, pp. 27~28; 1945년 4월 9일 자, p. 36; 1945년 4월 23일 자, p. 33; "Round Two in Russia", *Fortune*, May 1942, pp. 80~82, 130~141.

9. 여론조사 자료로는 Levering, *American Public Opinion and the Russian Alliance*, pp. 43, 128, 130, 142~143을 볼 것.

10. 숙청과 그 충격에 관한 논의로는 Erickson, *The Road to Stalingrad*, 제1장을 볼 것.

11. *Time*, 1942년 7월 27일 자, pp. 22~24; 1943년 2월 22일 자, pp. 20~21; William Henry Chamberlin, *The Russian Enigma* (New York, C. Scribner's Sons, 1943), pp. 227, 229~230; *Look*, 1942년 5월 19일 자, pp. 16~18, 1942년 10월 20일 자, pp. 18~21; Lauterbach, *These Are the Russians*, pp. 122~127, 129~133, 135~136, 138; *Life*, 1943년 3월 29일

자, pp. 98~105; *Look*, 1943년 6월 1일 자, pp. 40, 42. 러시아 장교들에게 연설하는 티모셴코의 시각자료로는 *Look*, 1942년 5월 19일 자, pp. 17~19을 볼 것. Mark Gayn, "Russia's Five Best Generals", *Look*, 1943년 6월 1일 자, p. 40도 볼 것.

12. Wallace Carroll, *We're in This with Russia* (Boston, Houghton Mifflin, 1942), p. 100.

13. 같은 글, pp. 109~110; *Time*, 1943년 7월 5일 자, p. 26.

14. Walter Kerr, *The Russian Army: Its Men, Its Leaders and Its Battles* (New York, Garden City, 1942), pp. 92~93, 100.

15. *Time*, 22 February 1943, pp. 20~21; 야전 치료의 시각자료로는 Alexander Poliakov, *The Russians Don't Surrender* (New York, E. P. Dutton, 1942), pp. 52~53, 60; Carroll, *We're in This with Russia*, pp. 110~111.

16. *Life*, 1943년 3월 29일 자, p. 103; *Time*, 1943년 7월 5일 자, p. 28; Poliakov, *The Russians Don't Surrender*, p. 176; Walter Graebner, *Round Trip to Russia* (Philadelphia, J. B. Lippincott, 1943), 제목 페이지 다음의 표지 면.

17. Kerr, *The Russian Army*, p. 6.

18. 같은 글, pp. 92~93, 100; Chamberlin, *The Russian Enigma*, p. 254.

19. Kerr, *The Russian Army*, pp. 127~128.

20. *Time*, 1944년 4월 3일 자, p. 28.

21. 같은 글, 1944년 1월 31일 자, p. 33, 1944년 2월 14일 자, pp. 29~30, 1944년 3월 13일 자, p. 20, 1944년 4월 3일 자, pp. 27~28, 1944년 7월 10일 자, p. 24, 1944년 7월 3일 자, p. 26.

22. *Time*, 1944년 3월 20일 자, pp. 26~28; Graebner, *Round Trip to Russia*, pp. 136~137; Carroll, *We're in This with Russia*, pp. 125~126.

23. *Look*, 1942년 8월 11일 자, pp. 16~19.

24. *Look*, 1942년 5월 19일 자, p. 20; *Time*, 1944년 7월 31일 자, p. 17~19; Carroll, *We're in This*, pp. 97~99, 101; Edmund Stevens, *Russian Is No Riddle* (New York, Greenberg Publisher, 1945), pp. 274~275.

25. 캘리포니아주 샌디에고에서 2001년에 열린 전시회 「러시아의 눈으로 본 제2차 세계대전」의 저자 주를 볼 것. 알렉산드르 포크리시킨의 공훈에 관한 서술로는 Lauterbach, *These Are the Russians*, Book 5, pp. 157~179을 볼 것.

26. *Time*, 1944년 7월 31일 자, pp. 17~18; Carroll, *We're in This*, pp. 98~100.

27. *Fortune*, July 1942, "Soviet Industry", pp. 61~68, 84, 88, 90.

28. *Life*, 1943년 3월 29일 자, pp. 64~65.

29. 같은 글.

30. *Fortune*, December 1942, "Part I: The Job before Us", pp. 93~109; *Time*, 1941년 11월 17일 자, pp. 22, 24~25; 1942년 7월 27일 자, pp. 80, 82; 1942년 5월 4일 자; 1944년 7월 24일 자; *Life*, 1943년 3월 29일 자, pp. 64~65; *Reader's Digest*, "Stalin's Ural Stronghold", February 1942, pp. 29~34; Andrew J. Steiger, "The Soviet Middle East", *Survey Graphic*, February 1944, pp. 72~75.

31. Steiger, "The Soviet Middle East", pp. 72~75; *Graebner, Round Trip to Russia*, pp. 96~97; *Life*, 1943년 3월 29일 자, pp. 64~65.

32. *Fortune*, December 1942, "Part I: The Job before Us", pp. 93~109; *Time*, 1941년 11월 17일 자, pp. 22, 24~25; 1942년 7월 27일 자, pp. 80, 82; 1942년 5월 4일 자, p. 29; 1944년 7월 24일 자; *Life*, 1943년 3월 29일 자, p. 20; *Reader's Digest*, "Stalin's Ural Stronghold", February 1942, pp. 29~34; Steiger, "The Soviet Middle East", pp. 72~75; Lauterbach, *These Are the Russians*, pp. 202~203.

33. *Time*, "Mircale in the East", 1944년 7월 24일 자, pp. 33~34; Lauterbach, *These Are the Russians*, p. 203.

34. *Time*, "Miracle in the East", 1944년 7월 24일 자, p. 33; Chamberlin, *The Russian Enigma*, p. 241.

35. Levering, *American Opinion and the Russain Alliance*, p. 37.

36. *Look*, 1944년 6월 27일 자, p. 74. 스탈린에 관한 당시의 상세한 설명으로는 Lauterbach, *These Are Russians*, pp. 99~121을 볼 것.

37. *Time*, 1943년 1월 4일 자, p. 22.

38. Levering, *American Opinion and the Russian Alliance*, p. 114.

39. Wendell Willkie, "Stalin: 'Glad to See You Mr. Willkie,'" *Life*, 1942년 10월 5일 자, p. 35.

40. Eric Johnston, "My Talk with Joseph Stain", *Reader's Digest*, October 1944, p. 10.

41. *Time*, 1943년 1월 25일 자, p. 8.

42. 제2차 세계대전 영화 연구의 예로는 Robert Fyne, *The Hollywood Propaganda of World War II* (Metuchen, NJ. & London, The Scarecrow Press, Inc., 1994); K. R. M. Short, ed., *Film & Radio Propaganda in World War II* (Knoxville, The University of Tennessee Press, 1983); Thomas William Bohn, *An Historical and Descriptive Analysis of the 'Why We Fight' Series* (New York, Arno Press, 1977); Jeanne Basinger, *The World War II Combat Film: Anatomy of a Genre* (New York, Columbia University Press, 1986), Roger Manvell, *Films and the Second World War* (New York, A. S. Barnes & Company, 1974).

43. *Life*, 1943년 3월 29일 자, p. 20.

44. *Time*, 1941년 6월 28일 자, p. 23.

45. *Time*, 1941년 9월 29일 자, p. 18.

46. *Time*, 1942년 7월 9일 자, pp. 44~45.

47. *Time*, 1941년 11월 17일 자, p. 25.

48. *Life*, 1943년 3월 29일 자, pp. 80~81.

49. Maurice Hindus, *Mother Russia* (Garden City, New York, Garden City Publishing, 1942), p. 273.

50. *Time*, 1942년 7월 1일 자, p. 43.

51. Graebner, *Round Trip to Russia*, pp. 32, 41. 소련의 발레리나 마리안나 보골룹스카야(Marianna Bogoliubskaia)*에 관한 서술과 사진은 Graebner, *Round Trip to Russia*, pp. 112~113와 그 뒤에 있는 사진을 볼 것.

52. 전시의 산업에 종사한 여성의 사례로는 Graebner, *Round Trip to Russian*, pp. 96~97 다음의 사진을 볼 것. 전투를 비롯한 전시의 일에서 소련 여성이 한 역할에 관해 미국 대중잡지에 실린 기사로는 Anna L. Strong, "Soviet Women in War", *Look*, 1941년 10월 21일 자, pp. 16~32을 볼 것. 여성 전투기 조종사와 여성 폭격기 조종사를 이끄는 일에서 소련의 발렌티나 그리조두보바(Valentina Grizodubova)** 소령이 한 역할에 관한 짧은 설명으로는 *Time*, 1942년 4월 20일 자, p. 27도 볼 것.

---

* 소련의 무용가(1919~2013). 1937년에 모스크바무용학교를 나와 볼쇼이발레단에서 1959년까지 발레리나로 활약했다.

53. Rose Maurer, "Those Russian Women", *Survey Graphics*, February 1944, pp. 109, 152, 155, 157.

54. Hindus, *Mother Russia*, p. 316.

55. Margaret Bourke-White, *Shooting the Russian War* (New York, Simon & Schuster, 1942), pp. 64, 163.

56. Hindus, *Mother Russia*, p. 324.

57. Albert Rhys, "Meet the Russian People", *Survey Graphic*, February 1944, pp. 42~45, 130~133, 130.

58. 같은 글.

59. *Time*, 1943년 1월 4일 자, p. 23.

60. *Look*, 1944년 8월 22일 자, p. 51.

61. Hindus, *Mother Russia*, p. 72.

62. Graebner, *Round Trip to Russia*, p. 72.

63. Bourke-White, *Shooting the Russian War*, p. 177.

64. R. J. Overy, *Russia's War* (New York, Penguin, 1998), p. 156.

65. Johnston, "My Talk with Joseph Stalin", p. 3.

66. Helen Iswolsky, "Spritual Resurgence in Soviet Russia", *Survey Graphic*, February 1944, pp. 112~115.

67. Hindus, *Mother Russia*, p. 261.

68. *Time*, 1944년 1월 17일 자, p. 38.

69. Bourke-White, *Shooting the Russian War*, pp. 138, 149, 157.

70. 대중잡지에 실린 지도의 사례로는 *Life*, 1942년 9월 9일 자, p. 32; *Time*, 1942년 9월 11일 자, pp. 23~24, 36; 독일의 침공로 다음에 나오는 지도 몇 장; *Time*, 1942년 7월 12일 자; *Time*, 1943년 11월 1일 자, pp. 23~35; "One Sixth of the Earth", *Life*, 1943년 3월 29일 자, pp. 61~62, 1941년 9월 7일 자, p. 32; Paul Schubert, "How Did the Russians Do It?" *Look*, 1944년 3월 21일 자, pp. 34, 36, 38, 41. 스탈린그라드 전투 지도로는 *Time*, 1942년 11월 9일 자, pp. 23~24, 36을 볼 것.

** 소련의 군인(1909~1993). 소련의 첫 여성 비행기 조종사들 가운데 한 사람이었고, 1942년 3월부터 공군 지휘관으로 독일군과 싸웠다. 소연방 영웅 칭호와 사회주의 노동영웅 칭호를 받았다.

71. *Look*, 1946년 3월 19일 자, pp. 42~51.

72. Levering, *American Opinion and the Russian Alliance*, pp. 56~57.

73. *New York Times*, 1942년 11월 7일 자, p. 7.

74. *New York Times*, 1942년 11월 7일 자, pp. 7~8; 1942년 11월 8일 자, p. 37; Levering, *American Opinion and the Russian Alliance*, pp. 100~101.

75. Levering, *American Opinion and the Russian Alliance*, p. 100.

76. 같은 글, pp. 71~72.

77. *New York Times* 1942년 11월 6일 자, p. 8. 러시아에서 벌어지는 전쟁에 관한 글을 쓰거나 연설을 하는 유명한 미국인의 다른 사례로는 Joseph E. Davies, "What We Didn't Know about Russia", *Reader's Digest*, March 1942, pp. 45~50; C. L. Sulzberger, "The Russian Battlefront", *Reader's Digest*, September 1942, pp. 75~78을 볼 것. 『서베이 그래픽』은 러시아에서 일어나는 사태에 관해 수십만 부를 판 9부작 「미국 부르기(Calling America)」를 연재했다. 잘 알려진 친소련 저자인 앨버트 리스 윌리엄스는 「미국-러시아의 변경」이라는 제목의 1944년 2월 호를 편집했다. 이 호는 루이스 가네트(Lewis Gannett)와 워커 듀런티(Walker Duranty)부터 에드거 스노(Edgar Snow)와 러시아전쟁구호협회의 에드워드 카터까지 작가와 저명인사를 대서특필했다. Levering, *American Opinion and the Russian Alliance*, pp. 58~60도 볼 것. 소련과 소련 지도부에 여전히 비판적이었던 이들에 관해서는 Levering, *American Opinion and the Russian Alliance*, p. 37을 볼 것.

78. *Time*, 1943년 6월 14일 자, p. 25.

79. 같은 글.

80. Lois Mattox Miller, "From John Doe to the Russian Front", *Reader's Digest*, May 1942, pp. 122~124. 러시아전쟁원조위원회는 1941년 9월에 개칭하기 전에 러시아의료원조위원회로 처음 알려졌다.

81. Levering, *American Opinion and the Russian Alliance*, pp. 81; Miller, "From John Doe", pp. 122~124.

82. Belulah Weldon Burhoe, "Russian War Relief at Its Source", *Survey Graphics*, February 1944, p. 53; Miller, "From John Doe", p. 124.

83. Edward C. Carter, "Our War Relief Gets Through", *Survey Graphic*, February 1944, pp. 54~55.

84. 같은 글.

85. *New York Times*, 1942년 6월 23일 자, pp. 1, 11~12.

86. 같은 글.

87. *Time*, 1942년 7월 20일 자; David Schiff, "Fruit of the Poison Tree", *Time Literary Supplement*, 2005년 5월 6일 자, p. 3; Levering, *American Opinion and the Russian Alliance*, p. 82.

88. Walter S. Hixson, *Parting the Curtain: Propaganda, Culture and the Cold War, 1945-1961* (New York, St. Martin's Press, 1997), pp. ix~xii, 2~9; *New York Times*, 1942년 6월 21/22일 자, E5 & E6.

89. Bertram Wolfe, "Silent Revolution", *Reader's Digest*, July 1941, pp. 87~90; Jan Vatlin, "Academy of High Treason", *Reader's Digest*, August 1941, pp. 52~56.

90. Alexander Plyakov(원문 그대로임), "The Red Guerrillas", *Reader's Digest*, January 1942, pp. 128~132; John Scott, "Stalin's Ural Stronghold", *Reader's Digest*, February 1942, pp. 29~34.

91. Max Eastman, "Stalin's American Power", *Reader's Digest*, December 1941, pp. 39~48.

92. 같은 글.

93. Levering, *American Opinion the Russian Alliance*, p. 54.

94. 같은 글, p. 60; *Time*, 1943년 3월 1일 자, p. 14.

95. Miller, "From John Doe", pp. 122~124; C. I. Sulzberger, "The Russian Battlefront", *Reader's Digest*, September 1942, p. 75~78; Maurice Hindus, "Report on Russia", *Reader's Digest*, November 1942, pp. 90~92; "The Price Russia is Paying", *Reader's Digest*, April 1942, pp. 47~50.

96. Joseph Davies, "Mission to Moscow", *Reader's Digest*, March 1942, p. 45~50; Milton Mayer, "Little Papa Litvinov", *Reader's Digest*, April 1942, pp. 81~84.

97. Wendel Wilkie, "Life on the Russian Frontier", *Reader's Digest*, March 1943, pp. 1~7.

98. Max Eastman, "We Must Face the Facts about Russia", *Reader's Digest*, July 1943, pp. 1~14; 인용문은 pp. 6~7에 나온다.

99. Boris Voyetkov, "The Last Days of Sevastopol", *Reader's Digest*, August

1943, pp. 74~81; Johnston, "My Talk with Joseph Stalin", pp. 1~10; William White, "Report on Russia, Part II", *Readers' Digest*, December 1944, pp. 101~122; "Report on Russia, Part II", *Reader's Digest*, January 1945, pp. 106~128.

100. Richard Lauterbach, "Russia's Number One Soldier", *Reader's Digest*, May 1945, pp. 71~74; Leigh White, "The Soviet Iron Fist in Romania", *Reader's Digest*, August 1945, pp. 95~99.

제2장 냉전과 패배한 대의 신화의 대두

1. Gerd Ueberschär (ed.), *Der Nationalsozialismus vor Gericht: Die allierten Prozesse gegen Kriegsverbrecher und Soldaten, 1943-1952* (Frankfurt, Fischer Verlag, 1999), p. 243을 볼 것.

2. 같은 글, pp. 245~247.

3. *New York Times*, 1944년 8월 30일 자; 또한 Michael Marrus, "History and the Holocaust in the Courtroom", in Ronald Smelser (ed.), *The Holocaust and Justice* (Evanston, Ill., Northwestern University Press, 2002), 각주 13.

4. Telford Taylor, *The Anatomy of the Nuremberg Trials* (New York, Little, Brown & Co., 1992), p. 108을 볼 것.

5. Arnold Krammer, "American Treatment of German Generals during World War II", in *Journal of Military History*, 54 (January 1990), p. 42에서 재인용.

6. Taylor, *The Anatomy of the Nuremberg Trials*, p. 239.

7. William J. Bosch, *Judgment on Nuremberg: American Attitudes toward the Major German War-Crimes Trials* (Chapel Hill, University of North Carolina Press, 1970), p. 167을 볼 것.

8. 같은 글, p. 171.

9. Taylor, *The Anatomy of the Nuremberg Trials*, p. 520.

10. Ulich Herbert, *Hitler's Foreign Workers: Enforced Foreign Labor in Germany under the Third Reich* (Cambridge, Cambridge University Press, 1998), p. 140에서 재인용.

11. Whitney Harris, *Tyranny on Trial: The Evidence at Nuremberg* (Dallas,

Tex, Southern Methodist University Press, 1954), p. 186을 볼 것.

12. Bradley Smith, *Reaching Judgment at Nuremberg* (New York, New American Library, 1979), p. 166을 볼 것.

13. *Harris, Tyranny on Trial*, p. 185.

14. Smith, *Reaching Judgment at Nuremberg*, pp. 185~186, 209~213.

15. *Trial of the Major War Criminals before the International Military Tribunal*(이후로는 IMT로 칭한다) (Nuremberg, Secretariat of the Tribunal, 1947-1949), vol. 4, 28th day.

16. 같은 글, pp. 316~318, 321. 이 증언을 만슈타인의 전속 부관 알렉산더 슈탈베르크의 *Bounden Duty: The Memoirs of a German Officer, 1932-1945*, trans. Patricia Crampton (New York, Brassey, 1990), pp. 312ff와 대조할 것. 만슈타인과 시계 사건에 관해서는 Jörg Friedrich, *Das Gesetz des Krieges: Das deutsche Heer in Russland 1941 bis 1945. Der Prozess gegen das Oberkommando der Wehrmacht* (München, Piper, 1993), pp. 668~670을 볼 것.

17. *IMT*, vol. 4, 29th day, pp. 476~484.

18. 같은 글, vol. 4, 28th day, pp. 373~375; Taylor, *The Anatomy of the Nuremberg Trials*, pp. 246~249.

19. 같은 글, vol. 4, 28th day, p. 254.

20. 같은 글, vol. 4, 28th day, pp. 469~471.

21. Taylor, *The Anatomy of the Nuremberg Trials*, p. 241.

22. 필자의 번역. 진술서의 날짜는 1945년 12월 12일이다. Bundesarchiv/Militärarchiv Freiburg. N422 Nachlass Röttinger, p. 4을 볼 것.

23. Beate Ihme-Tuchel, "Fall 7: Der Prozess gegen die 'Südost-Generale' (gegen Wilhelm List and andere)", in Ueberschär (ed.), *National-sozialismus vor Gericht*, pp. 144~154.

24. Wolfram Wette, "Fall 12: Der OKW-Prozess (gegen Wilhelm Ritter von List und andere)", in 같은 글, pp. 199~212을 볼 것.

25. 같은 글, p. 208.

26. Helene Keysar & Vladimir Pozner, *Remembering War: A U.S.-Soviet Dialogue* (New York, Oxford University Press, 1990), pp. 91, 208~212을 볼 것.

27. 같은 글, xi.

28. *Military Government Journal: Normandy to Berlin* (Cambridge, University of Massachusetts Press, 1971), p. 269.

29. *Changing Enemies: The Defeat and Regeneration of Germany* (New York, Norton, 1995), p. 143.

30. Kenneth Hechler, "The Enemy Side of the Hill: The 1945 Background on Interrogation of German Commanders", in Donald Detwiler (ed.), *World War II German Military Studies: A Collection of 231 Special Reports on the Second World War Prepared by Former Officers of the Wehrmacht for the United States Army* (New York, Garland Publishing, 1979), vol. 1, pp. 77~78.

31. Vincent Sheean, "How Did Russia Get That Way?" 1945년 9월 4일 자, p. 62.

32. Captain Lucienne Marchand, *Look*, 1945년 10월 30일 자, pp. 28ff.

33. Pages 5~8; 이 쟁점에 관해서는 Robert Abzug, *Inside the Vicious Heart: Americans and the Liberation of Nazi Concentration Camps* (New York, Oxford University Press, 1985), pp. 152ff도 볼 것. Dewey Browder, *Americans in Post-World War Two Germany* (Lewiston, NY, Edwin Mellen, 1998), pp. 4~5와 Earl Ziemke, *The U.S. Army in the Occupation of Germany, 1944-1946* (Washington DC, Center of Military History, Department of Defense, 1975), p. 327도 볼 것.

34. Joseph Bendersky, *The "Jewish Threat": Anti-Semitic Politics of the U.S. Army* (New York, Basic Books, 2000), p. 351.

35. Browder, *Americans in Post-World War Two Germany*, pp. 4~5, 17~20을 볼 것.

36. 러시아가 점령 지역에서 한 행동과 편 정책의 문제 전체에 관해서는 Norman Naimark, *The Russians in Germany: A History of the Soviet Zone of Occuption, 1945-1949* (Cambridge, Harvard University Press, 1995)을 볼 것. 강간 문제에 관해서는 특히 제2장을 볼 것.

37. Bosch, *Judgment on Nuremberg*, pp. 90, 75, 80을 각각 볼 것.

38. Dietrich Orlow, *A History of Modern Germany, 1871 to Present*, Fourth Edition (Upper Saddle River, NJ, Prentice Hall, 1999), p. 203을 볼 것.

39. United States Senate, Committee on Foreign Relations, *Documents on Germany, 1944–1970* (Washington, DC, 1971), p. 42.

40. Kai Bird, *The Chairman: John J. McCloy and the Making of the American Establishment* (New York, Simon & Schuster, 1992), p. 310을 볼 것.

41. 같은 글, p. 315.

42. 같은 글, pp. 338~339. 또한 John Mendelsohn, "War Crimes and Clemency", in Robert Wolfe (ed.), *Americans as Proconsuls: United States Military Government in Germany and Japan, 1944–1952* (Carbondale, Ill., Southern Illinois University Press, 1984), pp. 227~259.

43. Bird, *The Chairman*, p. 361.

44. Frank Buscher, *The U.S. War Crimes Trial Program, 1946–1955* (New York, Greenwood Press, 1989), pp. 166f을 볼 것.

45. Bird, *The Chairman*, p. 368.

46. Thomas Schwartz, *America's Germany: John J. McCloy and the Federal Republic of Germany* (Cambridge, Harvard University Press, 1991), p. 268을 볼 것.

47. 같은 글, p. 165.

48. 같은 글, p. 175.

49. 할 파우스트(Hal Faust)의 『시카고 트리뷴』 1948년 2월 23일 자 기사, pp. 1~2를 볼 것.

50. Buscher, *The U.S. War Crimes*, pp. 43, 165f.

51. 같은 글, p. 37.

52. 미국인은 제2차 세계대전 동안 할더를 잘 알고 있었다. 나치가 러시아군을 상대로 1942년 공세를 막 개시하려던 바로 그때, 『타임』은 「히틀러의 할더, 벼락은 제때 쳐야 한다」는 제목의 표제 기사 한 편을 할더에 할애했다. *Time*, 1942년 6월 29일 자, pp. 21~24.

53. 히틀러와 동방 전역에 관해서는 pp. 35~57을 볼 것. 이 맥락에서, Jürgen Förster, "Hitler als Kriegsheer", in S. Förster, M. Pohlmann & D. Walter (eds.), *Kriegsherren in der Weltgeschichte: Von Xerxes bis Nixon* (München, Münchener Dom-Verlag, 2006)을 볼 것.

54. Christian Hartmann, *Halder: Generalstabschef Hitlers 1938–1942* (Paderborn, Ferdinand Schöningh, 1991), p. 125에서 재인용.

55. Affidavit H of Halder, November 22, 1945 (www.ess.uwe.ac/genoside/Halder.htm), p. 2을 볼 것.

56. 이것은 할더 평전 작가들 가운데 한 사람의 의견이다. Gerd Ueberschär, *Generaloberst Franz Halder: Generalstabshef, Gegner und Gefangener Hitlers* (Göttingen, Muster-Schmidt, 1991), pp. 45f을 볼 것.

57. Christian Streit, *Keine Kameraden: Die Wehrmacht und die sowjetischen Kriegsgefangenen 1941-1945* (Bonn, Dietz, 1991), pp. 33, 52f을 볼 것.

58. 같은 글, pp. 31ff.

59. Carl Dirks & Karl-Heinz Janßen, *Der Krieg der Generale: Hitler als Werkzeug der Wehrmacht* (Berlin, Propyläen, 1999), p. 28을 볼 것.

60. Olaf Kroehler, "Goals and Reasons: Hitler and the German Military", in Joseph Wieczynski (ed.), *Operation Barbarossa: The German Attack on the Soviet Union, June 22, 1941* (Salt Lake City, Utah, C. Schlacks, 1993), p. 59.

61. Hartmann, *Halder*, p. 125; Ueberschär, *Generaloberst Franz Halder*, p. 59f을 볼 것.

62. Arnold Lissance (ed.), *The Halder Diaries: The Private War Journals of Colonel General Franz Halder* (Boulder, Colo., Westview Press, 1976), 1940년 7월 3일 자 일기를 볼 것. Dirks & Janßen, *Der Krieg der Generale*, p. 132도 볼 것.

63. Jürgen Förster, "Das Unternehmen 'Barbarossa' als Eroberungs- und Vernichtungskrieg", in Militärgeschichtliches Forschungsamt, *Das Deutsche Reich und der Zweite Weltkrieg*, vol. IV, *Der Angriff auf die Sowjetunion* (Stuttgart, DVA, 1999), p. 429.

64. Ueberschär, *Generaloberst Franz Halder*, p. 61; Jürgen Forster, "Hitler Turns East-German War Policy in 1940 and 1941", in Bernd Wegner (ed.), *From Pace to War: Germany, Soviet Russia and the World, 1939-1941* (Providence, RI., Berghahn Books, 1998), p. 120; Bernard Kroener, "The Frozen 'Blitzkrieg': German Strategic Planning against the Soviet Union and the Causes of Its Failure", 같은 글, p. 140.

65. Dirks & Janßen, *Der Krieg der Generale*, pp. 133~334.

66. *Halder Diaries*, 1941년 4월 4일 자 일기; 그리고 Hartmann, *Halder*, p. 240.

67. *Halder Diaries*, 1941년 4월 6일 자 일기.

68. *Halder Diaries*, 1941년 3월 30일 자 일기; 또한 Hartmann, *Halder*, p. 241; Ueberschär, *Generaloberst Franz Halder*, p. 59; Streit, *Kenine Kameraden*, p. 34.

69. Ueberschär, *Generaloberst Franz Halder*, p. 63.

70. Bernd Boll & Hans Safrian, "On the Way to Stalngrad: The 6th Army in 1941–42", in Hannes Herr & Klaus Naumann (eds.), *War of Extermination: The German Military in World War II* (New York, Oxford, Berghahn Books, 2000), pp. 237~271; '범죄 명령들'에 관해서는 Manfred Messerschmidt, *Die Wehrmacht im NS-Staat: Zeit der Indoktrination* (Hamburg, R. V. Decker, 1969), pp. 396ff도 볼 것. Helmuth Krausnick, "Kommissarbefehl", in *Vierteljahreshefte für Zeitgeschichte*, #25 (1977), pp. 682~738도 볼 것.

71. Gerhard Hass, "Zum Russlandbild der SS", in Hans-Erich Volkmann (ed.), *Das Russlandbild im Dritten Reich* (Köln, Weimar, Böhlau Verlag, 1994), pp. 201~224.

72. Christian Streit, "Soviet Prisoners of War in the Hands of the Wehrmacht", in Herr & Naumann, *War of Extermination*, p. 82.

73. *Halder Diaries*, 1941년 11월 14일 자 일기.

74. Streit, "Prisoners", in Heer & Naumann, *War of Extermination*, p. 85.

75. Kroehler, "Goals and Reasons", in Wieczynski, *Operation Barbarossa*, p. 61을 볼 것. Gerhard Weinberg, *Germany, Hitler and World War Two: Essays in Modern German and World History* (Cambridge, Cambridge University Press, 1995), p. 289도 볼 것. 와인버그는 독일 장군들이 폴란드 침공 이후로는 대체로 히틀러와 죽이 맞았다고 주장했다. Andreas Hillgruber, "Das Russlandbild der führenden deutschen Militärs vor Beginn des Angriffs auf die Sowjetunion", in Hans-Erich Volkmann, *Das Russlandbild im Dritten Reich* (Köln, Böhlau, 1994), pp. 125~140도 볼 것.

76. Streit, *Keine Kameraden*, p. 299.

77. *Halder Diaries*, 1940년 7월 22일 자 일기.

78. Geoffrey Megargee, *Inside Hitler's High Command* (Lawrence,

University of Kansas Press, 2000), p. 124을 볼 것.

79. Walter Schellenberg, *The Labyrinth: Memoirs of Walter Schellenberg* (New York, Harper, 1956), pp. 204, 223.

80. Streit, *Keine Kameraden*, pp. 80, 333, 각주 92.

81. Norman Goda, "Black Marks: Hitler's Bribery of His Senior Officers during World War Two", in *Journal of Modern History*, 72 (June 2000), pp. 413~452을 볼 것.

82. Ueberschär, *Generaloberst Franz Halder*, pp. 81~84을 볼 것.

제3장 독일 장군들이 말을 하고 글을 쓰고 인맥을 쌓다

1. Ronald Smelser, "The Myth of the 'Clean' Wehrmacht in Cold War America", in Doris Bergen (ed.), *Lessons and Legacies vol. VIII: From Generation to Generation* (Northwestern University Press, 2008)을 볼 것.

2. 그 뒤의 서사는 Gerd Uebershär, *Generaloberst Franz Halder: General-stabschef, Gegner und Gefangener Hitlers* (Göttingen, Muster-Schmidt, 1991), pp. 87~91에서 볼 것.

3. 판결문 사본은 1948년 10월 26일에 발급된 BA/MA Freibrug, N220/65 Nachlass Halder, 44 pages에서 볼 것.

4. 할더 업무단의 활동에 관해서는 Charles Burdick, "Vom Schwert zur Feder: Deutsche Kriegsgefangene im Dienst der Vorbereitung der amerikanischen Kriegsgeschichtsschreibung uber den Zweiten Weltkrieg: Die organisatorische Entwicklung der Operational History (German) Section", in *Militärgeschichtliche Mitteilungen*, vol. 10 (1971), pp. 69~80을 볼 것. Burdick, "Deutschland und die Entwicklung der amtlichen amerikanischen Militärgeschichtsforschung (1920-1960)", in K. D. Bracher (ed.), *Deutschland zwischen Krieg und Frieden* (Düsseldorf, Droste Verlag, 1991), pp. 99~107도 볼 것. Christian Greiner, "Operational History (German) Section' und 'Naval Historical Team': Deutsches militärstrategisches Denken im Dienst der amerikanischen Streitkräfte von 1946 bis 1950", in Manfred Messerschmidt et al. (eds.), *Militärgeschichte: Probleme-Thesen-Wege* (Stuttgart, Deutsche Verlags-Anstalt, 1982), pp. 409~435; Bernd Wegner, "Erschriebene Siege:

Franz Halder, die 'Historical Divison' und die Rekonstruktion des Zweiten Weltkrieges im Geiste des deutschen Generalstabes", in Ernst Willi Hansen et al. (eds.), *Politischer Wandel, organisierte Gewalt und nationale Sicherheit: Beitrage zur neueren Geschichte Deutschlands und Frankreich* (München, R. Oldenbourg, 1995), pp. 287~302도 볼 것.

5. Burdick, "Vom Schwert zur Feder", p. 73.

6. 할더와 함께 일하는 독일 장교들이 반볼셰비키 투쟁을 아주 진지하게 취급했음은 그들이 서로 주고받은 편지에 드러나 있다. 예를 들어, 에리히 데틀레프젠 (Erich Dethleffsen) 소장이 차이츨러 상급대장에게 보낸 1951년 4월 23일 자 편지, BA/MA Freiburg, Nachlass Zeitzler N63/3, pp. 191~181와 알프레트 토페가 할더에게 보낸 1951년 5월 9일 자 편지, 같은 글, pp. 35~36을 볼 것.

7. 아멘(Amen) 대령에게 보낸 일자 미상의 메모, NARA, M1270, Roll 6, p. 307을 볼 것.

8. 그 저자들 가운데 한 사람인 레오 프라이헤르 가이어 폰 슈베펜부르크는 유죄를 입증하는 이런저런 문서를 독일 장교들이 검토하는 동안 사라지곤 했다고, 그리고 미국인들이 가끔 거들었다고 훗날 말했다. Ueberschär, *Generaloberst Franz Halder*, p. 95을 볼 것.

9. 이 사람들에는 한스 폰 그라이펜베르크 대장, 올트비히 폰 나츠머 중장, 알프레트 토페 소장, 부르크하르트 뮐러힐데브란트(Burkhard Müller-Hildebrand) 소장, 헬무트 라인하르트(Hellmuth Reinhard) 소장, 알프레트 체르벨(Alfred Zerbel) 대령, 헤르베르트 뷕스(Herbert Büchs) 소령이 있었다. Burdick, "Vom Schwert zur Feder", p. 77.

10. *zu Frage 14* in Institut für Zeigeschichte, München. ED 91, Nachlass Geyr, vol. 10, no page number을 볼 것.

11. 좋은 예가 그가 고트하르트 하인리치 장군과 주고받은 편지다. 그는 동방에서 벌어진 전쟁에 관한 긴 원고를 쓰고 있었다. 할더가 하인리치에게 보낸 1952년 11월 27일 자 편지와 하인리치가 보낸 1953년 1월 20일 자 답신, BA/MA Freiburg, Heinrici Nachlass, N265/71, pp. 90~93을 볼 것. BA/MA Freiburg, Machlass Zeitzler, N63/9에서 1958년 1월 30일과 4월 15일에 할더가 제1기갑군에 관한 원고를 작성하고 있던 차이츨러에게 보낸 편지를 볼 것. 역사과장 케네스 레이(Kenneth Lay) 대령은 차이츨러의 책에 고마움을

표하며 "가치가 예사롭지 않은 문제작"으로 표현했다. 21 July 1958, 같은 글.

12. Wegner, "Erschriebene Siege", p. 293, 각주 24를 볼 것.

13. 호이징어의 경력에 관해서는 『슈피겔(*Spiegel*)』*의 1956년 2월 29일 자 표제 기사 「비극적 경력」(pp. 24~31)을 볼 것. 그가 동부전선의 군대와 친위대 사이의 협조를 알았음은 SS 국가지도자 지휘참모장이었던 에른스트 로데가 뉘른베르크 재판에서 한 증언으로 밝혀진다. 로데는 자기가 전쟁 동안 파르티잔 토벌 전략을 놓고 같이 의논을 했던 사람들로 바틀리몬트, 차이츨러, 구데리안뿐만 아니라 호이징어를 거론한다. Affidavit #17, Exhibit USA-562, Document #3715-PS을 볼 것. 몇몇 미국인이 호이징어의 배경을 의심했다는 것이 호이징어가 과거에 나치였다는 「심복 호이징어」라는 제목의 『크리스천 센튜리(*Christian Century*)』 1961년 9월 15일 자 기사에 근거를 둔 유권자 질의에 답변을 요청하면서 잭 밀러 미 상원의원(아이오와주)이 존 매콘 중앙정보국장에게 보낸 1962년 1월 11일 자 질의서에서 밝혀진다. NARA, CIA-RDP80B01676R002800230011-7.

14. Detwiler, *German Military Studies*는 2,500건이 넘는 독일의 보고와 연구 가운데 213건을 24권으로 게재했다. 15~19건은 동부전선에 특히 초점을 맞춘다.

15. "Small Unit Action", 같은 글, 18, p. 2를 볼 것. 이 원고는 미국 육군부 책자 No. 20-269(1953년 7월)이 되었다.

16. "Russian Combat Methods in World War Two", 같은 글, pp. 3~4를 볼 것. 이 원고가 미국 육군부 책자 No. 20-230(1950년 9월)이 되었다.

17. 같은 글, vol. 19, pp. 1, 3.

18. "The Peoples of the Soviet Union", 같은 글, 19, p. 9. MS # C-035.

19. "The Army Historical Program in the European Theater and Command. 8 May 1945-31 December 1950", compiled in 1951 for the Historical Division by Theodore Bauer et al., 같은 글, I, p. 98. 1945년부터 1959년까지 해외군사연구소 시리즈로 작성된 모든 원고(A, B, C, D, P, T 시리즈)의 목록은 제1권에 있다.

---

* 1947년에 함부르크에서 창간된 독일의 시사 주간지. 유럽에서 발행 부수와 영향력이 큰 출판 매체들 가운데 하나다.

20. Kevin Soutor, "To Stem the Red Tide: The German Report Series and Its Effect on American Defense Doctrine, 1948-1954", *The Journal of Military History*, vol. 57, No. 4, October-December 1993, pp. 653~688을 볼 것.

21. 같은 글, pp. 676~677.

22. 1952년 4월 19일 자 편지들, BA/MA Freiburg, Nachlass Blumentritt N252/8. 할더는 블루멘트리트 외에 게오르크 폰 조덴슈테른(Georg von Sodenstern), 쿠르트 브렌네케(Kurt Brennecke), 프리드리히 판고르 (Friedrich Fangohr), 에드가르 뢰리히트(Edgar Roehricht), 구스타프 베히 톨스하임(Gustav Bechtolsheim)에게 업무단에 가세해 달라고 부탁했다. 모 두 보병대장이었던 이들이다.

23. Kevin Souter, "To Stem the Red Tide", pp. 682~683을 볼 것.

24. Nachlass Halder, BA/MAS Freiburg, N220/202에서 프랭크 마힌(Frank Mahin) 대위가 할더에게 보낸 1949년 6월 22일 자 편지, pp. 242~243; 올 랜도 워드(Orlando Ward) 소장이 할더에게 보낸 1950년 7월 14일 자 편지, p. 3; 에디(M. S. Eddy) 중장이 할더에게 보낸 1950년 10월 23일 자 편지, p. 203; 루이스 노로키(Louis Nawrocky) 중령이 할더에게 보낸 1952년 3월 7 일 자 편지, p. 79을 볼 것. N220/203에서 전 역사과장이자 현 군사사연구 소장인 폴 로비넷 준장이 할더에게 보낸 1953년 12월 9일 자 편지, p. 138을 볼 것.

25. 각각 N220/111, 1954년 9월 17일 일력 메모, p. 54; 1944년 2월 21일 일력 메모, p. 17; 1955년 3월 29일 일력 메모, p. 29; 1956년 11월 20일 일력 메모, N220/112, p. 8~9; 1960년 3월 10일 일력 메모, N220/111, p. 30.

26. "Ansprache des Generaloberst Franz Halder vor OCMH am 6.12.55", in BA/MA Nachlass Halder, N220/118, pp. 27~28을 볼 것. 테일러가 할 더에게 보낸 1956년 1월 27일 자 감사 편지, 같은 글, p. 55도 볼 것. 또한 할더 는 청중에게 군사 문헌을 아낌없이 나눠주었다.

27. 켄트 로버츠 그린필드(Kent Roberts Greenfield)가 할더에게 보낸 1956년 2월 8일 자 편지, 같은 글, p. 51.

28. 프랭크 래스번(Frank F. Rathbun)이 할더에게 보낸 1958년 10월 7일 자 편 지, 같은 글, N220/82, p. 68.

29. 호드스(H. I. Hodes) 장군이 할더에게 보낸 1959년 3월 18일 자 편지, 같은

글, N220/90, p. 59.

30. 1961년 6월 20일 자 편지, 같은 글, N220/84, p. 176.

31. 1958년 12월 11일 자 문서; 할더가 해군연구소에 보낸 1959년 2월 28일 자 감사 편지; 할더가 안젤름(Anselm)에게 보낸 1959년 2월 27일 자 편지, 같은 글, N220/204, pp. 16~17을 볼 것.

32. Ueberschär, *Generaloberst Franz Halder*, p. 100.

33. 당시 예일대학 4학년생이었고 나중에 걸출한 군사사가가 되는 윌리엄슨 머레이가 할더에게 보낸 1963년 3월 20일 자 편지와 할더의 일자 미상의 답장을 긱긱 같은 글, N220/84, pp. 41~42와 pp. 38~39에서 볼 것. 호프대학의 잉게보리 바우어(Ingeborg Bauer)가 할더에게 보낸 1963년 11월 26일 자 편지, 같은 글, N220/85, p. 143도 볼 것.

34. 1963년 9월 21일 자 편지, 같은 글, p. 163.

35. 힘메로트 회동에 관해서는 Donald Abenheim, *Reforging the Iron Cross: The Search for Tradition in the West German Armed Forces* (Princeton, Princeton University Press, 1988), pp. 60ff을 볼 것. David Clay Large, *Germans to the Front: West German Rearmament in the Adenauer Era* (Chapel Hill, Universtiy of North Carolina Press, 1996), pp. 97~102도 볼 것.

36. Alfred Streim, "Saubere Wehrmacht? Die Verfolgung von Kriegs- und NS-Verbrechen in der Bundesrepublik und der DDR", in Heer & Naumann, *Vernichtungskrieg*, p. 575을 볼 것.

37. 맥클로이가 애치슨 미 국무장관에게 보낸 1951년 1월 24일 자 문서, U.S. State Department, *Foreign Relations of the United States*(이후로는 FRUS 로 약칭), 1951, vol. 3, part 1, pp. 446~447; 이 중요한 사건에 관해서 Abenheim, *Reforging the Iron Cross*, pp. 69~70; Klaus von Schubert, *Wiederbewaffnung und Westintegration* (Stuttgart, DVA, 1970), pp. 82~84; Gerhard Wettig, *Entmilitarisierung und Wiederbewaffnung in Deutschland, 1943–1955: Internationale Auseinandersetzungen um die Rolle der Deutschen in Europa* (München, Oldenbourg, 1957), pp. 400~401도 볼 것.

38. Bendendsky, *The 'Jewish Threat'*, p. 368을 볼 것.

39. "Notes on a Meeting at the White House", January 31, 1951, FRUS, 같

은 글, p. 449.

40. Large, *Germans to the Front*, p. 117을 볼 것.

41. 1952년 12월 3일 자 보고서, BA/MA Freiburg, Nachlass Munzel, N447/32, no page number.

42. Walter H. Nelson, *Germany Rearmed* (New York, Simon & Schuster, 1972), p. 75을 볼 것.

43. 이 저자는 독일 공군 장군이었던 아돌프 갈란트와 영국의 로버트 터크(Robert Tuck)* 공군 중령이 초대 손님으로 온 이 같은 한 행사에 참석했다. 갈란트와 터크는 전후에 친한 벗이 되었고 서로 각자의 아들의 대부였다. 한 독일 공군참전자조합(Fliegergemeinschaft)은 제2차 세계대전의 독일군 항공대원과 연합군 항공대원 사이의 접촉을 정기적으로 홍보했다. http://www.fliegergemeinschaft.de/main.english/main/page5_9_e에 있는 '유명인사(Renowned personalities)'를 볼 것.

44. 이 편지들 가운데 다수가 BA/MA Freiburg, Nachlass Munzel, N447/101에 있다.

45. 이 사진첩은 같은 글, N447/81에 있다.

46. 특히 본(Bonn) 주재 미국 대사관부 육군무관 시멘슨(C. G. Simenson) 대령이 문첼에게 보낸 1951년 1월 12일 자 편지를 볼 것. 이 편지에서 시멘슨은 자기의 기동연습 '고수하라(Hold Fast)' 분석을 평해달라고 문첼에게 부탁한다. 초안이 포함되어 있다. 그다음 기동연습 '겨울방패(Wintershield)' 뒤에도 시멘슨은 문첼과 협의하려 한다. 같은 글, N447/101.

47. 안톤데틀레프 폰 플라토(Anton-Detlev von Plato) 퇴역 대령이 문첼에게 보낸 1960년 4월 5일 자 편지, 같은 글, N447/101.

48. 문첼이 더착에게 보내는 일자 미상의 편지 초안, 같은 글, N447/101을 볼 것. 작은 새 '기갑척탄병'의 탄생을 늙은 나이에 자랑스레 선언하는 퇴역 미군 장교가 보낸 일자 미상이지만 1962년일 듯한 편지도 있다. 같은 글, N447/101.

49. 제임스 존스가 문첼에게 보낸 1976년 1월 6일 자 편지, 같은 글, N447/101.

50. 아마도 『뉴욕 타임스』에 실린 듯한, 일자 미상의 기사 "At Anzio All of Us

---

* 영국의 군인(1916~1987). 1935년에 공군에 입대했고, 제2차 세계대전에서 전투기 조종사로 활약하면서 에이스가 되었다. 1942년 1월에 프랑스 상공에서 격추되어 사로잡혔다. 전쟁 뒤에는 버섯 농장을 운영했다.

Knew Kesselring", NARA, CIA-RDP75-00001R000400410013-5을 볼 것.

51. 독일연방군에서 일어난 개혁 운동에 관한 좋은 배경 연구로는 Large, *Germans to the Front*, 제8장을 볼 것.

52. 같은 글, p. 199.

53. Klaus Naumann, "Godfathers of *Innere Führung*?: German-American Interaction during the Early Years of Bundeswehr", 필자가 소장한 미간행 수고, pp. 10~11.

54. 1963년 12월 15일 자 보고서 "Estimate of the Combat Value of the German Army", in HHPL, Truman Smith Papers, Subject File Box 2, Germany-Army Development 1963-1964을 볼 것.

55. *U.S. News and World Report*, 1950년 9월 8일 자, pp. 24~26.

56. *Spiegel*, #49, 1952년 12월 3일 자, p. 14을 볼 것. 이 계획은 특히 토머스 핀레터 미국 공군청장이 반대했고, 결국 중단되었다. Spiegel, #22, 1953년 5월 27일 자, p. 33.

57. BA/MA Freiburg, MSg1/2454에 있는 11쪽짜리 1955년 11월 25일 자 보고서(인용구는 11쪽에 있다).

58. 11쪽짜리 1958년 1월 보고서의 1, 2, 5, 7쪽을 볼 것. BA/MA Freiburg, Nachlass Büschleb, N596/12.

59. 컨이 가이어에게 보낸 1952년 8월 3일 자 편지; 해거가 가이어에게 보낸 1953년 2월 19일 자 편지; 컨이 가이어에게 보낸 1953년 3월 21일 자 편지; 컨이 가이어에게 보낸 1954년 1월 15일 자 편지를 볼 것. 기사의 제목은 「독일 장교단의 귀환 ⋯ 서방 방위를 도울까, 아니면 방해할까?」였다. 1952년 7월 21일 자, pp. 48~49. In Institut für Zeigeschichte, München, Nachlass Geyr, ED 91, vol. 39.

60. Souter, "To Stem the Red Tide", p. 697, 각주 120.

61. David Thelen (ed.), *Memory and American History* (Bloomington, Indiana University Press, 1989), p. xv.

62. Daivd Lowenthal, *The Past Is a Foreign Country* (Cambridge, Cambridge University Press, 1986), p. 206.

63. *Race and Reunion: The Civil War in American Memory* (Boston, Belknap Press, 2001), p. 3.

64. Norbert Frei, *Vergangenheitspolitik: Die Anfänge der Bundesrepublik und*

die NS-Vergangenheit (München, C. H. Beck, 1996)을 볼 것.

65. N. P. Chipman, *The Andersonville Prison Trial: The Trial of Captain Henry Wirz* (Birmingham, AL, Notable Trials Library, 1990)에 앨런 더쇼위츠가 쓴 서문을 볼 것.

66. *The True Story of Andersonville Prison: A Defense of Major Henry Wirz* (reprinted by Iberian Publ. Co, Athens, GA, 1991), pp. 246~248.

67. Chipman, *The Andersonville Prison Trial*, p. 375.

68. 오늘날까지 계속되는 싸움에 관해서는 www.pointssouth.com/csanet/ andersonville.htm에서 Gary Waltrip, "Andersonville: A Legacy of Shame … But Whose?"을 볼 것.

69. Blight, *Race and Reunion*, p. 9.

70. 각각 같은 글, pp. 256, 265에서 재인용.

71. 같은 글, p. 257.

72. 같은 글, p. 215.

73. 얼리에 관해서는 Gary W. Gallagher, *Lee and His Generals in War and Memory* (Baton Rouge, Louisiana State University Press, 2000), p. 51을 볼 것.

74. Blight, *Race and Reunion*, p. 260.

75. 같은 글, p. 274.

76. Gallagher, *Lee and His Generals*, p. 215.

77. 같은 글, pp. 218~221.

78. Carol Reardon, *Pickett's Charge in History and Memory* (Chapel Hill, The North Carolina University Press, 1997)을 볼 것.

79. 롬멜에 관해서는 Ralf Georg Reuth, "Erwin Rommel: Die Propa-gandaschöpfung", in Ronald Smelser & Enrico Syring (eds.), *Die Militärelite des Dritten Reiches: 27 biographische Skizzen* (Berlin, Ullstein Verlag, 1995), pp. 460~475을 볼 것.

80. Tony Horwitz, *Confederates in the Attic: Dispatches from the Unfinished Civil War* (New York, Pantheon Books, 1998), p. 187을 볼 것.

제4장 회고록, 소설, 대중 역사서

1. Erich von Manstein, *Lost Victories* (St. Paul, Zenith Press, 2004).

2. Heinz Guderian, *Panzer Leader* (Cambridge, Mass., Da Capo Press, 2002).

3. Enrico Syring, "Erich von Manstein: das Operative Genie", in Ronald Smelser & Enrico Syring (eds.), *Die Militärelite des Dritten Reiches: 27 biographische Skizzen* (Berlin, Ullstein, 1995), p. 343. 만슈타인에 관한 시링의 논문은 만슈타인의 경력에 관한 최고의 개관을 제공한다.

4. B. H. Liddell Hart, *The German Generals Talk* (New York, William Morrow & Co., 1948), p. 66.

5. 같은 글, pp. 330f.

6. *Lost Victories* (St. Paul, Zenith Press, 2004)을 볼 것. 이 만슈타인 회고록 판의 부제「히틀러의 가장 뛰어난 장군의 전쟁 회고록」은 만슈타인 신화의 수명을 늘렸다. Oliver von Wrochen, *Vernichtungskrieg und Erinnerungspolitik: Erich von Manstein—Akteur und Symbol* (Paderborn, Ferdinand Schöningh, 2006)은 이 연구서에 들어가기에는 너무 늦게 나왔다.

7. 같은 글, p. 63.

8. Richard Overy, *Russia's War: A History of the Soviet War Effort, 1941-1945* (Middlesex, Penguin, 1997), p. 219을 볼 것.

9. Manstein, *Lost Victories*, p. 275.

10. 같은 글, p. 278.

11. *Der Spiegel*, 1959년 1월 14일 자, p. 28을 볼 것.

12. Manstein, *Lost Victories*, p. 88.

13. 같은 글, p. 93.

14. 같은 글, p. 109.

15. 같은 글, p. 124.

16. 같은 글, p. 198.

17. Oliver von Wrochen, "Die Auseinandersetzung mit Wehrmachtverbrechen im Prozess gegen den Generalfeldmarschall Erich von Manstein 1949", in *Zeitschrift für Geschichtswissenschaft*, vol. 46 (1998), p. 329에서 재인용.

18. 연설 원문은 Roland Kopp, "Die Wehrmacht feiert: Kommanders-Reden zu Hitlers 50 Geburtstag am 20. April 1039", in *Militärgeschichtliche Mitteilungen*, vol. 60 (2003), p. 512.

19. Marcel Stein, *Generalfeldmarschall Erich von Manstein*, pp. 62~65.

20. 같은 글, p. 180.

21. 같은 글, pp. 202~205.

22. 그 명령서와 반대신문의 전문은 *The Trial of German Major War Criminals: Proceedings of the International Military Tribunal Sitting at Nuremberg, Germany, Part 20, 29 July-21 August 1946* (London, HM Stationery Office, 1949), pp. 71~73에 실려 있다.

23. Guido Knopp, *Hitlers Krieger* (München, Bertelsmann, 2001), p. 191을 볼 것.

24. 심페로폴 사건과 그 여파에 관해서는 Stein, *Generalfeldmarschall Erich von Manstein*, pp. 271~281을 볼 것. Jörg Friedrich, *Das Gesetz des Krieges: Das deutches Heer in Russland 1941 bis 1945. Der Prozess gegen das Oberkommando der Wehrmacht* (München, Peiper, 1993), pp. 649~671 도 볼 것. 심페로폴과 손목시계에 관해서는 pp. 658~671을 볼 것. Michael Schröders, "Erich von Manstein-ein unpolitischer Soldat?", in Forum "Barbarossa": Beitrag 3-2004도 볼 것.

25. Wrochen, "Die Auseinandersetzung mit Wehrmachtverbrechen", p. 343; Andrej Angrick, "Im Windschatten der 11. Armee: Die Einsatzgruppe D", in Gerhard Paul & Klaus-Michael Mallmann (eds.), *Die Gestapo im Zweiten Weltkrieg: "Heimatfront" und besetzten Europa* (Darmstadt, Wissenschaftliche Buchgesellschaft, 2000), pp. 481~502.

26. 같은 글, p. 347.

27. Alexander Stahlberg, *Bounden Duty: The Memoirs of a German Officer 1932-45* (London, Brassey's, 1990), pp. 312~315.

28. Manstein, *Lost Victories*, p. 471.

29. Oliver von Wrochen, "Rehabilitation oder Strafverfolgung: Kriegs-verbrecherprozess gegen Generalfeldmarschall Erich von Manstein im Widerstreit britischer Interessen", in *Mittelweg* 36, vol. 3 (1997), p. 29을 볼 것.

30. *Spiegel*, 1952년 4월 2일 자, vol. VI, No. 14, p. 14.

31. 이 재판에 관한 -소추와 변론의- 좋은 개관은 Wrochen, "Die Auseinander setzung mit Wehrmachtverbrechen", pp. 329~353에서 제공된다.

Tom Bower, *Blind Eye to Murder: Britain, America and the Purging of Nazi Germany: a Pledge Betrayed* (London, Andre Deutsch, 1981), pp. 241~267도 볼 것.

32. Stein, *Generalfeldmarschall Erich von Manstein*, p. 202.

33. 레지널드 패짓의 후속작 *Manstein: His Campaigns and His Trial* (London, Collins, 1951), pp. 190~191에서 발췌.

34. Wrochen, "Die Auseinandersetzung mit Wehrmachtverbrechen", p. 352.

35. *Spiegel*, 1952년 4월 2일 자, vol. VI, No. 14, p. 8.

36. Schröders, "Erich von Manstein-ein unpolitischer Soldat?", p. 6.

37. 조지타운대학 및 대외정책연구소(Foreign Policy Research Institute)의 스테판 포소니의 서평, *Military Affairs* 23 (Spring 1959), p. 41.

38. vol. XIII, No. 2.

39. Heinz Guderian, *Panzer Leader* (New York, Da Capo Press, 2002), p. 92.

40. 같은 글, p. 26.

41. 각각 같은 글, pp. 136~137, 142, 185, 259.

42. 같은 글, p. 247.

43. Heinz Magenheimer, *Hitler's War: Germany's Key Strategic Decisions 1940-1945, Could Germany Have Won World War Two?* (London, Cassell, 1997)을 볼 것.

44. Guderian, *Panzer Leader*, p. 150.

45. 같은 글, p. 152.

46. 같은 글, p. 249.

47. 예를 들어, 여기서 구데리안이 언급하는 딱 그 시기 동안 레닌그라드 외곽 지대에서 독일국방군이 실행한 실제 정책에 관해서는 Johannes Hürter, "Die Wehrmacht vor Leningrad: Krieg und Besatzungspolitik der 18. Armee im Herbst und Winter 1941/42", in *Vierteljahrshefte für Zeitgeschichte*, 49 (2001), pp. 377~439을 볼 것.

48. Guderian, *Panzer Leader*, p. 180.

49. 같은 글, p. 257.

50. 같은 글, p. 159.

51. 같은 글, p. 289.

52. Christian Streit, "Die Kontroverse um die 'Wehrmachtausstellung'", in Aufbau, No. 26, 24 Dezember 1999, p. 3을 볼 것. 로데에 관해서는 Rode Affidavit, No. 17, Exhibit USA-562, Document Number 3715-PS, International Military Tribunal, *The Trial of the Sitting at Nuermberg, Germany* (London, His Majesty's Stationery Office, 1946), January 7, 1946, part 4, pp. 370~371을 볼 것.

53. Guderian, *Panzer Leader*, p. 274.

54. Gerd Uebershär & Winfried Vogel, *Dienen und Verdienen: Hitler's Geschenke an seine Eliten* (Frankfurt, S. Fischer, 1999), pp. 168~174을 볼 것. Frank Bajohr, *Parvenüs und Profiteure: Korruption in der NS-Zeit* (Frankfurt, S. Fischer, 2001), p. 36.

55. Guderian, *Panzer Leader*, p. 274.

56. Bryan Fugate, *Operation Barbarossa: Strategy and Tactics on the Eastern Front, 1941* (Novato, Calif., Presidio Press, 1984), p. 110.

57. Geoffrey Megargee, *Inside Hitler's High Command* (Lawrence, University of Kansas Press, 2000), p. 214에서 재인용.

58. 같은 글, p. 223.

59. Heinrich Schwendemann, "Strategie der Selbstvernichtung: Die Wehrmachtführung im 'Endkampf' um das 'Dritte Reich'", in Rolf-Dieter Müller & Hans-Erich Volkmann, *Die Wehrmacht: Mythos und Realität* (München, Oldenbourg, 1999), p. 224.

60. 1943년 3월 6일 자 일기와 9일 자 일기, Louis Lochner (ed., trans.), *The Goebbels Diaries* (New York, Eagle Books, 1948), pp. 318, 328.

61. Helmuth Heiber & Peter Glantz (eds.), *Hitler and His Generals: Military Conferences 1942-1945* (New York, Enigma Books, 2003), p. 483.

62. NARA, RG319, box 71A, vol. 5, folder 3.

63. 독일어 제목은 *Kann Westeuropa verteidigt werden?* (Göttingen, Plesse-Verlag, 1950)였다.

64. 같은 글, pp. 23, 28~29.

65. 같은 글, p. 30.

66. 같은 글, p. 35.

67. 같은 글, p. 54.

68. 1950년 6월 5일 자 미국 육군 방첩대(Counter Intelligence Corps) 요원 보고서, NARA, RG319, Box 71A, vol. 4, folder 1을 볼 것.

69. 구데리안이 가이어에게 보낸 1952년 1월 2일 자 편지, Institut für Zeitgeschichte, München, Geyr Papers, ED 91, vol. 18.

70. *A Study of the Employment of Armor in the Second World War* (New York, Ballantine, 1976 edition).

71. 이 인용문들은 각각 같은 글, pp. 259, 281, 319, 350, 352에서 볼 것.

72. 같은 글, p. 365.

73. http:/en.wikipedia.org/wiki/Hans-Ulrich_Rudel에서 한스울리히 루델을 볼 것. http://www.achtungpanzer.com/gen9.htm(July, 1916~1982)에 있는 한스울리히 루델도 볼 것. 몇몇 정보의 출처는 외르크 무트(Jörg Muth). http://members.aol.com/ab763/rudel.htm의 한스울리히 루델도 볼 것.

74. 치켜세우는 루델 묘사/전기로는 Günther Just, *Stuka-Pilot Hans-Ulrich Rudel: His Life Story in Words and Photographs* (West Chester, Pa., Schiffer, 1990), p. 9을 볼 것.

75. 같은 글, p. 39.

76. 같은 글, p. 36.

77. Rudel, *Stuka Pilot* (New York, Ballantine Bal-Hi printing, June 1966) p. 8. 이 회고록의 이후 판은, 눈타이드(Noontide) 출판사의 「전쟁과 전사 시리즈(War and Warriors Series)」로 나온 2쇄를 포함해서, 1987년과 1990년에 출간되었다.

78. Just, *Stuka-Pilot*, p. 7.

79. Rudel, *Stuka Pilot*, pp. 21~22.

80. 같은 글, p. 47.

81. 인용문의 출처는 각각 같은 글, pp. 49, 113~114, 233.

82. 같은 글, pp. 161, 188.

83. 히틀러에 관한 인용문은 각각 같은 글, pp. 80, 136, 189에서 볼 것.

84. 두 인용문은 각각 같은 글, pp. 206~207, 255에서 볼 것.

85. 같은 글, pp. 136, 187, 196을 볼 것.

86. 세 인용문은 각각 같은 글, pp. 176, 184, 193에서 볼 것.

87. 세 인용문은 같은 글, pp. 200, 212, 238에서 볼 것.

88. 그의 아내에 관한 두 언급의 출처는 같은 글, pp. 53, 210.

89. 같은 글, p. 234.

90. Informationsdienst gegen Rechtsextremismus: http://lexikon.idgr. de/r/r_u/rudel-hans-ulrich/rudel-hans-ulrich.php을 볼 것.

91. 각각 New York, Bantam Books, 1965와 New York, Ballantine, 1966.

92. 이 두 책은 1965년 2월과 1967년 1월 사이에 다섯 쇄가 나왔다.

93. 카렐에 관해서는 Ronald Smelser, "The Holocaust in Popular Culture: Master-Narrative and Counter Narrative in the Gray Zone", in Jonathan Petropoulos & Kohn K. Roth (eds.), *Gray Zones: Ambiguity and Compromise in the Holocaust and Its Aftermath* (New York, Berghahn Books, 2005), pp. 275~277을 볼 것. 인용문은 p. 276에 있다. 가장 최근의 카렐 연구로는 평전인 Wigbert Benz, *Paul Carell: Ribbentrops Pressechef Paul Karl Schmidt vor und nach 1945* (Berlin, Wissenschaftlicher Verlag, 2005)을 볼 것.

94. *SS General*, p. 290.

95. *The Legion of the Damned*, p. 227.

96. *SS General*, p. 172.

97. *Wheels of Terror*, p. 130.

98. *SS General*, p. 172.

99. *The Legion of the Damned*, p. 179.

100. *Wheels of Terror*, pp. 280~281.

101. *SS General*, p. 236.

102. *Wheels of Terror*, pp. 260~263.

103. *SS General*, p. 265.

104. Klaus Naumann, "Godfathers of the *Innere Führung*?: German-American Interaction during the Early Years of the Bundeswehr", 저자의 호의로 얻은 미출간 수고, p. 13을 볼 것.

105. David Schoenbaum, "The Wehrmacht and G. I. Joe: Learning *What* from History?" in *International Security* 8 (1983), p. 202.

106. Edward Shils & Morris Janowitz, "Cohesion and Disintegration in the Wehrmacht in World War Two", in *Public Opinion Quarterly*, XII (1948), pp. 202, 285, 298.

107. Richard Gabriel & Paul Savage, *Crisis in Command: The Mismanagement in the Army* (New York, Hill & Wang, 1978), p. 34.

108. 같은 글, pp. 34~36.

109. Martin Creveld, *Fighting Power: German and U.S. Army Performance, 1939-1945* (Westport, Conn., Greenwood Books, 1982), p. 5.

110. Martin Creveld, "Die deutsche Wehrmacht: Eine militärische Beurteilung", in Rolf-Dieter Müller & Hans-Erich Volkmann (eds.), *Die Wehrmacht: Mythos und Realitat* (München, Oldenbourg, 1999), pp. 333~338.

111. T. N. Depuy, *A Genius for War: The German Army and General Staff, 1807-1945* (Englewood Cliffs, NJ, Prentice-Hall, 1977), pp. 5, 295.

112. Uwe Heuer, *Reichswehr-Wehrmacht-Bundeswehr: Zum Image deutscher Streitkräfte in den Vereinigten Staaten von Amerika. Kontinuität und Wandel im Urteil amerikanischer Experten* (Frankfurt, Peter Lang, 1990). 이것은 1920년대부터 1960년대까지 다양한 독일군 부대를 대하는 태도의 변화에 관한 귀중한 연구이며, 광범위한 미국 사료를 활용한다. 데퓨의 인용문은 p. 352에서 볼 수 있다. pp. 341~344도 볼 것. 데퓨의 독일군 존중은 얼마간은 그의 제2차 세계대전 경험에서 유래한다. 그는 노르망디부터 종전까지 죽 제90사단에서 복무했다. 그는 독일군이 신중하게 구축한 진지, 독일군의 방어 구역, 차량을 돌격포로 활용하기, 사격 제압, 화기 배치를 특히 높이 평가했다. William DePuy, Romie Brownlee & William Mullen, *Changing an Army: An Oral History of General Wiliam E. DePuy, USA Retired* (Carlise Barracks, PA & Washington, DC, U.S. Military Institute and Army Center of Military History, 1986)을 볼 것.

113. F. W. von Mellenthin, *German Generals of World War II: As I Saw Them* (Norman, University of Oklahoma Press, 1977), p. 189.

114. 듀푸이가 쓴 최종 보고서 *General Balck and von Mellenthin on Tactics: Implications for NATO Military Doctrine* (Maclean, Va., BDM Corporation, 1980), pp. 10~13을 볼 것. 인용문 출처는 p. 21. BDM 회사는 이 회의를 후원하고 도상전쟁연습 기술 지원을 제공한 중앙정보국 토목건축 청부업체다.

115. Heuer, *Reichswehr-Wehrmacht-Bundeswehr*, pp. 341~344, 352ff. 특히 p.

75, 각주 103을 볼 것.

116. 윌리엄 린드가 필자에게 말해준 일화.

117. R. H. S. Stolfi, *NATO under Attack: Why the Western Alliance Can Fight Outnumbered and Win in Central Europe without Nuclear Weapons* (Durham, NC, Duke University Press, 1984)와 함께.

118. Heuer, *Reichswehr-Wehrmacht-Bundeswehr*, pp. 379~380. 예를 들어, William B. Pickett, "Eisenhower as a Student of Clausewitz", *Military Review* 65 (July 1985), pp. 22~27과 Steven J. Argersinger, "Karl von Clausewitz: Analysis of MF 100-5", *Military Review* 66 (February 1986), pp. 68~75을 볼 것.

119. Col. Michael D. Krause, "Moltke and the Origins of Operational Art", *Military Review* 70 (September 1990), pp. 28~44와 Lieutenant Col. Laurence R. Sadoff, "Hans von Seeckt: One Man Who Made a Difference", *Military Review* 67 (December 1987), pp. 76~81을 볼 것.

120. 예를 들어, Major George A. Higgins, "German and US Operational Art: A Contrast in Maneuver", in *Military Review* 65 (October 1985), pp. 22~29; Lieutenant Colonel Paul Tiberi, "German versus Soviet Blitzkrieg", *Military Review* 65 (Septmeber 1985), pp. 63~71; Major Stephen T. Rippe, "Leadership, Firepower and Maneuver: The British and the Germans", *Military Review* 65 (October 1985), pp. 30~36; Major Glen L. Scott, "British and German Operational Styles in World War II", *Military Review* 65 (October 1985), pp. 37~41; Captain Peter R. Mansoor, "The Second Battle of Sedan May 1940", *Military Review* 68 (June 1988), pp. 65~75.

121. 특히, Roger Beaumont, "On the *Wehrmacht* Mystique", *Military Review* 66 (July 1986)와 "'Wehrmacht Mystique' Revisited", *Military Review* 70 (February 1990), pp. 64~75을 볼 것.

122. Daniel J. Hughes, "Abuses of German Military History", *Military Review* 66 (December 1986), pp. 66~75; Captain Antulio J. Echevarria II, "Auftragstaktik: In Its Proper Perspective", *Military Review* 66 (October 1986), pp. 50~56.

123. "On Learning from the Wehrmacht and Other Things", *Military*

Review 68 (January 1988), p. 69; Captain Michael Phipps, "A Forgotten War", *Infantry* (November–December 1984), pp. 38~40.

124. "Portrait of a German General Staff Officer", *Military Review* 70, no. 4 (April 1990), 각각 pp. 70, 81.

125. *Military History*, February 2005, pp. 34~41에서 로저 스테인웨이. 스테인웨이는 텍사스의 고등학교 교사다. 그는 스티븐 프리츠의 『전선 병사(*Frontsoldaten*)』와 기 사예르의 『잊힌 병사』를 더 읽으라고 권한다.

126. May 19, 1985, p. 15.

127. *Fayettville Observer-Times*, 1995년 12월 14일 자, "# 1950", no page.

128. *Aerospace Power Journal*, Summer 1994, no page.

129. 유럽 주둔 미국 육군 소속 사령부 역사가 브루스 시먼이 필자에게 들려준 이야기.

제5장 마음 얻기: 독일인이 독소전쟁을 미국 대중용으로 해석하다

1. Gottlob Herbert Bidermann, *In Deadly Combat: A German Soldier's Memoir of the Eastern Front* (Lawrence, University of Kansas Press, 200); Günter K. Koschorrek, *Blood Red Snow: The Memoirs of a German Soldier on the Eastern Front* (London, Greenhill Books, 2002); Armin Scheiderbauer, *Adventures in My Youth: A German Soldier on the Eastern Front, 1941-1945* (West Midlands, England, 2003); Hans von Luck, *Panzer Commander: The Memoirs of Colonel Hans von Luck* (New York, Dell, 1989); Siegfried Knappe & Ted Brusaw, *Soldat: Reflections of a German Soldier, 1936-1949* (New York, Orion Books, 1992). 초판은 같은 해에 프레거 출판사에서 나왔다. *Panzer Commander: The Memoirs of Colonel Hans von Luck* (New York, Praeger, 1989); 북클럽 선정 도서로는 *History Book Cub Review* June 2001, p. 27과 *Warfare: The Magazine of the Military Book Club* (August 2001), p. 4을 볼 것. 비더만의 『치열한 전투에서』에 관해서는 *Warfare: The Magazine of the Military Book Club* (October 2002), p. 15와 *Warfare: The Magazine of the Military Book Club* (Holiday 2001)을, 코쇼렉의 『핏빛 눈』에 관해서는 *Warfare: The Magazine of the Military Book Club* (October 2003), p. 15와 (Veteran's Day 2002), p. 5을 볼 것. 2002년에 『핏빛 눈』은 밀리터리 북클럽의 주요 선정 도서였다.

2. *Military History Titles 2003: Titles for Course Adoption* (New York: Random House, Inc., 2003), 표지, p. 2와 www.randomhouse.com/academic을 볼 것.

3. amazon.com에 있는 *Adventures in My Youth: A German Soldier on the Eastern Front 1941-1945.* http://www.amazon.com/exec/obidos/ASIN/187462206X/qid=1115141337/sr=2-1/ref=pd_bbs_b_2_2_1/103-8958436-7746218, pp. 1~6. 목록은 http://www.amazon.com/exec/obidos/tg/listmania/list-browse/-/8ZR5YQOFTHH2/qid=1115140053/sr+5-1/ref sr_5_1/103-8958436-7746218, pp. 1~9에서 볼 것.

4. *Hitler's War: The Eastern Front* (히스토리 채널에서 6부작으로 2005년 5월 2~6일 일주일 동안 방영)과 *The Last Week of World War II* (히스토리 채널에서 2005년 5월 2~6일 일주일 동안 방영).

5. Field Marshal Erich von Manstein, *Lost Victories*, trans. Anthony C. Powell (Novato, CA, Presidio Press, 1982), pp. 9~11, 책 겉장; "1995 Society for Military History Awards", *Newsletter of the Society for Military History* (1995), p. 3도 볼 것.

6. Manstein, *Lost Victories*, pp. 13~18, 책 겉장; 1957년 판으로는 *Lost Victories*의 책 겉장을 볼 것.

7. Manstein, *Lost Victories*의 1957년 판 표지와 1981년 판 표지.

8. Stahlberg, *Bounden Duty: The Memoirs of a German Officer 1932-45*, trans. Patricia Crampton (London, Brassey's 1987), 책 겉장.

9. Heinz Guderian, *Panzer Leader* (Cambridge, MA, Da Capo Press, 2002), pp. 1~5.

10. Guderian, *Panzer Leader,* 책 겉장, 안쪽의 첫 번째 쪽.

11. Guderian, *Panzer Leader*, pp. vii~xii.

12. 같은 글.

13. Luck, *Panzer Commander*, p. xxxiii. 또한 앰브로즈는 루크가 다른 어떤 장군보다 롬멜을 더 찬양했다는 점을 짚는다. 모든 독일군 지휘관들 가운데 롬멜은 많은 평전의 주제로, 그리고 여러 할리우드 영화에서 눈에 띄는 등장인물로 두드러진다. 그는 대량 살육이 별로, 또는 아예 일어나지 않은 전구에서 싸웠기에 결백한 장군이기도 하다. Ralf Georg Reuth, "Erwin Rommel-Die Propagandaschöpfung", in Ronald Smelser & Enrico Syring (eds.),

Die Militärelite des Dritten Reiches (Berlin, Ullstein, 1995), pp. 460~475 을 볼 것.

14. Luck, *Panzer Commander*, p. xxii.

15. Knappe, *Soldat*, inside 책 겉장.

16. Knappe, *Soldat*, p. 61. 크나페는 히틀러와 나치의 반유대주의에 혐오감을 표현했다. Knappe, *Soldat*, p. 122을 볼 것.

17. 이 문헌에 비판적인 설명으로는 Gerhard Weinberg, *A World at Arms: A Global History* (New York, Cambridge University Press, 1994)을 볼 것. 동부전선에 관한 장을 볼 것. 동부전선에서 독일 군대가 서시른 만행의 준열한 고발로는 Omer Bartov, *The Eastern Front 1941-1945: The German Troops and Barbarisatiion of Warfare* (New York, St. Martin's Press, 1986); *Hitler's Army: Soldiers, Nazis and War in the Third Reich* (New York, Oxford University Press, 1992)을 볼 것.

18. Manstein, *Lost Victories*, pp. 17~18.

19. 같은 글.

20. Bidermann, *In Deadly Combat*, pp. ix~xii, 1~9; Koschorrek, *Blood Red Snow*, pp. 9~13; Manstein, Lost Victories, p. 18.

21. 러시아 쪽에서 본 전쟁의 설명으로는 소련 군인과 미국 군인 사이의 협력의 순간을 이야기하는 Helene Keyssar & Vladimir Posner, *Remembering War: A U.S.-Soviet Dialogue* (New York, Oxford University Press, 190)을 볼 것. Vladimir Karpov, *Russia at War* (New York, Vendome Press, 1987); John Erickson, *Road to Stalingrad: Stalin's War with Germany* (New York, Harper & Row, 1975); *Road to Berlin: Continuing the History of Stalin's War with Germany* (Boulder, Colorado, Westview Press, 1983) 도 볼 것. 이 두 저작은 기본적으로 러시아 측 사료와 러시아인 참전자 인터뷰에 의존하는 가장 철저한 학술적 설명을 대표한다. *Road to Stalingrad*는 1976년에, *Road to Berlin*은 1983년에 처음 나왔다. 둘 다 절판되었다가 상업 출판사가 아닌 학술 출판사인 예일대학 출판부에서 1999년에 비로소 염가판으로 다시 출간되었다. 알렉산더 워스의 기념비적 저작 『전시 러시아』는 1965년에 처음 나왔다. 워스는 실제로 전쟁 동안 러시아에 있어서 전쟁의 참상을 견뎌낸 이들을 만났다. 『전시 러시아』는 초간 뒤에 절판되었다가 1986년에 양장본으로, 1990년대 말에 염가판으로 겨우 다시 출간되었다.

22. 인용을 위해서는 제1장 각주 8을 볼 것.

23. 히스토리 채널 2005년 5월 프로그램과 제8장의 자료가 이 관점의 성행을 생생히 보여준다.

24. 바로 앞의 각주를 볼 것.

25. Koschorrek, *Blood Red Snow*, pp. 73, 294, 311.

26. Bidermann, *In Deadly Combat*, pp. 152~153.

27. 같은 글, p. 212 다음의 사진, 그리고 pp. 226~231.

28. 같은 글, pp. 105~106, 153.

29. Koschorrek, *Blood Red Snow*, p. 264.

30. John Ellis, *Brute Force: Allied Strategy and Tactics in the Second World War* (New York, Viking, 1999).

31. Stahlberg, *Bounden Duty*, pp. 312~315, 286.

32. Paul Carell, *Hitler Moves East 1941-1943*, trans. Ewald Osers (New York, Bantam Books, 1966), pp. 35~38을 볼 것. 카렐이 말하는 것은 소련이 1941년 6월에 브레스트리톱스크 요새를 방어하는 소련 군인들의 희생*을 소련 정부가 무시하는 매정한 방식이었다. 소련 정권이 그들의 희생에 감사를 표하지 않았다는 것이다. 소련군이 독일군 전선에 가한 공격의 무자비한, 자주 자살 행위와도 같았던 성격에 관해서는 pp. 93~95을 볼 것. 이 경우에는 스몰렌스크-엘냐 돌출부에서 독일군을 저지하려는 티모셴코 육군 원수의 시도였다. 또한 카렐은 개인이 거룩하게 여겨지는 서방과는 달리 동방에서는 개인이 값지지 않다고 주장한다. Mellenthin, *Panzer Battles*, p. 197도 볼 것.

33. Carell, *Hitler Moves East*, p. 554.

34. Stahlberg, *Bounden Duty*, p. 198.

35. Koschorrek, *Blood Red Snow*, p. 160; Bidermann, *In Deadly Combat*, p. 58.

36. Bidermann, *In Deadly Combat*, pp. 117~119.

37. 같은 글, pp. 119~121.

38. 같은 글, p. 121.

---

* 소련의 접경 도시인 브레스트리톱스크에 세워진 요새가 1941년 6월 22일에 독일군의 공격을 받았다. 요새는 고립된 채 저항하다 29일에 함락되었고, 소련군 2천여 명이 전사했고 6,800명이 사로잡혔다. 7월 23일까지 잔존 병력이 있을 만큼 끈질기게 싸운 공로를 인정받아 요새에 전후에 영웅 칭호가 수여되었다.

39. Scheiderbauer, *Adventures in My Youth*, p. 51.

40. 전시의 사진에 관한 설명으로는 Susan D. Moeller, *Shooting War: Photography and the American Experience of Combat* (New York, Basic Books, Inc., 1989)을 볼 것. 사진과 그 복합성에 관한 논의로는 Catherine Lutz & Lane L. Collins, *Reading National Geographic* (Chicago, Ill.: The University of Chicago Press, 1993)을 볼 것. 이 책의 제1장은 사진 찍기, 사진 독해, 사진 속 묘사의 입문을 제공한다. 동부전선의 독일군 사진의 논의로는 Peter MacPherson, "The Photographers of Barbarossa", *Military Historical Quarterly* 2 (Winter 1990), pp. 60~69을 볼 것. 이 글의 도입부에 있는 표지 사진에는 포로수용소로 걸어 들어가는 러시아군 수백 명이 찍힌 장면이 들어 있다. *World at Arms*에서 제러드 와인버그가 서술한 바에 따르면, 그들이 포로수용소에서 살아남을 가망은 거의 없었다. 맥퍼슨은 자기 글의 초점, 즉 한스 후버만이 동부전선의 참상과 연계되는 상황을 제거하려고 시도한다. 맥퍼슨에 따르면, 후버만은 전쟁의 마지막 날까지 전문 직업군인이었고 결코 나치당에 가입하지 않았고 무고한 민간인을 죽인다며 독일 군인을 자주 질책했으며, 가능할 때에는 그러한 살인을 막으려고 애썼다. 맥퍼슨의 글에는 러시아인이 독일의 전쟁기구에게 당하는 고통의 일부에 관한 정직한 서술도 들어 있다. 이 솔직함에도 불구하고 맥퍼슨은, 의심할 여지없이 드문 일인데도, 손을 흔들고 웃으면서 독일군 전투 차량을 향해 달려가는 수많은 러시아 민간인(다수가 청소년과 어린이였다)의 사진 한 장을 집어넣는다. 다른 사진 한 장에는 스몰렌스크에서 두 러시아 아가씨 옆에 서 있는 제복 정장 차림의 후버만이 찍혀 있다. 그 사진은 그 러시아 여자들과 후버만 사이에 오가는 환담을 시사했다. p. 62을 볼 것. 민간인과 함께 있는 사진은 회고록과 설명에 나오는 러시아 민간인과 독일 군인의 사진과 궤를 같이한다.

41. Manstein, *Lost Victories*, p. 17.

42. Stahlberg, *Bounden Duty*, p. 232.

43. Knappe & Brusaw, *Soldat*, pp. 105, 109, 215; p. 144와 p. 224 다음의 사진들.

44. Paul Carell, *Hitler Moves East 1941-1943*, trans. Ewald Osers (New York: Little, Brown & Company, 1964), p. 101과 제1부 제5장이 로슬라블 전투를 다룬다. 시각자료는 p. 64 다음에 있는 것을 볼 것.

45. Manstein, *Lost Victories*, p. 271.

46. 같은 글.

47. 같은 글, pp. 270~271. 게로 폰 만슈타인의 죽음에 관한 이야기는 슈탈베르크의 회고록에 나왔다. 만슈타인 장군의 전속 부관인 슈탈베르크는 만슈타인의 고통과 비탄을 서술했다. 또한 그는 그리스도교식 장례식을 만슈타인의 반(反)나치 정서와 연계한다. Stahlberg, *Bounden Duty*, p. 232을 볼 것.

48. Knappe & Brusaw, *Soldat*, pp. 215, 218~219.

49. Knappe, *Soldat*, pp. 215, 218~219와 p. 224 다음의 사진.

50. 같은 글, p. 231와 p. 224 다음의 사진.

51. Knappe, *Soldat*, p. 156와 p. 224 다음의 사진.

52. Stahlberg, *Bounden Duty*, p. 193와 p. 173 다음의 사진.

53. 같은 글, pp. 191~193, p. 173 다음의 사진.

54. 같은 글.

55. Sheiderbauer, *Adventures in My Youth*, Prologue, p. 35.

56. 각주 65의 인용구를 볼 것.

57. Scheiderbauer, *Adventures in My Youth*, p. 42. 본문의 뒷부분에서 샤이더바우어는 다음 번의 러시아 전선 배치가 겁나서 "하느님을 믿음"으로써만 얼마간 안도감을 느꼈다는 언급을 했다. p. 77을 볼 것.

58. Stahlberg, *Bounden Duty*, p. 165와 Carell, *Hitler Moves East*, p. 96 다음의 사진.

59. Koschorrek, *Blood Red Snow*, pp. 154~162, 170~171, 184~186, 213~217.

60. Scheiderbauer, *Adventures in My Youth*, pp. 67~68.

61. Scheiderbauer, *Adventures in My Youth*, p. 102. 샤이더바우어의 개인적 상실, 즉 이탈리아에서 엘리트 기갑사단인 헤르만 괴링 사단에서 복무하던 동생의 죽음에 관해서는 pp. 127~128을 볼 것.

62. Bidermann, *In Deadly Combat*, p. 65. 다른 사례로는 pp. 38, 80, 89~91, 103~105을 볼 것.

63. Luck, *Panzer Commander*, pp. 69~73.

64. 같은 글, p. 72.

65. 같은 글, pp. 72~73.

66. 같은 글, p. 73.

67. Carell, *Hitler Moves East*, p. 96 다음에 나오는 사진.

68. Stahlberg, *Bounden Duty*, p. 202.

69. Koschorrek, *Blood Red Snow*, 스탈린그라드 주위의 전투를 다루는 장을 볼 것.

70. Koschorrek, *Blood Red Snow*, pp. 64~65; Bidermann, *In Deadly Combat*, pp. 159~166. 독일군이 압도적인 수의 적을 상대했다고 주장한 다른 사례는 Koschorrek, *Blood Red Snow*, pp. 40~41, 51~52, 200을 볼 것. Bidermann, *In Deadly Combat*, pp. 96, 159~166도 볼 것.

71. Bidermann, *In Deadly Combat*, pp. 247~248, 269~270.

72. Scheiderbauer, *Adventures in My Youth*, p. 137; Bidermann, *In Deadly Combat*, p. 94, 236. Koschorrek, *Blood Red Snow*, pp. 230, 234~236. 얄궂게도, 붉은 군대 군인도 독일군에게 사로잡히기를 똑같이 무서워했다. 그러나 코쇼렉은 키예프 출신의 러시아군 포로를 한 사람 만났는데 그가 독일군에게 사로잡혔다가 탈출한 러시아 군인들에게서 실제로는 독일군이 자기들을 인도적으로 대우했다는 말을 들었다고 썼다. Koschorrek, *Blood Red Snow*, p. 229을 볼 것. 비더만은 전선 부대원들이 러시아인을 조심스레 대우했다고 평했다. 그러나 이 사람들은 나치당의 후방 지역 정책과 '특무부대'의 과도한 행위에 관한 무지를 무심결에 드러냈다. 이 과도한 행위는 여러모로 나치 정치요원의 희생자로 시달리던 일선 부대원의 '잔학 행위'로 이어졌다. Bidermann, *In Deadly Combat*, p. 43을 볼 것.

73. Bidermann, *In Deadly Combat*, p. 235.

74. 같은 글, pp. 235~236.

75. Scheiderbauer, *Adventures in My Youth*, p. 90; Bidermann, *In Deadly Combat*, p. 212와 p. 33 다음의 사진.

76. Koschorrek, *Blood Red Snow*, p. 97.

77. Bidermann, *In Deadly Combat*, p. 59.

78. 싸움터의 죽음과 고통의 다른 사례로는 Koschorrek, *Blood Red Snow*, pp. 84, 100, 105~107, 149~150, 260, 300; Bidermann, *In Deadly Combat*, pp. 124, 130~131, 195, 208; Scheiderbauer, *Adventures in My Youth*, p. 109을 볼 것.

79. Koschorrek, *Blood Red Snow*, p. 176; Bidermann, *In Deadly Combat*, pp. 18, 34.

제6장 본좌

1. Charles Sydnor, *Soldiers of Destruction: The SS Death's Head Division, 1933-1945* (Princeton, NJ, Princeton University Press, 1977)을 볼 것.
2. *Waffen-SS Commanders: The Army, Corps and Divisional Leaders of a Legend* (Atgen, Pa., Shiffer Military History, 1999).
3. 같은 글, p. 11.
4. Mark Yerger, *Otto Weidinger* (Winnipeg, Fedorowicz, 1987), p. 19; *Otto Kumm* (Winnipeg, Fedorowicz, 1987); *Ernst August Krag* (Atgen, Pa., Schiffer, 1996).
5. 원서 *Kameraden bis zum Ende*의 번역본*(Atgen, Pa., Shiffer Military History, 1998).
6. 바이딩어는 그 사건을 자기 책 같은 글, pp. 278~301; "Tulle and Oradour: A Franco-German Tragedy"(개인 출간, 1985)에서도 언급한다. 본좌들 가운데 한 사람인 마르크 리크멘스포엘이 www.dasreich.ca/ger_oradour. html에 있는 글인 「튈과 오라두르: 독일 시각(Tulle and Oradour: The German View)」에서 독일 측 주장을 요약한다.
7. vol. II, p. 14.
8. 같은 글, p. 44.
9. 같은 글, p. 111.
10. Yerger, *Otto Weidinger*, Introduction, n.p.
11. 빠짐없는 출판 정보는 다음과 같다. 무장친위대 내의 추축국 소속 소국에 관한 란트베어 저작의 예로는 Richard Landwehr, *Lions of Flanders: Flemish Volunteers of the Waffen-SS, 1941-1945* (Bradford, U.K., Shelf Books, 1996); *Nordic Warriors: SS-Panzergrenadier Regiment 24 Danmark, Eastern Front, 1943-1945* (Bradford, U.K., Shelf Books, 1999); *Romanian Volunteers of the Waffen-SS, 1944-1945* (Silver Spring, Md., Biblophile Legion Books, 1991); *The "Wallonien": The History of the 5th SS-Strumbrigade and 28th SS Volunteer Panzergrenadier Division*

---

* *Comrades to the End: The 4th SS Panzer-Grenadier Regiment 'Der Führer' 1938-1945: The History of a German-Austrian Fighting Unit.*

(Brookings, Ore., Siegrunen Magazine, 1984)을 볼 것.

12. Landwehr, *Fighting for Freedom: The Ukrainian Volunteer Division of the Waffen-SS* (Silver Springs, Md., Bibliophile Legion Books, 1985) 3rd edition in 1993, pp. 202, 205.

13. 같은 글, pp. 14, 17, 141.

14. Landwehr, *Romanian Volunteers of the Waffen-SS*, pp. 126, 128. 이 문단 과 루마니아인을 다루는 그다음 두 문단에 있는 자료는 이 책에서 나온다.

15. *Siegrunen*, #59, vol. X, No. 3 (Summer 1995), pp. 13~17. 『지크루넨』 각 호의 번호는 조금 불규칙하게 매겨져 있다.

16. 이 논문에 붙은 제목은 다음과 같다. "The European Volunteer Move-ment in World War II", *Journal of Historical Review* 2 (Spring 1981). 웹사이 트 www.vho.org/GB/Journals/JHR/2/1/Landwehr59-84.html을 볼 것.

17. No. 3 (1993), pp. 18~25.

18. No.No. 5 & 6, vol. 8.

19. X, No. 1 (Fall 1994), p. 3.

20. IX, No. 54 (March 1993), p. 3.

21. Shofar FTP Archive File: orgs/american/wiesenthal.center/swc. oprep.

22. X (Fall 1994), p. 33; 또한 No. 42, 1987의 글 "The Evolution of the Waffen-Grenadier Division der SS", pp. 4~14을 볼 것. 디를레방어에 관 해서는 Richard Rhodes, *Masters of Death: The SS-Einsatzgruppen and the Invention of the Holocaust* (New York, Alfred Knopf, 2002), pp. 248~250 을 볼 것.

23. No. 55 (January 1994), pp. 3~4을 볼 것.

24. vol. X, No. 3 (Summer 1995), p. 3.

25. No. 69 (Summer 2000), p. 4.

26. 같은 글, p. 6.

27. No. 5 (January 1994), p. 72.

28. No. 57 (Fall 1994), p. 5.

29. 같은 글, p. 6.

30. Edmund D. Cohen, "Review of the 'Left Behind' Tribulation Novels: Turner Diaries Lite", in *Council for Secular Humanism*. http://www.

secularhumanism.org/library/fi/cohen_21_2.html을 볼 것.

31. James Weingartner, *Crossroads of Death: The Story of the Malmédy Massacre and Trial* (Berkeley, University of California Press, 1979), p. 261을 볼 것. Weingartner, *A Peculiar Crusade: William M. Everett and the Malmédy Massacre* (New York, New York University Press, 2000)도 볼 것.

32. Weingartner, *Crossroads of Death*, p. 218, pp. 200~201.

33. 이 글의 제목은 「말메디와 매카시(Malmédy and McCarthy)」이며, 이 글은 www.fredautley.com/malmedy.htm에 실려 있다.

34. Weingartner, *Crossroads of Death*, p. 264을 볼 것. Weingartner가 쓴 장 「매카시와 자유」(McCarthy and Freedom)도 볼 것.

35. p. 1의 각주 5을 볼 것.

36. Raymond F. Toliver & Trevor J. Constable, *The Blond Knight of Germany* (Blue Ridge Summit, Pa., Tab Aero, Division of McGraw Hill, 1970). 두 저자는 따로, 또는 함께 독일 공군에 관한 책을 7권 썼다.

37. 같은 글, Introducion; no page number.

38. 같은 글, 저자 서문, xiii부터 xv까지. 다음의 인용문은 각각 pp. 4, 5, 6, 14에서.

39. 쿠로프스키의 출판물을 크게 다루는 아마존 웹사이트로는 http://www. amazon.com/exec//obidos/search-handle-url/ref=br_ss_hs/002-4064754-8088802?platform=gurupa&url=index%3Dstripbooks%3Ar elevance; http://www.amazon.com/exec//obidos/search-handle-url/ix=stripbooks&rank=%2Brelevanc2rank&fqp=relevance%01281000-%02keywords%01franz%25을 볼 것. Franz Kurowski, *Brandenburg Commandos: Germany's Elite Warrior Spies in WW II* (Mechanicsburg, Pa.: Stackpole Books, 2004).

40. Franz Kurowski, *Panzer Aces* (New York, Ballantine Books, 2002)와 *Infantry Aces* (New York, Ballantine Books, 2002); (Amazon.com에 광고된 대로) Panzer Aces Audio CD (축약). 아마존 순위에 관해서는 http://www. amazon.com/exec/obidos/tg/deatail/-/0811731731/qid=1121022524/sr=1-111/ref=sr111/002-4964754-8088802?v=glance&s=books을 볼 것.

41. Kurowski, *Infantry Aces*; 예를 들어, 제프, 라니어, 프란츠 슈미츠, 요제프 슈라이버의 설명을 볼 것. *Panzer Aces*에 있는 프란츠 베케 소장, 루돌프 폰 리벤트로프, 그리고 미하엘 비트만의 설명을 볼 것. 용기와 용맹의 비슷한 이야

기로는 쿠로프스키가 서술한 군인들 가운데 한 사람인 제프 브란트너(Sepp Brandner)를 Kurowski, *Panzer Aces* II에서 볼 것.

42. 더 먼저 인용된 이야기들을 볼 것.

43. Kurowski, *Panzer Aces*, pp. 70~71.

44. 같은 글, pp. 299~302.

45. 같은 글, pp. 366~376.

46. 같은 글, p. 377.

47. 같은 글, pp. 377~378.

48. 같은 글, p. 378.

49. 같은 글, p. 378.

50. Kurowski, *Panzer Aces*, pp. 163~165.

51. 같은 글, pp. 32~44.

52. Kurowski, *Panzer Aces*, pp. 348~355. 독일군의 통솔력과 전투의 다른 사례로는 Kurowski, *Infantry Aces*, pp. 163~165, 174~175, 366~370, 382~391; *Panzer Aces*, pp. 39~42, 48~51, 57~61, 65~69, 74~75, 194~201을 볼 것.

53. Kurowski, *Panzer Aces*, pp. 44~48.

54. 같은 글, pp. 310~315.

55. Kurowski, *Panzer Aces*, pp. 370~371, 284~285.

56. 전우애의 다른 사례로는 Kurowski, *Panzer Aces*, pp. 178~183, 192~193, 228~229, 323~325, 334~336; Kurowski, *Infantry Aces*, pp. 256~263, 280~281, 288~291, 294~296, 304~305, 362~365, 378~381을 볼 것.

57. Kurowski, *Infantry Aces*, pp. 1~2.

58. 유로파 북스 출판사의 웹사이트에 있는 무뇨스의 전기 서술 "From Hobby to Magazine to Books: The Birth of Europa Books", pp. 1~3; http://www.axiseuropa.com/about.php을 볼 것. 무뇨스의 잡지에서 추축국 소속 소국에 초점을 맞춘 사례로는 John Pipes, "SLOVAKIA!: A History of the Slovak Units on the Eastern Front in WWII", *Axis Europa: The Jouranl of the Axis Forces 1939-1945* (Summer 1998), pp. 18~22; "The Serbian State and Frontier Guard, 1941-1945 (part one)", *Axis Europa: The Newletter of the Axis Allied Forces, 1939-1945* I (January-February, 1995), p. 1, pp. 3~9와 "'Za Hrvatsku i Krista': For Croatia & Christ:

The Croatian Army, 1941-1945", *Axis Europa: The Newsletter of the Axis Allied Forces, 1939-1945* I (January-February, 1995), pp. 1, 10~22; "For King and Fatherland: The History of the Montenegro Volunteer Corps, 1943-1945 (part III)", *Axis Europa Magazine: The Magazine of the Axis Allied Forces, 1939-1945* II (January-February 1996), pp. 9~13. Henry L. DeZong IV, "The Moslem Militia and Legion of the Sandjak", *Axis Europa Magazine; The Journal of the Axis Allied Forces, 1939-1945* II (June-July-August 1996), pp. 3~14; "Wasted Efforts: The History of the SS 'Kama' Division", *Axis Europa Magazine: The Magazine of the Axis Allied Forces, 1939-1945* 1 (July-August 1995), p. 1, pp. 3~4. "From the Editor", *Axis Europa Newsletter of the Axis Allied Forces, 1939-1945* (January-February, 1995), p. 23을 볼 것. 제목이 서로 달랐고 각 호에 적혀 있는 대로 사용되는 데 주목할 것.

59. "Readers Classifieds + Odds and Ends", *Axis Europa Newletter*, issue 4 (July-August 1995), p. 26; "Readers Classified Section", *Axis Europa Newsletter*, issue 5 (September-October 1995), p. 26; Antonio Munoz, "*Waffen-SS* Books", *Siegrunen* 43 (1987), pp. 5~6; "SS and Police Leader 'Outer Alps' Schematic"; "SS Police Leader 'Upper Italy West' Schematic", *Siegrunen* 57 (Fall 1994), 그리고 광고로는 "Achtung! Axis Europa", *Siegrunen* 59 (Summer 1995), p. 6; "Soon to Be Available", *Siegrunen* 40 (1986), p. 4; "*Waffen-SS* Books-Photo Histories", *Siegrunen* 39 (1985), p. 35; Antonio J. Munoz, R. T. R., "Parachute Battalion: The History of the SS-Fallschirmjäger-Battalion 500/600", *Siegrunen* 8 (September 1989), pp. 29~70.

60. "Readers Classifeids + Odds and Ends", *Axis Europa Newsletter*, issue 4 (July-August 1995), p. 26; "Readers Classified Section", *Axis Europa Newsletter*, issue 5 (September-October 1995), p. 26; Antonio Munoz, "*Waffen-SS* Books", *Siegrunen* 43 (1987), pp. 5~6; "SS and Police Leader 'Outer Alps' Schematic"; "SS Police Leader 'Upper Italy West' Schematic", *Siegrunen* 57 (Fall 1994), 그리고 광고로는 "Achtung! Axis Europa", *Siegrunen* 59 (Summer 1995), p. 6; "Soon to Be Available", *Siegrunen* 40 (1986), p. 4와 "*Waffen-SS* Books-Photo Histories", *Siegrunen*

39 (1985), p. 35.

61. "From the Editor", *Axis Europa Newsletter*, issue 2 (March-April 1995), p. 23. 사설란인 *Siegrunen* 44 (1987), p. 2; *Siegrunen* 43 (April-June 1987), p. 2을 볼 것. 또한 무뇨스는 1급 학술서도 칭찬한다. "New Book Release", *Axis Europa*, Jan-March, 1996, p. 15에서 Gerald Kleinfeld & Lewis A. Tambs, *Hitler's Spanish Legion: The Blue Division in Russia*에 관한, 그리고 "Book Reviews", *Axis Europa Magazine*, May-June-July-August 1997, p. 32에서 Dr. Valdis O. Lumans, *Himmler's Auxiliaries: The Volkdeutsche Mittelstele and the German National Minorities of Europe, 1933-1945*에 관한 무뇨스의 서평을 볼 것.

62. 후라도 저서 목록으로는 아마존 웹사이트 http://www.amazon.com/ exec/obidos/search-handle-url/index books&field-author-exact Carlos%20 Caballero%20Jurado/002-4064754-8088802을 볼 것. 『독일국방군의 외국인 의용군, 1941~1945년』에 관한 설명으로는 아마존 웹사이트 http://amazon.com/exec/obidos/tg/detail/-/0850455243/ qid=1122048844/sr=8-3/ref=sr 8 xs ap i3 xg114/002-4064754- 8088802?v=glance&s=books&n=507486을 볼 것. 『독일국방군 보조 부대』 에 관해서는 http://amazon.com/gp/product/1855322579/002-4064754- 8088802?5Fencoding-UTF8&s=books&v=glance을 볼 것. 『사슬 깨기 (*Breaking the Chains*)』에 관한 설명으로는 아마존 웹사이트 http://www. amazon.com/gp/product/1855322579/0024064754-8088802?%5Fe ncoding=UTF8&s=books&v=glance을 볼 것. 이 저작들의 인용을 위 해서는 Carlos Caballero Jurado, *Foreign Volunteers, 1941-45* (London, Osprey Publishing, 1985); *Wehrmacht Auxiliary Forces* (London, Osprey, 1992); *Breaking the Chains* (Halifax, West Yorkshire, U.K.: Shelf Books, 1998)을 볼 것. *Siegrunen*, issue 39 (July-September 1985), 40 (October 1985-September 1986), 42 (January-March 1987), 43 (April-June 1987), 44 (1987)의 사설이나 권두언, Inside page *Siegrunen* 5 & 6 (September 1989), Inside page *Siegrunen* 54 (March 1993), Inside page *Siegrunen* 55 (January 1994), Inside page *Siegrunen* 55 (Fall 1994), Inside page *Siegrunen* 59 (Summer 1995), Inside page *Siegrunen* 66 (Fall 1998), Inside page *Siegrunen* 68 (Winter 2000), Inside page *Siegrunen*

(Summer 2000)을 볼 것. 메리엄 출판사에 관해서는 Richard Landwehr, *Steadfast Hussars: The Last Cavalry Divisions of the Waffen-SS* (Brookings, Ore., *Siegrunen*, 1997); Richard Landwehr, *Budapest: The Stalingrad of the Waffen-SS* (Brookings, Ore., *Siegrunen*, 1999)을 볼 것. 메리엄 출판사가 란트베어를 위해 이 저작들을 사실상 "디자인하고 제작하고 인쇄했다." 각 저작의 p. 2을 볼 것. 『액시스 유로파』에 있는 글에 관해서는 C. C. Jurado, "Against Stalin and Stalinism, Count Grigori von Lambsdorff, 1936-1945", *Axis Europa*, 14 (Summer 1998), pp. 8~11와 "Against Stalin and Stalinism, Count Grigori von Lambsdorff, 1936-1945", *Axis Europa*, 15 (Fall 1998), pp. 15~18을 볼 것. 반공주의 주제의 또 다른 사례로는 Dr. Perry Perik, "August 1942: The Bloody Prelude of the Dutch *Waffen-SS* on the Russian Front", *Axis Europa*, 15 (Fall 1998), pp. 6~7을 볼 것.

63. Antonio J. Munoz, *Hitler's Eastern Legions* volume II: *The Osttruppen* (Bayside, New York, Axis Europa, Inc., 1997), pp. 3~5; Munoz, *The Baltic Schutzmannschaft*, pp. 8, 10.

64. http://www.amazon.com/exec/obidos/tg/detail/-/1891227424/ ref=ord_cart_shr/102-1047711-2940166?%5Fencoding=UTF8, pp. 1~2.

65. "Readers Classifieds + Odds and Ends", *Axis Europa Newsletter*, issue 4 (July-August 1995), p. 26. "Readers Classified Section", *Axis Europa Newsletter*, issue 5 (September-October 1995), p. 26. Antonio Munoz, "Waffen-SS Books", *Siegrunen* 43 (1987), pp. 5~6; "SS and Police Leader 'Outer Alps' Schematic"와 "SS Police Leader 'Upper Italy West' Schematic" *Siegrunen* 57 (Fall 1994), 그리고 광고로는 "Achtung! Axis Europa", *Siegrunen* 59 (Summer 1995), p. 6. "Soon to Be Available", *Siegrunen* 40 (1986), p. 4와 "*Waffen-SS* Books: Photo Histories", *Siegrunen* 39 (1985), p. 35.

66. Antonio J. Munoz, *Forgotten Legions: Obscure Combat Formations of the Waffen-SS* (Bayside, New York, Axis Europa Books, 1991), p. xiii. Samuel W. Mitcham Jr., *Hitler's Field Marchals and Their Battles* (Lanham, Md.: Scarborough House, 1994), Acknowldegments. 미첨은 제2차 세계대전의 독일 군대에 관한 책을 14권이나 썼다. http://www.amazon.

com/exec/obidos/search-handle-url/index=books&field-author-
exact=Samuel1%20W.%20Mitcham/0024064754-8088802을 볼 것.

67. Munoz, *Forgotten Warriors*, p. xvii. 무뇨스의 저작에는 아낌없이 제시되
고 집중적으로 탐구된 상세하고도 유용한 정보가 상당히 많이 담겨 있다. 무
뇨스만큼 세부 사항에 정통하고 이 어마어마한 분량의 정보를 검색하고 출간
하는 데 그 같은 노력을 쏟은 사람은 거의 없다. 무뇨스의 저작들 가운데 다
른 사례로는 Antonio J. Munoz, *Hitler's Green Army: The German Order
of Police and Their European Auxiliaries 1933-1945* volume II: *Eastern
Europe and the Balkans* (Bayside, New York, Europa Books, Inc., 2005)
와 Antonio J. Munoz, *Hitler's Green Army: The German Order of Police
and Their European Auxiliaries 1933-1945* volume I: *Western Europe and
Scandinavia* (Bayside, New York, Europa Books, Inc., 2005)을 볼 것.

제7장 전쟁게임, 인터넷, 그리고 낭만무협인의 대중문화

1. 현대 전쟁게임의 간략한 초기 역사로는, 「판처블리츠」의 서술과 더불어, The
Editors of *Consumer Guide, The Complete Book of Wargaming* (New
York, Fireside Books, Simon & Schuster, 1980), pp. 13~21, 178~179
을 볼 것.

2. The Editors of *Consumer Guide, The Complete Book of Wargaming*, pp.
18~20. 본보기로 *Strategy & Tactics* 72 (January-February 1979)와
Strategy & Tactics 86 (May-June 1981)을 볼 것. *Moves: Conflict Simulation
Theory and Technique*에 관해서는 Bill Dunne, Mike Gunson & David
Paris, "Panzergruppe Guderian: A Dissenting Approach", *Moves:
Conflict Simulation Theory and Technique* 33 (June-July 1977), pp. 8~10
을 볼 것.

3. Dan Lombardy, designer, & David Parham, researcher, *Streets of
Stalingrad, Sept-Nov, 1942*, Phoenix Games, 1979; Gray Charbonneau,
"Streets of Stalingrad", *Fire & Movement* 23 (September-October
1980), pp. 27~39. 이 글에는 '밀착' 분석, 구성과 순위표, 오탈자 정오표, 개
발자 댄 롬바디의 답변이 들어 있다.

4. *PanzerBlitz: The Game of Armored Warfare on the Eastern Front 1941-1945*
(Baltimore, Md., Avalon Hill Game Company, 1970). *Designer's Notes* &

Campaign Analysis, pp. 3~7. 책자는 게임 내용물의 일부다. The Editors of *Consumer Guide, The Complete Book of Wargaming*, pp. 178~179.

5. *PanzerBlitz: The Game of Armored Warfare on the Eastern Front 1941-1945*, 게임 내용물의 일부인 시나리오 묶음을 볼 것.

6. *War in the East: The Russo-German Conflict 1941-1945* (New York, Simulations Publications, Inc., 1974). '괴물' 게임의 또 다른 예로는 John M. Astell, Paul R. Banner, Frank Chadwick & Marc Miller, designers, *Fire in the East: The Russian Front, 1941-1942* (Bloomington, Ill., Game Designers' Workshop, 1984)을 볼 것. 이 게임의 비평으로는 John T. Schuler, "Close-Up: Fire in the East", *Fire & Movement: The Forum of Conflict Simulation* 44 (September-October 1985), pp. 30~47을 볼 것. 그리고 *The Grenadier* 25 (March-April 1985), pp. 7~33에서 *Fire in the East*에 관한 일련의 글을 볼 것. 잡지 포맷으로 출시된 대규모 동부전선 게임에 관해서는 "Proud Monster: The Barbarossa Campaign 1941", *Command: Military History, Strategy & Analysis* 27 (March-April 1994) 와 게임에 동봉된 글 Ty Bomba, "Proud Monster", pp. 12~26을 볼 것. 그 잡지의 붉은색 표지 그림은 독일 병사 한 명이 소총 개머리판으로 소련의 낫과 망치 깃발을 후려치고 그 소총에 맞아 깃발이 산산조각 나고 있는 모습이다. 1980년까지의 전쟁게임 일반의 비평으로는 The Editors of *Consumer Guide, The Complete Book of Wargaming*을 볼 것.

7. Stephen Patrick, "Battle for Germany: The Destruction of the Reich Dec. 1944-May 1945", *Strategy & Tactics (S&T)* 50 (May-June 1975), S&T 각 호에 딸려 있는 전쟁게임. 동부전선에 관한 글의 예로는 Sterling Harris, "Airpower in the Stalingrad Campaign, Part 1", *Strategy & Tactics* 169 (July-August 1994), pp. 23~33; Joseph Miranda, "Air War on the Eastern Front, 1941-1945", *Strategy & Tactics* 214 (January-February 2003), pp. 38~51을 볼 것.

8. Victor Madej & Shelby Stanton, "The Smolensk Campaign 11 July-5 August 1941", *Strategy & Tactics* 57 (July-August 1976), pp. 4~19, 덧붙여 게임 「구데리안 판처그루페: 1941년 7월 스몰렌스크 전투」. 스탠튼 (Stanton)은 베트남의 미국 육군에서 복무했고, 베트남의 싸움터에서 다쳐서 퇴역해야 했다. 그는 동남아시아뿐만 아니라 군사사의 다른 주제에 관해

두루 글을 썼다. http://www.randonhouse.com/rhpg/authors/results. pperl?authorid-29510을 볼 것. 구데리안은 게임의 제목에 자주 나오며 그의 전장 행동은 전쟁게임 개발자의 관심을 끈다. 예를 들어, Dean N. Essig, game & series designer, *Guderian's Blitzkrieg: The Panzer Leader's Last Drive, The Drive on Moscow September 21th to December 20th, 1941* (Homer, Ill., The Gamers, 1992)을 볼 것. 전쟁게임 상자의 실수를 그대로 베껴서 21일(21th)로 되어 있는 데 주의할 것. 교정자가 그 실수를 놓친 모양이다.[*]

9. Victor Madej & Shelby Stanton, "The Smolensk Campaign 11 July-5 August 1941", p. 12.

10. *The Last Victory: Von Manstein's Backhand Blow* (King of Prussia, Pa., Clash of Arms Games, 1987).

11. 같은 글. 역사 논평은 독일군을 상대로 공격을 펼치는 소련군의 역량 향상을 칭찬했다. 논평은 소련군의 주요 약점이 하급 장교에 있다고 지적했고, 이 약점의 원인으로 1930년대의 숙청과 1941년의 전투에서 입은 손실을 들었다.

12. Ty Bomba, "The Führer's Will: Hitler and the Stalingrad Pocket", *Strategy* & *Tactics* 124 (December 1988), pp. 14~19. 독일어판은 http:// cc.msnscache.com/cache.aspx?q=8132199432148&lang=en-US&mkt=enUS&FORM=CVRE8을 볼 것. Films-Original Nazi War Movies까지 스크롤할 것.

13. Bomba, "The Führer's Will", pp. 14, 17. 이 글의 끝에 러시아의 승리를 경축하는 소련 우표가 있다는 데 주목할 것. 그러나 그 우표는 극적인 친독일 포스터에 견줄 때 중요성에서 밀린다. 표지 그림의 독일어판으로는 http://www. nazi-lauck-nsdapao.com/ p. 3을 볼 것.

14. Dean N. Essig, game & series designer, Enemy at the Gates: The Stalingrad Pocket to Manstein's Counterattack Army Group South-19 Nov. 42 to 14 March 43 (Homer, Ill., The Gamers, 1994).

15. Dave Fredericks, game designer, & Dean N. Essig, series designer, *Hube's Pocket* (Homer, Ill., The Gamers, 1996), 그리고 게임에 있는 책

---

[*] 원래는 '31일(31th)'이어야 한다.

자, "Operational Combat Series", pp. 15~19. 후베에 관한 자료로는 Earl Ziemke, *Stalingrad to Berlin: The German Defeat in the East* (Washington, DC, Center for Military History, U.S. Army, 1968), p. 188, pp. 280~282 을 볼 것.

16. Fredericks & Essig, *Hube's Pocket*, 그리고 게임에 있는 책자, "Operational Combat Series", pp. 15~19. 후베에 관한 자료로는 Ziemke, *Stalingrad to Berlin*, p. 188, pp. 280~282을 볼 것.

17. 독일 기갑차량에 관해서는 「주목, 기갑부대」 사이트 http://www.achtungpanzer.com/panzer.htm을 볼 것. 동부전선에 관해서는 Eastern Front Web Ring, http://eastfront.virtualave.net을 볼 것. 전쟁게임 사이트로는 http://www.geocities.com/Pentagon/Quarters/8662/links.htm와 http://www.wargamer.com/contest/tank.asp을 볼 것. 제복에 관해서는 http://soldat.com/을 볼 것. 책에 관해서는 http://www.11thpanzer.com/index11.htm을 볼 것. 초상화에 관해서는 http://www.ortelli-art.com/military/mr11.htm을 볼 것. mr12와 mr06도 볼 것. 그리고 http://www.ortelli-art.com/militar.milit-e.htm; http://www.ortelli-art.com/military/와 http://www.ortelli-art.com/military/unit-e.htm. 잔에 관해서는 http://www.hstrial-derickson.homestead.com/Mugs~ns4.html을 볼 것. 그 회사는 지금은 eBay 상점으로 운영된다. http://stores.ebay.com/Military-Mugs-and-Models와 http://feedback.ebay.com/ws/eBayISAPI.dll?ViewFeedback&userid=sssteiner&frm=1742을 볼 것.

18. http://www.achtungpanzer.com/panzer.htm.

19. http://members.tripod.com/George_Parada/gen8.htm; 같은 사이트에서 gen2, gen4, gen5, gen9, gen10도 볼 것. 「주목, 기갑부대」는 2006년 1월로 운영을 잠시 중단했다. 소유주 조지 패러다(George Parada)는 이처럼 큰 웹사이트의 유지 비용을 마련하려고 자금원을 찾고 있었다. 검색 엔진에 Achtung Panzer를 치면 그 공지문이 나올 것이다. 그 웹사이트는 현재는 운영 중이다.

20. 만슈타인에 관해서는 http://members.tripod.com/George_Parada/gen8.htm을 볼 것.

21. http://members.tripod.com/George_Parada/gen8.htm.

22. http://members.tripod.com/George_Parada/gen2.htm; http://

members.tripod.com/George_Parada/gen9.htm.

23. http://members.tripod.com/George_Parada/gen2.htm; http://
   members.tripod.com/George_Parada/gen9.htm.

24. http://members.tripod.com/George_Parada/gen2.htm.

25. http://members.tripod.com/George_Parada/gen9.htm.

26. 같은 글.

27. http://members.tripod.com/George_Parada/whatsnew.htm; http://
   www.achtungpanzer.com/vote.htm; http://www.achtungpanzer.
   com/panzer.htm.

28. http://members.tripod.com/George_Parada/whatsnew.htm; http://
   www.achtungpanzer.com/vote.htm; http://www.achtungpanzer.
   com/panzer.htm.

29. http://www.achtungpanzer.com/qiz.htm; http://members.tripod.
   com/George_Parada/whatsnew.htm.

30. 비정치적 입장을 알리는 선언으로는 http://www.achtungpanzer.com/
   panzer.htm을 볼 것. 이것은 2005년 8월에 *Achtung Panzer*에서 가져온 것
   이다.

31. http://members.tripod.com/George_Parada/book.htm#videos; http://
   members.tripod.com/George_Parada.htm. 이 사이트에서 다뤄지는 주제
   의 목록으로는 http://members.tripod.com/George_Parada/map.htm을
   볼 것.

32. http://www.InsideTheWeb.com/messageboard/mbs.cgi/mb47087.

33. http://www.achtungpanzer.com/bolk.htm.

34. http://www.amazon.com/exec/obidos/tg/deatail/-/0811731731/
   qid=1121022524/sr=1-111/ref=sr 1 11/002-4964754-8088802?v=
   glance&s=books; http://www.amazon.com/exec/obidos/tg/
   detail/-/0345451945/qid=1121024070/sr=1-4/refsr_1_4/002-4064754-
   80888027?v=glance&s=books을 볼 것.

35. Otto Carius, *Tigers in the Mud* (Winnipeg, J. J. Fedorowicz, Inc. 1992), p. 1.

36. 같은 글, pp. 1~2.

37. http://www.uwm.edu/-jpipes/start.html; http://www.uwm.edu/-jpipes/
   jason.htm. 이 책의 제6장에 있는 안토니오 무뇨스에 관한 논의도 볼 것.

38. http://www.uwm.edu/~jpipes/rvol.html; http://www.uwm.edu/~jpipes/wssb.html; http://www.oradour.info/appendix/landwehr.htm; http://www.uwm.edu/~jpipes/norway.htm; 펠트그라우에 관해서는 http:/feldgrau.com을 볼 것.

39. http://www.uwm.edu/~jpipes/rvol.html; http://www.uwm.edu/~jpipes/wssb.html; http://www.oradour.info/appendix/landwehr.htm; http://www.uwm.edu/~jpipes/norway.htm.

40. http://www.uwm.edu/~jpipes/start.html.

41. http://www.uwm.edu/cgi-bin/jpipes/poll_lt_v2.0.cgi; http://www.uwm.edu/~jpipes/poll1.html; http://www.uwm.edu/cgi-binjpipes/poll_lt_v2.0.cgi?load=lastpoll.

42. http://www.uwm.edu/~jpipes/spain.html; http://www.uwm.edu/~jpipes/eisb6.html; http://www.uwm.edu/jpipes/spa501.html.

43. http://www.uwm.edu/people/jpipespnzfwd.html; http://www.uwm.edu/~jpipes/glossay.html; http://www.amazon.com/exec/obidos/tg/detail/-/0918184045/qid=1128137778/sr=1-6/ref=sr_1_6/002-4064754-8088802?v=glance&s=books. 셸프 북스 출판사는 비블리오필 리전 북스 출판사가 1982년에 출간한 란트베어의 원작을 새 슈탈헬름 시리즈로 다시 찍어냈다. 일찍이 본좌의 전형인 란트베어는 플랑드르 군단 지원자가 최고 기준에 부합한 반면에 자질이 의심스러운 지원자는 결국은 독일에 맞선 저항 운동에 자주 가담했다고 쓴다. 나중에 그는 라트비아인이 소련과 유대인 부역자들의 손에 지독히도 고생했는데 그들은 죽임을 당하거나 소련의 수용소로 보내질 라트비아인을 식별하는 일을 거들었다고 쓴다. 란트베어에게 독일 군인은 그가 생각하기에는 이 부역자들에게 당연히 격분한 라트비아 주민에게서 라트비아 유대인을 지키게 되었고 심지어는 유대인 시나고그를 보호하기까지 했다. 유대인 동포에게 덤벼든 라트비아인은 완전히 정당했고 이 부역자들은 오로지 독일인이 친절하고 인도적이었던 덕택에 얼마간 보호를 받았다는 것이다. 이렇게, 기묘하게도, 홀로코스트를 자행한 독일인은 어쩌다 보니 자기가 수행한 체계적 절멸의 대상이었던 바로 그 민족을 지켜준 셈이었다. 그리고 현지 유대인 주민을 공격한 사람들, 즉 비(非)유대계 라트비아인이 한 행위는 사실상 정당했다는 것이다. 사람들은 란트베어가 왜 홀로코스트 부정론자들의 입장을 받아들이고 심지어는 그들의 잡지에 글을 싣는지 쉽게 알 수 있

다. Richard Landwehr, *Lions of Flanders: Flemish Volunteers of the Waffen-SS-Eastern Front, 1941-1945* (Bradford, West Yorkshire, U.K., 1996), pp. 10, 24~25와 제6장을 볼 것.

44. http://www.uwm.edu/~jpipes/book.html.

45. http://www.uwm.edu/~jpipes/book.html.

46. Mark. C. Yerger, *Waffen-SS Commanders: The Army, Corps and Division Leaders of Legend: Kruger to Zimmermann* (Atglen, Pa., Schiffer Military History, 1999), pp. 146~163; Mark Schmedes, pp. 194~199; Fritz von Scholz, pp. 204~207; Kurt Meyer, pp. 107~114도 볼 것.

47. James Lucas, *War on the Eastern Front: The German Slider in Russia, 1941-1945* (London, The Military Book Club, 1991); *The Last Year of the German Army, May 1944-May 1945* (London, Arms & Armor, 1994); *Das Reich: The Military Role of the 2nd SS Divison* (London, Arms & Armor Press, 1991)을 볼 것. *Hitler's Commanders: German Bravery in the Field 1939-1945* (London, Cassell & Co., 2000)에서 바이딩어와 여거에게 고마워하는 감사의 글을 볼 것. 이 책에서 다루어진 사람들은 모두 다 영예로운 기사십자훈장을 받았다. Preface, pp. 7~11을 볼 것. 그리고 독일군의 전장 실적을 칭찬하는 해설로서 이 책은 독일국방군과 무장친위대에 품은 루카스의 공감을 확연히 보여준다. Werner Haupt, *Army Group North: The Wehrmacht in Russia, 1941-1945* (Atglen, Pa., Schiffer Publishing Ltd., 1997); *Army Group South: The Wehrmacht in Russia, 1941-1945* (Atglen, Schiffer Publishing Ltd., 1998); *Army Group Center: The Wehrmacht in Russia, 1941-1945* (Atglen, Schiffer Publishing Ltd., 1997)도 볼 것. 이것들은 독일어판의 번역이다. 하우프트는 북부 전구의 독일국방군에서 복무했다. Alex Buchner, *The German Defensive Battles in the Eastern Front 1944* (Atglen, Schiffer Publishing Ltd., 1991). http://www.uwm.edu/~jpipes/book.html, pp. 1~10을 볼 것.

48. http://www.uwmedu./~jpipes/wwwboard/messagesnew/3052.html; 같은 주소에서 3056, 3059, 3067, 3069을 볼 것. 리크멘스포엘 저서 서지 사항은 http://www.amazon.com/exec/obidos/tg/detail/-/0971765081/ref=pd_bxgy_text_1/002-4064754-80888027?v=glance$s=books&st=*; http://www.amazon.com/exec/obidos/ASIN/0921991428/qid=1123803227/

sr=2-1/ref=pd을 볼 것. 리크멘스포엘의 책의 제목은 *Soldiers of the Waffen-SS: Many Nations, One Motto* (Winnipeg, J. J. Fedorowicz, 1999)이다.

49. http://www.uwm.edu./-jpipes/wwwboard/messagesnew4/128.html; 같은 웹사이트 주소로 333, 339, 253, 223, 192, 175, 213, 156, 214, 150, 155, 161, 162, 217, 134, 133, 138, 221, 131, 146, 145, 148, 222, 129, 130, 218도 볼 것.

50. http://www.uwm.edu./-jpipes/wwwboard/messagesnew4/128.html; 같은 웹사이트 주소로 333, 339, 253, 223, 192, 175, 213, 156, 214, 150, 155, 161, 162, 217, 134, 133, 138, 221, 131, 146, 145, 148, 222, 129, 130, 218도 볼 것.

51. http://www.uwm.edu/-jpipes/wwwboard/messages/1356.html. 같은 이 사이트에서 1361, 1381, 1359을 볼 것.

52. http://www.uwm.edu/-jpipes/wwwboard/message/1367.html; 그리고 같은 사이트에서 1367, 1383, 1385, 1386을 볼 것. 무장친위대에 관한 논전으로는 http://www.uwm.edu/-jpipes/message/510.html와 511, 529, 975을 볼 것. 프린츠 오이겐 사단에 관해서는 http://uwm.edu/-jpipes/www.board/messages/477.html와 655, 484, 485을 볼 것. 네덜란드인 무장친위대 장교에 관해서는 http://uwm.edu/-jpipes/wwwboard/messagesnew/432.html와 434을 볼 것. 무장친위대 계급 체계에 관해서는 http://www.uwm.edu/-jpipes/wwwboard/messagesnew4/25588.html와 25575, 25543, 25553, 25593을 볼 것.

53. http://uwm.edu/-jpipes/wwwboard/messagesnew4/31978.html; 같은 논전에서 135, 50, 41, 19, 16, 11, 31994, 9, 31925, 31931도 볼 것.

54. http://uwm.edu/-jpipes/wwwboard/messagesnew2/4590.html와 4548. 또한 "제2차 세계대전의 영국인 무장친위대원"에 관한 란트베어의 글로는 http://uwm.edu/~jpipes/wwwboard/messagesnew1/3346.html을 볼 것. 추천사를 올린 마르크 리크멘스포엘은 란트베어의 『지크루넨』 주소와 함께 그 주제에 관한 그 책자의 가격도 적어 놓았다. 이 논전에서 이루어진 추가 논의로는 3390, 3379, 3376, 3331을 볼 것. 절판된 란트베어의 책 『나르바 1944년: 무장친위대와 유럽을 위한 전투』에 관한 언급으로는 http://uwm.edu/-jpipes/wwwboard/messagesnew2/4451.html, 그리고 같은 위치에서 4535을 볼 것.

55. http://uwm.edu/~jpipes/wwwboard/messagesnew4/30127.html. 같은 논전에서 30134도 볼 것. Franz Kurowski, *Hitler's Last Battalion: The Final Battles for the Reich 1944-1945* (Atglen, Pa., Schiffer Publishing, 1998), pp. 201~222.

56. http://uwm.edu/~jpipes/wwwboard/messagesnew2/4055.html와 4044, 4043, 4031, 4029.

57. http://uwm.edu/~jpipes/wwwboard/messagesnew2/6211.html; 같은 논전에서 6384, 6216, 6334도 볼 것. http://uwm.edu/~jpipes/wwwboard/messagesnew1/639.html, 같은 논전에서 718, 724, 744도 볼 것. http://uwm.edu/~jpipes/wwwboard/messagesnew5/2696.html; 같은 논전에서 2727, 2714, 2993, 3050, 3016을 볼 것. http://www.uwm.edu/~jpipes/wwwboard/messages/481.html; 같은 논전에서 499, 504, 988을 볼 것. 폴 카렐에 관한 언급이 들어 있는 논전으로는 http://www.uwm.edu/~jpipes/wwwboard/messagesnew2/6100.html을 볼 것. 같은 논전에서 6109, 6110, 6121, 6339, 6142, 6012, 6145, 6124, 6150을 볼 것. 한 게시글에서 한 답변자가 "카렐은 독소전쟁을 다루는 최고의 책뿐만 아니라 제2차 세계대전 전체를 다루는 최고의 책을 저술했다"고 썼다. 제임스 루카스에 관해서는 James Lucas, *The Last Year of the German Army, May 1944-May 1945* (London, Arms & Armour, 1994)을 볼 것.

58. http://uwm.edu/~jpipes/wwwboard/messagesnew2/6229.html. 빠진 부분 없는 논전으로는 6306, 6300, 6327, 6347, 6381을 볼 것. 에릭슨을 궁극적인 소련 옹호론자라고 비난한 사람인 더그 내시(Doug Nash)는 제5SS 기갑사단 비킹 소속 전차연대원이었던 사람들의 상봉 모임에 초청될 만큼 그 사단의 퇴역 군인들과 아주 가까운 친목을 도모한 모양이다. 6347과 http://uwm.edu/~jpipes/wwwboard/messagesnew2/4424.html을 볼 것.

59. 각주 58을 볼 것.

60. http://www.uwm.edu/~jpipes/wwwboard/messagesnew4/29363.html; 이 논전에서 29491, 29712, 29335, 29398도 볼 것; http://www.uwmedu/~jpipes/wwwboard/messagesnew4.29768.html. 내무인민위원회에 관한 논의는 Michael Kort, *The Soviet Colossus: A History of the USSR* (New York, Charles Scribner's Sons, 1985), pp. 184, 193, 196~197, 209~210; John Erickson, *The Road to Stalingrad* (New York,

Harper & Row Publishers, 1975), pp. 59, 69~70을 볼 것. 이 저작들이 밝히는 대로, 내무인민위원회도 노예노동수용소의 광대한 경제 제국을 운영했다. 또한 내무인민위원회는 1930년대의 숙청에서 중심 역할을 맡았다. Robert Service, *A History of Twentieth-Century Russia* (Cambridge, Mass., Harvard University Press, 1997), pp. 219~225도 볼 것.

61. http://www.uwm.edu/~jpipes/wwwboard/messagenew4/29363. html; 이 논전에서 29491, 29712, 29335, 29398도 볼 것. 아이케에 관해서는 http://www.uwm.edu/~jpipes/wwboard/messagesnew/2071.html 에 있는 논전을 볼 것. 같은 논전에서 2077, 2082, 2085, 2088을 볼 것. 아이케의 약전은 Marc J. Rikmenspoel, *Waffen-SS Encyclopedia* (New York, The Military Book Club, 2002), pp. 206~210. 『무장친위대 백과사전』 과 극히 호의적인 독자 반응에 관한 서술로는 아마존 사이트 http://www. amazon.com/exec/obidos/tg/detail/-/0971765081/qid=1115140053/ sr=1-2/refsr12/103-8958436-7746218?v=glance&s=books을 볼 것.

62. http://www.uwm.edu/~jpipes/wwwboard/messagenew/1686.html.

63. http://www.uwm.edu/~jpipes/wwwboard/messagenew/1686.html.

64. http://www.uwm.edu/~jpipes/wwwboard/messagenew/1686.html. 독일인에게 자행된 연합군의 전쟁범죄의 예로는 http://www.uwm.edu/ jpipes/wwboard/messagesnew3/15694.html을 볼 것. 같은 논전에서 15702, 15744, 15815, 16037, 15852, 15892, 15879, 15823, 15881, 15777 도 볼 것. 러시아의 독일군 전몰자 묘지에 관한, 그리고 전후에 그 묘지를 공산당원들이 파괴한 일에 관한 토론으로는 http://www.uwm.edu/~jpipes/ wwwboard/messagesnew1/920.html을 볼 것. 같은 논전에서 1045, 933, 939, 941도 볼 것. 이 토론에서, 러시아에서 공산주의 체제가 종식된 이후에 그 독일 단체가 스탈린그라드 일대에서, 현지 주민과 협력해서, 독일군 매장지를 파내고는 주검들을 새 묘지에 다시 묻어왔다고 언급되었다. 그 글을 쓴 이는 "모든 곳의 모든 전몰 군인과 마찬가지로 이 사람들은 제대로 된 안식처를 얻을 자격을 가지고 있으므로 이것은 할 만한 가치가 있다"고 적었다. (p. 939을 볼 것.)

65. http://www.uwm.edu/~jpipes/wwwboard/messagesnew4/29822. html. 같은 논전에서 29836, 29834, 29871도 볼 것; http://www.uwm. edu/~jpipes/wwwboard/messagesnew2/6354.html; 같은 논전에서

6436, 6357, 6362, 6492, 6356도 볼 것. http://www.uwm.edu/-jpipes/
wwwboard/messagesnew4/29347.html; 같은 논전에서 29358, 29365
도 볼 것. 다른 사례들로는 '전투단(Kamfgruppe)'이 무엇인지에 관한 논
전 http://www.uwm.edu/-jpipes/wwwboard/messagesnew1.138.
html을 볼 것. 같은 논전에서 130, 134, 144, 152도 볼 것. '독일의 소련 철
도망 이용'에 관한 논전, http://www.uwm.edu/-jpipes/wwwboard/
messagesnew1/979.html을 볼 것. 같은 논전에서 982, 999, 1035, 1064,
1066, 1243991도 볼 것. '누가 실제로 독일군을 물리쳤나'에 관한 논전,
http://www.uwm.edu/-jpipes/wwwboard/messagesnew4/1687.
html을 볼 것. 같은 주소에서 1966, 1992, 1973, 22020, 1931, 1806, 1817,
2204, 1866, 2268, 1701, 1741, 1743, 1770, 1781, 1800, 1784, 1819, 1825,
1765도 볼 것. '독일군 교전 구역에서 종교 행사가 얼마나 드물었나'에 관한
논전 http://www.uwm.edu/-jpipes/wwwboard/messages/759.html
을 볼 것. 같은 논전의 829, 802, 796, 803, 800도 볼 것. '독일군의 동부전
선 손실 대 서부전선 손실'에 관한 논전, http://www.uwm.edu/-jpipes/
wwwboard/messagesnew4.30185.html을 볼 것. 같은 논전에서 30208,
30251과 http://www.uwm.edu/-jpipes/stats.html도 볼 것.

66. http://www.uwm.edu/-jpipes/wwwboard/welcome.html; http://
www.uwm.edu/jpipes/bios.html; http://www.uwm.edu/jpipes/
wwwboard/messagesnew2/5571.html; http://www.uwm.edu/-
jpipes/wwwboard/messagesnew2/4438.html; http://www.uwm.
edu/-jpipes/wwwboard/messagesnew2/4476.html.

67. http://www.uwm.edu/-jpipes/wwwboard/welcome.html; http://
www.uwm.edu/jpipes/bios.html; http://www.uwm.edu/jpipes/
wwwboard/messagesnew2/5571.html; http://www.uwm.edu/-
jpipes/wwwboard/messagesnew2/4438.html; http://www.uwm.
edu/-jpipes/wwwboard/messagesnew2/4476.html.

68. http://www.geocities.com/~orion47/. 이 웹사이트 주소는 아직도 방
문자를 업데이트된 사이트로 연결해준다. http://www.geocities.com/
orion47/author.html; http//www.axishistory.com/; http://www.
forces70.freeserve.co.uk/; http://home.inreach.com/rickylaw/
dictatorship/general/links.html; http://www.InsideTheWeb.com/

messageboard/mbs.cgi?acct=mb172947&MyNum=928549264&P=No
&=TL=928549264; http://www.panzerdiesel.com/eng/e340.html.

69. 주목할 만한 한 경우에, 참여자는 러시아인이었고 그의 할아버지들은 베를린
    으로 가는 내내 독일군과 싸웠던 사람이었다. 그 젊은이는 자기가 러시아 학교
    에 다니는 동안 접한 제2차 세계대전사의 이념적 성격을 불평했다. 공산주의
    체제에서 벗어나자 그는 이제 독일군의 투쟁과 경험을 파악하기 시작했다. 출
    처는 31273, 31251, 31311, 31330, 31277, 31234. 모든 논전에 관해서는 다
    음과 같은 인터넷 사이트, 각주를 볼 것. http://www.uwm.edu/~jpipes/
    wwwboard/messagesnew4/31191.html, 그리고 31556, 31554, 31458,
    31417, 31448, 31408, 31330, 31327, 31321, 31311, 31307, 31299, 31298,
    31278, 31277, 31272, 31251, 31217, 31214, 31193, 31233, 31215, 31298,
    31225, 31195, 31226, 31273, 31232, 31234, 31252, 31276, 31312. 대화가
    분류되는 논전 제목은 「궁금했는데, 모두 다 처음에 어떻게 독일국방군에 흥미
    를 품게 되었는가」다. 2000년 4월 17일 월요일.

70. http://www.uwm.edu/~jpipes/wwwboard/messagenne4/31191.html;
    각주 31215, 31225, 31266, 21232, 31234, 31252, 31276, 31307, 31278,
    31272. 얄궂게도, 에드워드 데이비스가 동부전선에 접한 바로 그 첫 만남은
    카렐의 『히틀러가 동쪽으로 움직이다』가 출간된 지 몇 주 안에 그 책의 밴텀
    출판사 1965년판을 사면서 찾아왔다. 그 책값이 1.25달러로 싼 편이었고 예
    민한 교육 체계의 결과로 러시아가 제2차 세계대전에 참여했다는 것을 몰랐던
    탓에 필자 데이비스는 그 책을 샀고 그다음 35년에 걸쳐 전쟁게임 수백 개와
    더불어 동부전선에 관한 책을 수백 권 더 사게 되었다! 분명히 그 책은 언급된
    토론에 참여한 이들 가운데 많은 사람이 기록한 것과 동일한 영향을 끼쳤다.

71. http://www.uwm.edu/~jpipes/wwwboard/messagenne4/31191.html;
    각주 31193, 31233, 31215, 31298, 31225, 31266, 31232, 31234, 31252,
    31276, 31417, 31327, 31397, 31298, 31278, 31272, 31251.

72. http://www.uwm.edu/~jpipes/wwwboard/messagenne4/31191.html;
    31214, 31208, 31226, 31234, 31485, 31330, 31272, 31251.

73. http://www.uwm.edu/~jpipes/wwwboard/messagenne4/31191.html;
    각주 31566, 31327, 31311, 31226, 31448, 31311. 참상이라는 낱말로 필자
    들은 동방의 모든 민족을 재편하고 제거한다는 나치의 목표를 지칭한다. 전쟁
    이 시작될 때, 독일군의 지휘관과 군인은 서방에서 전투와 대(對)민간인 관계

를 좌우하는 전쟁 수칙에 관한 히틀러의 명령을 잘 알고 있었다. 이 수칙은 히틀러의 생존공간(Lebensraum)*으로 오랫동안 설정되었던 지역인 동방에서는 효력을 지니지 못할 터였다. 모든 민족이 감축되거나 예속되거나 제거될 터였다. 분명히, 전투의 치열성과 더불어 민간인과 전쟁포로의 대우는 이 잔인한 전구에서는 전쟁 수칙이 기껏해야 각주 하나임을 생생히 보여주었다. Omer Bartov, *The Barbarisation of War on the Eastern Front, 1941-1945* (New York, St. Martin's Press, 1986)을 볼 것.

제8장 독소전쟁을 낭만무협화하기: 역사재연동호인과 '~더라면 어떠했을까 식 역사'

1. 제2차 세계대전 역사재연동호활동 단체들을 특집으로 다루는 일반 웹사이트로는 "World War II, Reenactment & Historical Links", http://www.anderfront.com/cuslinks.htm을 볼 것. 또한 이 사이트에는 역사재연동호활동 행사 달력, '각종 역사재연동호활동 관련 사이트', '각종 군사사 사이트', '군장수집품의 출처와 책', '역사재연동호활동 협회' 주소로 가는 링크가 죽 나열되어 있다. 13개는 미국 안에, 2개는 영국에 있다. aol.com 검색엔신에 독일국방군, 동부전선, 제2차 세계대전을 입력하니 12개 사이트가 나타났다. 이 사이트들은 「제2차 세계대전 역사재연동호활동/역사 링크(World War Two Reenactment/History Links)」부터 「군사 서적 온라인(Military Books Online)」까지 다양했다. 표제마다 이메일 주소가 있다. 주의의 말 한 마디. 「진실과 기억에 대한 공격: 맥락 속의 홀로코스트 부정론-1부」 같은 몇몇 사이트는 읽는 이의 비위를 건드릴지 모른다. 또한 관련된 추가 사이트를 찾아 "이 같은 것을 내게 더 보여달라"는 표시를 클릭할 수 있다. 넷스케이프(Netscape)는 무수한 다른 사이트를 더 많이 찾아준다. 게다가 구글(Google) 같은 넷스케이프의 다른 검색엔진을 사용하면 이 주제에 관한 더 다양한 사이트가 나타난다. 역사재연동호활동의 역사에 관한 자료로는 "1SS Leibstandarte", http://www.lssah.com/unit%20hist.html; "World War 2 Reenacting", http://www.reenactor.net/main.htmls/ww2.html와 "World War 2 Reenacting: Parent Organization", http://www.reenactor.net/WW2/ww2_orgs.html을 볼 것. 2006년 1월 현재 점점 더 정교해지는 역사재연동

---

* 독일이 동쪽으로 팽창해서 독일인의 정착지로 삼고자 한 동유럽과 러시아의 영토.

호활동에 관해서는 역사재연동호활동 입문 구실을 하는 웹사이트들 http://
ww2reenactors.proboards35.com/의 다섯 쪽을 볼 것. 수집가의 무
장친위대 군장기념품 안내서로는 Robin Lumsden, *Collector's Guide to
the Waffen-SS* (Hersham, Surrey, Ian Allan Publishing, Ltd., 2000);
Lumsden, *A Collector's Guide to the Allgemeine-SS* (Hersham, Surrey,
Ian Allan Publishing, Ltd., 2002); Lumsden, *A Collector's Guide to the
Third Reich Militaria* (Hersham, Surrey, Ian Allen Publishing, 2000);
Lumsden, *A Collector's Guide to the Third Reich Militaria: Detecting the
Fakes* (Hersham, Surrey, U.K., Ian Allen Publishing, 2001); Chris Ellis,
*A Collector's Guide to the History and Uniforms of Das Heer: The German
Army 1933-45* (Hersham, Surrey, U.K., Ian Allen Publishing, 1993)을
볼 것.

2. Jenny Thompson, *War Games: Inside the World of Twentieth-Century
War Reeanctors* (Washington, DC, Smithsonian Books, 2004), pp.
36~37, 44~46.

3. "1SS Leibstandarte", http://www.lssah.com/unit%20hist.html; "World
War 2 Re-enacting: Parent Organization", http://www.reenactor.
net/WW2/ww2_orgs.html; "World War 2 Re-enacting", http://www.
reenactor.net/main.htmls/ww2.html을 볼 것. 제니 톰슨은 주로 남자인
6천여 명이 20세기 역사재연동호활동단에 속한다고 추산한다. Thompson,
War Games, p. xiv를 볼 것. 대부분이 미국내전 그룹에서 충원된 20세기 역
사재연동호인에 관해서는 Thompson, *War Games*, p. 63을 볼 것.

4. http://www.1saah.com/komm.html; "1SS Leibstandarte", http://www.
lssah.com/unit%20hist.html; "World War 2 Re-enacting: Parent
Organization", http://www.reenactor.net/WW2/ww2_orgs.html,
"World War 2 Reenacting", http://www. reenactor.net/main.htmld/
ww2.html.

5. "1SS Leibstandarte", http://www.lssah.com/unit%20hist.html; "World
War 2 Reenacting", http://www.reenactor.net/main.htmls/ww2.
html; "World War 2 Reenacting: Parent Organization", http://www.
reenactor.net/WW2/ww2_orgs.html을 볼 것.

6. "1SS Leibstandarte", http://www.lssah.com/unit%20hist.html; "World

War 2 Re-enacting: Parent Organization", http://www.reenactor.net/
WW2/ww2_orgs.html, "World War 2 Reenacting", http://www.
reenactor.net/main.htmls/ww2.html을 볼 것.

7. *1SS Leibstandarte*, http://www.lssah.com/unit%20hist.html; "World
War II, Reenactment & Historical Links", http://www.anderfront.
com/enslinks.htm; http://www.lssah.com/news.html; http://www.
lssah.com/batt.html. 인터넷의 영향에 관해서는 Thompson, *War Games*,
p. 61을 볼 것. http://www.lssah.com을 볼 것.

8. http://www.lssah.com/kt2.html; http://lssah.com/batt.html. 박진성이
제1SS라이프슈탄다르테를 지배했다. 이 강조에 관해서는 역사재연동호인의
'모사'나 그의 군복, 장비, 무기, 1940년대 독일군 복장의 모든 장구를 논의하
는 "Die SS Soldat", http://www.lssah.com/SS%20soldat.html을 볼 것.

9. http://www.geocities.com/ww2_links/axis.html; "World War II,
Reenactment & Historical Links", http://www.anderfront.com/
enslinks.htm.

10. 북서부역사협회(Northwest Historical Association)와 캘리포니아역사
단(California Historical Group) 같은 단체에 관해서는 http://www.
reenactor.net/WW2/ww2_orgs.html; "World War II, Reenactment &
Historical Links", http://www.anderfront.com/enslinks.htm을 볼 것.
텍사스 군사사협회에 관해서는 http://www.io.com/-tog/tmhs.html을 볼
것. 2006년까지, 역사재연동호활동단이 뉴질랜드부터 유럽까지 세계 곳곳에
서 나타났다. "WW II Reenactor's Nexus", http://geocities.com/ww2
links/societies.html을 볼 것. 역사재연동호인은 전쟁기념품 수집가인 경우
가 잦다. Thompson, War Games, p. xv를 볼 것. 또한 긴 역사재연동호인
용어 목록으로는 pp. 289~295을 볼 것. 청동기 시대와 철기 시대부터 현재까
지 모든 역사재연동호활동 영역을 망라하는 사이트로는 "Reenactors World
Plus", http://www.reenactorsworldplus.com을 볼 것. 당신을 폭넓은 자
원에 접근하게 해주는 이 사이트에서 무료 이메일 계정을 열 수 있다. 제작
업체의 예로는 http://users.jnlk.com/militaria/을 볼 것. 장비 사진으로는
http://users.jnlk.com/militaria/pictures.html을 볼 것. 일련의 다양한 역
사재연동호인용 물품으로는 http://users.jnlk.com/militaria/whatsnew.
html을 볼 것. 다양한 제작업체와 공급업체의 광고로는 http://lssah.com/

waffen.html을 볼 것. 최초의 역사재연동호활동 연례 회합의 언급으로는 "NEWS", http://members.aol.com/soldaten/main.htm와 http://www.reenactorfest.com/을 볼 것.

11. Thompson, *War Games*, pp. 7~8, 10, 26, 38, 48, 51. 62~63, 77, 79, 84.

12. Thompson, *War Games*, pp. 26~27.

13. Thompson, *War Games*, pp. 50~51, 56~59, 68, 72, 87. 독일군 역사재연동호활동이 자아내는 적대감에 관한 언급으로는 Thompson, *War Games*, pp. 114, 125을 볼 것.

14. Thompson, *War Games*, p. 58. 나는 만찬으로 그들이 독일군을 재연하고 기념하는 일을 축하할 기회가 생긴다고 추정한다. 의심할 여지없이, 그들은, 그리고 이들은 거의 언제나 남자인데, 그 만찬 모임으로 큰 즐거움도 얻는다. 또한 제니 톰슨은 역사재연동호인들이 역사재연동호활동이 괴상하다는 견해를 잘 알며 몇몇 사람은 역사재연동호활동이 별나다는 자기 느낌을 인정하기까지 한다고 쓴다. 대개 이 사람들은 자기가 "오해받"고 있다고 믿는다. Thompson, *War Games*, p. 59, 134을 볼 것.

15. Thompson, *War Games*, pp. xx~xxi, 96~97.

16. "Homepage", http://members.xoomco./Falcon.Div/.

17. http://freehosting2.at.webjump.com/02e743cb6/a1/w2hpg/index2.html. 이 그룹은 2000년에 본부를 팬실베이니아주 벤세일럼에 두었다. http://freehosting2.at.webjump.com/02e743106/a1/w2hpg/officers.html을 볼 것.

18. "World War II Reenacting: The Parent Organization", http://www.reenactor.net/WW2/ww2 orgs.html. 또한 http://www.io.com/-tog/tmhs.html을 볼 것.

19. Thompson, *War Games*, pp. 104, 108~109.

20. Thompson, *War Games*, pp. 109~111.

21. Thompson, *War Games*, pp. 2~3, 14, 88, 145, 150~151, 164~165, 172~173.

22. "*Waffen-SS* Ranks", http://www.1ssah.com/ranks.html. 역사재연동호활동 행사를 해서 얻는 보상에 관해서는 "Unit Awards and Decorations", http://www.1ssah.com/awards.html을 볼 것.

23. "Rank, Military Courtesy and Organizaion of the Army, *Dienstgrad*

and Gliederung des Heeres", http://www.reenactor.net/WW2/articles/ger-rank.html.

24. "Vehicles of the LAH", http://www.lssah.com/vehicles.html; http://www.lssah.com/field2.html.htm; http://www.1ssah.com/panzerkampfwagen.381.htm; http://www.1ssah.com/truck.kubel.222.html.

25. "Weapons of the LAH", http://www.lssah.com/LAH%20weapons.html.

26. "German Re-enactor's Appearance", http://www.reenactor.net/WW2/articles/_appearance_grm.html; "Appearance Standards", http://www.reencator.net/WW2/articles/WW2_appear_main.html; "Frundsberg Uniform Requirement", http://members.xoom.com/FalconDiv/.

27. "German Re-enactor's Apperance", http://www.reenactor.net/WW2/articles/apperance_grm.html; "Apperances Standards", http://www.reenactor.net/WW2/articles/WW2_appear_main.html; "Frundsberg Uniform Requirment", http://members.xoom.com/FalcoDiv/. Thompson, *War Games*, pp. 210~213도 볼 것.

28 "German Reenactor's Appearance", http://www.reenactor.net/WW2/articles/appearance_grm.html; "Appearance Standards", http://www.reencator.net/WW2/articles/WW2_appear_main.html; "Frundsberg Uniform Requirement", http://members.xoom.com/FalconDiv/.

29. "Re-enactor Items and Collector Reference Books For Sale", http://www.vvm.com/~histpart/books.htm.

30. "W2HPG: Authenticity Guidelines", http://freehosting2.at.webjump.com/3a69490ee/a1/w2hpg/ger1_auth_regs.html와 "W2HPG: Authenticity Guidelines", http://freehosting2.at.webjump.com/3a69490ee/allW2hpg/authen.html.

31. http://www.reenactor.net/WW2/ww2_read.html.

32. "Der Rekrut", http://www.reenactor.net/WW2/rekrut.htm; "World War II", http://www.reenactor.net/main.htmls/ww2.html. http://members.aol.com/soldaten/rekrut.htm.

33. "So You Want to Be a German Soldier", http://www.lssah.com/art1.

html.

34. 같은 글.

35. "Die Grundausbildung", http://www.lssah.com/art2.html.

36. "Advanced Impression", http://www.lssah.com/taylor.html.

37. Thompson, *War Games*, pp. 66~67, 212~217. "Farbs You Find Everywhere"을 볼 것. Tony Horwitz, *Confederates in the Attic: Dispatches from the Unfinished Civil War* (New York, Pantheon Books, 1998), pp. 10~11도 볼 것. "The Definition of FARB", http://www.reenactors.net/WW2/articles/on farbs.html도 볼 것. 2006년 역사재연동호인용 행사 달력으로는 http://www.lssah.com/events.html을 볼 것.

38. Thompson, *War Games*, pp. 10, 72~73.

39. "Readings", http://www.reenactor.net/WW2/ww2_read.html.

40. 같은 글.

41. 같은 글.

42. R. H. S. Stolfi, *Hitler's Panzers East: World War II Reinterpreted* (Norman, University of Oklahoma Press, 1991), 책 겉장, 차례가 실린 쪽의 맞은편 쪽. 이 대체 설명들 가운데 몇몇의 목록으로는 http://www.amazon.co.uk/exec/obidos/ASIN/1853674923/infoline0F-21/202-5682923-6367861 을 볼 것. 이 사이트는 제2차 세계대전을 다루는 저작을 아홉 권쯤 열거한다. 이것들은 독일이 승리하는, 또는 승리에 훨씬 더 가까이 다가서는 방법에 관한 설명을 하면서 몇 가지 계책을 쓴다. 에드워드 쿠퍼(A. Edward Cooper) 는 자기 저서 *The Trumph of the Third Reich* (n.p., Agerka Books, 1999) 에서 원자폭탄을 개발할 역량을 독일에 부여하는데, 이 폭탄이 노르망디에서 연합군에게, 그리고 동부에서 러시아군에게 사용된다. 그 해설에서는 불만을 품은 장교들이 히틀러를 모살하고 그를 에르빈 롬멜 육군 원수로 대체하며 훌륭한 장교인 롬멜이 독일 국가의 통치권을 넘겨받는다. David Downing, *The Moscow Option: An Alternative Second World War* (London, Military Book Club, 1979)에서는 히틀러가 잘못 계획된 비행기 착륙 탓에 다쳐서 몸이 쇠약해진다. 히틀러는 바르바로사 작전이 개시될 때 지도자 직위를 맡을 수 없었고 전역 지휘는 전문적인 군부의 손에 들어갔다. 히틀러의 간섭이 없으므로 육군 원수들이 독일군을 이끌고 모스크바로 들어가서 이긴다. 그러나 끝에 가서 독일은 미국과 영국의 손에 패한다.

43. 각주 1에 있는 인용문과 논의를 볼 것.

44. Maj. Gen. F. W. von Mellenthin, *Panzer Battles: A Study of the Employment of Armor in the Second World War* (New York, Ballantine Book, 1971).

45. 계획 수립에 관해서는 Stolfi, *Hitler's Panzers East*, pp. 15~19을 볼 것. 또한 전술에 관해서는 pp. 107~117을 볼 것.

46. 자원에 관해서는 Stolfi, *Hitler's Panzers East*, pp. 15~19을 볼 것.

47. 책 제목이 적힌 페이지 맞은편에 있는 사진 두 장은 독일군에서 창의성과 역동성이 맡은 역할을 강조한다. 한 사진은 독일군이 쳐부순 러시아 KV-1 전차* 한 대를 보여준다. KV-1은 독일군과 마주쳤을 때 독일군을 놀라게 한 전차였다. 다른 사진은 독일의 대공포 한 문, 즉 독일군이 개장해서 대(對)전차포로 사용한 그 유명한 88밀리미터 포에 초점을 맞춘다. 88밀리미터 포는 각급 수준의 창의성에 극도로 좌우되기도 한 독일군 병기의 융통성을 보여주었다.

48. Stolfi, *Hitler's Panzers East*, pp. 82~83. 전반적 논의는 pp. 77~87을 볼 것.

49. 같은 글, pp. ix~xiii, 9~12, 26~32, 41~45.

50. 러시아에서 벌어지는 전쟁은 "보통 전쟁이 아니었다. 러시아의 유대인-볼셰비키와 몽골계 주민을 맞선 전쟁이기 때문"임을 되풀이하는 명령에 관해서는 Omer Bartov, *The Eastern Front, 1941-45: German Troops and the Barbarisation of Warfare* (New York, St. Martin's Press, 1986), 제4장 「야만성과 범죄성(Barbarism and Criminality)」과 p. 99을 볼 것. Bartov, *Hitler's Army: Soldiers, Nazis and War in the Third Reich* (New York, Oxford University Press, 1992)도 볼 것. 동부전선의 특징이 된 야만성에 관한 논의로는 제3장 「규율의 왜곡(Perversions of Discipline)」을 볼 것.

51. 회고록에서 그 장교들은 그 같은 명령이 내려졌을지라도 그 명령에 순순히 따른 이는 거의 없었다고 단언했다. 예를 들어, General Heinz Guderian, *Panzer Leader*, second edition (Cambridge, MA, Da Capo Press, 2002), p. 152; Field Marshal Erich von Manstein, *Lost Victories* (Novato, California, Presidio, 1982), pp. 179~180을 볼 것.

---

* 소련이 1939년에 개발해서 1943년까지 생산한 중(重)전차. 당시 국방장관이었던 클리멘트 보로실로프의 이름 머리글자를 따서 KV-1라는 이름이 붙여졌다.

52. Gerhard L. Weinberg, *A World at Arms: A Global Hisotry of World War II* (New York: Cambridge University Press, 1994), pp. 265~267.

53. Gerhard L. Weinberg, *A World at Arms: A Global Hisotry of World War II* (New York, 1994), pp. 188~193, 266~267.

54. 같은 글, pp. 268~269.

55. Stolfi, *Hitler's Panzers East*, p. 51 그가 잔학 행위를 논한 사례로는 pp. 80, 90~92도 볼 것.

56. 잔학 행위와 정치지도위원의 역할에 관한 논의로는 *Ibid*, pp. 85~96.

57. 만슈타인과 구데리안에 관한 앞의 여러 장을 볼 것.

58. Stolfi, *Hitler's Panzers East*, pp. 48~55, 77~78, 113, 115, 119~121. 스톨피는 "냉철하고 총명하다"며 만슈타인을 칭찬하지만 만슈타인이 1941년 7월에 북부전선에서 취한 행동과 그의 쿠르스크 전투계획을 비판하기도 한다. pp. 48~55.

59. Stolfi, *Hitler's Panzers East*, pp. 85~96. Mellenthin, *Panzer Battles*, p. 244. 주코프의 술버릇에 관한 서술로는 p. 233을 볼 것. Paul Carell, *Hitler Moves East 1941-1943* (New York, Bantam Books, 1967), pp. 105~106. 러시아 군인에 관한 만슈타인의 서술로는 Manstein, *Lost Victories*, pp. 180~181을 볼 것.

60. Omer Bartov, *Hitler's Army: Soldiers, Nazis and War in the Third Reich* (New York, Oxford University Press, 1991), p. 83. 전쟁포로 대우의 전반적 논의로는 pp. 61, 69, 71~72, 75, 83~85, 154~155도 볼 것. Omer Bartov, *The Eastern Front, 1941-45: German Troops and the Barbarisation of Warfare*, p. 107도 볼 것. 전반적 논의로 pp. 107~119, 129, 152~154도 볼 것.

61. Stolfi, *Hitler's Panzers East*, pp. 67~71. 사실상, 스톨피는 증거를 거의 이용하지 않고 단지 추정으로 주장을 한다. 수정주의자에 관한 서술로는 Gabriel Gorodetsky, *Grand Illusion: Stalin and the German Invasion of Russia* (New Haven, Conn., Yale University Press, 1999)의 서문과 이후의 분석을 볼 것. 이 생각을 시사하는 독일 장군들의 사례로는 Manstein, *Lost Victories*, p. 181을 볼 것.

62. *What If?*에 있는 글랜츠의 논문을 볼 것.

63. David M. Glantz & Samuel J. Newland, "Hitler's Attack on Russia", in Harold Dutsch & Dennis Showalter (eds.), *What If? Strategic*

Alternatives of World War II (Chigago, Ill., Emperor's Press, 1970), pp. 55~67. 뉴랜드가 맡은 부분인 "What if Hitler Had Striven to Make Allies of the Soviet Peoples"는 pp. 62~64에 있다.

64. "About the Authors", in *What If?*, pp. 270~272.

65. Newland, *What If*, pp. 62~64. 한 독일 동맹국 부대의 활동에 관한 친(親) 라트비아 서술의 사례로는 Arthur Silgailis, *The Latvian Legion* (San Jose, CA, R. James Bender Publishing, 1986)을 볼 것.

66. Newland, *What If*, pp. 62~64; "Foreign Volunteers", http://www.axishistory.com/index.php?id=308, pp. 1~2, 9.

67 Newland, *What If*, pp. 62~64.

68. 같은 글.

69. "Foreign Volunteers", http://www.axishistory.com/index.php?in=308 과 "The RONA and Kaminsky Brigade", http://www.uwm.edu/-jpipes/kaminski.html, pp. 1~2.

맺음말

1. Helene Keyssar & Vladimir Pozner, *Remembering the War: A U.S.-Soviet Dialogue* (New York, Oxford University Press, 1990), p. xi.

2. http://soldat.com/

3. http://soldat.com/soldbucher.htm. 이것은 「졸다트 FHQ」 웹사이트의 일부다.

4. http://soldat.com/soldbucher.htm.

5. http://soldat.com/

6. www.worldwartworhs.org.

7. http://www.feldgrau.net/phpBB2/viewtopic.php?t+15126. 이 웹사이트에 있는 도서 목록에는 저자의 개인 출판물이지만 Amazon.com을 비롯해서 여러 곳에서 구할 수 있는 한스 슈미트의 『SS기갑척탄병: 제2차 세계대전의 실화(SS-Panzergrenadier: A True Story of World War II)』가 있다. 이 책은 저자가 연루된 전투의 서술로 시작한다. 그 전투에서 어린 독일인들이, 저자가 쓰는 대로, 거의 아이들이 미국 군인들과 맞붙었다. 슈미트는 그 전투와 그 여파를 극도의 잔학 행위로 서술한다. 명백히 이 서술은 독일군의 잔학 행위를 칠하는 데 쓴 것과 똑같은 붓으로 미국을 그려내려고 시도한다.

8. http://www.feldgrau.net/phpBB2/viewtopic.php?t=22.126, http://www.feldgrau.net/phpBB2/viewtopic.php?t=21490, http://www.feldgrau.net/phpBB2/viewtopic.php?t=17784, http://www.feldgrau.net/phpBB2/viewtopic.php?t=17999.

9. http://www.feldgrau.net/phpBB2/viewtopic.php?t 90&sid b10e4b129 c2571d 3dbfb 89627e190d7a.

10. Fritz Bartelmann, "Besieged Outside Stalingrad", *MHQ: The Quartely Journal of Militray History* (Winter 2003), pp. 30~33.

11. Interview by Ed MaCaul, "Tank Busting Stuka Pilot", *Military History* (August 2001), pp. 42~49.

12. McCaul, "Tank Busting Stuka Pilot", pp. 42~49.

13. Interview by Roger Steinway, "German Horse Soldier on the Eastern Front", *Military History* (January/February 2005), pp. 34~41.

14. 독일 군인의, 그리고 전쟁범죄에서 독일 군인이 한 역할의 준열한 분석으로는 Omer Bartov, *Hitler's Army: Soldiers, Nazis and War in the Third Reich* (New York, Oxford University Press, 1992)을 볼 것. 독일 학자들도 "결백한" 전쟁을 수행했다는 독일 장군들의 전후 주장을 한동안 논박했다. 학술적 비판은 1990년대에 독일에서 열린 「독일국방군의 범죄」 순회 전시회로 힘을 얻었다. 그러나 이 정보는 학술 차원에서 영어 출판물로 미국에 스며들기 시작했을 따름이며, 대중 차원에서는 아직까지는 전혀 표면화되지 않았다. Wolfram Wette, *The Wehrmacht: History, Myth, Reality* (Boston, Harvard University Press, 2006), 제6장을 볼 것.

참고문헌

자료보존소 사료

Bundesarchiv/Militärarchiv Freiburg

    N 252 Nachlass Blumentritt

    N 596 Nachlass Büschleb

    N 220 Nachlass Halder

    N 265 Nachlass Heinrici

    N 447 Nachlass Munzel

    N 422 Nachlass Röttiger

    N63 Nachlass Zeitzler

    MSg1/2454

Cornell Law Library

    William Donovan Papers

Herbert Hoover Presidential Library (HHPL)

    Truman Smith Papers

Hoover Institution Archives (HIA)

    Wedemeyer Collection

Institut für Zeitgeschichte, München

    ED 91 Nachlass Geyr

National Archives of the United States (NARA)

    CIA-RDP86B00269R000200010025-1

    CIA-RDP80B01676R002800230011-7

    CIA-RDP75-00001R000400410013-5

    M1270, Roll 6, Page 307

    RG 319, Box 71A, vol. 5, Folder 3. Seventh Army Interrogation Center, 26 July 1945; Box 71A, vol. 4, Folder 1 CIC agent report of 5 June, 1950.

Princeton University, Seeley G. Mudd Manuscript Library

    Wedemeyer Collection

Allen Dulles Papers
Staatsarchiv Nürnberg
    PS 3798 "Denkschrift der Generäle"
University of Notre Dame Archives (CSHU)
    George Shuster Papers

잡지와 신문

American Mercury
Chicago Tribune
Christian Century
Fortune
Liberty
Life
Look
Newsweek
Reader's Digest
Saturday Evening Post
Survey Graphic
New York Times
Time
Times Literary Supplement

논문과 저서

Abenheim, Donald, *Reforging the Iron Cross: The Search for Tradition in the West German Armed Forces* (Princeton, NJ, Princeton University Press, 1988).

Abzug, Robert, *Inside the Vicious Heart: Americans and the Liberation of Nazi Concentration Camps* (New York, Oxford University Press, 1985).

Angrick, Andrej, *Besatzungspolitik und Massenmord: Die Einsatzgruppe D in der südlichen Sowjetunion 1941–1943* (Hamburg, Hamburger Edition, 2003).

————, "Im Windschatten der 11. Armee: Die Einsatzgruppe D", in

Gerhard Paul & Klaus-Michael Mallmann (eds.), *Die Gestapo im Zweiten Weltkrieg: "Heimatfront" und besetzten Europa* (Darmstadt, Wissenschaftliche Buchgesellshaft, 2000).

Annon, Noel, *Changing Enemies: The Defeat and Regeneration of Germany* (New York, Norton, 1995).

Argersinger, Steven J., "Karl von Clausewitz: Analysis of FM 100-5", *Military Review*, vol. 66, No. 2 (February 1986).

Bajohr, Frank, *Parvenüs und Profiteure: Korruption in der NS-Zeit* (Frankfurt, S. Fischer, 2001).

Bartov, Omer, *Hitler's Army: Soldiers, Nazis and War in the Third Reich* (New York, Oxford University Press, 1992).

———, *The Eastern Front 1941-1945: The German Troops and the Barbarisation of Warfare* (New York, St. Martin's Press, 1986).

Bartelmann, Fritz, "Besieged Outside Stalingrad", *MHQ: The Quarterly Journal of Military History* (Winter 2003).

Basinger, Jeanne, *The World War II Combat Film: Anatomy of a Genre* (New York, Columbia University Press, 1986).

Beaumont, Roger A., "On the *Wehrmacht* Mystique", *Military Review*, vol. 66, No. 7 (July 1986).

———, "'Wehrmacht Mystique' Revisited", *Military Review*, vol. 70, No. 2 (February 1990).

Bendersky, Joseph, *The "Jewish Threat": Anti-Semitic Politics of the U.S. Army* (New York, Basic Books, 2000).

Benz, Wigbert, *Paul Carell: Ribbentrops Pressechef Paul Karl Schmidt vor und nach 1945* (Berlin, Wissenschaftlicher Verlag, 2005).

Berkhoff, Karel C., *Harvest of Despair: Life and Death in Ukraine under Nazi Rule* (Cambridge, Mass., Belknap Press of Harvard University Press, 2004).

Bidermann, Herbert, *In Deadly Combat: A German Soldier's Memoir of the Eastern Front* (Lawrence, University of Kansas Press, 2000).

Bird, Kai, *The Chairman: John J. McCloy and the Making of the American Establishment* (New York, Simon & Schuster, 1992).

Blight, David, *Race and Reunion: The Civil War in American Memory* (Boston, Mass., Belknap Press, 2001).

Bohn, Thomas W., *An Historical and Descriptive Analysis of the "Why We Fight" Series* (New York, Arno Press, 1977).

Boll, Bernd & Hans Safrian, "On the Way to Stalingrad: The 6th Army in 1941–42", in Hannes Heer & Klaus Naumann (eds.), *War of Extermination: The German Military in World War II* (New York & Oxford, Berghahn Books, 2000).

Bosch, William J., *Judgment on Nuremberg: American Attitudes toward the Major German War-crime Trials* (Chapel Hill, NC, University of North Carolina Press, 1970).

Bourke-White, Margaret, *Shooting the Russian War* (New York, Simon & Schuster, 1942).

Bower, Tom, *Blind Eye to Murder: Britain, America and the Purging of Nazi Germany–a Pledge Betrayed* (London, Andre Deutsch, 1981).

Bracher, K. D. (ed.), *Deutschland zwischen Krieg und Frieden* (Düsseldorf, Droste Verlag, 1991).

Browder, Dewey, *Americans in Post-World War Two Germany* (Lewiston, NY, Edwin Mellen, 1998).

Buchner, Alex, *The German Defensive Battles in the Eastern Front 1944* (Atglen, Pa., Schiffer Publishing Ltd., 1991).

Burdick, Charles, "Deutschland und die Entwicklung der amtlichen amerikanischen Militärgeschichtsforschung (1920–1960)", in K. D. Bracher (ed.), *Deutschland zwischen Krieg und Frieden* (Düsseldorf, Droste Verlag, 1991).

———, "Vom Schwert zur Feder: Deutsche Kriegsgefangene im Dienst der Vorbereitung der amerikanischen Kriegsgeschichtsschreibung über den Zweiten Weltkrieg. Die organisatorische Entwicklung der Operational History (German) Section", *Militärgeschichtliche Mitteilungen* 10 (1971).

Burleigh, Michael, *The Third Reich: A New History* (New York, Hill & Wang, 2000).

Buscher, Frank, *The U.S. War Crimes Trial Program, 1946–1955* (New York, Greenwood Press, 1989).

Carell, Paul, *Hitler Moves East 1941–1943* (New York, Bantam Books, 1967).

———, *Hitler Moves East 1941–1943* (New York, Bantam Books, 1965).

———, *Scorched Earth: Hitler Moves East* (New York, Ballantine, 1966).

Carlson, Verner R., "Portrait of a German General Staff Officer", *Military Review*, vol. 70, No. 4 (April 1990).

Carroll, Wallace, *We're in This with Russia* (Boston, Houghton Mifflin, 1942).

Chamberlin, William H., *The Russian Enigma* (New York, C. Scribner's Sons, 1943).

Chipman, N. P., *The Andersonville Prison Trial: The Trial of Captain Henry Wirz* (Birmingham, Ala., Notable Trials Library, 1990).

———, *The True Story of Andersonville Prison: A Defense of Major [sic] Henry Wirz* (reprinted Iberian Publ. Co., 1991).

Cooper, Edward, *The Triumph of the Third Reich* (Agerka Books, 1999, n.p.).

Creveld, Martin, "Die deutsche Wehrmacht: Eine militärische Beurteilung", in Rolf Dieter Müller & Hans-Erich Volkmann (eds.), *Die Wehrmacht: Mythos und Realität* (München, Oldenbourg, 1999).

———, *Fighting Power: Germans and U.S. Army Performance, 1939–1945* (Westport, Conn., Greenwood Books, 1982).

———, "On Learning from the Wehrmacht and Other Things" *Military Review*, vol. 68, No. 1 (January 1988).

Dershowitz, Alan, foreword to N. P. Chipman, *The Andersonville Prison Trial: The Trial of Captain Henry Wirz* (Birmingham, Ala., Notable Trials Library, 1990).

DePuy, William, Romie Brownlee & William Mullen, *Changing an Army: An Oral History of General William E. DePuy, USA Retired* (Carlisle Barracks, Pa. and Washington DC, U.S. Military Institute and Army Center of Military History, 1986).

Detwiler, Donald (ed.), *World War II German Military Studies: A Collection of 213 Special Reports on the Second World War Prepared by Former Officers of the Wehrmacht for the United States Army* (New York, Garland Publishing, 1979).

Deutsch, Harold & Dennis Showalter (eds.), *What If?: Strategic Alternatives of World War II* (Chicago, Ill., Emperor's Press, 1970).

Dirks, Carl & Karl-Heinz Janßen, *Der Krieg der Generäle: Hitler als Werkzeug der Wehrmacht* (Berlin, Propyläen, 1999).

Downing, David, *The Moscow Option: An Alternative Second World War* (London, Military Book Club, 1979).

DuPuy, T. N., *Generals Balck and von Mellenthin on Tactics: Implications for NATO Military Doctrine* (MacLean, Va., BDM Corporation, 1980).

———, *A Genius for War: The German Army and General Staff, 1807–1945* (Englewood Cliffs, NJ, Prentice-Hall, 1977).

Echevarria II, Antulio J., "Auftragstaktik: In Its Proper Perspective", *Military Review*, vol. 66, No. 10 (October 1986).

Ellis, Chris, *A Collector's Guide to the History and Uniforms of Das Heer: The German Army 1933–45* (Hersham, Surrey, UK, Ian Allen Publishing, 1993).

Ellis, John, *Brute Force* (New York, Viking, 1999).

Erickson, John, *The Road to Berlin: Continuing the History of Stalin's War with Germany* (Boulder, Colo., Westview Press, 1983).

———, *The Road to Stalingrad: Stalin's War with Germany*, volume 1 (New York, Harper & Row, Publishers, 1975).

———, *The Soviet High Command: A Military-Political History 1918–1941* (Boulder, Colo., Westview Press, 1984).

Förster, Jürgen, "Das Unternehmen Barbarossa als Eroberungs-und Vernichtungskrieg in Militärgeschichtliches Forschungsamt", in *Das Deutsche Reich und der Zweite Weltkrieg, vol. IV, Der Angriff auf die Sowietunion* (Stuttgart, DVA, 1999).

———, "Hitler als Kriegsherr", in S. Förster, M. Pöhlmann & D. Walter (eds.), *Kriegsherren in der Weltgeschichte: Von Xerxes bis Nixon* (München,

Münchener Dom-Verlag, 2006).

————, "Hitler Turns East-German War Policy in 1940 and 1941", in Bernd Wegner (ed.), *From Peace to War: Germany, Soviet Russia and the World, 1939–1941* (Providence, RI, Berghahn Books, 1997).

Förster, S., M. Pöhlmann & D. Walter (eds.), *Kriegsherren in der Weltgeschichte: Von Xerxes bis Nixon* (München, 2006).

Frei, Norbert, *Vergangenheitspolitik: Die Anfänge der Bundesrepublik und die NS-Vergangenheit* (München, C. H. Beck, 1996).

Friedrich, Jörg, *Das Gesetz des Krieges: Das deutsche Heer in Russland 1941 bis 1945. Der Prozess gegen das Oberkommando der Wehrmacht* (München, Piper, 1993).

Fugate, Bryan, *Operation Barbarossa: Strategy and Tactics on the Eastern Front, 1941* (Novato, Calif., Presidio Press, 1984).

Fyne, Robert, *The Hollywood Propaganda of World War II* (Metuchen, NJ, & London, The Scarecrow Press, Inc., 1994).

Gabriel, Richard A. & Paul Savage, *Crisis in Command: The Mismanagement in the Army* (New York, Hill and Wang, 1978).

Gallagher, Gary W., *Lee and His Generals in War and Memory* (Baton Rouge, La., State University Press, 2000).

Glantz, David M. & Samuel J. Newland, "Hitler's Attack on Russia", in Harold Deutsch, Dennis Showalter & C. Deytsch (eds.), *What If?: Strategic Alternatives of World War II* (Chicago, Ill., Emperor's Press, 1970).

Goda, Norman, "Black Mark: Hitler's Bribery of His Senior Officers during World War Two", *Journal of Modern History* 72 (June 2000).

Gorodetsky, Gabriel, *Grand Illusion: Stalin and the German Invasion of Russia* (New Haven, Conn., Yale University Press, 1999).

Graebner, Walter, *Round Trip to Russia* (Philadelphia, Pa., J. B. Lippincott, 1943).

Greiner, Christian, "'Operational History (German) Section' und 'Naval Historical Team': Deutsches militärstrategisches Denken im Dienst der amerikanischen Streitkräfte von 1946 bis 1950", in Manfred

Messerschmidt et al. (eds.), *Militärgeschichte. Probleme-Thesen-Wege* (Stuttgart, Deutsche Verlags-Anstalt, 1982).

Guderian, Heinz, *Kann Westeuropa verteidigt werden?* (Göttingen, Plesse-Verlag, 1950).

──, *Panzer Leader* (Cambridge, Mass., Da Capo, 2002); 하인츠 구데리안 (김정오 옮김), 『기계화 부대장』(한원, 1990); 하인츠 구데리안 (이수영 옮김), 『구데리안: 한 군인의 회상』(이미지프레임, 2014).

Halder, Franz, *Hitler als Feldherr* (München, Münchener-Dom Verlag, 1949).

Hansen, Ernst Willi, et al. (eds.), *Politischer Wandel, organisierte Gewalt und nationale Sicherheit: Beiträge zur neueren Geschichte Deutschlands und Frankreich* (München, R. Oldenbourg, 1995).

Harris, Whitney, *Tyranny on Trial: The Evidence at Nuremberg* (Dallas, Tex., Southern Methodist University Press, 1954).

Hart, B. H. Liddell, *The German Generals Talk* (New York, William Morrow & Co., 1948); 바실 리델 하트 (강창구 옮김), 『히틀러와 국방군』 (병학사, 1979).

Hartmann, Christian, *Halder: Generalstabschef Hitlers 1938-1942* (Paderborn, Ferdinand Schöningh, 1991).

Hass, Gerhard, "Zum Russlandbild der SS", in Hans-Erich Volkmann (ed.), *Das Russlandbild im Dritten Reich* (Köln, Weimar, Böhlau Verlag, 1994).

Hassel, Sven, *Comrades of War*, trans. Maurice Michael (London, Cassells, 2005).

──, *Wheels of Terror*, trans. I. O'Hanlon (London, Cassells, 2003).

──, *SS General*, trans. Jean Ure (London, Cassells, 2003).

──, *The Legion of the Damned*, trans. Maurice Michael (London, Cassells, 2003).

Haupt, Werner, *Army Group Center: The Wehrmacht in Russia, 1941-1945* (Atglen, Pa., Schiffer Publishing Ltd., 1997).

──, *Army Group North: The Wehrmacht in Russia, 1941-1945* (Atglen, Pa., Schiffer Publishing Ltd., 1997).

―――, *Army Group South: The Wehrmacht in Russia, 1941-1945* (Atglen, Pa., Schiffer Publishing Ltd., 1998).

Hechler, Kenneth, "The Enemy Side of the Hill: The 1945 Background Wehrmacht on Interrogation of German Commanders", in Donald Detwiler (ed.), *World War II German Military Studies: A Collection of 213 Special Reports on the Second World War Rrepared by Former Officers of the Wehrmacht for the United States Army* (New York, Garland Publishing, 1979).

Heer, Hannes & Klaus Naumann (eds.), *Vernichtungskrieg: The German Military in World War II* (New York, Oxford, Berghahn Books, 2000).

―――, *War of Extermination: The German Military in World War II* (New York, Oxford, Berghahn Books, 2000).

Heiber, Helmuth & Peter Glantz (eds.), *Hitler and His Generals: Military Conferences 1942-1945* (New York, Enigma Books, 2003).

Herbert, Ulrich, *Hitler's Foreign Workers: Enforced Foreign Labor in Germany under the Third Reich* (Cambridge, Cambridge University Press, 1997).

Herring Jr., George C., *Aid to Russia 1941-1946: Strategy, Diplomacy and the Origins of the Cold War* (New York, Columbia University Press, 1973).

Heuer, Uwe, *Reichswehr-Wehrmacht-Bundeswehr: Zum Image deutscher Streitkräfte in den Vereinigten Staaten von Amerika. Kontinuität und Wandel im Urteil amerikanischer Experten* (Frankfurt, Peter Lang, 1990).

Higgins, George A., "German and US Operational Art: A Contrast in Maneuver", *Military Review*, vol. 65, No. 10 (October 1985).

Hillgruber, Andreas, "Das Russlandbild der führenden deutschen Militärs vor Beginn des Angriffs auf die Sowietunion", in Hans-Erich Volkmann (ed.), *Das Russlandbild im Dritten Reich* (Köln, Weimar, Böhlau Verlag, 1994).

Hindus, Maurice, *Mother Russia* (Garden City, NY, Garden City Publishing, 1942).

Hixson, Walter S., *Parting the Curtain: Propaganda, Culture, and the Cold War, 1945-1961* (New York, St. Martin's Press, 1997).

Horwitz, Tony, *Confederates in the Attic. Dispatches from the Unfinished Civil War* (New York, Pantheon Books, 1998).

Hürter, Johannes, "Die Wehrmacht vor Leningrad: Krieg und Besatzungspolitik der 18. Armee im Herbst und Winter 1941/42", *Vierteljahrshefte für Zeitgeschichte*, vol. 49 (2001).

Hughes, Daniel J., "Abuses of German Military History", *Military Review*, vol. 66, No. 12 (December 1986).

Ihme-Tuchel, Beate, "Fall 7: Der Prozess gegen die 'Südost-Generale' (gegen Wilhelm List und andere)", in Gerd Ueberschär (ed.), *Nationalsozialismus vor Gericht: Die allierten Prozesse gegen Kriegsverbrecher und Soldaten, 1943-1952* (Frankfurt, Fischer Verlag, 1999).

Jurado, Carlos Caballero, *Breaking the Chains* (Halifax, West Yorkshire, UK, Shelf Books, 1998).

———, *Foreign Volunteers, 1941-45* (London, Osprey Publishing, 1985).

———, *Wehrmacht Auxiliary Forces* (London, Osprey Publishing, 1992).

Just, Günther, *Stuka-Pilot Hans-Ulrich Rudel: His Life Story in Words and Photographs* (West Chester, Pa., Schiffer, 1990).

Karpov, Vladimir, *Russia at War* (New York, Vendome Press, 1987).

Kerr, Walter, *The Russian Army: Its Men, Its Leaders and Its Battles* (New York, Garden City, 1942).

Kershaw, Ian, *Hitler 1889-1936: Hubris* (New York, W.W. Norton and Company, 2000); 이언 커쇼 (이희재 옮김), 『히틀러 1: 의지 1889~1936』 (교양인, 2010).

———, *Hitler 1936-1945: Nemesis* (New York, W.W. Norton and Company, 2000); 이언 커쇼 (이희재 옮김), 『히틀러 2: 몰락 1936~1945』(교양인, 2010).

Keyssar, Helene & Vladimir Pozner, *Remembering the War: A U.S.-Soviet Dialogue* (New York, Oxford University Press, 1990).

Knappe, Siegfried & Ted Brusaw, *Soldat: Reflections of a German Soldier,*

1936-1949 (New York, Orion Books, 1992).

Knopp, Guido, *Hitlers Krieger* (München, Bertelsmann, 2001).

Kopp, Roland, "Die Wehrmacht feiert: Kommanders-Reden zu Hitlers 50. Geburtstag am 20. April 1039", *Militärgeschichtliche Mitteilungen* 60 (2003).

Kort, Michael, *The Soviet Colossus: A History of the USSR* (New York, Charles Scribner's Sons, 1985).

Koschorrek, Günter K., *Blood Red Snow: The Memoirs of a German Soldier on the Eastern Front* (London, Greenhill Books, 2002).

Krammer, Arnold, "American Treatment of German Generals during World War II", *Journal of Military History*, 54 (January 1990).

Krause, Michael D., "Moltke and the Origins of Operational Art", *Military Review* 70 (September 1990).

Krausnick, Helmuth, "Kommissarbefehl", *Vierteljahreshefte für Zeitgeschichte*, 25 (1977).

Kroener, Bernard, "The 'Frozen Blitzkrieg': German Strategic Planning against the Soviet Union and the Causes of Its Failure", in Bernd Wegner (ed.), *From Peace to War: Germany, Soviet Russia and the World, 1939-1941* (Providence, RI, Berghahn Books, 1997).

Kunz, Norbert, *Die Krim unter deutscher Herrschaft 1941-1944: Germanisierungsutopie und Besatzungsrealtität* (Darmstadt, Wissenschaftliche Buchgesellschaft, 2005).

Kurowski, Franz, *Brandenburg Commandos: Germany's Elite Warrior Spies in WWII* (Mechanicsburg, Pa., Stackpole Books, 2004).

————, *Hitler's Last Battalion: The Final Battles for the Reich 1944-1945* (Atglen, Pa., Schiffer Publishing, 1998).

————, *Infantry Aces* (New York, Ballantine Books, 2002).

————, *Panzer Aces* (New York, Ballantine Books, 2002).

Landwehr, Richard, *Budapest: The Stalingrad of the Waffen-SS* (Brookings, Ore., Siegrunen, 1999).

————, *Fighting for Freedom: The Ukrainian Volunteer Division of the Waffen-SS* (Silver Spring, Md., Bibliophile Legion Books, 1985); 3rd edition in

1993.

―――, *Romanian Volunteers of the Waffen-SS 1944-45* (Silver Spring, MD, Bibliophile Legion Books, 1991).

―――, *Steadfast Hussars: The Last Cavalry Division of the Waffen-SS* (Brookings, Ore., Siegrunen, 1997).

Large, David Clay, *Germans to the Front: West German Rearmament in the Adenauer Era* (Chapel Hill, University of North Carolina Press, 1996).

Lauterbach, Richard, *These Are the Russians* (New York, Harper, 1944).

Levering, Ralph, *American Public Opinion and the Russian Alliance, 1939-1945* (Chapel Hill, The University of North Carolina Press, 1976).

Lissance, Arnold (ed.), *The Halder Diaries: The Private War Journals of Colonel General Franz Halder* (Boulder, Colo., Westview Press, 1976).

Lochner, Louis (ed., trans.), *The Goebbels Diaries* (New York, Eagle Books, 1948).

Lowenthal, David, *The Past Is a Foreign Country* (Cambridge, Cambridge University Press, 1985); 데이비드 로웬덜 (김종원·한명숙 옮김), 『과거는 낯선 나라다』(개마고원, 2006).

Lower, Wendy, *Nazi Empire-Building and the Holocaust in Ukraine* (Chapel Hill, The University of North Carolina Press, 2005).

Lucas, James, *Das Reich: The Military Role of 2nd S Division* (London, Arms and Armor Press, 1991).

―――, *Hitler's Commanders: German Bravery in the Field 1939-1945* (London, Cassell & Co., 2000).

―――, *The Last Year of the German Army, May 1944-May 1945* (London, Arms and Armor, 1994).

―――, *War on the Eastern Front: The German Soldier in Russia, 1941-1945* (London, The Military Book Club, 1991).

Luck, Hans von, *Panzer Commander: The Memoirs of Colonel Hans von Luck* (New York, Dell, 1989).

Lumsden, Robin, *A Collector's Guide to the Allgemeine-SS* (Hersham, Surrey, Ian Allan Publishing, Ltd., 2002).

————, *A Collector's Guide to Third Reich Militaria* (Hersham, Surrey, Ian Allan Publishing, 2000).

————, *A Collector's Guide to the Third Reich Militaria: Detecting the Fakes* (Hersham, Surrey, UK, Ian Allen Publishing, 2001).

————, *Collector's Guide to the Waffen-SS* (Hersham, Surrey, Ian Allen Publishing, 2000).

Lutz, Catherine & Jane L. Collins, *Reading National Geographic* (Chicago, Ill., The University of Chicago Press, 1993).

MacPherson, Peter, "The Photographers of Barbarossa", *Military Historical Quarterly* 2 (Winter 1990), pp. 60~69.

Madej, Victor & Shelby Stanton, "The Smolensk Campaign 11 July–5 August 1941", *Strategy & Tactics* 57 (July–August 1976).

Magenheimer, Heinz, *Hitler's War: Germany's Key Strategic Decisions 1940–1945: Could Germany Have Won World War Two?* (London, Cassell, 1997).

Maginnis, John J., *Military Government Journal: Normandy to Berlin* (Cambridge, University of Massachusetts Press, 1971).

Mansoor, Peter R., "The Second Battle of Sedan May 1940", *Military Review*, vol. 68, No. 6 (Hune, 1988).

Manstein, Erich von, *Lost Victories: Hitler's Most Brilliant General* (St. Paul, Minn., Zenith Press, 2004); 폰 만슈타인 (정주용 옮김), 『잃어버린 승리: 만슈타인 회고록』(좋은땅, 2016).

Manvell, Roger, *Films and the Second World War* (New York, A.S. Barnes and Company, 1974).

Marrus, Michael, "History and the Holocaust in the Courtroom", in Ronald Smelser (ed.), *Lessons and Legacies: The Holocaust and Justice* (Evanston, Ill., Northwestern University Press, 2002).

McCaul, Ed, "Tank Busting Stuka Pilot", *Military History* (August 2001).

Megargee, Geoffrey, *Inside Hitler's High Command* (Lawrence, Kan., University of Kansas Press, 2000); 제프리 메가기 (김홍래 옮김), 『히틀러 최고사령부, 1933~1945년: 사상 최강의 군대 히틀러군의 신화와 진실』 (플래닛미디어, 2008).

——, *War of Annihilation: Combat and Genocide on the Eastern Front 1941* (Lanham, Md., Rowman & Littlefield, 2006).

Mellenthin, F. W von, *German Generals in World War II: As I Saw Them* (Norman, University of Oklahoma Press, 1977).

——, *Panzer Battles: A Study of the Employment of Armor in the Second World War* (New York, Ballantine Books, 1971); 폰 멜렌틴 (민평식 옮김), 『기갑전투』(병학사, 1986).

Mendelsohn, John, "War Crimes and Clemency", in Robert Wolfe (ed.), *Americans as Proconsuls: United States Military Government in Germany and Japan, 1944–1952* (Carbondale, Ill., Southern Illinois University Press, 1984).

Messerschmidt, Manfred, *Die Wehrmacht im NS-Staat: Zeit der Indok-trination* (Hamburg, R. V. Decker, 1969).

—— (eds), *Militärgeschichte: Probleme–Thesen–Wege* (Stuttgart, Deutsche Verlags Anstalt, 1982).

Meyer, Kurt, *Grenadiers: The Story of Waffen-SS General Kurt 'Panzer' Meyer* (Mechanicsburg, Pa., Stackpole Books, 2005).

Moeller, Susan D., *Shooting War: Photography and the American Experience of Combat* (New York, Basic Books, Inc., 1989).

Mitcham, Samuel W. Jr., *Hitler's Field Marshals and Their Battles* (Lanham, Md., Scarborough House, 1994).

Müller, Rolf-Dieter & Hans-Erich Volkmann (eds.), *Die Wehrmacht: Mythos und Realität* (München, Oldenbourg, 1999).

Munoz, Anthony J., *Forgotten Legions: Obscure Combat Formations of the Waffen-SS* (n.p., Axis Europa Books, 1991).

——, *Hitler's Eastern Legions*, vol. II: *The Osttruppen* (Bayside, NY, Axis Europa, Inc., 1997).

——, *Hitler's Green Army: The German Order of Police and Their European Auxiliaries 1933–1945*, vol. II: *Eastern Europe and the Balkans* (Bayside, NY, Europa Books, Inc., 2005).

——, *Hitler's Green Army: The German Order of Police and Their European Auxiliaries 1933–1945*, vol. I: *Western Europe and Scandinavia* (Bayside,

NY, Europa Books, Inc., 2005).

Naimark, Norman, *The Russians in Germany: A History of the Soviet Zone of Occupation, 1945–1949* (Cambridge, Mass., Harvard University Press, 1995).

Naumann, Klaus, "Godfathers of *Innere Führung?*: German-American Interaction during the Early Years of the Bundeswehr", 필자 소장 미간행 원고.

Nelson, Walter H., *Germany Rearmed* (New York, Simon & Schuster, 1972).

Orlow, Dietrich, *A History of Modern Germany, 1871 to Present*, fourth edition (Upper Saddle River, NJ, Prentice Hall, 1999).

Overy, Richard, *Russia's War: A History of the Soviet War Effort: 1941–1945* (Middlesex, Penguin, 1997); 리처드 오버리 (류한수 옮김), 『스탈린과 히틀러의 전쟁』(지식의풍경, 2003).

Paget, Reginald, *Manstein: His Campaigns and His Trial* (London, Collins, 1951).

Paul, Gerhard & Klaus-Michael Mallmann (eds.), *Die Gestapo im Zweiten Weltkrieg: "Heimatfront" und besetztes Europa* (Darmstadt, Wissenschaftliche Buchgesellshaft, 2000).

Petropoulos, Jonathan & John K. Roth (eds.), *Gray Zones: Ambiguity and Compromise in the Holocaust and Its Aftermath* (New York, Berghahn Books, 2005).

Phipps, Michael, "A Forgotten War", *Infantry* (November–December 1984).

Pickett, William B., "Eisenhower as a Student of Clausewitz", *Military Review* 65 (July 1985).

Pipes, Jason, "SLOVAKIA!: A History of the Slovak Units on the Eastern Front in WWII", *Axis Europa: The Journal of the Axis Forces 1939–1945* (Summer 1998).

Poliakov, Alexander, *The Russians Don't Surrender* (New York, E. P. Dutton, 1942).

Reardon, Carol, *Pickett's Charge in History and Memory* (Chapel Hill, The

North Carolina University Press, 1997).

Reuth, Ralf G., "Erwin Rommel-Die Propagandaschöpfung", in Ronald Smelser & Enrico Syring (eds.), *Die Militärelite des Dritten Reiches: 27 biographische Skizzen* (Berlin, Ullstein Verlag, 1995).

Rhodes, Richard, *Masters of Death: The SS-Einsatzgruppen and the Invention of the Holocaust* (New York, Alfred Knopf, 2002).

Rikmenspoel, Marc J., *Soldiers of the Waffen-SS: Many Nations, One Motto* (Winnipeg, Fedorowicz, 1999).

──, *Waffen-SS: The Encyclopedia* (New York, The Military Book Club, 2002).

Rippe, Stephen T., "Leadership, Firepower and Maneuver: The British and the Germans", *Military Review*, vol. 65, No. 10 (October 1985).

Roberts, Alexander B., "Core Values in a Quality Air Force: The Leadership Challenge", *Aerospace Power Journal* (Summer 1994), no page.

Rudel, Hans-Ulrich, *Stuka Pilot* (New York, Ballantine Bal-Hi printing, June, 1966).

Sadoff, Laurence R., "Hans von Seeckt: One Man Who Made a Difference", *Military Review* 67 (December 1987).

Scheiderbauer, Armin, *Adventures in My Youth: A German Soldier on the Eastern Front, 1941-1945* (West Midlands, England, Helion & Company, Ltd., 2003).

Schellenberg, Walter, *The Labyrinth: Memoirs of Walter Schellenberg* (New York, Harper, 1956).

Schoenbaum, David, "The Wehrmacht and G. I. Joe: Learning What from History?" *International Security* 8 (1983).

Schubert, Klaus von, *Wiederbewaffnung und Westintegration* (Stuttgart, DVA, 1970).

Schröders, Michael, "Erich von Mansteinein-ein unpolitischer Soldat?", Forum "Barbarossa": Beitrag 3-2004.

Schwartz, Thomas, *America's Germany: John J. McCloy and the Federal Republic of Germany* (Cambridge, Mass., Harvard University Press,

1991).

Schwendemann, Heinrich, "Strategie der Selbstvernichtung: Die Wehrmachtführung im 'Endkampf' um das 'Dritte Reich,'" in Rolf-Dieter Müller & Hans-Erich Volkmann (eds.), *Die Wehrmacht: Mythos und Realität* (München, Oldenbourg, 1999).

Silgailis, Arthur, *The Latvian Legion* (San Jose, CA, R. James Bender Publishing, 1986).

Scott, Glen L., "British and German Operational Styles in World War II", *Military Review*, vol. 65, No. 10 (October 1985).

Service, Robert, A History of Twentieth-Century Russia (Cambridge, Mass., Harvard University Press, 1997).

Sheperd, Ben, *War in the Wild East. The German Army and Soviet Partisans* (Cambridge, Mass., Harvard University Press, 2004).

Shils, Edward A. & Morris Janowitz, "Cohesion and Disintegration in the Wehrmacht in World War Two", *Public Opinion Quarterly* XII (1948).

Short, K. R. M. (ed.), *Film & Radio Propaganda in World War II* (Knoxville, The University of Tennessee Press, 1983).

Smelser, Ronald, "The Myth of the 'Clean' Wehrmacht in Cold War America", in Doris Bergen (ed.), *Lessons and Legacies* vol. VIII: *From Generation to Generation* (Evanston, Ill., Northwestern University Press, 2008).

—— (ed.), *Lessons and Legacies: The Holocaust and Justice* (Evanston, Ill., Northwestern University Press, 2002).

——, "The Holocaust in Popular Culture: Master-Narrative and Counter-Narrative in the Gray Zone", in Jonathan Petropoulos & John K. Roth (eds.), *Gray Zones: Ambiguity and Compromise in the Holocaust and Its Aftermath* (New York, Berghahn Books, 2005).

Smelser, Ronald & Enrico Syring (eds.), *Die Militärelite des Dritten Reiches: 27 biographische Skizzen* (Berlin, Ullstein Verlag, 1995).

Smith, Bradley, *Reaching Judgment at Nuremberg* (New York, New American Library, 1979).

Souter, Kevin, "To Stem the Red Tide: The German Report Series and Its Effect on American Defense Doctrine, 1948–1954", *Journal of Modern History* 57 (October 1993).

Stahlberg, Alexander, *Bounden Duty: The Memoirs of a German Officer, 1932–1945*, trans. Patricia Crampton (New York, Brassey, 1990).

Stein, Marcel, *Generalfeldmarschall Erich von Manstein: Kritische Betrachtung des Soldaten und Menschen* (Mainz, von Hase und Koehler, 2000).

Steinway, Roger, "German Horse Soldier on the Eastern Front", *Military History* (January-February 2005).

———, "Horse Soldier in Hitler's Army", *Military History* (February 2005).

Stolfi, R. H. S., *Hitler's Panzers East: World War II Reinterpreted* (Norman, University of Oklahoma Press, 1991).

———, *Nato under Attack: Why the Western Alliance Can Fight Outnumbered and Win in Central Europe without Nuclear Weapons* (Durham, NC, Duke University Press, 1984).

Streim, Alfred, "Saubere Wehrmacht?: Die Verfolgung von Kriegs-und NS-Verbrechen in der Bundesrepublik und der DDR", in Hannes Heer & Klaus Naumann (eds.), *Vernichtungskrieg: The German Military in World War II* (New York, Oxford, Berghahn Books, 2000).

Streit, Christian, "Die Kontroverse um die 'Wehrmachtausstellung'", *Aufbau*, No. 26, 24 December 1999.

———, *Keine Kameraden: Die Wehrmacht und die sowjetischen Kriegsgefangenen 1941-1945* (Bonn, Dietz, 1991).

Sydnor, Charles, *Soldiers of Destruction: The SS Death's Head Division, 1933–1945* (Princeton, NJ, Princeton University Press, 1977).

Syring, Enrico, "Erich von Manstein–das operative Genie", in Ronald Smelser & Enrico Syring (eds.), *Die Militärelite des Dritten Reiches: 27 biographische Skizzen* (Berlin, Ullstein, 1995).

Taylor, Telford, *The Anatomy of the Nuremberg Trials* (New York, Little, Brown and Co., 1992).

Thelen, David (ed.), *Memory and American History* (Bloomington, Indiana University Press, 1989).

Tiberi, Paul, "German versus Soviet Blitzkrieg", *Military Review*, vol. 65, No. 9 (September 1985).

Thompson, Jenny, *War Games: Inside the World of Twentieth-Century Reenactors* (Washington, DC, Smithsonian Books, 2004).

Toliver, Raymond F. & Trevor J. Constable, *The Blond Knight of Germany* (Blue Ridge Summit, Pa., Tab Aero, Division of McGraw Hill, 1970).

Ueberschär, Gerd (ed.), *Der Nationalsozialismus vor Gericht: Die allierten Prozesse gegen Kriegsverbrecher und Soldaten, 1943–1952* (Frankfurt, Fischer Verlag, 1999).

──, *Generaloberst Franz Halder: Generalstabschef, Gegner und Gefangener Hitlers* (Göttingen, Muster-Schmidt, 1991).

Ueberschär, Gerd & Winfried Vogel, *Dienen und Verdienen: Hitler's Geschenke an seine Eliten* (Frankfurt, S. Fischer, 1999).

Volkmann, Hans-Erich (ed.), *Das Russlandbild im Dritten Reich* (Köln, Weimar, Böhlau Verlag, 1994).

Wegner, Bernd, "Erschriebene Siege: Franz Halder, die 'Historical Division' und die Rekonstruktion des Zweiten Weltkrieges im Geiste des deutschen Generalstabes", in Ernst Willi Hansen et al. (eds.), *Politischer Wandel, organisierte Gewalt und nationale Sicherheit: Beiträge zur neueren Geschichte Deutschlands und Frankreich* (München, R. Oldenbourg, 1995).

── (ed.), *From Peace to War: Germany, Soviet Russia and the World, 1939–1941* (Providence, RI, Berghahn Books, 1997).

Weinberg, Gerhard L., *A World at Arms: A Global History of World War II* (New York, Cambridge University Press, 1994); 제러드 와인버그 (홍희범 옮김), 『2차세계대전사』 총 3권(길찾기, 2016).

──, *Germany, Hitler and World War Two: Essays in Modern German and World History* (Cambridge, Cambridge University Press, 1995).

Weingartner, James, *Crossroads of Death: The Story of the Malmedy Massacre and Trial* (Berkeley, University of California Press, 1979).

Werth, Alexander, *Russia at War* (New York, Dutton, 1965).

Wette, Wolfram, "Fall 12: Der OKW-Prozess (gegen Wilhelm Ritter von

List und andere)", in *Der Nationalsozialismus vor Gericht: Die allierten Prozesse gegen Kriegsverbrecher und Soldaten, 1943-1952* (Frankfurt, Fischer Verlag, 1999).

Wette, Wolfram, *The Wehrmacht: History, Myth, Reality*, trans. Lucas Schneider (Cambridge, Mass., Harvard University Press, 2006); 볼프람 베테 (김승렬 옮김), 『독일국방군: 2차 대전과 깨끗한 독일군의 신화』(미지북스, 2011).

Westermann, Edward B., *Hitler's Police Battalions: Enforcing Racial War in the East* (Lawrence, University Press of Kansas, 2005).

Wettig, Gerhard, *Entmilitarisierung und Wiederbewaffnung in Deutschland, 1943-1955: Internationale Auseinandersetzungen um die Rolle der Deutschen in Europa* (München, Oldenbourg, 1957).

Wieczynski, Joseph (ed.), *Operation Barbarossa: The German Attack on the Soviet Union, June 22, 1941* (Salt Lake City, Utah, C. Schlacks, 1993).

Wolfe, Robert (ed.), *Americans as Proconsuls: United States Military Government in Germany and Japan, 1944-1952* (Carbondale, Southern Illinois University Press, 1984).

Wrochen, Oliver von, "Die Auseinandersetzung mit Wehrmachtverbrechen im Prozess gegen den Generalfeldmarschall Erich von Manstein 1949", *Zeitschrift für Geschichtswissenschaft*, vol. 46 (1998).

───, "Rehabilitation oder Strafverfolgung: Kriegsverbrecherprozess gegen Generalfeldmarschall Erich von Manstein im Widerstreit britischer Interessen", *Mittelweg 36*, vol. 3 (1997).

───, *Vernichtungskrieg und Erinnerungspolitik: Erich von Manstein—Akteur und Symbol* (Paderborn, Schöningh, 2006).

Yerger, Mark, *Comrades to the End* (Atgen, Pa., Schiffer Military History, 1998).

───, *Ernst August Krag* (Atgen, Pa., Schiffer, 1996).

───, *Otto Kumm* (Winnipeg, Fedorowicz, 1987).

───, *Otto Weidinger* (Winnipeg, Fedorowicz, 1987).

───, *Waffen-SS Commanders: The Army, Corps and Divisional Leaders of a Legend* (Atgen, Pa., Schiffer Military History, 1999).

Ziemke, Earl, *The U.S. Army in the Occupation of Germany, 1944-1946*

(Washington, DC, Center of Military History, Department of Defense, 1975).

인터넷 자료

이 책에서 이용한 주요 웹사이트들만 열거한다. 이것들은 모든 웹사이트의 대다수를 차지한다. 독일 육해공군 같은 경우에는 주요 페이지만 적는다. 인용된 다른 페이지는 링크와 클릭을 통해 그 위치가 나온다. 거의 모든 경우에 필자들은 자료의 사본을 가지고 있다. 아마존 사이트들은 Amazon.com에서 저자나 책의 이름을 입력하여 쉽게 구할 수 있으므로 포함하지 않았다. 저자와 책 둘 다 모든 1차·2차 인용한 것이다.

http://eastfront.virtualave.net/
http://en.wikipedia.org/wiki/Hans_Ulrich_Rudel
http://feedback.ebays.com/ws/eBayISAPI.dll?ViewFeedback&userid=sss
    teiner&frm=1742
http://feldgrau.com/
http:freehosting2.at.webjump.com/3a69490ee/allW2hpg/authen.html
http://freehosting2.at.webjump.com/3a69490ee/a1/w2hpg/ger1_auth_
    regs.html
http://freehosting2.at.webjump.com/02e743cb6/a1/w2hpg/index2.html
http://freehosting2.at.webjump.com/02e743106/a1/w2hpg/officers.html
http://lexikon.idgr.de/r/r_u/rudel-hans-ulrich/rudel-hans-ulrich.php
http://members.aol.com/soldaten/main.htm
http://members.aol.com/soldaten/rekrut.htm
http://members.aol.com/soldaten/main.htm
http://members.tripod.com/George_Parada/gen8.htm
http://members.xoomco./Falcon.Div/
http://stores.ebay.com/Military-Mugs-and-Models
http://users.jnlk.com/militaria/
http://www.achtungpanzer.com/panzer.htm
http://www.anderfront.com/cuslinks.htm
http://www.anderfront.com/enslinks.htm

http://www.axiseuropa.com/about.php

http://www.axishistory.com/index.php?id 308

http://www.forces70.freeserve.co.uk/

http://www.geocities.com/ww2_links/societies.html

http://www.geocities.com/ww2_links/axis.html

http://www.geocities.com/~orion47/

http://home.inreach.com/rickylaw/dictatorship/general/links.html

http://www.hstrial-derickson.homestead.com/Mugs~ns4.html

http://www.InsideTheWeb.com/messageboard/mbs.cgi/mb47087

http://www.io.com/-tog/tmhs.html

http://www.nazi-lauck-nsdapao.com/

http://www.oradour.info/appendix/landwehr.htm

http://www.ortelli-art.com/militar/mr11.htm

http://www.panzerdiesel.com/eng/e340.html

http://www.randomhouse.com/rhpg/authors/results.pperl?authorid-29510

http://www.reenactor.net/WW2/ww2_orgs.htm

http://www.reenactorfest.com/

http://www.reenactor.net/main.htmls/ww2.html

http://www.reenactor.net/WW2/ww2_orgs.html

http://ww2reenactors.proboards35.com/

http://www.secularhumanism.org/library/fi/cohen_21_2.html

http://www.soldat.com/

http://members.aol.com/soldaten/rekrut.htm

http://www.1ssah.com/

http://www.lssah.com/unit%20hist.html

http://www.11thpanzer.com/index11.htm

http://www.uwm.edu/-jpipes/start.html

http://www.vvm.com/~histpart/books.htm

http://www.wargamer.com/contest/tank.asp

orgs/american/wiesenthal.center/swc.oprep

www.dasreich.ca/ger_oradour.html

www.fliegergemeinchaft.de/main.english/page 5_9_e

www.pointssouth.com/csanet/andersonville.htm
www.ess.uwe.ac/genocide/Halder.htm
www.vho.org/GB/Journals/JHR/2/1/Landwehr59-84.html

전쟁게임

전쟁게임 자료: 이것들은 에드워드 데이비스의 개인 소장품 가운데 일부이며, 그가 소장한 방대한 전쟁게임 및 전쟁게임 자료 컬렉션의 한 부분이다.

John M. Astell, Paul R. Banner, Frank Chadwick & Marc Miller, designers, Fire in the East: The Russian Front, 1941–1942 (Bloomington, Ill., Game Designers' Workshop, 1984).

Dan Lombardy, designer & David Parham, researcher, Streets of Stalingrad, Sept–Nov, 1942 (Phoenix Games, 1979).

Dean N. Essig, game and series designer, Guderian's Blitzkrieg: The Panzer Leader's Last Drive, The Drive on Moscow September 21st to December 20th, 1941 (Homer, Ill., The Gamers, 1992).

Dean N. Essig, game and series designer, Enemy at the Gates: The Stalingrad Pocket to Manstein's Counterattack Army Group South–19 Nov. 42 to 14 March 43 (Homer, Ill., The Gamers, 1994).

Panzer Blitz: The Game of Armored Warfare on the Eastern Front 1941–1945 (Baltimore, Md.: Avalon Hill Game Company, 1970.

The Last Victory: Von Manstein's Backhand Blow, February and March 1943 (Clash of Arms Games, 1987).

War in the East: The Russo-German Conflict 1941–1945 (New York City, Simulations Publications, Inc., 1974).

Dave Fredericks, game designer & Dean N. Essig, series designer, Hube's Pocket (Homer, Ill., The Gamers, 1996).

잡지

Moves: Conflict Simulation Theory and Technique.
The Grenadier
Command: Military History, Strategy & Analysis Strategy & Tactics.

Fire & *Movement.*

Axis Europa.

Axis Europa News Letter.

Siegrunen.

전쟁게임 도서

The Editors of *Consumer Guide: The Complete Book of Wargaming* (New York, Fireside Books, Simon & Schuster, 1980).

옮긴이의 글

1

이 책은 Ronald Smelser and Edward J. Davies II, *The Myth of the Eastern Front: The Nazi-Soviet War in American Popular Culture* (Cambridge University Press, 2008), xii+327pp.의 한국어 판이다.

2

너무나도 중대한 역사적 사건에 오해와 편견이 덕지덕지 달라붙어서 사실을 알아보기 힘들 때가 적지 않다. 제2차 세계대전이 그러하다. 20세기의 분수령인 이 거대한 전쟁을 제대로 이해하지 못하면, 세계의 역사를 (그리고 한반도의 역사 및 대한민국 탄생의 역사를) 왜곡하는 거짓을 가려낼 수 없게 된다. 20세기 후반기 세계 정세를 빚어내는 가장 큰 결정 요인이었던 냉전이라는 사건의 강력한 자장으로 말미암아 제2차 세계대전의 실상이 심하게 뒤틀려버렸다. 사정은 엄청나게 복잡다단하지만 넓고 크게 보면, 제2차 세계대전에서 독일은 가해자였고 소련/러시아는 피해자였다. 그런데 냉전 시대에 제2차 세계대전의 피해자가 가해자로, 가해자가 피해자로 바뀌는 이미지 역전 현상이 일어났다. 달리 말해서, 적어도, 자본주의 진영에서는 소련/러시아가 가해자였고 독일이 (또는 독일인이) 피해자였다는 집단기억이 강고하게 형성되어 자리를 잡았던 것이다.

물론 역사에서 가해자와 피해자를 이분법적으로 섣불리 나누는 시각에 내재된 위험을 늘 경계해야 하지만, 선과 악을 가르는 뚜렷한 경계선이란 있을 수 없다며 피해자와 가해자의 구분 자체를 하지 않으려 드는 게으른 태도는 결국은 피해자의 고통에 눈을 감고 가해자 편에 서는 결과로 이어질 따름이다. 냉전 시대의 뒤틀린 제2차 세계대전 인식은 냉전이 끝난 뒤에도 쉬이 바로잡히지 않는다.

이런 현실에 안타까움을 느끼고 당찬 도전장을 던진 학자가 두 사람 있었으니, 바로 미국 유타주립대학 역사학과의 독일사 전공자인 로널드 스멜서와 미국사 전공자인 에드워드 데이비스 2세였다.

3

제2차 세계대전이라는 역사적 사실에 휘감겨 있는 오해와 편견을 떼어내서 실상을 밝혀내는 작업이 더 효율적으로 이루어지려면 왜 그 역사적 진실이 잘못된 신화에 밀려나게 되는지를 이해해야 한다. 정교한 접근이 꼭 필요한 이 지난한 작업을 해낸 두 연구자가 스멜서와 데이비스였다. 옮긴이가 구구절절 군말을 보태지 않더라도 이 책을 꼼꼼히 읽은 독자라면 참으로 풍부한 각종 사료로 뒷받침되는 스멜서와 데이비스의 주장이 얼마나 큰 설득력을 지니는지를 깨달았을 것이다. 두 사람이 짚고자 했던 사실을 간단히 정리하면 아래와 같다.

• 미국 사회는 1941년 이전에 소련 체제를 좋게 보지 않고 반감마저 품었지만, 1941년 이후에 미국과 소련/러시아가 동맹 관계가 된 뒤에는 나치 독일에 맞서 사투를 벌이는 붉은 군대를 높이 평가하며 소련/러시아를 맹방으로 여기게 되었다.

• 제2차 세계대전이 끝난 뒤에 미국에는 전쟁 이전에 소련/러시아에 품었던 반감이 되살아났고, 그 반감은 냉전이 본격화하자 적대감으로까지 발전했다.

• 이러한 분위기 변화를 틈타서 나치 독일 고위 군장교였던 이들이 제2차 세계대전에 저질러진 전쟁범죄 행위는 나치 정권의 소행일 뿐이며 독일 정규군은 오로지 군사 업무에만 충실했다는 거짓, 즉 '결백한 독일국방군' 신화를 만들어냈다.

• 소련과 대치하게 된 미국의 군부와 정계는 '독일국방군은 전쟁범죄를 저지르지 않았다'는 거짓말을 퍼뜨려서 전쟁 책임을 회피하려는 할더, 만슈타인, 구데리안을 비롯한 독일 군인들의 주장을 액면가 그대로 받아들였고, 더 나아가 나치 독일의 이념을 떨치지 못한 독일 고위 장교들의 인종주의적 러시아 편견을 고스란히 물려받았다.

• 이런 상황 속에서 독일국방군을, 나치의 무장친위대조차 숭배하는 '본좌', 즉 아마추어 군사사 애호가들이 생겨났고, 이들이 미국 대중의 제2차 세계대전 인식을 좌우한 탓에 훌륭한 독일군, 오합지졸 소련군이라는 왜곡된 역사관이 미국 사회의 주류 인식이 되었다.

• 이 뒤틀린 제2차 세계대전 역사관은 독일군을 우상시하는 감정을 내면화하는 여러 전쟁게임과 역사재연동호활동으로 이어졌고, 이러한 분위기 속에서 미국 사회에 내재된 인종주의가 강해지고 대중 사이에서 파시즘에 대한 경각심이 옅어지는 우려할 만한 현상이 나타나 사라지지 않고 있다.

1940년대 전반기에만 해도 독일을 인류의 적으로 여기고 소련/러시아를 둘도 없는 맹방으로 보았던 미국 사회가 채 한 세대도 안 되는 시간 안에 머릿속에서 지난 기억을 깨끗이 지우고는 바로 그 자리에 독일은 맹방이고, 소련/러시아는 인류의 적이라는 이미지를 심을 수 있었으니, 집단기억의 '유연성'이란 이처럼 놀랍기 짝이 없다. (엇비슷할지도 모를 소련/러시아 측의 경험은 또 다른 흥미진진한 연구 주제일 것이다.)

4

문제는 집단기억의 놀라운 '유연성'이 아니라 이 속성이 지니는 위험성에 제대로 눈길을 주지 않은 탓에 전반적으로는 역사 전체, 특정하게는 제2차 세계대전의 역사를 바로잡지 못해서 빚어질 사태에 있다. 이 책에서 스멜서와 데이비스는 독소전쟁의 뒤틀린 역사적 이미지가 미국 사회 일각의 삐뚤어진 사회적 편견을 부추길 가능성을 에둘러 비판하고 경고했는데, 안타깝게도 두 학자의 우려가 현실이 되고야 말았다. 2017년 8월에 미국의 버지니아주에 있는 샬러츠빌시에 백인 우월주의 인종주의자들과 나치 추종자들이 모여들어 시위를 벌이는 가운데 제임스 알렉스 필즈라는 젊은이가 차를 몰고 대항 시위대를 치어서 한 사람이 숨지고 20명 가까이 다치는 비극이 일어난 것이다. 현장에서 체포된 그 젊은이는 나치친위대와 독일 국방군에 흠모에 가까운 관심을 품은 백인 우월주의자임이 밝혀졌다. 더구나 더 놀라운 사실은 미국의 권력 집단이 이 사건을 불러일으킨 극우 인종주의를 제대로 단죄하지 않고 어물쩍 넘어가려는 행태를 드러냈다는 점이다. 스멜서와 데이비스가 이 책의 행간에서 말하고자 했던 바, 즉 제2차 세계대전 및 독소전쟁의 진실을 가리는 거짓 신화를 깨지 못한다면 파시즘에 쏠리는 미국 대중의 성향을 막지 못하리라는 경고는 괜한 기우가 아니었다.

5

러시아 현대사를 전공하는 옮긴이는 대한민국 사회에서 어떤 경우에는 심각한, 또 어떤 경우에는 어이없을 만큼 잘못된 제2차 세계대전 지식이 마치 사실인양 받아들여지는 현상이 못내 안타까웠고, 왜 그런 현상이 나타나서 강고하게 지속되는지 늘 궁금했다. 제2차 세계대전의 역사가 비틀리면 한반도의 역사가 뒤틀리기 마련이다. 제2차 세계대전에서 가장 큰 비중을 지니는 독소전쟁, 그리고 붉은 군대의 만주 전역의 실상이 온갖 편견에 못 이겨 우리 사회의 시신경에 제대로 인식되지 못하는 한, '일본 제국주의는 미군 폭격기가 떨군 원자폭탄 두 발에 무조건 항복을 했다'는 식의 지극히 일면적이고 불완전한 인식 위에 한반도의 역사를 짜맞추는 허위에서 벗어나기 힘들다. 이러한 문제의식을 품고 나름대로 가설을 세우며 자료를 모으던 가운데 옮긴이가 마주친 스멜서와 데이비스의 이 연구서는 가뭄 속의 단비 같은 느낌을 주었다. 이 책은 대한민국의 학계와 사회가 냉전적 인식 틀에서 헤어나는 길에서 일종의 길라잡이가 될 수 있을 것이다. 바로 이것이 미국이 제2차 세계대전의 진실을 찾아나가는 도정에 우리가 눈길을 주어야 할 까닭이다. 이 학술서의 분석 틀을 비판적으로 원용해서 우리 사회가 20세기 현대사, 특히 제2차 세계대전의 진실에 한 걸음이라도 더 다가설 수 있도록 만드는 연구를 빠른 시일 안에 마무리해보겠다고 다짐해본다.

6

제2차 세계대전에 관해 옮긴이와 자주 토론을 하는 유승현 씨의 권고가 이 책을 우리 말로 옮겨보겠다고 마음먹을 때 큰 힘이 되었다. 번역 과정에서도 이래저래 도움을 적잖이 얻었다. 또한 독일 현대사에서 자신 없는 부분에 부딪히면 한양대의 문수현 교수를 꽤나 귀찮게 해서 실수를 모면했다. 이 밖에도 많은 전문가에게 자문을 얻어서 더 번듯한 번역이 되도록 애썼다. 끝으로, 그야말로 산처럼 우직하게 양서를 펴내는 도서출판 산처럼의 윤양미 대표께도 고마움을 표하고 싶다. 시장성이 확실하지 않은 가운데 이 책의 학술적 가치를 알아본 윤 대표의 안목에도….

사

제2차 세계대전의 신화와 진실

독소전쟁과 냉전, 그리고 역사의 기억

지은이 로널드 스멜서·에드워드 데이비스 2세
옮긴이 류한수
펴낸이 윤양미
펴낸곳 도서출판 산처럼

등 록 2002년 1월 10일 제1-2979
주 소 서울시 종로구 사직로8길 34 경희궁의 아침 3단지 오피스텔 412호
전 화 02) 725-7414
팩 스 02) 725-7404
이메일 sanbooks@hanmail.net
홈페이지 www.sanbooks.com

제1판 제1쇄 2020년 2월 25일

값 38,000원
ISBN 978-89-90062-93-2 93900

* 잘못된 책은 바꾸어드립니다.